Band 2: Lernfelder 5–8

Lernfeld 5: Kunden akquirieren und binden
Lernfeld 6: Werteströme erfassen und beurteilen
Lernfeld 7: Gesprächssituationen bewältigen
Lernfeld 8: Personalwirtschaftliche Aufgaben wahrnehmen

1. Auflage 2015
Svenja Hausener
Gerhard Kühn

Über die Autoren

Svenja Hausener verfügt über langjährige Unterrichtspraxis in den Klassen Bürokaufleute, Kaufleute für Bürokommunikation, weiteren Berufsschulklassen sowie im Wirtschaftsgymnasium und in der Wirtschaftsschule. Sie ist Prüferin bei der IHK für verschiedene Berufszweige (Bürokaufleute, Kaufleute für Groß- und Außenhandel, Kaufleute für Einzelhandel). In ihrer Schule ist sie u. a. zuständig für Individualfeedback und die Förderung der Methodenkompetenz der Schülerinnen und Schüler. Vor ihrer Tätigkeit als Lehrerin arbeitete Frau Schneider in einem großen Unternehmen als Personalsachbearbeiterin und war in diesem auch für die Ausbildung der Auszubildenden sowie alle vertragsrelevantenTätigkeiten in diesem Zusammenhang zuständig. Sie besitzt daher ein klares Bild von den Anforderungen, die an die Auszubildenden in der Unternehmenspraxis gestellt werden.

Gerhard Kühn gab während seiner mehrjährigen leitenden Tätigkeit im Controlling eines Großunternehmens nebenberuflich IHK- und BFW-Kurse in Buchhaltung, Sonderbilanzen und Kosten- und Leistungsrechnung für angehende Bilanzbuchhalter/-innen. Er fand Gefallen an der Lehrtätigkeit und wechselte daher in den Lehrerberuf. Er unterrichtet seither an einer der größten kaufmännischen Schulen in Baden-Württemberg, sowohl im Vollzeit- als auch im Teilzeitbereich. Er ist zusätzlich als Schulbuchautor tätig und hat zahlreiche Werke zu kaufmännischen Themen verfasst. Er wirkte lange Jahre in einem Koordinierungsteam für neue Unterrichtsformen am Landesinstitut für Schulentwicklung Baden-Württemberg mit und hielt im Rahmen dieser Tätigkeit zahlreiche Vorträge an Schulen und Lehrerfortbildungsakademien zu den Themenkreisen Projektarbeit, Unterricht auf der Grundlage von Lernfeldern und neuen Ansätzen zur Vermittlung beruflicher Handlungskompetenz. Ebenso wirkte er an der Erstellung entsprechender Handreichungen für Lehrkräfte zur Umsetzung der neuen Unterrichtsformen mit.

Layout, Satz und Cover: KLV Verlag GmbH

1. Auflage 2015

ISBN 978-3-95739-012-7

KLV Verlag GmbH
Bellamonter Straße 30
88436 Eberhardzell
Tel.: 07358 9610 920
Fax: 07358 9610 921
www.klv-verlag.de
info@klv-verlag.de

Inhaltsverzeichnis

Vorwort

Die nach drei Jahrgangsbänden aufgebaute Buchreihe **Kompetenz im Büro** folgt dem bundeseinheitlichen Rahmenlehrplan vom 01.08.2014 mit der zugehörigen Handreichung (curriculare Analyse) für den neu geordneten Ausbildungsberuf **Kaufmann/Kauffrau für Büromanagement.**

Die Buchreihe wird ergänzt durch den Band **Profi am PC**, mit den Softwaretools Word, Excel und PowerPoint, einem Methodenpool und dem Lernfeld 13 (Projektarbeit).

Der vorliegende **Band 2** enthält die Inhalte der Lernfelder des 2. Ausbildungsjahrs, im Einzelnen:

Lernfeld 5	**Kunden akquirieren und binden**
Lernfeld 6	**Werteströme erfassen und beurteilen**
Lernfeld 7	**Gesprächssituationen bewältigen**
Lernfeld 8	**Personalwirtschaftliche Aufgaben wahrnehmen**

Das Buch ist zugleich ein Lehr- und Arbeitsbuch. Es ist wie folgt konzipiert:

- Erläuterung der zu erwerbenden **Kompetenzen** mit inhaltlichem Überblick über das Lernfeld
- Praktische Umsetzung der Inhalte in **Lernsituationen,** die für die Berufsausübung bedeutsam sind und sich an typischen Geschäftsprozessen orientieren. Grundlage ist dabei das **Modellunternehmen** Rad & Roll GmbH (siehe Seite 9).
- Erteilung von **Aufträgen,** die das Lernen in vollständigen Handlungen ermöglichen. Die Lernenden informieren sich (im Abschnitt **Informationen beschaffen**), planen ihre Vorgehensweise selbstständig, treffen Entscheidungen und führen die Handlungen möglichst selbst aus, präsentieren und bewerten ihre Ergebnisse und reflektieren darüber. Die Lernenden berücksichtigen dabei technische, wirtschaftliche, rechtliche, soziale und ökologische Gesichtspunkte. Sie üben soziale Prozesse, konstruktives Feedback und Methoden zur Konfliktbewältigung ein.
- Der Abschnitt **Wissen testen** enthält Aufgaben mit steigendem Schwierigkeitsgrad. Dabei wird der Aufbau einer **Lernkartei** unterstützt, die Gruppenarbeit gefördert und selbstentwickelte Lösungswege ermöglicht. Das **Lösungsbuch** enthält Lösungsvorschläge zu den Aufgaben.

Die verwendeten Icons werden auf Seite 10 erklärt. Im Anhang finden Sie ein **Abkürzungsverzeichnis,** ein **Sachwortverzeichnis** und einen reduzierten Industriekontenrahmen (**Schulkontenrahmen**).

Erläuterungen zum Kontenrahmen finden Sie im **Exkurs: Systematik der Buchführung** auf Seite 159 f. Um die Kontenhierarchie zu verdeutlichen, werden im Lernfeld 6 dreistellige Kontonummern für die Kontenart (Hauptkonto) und vierstellige Kontennummern für die Kontenunterart (Unterkonto) verwendet. So ist auf einen Blick erkennbar, wenn ein Unterkonto auf ein Hauptkonto abgeschlossen werden muss.

Verlag und Autoren sind für Anregungen und Kritik dankbar und wünschen ein erfolgreiches Arbeiten mit diesem Buch.

Wir haben uns bemüht, geschlechtsneutrale Begriffe zu verwenden (z. B. Kundschaft). Zugunsten der Lesefreundlichkeit haben wir uns manchmal auf die männliche Form beschränkt, z. B. Kunden statt Kundinnen und Kunden. Wir bitten bei unseren Leserinnen um Verständnis.

Autoren und Verlag

Steckbrief: Modellunternehmen Rad & Roll GmbH

Rechtsform	Gesellschaft mit beschränkter Haftung
Handelsregister	HRB 126533, Amtsgericht Stuttgart
Geschäftsräume	Schlossstraße 21, 70176 Stuttgart
Filialen	München, Dortmund, Berlin, Trier
Geschäftsführung	Beate Kroner (Prokura)
Kontakt	Telefon 0711 12343-0 // Fax: 0711 12343-439 Website: www.Rad+Roll.de
Bank	Deutsche Bank Stuttgart Kontonummer: IBAN: DE30 6007 0070 0011 2233 44 // BIC: DEUTDESS600
Steuer	Steuernummer: 181/240/50600; USt.-IdNr. DE 745 127 687

Leistungsangebot

- **Kernsortiment:** Trekkingräder, Cityräder, Crossräder und Mountainbikes, Rennräder und Fitnessräder, Jugendräder, Elektroräder
- **Randsortiment:** Falträder, Einräder, Scooter (Roller), Skateboards, Inlineskater, Segways, technisches Zubehör, Ersatzteile zur Selbstreparatur, Reparaturwerkzeug, Pflegemittel, Radbekleidung
- **Dienstleistungen:** Finanzierung, Leasing und Vermietung, Ergonomie-Beratung, Indoor-Teststrecke, Organisation von Radtouren, Kursangebote (Montage und Einstellung der Gangschaltung, Reifenreparatur), Sicherheitscheck, Ersatzteildienst, Fahrradversicherung usw.

Organigramm

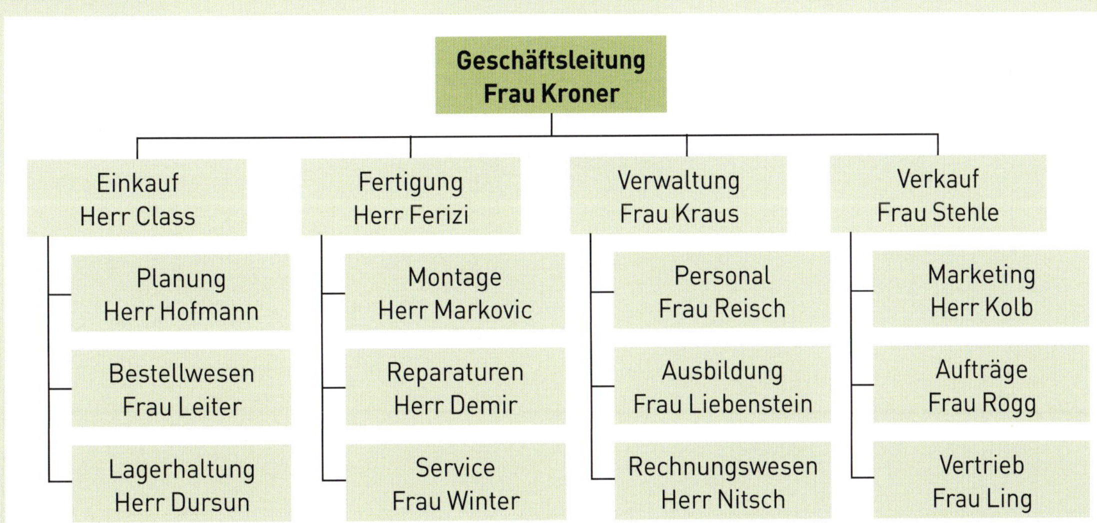

Leitbild

- Wir bei Rad & Roll tun, was wir sagen und lassen uns daran messen.
- Wir schaffen ein Umfeld, in dem sich unsere Mitarbeiter wohlfühlen.
- Wir orientieren uns an den Bedürfnissen unserer Kunden und überzeugen durch unsere Qualität, Zuverlässigkeit, Flexibilität, Schnelligkeit und unsere wettbewerbsfähigen Preise.
- Wir übernehmen Verantwortung auch gegenüber der Gesellschaft im sozialen, ökonomischen und ökologischen Bereich wahr.
- Wir halten nationale und internationale Gesetze und Regelwerke ein, befolgen anerkannte Standards und befolgen eigene Unternehmensleitlinien.
- ...

Erklärung

Hinweis, welche Kompetenzen in diesem Lernfeld bzw. Lernabschnitt vermittelt werden, und bildliche Darstellung der Lernfeldinhalte

Lernsituation

Arbeitsaufträge

Informationen gewinnen (Fachtexte)

Wissen testen

Qualitätsansprüche

KLV steht für **K**LAR • **L**ÖSUNGSORIENTIERT • **V**ERSTÄNDLICH.

Bitte melden Sie sich bei uns per Mail (info@klv-verlag.de) oder Telefon (07358 9610 920), wenn Sie in diesem Werk Verbesserungsmöglichkeiten sehen oder Druckfehler finden. Vielen Dank.

Kunden akquirieren und binden

Lernfeld 5

Lernfeld 5

Kunden akquirieren und binden

In diesem Lernfeld erwerben Sie die Kompetenz, den Einsatz der Preis- und Kommunikationspolitik zu planen und für die Kundengewinnung und Kundenbindung zu nutzen. Dazu gehört im Einzelnen die Kompetenz, die Daten aus der Marktforschung zu nutzen und daraus absatzpolitische Ziele und Möglichkeiten der marktgerechten Preisfestsetzung abzuleiten, Wettbewerbsstrategien zu identifizieren, einen Werbeplan zu erstellen, die Marktsituation zu beurteilen und innerhalb eines Marketingkonzepts einen Mix aus Preis- und Kommunikationspolitik zu entwickeln.

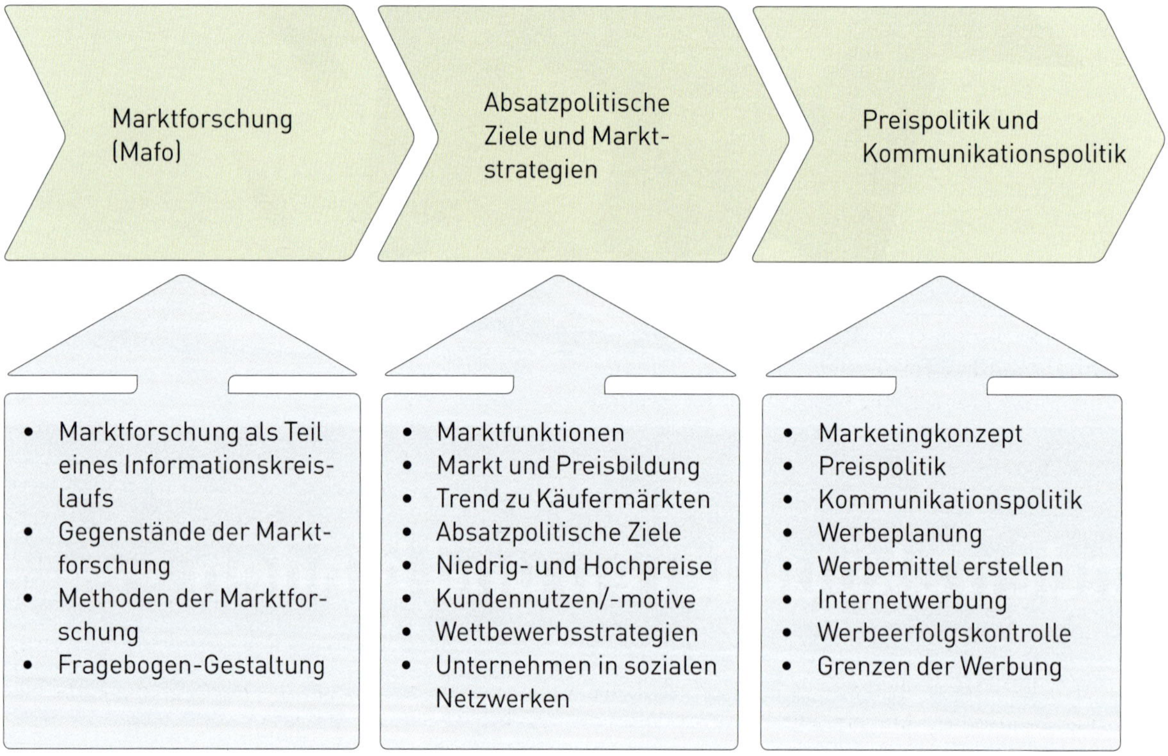

1 Marktforschung – Blindflug vermeiden

In diesem Kapitel gewinnen Sie Daten über die aktuelle Marktsituation (Kunden, Konkurrenz, konjunkturelle Lage). Sie analysieren die Daten der Marktforschung und gestalten einen Fragebogen mithilfe eines Textverarbeitungsprogramms.

Lernsituation

Sie befinden sich in der Ausbildung zur Kauffrau bzw. zum Kaufmann für Büromanagement bei der Rad & Roll GmbH. Sie sind zurzeit im Marketing eingesetzt. Ihre Ausbilderin, Frau Liebenstein, überreicht Ihnen einen Auszug aus dem Protokoll der letzten Sitzung des Führungsteams.

Rad & Roll GmbH

ERGEBNISPROTOKOLL

Thema: Strategiesitzung des Führungsteams

Termin:	15.06.20..	**Ort, Raum:**	Kleiner Sitzungssaal
Beginn:	08:30 Uhr	**Ende:**	10:30 Uhr

Sitzungsleitung: Frau Kroner (Geschäftsleitung)
Teilnehmende Personen: Herr Class (Einkauf), Herr Ferizi (Fertigung), Frau Kraus (Verwaltung), Frau Stehle (Verkauf)

Besprechungsergebnisse:
...

Es wurde der einstimmige Beschluss gefasst, verstärkt E-Bikes der mittleren Preisklasse 1.500 € bis 2.000 € ins Sortiment zu nehmen. Es sollte unter unserer Handelsmarke „Racer" vertrieben werden.

Das Verkaufsteam soll alle notwenigen Schritte einleiten, um mehr über die Kunden, die Konkurrenten und die Marktsituation dieses zukunftsträchtigen Marktsegments zu erfahren.
...

Frau Liebenstein bittet Sie, für das montägliche Ausbildungsgespräch eine Tischvorlage und eine PowerPoint-Präsentation nach bewährtem Muster zu erstellen mit folgenden Gliederungspunkten:

1. Gegenstände der Marktforschung
2. Methoden der Marktforschung
3. Regeln für die Gestaltung eines Fragebogens

Weiter bittet Sie Frau Liebenstein, mithilfe eines Plakats zu zeigen, dass die Marktforschung einen Teil des Marketing-Informationskreislaufs darstellt.

Arbeitsaufträge

a) Sie **informieren** sich über den Begriff der Marktforschung, den Unterschied zwischen Marktanalyse und Marktbeobachtung sowie über die Gegenstände der Marktforschung wie Kunden-, Konkurrenz und konjunkturelle Lage. Sie **erkundigen** sich über die grundlegenden Unterschiede der Methoden der Marktforschung.

Tipp: Sie bilden thementeilige Arbeitsgruppen und lesen die folgenden Kapitel im Buch.

b) Sie **planen** eine Kundenbefragung und erstellen dazu einen Fragebogen mithilfe eines Textverarbeitungsprogramms und werten diesen mithilfe eines Tabellenkalkulationsprogramms aus. Sie **erstellen** eine PowerPoint-Präsentation und eine Tischvorlage mit den gewünschten Gliederungspunkten und entwickeln das **Plakat,** auf dem Sie den Informationskreislauf des Marketings darstellen.

Tipp: Hilfen für die Anwendung des Textverarbeitungsprogramms Word, des Tabellenkalkulationsprogramms Excel und des Präsentationsprogramms PowerPoint finden Sie im Ergänzungsband *„Profi am PC".*

c) Sie **tragen** Ihre PowerPoint-Präsentation beim Ausbildungsgespräch **vor.** Ebenso stellen Sie Ihre Tischvorlage und Ihr Plakat vor. Sie reagieren auf Fragen und Anmerkungen der Ausbilderin und der anderen Auszubildenden.

d) Sie **bewerten** Ihren Vortrag zusammen mit der Ausbilderin und den anderen Auszubildenden anhand des erstellten Kriterienkatalogs für Präsentationen. Sie nehmen Kritikpunkte auf zur Vollständigkeit und inhaltlichen Richtigkeit, ergänzen Ihre Ausarbeitungen und korrigieren Fehler. Außerdem **beurteilen** Sie Ihren Fragebogen und zeigen Möglichkeiten zur Optimierung auf.

e) Sie **reflektieren** Ihr Verhalten in der Arbeitsgruppe und überlegen, wie Sie Ihre Verhaltensweisen verbessern könnten.

Informationen gewinnen

1.1 Marktforschung als Teil eines Informationskreislaufs

Untersucht ein Betrieb das Geschehen auf dem Absatzmarkt um ihn herum (Kunden, Konkurrenz, konjunkturelle Lage) systematisch, planvoll und zielgerichtet, dann betreibt er **Marktforschung.** Eine solche systematische Marktuntersuchung gewinnt, analysiert und interpretiert die Informationen mit wissenschaftlichen Methoden.

Davon ist die unsystematische Marktuntersuchung in Form der **Markterkundung** durch sporadische Kundengespräche, zufällige Berichte des Verkaufspersonals oder die Auswertung von Artikeln in Fachzeitschriften zu unterscheiden.

Soll die Marktforschung die aktuelle Situation auf einem bestimmten Teilmarkt (z. B. Fahrradmarkt) untersuchen, dann handelt es sich um eine **Marktanalyse.** Mithilfe der Marktanalyse werden Marktstrukturen (z. B. Kundenstruktur, Konkurrenzverhältnisse, Vertriebswegestruktur) sichtbar gemacht. Werden Informationen über einen längeren Zeitraum regelmäßig gewonnen, um Veränderungen der Marktverhältnisse und neue Trends aufzudecken (z. B. Veränderungen des Verkaufs, der Kundenstruktur, der Konkurrenzverhältnisse, der konjunkturellen Lage), dann liegt eine **Marktbeobachtung** vor.

Beispiel: *Marktbeobachtung*
Verkauf von Fahrrädern und E-Bikes
in Deutschland
Januar – Dezember (Menge in Mio. Stück)

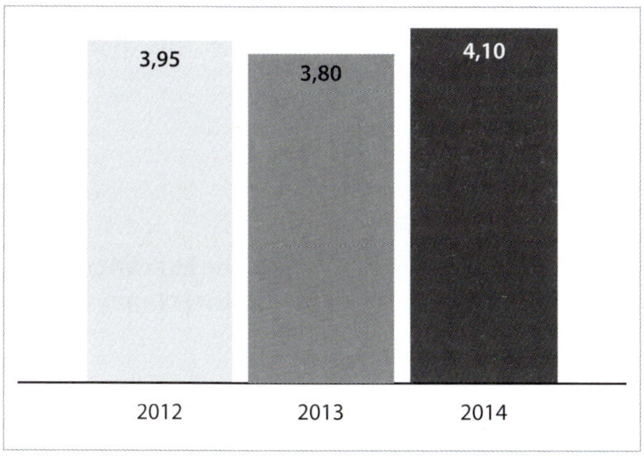

Beispiel: *Marktanalyse*
Anteile der Vertriebswege 2013

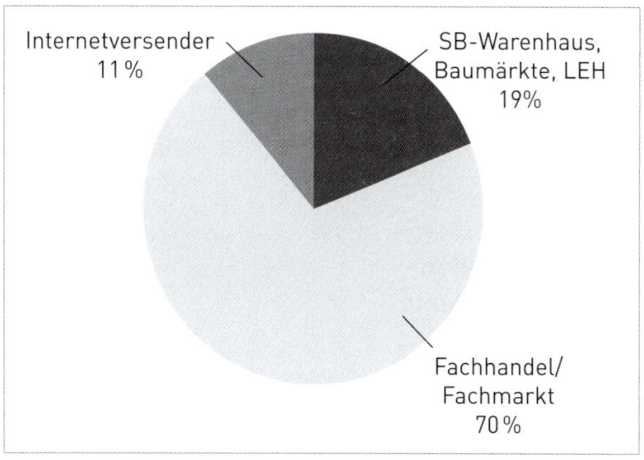

Quelle: ZIV – Zweirad-Industrie-Verband e. V.

Hauptaufgabe der Marktforschung ist es, die künftige Entwicklung eines Marktes oder Teilmarktes vorherzusagen. Auf diese **Marktprognose** stützt sich die Geschäftsleitung, wenn sie marktwirksame Entscheidungen zu treffen hat. Diesen Entscheidungen schließen sich Maßnahmen an, die wiederum auf den Absatzmarkt einwirken und dort zu (beabsichtigten) Veränderungen führen. Diese neuen Informationen werden wiederum durch Marktanalysen und Marktbeobachtungen erfasst und verarbeitet, um daraus neue Marktprognosen abzuleiten. Somit ist die Marktforschung Teil eines immerwährenden Informationskreislaufs.

Marktforschung als Teil eines Informationskreislaufs

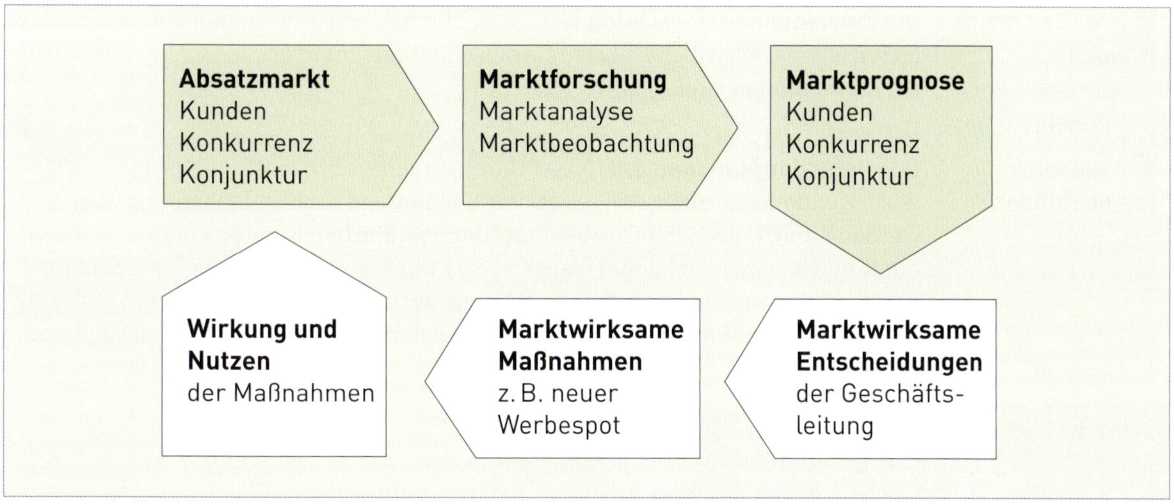

1.2 Gegenstände der Marktforschung – Kunde, Konkurrenz, Konjunktur

Die Marktforschung hilft dem Betrieb, Informationen über seine Kunden, seine Konkurrenten und über die Wirtschaftslage zu gewinnen.

Gegenstände der Marktforschung

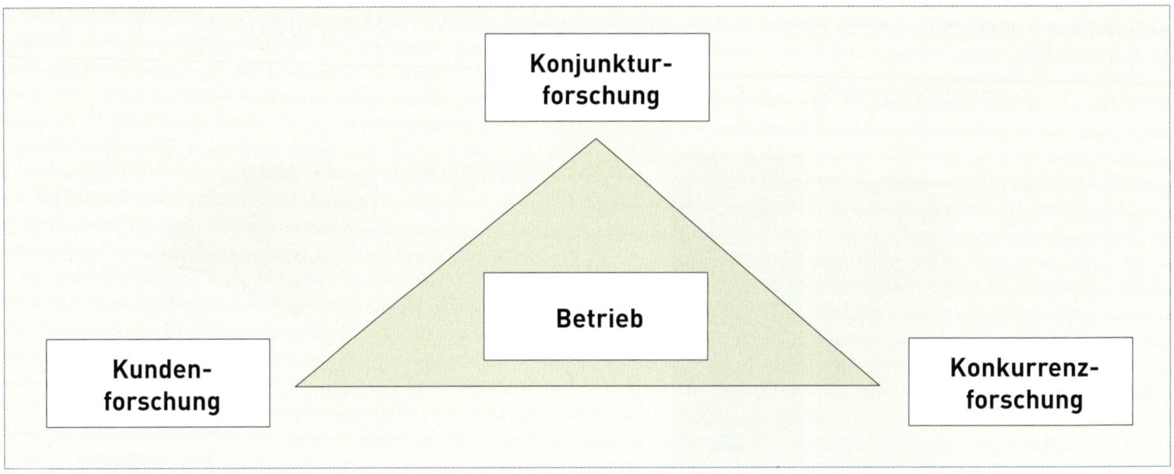

1.2.1 Kundenforschung – Kunden verstehen

Auf allen Märkten werden die Kunden immer anspruchsvoller und die angebotenen Produkte immer mehr auf den einzelnen Kunden zugeschnitten. Wettbewerbsvorteile erlangt nur derjenige Betrieb, der seine Kunden individuell berät und betreut und so eine besondere Kundenbeziehung herstellt.

Dazu sollte sich der Betrieb folgende Fragen stellen und beantworten:

Wer sind meine Kunden?	Die **Zielgruppenforschung** identifiziert die für den Betrieb relevanten Kunden und hilft genau den Personenkreis zu ermitteln und anzusprechen, der ein hohes Interesse an seinem Leistungsangebot hat.
Was wollen meine Kunden?	Die **Zufriedenheitsforschung** will herausfinden, warum Kunden zufrieden oder unzufrieden sind, welche Merkmale des Leistungsangebots ausschlaggebend für die Zufriedenheit sind.
Wie halte ich meine Kunden?	Das **Defection Management**[1] bietet Hilfen für eine individuelle, zielgruppenorientierte Kundenansprache und macht Vorschläge, wie die Kundenbindung verstärkt werden kann. Insbesondere abwanderungsgefährdete Kunden können so individuell betreut werden. Dabei werden Marktforschungsdaten mit Daten aus der Kundendatenbank verknüpft. Data-Mining-Verfahren bilden die Kunden individuell innerhalb bestimmter Segmente/Typologien ab und machen deren Verhalten vorhersehbarer.

Quelle: www.skopos.de/images/sko/pdf/forschung/skopos_kundenforschung.pdf

Eine systematisch aufgebaute **Kundendatenbank** kann helfen, die Kundenbeziehung zu verbessern. Wichtig ist, dass die Kundendaten nicht nur gesammelt und verwaltet, sondern nach vielfältigen Merkmalen ausgewertet werden und dass sie jederzeit verfügbar sind. Dabei hilft eine *Customer-Relationship-Management-Software (CRM-Software)*, die auch als webbasierte Lösung (eCRM) oder *Software-as-a-Service (SaaS)* angeboten wird.

1 Defection (engl.) = Abtrünnigkeit, Treuebruch, Überlaufen zur anderen Partei

Solche Software-Lösungen stellen sämtliche Informationen zum Kunden zentral zur Verfügung. Alle Mitarbeiter sind auf dem gleichen Kenntnisstand und können auch unterwegs online jederzeit auf die Kundendaten zugreifen. Adressen, Termine, Aufgaben – alles lässt sich webbasiert von überall verwalten. Moderne SaaS-CRM-Lösungen können dabei die komplette Kundenhistorie abbilden. Auf diese Weise lässt sich die Kundenkommunikation auswerten, die Kontaktfrequenz nachvollziehen und optimieren. Zurückliegende E-Mails, Termine oder Angebote können ebenso angezeigt werden wie Geburtstage, Fotos oder die Branchenzugehörigkeit. Eine darauf basierte Optimierung der Kundenansprache erhöht die Wahrscheinlichkeit für Folgegeschäfte erheblich. Nicht zu unterschätzen ist die webbasierte Teamarbeit: Ortsunabhängig können Termine koordiniert, Aufgaben verteilt oder Verkaufsberichte eingestellt werden.

Beispiel: *Ein Blick ins CRM-System verrät dem Vertriebsmitarbeiter, welche Produkte und Dienstleistungen der Kunde bereits in Anspruch nimmt und wann er zuletzt etwas bestellt hat. Er kann daraus schließen, welche Angebote diese Produkte und Dienstleistungen ergänzen könnten* ***(Cross-Selling)*** *oder welche höherwertigen Alternativen für den Kunden infrage kommen* ***(Up-Selling).***

Mögliche Inhalte einer Kundendatenbank

Stammdaten der Kunden	Bei *Geschäftskunden*, z. B. Branche, Betriebsart, Betriebsgröße, Vertriebsbindungen, Standort, Anschrift, Kommunikationsdaten, Bankverbindungen, Entfernungszone Kontaktpersonen und Entscheider mit persönlichen Daten Bei *Privatkunden*, z. B. *demografische Merkmale* (Alter, Geschlecht, Beruf, Bildung, Einkommen, Wohnort, Familienstand, Zahl und Alter der Kinder, Nationalität usw.), *psychografische Merkmale* (Lebensstil, Interessen, Werte und Einstellungen, politische Aktivitäten, Ehrenämter, Risikofreudigkeit usw.)
Kaufverhalten des Kunden	Stammkunde oder Neukunde, potenzieller oder abtrünniger Kunde, Kundenwertigkeit wie umsatzstarker Kunde (A-Kunde) oder umsatzschwacher Kunde (C-Kunde), Kundennutzwert wie Datum des letzten Kaufs (Recency), Bestellhäufigkeit (Frequency), bisher erzielter Umsatz (Monetary Value), Kundenlebenszyklus wie Kunde in der Anbahnungsphase, Wachstumsphase, Reifephase oder Trennungsphase, vorliegende Bestellungen (Auftragsvorlage), Preisverhalten (Markentreue, Preisklasse, Nutzung von Sonderangeboten) usw.
Preise und Konditionen	Rabatte, Skontosatz, Skontofrist, Zahlungsziel, Beförderungsbedingungen, Verpackungsbedingungen, Garantiedauer usw.
Kundenanforderungen und Kundenwünsche	Öffnungszeiten, Anlieferungszeiten, Liefertermine, Qualitäts-, Umwelt-, Sozialstandards, Servicegrad
Reklamationen	Zahl der Reklamationen, Service- und Kulanzleistungen, Reparaturen, Zahl der Mahnungen
Kundenkontakte	Durchgeführte und geplante Kontakte, letzter Kontakt, differenziert nach Kontaktart (Besuch, Telefon, Mobilfunk, E-Mail, Brief)
Verkaufsförderungsaktivitäten	Werbegeschenke, Mustersendungen, Warenproben, Prospekte, Einladung zur Messe usw.
Kundenattraktivität	gemessen am potenziellen monatlichen bzw. jährlichen Bedarfsvolumen des Kunden (Mitnahme-, Fragezeichen-, Ertrags- oder Starkunde), Image des Kunden, Kooperationsbereitschaft (z. B. Referenzkunde), Zahlungsverhalten des Kunden

Anhand des Nettoumsatzes kann mithilfe einer ABC-Kundenanalyse eine Kunden-Rangliste erstellt werden. Dabei werden die Kunden nach ihrer Bedeutung für den Betrieb in drei Gruppen eingeteilt.

	Anteil am Gesamtumsatz (idealerweise)	Anteil an der Kundenanzahl (idealerweise)
A-Kunden (große Bedeutung)	etwa 70 %	etwa 5 %
B-Kunden (mittlere Bedeutung)	etwa 20 %	etwa 10 %
C-Kunden (keine Bedeutung	etwa 10 %	etwa 80 %

Es ist leicht erkennbar, dass mit wenigen Kunden ein Großteil des Umsatzes erzielt wird. Daher sollten diese A-Kunden die volle Aufmerksamkeit des Vertriebspersonals erhalten. Jeder Mitarbeiter des Betriebs sollte diese A-Kunden namentlich kennen.

Beispiel: *Ergebnisse einer* ***ABC-Kundenanalyse*** *der Rad & Roll GmbH (Anzahl Kunden insgesamt: 98)*

Kunden-nummer	Nettoumsatz (€/Jahr)	Umsatz in % des Gesamt-umsatzes	Umsatz in % kumuliert	Anteil Kunden in %	Kunden-einteilung
240089	280.800	13,76	13,76	1,02	A-Kunde
240002	247.900	12,15	25,91	2,04	A-Kunde
240005	239.800	11,75	37,66	5,10	A-Kunde
240043	226.000	11,08	48,74	3,06	A-Kunde
240024	220.000	10,78	59,52	4,08	A-Kunde
240056	212.000	10,39	69,91	6,12	A-Kunde
240034	120.060	5,89	75,80	7,14	B-Kunde
240022	59.120	2,90	78,70	8,16	B-Kunde
240019	46.080	2,26	80,96	9,18	B-Kunde
240010	34.980	1,71	82,67	10,20	B-Kunde
240031	29.620	1,45	84,12	11,22	B-Kunde
240072	25.780	1,26	85,38	12,24	B-Kunde
240013	24.480	1,20	86,58	13,27	B-Kunde
240064	23.450	1,15	87,73	14,29	B-Kunde
240055	19.810	0,97	88,70	15,31	B-Kunde
240026	12.800	0,63	89,33	16,33	B-Kunde
240017	11.180	0,55	89,88	17,35	B-Kunde
240038	4.750	0,23	90,11	18,37	C-Kunde
240049	3.730	0,18	90,30	19,39	C-Kunde
240020	2.710	0,19	90,43	20,41	C-Kunde
...	...	...	...	...	...
Gesamt	**2.040.350**	**100,00**	**100,00**	**100,00**	

Bei der Rad & Roll GmbH sind etwa 6 % aller Kunden A-Kunden, mit denen etwa 70 % des Gesamtumsatzes erzielt werden. Es lohnt sich also, die Verkaufsaktivitäten auf diesen Kundenkreis zu lenken.

Die ABC-Kundenanalyse beruht auf Daten der Vergangenheit. Sie sollte durch ein zukunftsorientiertes **Kundenportfolio** ergänzt werden, das Informationen über das Potenzial der Kunden und für die zukünftige Verkaufsarbeit liefern kann. So würde ein Kunde, der z. B. mit 4.000 € Jahresumsatz seinen vollständigen Bedarf bei einem Lieferanten deckt, genauso eingestuft wie ein zweiter Kunde, der ebenso 4.000 € Umsatzvolumen erreicht, aber damit nur 5 % seines Bedarfs bei diesem Lieferanten deckt. Beide Kunden wären nach der ABC-Kundenanalyse als unwichtig eingestuft worden. Dabei bleibt unberücksichtigt, dass beim zweiten Kunden noch sehr viel Potenzial vorhanden wäre, da der Betrieb bei ihm lediglich eine schwache Wettbewerbsposition bzw. Lieferantenposition hat.

Kundenportfolio nach Kundenattraktivität und Lieferantenposition

Das Kundenportfolio kann helfen, die Verkaufsaktivitäten auf die wirklich wichtigen Kunden zu lenken. Es kann zur Analyse der Kundenstruktur eines ganzen Unternehmens, eines Geschäftsbereichs, eines Verkaufsbüros oder auch eines einzelnen Außendienstmitarbeiters herangezogen werden. Anzustreben ist eine ausgewogene Mischung aus Star-, Fragezeichen- und Ertragskunden. **Starkunden** (in der Regel Stammkunden bzw. A-Kunden) stehen zwar im Mittelpunkt der aktuellen Verkaufsaktivitäten, Wachstumspotenziale gehen aber von den **Fragezeichenkunden** (in der Regel Neukunden) aus, da hier die Starkunden von morgen gewonnen werden. Es stellt sich die Frage, ob hier der „große Schritt" (Big Step) gewagt werden soll (der Kunde also mit allen Mitteln umworben wird) oder der Kunde fallen gelassen wird (Out). Ertragskunden (in der Regel B-Kunden) dienen der Absicherung des Basisgeschäfts. Mitnahmekunden (in der Regel C-Kunden, Laufkunden) können das Kundenportfolio sinnvoll abrunden – sie sollten aber nicht zu viel Aufmerksamkeit erhalten.

1.2.2 Konkurrenzforschung – Wettbewerber beobachten

Die Konkurrenzforschung als Teilbereich der Marktforschung versucht die Frage zu beantworten, welche Betriebe mit welchen Mitteln um gleiche Marktpotenziale konkurrieren und wie die Stellung des eigenen Betriebs im Vergleich zu den Konkurrenten ist. Ziel ist der Aufbau von Wettbewerbsvorteilen (Marktattraktivität) durch Verbesserung der eigenen Erfolgsfaktoren (Marktanteile, Markenimage, Marktwachstum, Kundenzufriedenheit usw.) und Kompetenzen (Qualitäts- Umwelt- und Sozialstandards, Service, technisches Know-how usw.).

Ausgangspunkt der Konkurrenzforschung ist die Zusammenstellung von **Markt- und Branchendaten**, um die Markt- bzw. Branchenattraktivität festzustellen.

Marktgrößen zur Beurteilung der Markt- bzw. Branchenattraktivität

Marktgröße	Erläuterung
Marktpotenzial	maximale Aufnahmefähigkeit eines Marktes
Marktvolumen	tatsächlicher Gesamtabsatz bzw. -umsatz aller Anbieter
Absatzpotenzial	maximal möglicher Absatz bzw. Umsatz eines Anbieters
Absatzvolumen	tatsächlicher Absatz bzw. Umsatz eines Anbieters
Marktsättigung in %	$\frac{\text{Marktvolumen} \cdot 100}{\text{Marktpotenzial}}$
Marktanteil in %	$\frac{\text{Absatzvolumen} \cdot 100}{\text{Marktvolumen}}$
Relativer Marktanteil in %	$\frac{\text{eigenes Absatzvolumen} \cdot 100}{\text{Absatzvolumen des größten Konkurrenten}}$ Relativer Marktanteil < 100 % = Konkurrent ist stärker Relativer Marktanteil > 100 % = Konkurrent ist schwächer

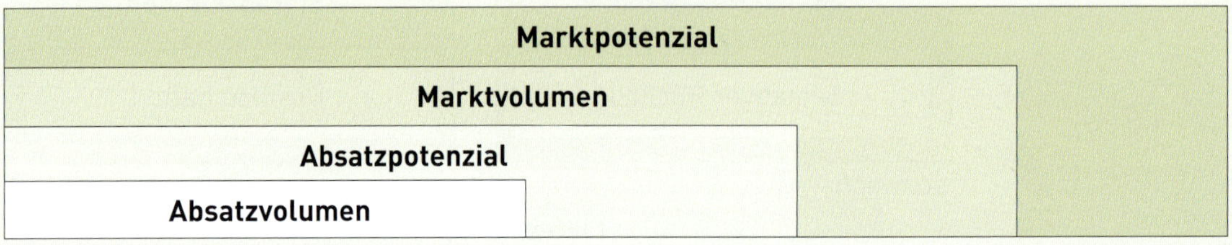

Je größer das Marktpotenzial und das Marktvolumen und je größer das aktuelle und zukünftige Wachstum des Marktes bzw. der Branche (z. B. Fahrradmarkt) bzw. einzelner Teilmärkte (z. B. E-Bikes) ist und je positiver die Umsatz- und Gewinnentwicklung eingeschätzt wird, umso attraktiver ist der Markt bzw. die Branche. Eine hohe Markt- bzw. Branchenattraktivität zieht aber auch neue Marktteilnehmer und damit Wettbewerber an. Umgekehrt schrecken gesättigte Märkte mögliche neue Konkurrenten ab.

Im zweiten Schritt der Konkurrenzforschung werden Daten über die aktuellen und potenziellen Konkurrenten gesammelt und ausgewertet **(Konkurrenzanalyse).** Dabei geht es um folgende Fragen: Wer sind die Wettbewerber? Wie stark ist die Marktposition der einzelnen Wettbewerber? Gibt es einen Marktführer und wie verhält er sich? In welchen Geschäftsfeldern (z. B. Nischenanbieter, Allrounder) sind die Wettbewerber tätig? Wie verhalten sich die Wettbewerber (aggressiv oder friedlich) aktuell und in Zukunft? Welche Stärken und Schwächen haben die Wettbewerber bezüglich Know-how, Innovationskraft, Kooperationspartner, Bekanntheitsgrad, Image, Kosten, Ertragskraft, Betriebsgröße, Qualität usw.?

Dauerhafte Wettbewerbsvorteile kann ein Betrieb erzielen, wenn er sich nicht mit dem Branchendurchschnitt vergleicht, sondern mit den Besten der Branche. Dieser **Benchmark-Ansatz** macht nicht bei der eigenen Branche halt, sondern sucht sich branchenübergreifend die Besten heraus und analysiert – bezogen auf eine konkrete Fragestellung – deren Erfolgsfaktoren. Sind die Erfolgsfaktoren und -strategien übertragbar, werden sie im eigenen Unternehmen eingeführt. Benchmarking ist ein kontinuierlicher Prozess, in dem die gewonnenen Erkenntnisse zur kontinuierlichen Verbesserung des eigenen Unternehmens eingesetzt werden. Durch Lernen von den besten Betrieben („Best Practice") soll die eigene Wettbewerbsposition verbessert und der Branchenbeste übertroffen werden.

Beispiel: *Die Rad & Roll GmbH hat sich mit ihrem stärksten Konkurrenten am Ort verglichen und die Ergebnisse dieser Benchmark-Analyse in einem* ***Polaritätsprofil*** *dargestellt.*

Leistungsmerkmale	**Konkurrent ist eher schlechter (Rad & Roll GmbH ist besser)**	**Konkurrent ist eher besser (Rad & Roll GmbH ist schlechter)**
Standort des Betriebes		
Betriebsgröße		
Bekanntheitsgrad des Betriebes		
Kundenfrequenz		
Vollständigkeit des Kernsortiments		
Umfang des Randsortiments		
Umfang der Serviceleistungen		
Beratungskompetenz des Personals		
Technisches Know-how des Personals		
Einhaltung der Liefer- und Reparaturtermine		
Innovationsfreudigkeit		
Werbeaktivitäten		
Online-Auftritt		
Preis-Leistungs-Verhältnis		
Kundenzufriedenheit		
Mitarbeiterzufriedenheit		
Umweltstandards		

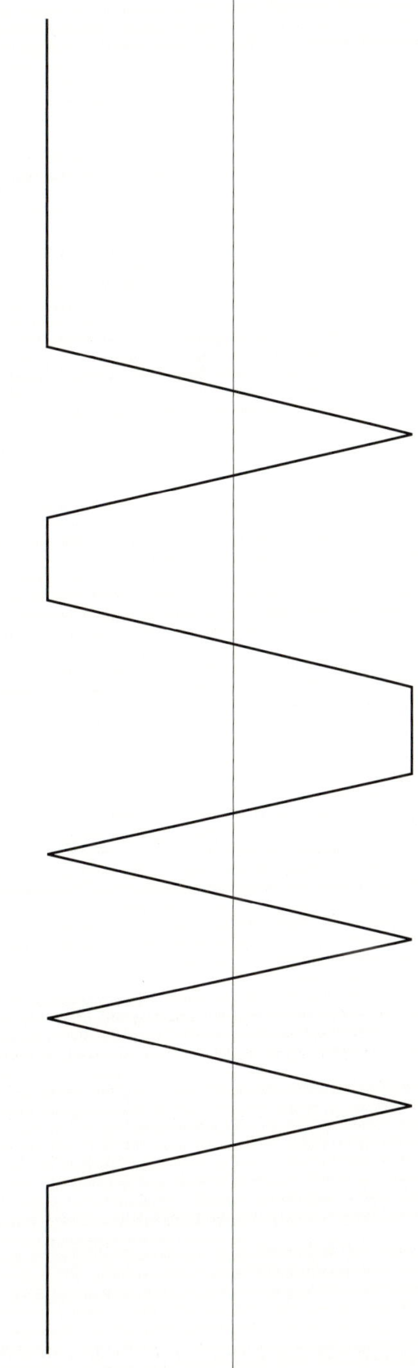

1.2.3 Konjunkturelle Lage – Auf und Ab der Wirtschaft

Das mehr oder weniger regelmäßige Auf und Ab der gesamtwirtschaftlichen Aktivität (gemessen am preisbereinigten Bruttoinlandsprodukt) wird als **Konjunktur** bezeichnet. Dabei durchläuft ein vollständiger **Konjunkturzyklus** innerhalb eines Zeitraums von drei bis sechs Jahren die vier **Konjunkturphasen** Aufschwung (Expansion), Hochkonjunktur (Boom), Abschwung (Rezession) und Tiefstand (Depression).

Je nach Ausprägung bzw. Veränderungsrichtung verschiedener **Konjunkturindikatoren** können die Konjunkturphase und damit die gegenwärtige Lage der Gesamtwirtschaft bestimmt werden. **Frühindikatoren** kündigen mit einem zeitlichen Vorlauf die nächste Konjunkturphase an. Die **Gegenwartsindikatoren** ändern sich zeitgleich mit der Wirtschaftsentwicklung, während die **Spätindikatoren** die gerade zu Ende gehende Konjunkturphase kennzeichnen.

Beschreibung der Konjunkturphasen anhand der Konjunkturindikatoren

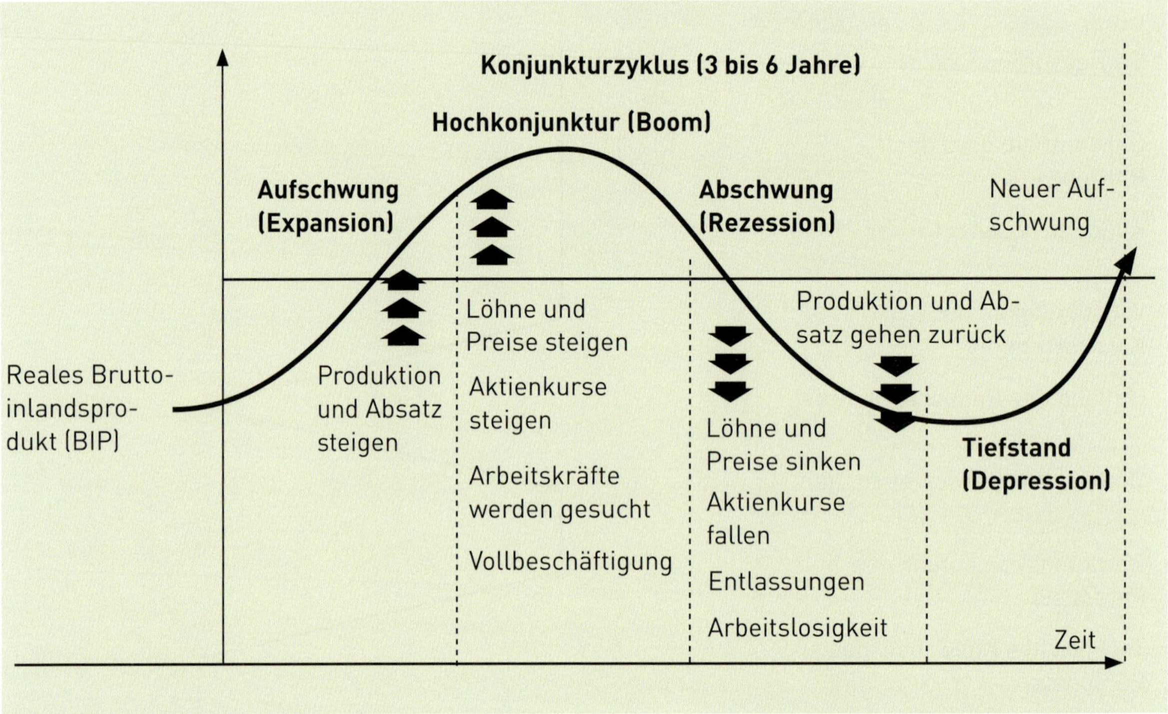

Konjunkturphase / Konjunkturindikatior	Aufschwung (Expansion)	Hochkonjunktur (Boom)	Abschwung (Rezession)	Tiefstand (Depression)
Frühindikatoren				
– Auftragseingänge	zunehmend	auf hohem Niveau verharrend	abnehmend	auf niedrigem Niveau verharrend
– Geschäftsklima	optimistisch	optimistisch	pessimistisch	pessimistisch
– Investitionsneigung	zunehmend	nachgebend	abnehmend	abwartend
– Zinserwartungen	gleichbleibend	steigende Zinsen	nachgebend	fallende Zinssätze
– Wachstumsprognose	zunehmend	gleichbleibend	abnehmend	abnehmend
– Aktienkurse	steigend	gleichbleibend	nachgebend	fallend
– Rohstoffpreise	anziehend	steigend	nachgebend	fallend
Gegenwartsindikatoren				
– Kapazitätsauslastung	zunehmend	Engpässe	abnehmend	gering
– Lagerbestände	abnehmend	niedrig	zunehmend	hoch
– Nachfrage (Export, Konsum)	anziehend	hohes Niveau	nachgebend	niedriges Niveau
– Staatsausgaben	abnehmend	niedrig (antizyklisch)	zunehmend	hoch (antizyklisch)
– Lohnentwicklung	hohe Zuwächse	hohe Zuwächse	niedrige Zuwächse	niedrige Zuwächse
Spätindikatoren				
– Inflationsrate	anziehend	relativ hoch	nachgebend	relativ gering
– Arbeitslosenquote (konjunkturbedingt)	nachgebend	relativ gering	zunehmend	relativ hoch
– Wachstumsrate des Bruttoinlandsprodukts	zunehmend	hoch	abnehmend	niedrig
– Staatshaushalte	Defizitabbau	Überschuss	Defizitaufbau	Defizite

Verschiedene Wirtschaftsforschungsinstitute[1] erstellen anhand der Konjunkturindikatoren eine **Konjunkturdiagnose** der gegenwärtigen wirtschaftlichen Lage und leiten daraus in ihren Frühjahrs- und Herbstgutachten Vorhersagen für die nächsten zwei Jahre ab **(Konjunkturprognose).**

Jeder Betrieb sollte über die momentane und die erwartete zukünftige wirtschaftliche Lage informiert sein. Gerade in der Hochkonjunktur werden aufgrund des allgemeinen Optimismus meist wirtschaftliche Fehlentscheidungen getroffen. Die hohe Auslastung und das hohe Marktvolumen verleiten dazu, die Kapazitäten auszuweiten und Investitionen zu tätigen, die sich in der folgenden Rezession oft als Bumerang erweisen. Gesättigte Märkte führen zu nachgebenden Preisen, steigenden Lagerbeständen und sinkenden Umsätzen und Gewinnen. Weniger produktive Betriebe scheiden aus dem Markt aus oder werden von stärkeren Betrieben übernommen. Abschwung und Depression führen nicht selten zu einer Marktbereinigung. Jeder Betrieb sollte alarmiert sein, wenn das Bruttoinlandsprodukt in zwei aufeinanderfolgenden Quartalen im Vergleich zu den Vorquartalen nicht wächst oder gar sinkt – das sind untrügliche Vorzeichen einer Rezession. Ein Konjunkturtief wird oftmals verstärkt durch das Aufbrechen von Strukturkrisen, wie etwa Überkapazitäten in einzelnen Industriezweigen.

1.3 Methoden der Marktforschung – Sekundär- oder Primärforschung

Nach der Art, wie man zu den Marktinformationen gelangt, werden die Methoden Sekundär- und Primärforschung unterschieden. **Sekundärforschung** liegt vor, wenn die Marktforschung auf bereits vorhandene Informationen zurückgreift, die früher für andere oder ähnliche Fragestellungen erhoben wurden *(„Daten aus zweiter Hand“).* **Primärforschung** liegt vor, wenn neue Informationen eigens für eine bestimmte Fragestellung (z. B. Wie zufrieden sind meine Kunden?) durch Beobachtungen oder Befragungen der Kunden erhoben werden *(„Daten aus erster Hand“).*

Beide Methoden der Marktforschung ergänzen sich also. Mithilfe der Sekundärforschung können Marktinformationen schnell und kostengünstig am Schreibtisch gewonnen werden **(Desk-Research).** Diese Daten müssen meist noch durch zielgenauere, aber kosten- und zeitintensive Befragungen und Beobachtungen der Marktteilnehmer **(Field-Research)** abgesichert werden. Im Einzelfall muss abgewogen werden, ob der Nutzen einer ergänzenden Primärforschung die damit verbundenen Kosten rechtfertigt.

1.3.1 Sekundärforschung – Daten aus zweiter Hand

Die Sekundärforschung sucht zuerst nach geeigneten Informationsquellen und analysiert anschließend die ausgewählten Datenquellen und bereitet diese auf. Grundsätzlich kann das Datenmaterial aus *unternehmensinternen* und *unternehmensexternen Quellen* gewonnen werden. Interne Daten lassen sich vorwiegend durch Auswertungen mithilfe der **integrierten Unternehmenssoftware** (z. B. SAP, Oracle, Navision) gewinnen. Externe Daten lassen sich meist mithilfe von **Suchmaschinen bzw. Webseiten** von Verbänden, Kammern und Statistikämtern einfach, schnell, kostengünstig, weltweit, mit hoher Aktualität gewinnen.

Die gewonnenen Daten müssen meist noch veranschaulicht werden, z. B. werden tabellarische Zeitreihen zu Schaubildern umgeformt oder die wesentlichen Aussagen und Berichte der Außendienstmitarbeiter in Übersichten und Strukturbildern (z. B. Strukturbäume, Mindmaps) zusammengefasst.

1 Zum Beispiel das politisch unabhängige Deutsche Institut für Wirtschaftsforschung (DIW) in Berlin, das ebenfalls unabhängige ifo Institut (Leibniz-Institut für Wirtschaftsforschung an der Universität München), das arbeitgebernahe Institut der deutschen Wirtschaft (IW) in Köln und das gewerkschaftsnahe Institut für Makroökonomie und Konjunkturforschung (IMK) in Düsseldorf

Datenquellen der Sekundärforschung

Interne Datenquellen	Externe Datenquellen
• Absatz- und Umsatzstatistiken nach Produkten, Kunden, Regionen, Ländern • Kundenstatistiken und Kundendatei (Kundendatenbank), Kundenstrukturanalysen • Berichte des eigenen Außendienstes und der selbstständigen Absatzorgane (z. B. Handelsvertreter), mit denen der Betrieb zusammenarbeitet • Buchhaltungsunterlagen, insbesondere Gewinn- und Verlustrechnungen und Unterlagen aus der Kosten- und Leistungsrechnung • eigene bereits vorhandene Primärerhebungen, z. B. Befragungsergebnisse der Vorjahre	• Publikationen der Konkurrenz, z. B. Geschäftsberichte, Prospekte, Kataloge, Betriebszeitungen, Preislisten, Gebrauchsanweisungen, Internetauftritt • Speziell für Preisvergleiche: www.guenstiger.de, www.preisvergleich.de, www.amazon.de usw., Messen und Ausstellungen • Statistiken und Veröffentlichungen von Marktforschungsinstituten (www.gfk.de, www.acnielsen.de), Wirtschaftsverbänden und Kammern • Veröffentlichungen von Verlagen (Zeitungen, Zeitschriften, Bücher) der Wirtschafts- und Fachpresse • Statistiken der Landes- und Bundesministerien und Behörden (www.bmas.de, www.auswaertiges-amt.de, www.bmwi.de) • Statistisches Bundesamt (www.destatis.de) und statistische Landesämter, amtliche Statistiken der Regierungspräsidien, Kreise und Gemeinden • Statistiken der Bundesbank (www.bundesbank.de) und der Europäischen Zentralbank (www.ecb.eu) • Veröffentlichungen von Hochschulen und wissenschaftlichen Instituten, z. B. Wirtschaftsforschungsinstituten • Veröffentlichungen supranationaler Behörden (z. B. EU, UNO) und internationaler Organisationen • Datenbankanbieter (z. B. Genios, Data Star), Datenvermittlungsorganisationen, z. B. Informationsbroker

Beispiele: *Externe Datenquellen der Sekundärforschung*

Aktuelle Informationen und Daten der Fahrradbranche

Die Zahl der Fahrräder in Deutschland hat in den vergangenen Jahren beständig zugenommen. Nach Angaben des Zweirad-Industrie-Verbandes (ZIV) belief sich der **Fahrradbestand** in Deutschland 2013 konstant auf 71 Millionen Stück. 2007 waren es noch drei Millionen weniger. Der **Fahrradabsatz** in Deutschland hatte 2013 ein Volumen von rund 3,8 Millionen Stück. Anders als die Bestandszahlen ist der Absatz in den letzten Jahren zurückgegangen. Trotzdem hat sich der Umsatz im Fahrradhandel in den letzten Jahren positiv entwickelt.

Der neueste **Trend** in der Fahrradindustrie sind Räder mit elektronischem Antrieb. Der Absatz von E-Bikes in Deutschland wird für 2013 mit 410.000 Exemplaren angegeben. Der Anteil des E-Bikes am Gesamtmarkt ist im Jahr 2013 auf 11 % angestiegen. Die Infrastruktur muss an die stärkere Nutzung von Fahrrädern und E-Bikes angepasst werden. Sichere Abstellanlagen sind notwendig, um hochwertige E-Bikes im öffentlichen Verkehrsraum parken zu können.

Die beliebtesten Fahrradmodelle gemessen am Absatz sind Trekking-Räder, City-Räder und Mountainbikes. Die **Beliebtheit des Fahrrades** ist weiterhin ungebrochen. Eine Studie des „Deutschen Mobilitätspanel" belegt: Gegenüber 2002 wird das Fahrrad um 50 % mehr genutzt. Jeder Fahrradnutzer fährt 30 km pro Woche. Das Qualitätsbewusstsein der Verbraucher ist stärker ausgeprägt und die Durchschnittspreise steigen weiter. 50 000 Beschäftige in der deutschen Fahrradbranche erwirtschafteten einen Gesamtumsatz von mehr als 4 Mrd. €.

Quelle: ZIV Zweirad-Industrie-Verband

Ausstattung privater Haushalte mit Fahrzeugen in Deutschland[1]

Fahrzeuge	2009	2010	2011	2012	2014
Hochgerechnete Haushalte (1 000)	36 462	36 521	36 640	36 701	36 343
Anteil der Haushalte in % (Ausstattungsgrad)					
Personenkraftwagen	76,7	77,6	77,9	77,4	77,1
neu gekauft	34,2	36,8	36,2	35,6	34,4
gebraucht gekauft	47,3	46	46,7	47,3	48,1
geleast[2]	3,8	3,5	3,6	3,2	3,8
Kraftrad (auch Mofa und Roller)	10,6	10,5	10,8	11,2	11
Fahrrad	80,5	80,7	81	80,8	81,4
Anzahl der Güter je 100 Haushalte (Ausstattungsbestand)					
Personenkraftwagen	100	101,6	102,5	103,3	104,5
neu gekauft	38,1	41,5	40,8	40,2	39
gebraucht gekauft	57,7	56,3	57,8	59,6	61,2
geleast[2]	4,2	3,7	3,9	3,5	4,2
Kraftrad (auch Mofa und Roller)	12,9	12,9	13,5	14,2	13,6
Fahrrad	182	182,3	183,6	184,5	187,7
E-Bike (Elektrofahrrad)	–	–	–	–	4,3

Quelle: www.destatis.de/DE/ZahlenFakten/GesellschaftStaat/EinkommenKonsumLebensbedingungen/AusstattungGebrauchsguetern/Tabellen/Fahrzeuge_D.html

1.3.2 Primärforschung – Daten aus erster Hand

Die Primärforschung gewinnt ihre Informationen durch Beobachtungen, Befragungen oder durch einen Mix beider Methoden in Form von Experimenten oder Markttests.

1 Stand: 1. Januar des jeweiligen Jahres. Ohne Haushalte von Selbstständigen und Landwirten und ohne Haushalte mit einem monatlichen Haushaltsnettoeinkommen von 18.000 € und mehr.
2 Einschließlich Firmenwagen, die auch privat genutzt werden dürfen. Keine Ratenkäufe.

- **Erhebungsumfang – Vollerhebung oder Teilerhebung**

Bei der Primärforschung stellt sich die Frage, ob die Gesamtheit aller betreffenden Personen **(Vollerhebung)** oder nur ein Teil davon **(Teilerhebung)** beobachtet oder befragt werden soll. Aus Zeit- und Kostengründen empfiehlt sich eine Teilerhebung. Da die Ergebnisse der Teilerhebung (Stichprobe) anschließend auf die Grundgesamtheit hochgerechnet werden, sollte die Teilmenge ein möglichst genaues Abbild der Grundgesamtheit darstellen. Üblicherweise wird die Stichprobe durch eine Zufallsauswahl oder mithilfe des Quotenverfahrens bestimmt. Bei der **Zufallsauswahl** wird z. B. jeder 10. Kunde aus der Kundendatei befragt (die Startzahl wird ausgewürfelt) oder ein Zufallsgenerator bestimmt die Kunden. Beim **Quotenverfahren** wird aus der Gesamtheit der Kunden eine repräsentative (strukturgleiche) Teilmenge ausgewählt. Sind z. B. 1000 der insgesamt 3000 Kunden weiblich, dann sollten auch 30 % der Teilmenge weiblichen Geschlechts sein.

Vorgehensweise bei einer Teilerhebung

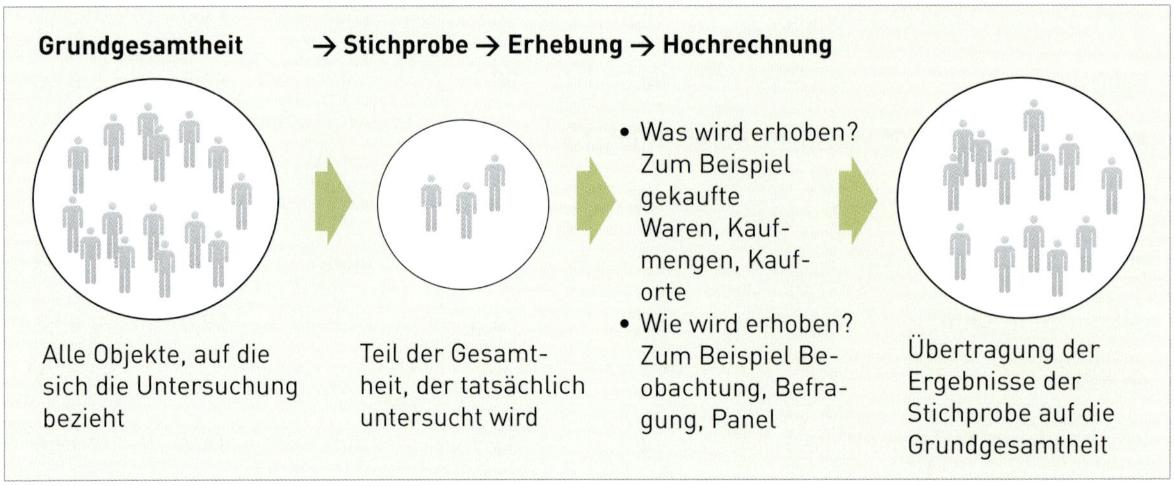

- **Beobachtung – tatsächliches Verhalten herausfinden**

Mithilfe der **Beobachtung** werden Sachverhalte systematisch erfasst, die mit den menschlichen Sinnen oder mittels technischer Sensoren zum Zeitpunkt ihres Auftretens wahrnehmbar sind. Der Beobachter darf die beobachtete Situation (Beobachtungsfeld) nicht durch seine Anwesenheit oder sein Verhalten verändern. Anwendungsgebiete der Beobachtung sind das Verkäufer- und das Kaufverhalten, Kundenlaufstudien, das Verhalten im Internet wie Ad-Click-Rate, Länge der Visits, Anzahl der Responses bzw. Bestellungen usw.

Das Beobachtete wird in der Regel protokolliert oder mithilfe technischer Geräte wie Mikrofon, Videokamera, Webcam, Lichtschranke oder Drehkreuze mit Zählwerk (für Kundenzählung) usw. aufgezeichnet und anschließend ausgewertet. Soll das Verhalten aufgezeichnet werden, müssen sich die betreffenden Personen vorher einverstanden erklären. Dazu genügt meist ein deutlicher Hinweis im Eingangsbereich eines Ladens oder vor dem Telefongespräch.

Feldbeobachtungen untersuchen das Verhalten des Kunden ohne dessen Wissen in seiner natürlichen Umgebung (biotisch) in realen Situationen, z. B. Beobachtung des Kundenlaufs im Laden (Kundenlaufstudien) oder von Verkaufsgesprächen, Kundenzählung im Eingangsbereich.

Beispiel: *Ergebnisse von Kundenlaufstudien im Laden*

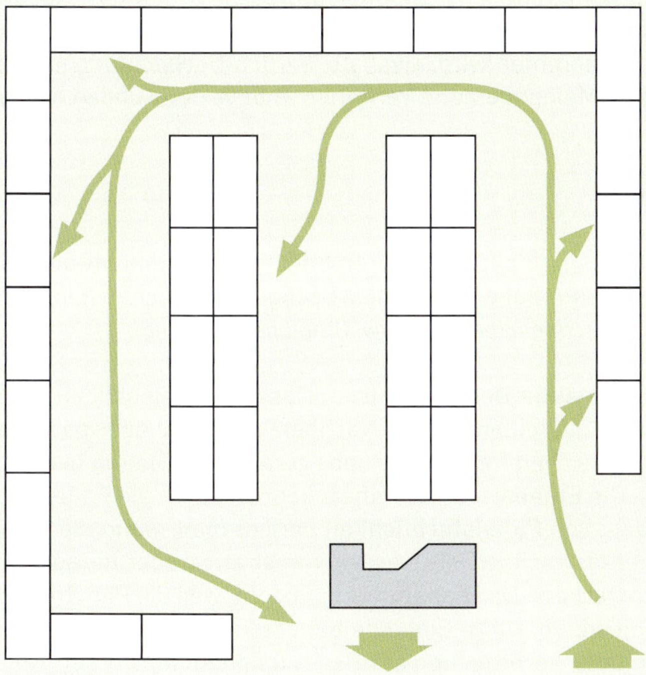

Verkaufsstarke Zonen:
- Rechts in Kundenlaufrichtung
- Auflaufflächen (quer zur Laufrichtung)
- Kassenzone (Wartezone)
- Außengänge, Ganggrenzen
- Zonen um Aufzüge, Rolltreppen

Verkaufsschwache Zonen:
- Links in Kundenlaufrichtung
- Eingangszonen
- Mittelgänge
- Sackgassen
- Zone hinter den Kassen
- Höhere und tiefere Etagen

Laborbeobachtungen schaffen eine simulierte und damit kontrollierbare Umwelt (quasi-biotisch) und unterstützen die persönlichen Beobachtungen meist durch apparative Hilfsmittel zur Blickregistrierung (Blickverlauf, Blicksprünge, Verweilpunkte), Pupillenreaktion (positive Reaktion vergrößert die Pupille), Messung der Hautleitwerte oder der Stimmfrequenz u. Ä. Laborbeobachtungen werden angewandt, um den Aufforderungscharakter des Designs (z. B. Form, Farbe, Größe, Funktion) eines Produkts oder seiner Verpackung zu überprüfen und zu verbessern. Dabei muss die Versuchsperson spontan aus mehreren gezeigten Entwürfen wählen bzw. die Verpackung öffnen.

Blickregistrierungs- und Hautleitwertmessgerät / Blickpunkte in einem Supermarkt

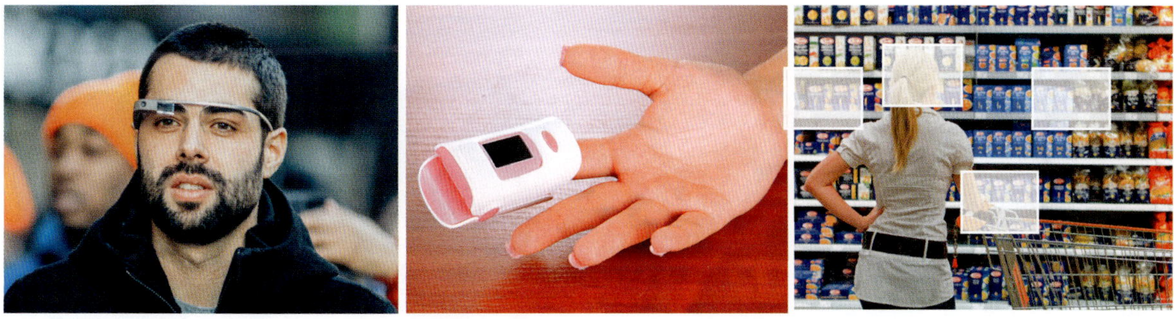

Bei der **offenen Beobachtung** gibt sich der Beobachter zu erkennen. Der Kunde ist zwar darüber informiert, dass er beobachtet wird – aber er weiß nicht, welche Teilaspekte seines Verhaltens beobachtet werden. Dies stellt sicher, dass der Kunde ein möglichst natürliches Verhalten zeigt. Jede offene Beobachtung ist somit auch teilweise eine **verdeckte Beobachtung,** bei der sich der Beobachter nicht zu erkennen gibt und die betreffenden Personen nicht wissen, dass sie beobachtet werden.

Bei einer **teilnehmenden Beobachtung** geht der Beobachter, z. B. mit dem kaufenden Kunden mit und tut so, als ob auch er kauft – gibt sich aber nicht zu erkennen (wie ein Kaufhausdetektiv). Bei einer **nichtteilnehmenden Beobachtung** bleibt der Beobachter passiv, nimmt also nicht am Geschehen teil. Gerade weil der Beobachter nur zuschaut, fällt er oft auf, weil er sich „anders verhält" – weil er ja nicht kauft.

Beobachtungen geben Auskunft über das *wirkliche Verhalten* der Personen, ohne dass der Beobachter auf die Auskunftsbereitschaft der Personen angewiesen ist. Beobachtungen sind aber *sehr zeitaufwendig,* da der Beobachter während der gesamten Untersuchungssituation anwesend sein muss. Nachteilig ist auch, dass Beobachtungen *keine Rückschlüsse auf die Motive* für das Verhalten zulassen, da nur das tatsächlich stattfindende Verhalten wahrgenommen wird. Deshalb werden Beobachtungen meist durch Befragungen ergänzt, um Einstellungen, Meinungen und Verhaltensmotive der Kunden herauszufinden.

- **Befragung – Verhaltensmotive herausfinden**

Bei der **Befragung** geben die in die Untersuchung einbezogenen Personen selbst Auskunft über das Befragungsthema. Dabei können sich die Fragen nur auf ein spezielles Sachgebiet beziehen (*Einthema-Befragung)* oder gleichzeitig auf mehrere Themen *(Mehrthemen- bzw. Omnibusbefragung).*

Nach der *Häufigkeit* unterscheidet man die **einmalige Befragung** (sie erfasst die augenblickliche Situation), die **mehrmalige Befragung** (sie ermöglicht einen Vorher-Nachher-Vergleich) oder das **Panel** als periodisch wiederkehrende Befragung der gleichen Personengruppe zum selben Thema (sie deckt Verhaltensveränderungen im Zeitablauf auf). Die Ergebnisse des Panels können durch die Panelsterblichkeit und den Paneleffekt verfälscht werden. Von **Panelsterblichkeit** spricht man, wenn die Panelteilnehmer mit der Zeit aus der Zielgruppe herauswachsen (sie werden immer älter) oder herausfallen (sie stellen ihre Mitarbeit ein, ziehen um oder sterben). Der **Paneleffekt** entsteht, weil die Panelteilnehmer ein verändertes Kaufverhalten zeigen, da sie über ihre Einkäufe berichten müssen. Je nachdem, ob repräsentativ ausgewählte Unternehmen oder Verbraucher am Panel teilnehmen, werden *Unternehmenspanels* (Industrie-, Einzel- und Großhandelspanel) und *Haushalts- bzw. Verbraucherpanels* unterschieden. Manche Großbetriebe haben ein *eigenes Kundenpanel* aufgebaut und können direkt und schnell mit ihrer Zielgruppe kommunizieren und Feedback zu ihren Produkten und Dienstleistungen einholen.

Nach der *Kommunikationsform* können Befragungen mündlich (face-to-face, telefonisch) oder schriftlich (Brief, Fax, online per E-Mail oder soziales Netzwerk wie Facebook oder Twitter), ohne (konventionell) oder mit Computerunterstützung, selbst oder über ein Callcenter durchgeführt werden.

Bei der computerunterstützten Face-To-Face-Befragung oder telefonischen Befragung liest der Interviewer die Fragen vom Bildschirm ab und gibt die Antworten des Befragten selbst ein (**CAPI** = Computer Assisted Personal Interview). Bei der Face-To-Face-Befragung besteht wie bei der Onlinebefragung auch die Möglichkeit, dass der Befragte die Fragen selbst vom Bildschirm abliest und die Antworten selbst eingibt (**CSA** = Computer Selfadministrated Questionaire).

Bei der **mündlichen Befragung (Interview)** stellt ein Interviewer einen persönlichen Kontakt zum Befragten her. Wegen der Vergleichbarkeit wird dem Interviewer meist ein festes Fragengerüst vorgegeben. Wenn der Interviewer die Fragen lediglich vorlesen und von der vorgegebenen Reihenfolge nicht abweichen darf, handelt es sich um ein **standardisiertes Interview.** Das **strukturierte Interview** lässt Abweichungen von der Reihenfolge der Fragen, Erläuterungen und Zusatzfragen des Interviewers zu. Die Auswertung wird dadurch zwar erschwert und die Vergleichbarkeit der Antworten leidet, aber der Interviewer kann gezielt auf die jeweilige Situation und seinen Interviewpartner (z. B. Rückfragen) eingehen. Beim **offenen Interview** ist lediglich das Gesprächsthema vorgegeben, ansonsten kann der Interviewer das Gespräch frei führen.

Bei der **schriftlichen Befragung** erhalten die Befragten einen **Fragebogen,** den sie ohne Hilfe eines Interviewers selbst ausfüllen müssen. Der Fragebogen kann auf dem Postweg, persönlich, als Beilage in Zeitungen oder Zeitschriften oder online (E-Mail, soziales Netzwerk) verteilt werden. Die geringe Zahl der antwortenden Personen (die Rücklaufquote beträgt unter 15 %) kann durch Incentives (Belohnungen, Teilnahme an einem Gewinnspiel) verbessert werden.

Vergleich der Befragungsarten

Befragungsart / Kriterien	Face-To-Face-Befragung	Telefonische Befragung	Schriftliche Befragung	Onlinebefragung
Rücklaufquote	Hoch (++)	Relativ hoch (+)	Gering (– –)	Relativ hoch (+)
Rückfragemöglichkeit	Möglich (++)	Möglich (++)	Nicht möglich (– –)	Möglich (–) über Hotline
Beeinflussung durch Dritte	Gering (++)	Relativ gering (+)	Groß (– –)	Relativ groß (–)
Genauigkeit, Repräsentanz	Relativ groß (+)	Relativ groß (+)	Relativ gering (–)	Relativ gering (–)
Spontane Antworten	Ja (+)	Ja (+)	Nein (–)	Nein (–)
Veranschaulichung der Fragen durch Bilder, Vorlagen	Möglich (+)	Nicht möglich (–)	Teilweise möglich (+)	Möglich (+)
Beeinflussung durch Interviewer	Groß (– –)	Relativ groß (–)	Keine (++)	Keine (++)
Schnelligkeit der Durchführung und Auswertung	Gering (– –)	Hoch (+)	Relativ gering (-)	Sehr hoch (++)
Kosten	Hoch (– –)	Niedrig (+)	Niedrig (+)	Sehr niedrig (++)
Umfang der Befragung	Gering (– –)	Relativ gering (–)	Hoch (++)	Je älter die Teilnehmer, desto geringer

Da immer mehr Menschen mobile Endgeräte (z. B. Smartphone, Tabletcomputer) nutzen, gewinnen **mobile Umfragen** und **mobile Feedbacks** zunehmend an Bedeutung. Der Gerätenutzer muss sein Gerät nur noch auf einen QR-Code richten und kann seine Meinung zu einem Produkt oder Event unmittelbar abgeben – ähnlich dem „Gefällt-mir"-Button bei Facebook. Ein QR-Code-App-Reader und ein mobiler Webbrowser reichen für den Zugang zu mobilen Umfragen aus.

- **Experiment – Störfaktoren ausschließen**

Das **Experiment** ist ein methodisches Vorgehen, bei dem der zu untersuchende Sachverhalt unter vorher genau festgelegten (kontrollierten) Bedingungen untersucht wird.

Alle störenden Umweltfaktoren werden beseitigt, um das zu untersuchende Merkmal zu isolieren (z. B. Werbeanzeige mit grünem Hintergrund). Dieses Merkmal wird verändert (**Testfaktor,** z. B. Werbeanzeige mit blauem Hintergrund), um seinen Einfluss auf eine andere Größe zu untersuchen (**Wirkfaktor,** z. B. Zustimmungsgrad bei den Versuchspersonen).

Beispiel: *Ein Werbespruch wird einer Versuchsgruppe dreimal vorgespielt, wobei bei jeder Vorführung ein Wort verändert wird. Am Ende des Versuchs wird festgestellt, welche Variante sich am besten eingeprägt hat.*

Es werden also **Ursache-Wirkungszusammenhänge** durch *Vorher-Nachher-Messungen* bei derselben Versuchsgruppe überprüft. Die zuverlässigsten Ergebnisse liefert ein Versuchsaufbau, bei dem die Versuchsgruppe durch eine *Kontrollgruppe* ergänzt wird.

Die Wirkung des Testfaktors kann durch Beobachtung oder Befragung der ausgewählten Versuchspersonen ermittelt werden. Experimente können unter natürlichen (biotischen) Bedingungen **(Feldexperiment)** oder künstlicher Umgebung **(Laborexperiment)** durchgeführt werden. Experimente werden eingesetzt, um die Wirkung von Werbeanzeigen und -spots, Preis- und Produktveränderungen vor der Einführung zu überprüfen (Werbemittel-Pretest, Preis-, Produkt-, Geruchs- und Geschmacks-, Funktionstests usw.).

- **Markttest – Verkauf in einem begrenzten Absatzgebiet**

Bei der Methode des **Markttests** wird das zu testende Produkt probeweise in einem begrenzten Absatzgebiet unter kontrollierten, aber realen Einkaufsbedingungen angeboten. Meist dienen Markttests dazu, die Wirksamkeit von Marketingmaßnahmen (z. B. Werbe-, Produkt-, Preisveränderungen) zu überprüfen. Die Struktur (demografische Merkmale, Wettbewerbssituation, Medien, Wirtschaft) im Testgebiet muss mit dem Gesamtmarkt übereinstimmen, auf dem der Betrieb tätig ist.

Es werden **regionale Testmärkte** (z. B. Saarland, Großraum Stuttgart, Hessen), **lokale Testmärkte** (z. B. Haßloch), **Storetests** (Testläden) oder **Testmarktsimulationen** (Labortestmarkt) unterschieden. A. C. Nielsen betreibt unter der Bezeichnung Telerim elektronische lokale Testmärkte in Bad Kreuznach und Buxtehude.

Die Testdauer (drei bis neun Monate) umfasst meist mehrere Verbrauchsperioden, da nur so die Wiederkaufsrate verlässlich geschätzt werden kann. Oft werden Erst- und Wiederkäufe mithilfe bereits vorhandener Verbraucherpanels ermittelt.

1.4 Gestaltung eines Fragebogens – Kundenwünsche herausfinden

Vor jeder Kundenbefragung sollte geklärt sein, welches Ziel mit der Befragung verfolgt werden soll und welche Erwartungen an die Ergebnisse gestellt werden. Oberstes Ziel ist die Steigerung der Kundenzufriedenheit. Für Aufbau und Inhalt des Fragebogens ist bedeutsam, ob Beschwerdegründe herausgefunden oder Kundenwünsche bei der Weiterentwicklung des Leistungsangebots berücksichtigt werden sollen.

Bei der Gestaltung des Fragebogens sind folgende Punkte zu beachten:

- Umfang und Unterteilung des Fragebogens
- Art und Formulierung der Fragen

1.4.1 Umfang und Unterteilung des Fragebogens

Der Fragebogen muss zur Zielgruppe passen und darf sie nicht überfordern. Kunden sind eher bereit, sich auf eine Befragung einzulassen, wenn der Zeitaufwand gering erscheint. Deshalb sollten nicht mehr als 15 Fragen gestellt werden, deren Beantwortung nicht mehr als 15 Minuten beanspruchen sollte.

Grundsätzlicher Aufbau eines Fragebogens

Kontakt- und Eisbrecherfragen	Sie sollen das Interesse und die Kommunikationsbereitschaft des Befragten wecken, sein Misstrauen abbauen und ihn für die folgenden Fragen motivieren.
Übergangs- und Vorbereitungsfragen	Sie sollen den Ablauf der Gedankengänge in die beabsichtigte Richtung lenken oder den Wechsel des Themas erleichtern, z. B. bei Omnibusbefragungen.
Sachfragen	Sie haben einen direkten Bezug zum Untersuchungsgegenstand und sind Hauptteil der Befragung.
Motivationsfragen	Motivationsfragen sollen die Antwortbereitschaft erhöhen, das Selbstvertrauen des Befragten heben und eventuelle Hemmungen abbauen.
Kontrollfragen	Damit sollen Widersprüche (Inkonsistenzen) in den Antworten überprüft werden und festgestellt werden, ob die bisher gestellten Fragen wahrheitsgemäß beantwortet wurden und ob der Befragte die Fragen verstanden hat.
Fragen zur Person	Sie erfassen relevante persönliche Merkmale des Befragten (z. B. Alter, Familienstand, Einkommen). Sie schließen die Befragung ab, weil die Befragten am Ende auskunftsfreudiger sind und mit zunehmender Ermüdung psychologische Abwehrreaktionen seltener auftreten. Den Befragten müssen Anonymität und Datenschutz zugesichert werden.

1.4.2 Art und Formulierung der Fragen

Nach der Fragemöglichkeit lassen sich direkte oder indirekte Fragen bzw. offene oder geschlossene Fragen unterscheiden. Nach der Antwortmöglichkeit kommen keine Antwortvorgabe oder Antwortvorgaben mit zwei oder mehr Alternativen sowie Listenvorgaben infrage.

Mithilfe der **direkten Frage** wird der Untersuchungsgegenstand direkt erfragt, z. B. „Wo wohnen Sie?", „Welchen höchsten Bildungsgrad haben Sie abgeschlossen?". Direkte Fragen eignen sich, wenn zu erwarten ist, dass die Befragten wahrheitsgemäß und genau antworten und Prestige und Tabus keine Rolle spielen. **Indirekte Fragen** sind so gestellt, dass der Befragte die Frage nicht unmittelbar auf sich bezieht. Meist werden die Fragen auf Dritte oder die Allgemeinheit bezogen, z. B. „Was halten Ihre Be-

5

Kunden akquirieren und binden

kannten von diesem Werbespot?", „Wie denkt die Allgemeinheit über das Elektro-Fahrrad?". Indirekte Fragen empfehlen sich, wenn zu erwarten ist, dass die Befragten ihre wirkliche Einstellung oder ihr Verhalten nicht preisgeben wollen oder aufgrund ihres Wissenstandes die Fragen nicht beantworten können.

Bei einer **offenen Frage** müssen die Befragten ihre Antwort auf die gestellte Frage selbst in freier Form formulieren. Es gibt keine Antwortvorgaben. Offene Fragen bieten sich an, wenn detaillierte Auskünfte von Experten eingeholt werden sollen und dem Marktforscher die Antwortmöglichkeiten nicht ausreichend bekannt sind. Die Befragten können ihre Kenntnisse, Vorschläge und Einstellungen uneingeschränkt ausdrücken. Verzerrungen durch fehlende bzw. die Vorgabe ungeeigneter Antwortkategorien lassen sich so vermeiden. Die Gefahr einer unvollständigen oder falschen Protokollierung der Antworten durch den Interviewer ist jedoch relativ hoch. Die quantitative Auswertung der Antworten ist schwierig und zeitaufwendig. Deshalb greift man in der Marktforschungspraxis häufig zur sogenannten *Feldverschlüsselung.* Hier wird der Auskunftsperson zwar eine offene Frage gestellt, die möglichen Antwortkategorien sind jedoch im Fragebogen bereits enthalten, sodass der Interviewer nur noch die entsprechende Antwort zuordnen muss.

Bei der **geschlossenen Frage** werden den Befragten Antwortmöglichkeiten vorgegeben. Sie sind meist schneller und leichter zu beantworten und auszuwerten als offene Fragen und somit für groß angelegte Befragungen geeignet. Oft ist es sinnvoll, offene Fragen in Voruntersuchungen zu verwenden, um herauszufinden, welche Antworten es überhaupt gibt. Daraus können Antwortmöglichkeiten für geschlossene Fragen gewonnen werden, die in der anschließenden Hauptuntersuchung verwendet werden können. Geschlossenen Fragen werden als Alternativfrage, Mehrfachauswahlfragen (z. B. Liste mit Alternativen, Auswahl mit Rangordnung, Herstellung einer Rangordnung) gestellt.

Beispiel: *Geschlossene Frage als* ***Alternativfrage*** *(Ja-Nein-Frage)*

Würden Sie dieses Produkt wieder kaufen?

☐ Ja ☐ Nein

Beispiel: *Geschlossene Frage als* ***Mehrfachauswahlfrage*** *(Multiple-Choice-Frage)*

Mit dem Produkt A bin ich im Großen und Ganzen zufrieden.

☐ stimme sehr zu
☐ stimme zu
☐ stimme weder zu noch nicht zu
☐ stimme nicht zu
☐ stimme gar nicht zu
☐ weiß nicht

Beispiel: *Geschlossene Frage als* ***Listenvorgabe*** *(Tabelle in Matrixform)*

Wie zufrieden sind Sie mit folgenden Aspekten des telefonischen Kundenservice?

	sehr zufrieden	zufrieden	weder zufrieden noch unzufrieden	unzufrieden	sehr unzufrieden
Erreichbarkeit	☐	☐	☐	☐	☐
Freundlichkeit	☐	☐	☐	☐	☐
Schnelligkeit	☐	☐	☐	☐	☐
Kompetenz	☐	☐	☐	☐	☐

Beispiel: *Geschlossene Frage als* ***grafische Skala*** *(Zahlenstrahl)*

Ich halte das Preis-/Leistungs-Verhältnis dieses Produkts für angemessen. (auf die Skala klicken)

stimme gar nicht zu — 0 … 5 … 10 — stimme sehr zu

Beispiel: *Geschlossene Frage als* ***Polaritätsprofil***

Bitte markieren Sie Ihre Position bezüglich folgender Ausagen.
Das vorliegende Produkt finde ich …

			weder noch			
teuer	☐	☐	☐	☐	☐	billig
qualitativ hochwertig	☐	☐	☐	☐	☐	qualitativ minderwertig

1.4.3 Allgemeine Hinweise zur Fragebogengestaltung

Der Fragebogen muss optisch ansprechend gestaltet, übersichtlich und gut gegliedert sein. Wenn möglich, sollten grafische Elemente den textlichen Elementen vorgezogen werden. Antwortprinzipien und Skalen sollten durchgängig über alle Fragen beibehalten werden.

Tipps zur Formulierung der Fragen

- kurz, einfach, leicht verständlich (Alltagssprache)
- eindeutig, klar, präzise, unmissverständlich, Abkürzungen vermeiden
- Keine doppelte Verneinung, z. B. „Ist es nicht unsinnig, dieses Produkt nicht einzuführen?"
- Keine Suggestivfragen, z. B. „Sie halten das Produkt bestimmt für preiswert?"
- Bildungsniveau der Befragten beachten, Fachbegriffe, Fremdwörter vermeiden.
- Absolute Begriffe wie „immer" oder „nie" vermeiden (besser: „meistens", „im Allgemeinen").

Zu jedem Fragebogen gehört ein **Begleitschreiben** mit persönlicher Anrede des Kunden, das den Anlass und die Ziele der Befragung beschreibt und den Kunden zum Ausfüllen des Fragebogens motiviert. Dem Begleitschreiben sollte ein frankierter Rückumschlag beiliegen.

Das Begleitschreiben sollte möglichst durch eine **Erklärung zum Datenschutz** und zur absoluten Vertraulichkeit der Angaben der Befragten ergänzt werden.

Beispiel: *Begleitschreiben zum Fragebogen*

Kundenbefragung

Sehr geehrter Herr Dollinger,

Sie haben vor nicht allzu langer Zeit bei uns eine Fahrradreparatur vornehmen lassen. Für diesen Auftrag und das damit verbundene Vertrauen möchten wir uns heute nochmals herzlich bedanken.

Es ist uns ein Anliegen, unseren Kunden immer einen einwandfreien Service zu bieten. Dies setzt natürlich voraus, dass wir uns ständig selbst überprüfen und verbessern.

Dazu brauchen wir Ihre Hilfe – denn ohne Ihre Beurteilung können wir uns nicht messen.

Wir möchten Sie deshalb bitten, den beigefügten Fragebogen auszufüllen und im Rückumschlag an uns zurückzusenden. Selbstverständlich portofrei, denn das übernehmen wir.

Für Ihre Bemühungen bedanken wir uns schon jetzt. Als Dankeschön nimmt jeder vollständig ausgefüllte Fragebogen an unserer Pflegeset-Verlosung teil.

Mit freundlichen Grüßen

Beispiel: *Erklärung zum Datenschutz und Vertraulichkeit der Angaben*

Erklärung zum Datenschutz und Vertraulichkeit Ihrer Angaben

Wir arbeiten nach den Vorschriften des Bundesdatenschutzgesetzes (BDSG) und allen anderen datenschutzrechtlichen Bestimmungen. Die Ergebnisse der Befragung werden ausschließlich in anonymisierter Form dargestellt.

Niemand kann erkennen, von welcher Person oder Institution die Angaben gemacht worden sind. Wir geben keine Einzeldaten weiter, die Ihre Person oder Institution erkennen lassen könnten.

Bitte tragen Sie Ihre Antworten zu den Fragen selbst in die Antwortfelder ein und schicken Sie uns dann den Fragebogen im beigelegten vorfrankierten Briefumschlag zu.

Für die Auswertung werden Ihre Interviewdaten in Zahlen umgesetzt und, falls angegeben, ohne Ihren Namen und ohne Ihre Adresse (also anonymisiert) auf einen Datenträger (USB-Stick, CD-ROM, Magnetspeicher) gebracht. Anschließend werden die Interviewdaten (ohne Namen und Adresse) von einem Computer ausgewertet. Das Gesamtergebnis und die Ergebnisse von Teilgruppen werden dann ohne jeglichen Personenbezug in Tabellen ausgegeben.

Für die Einhaltung der Datenschutzbestimmungen ist Frau Kroner, Geschäftsführerin Rad & Roll GmbH, verantwortlich.

Beispiel: *Fragebogen für eine Kundenbefragung*

Rad & Roll GmbH

Rad macht fit

KUNDENBEFRAGUNG

1. Was bisher geschah ...

	ja	nein
Hatten Sie früher schon einmal einen Schaden an Ihrem Fahrrad?	☐	☐
Wurde der Schaden behoben?	☐	☐
Im Laden oder in einer Radwerkstatt?	☐	☐
Bei einem anderen Fachbetrieb?	☐	☐

2. Unser Team setzt sich für Sie ein!
Wie bewerten Sie die Betreuung durch unsere Mitarbeiter?

	bin begeistert (Note 1)	bin sehr zufrieden (Note 2)	bin zufrieden (Note 3)	könnte besser sein (Note 4)	nicht zufrieden (Note 5)
Büro/Telefon	☐	☐	☐	☐	☐
Fahrrad-Annahme/-Übergabe	☐	☐	☐	☐	☐
Werkstatt	☐	☐	☐	☐	☐

3. Wir möchten unseren Service ständig für Sie erweitern und verbessern.
Wie bewerten Sie unseren Service im Allgemeinen?

	bin begeistert (Note 1)	bin sehr zufrieden (Note 2)	bin zufrieden (Note 3)	könnte besser sein (Note 4)	nicht zufrieden (Note 5)
Qualität der Reparatur/Montage	☐	☐	☐	☐	☐
Qualität der Produkte	☐	☐	☐	☐	☐
Mobilitäts-Service (z. B. Ersatzrad/ Hol- und Bringservice)	☐	☐	☐	☐	☐
Termintreue	☐	☐	☐	☐	☐
Auftragsabwicklung	☐	☐	☐	☐	☐

4. Würden Sie unseren Service weiterempfehlen?

Auf jeden Fall	☐
Bei einer entsprechenden Gelegenheit	☐
Möglich	☐
Wahrscheinlich nicht	☐
Auf keinen Fall	☐

5. Wie sollten wir unseren Service für Sie noch verbessern/ergänzen?

6. Wenn Sie uns Ihren Namen und Ihre Anschrift verraten, nehmen Sie automatisch an der Verlosung eines Radpflegesets im Wert von 25,00 € teil.
Der Preis wird Ihnen im Falle eines Gewinns nach der Verlosung zugeschickt. Der Rechtsweg ist ausgeschlossen.

Name:	Anschrift:
Vorname:	Telefon:

Wissen testen

1. Sie ergänzen Ihre Lernkartei um das Themengebiet „Marktforschung".

1.1 Sie schreiben jeden der folgenden Begriffe auf die Kopfzeile eines DIN-A6-Kärtchens:

Marktforschung (Begriff), Marktanalyse, Marktbeobachtung, Marktprognose, Marktforschung (Gegenstände), Kundendatenbank (Inhalte), ABC-Kunden, Kundenportfolio, Marktanteil, relativer Marktanteil, Benchmark-Ansatz, Konjunktur (Begriff), Konjunkturzyklus, Konjunkturphasen, Konjunkturindikatoren, Konjunkturdiagnose, Konjunkturprognose, Marktforschung (Methoden), Sekundärforschung, Primärforschung, Teilerhebung, Quotenverfahren, Beobachtung, Feldbeobachtung, Laborbeobachtung, verdeckte Beobachtung, teilnehmende Beobachtung, Befragung, Paneltechnik, Panelsterblichkeit, Paneleffekt, strukturiertes Interview, standardisiertes Interview, offenes Interview, mobile Befragung, Experiment, Markttest, Fragebogen (Aufbau), direkte und indirekte Frage, offene und geschlossene Frage, Fragebogengestaltung (allgemeine Hinweise)

1.2 Sie sortieren die Begriffskärtchen nach den Kriterien „Weiß ich" oder „Weiß ich nicht". Sie bilden mit Ihren Mitschülern Kleingruppen und erklären sich gegenseitig die „Weiß-ich-nicht"-Kärtchen. Sie schlagen dabei die ungeklärten Begriffe im Schulbuch nach. Sie schreiben die Begriffserklärungen auf die Rückseite des entsprechenden Kärtchens und ordnen diese unter der Leitkarte „Marktforschung" alphabetisch in Ihren Lernkartei-Behälter ein.

2. Sie betrachten die unten dargestellten Schaubilder und ordnen ihnen die Begriffe Marktanalyse, Marktbeobachtung, Sekundärforschung oder Primärforschung zu.

Fahrradmarkt: Modellgruppenaufteilung 2013

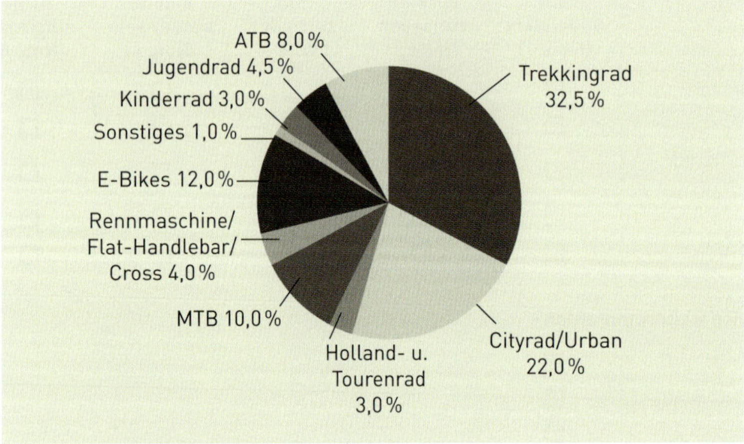

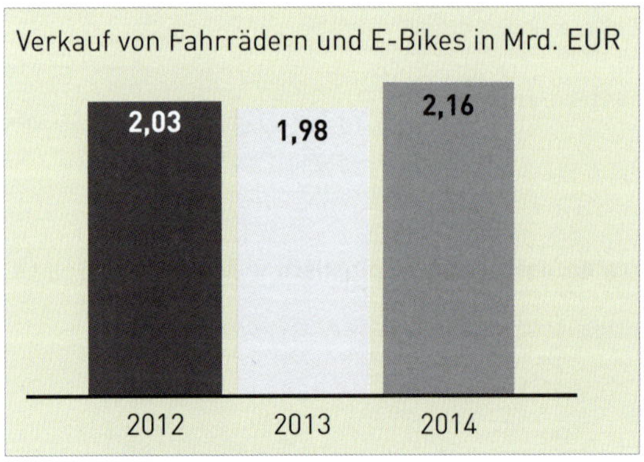

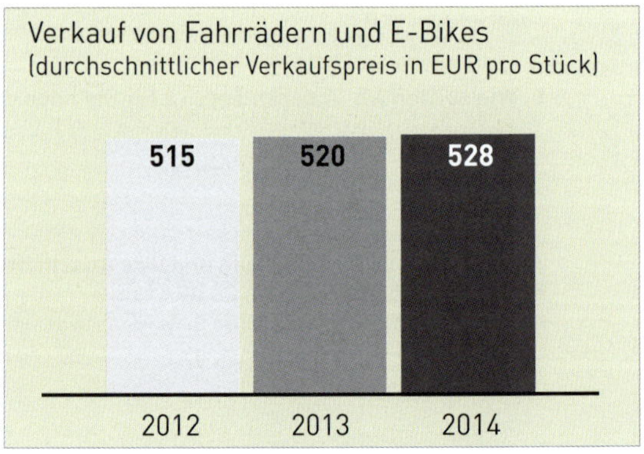

Quelle: ZIV Zweirad-Industrie-Verband

3. Sie sind Mitglied des Marketingteams der Haushaltswaren Hauwa GmbH, einem Großhändler für Haushaltswaren. Heute finden Sie den folgenden Arbeitsauftrag auf Ihrem Schreibtisch.

HAUWA GmbH

ARBEITSAUFTRAG

Datum: 05.04.20..

Betreff: Umsatzanalyse

Das Team Marktforschung untersucht zurzeit den Markt für „weiße Ware".
Aus der Betriebsstatistik liegen unsere Umsatzzahlen bis zum 1. Quartal dieses Jahres vor. Erstellen Sie bitte eine Tischvorlage für die Abteilungskonferenz am 07.04. mit folgenden Punkten:

1. Übersicht mit prozentualen Veränderungen der Umsätze jeder einzelnen Produktgruppe im Jahresvergleich und im Quartalsvergleich
2. Begründungen für die größeren Veränderungen
3. Stärkste und schwächste Produktgruppe
4. Vorschläge zur Verbesserung der schlechtesten Produktgruppe

Ihnen liegen folgende Umsatzzahlen (in Tsd. €/T€) der Hauwa GmbH vor:

Produkt-gruppe	Jahr 01	Jahr 02					Jahr 03
	Gesamt	1. Quart.	2. Quart.	3. Quart.	4. Quart.	Gesamt	1. Quart.
WM	300	80	80	72	88	320	82
WT	80	20	15	15	20	70	20
GS	260	66	60	45	42	213	35
KG	380	80	100	100	120	400	90
Gesamt	1020	246	255	232	270	1003	227

WM = Waschmaschinen / WT = Wäschetrockner / GS = Geschirrspüler / KG = Kühlgeräte

4. Sie unterscheiden in einer Übersicht die Befragungen nach der Kommunikationsform und vergleichen deren Vorteile und Nachteile.

5. Befragungen und Beobachtungen werden meistens miteinander kombiniert. Sie notieren die Gründe für diese Aussage.

6. Mittels Experiment werden Sachverhalte unter vorher genau festgelegten Bedingungen untersucht. Dabei werden alle störenden Umweltfaktoren beseitigt. Sie erläutern in einem Ausbildungsgespräch die

6.1 Begriffe Testfaktor und Wirkfaktor,
6.2 Begriffe Feld- und Laborexperiment,
6.3 Anwendungsmöglichkeiten von Experimenten.

7. Sie nehmen zu folgenden Zeitungsmeldungen Stellung und diskutieren über diese Trends.

Schon Tante Emma kannte Big Data[1]

Der Tante-Emma-Ladenbesitzer wusste immer, was seine Kunden wollten. Dafür genügten ihm ein paar freundliche Worte mit seiner Kundschaft. Er kannte jeden Käufer mit Namen. Er wusste, welchen Beruf sie ausübten, wie alt sie waren und was sie in ihrer Freizeit taten. Er wusste, was sie sich nicht leisten konnten und welche Einstellungen und Meinungen sie hatten.

Heute werden die Datenspuren der Verbraucher im Netz erfasst, gespeichert, durchsucht und ausgewertet, um Kunden gezielte Angebote zu machen. Sei es zu Hause der Rauchmelder, das Brot beim Discounter, das Zeitschriften-Abo, der Download im Netz: Was der Kunde wo, wann und warum kauft, fügen Unternehmen Baustein für Baustein zu einem Mosaik zusammen. Die Daten liefert der Kunde, ohne darüber nachzudenken, kostenlos mit seiner Kundenkarte, Zahlungskarte, seinem Warenkorb im Laden oder beim Onlinehändler oder seiner Webcam am PC oder die Kamera im Smartphone. Damit werden z. B. die zielgenauere Werbung, die optimalen Lagerbestände und passgenaue Schichtpläne für die Mitarbeiter leicht gemacht.

Der gläserne Kunde freut sich, so die Onlinehändler, wenn er bei seiner Entscheidung entlastet wird, z. B. mit Hinweisen wie „... andere Kunden kauften noch zusätzlich ...“. Doch die Bürger werden langsam skeptisch. Was ist mit ihrem Persönlichkeits- und Datenschutz? Die EU erwägt lediglich, dass Internetkäufer künftig auf die Weiterverwendung ihrer Daten hingewiesen werden müssen.

Konsumenten im fliegenden Wechsel vom Luxus zum Discounter

Markenmüde Konsumenten

Vernetztes Heim: Google gegen Bosch

Big-Data-Lücke geschlossen?

Grüner Testmarkt Deutschland

Die Welt des Teilens – Nutzen ist wichtiger als Haben/Shareeconomy bei Wohnung, Auto und Spiel

Daimler umgarnt die Generation Y

Hinweis: **Generation Y** bezeichnet jene Personen, die um die 30 Jahre alt, gut ausgebildet und im Beruf erfolgreich sind.

8.1 Sie beurteilen den unten stehenden Fragebogen und den auf Seite 37 nach den Kriterien Umfang und Unterteilung bzw. Aufbau, Art der Fragen und Formulierung der Fragen.

8.2 Sie verfassen einen neuen Fragebogen unter Beachtung aller Gestaltungsregeln.

1 **Big Data** bezeichnet die schnelle Analyse großer Datenmengen aus vielfältigen Quellen, mit dem Ziel, wirtschaftlichen Nutzen daraus zu ziehen.

KUNDENUMFRAGE METZGEREI LIEBELT KG
Wir wollen für Sie noch besser sein!

1. Wie lange kaufen Sie schon in unserem Geschäft?

_____ Wochen _____ Monate _____ Jahre

2. Wie häufig kaufen Sie bei uns?

☐ regelmäßig ☐ gelegentlich
☐ selten ☐ zum ersten Mal

3. Wie gefällt Ihnen …

– unsere Angebotsauswahl?	☐	☐	☐	☐	☐
– die Qualität unserer Produkte?	☐	☐	☐	☐	☐
– unsere Warenpräsentation?	☐	☐	☐	☐	☐
– unser Preis-Leistungs-Verhältnis?	☐	☐	☐	☐	☐
– unsere Ladenatmosphäre?	☐	☐	☐	☐	☐
– die Freundlichkeit unserer Mitarbeiter?	☐	☐	☐	☐	☐
– unsere Beratung?	☐	☐	☐	☐	☐
– unser Service?	☐	☐	☐	☐	☐
– unsere Werbung bzw. Information zu unserem Geschäft?	☐	☐	☐	☐	☐
– unsere küchenfertigen Fleischspezialitäten?	☐	☐	☐	☐	☐
– unser Fischangebot?	☐	☐	☐	☐	☐
– unsere Salatauswahl?	☐	☐	☐	☐	☐
– unser Käsesortiment?	☐	☐	☐	☐	☐

4. Was gefällt Ihnen in unserem Geschäft am besten? (Bitte 3–5 Gründe ankreuzen)

☐ Die große Produktauswahl
☐ Die besonderen Spezialitäten
☐ Das Käsesortiment
☐ Das Preisniveau
☐ Die Produktqualität
☐ Das Salatangebot
☐ Das Fischangebot
☐ Die gute Lage
☐ Die Parkmöglichkeit
☐ Die Bedienung/Beratung
☐ Die große Auswahl küchenfertiger Spezialitäten
☐ Die regelmäßige Werbung/Information
☐ Die Kinder-Kino-Ecke
☐ Unser Imbissangebot
☐ Der Mittagstisch
☐ Die Kochtipps der Woche

5. Kaufen Sie Fleisch- und Wurstwaren auch noch woanders ein?

☐ ja
☐ nein
☐ manchmal

6. Wo kaufen Sie sonst noch ein?

____
____
____
____
____
____

Aus welchen Gründen?

____
____
____
____
____

7. Was können wir in Zukunft noch besser für Sie machen?

____
____
____
____
____
____

Werfen Sie den ausgefüllten Fragebogen einfach und anonym in unseren Briefkasten am Laden.

2 Marktstrategien – Preis und Wettbewerb

In diesem Kapitel informieren Sie sich über die Marktfunktionen und die Preisbildung im Modell der vollständigen Konkurrenz. Sie erkennen den Trend von Verkäufer- zu Käufermärkten und leiten daraus absatzpolitische Ziele ab. Ausgehend vom Kundennutzen und den Kaufmotiven der Kunden identifizieren Sie geeignete Preis- und Wettbewerbsstrategien, um die absatzpolitischen Ziele des Betriebes zu erreichen. Sie erfahren Möglichkeiten des Unternehmensauftritts in sozialen Medien.

Lernsituation

Sie befinden sich in der Ausbildung zur Kauffrau bzw. zum Kaufmann für Büromanagement bei der Rad & Roll GmbH. Sie sind zurzeit im Marketingteam eingesetzt. Auf der heutigen Teamsitzung informiert die Teamleiterin Frau Stehle über einen Arbeitsauftrag, der von der Geschäftsleitung an alle Teamleiter gegangen ist. Es geht um das neue Marktsegment E-Bikes.

Rad & Roll GmbH

ARBEITSAUFTRAG

An: **Teamleitung Verkauf** **Datum:** 20.06.20..
Betreff: Neues Marktsegment E-Bikes

Auf unserer letzten Strategiesitzung wurde beschlossen, dass wir den Fokus unserer Marketingaktivitäten verstärkt auf das neue Segment E-Bikes richten wollen.

Alle Teamleiter sind aufgefordert, auf der nächsten Strategiesitzung des Führungsteams Vorschläge zur Preis- und Wettbewerbsstrategie aus ihrer Sicht vorzutragen.

Insbesondere das Marketingteam sollte folgende grundsätzlichen Themen präsentieren:

- Markt für E-Bikes – Verkäufer- oder Käufermarkt?
- Absatzpolitische Ziele innerhalb des Zielsystems
- Kundennutzen und Kaufmotive
- Formen der Niedrig- und Hochpreisstrategie
- Wettbewerbsstrategien auf Käufermärkten
- Chancen und Risiken der sozialen Medien

...

Monika Kroner
Geschäftsleitung

Im Anschluss an die Teamsitzung gibt der Leiter des Marketingteams, Herr Kolb, allen anwesenden Auszubildenden die folgenden Aufträge: „Wir wollen uns erst mal schlaumachen, was die Theorie zu diesen Themen hergibt. Erstellen Sie anhand Ihres Schulbuches bis zu unserer übernächsten Teamsitzung:

- eine Tischvorlage zum Thema Preisbildung bei vollständiger Konkurrenz (tabellarische und grafische Bestimmung des Gleichgewichtspreises),
- eine PowerPoint-Präsentation mit folgenden Gliederungspunkten:

  1. Verkäufer- und Käufermärkte
  2. Absatzpolitische Ziele innerhalb des Zielsystems eines Betriebes
  3. Kundennutzen und Kaufmotive
  4. Niedrig- oder Hochpreisstrategie?
  5. Wettbewerbsstrategien in der Theorie
  6. Unternehmensauftritt in sozialen Medien."

Arbeitsaufträge

a) Sie **informieren** sich über die Aufgaben, die Ihnen der Leiter des Marketingteams, Herr Kolb, gegeben hat.

   Tipp: Sie bilden thementeilige Arbeitsgruppen und lesen die folgenden Kapitel im Buch.

b) Sie **machen sich Notizen** und verfassen kurze Exzerpte über die genannten Themengebiete. Sie **erstellen** die Tischvorlage zum Thema Preisbildung bei vollständiger Konkurrenz und eine PowerPoint-Präsentation mit den gewünschten Gliederungspunkten.

   Tipp: Hilfen für die Anwendung des Präsentationsprogramms PowerPoint finden Sie im Ergänzungsband *„Profi am PC"*.

c) Sie **tragen** Ihre Tischvorlage und die PowerPoint-Präsentation auf der übernächsten Teamsitzung **vor.** Sie reagieren auf Fragen und Anmerkungen des Verkaufsteams und der anderen Auszubildenden.

d) Sie **bewerten** Ihren Vortrag zusammen mit dem Leiter des Marketingteams, Herrn Kolb, und den anderen Auszubildenden anhand des Kriterienkatalogs für Präsentationen. Sie nehmen Kritikpunkte auf zur Vollständigkeit und inhaltlichen Richtigkeit, ergänzen Ihre Ausarbeitungen und korrigieren Fehler.

e) Sie **reflektieren** Ihr Verhalten in der Gruppe der Auszubildenden und als Teil des Marketingteams und überlegen, wie Sie Ihre Verhaltensweisen verbessern könnten.

Informationen gewinnen

2.1 Marktfunktionen und Marktformen

Der Ort, wo sich Nachfrager (Käufer, Kunden) und Anbieter (Verkäufer, Lieferanten) treffen, wird als **Markt** bezeichnet.

Die **Anbieter** wollen ihren *Gewinn maximieren,* indem sie möglichst viele Güter zu möglichst hohen Preisen verkaufen. Die angebotene Menge des einzelnen Anbieters wird im Wesentlichen von seinen Kosten, Produktionsmöglichkeiten (Kapazitäten) und Gewinnvorstellungen bestimmt. Die **Nachfrager** wollen ihren *Nutzen maximieren,* indem sie möglichst viele Güter zu möglichst günstigen Preisen erwerben. Die nachgefragte Menge des einzelnen Nachfragers wird im Wesentlichen von seinem Bedarf, seinem verfügbaren Einkommen und seinen Nutzenerwartungen bestimmt.

Die wichtigste **Marktfunktion** besteht darin, die unterschiedlichen Interessen der Marktteilnehmer mithilfe des Preises zum Ausgleich zu bringen (*Ausgleichsfunktion* des Marktpreises). Anbieter, die bei dem Marktpreis ihre Kosten nicht decken können, scheiden aus dem Markt aus. Ebenso kommen diejenigen Nachfrager nicht zum Zuge, die nicht über das notwendige Einkommen verfügen, um sich das betreffende Gut leisten zu können (*Auslese- und Verteilungsfunktion* des Marktpreises).

Steigende Preise signalisieren den Marktteilnehmern, dass das Gut begehrt ist und die Angebotsmenge sich zunehmend verknappt *(Signalfunktion des Marktpreises)*, erzwingen den sparsamen Verbrauch dieser knappen Güter *(Erziehungsfunktion des Marktpreises)* und veranlassen die Anbieter, dieses Gut vermehrt herzustellen, indem sie ihre Produktionsfaktoren dorthin lenken, wo sich die besten Gewinnchancen bieten und wo sich Marktlücken auftun *(Lenkungsfunktion des Marktpreises).*

Nach der Zahl der Anbieter werden verschiedene Marktformen unterschieden.

Marktformen nach der Zahl der Anbieter

Zahl der Anbieter / Zahl der Nachfrager	Ein Anbieter	Wenige Anbieter	Viele Anbieter
Viele Nachfrager	**Angebotsmonopol** z. B. regionale Wasserwerke, staatliches Glücksspielmonopol, Schienennetz der Deutschen Bahn	**Angebotsoligopol** z. B. Tankstellen-, Flugzeug-, Automobil-, Mobilfunk-, Strom-, Aufzugsmarkt, Lebensmitteldiscounter, Drogerieeinzelhandel	**Polypol** z. B. Waren-, Metall-, Wertpapierbörsen, Bäckereien, Metzgereien, Buchhandel, Gaststätten, Hotelgewerbe, Gärtnereien, Reisebüros

Bei den Marktformen Angebotsmonopol und Angebotsoligopol sind die Marktfunktionen nur eingeschränkt wirksam, da die Anbieter aufgrund ihrer Marktmacht Preise zum Teil beliebig festsetzen können. Beim Polypol sind die Marktfunktionen voll wirksam. Diese Marktform kommt dem Modell der vollständigen Konkurrenz sehr nahe.

2.2 Preisbildungsprozess bei vollständiger Konkurrenz

Das Polypol auf dem vollkommenen Markt wird als **vollständige Konkurrenz** bezeichnet. Der vollkommene Markt ist ein theoretisches Modell der Volkswirtschaftslehre. **Modelle** haben die Aufgabe, die komplexe Wirklichkeit vereinfacht abzubilden. Das Modell des vollkommenen Marktes vereinfacht die realen Marktverhältnisse, indem es verschiedene Annahmen (Merkmale) festlegt.

Merkmale des vollkommenen Marktes

Gleichartige (homogene) Güter	Gleiche (einheitliche) Aufmachung und Qualität der Güter; z. B. Mehl-Type 405, Kaffeesorte Robusta, Traubenzucker, Buch einer bestimmten Auflage, an der Börse gehandelte Wertpapiere, Metalle, Lebensmittel
Keine Bevorzugungen (keine Präferenzen)	Alle Marktteilnehmer verhalten sich vernünftig (rational) im Sinne der Nutzen- und Gewinnmaximierung. Es gibt keine Präferenzen *räumlicher Art* (z. B. gleiche Entfernung, keine Standortunterschiede), *zeitlicher Art* (z. B. keine Haupt- und Nebensaison), *persönlicher Art* (z. B. Sympathie, Aussehen, Kleidung spielen keine Rolle) oder *sachlicher Art* (z. B. keine Mengenrabatte, keine Serviceunterschiede, keine Marktzutrittsbeschränkungen wie z. B. Meisterbrief, Mitgliedschaft).
Vollkommene Marktübersicht (Markttransparenz)	Alle Marktteilnehmer kennen ihre Preis- und Mengenvorstellungen; sie sind zur gleichen Zeit am gleichen Ort (zentraler Markt bzw. Punktmarkt) und können daher sehr schnell auf Preisveränderungen reagieren.

In der Realität kommen alle zentral organisierten Märkte (z. B. Waren-, Wertpapierbörse, Messen) dem Modell des vollkommenen Marktes sehr nahe. Auch virtuelle oder elektronische Marktplätze erfüllen aufgrund ihrer Ortslosigkeit, hohen Markttransparenz und Reaktionsgeschwindigkeit der Marktteilnehmer weitgehend die genannten Merkmale des vollkommenen Marktes. Aber auch hier lassen sich Präferenzen aufgrund unzureichender Informationen der Marktteilnehmer nicht ausschließen.

Fallbeispiel: *Preisbildung beim Polypol auf einem vollkommenen Markt.*

An einer Warenbörse liegen dem Makler folgende Aufträge vor:

Nachfrage (Kaufaufträge)			**Angebot (Verkaufsaufträge)**		
Käufer	**Höchstgebot je kg in €**	**Nachgefragte Menge in kg**	**Verkäufer**	**Mindestgebot je kg in €**	**Angebotene Menge in kg**
A	7,00	100	E	4,00	150
B	6,00	100	F	5,00	200
C	5,00	150	G	6,00	100
D	4,00	200	H	7,00	50

Der Makler erstellt aus den Kauf- und Verkaufsaufträgen die folgende Übersicht:

Preis (€/kg)	**Nachfrage in kg**					**Angebot in kg**				
	A	**B**	**C**	**D**	**Insgesamt**	**E**	**F**	**G**	**H**	**Insgesamt**
4,00	100	100	150	200	550	150	–	–	–	150
5,00	100	100	150	–	350	150	200	–	–	350
6,00	100	100	–	–	200	150	200	100	–	450
7,00	100	–	–	–	100	150	200	100	50	500

Entwicklung der Nachfrage

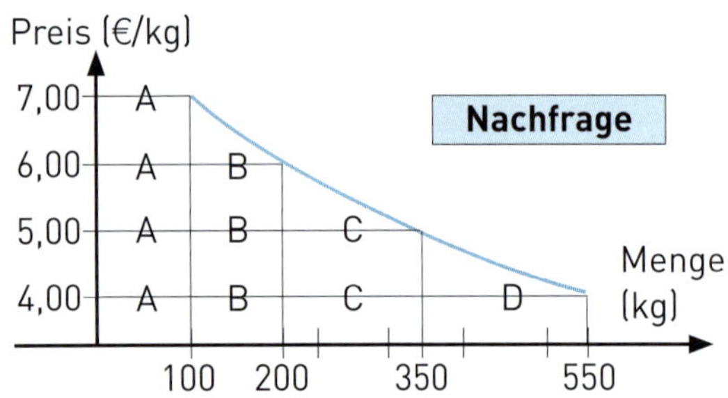

Gesetz der Nachfrage: Wenn der Preis steigt, dann sinkt die nachgefragte Menge. Wenn der Preis sinkt, dann steigt die nachgefragte Menge.

Entwicklung des Angebots

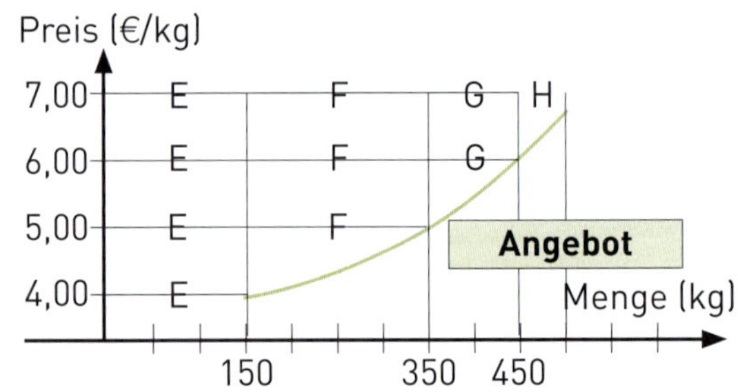

Gesetz des Angebots: Wenn der Preis steigt, dann steigt die angebotene Menge. Wenn der Preis sinkt, dann sinkt die angebotene Menge.

Tabellarische Ermittlung des Gleichgewichtspreises

Preis (€/kg)	**Nachfrage (N) kg**	**Angebot (A) kg**	**Verhältnis zwischen A und N**	**Preistendenz**	**verkaufte Menge kg**
4,00	550	150	N > A	steigend	150
5,00	350	350	N = A	konstant	350
6,00	200	450	N < A	fallend	200
7,00	100	500	N < A	fallend	100

Der Gleichgewichtspreis beträgt im Fallbeispiel 5,00 € pro kg. Dieser Preis bringt Angebot und Nachfrage zum Ausgleich und sorgt für den maximalen Absatz (verkaufte Menge). Unterhalb des Gleichgewichtspreises besteht ein Nachfrageüberhang (N > A), oberhalb des Gleichgewichtspreises besteht ein Angebotsüberhang (A > N).

Grafische Ermittlung des Gleichgewichtspreises

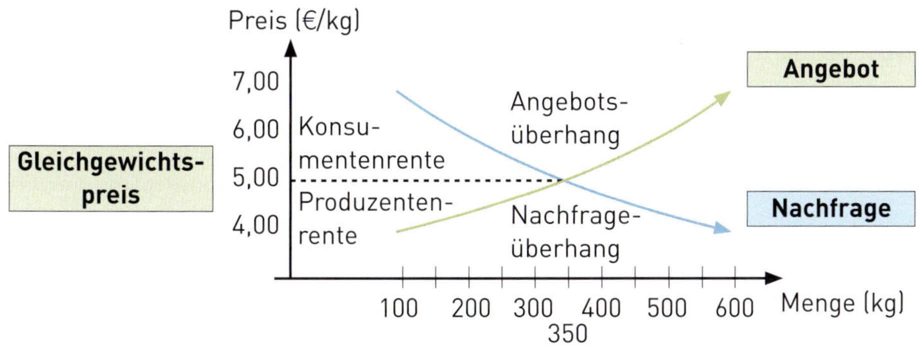

Alle Kaufaufträge, die mit 5,00 € pro kg und darüber limitiert sind, werden ausgeführt (die Nachfrager A, B, C kommen zum Zug), und alle Verkaufsaufträge, die mit 5,00 € pro kg und darunter limitiert sind (Anbieter E, F), werden ausgeführt. Außerdem werden alle **„billigst"** erteilten Kaufaufträge und alle **„bestens"** erteilten Verkaufsaufträge ausgeführt (solche Aufträge lagen in diesem Beispiel nicht vor).

Der Preis, bei dem Angebots- und Nachfragemengen gleich sind (Marktgleichgewicht) und die abgesetzte Menge am größten (maximal) ist, wird als **Gleichgewichtspreis** bezeichnet. Der Gleichgewichtspreis räumt daher den Markt. Im Beispiel würden sich beim Preis von 5,00 € pro kg Nachfrage- und Angebotsmengen mit je 350 kg entsprechen. Hier ist auch die verkaufte Menge maximal.

Im Marktgleichgewicht sind folgende zwei Bedingungen erfüllt:

1. Angebotsmenge = Nachfragemenge und
2. Verkaufte Menge (Absatz) ist maximal

Unterhalb des Gleichgewichtspreises besteht ein **Nachfrageüberhang** bzw. eine **Angebotslücke,** da hier die Nachfragemenge höher wäre als die Angebotsmenge. Alle Nachfrager hätten zu dem Preis von 4,00 € gekauft, aber nur der Anbieter E wäre bereit gewesen, die Ware zu diesem Preis abzugeben. Alle Anbieter (Produzenten), die ihre Ware auch unterhalb des Gleichgewichtspreises verkauft hätten, haben eine **Produzentenrente.** Hier hat der Anbieter E eine Produzentenrente von 5,00 – 4,00 = 1,00 € pro kg bei einer angebotenen Menge von 150 kg sind das insgesamt 150,00 €.

Oberhalb des Gleichgewichtspreises besteht ein **Angebotsüberhang** bzw. eine **Nachfragelücke,** da hier die Angebotsmenge höher wäre als die Nachfragemenge. Auch die Anbieter G und H hätten zu diesen höheren Preisen (6,00 und 7,00 € pro kg) angeboten, jedoch nur die Nachfrager A und B wären bereit gewesen, diese höheren Preise zu zahlen. Alle Nachfrager (Konsumenten), die auch oberhalb des Gleichgewichtspreises gekauft hätten, haben eine **Konsumentenrente.** Hier haben die Nachfrager A und B eine Konsumentenrente. A hat eine Konsumentenrente von 7,00–5,00 = 2,00 € pro kg, bei seiner Abnahmemenge von 100 kg sind das insgesamt 200,00 €. B hat eine Konsumentenrente von 6,00–5,00 = 1,00 € pro kg, bei seiner Abnahmemenge von 100 kg sind das insgesamt 100,00 €.

2.3 Verkäufer- und Käufermärkte – Nachfrage- oder Angebotsüberhang

Die jeweils vorherrschende Marktsituation ist maßgebend für die Formulierung der absatzpolitischen Ziele des Betriebes und seinen Möglichkeiten der Preisfestsetzung.

Wenn die genannten Annahmen (Merkmale) der vollständigen Konkurrenz zutreffen, dann bildet sich in der **Marktsituation des Marktgleichgewichts** ein *einheitlicher Marktpreis* für ein bestimmtes Gut (Einheitsgut). Beim Polypol auf dem vollkommenen Markt können einzelne Anbieter und Nachfrager aufgrund ihrer geringen Marktmacht den Preis nicht beeinflussen. Für sie ist der **Preis ein Datum** (feste Größe). Sie verhalten sich als **Mengenanpasser,** da sie nur ihre Angebots- bzw. Nachfragemenge an die vorgegebenen Preise anpassen können. Würde ein einzelner Anbieter in der Situation des Marktgleichgewichts seinen Preis erhöhen (über den einheitlichen Marktpreis des Gesamtmarkts), dann würde er alle Nachfrager (Kunden) verlieren. Setzt er seinen Preis herab (unter den Gleichgewichtspreis), dann würde er seine relativ kleine Menge reißend los, macht aber weniger Gewinn. Die (mengenmäßige) Reaktion der Nachfrager auf Preisveränderungen eines einzelnen Anbieters ist vollkommen elastisch – die Preiselastizität der Nachfrage ist unendlich ($e = -\infty$).

Bei vollständiger Konkurrenz hat der einzelne Anbieter keine Preisspielräume.

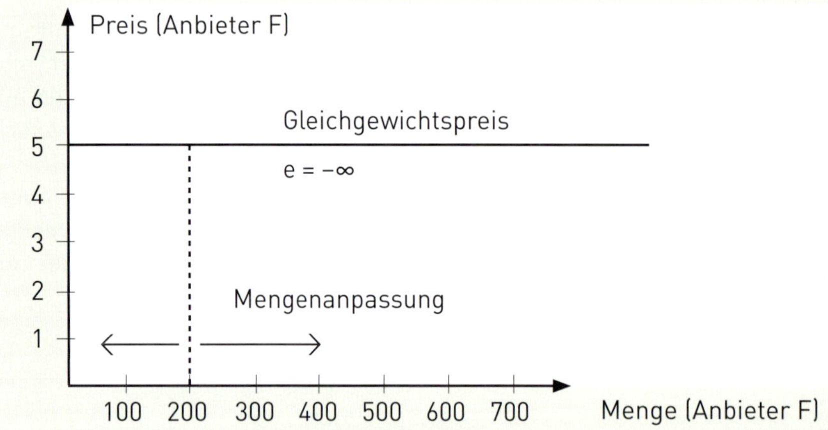

Sobald eine der Modellannahmen des vollkommenen Marktes fehlt, spricht man von einem **unvollkommenen Markt**. Diese Unvollkommenheit hat zur Folge, dass das gleiche Gut zu unterschiedlichen Preisen angeboten bzw. nachgefragt werden kann und auf einzelnen Märkten Nachfrageüberhänge bzw. Angebotsüberhänge entstehen.

Marktsituationen je nach Angebots- und Nachfrageverhältnis

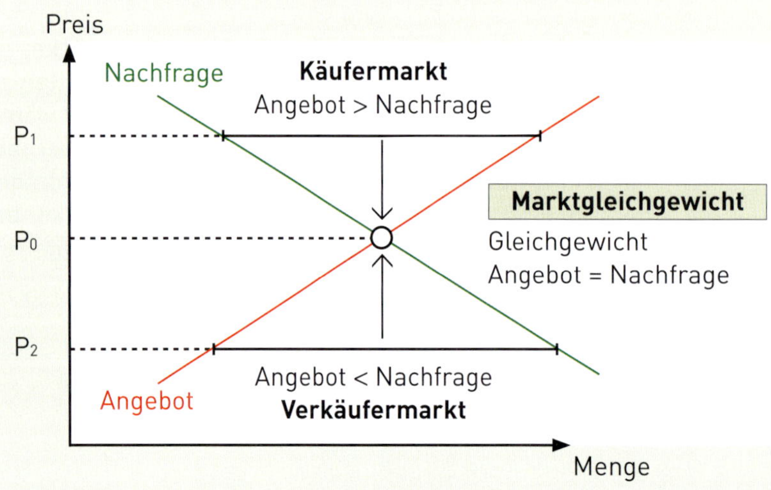

Ein **Verkäufermarkt** liegt vor, wenn die Nachfrage das Angebot übersteigt (Nachfrageüberhang bzw. Angebotslücke). Diese Marktsituation hat aufgrund der geringen Preiselastizität der Nachfrage[1] (e < –1) steigende Preise zur Folge. Der Verkäufer (Produzent) hat gegenüber dem Käufer (Konsument) die stärkere Marktposition, da ihm die Nachfrager die Produkte sprichwörtlich „aus der Hand reißen" und es zu Lieferengpässen kommt. Ursache eines Verkäufermarkts ist eine zunehmende Nachfrage bei unverändertem Angebot bzw. ein abnehmendes Angebot bei konstanter Nachfrage. Die typischen Engpässe bei einer solchen Marktsituation bestehen in der Produktion bzw. Beschaffung der betreffenden Güter.

Ein **Käufermarkt** liegt vor, wenn das Angebot die Nachfrage übersteigt (Angebotsüberhang bzw. Nachfragelücke). Diese Marktsituation hat aufgrund der hohen Preiselastizität der Nachfrage (e > – 1) sinkende Preise zur Folge. Der Käufer (Konsument) hat gegenüber dem Verkäufer die stärkere Marktmacht, da er aus einem reichhaltigen Angebot auswählen kann. Ursache eines Käufermarkts ist ein zunehmendes Angebot bei unveränderter Nachfrage bzw. eine abnehmende Nachfrage bei konstantem Angebot. In dieser Marktsituation hat der Betrieb Mühe, seine produzierten Güter zu verkaufen (das Problem ist also der Absatz).

Verkäufermarkt und Käufermarkt im Vergleich

Merkmal	Verkäufermarkt	Käufermarkt
Marktmacht	Verkäufer beherrschen den Markt	Käufer beherrschen den Markt
Verhältnis von Angebot und Nachfrage	Die Nachfrage ist größer als das Angebot (Nachfrageüberhang)	Das Angebot ist größer als die Nachfrage (Angebotsüberhang)
Problembereich des Betriebes	Engpässe sind die Beschaffung und Produktion der Güter	Engpass ist der Absatz der Güter aufgrund vieler Wettbewerber
Vorrangiges Ziel des Betriebes	Erweiterung der Produktions- und Lagerkapazitäten	Erschließung neuer Absatzmöglichkeiten und Steigerung der Verkaufsaktivitäten (z. B. Werbung)
Preistendenz	Steigende Preise	Sinkende Preise
Kundenbeziehung	endet meist mit dem Kauf	beginnt mit dem Kauf
Preiselastizität der Nachfrage	Geringe Preiselastizität (e < –1)	Hohe Preiselastizität (e > –1)

Beispiel: *Geringe und hohe Preiselastizität der Nachfrage*

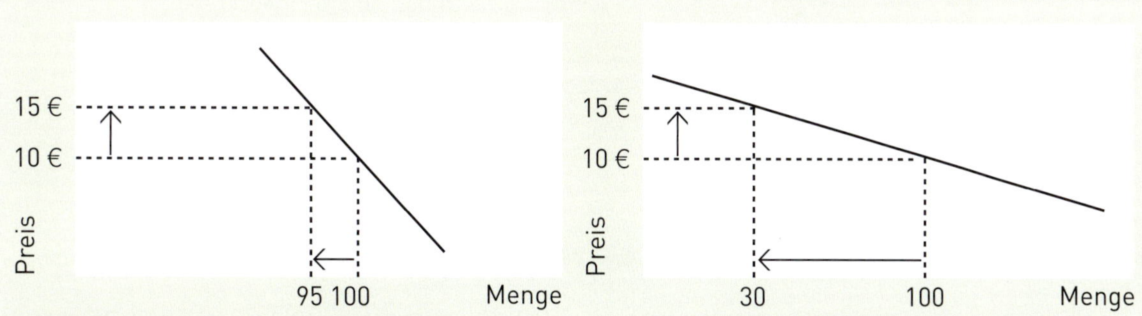

Nachgefragte Menge pro Verkaufsperiode
a) geringe Preiselastizität, unelastische Nachfrage

Nachgefragte Menge pro Verkaufsperiode
b) hohe Preiselastizität, elastische Nachfrage

---

1 **Preiselastizität der Nachfrage** = $e = \frac{\text{Veränderung der Nachfragemenge in \%}}{\text{Preisänderung in \%}}$

Beispiel: *Berechnung der Preiselastizität der Nachfrage*

	Vor der Preiserhöhung	Unelastische Nachfrage (Verkäufermarkt)		Elastische Nachfrage (Käufermarkt)	
		Nach der Preiserhöhung	**Veränderung in %**	**Nach der Preiserhöhung**	**Veränderung in %**
Preis	10,00 €	15,00 €	+ 50,00 %	15,00 €	+ 50,00 %
Menge	100 Stück	**95 Stück**	– 5,00 %	**30 Stück**	– 70,00 %
Umsatz	1 000,00 €	1 425,00 €	+ 42,50 %	450,00 €	– 55,00 %
Preiselastizität der Nachfrage			e = – 0,1		e = – 1,4

Bei einer geringen Preiselastizität der Nachfrage (Verkäufermarkt) reagieren die Nachfrager auf eine Preiserhöhung von 10,00 € auf 15,00 € (+ 50 %) nur mit einer geringen Mengenreduzierung (– 5 %). Dieselbe Preiserhöhung führt bei einer elastischen Nachfrage (Käufermarkt) zu einer sehr starken Verringerung der nachgefragten Menge (– 70 %). Bei einer elastischen Nachfrage ist der negative Mengeneffekt stärker als der positive Preiseffekt, sodass eine Preiserhöhung einen geringeren Umsatz (Preis · Menge) zur Folge hat. Bei einer unelastischen Nachfrage kann durch eine Preiserhöhung der Umsatz gesteigert werden.

2.4 Absatzpolitische Ziele auf Käufermärkten

Während auf Verkäufermärkten oft die Kundenbeziehung mit dem Kauf endet (Verkaufsmarketing), beginnt auf Käufermärkten die Kundenbeziehung erst mit dem Kauf **(Beziehungsmarketing).** Erstkäufen der Kunden sollen Nach- bzw. Wiederkäufe folgen und aus Stammkunden sollen Empfehlungskunden (Apostel) werden, die weitere Kunden anwerben.

Gewinnsteigerungspotenzial durch Stammkunden

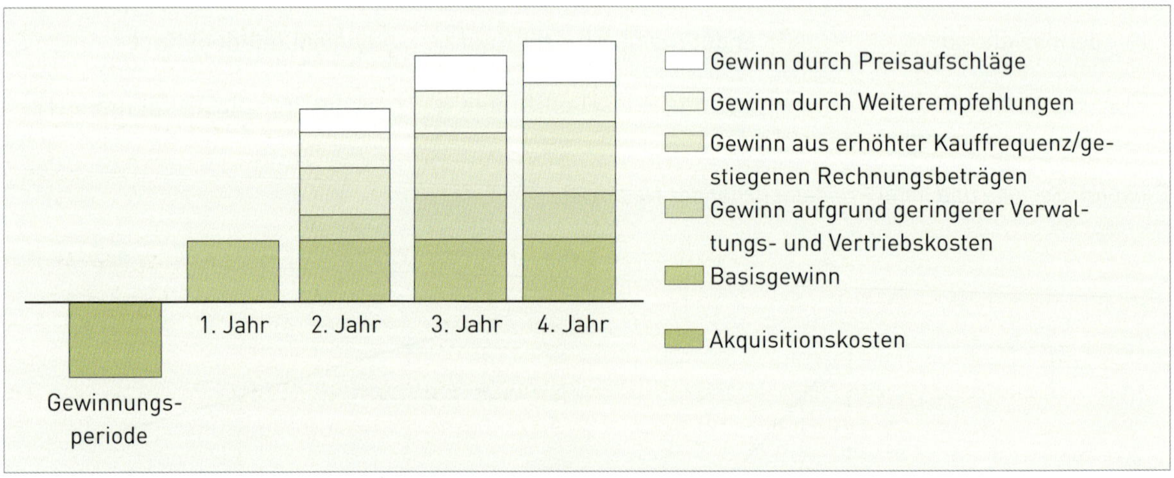

Quelle: Kreutzer, Ralf T., Praxisorientiertes Marketing, 2. Auflage, Wiesbaden, Gabler, 2009, S. 74

Entsprechend den drei Phasen der Kundenbeziehung (Customer Relationship) werden drei **absatzpolitische Ziele** abgeleitet, die sogenannten **3 Rs** (Recruitment, Retention, Recovery).

Absatzpolitische Ziele nach der Phase der Kundenbeziehung

Recruitment (Kundengewinnung)	Der Betrieb will Kunden gewinnen, indem er den Kontakt zu ihnen sucht und mit ihnen in den Dialog tritt. Der Kunde soll zum Erstkauf animiert werden.
Retention (Kundenbindung)	Der Betrieb will Kunden an sich binden, indem er ihr Vertrauen gewinnt und sie zufriedenstellt. Kundenzufriedenheit entsteht, wenn das gekaufte Produkt die Erwartungen des Kunden erfüllt bzw. übertrifft. Der Kunde soll zum Wiederkauf veranlasst und zum Stamm- und möglichst zu einem Empfehlungskunden werden.
Recovery (Kundenrückgewinnung)	Der Betrieb will verhindern, dass unzufriedene Kunden abwandern (Kunden halten), indem er Wechselbarrieren aufbaut (z. B. Beschwerdemanagement, Treuerabatt). Bereits abgewanderte, abtrünnige Kunden sollen wieder zur Rückkehr veranlasst werden (Kundenrückgewinnung) durch persönliche Ansprache, Events, Erstkaufrabatte usw.

Ziele beschreiben Vorstellungen über einen zukünftig angestrebten Soll-Zustand. Bei der Festlegung einzelner absatzpolitischer Ziele ist zu beachten, dass alle Ziele eines Betriebes in einer **Zielhierarchie** (Zielpyramide) durch Mittel-Zweck-Beziehungen miteinander verbunden sind. Über diesem Zielsystem steht das Leitbild des Betriebes.[1] Ziele können sich gegenseitig widersprechen *(Zielkonflikt)*, unterstützen *(Zielharmonie)* oder nicht beeinflussen *(Zielneutralität)*. **Operationale Ziele** haben einen *Zielinhalt* (z. B. Erhöhung des Marktanteils), ein *Zielausmaß* (z. B. Erhöhung um 5 Prozentpunkte), einen *zeitlichen und räumlichen Bezug* (z. B. innerhalb eines Jahres im Bezirk Süddeutschland).

Absatzpolitische Ziele innerhalb der Zielhierarchie

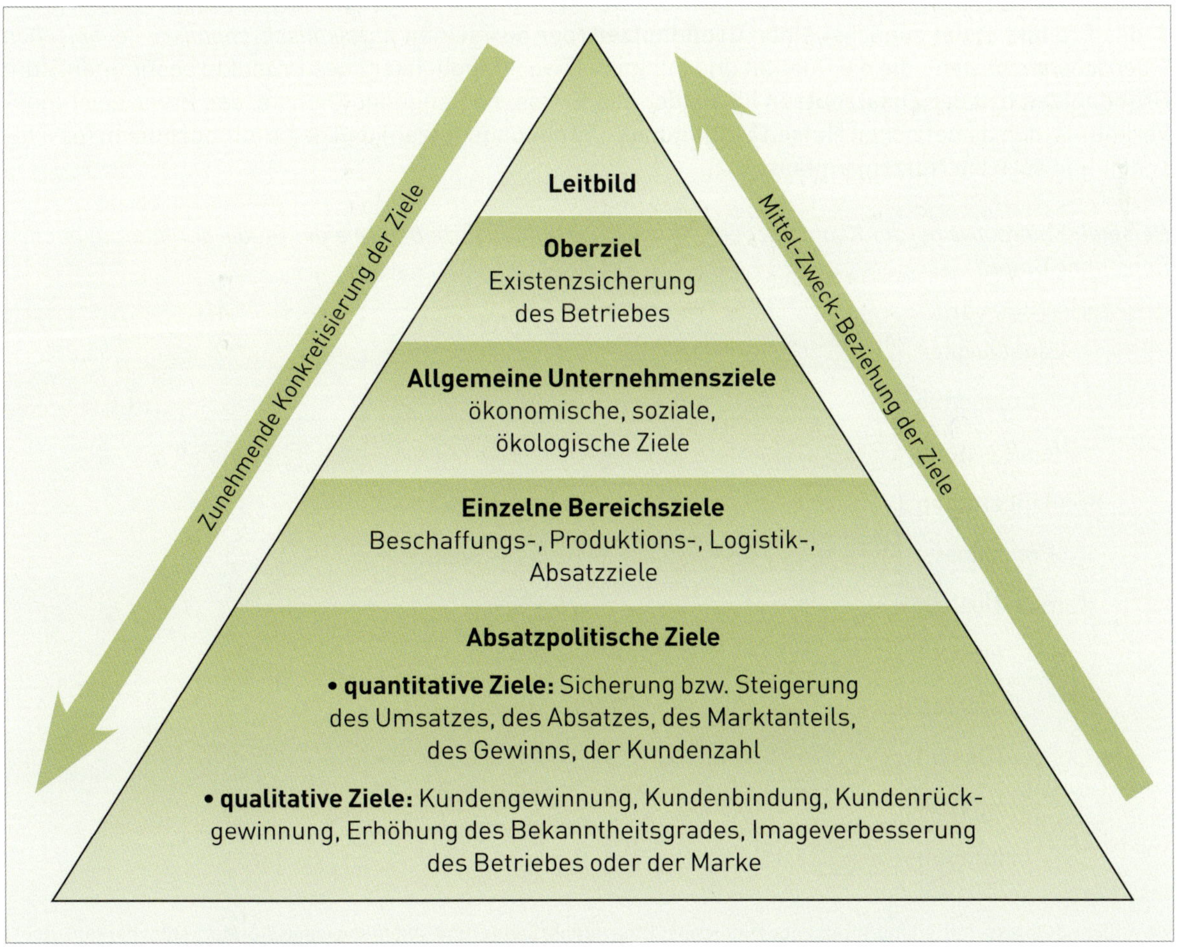

1 Siehe hierzu Band 1, LF 1, Kapitel 2.1, Leitbild und Ziele des Ausbildungsbetriebs

2.5 Kundennutzen und Kaufmotive

Erfolgreiche Betriebe unterscheiden sich auf Käufermärkten von weniger erfolgreichen dadurch, dass sie ihre Produkte (Güter und Dienstleistungen) als **Problemlösungen** auffassen. Sie verstehen ihre Produkte als ein Bündel von nutzenstiftenden Eigenschaften.

Beispiel: *klassische eigenschaftsbezogene und moderne nutzenorientierte Leistungsbeschreibung*

Klassische eigenschaftsbezogene Leistungsbeschreibung	Moderne nutzenorientierte Leistungsbeschreibung
Wir stellen Fahrräder her.	Wir machen Sie mobil.
Wir gewähren Ihnen einen Kredit.	Wir machen den Weg frei.
Wir verkaufen Lebensmittel.	Wir schaffen Lebensgenuss.
Wir machen Fernsehen.	Wir bieten Unterhaltung.
Wir bauen ein Haus.	Wir schaffen Wohlgefühl.

Bei der nutzenorientierten Gestaltung seiner Leistung überschreitet der Betrieb häufig traditionelle Branchengrenzen. So wandeln sich klassische Tenniscenter zu Sport- und Gesundheitsparks, deren Leistungsangebot einen Sauna-, Fitness-, Bade- und einen Restaurantbetrieb umfasst. Daraus entstehen bislang nicht vorhandene neue Wettbewerbsverhältnisse. Die Herausforderung für den Betrieb liegt darin, die wesentlichen Kaufmotive der Kunden zu erkennen, zu aktivieren und zu befriedigen. Nur so kann er sich von der Konkurrenz abheben.

Jedes Produkt stiftet zunächst einen **Grundnutzen,** der aus seinen *physikalisch-chemisch-technischen Eigenschaften* besteht, die die Qualität und Funktion (Zwecktauglichkeit) des Produkts bestimmen. Zum Grundnutzen tritt der **Zusatznutzen** hinzu**,** der alle Extras, begleitenden Dienste, das Preis-Leistungs-Verhältnis, den ästhetischen Nutzen (Anmutungs-, Erbauungsnutzen) und den Geltungsnutzen (psychischen und sozialen Nutzen) umfasst.

Beispiel: *Kaufmotive bei der Kaufentscheidung von Bürostühlen (Ergebnisse einer Studie der Interconnection Consulting GmbH)*

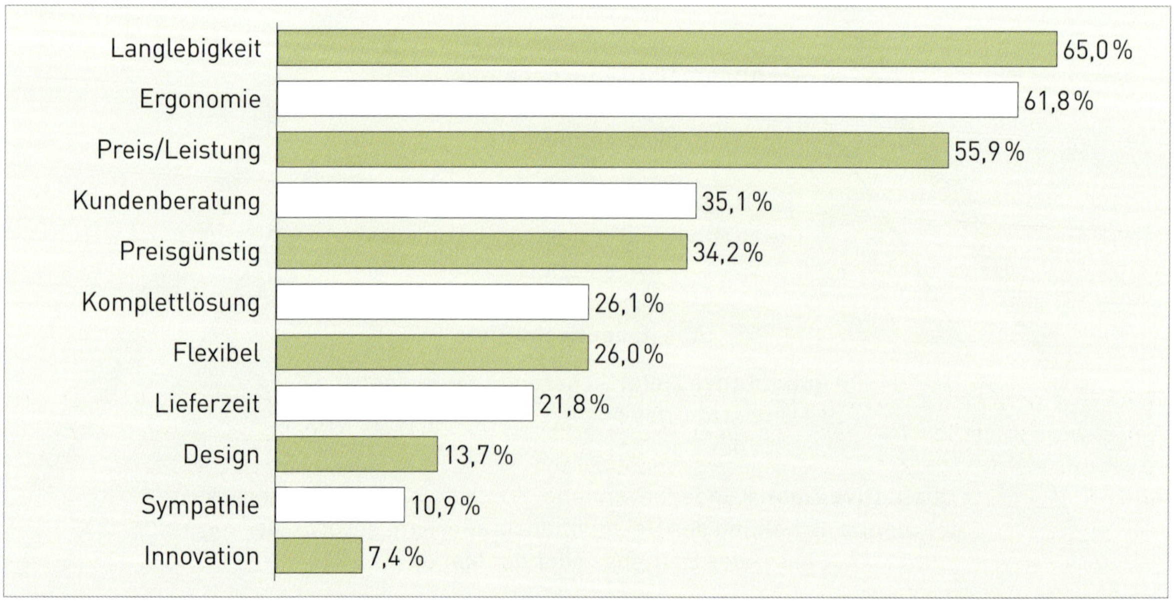

www.lifepr.de/pressemitteilung/interconnection-consulting-gmbh/Sedus-und-Assmann-sind-die-Markenleader-am-deutschen-Bueromoebelmarkt/boxid/17826

Kundenorientiert denkende Betriebe wissen, dass nicht der Grundnutzen eines Produkts (das reale Produkt) das Kaufverhalten bestimmt, sondern der Zusatznutzen, d. h. die subjektive Wahrnehmung und Bewertung der Produkteigenschaften. Mit jedem Produkt verbindet der Kunde eine Nutzenvorstellung, die bei ihm letztlich zu einer bestimmten **Werthaltung** führt. Die Werthaltung bestimmt das Kaufverhalten und unterliegt einer instrumentalen (mittelbezogenen) und einer terminalen (am Ende stehenden) Sichtweise. Die **instrumentale Werthaltung** eines Kunden wird von seinen persönlichen oder sozial wünschenswerten Verhaltensweisen bestimmt, wie z. B. andere Leute beeindrucken, tolerant, hilfsbereit, fantasievoll, fit sein, Verantwortung übernehmen, eigene Leistungsfähigkeit und Gesundheit erhalten, umweltverträglich handeln. Die **terminale Werthaltung** beschreibt den wünschenswerten Endzustand, das Lebensziel des Kunden, wie Sicherheit, soziales Ansehen (Prestige), Erfolg, Selbstachtung, Selbstverwirklichung, innere Harmonie.

Terminale Werthaltungen lassen sich aus den höheren Bedürfnissen der **Bedürfnispyramide nach Maslow** ableiten. Diese zeigt fünf Bedürfnisstufen, die nach der Dringlichkeit geordnet sind. Erst wenn die (dringenden) Defizitbedürfnisse befriedigt sind, treten die Wachstumsbedürfnisse in den Vordergrund. Sobald der Mensch die Bedürfnisse einer unteren Hierarchiestufe befriedigt hat, strebt er nach der nächsthöheren Bedürfnisstufe.

Bedürfnispyramide nach Maslow

Wenn es einem Betrieb gelingt, die Werthaltungen seiner Kunden herauszufinden, dann kann er sich Wettbewerbsvorteile beim Verkauf seiner Problemlösung verschaffen. Mithilfe der Mittel-Ziel-Analyse **(Means-End-Analyse)** können die Kaufmotive des Kunden in einer Means-End-Kette identifiziert werden. Danach hat jedes Produkt sowohl eine *konkrete Eigenschaft,* die objektiv vorhanden ist (z. B. Laufschuh aus Leder mit Fersenstütze), als auch eine *abstrakte Eigenschaft,* die mit dem subjektiven Empfinden des Kunden zu tun hat (z. B. der Laufschuh liegt gut am Fuß, der Schuh ist bequem). Diese Produkteigenschaften stiften einen *Grundnutzen* (ich laufe schneller) und einen sozialen bzw. psychischen *Zusatznutzen* (z. B. ich bin entspannt nach dem Laufen). Werden diese Nutzenvorstellungen des Kunden erfüllt, dann führt dies über eine *instrumentale Werthaltung* (z. B. ich bin körperlich fit) zu einer am Ende stehenden (*terminalen) Werthaltung* (z. B. Selbstachtung, innere Harmonie).

Beispiel: *Kaufmotive für Laufschuhe in einer Means-End-Kette*

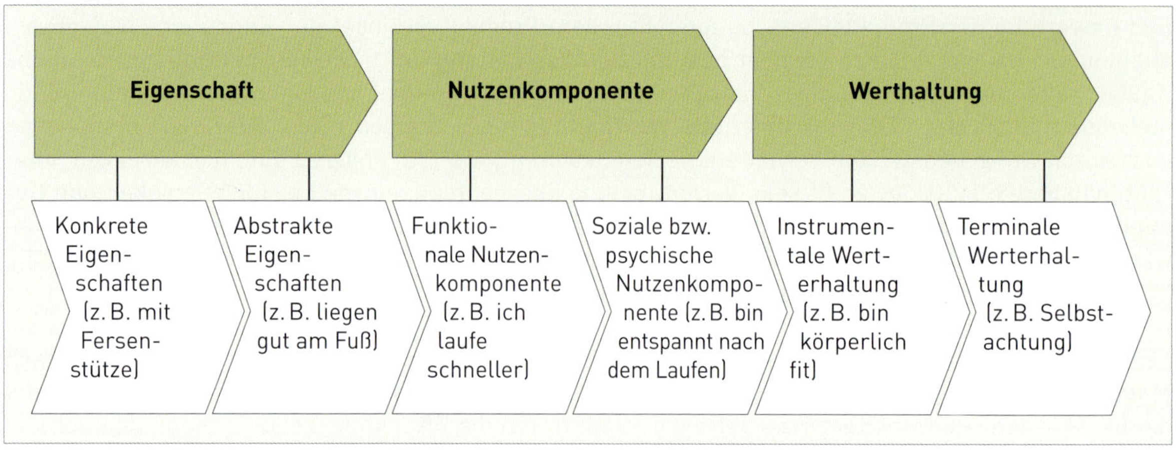

Quelle: Bruhn, Manfred, Kommunikationspolitik, 7. Auflage, München, Franz Vahlen, 2013, S. 153

Die für den Konsumenten wichtigen Produktvorteile und die dahinter stehenden Werte und Bedürfnisse (z. B. Lebensfreude) werden in der Means-End-Kette sichtbar und können durch das Marketing gezielt angesprochen werden.

Die Ergründung relevanter Kaufmotive ist nicht einfach. Dies liegt oft daran, dass sich die Konsumenten ihrer eigentlichen Kaufmotive selbst nicht bewusst sind oder diese nicht offen äußern wollen. Ein Mercedes wird wegen seiner guten Verarbeitungsqualität gekauft und nicht wegen des Prestiges – zumindest würde dies kein Mercedes-Käufer eingestehen. Der Zugang zu den **echten Kaufmotiven** ist entsprechend problematisch. Herkömmliche Befragungen greifen oft zu kurz. Würde man beispielsweise Kunden unmittelbar fragen, warum sie ein bestimmtes Waschmittel kaufen, wäre die Antwort wahrscheinlich „Weil es weiß wäscht". Dies ist ein **rationales Urteil,** das in der Regel nicht den wahren Kaufgrund zeigt. Kaufgründe können hier soziale Anerkennung als gute Hausfrau (z. B. bei Persil) oder andere Gründe sein. Hinzu treten **emotionale (affektive) Gesichtspunkte** („Das Produkt gefällt mir") und **situative Bedingungen** aus dem sozialen Umfeld des Kunden (z. B. Wohngegend, Freundeskreis, Verwandtschaft). Letztere können bewirken, dass der Kunde trotz positiver Einstellung das Produkt (z. B. Porsche) nicht kauft, weil es in seinem Freundeskreis nicht akzeptiert wird.

2.6 Niedrigpreis- und Hochpreisstrategie auf Käufermärkten

Käufermärkte gehen einher mit hoher Wettbewerbsintensität auf globalen Märkten und einer hohen Preiselastizität der Nachfrage aufgrund weitgehender Austauschbarkeit der Produkte **(Me-too-Produkte),** schwachen Marktwachstums auf gesättigten oder sogar schrumpfenden Märkten und sich rasch veränderndem Konsumentenverhalten durch geringe Markentreue, Schnäppchenjäger-Mentalität **(smart shopper),** Preisvergleichsportale im Internet. Die Verkäufer haben Probleme, ihre Produkte zu vermarkten.

Strebt ein Betrieb auf einem Käufermarkt vor allen quantitative Absatzziele (z. B. Absatz- und Marktanteilssteigerung) an, dann wählt er meistens eine aggressive **Niedrigpreisstrategie,** um Kunden zu gewinnen und zu halten. Dabei geht es darum, durch Kampfpreise Marktanteile zu gewinnen und Wettbewerber auf Distanz zu halten oder ganz aus dem Markt zu drängen.

Formen der Niedrigpreisstrategien im Überblick

Promotionpreisstrategie	Auf Massenmärkten soll auf Dauer ein Wettbewerbsvorteil durch ein Niedrigpreisimage erzeugt werden, z. B. Discounter wie Aldi oder Netto, VW-Marken Seat und Skoda, Jet-Tankstellen.

Penetrations-preisstrategie[1]	Bei der Markteinführung wird der Preis sehr niedrig gehalten, um eine hohe Marktdurchdringung zu bewirken und die Konkurrenten auf Distanz zu halten. Ist das Produkt allgemein bekannt, dann wird der Preis nach und nach erhöht. Die Strategie ist für Leistungen geeignet, die regelmäßige Wiederkäufe nach sich ziehen und eine hohe Anbieterwechsel-Schwelle aufweisen, z. B. Zeitungsabonnements, Mobilfunk-Verträge.
Exklusivpreis-strategie	Hier werden gegen Vorlage einer speziellen Kundenkarte, gegen eine Buchungsbestätigung (meist aus dem Internet) oder zu bestimmten Zeiten (z. B. Wochenendtarif, Happy Hour) vorübergehend oder dauerhaft Preisvorteile gegenüber „Normalkunden" gewährt.

Das vorrangige Ziel jedes Anbieters ist es, aus einem Käufermarkt einen Verkäufermarkt zu machen, indem er seinen Markt unvollkommen macht, indem er die Voraussetzungen des vollkommenen Marktes (homogene Güter, keine Präferenzen, vollkommene Markttransparenz) aushebelt. So verschafft er sich Preisspielräume und kann eine **Hochpreisstrategie** verfolgen.

Es gilt also die Austauschbarkeit (Homogenität) der Produkte und die Markttransparenz durch viele **Produktvarianten** mit unterschiedlichen Preisen und Tarifen zu verringern und so die Konsumentenrente abzuschöpfen. Bei einigen Konsumenten führt die Vielfalt jedoch eher zu Verwirrung (Konfusion) und Ablehnung. Der Kunde will keine Vielfalt, wenn er kaum noch Unterschiede zwischen den Produkten erkennen kann (Tyrannei der großen Auswahl). In der eingeschränkten Produktvielfalt liegt das Erfolgsrezept vieler Discounter.

Viele Markenhersteller schaffen für ihre Produkte Präferenzen durch **Alleinstellungsmerkmale,** indem sie versuchen, einzigartige Vorstellungsbilder (Image) zu erzeugen und in den Köpfen der Konsumenten zu verankern (**Unique Advertising Proposition** = einzigartiges werbliches Versprechen). So kann eine emotionale Bindung des Konsumenten an seine Marke und eine Erlebniswelt rund um das Produkt aufgebaut werden. Neben dem rationalen Nutzen (leichte Bedienbarkeit, einwandfreie Produktfunktion, hohe Produktqualität, angemessener Preis usw.) werden **weitere Zusatznutzen** geschaffen wie Genuss, Prestige, Exklusivität, soziale Anerkennung, Selbstbelohnung usw. Der Kunde kauft mit dem Produkt nicht nur die Produkteigenschaften, sondern auch Prestige und Ansehen.

Verkäufermärkte entstehen meist vorübergehend bei Produktneuheiten, die dem Kunden einen einzigartigen Produktnutzen versprechen (**Unique Selling Proposition** = einzigartiges Verkaufsversprechen). Dieser einzigartige Nutzen kann in neuartigen Funktionen, der einfachen Bedienung, im ansprechenden Design (Anmutung) oder in der hochwertigen Qualität des Produkts begründet sein. Diese Merkmale werden in einer eigens inszenierten Produktvorstellung zelebriert und in der anschließenden Werbung besonders hervorgehoben. Damit gelingt es, die Aufmerksamkeit des Kunden nachhaltig zu fesseln und rund um das Produkt eine Kultszene zu erzeugen.

Beispiel: *Apple-Fieber: Die Welt steht Schlange vor den Apple Stores für das neue iPhone*

1 Penetration = Durchdringung

Anbieter von Me-too-Produkten können ebenfalls Präferenzen **(akquisitorisches Potenzial)** schaffen durch Standortvorteile, besonders aufmerksames, freundliches Personal, Serviceleistungen (vor, beim und nach dem Kauf), besonders kurze Lieferzeiten usw.

Strebt ein Betrieb auf einem Käufermarkt vor allen qualitative Absatzziele (z. B. Kundenbindung, Imageverbesserung) an, dann wählt er meistens eine **Hochpreisstrategie.**

Formen der Hochpreisstrategien im Überblick

Premiumpreisstrategie bzw. Prämienpreisstrategie	Für Produkte mit Alleinstellungsmerkmalen aufgrund sehr guter Qualität oder hohem Markenimage wird auf Dauer ein überdurchschnittlich hoher Preis verlangt, z. B. Apple, Audi, Porsche, Escada, Nivea, Miele, Sennheiser.
Abschöpfungspreisstrategie bzw. Skimmingpreisstrategie[1]	Für Produktneuheiten wird zu Beginn meist ein hoher Einführungspreis verlangt, der im Laufe der Zeit oder durch aufkommende Konkurrenz langsam gesenkt wird, z. B. Elektroautos, E-Bikes, Notebooks, Smartphones.

Niedrig- und Hochpreisstrategien im Überblick

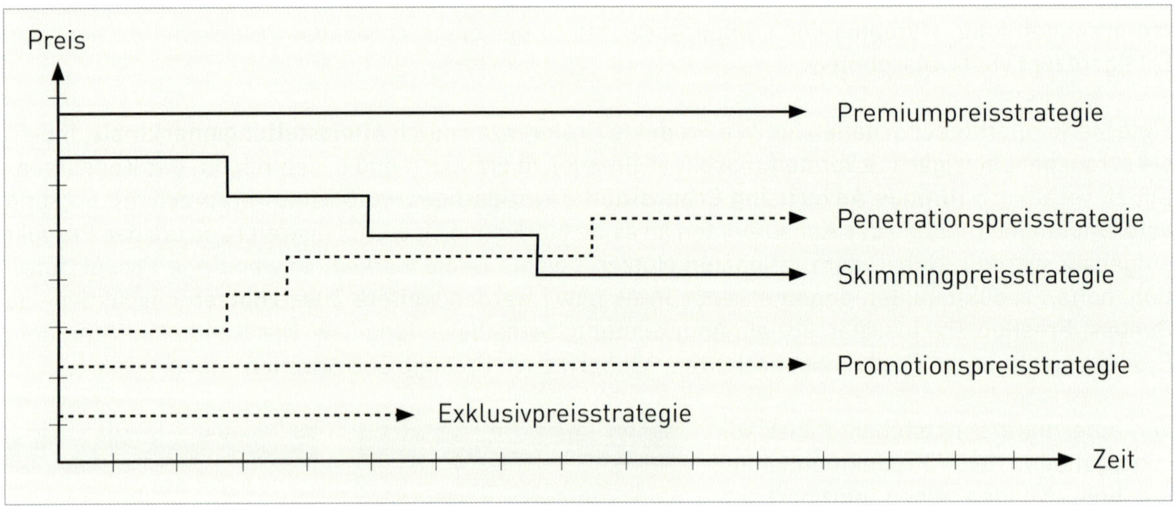

Werden Hoch- bzw. Tiefpreise auf Dauer festgelegt, dann liegt eine **Festpreisstrategie** vor, werden sie nur vorübergehend gewährt, dann spricht man von einer **Preisabfolgestrategie.**

2.7 Wettbewerbsstrategien – Gesamtmarkt oder Teilmarkt

Wettbewerbsstrategien beschreiben die Art und Weise, wie die absatzpolitischen Ziele erreicht werden sollen. Dabei geht es darum, einen Wettbewerbsvorteil zu erlangen bzw. zu erhalten. Die Porter-Matrix[2] teilt Wettbewerbsstrategien danach ein, welchen Wettbewerbsvorteil sie anstreben und auf welche Märkte sie ausgerichtet sind. Dabei unterscheidet Porter als strategische Wettbewerbsvorteile die Differenzierung und die Kostenführerschaft. Diese Wettbewerbsvorteile kann ein Betrieb auf dem Gesamtmarkt oder auf einem Teilmarkt einsetzen. Je nach Stoßrichtung werden Differenzierungs-, Kostenführerschaft- und Nischenstrategie unterschieden.

1 To skim = abschöpfen, absahnen
2 Porter, Michael E., Wettbewerbsstrategie (Competitive Strategy): Methoden zur Analyse von Branchen und Konkurrenten (übersetzt von Volker Brandt und Thomas Carl Schwoerer), Campus Verlag, Frankfurt/New York, 2008

Überblick über die Wettbewerbsstrategien (Porter-Matrix)

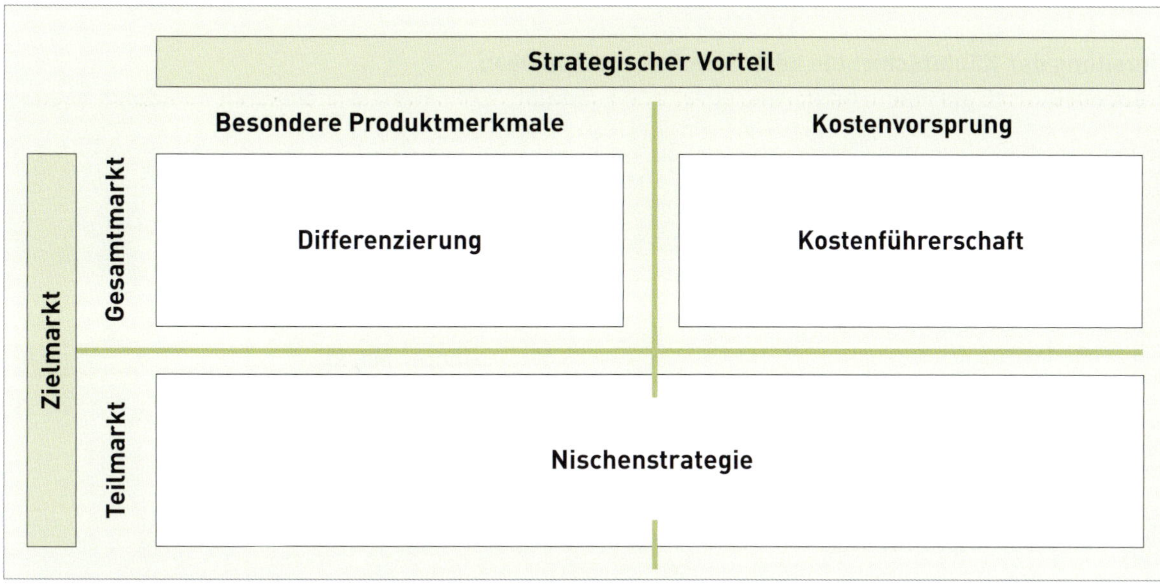

Quelle: www.marktding.de/strategie/wettbewerbsstrategie-porter-in-400-worten/

Ein Betrieb muss mindestens einen strategischen Wettbewerbsvorteil besitzen, um langfristig überleben zu können. Betriebe, die sich auf keine dieser Wettbewerbsstrategien festlegen wollen, „sitzen zwischen den Stühlen" **(Stuck-In-The Middle-Position)** und werden mit dieser Mittellage keine nennenswerten Marktanteile gewinnen können. Sie werden auf lange Sicht aus dem Markt gedrängt (z. B. Quelle, Neckermann, Karstadt), weil ihre Produkte weder billiger noch besser sind als die der Wettbewerber.

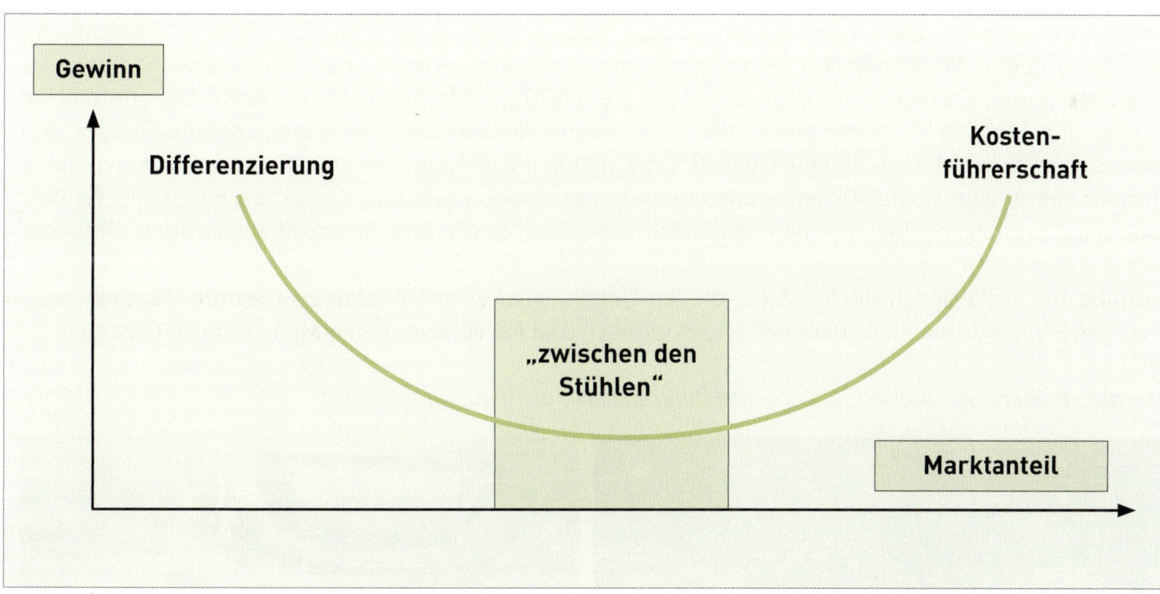

2.7.1 Strategie der Differenzierung

Die Strategie der **Differenzierung** setzt alles daran, sich von den Wettbewerbern zu unterscheiden. Dies gelingt dem Betrieb durch präferenzbildende Maßnahmen **(Präferenzstrategie),** indem er bei seinen Kunden Maßnahmen ergreift, die den Zusatznutzen der Produkte herausstellen und sichern.

Durch das Versprechen eines einzigartigen Produktnutzens *(Unique Selling Proposition)* oder auch nur durch ein einzigartiges werbliches Versprechen *(Unique Advertising Proposition)* strebt der Betrieb die **Qualitätsführerschaft** innerhalb seiner Branche an, indem er *Alleinstellungsmerkmale* für seine

Produkte schafft. Dies bewirkt eine hohe Kundenbindung und verringert die Preisempfindlichkeit. Zielgruppe sind anspruchsvolle, wenig preisempfindliche Premium-, Marken- und Promotion-Käufer.

Einteilung der Käuferschichten nach dem Anspruchsniveau

- **Höchste Preis-Qualitäts-Lage**
  - Premium-Käufer
  - extrem hohes Anspruchsniveau
- **Obere Preis-Qualitäts-Lage**
  - Marken-Käufer
  - hohes Anspruchsniveau
- **Mittlere Preis-Qualitäts-Lage**
  - Handelsmarken-/Promotion-Käufer
  - mittleres Anspruchsniveau
- **Untere Preis-Qualitäts-Lage**
  - Handelsmarken-/No-Names-
  - bzw. Preis-Käufer
  - niedriges Anspruchsniveau

Quelle: Kreutzer, Ralf T., Praxisorientiertes Marketing, 2. Auflage, Wiesbaden, Gabler, 2009, S. 104

Damit sich Kunden nicht in erster Linie am Preis orientieren, muss ihnen deutlich gemacht werden, dass sich ein bestimmtes Produkt von allen anderen unterscheidet. Je stärker dieser Unterschied den Kunden bewusst ist, desto eher werden sie das Produkt wiedererkennen und bei ihrer Kaufentscheidung bevorzugen. **Markenartikel** zeichnen sich aus durch eine einheitliche und unverwechselbare Aufmachung (Logo, Emblem), ein dauerhaft hohes Preis-Qualitäts-Versprechen, hohe Bekanntheit und Anerkennung im Markt, überregionale Werbung, flächendeckendes Servicenetz, schnelle Reparaturen, besonderes Design, Langlebigkeit, Überall-Erhältlichkeit (Ubiquität) im gewählten Verbreitungsgebiet. Marken geben dem Käufer Orientierungshilfen in der Angebotsvielfalt, Sicherheit bei seiner Kaufentscheidung und verschaffen ihm psychische Nutzenelemente wie Ansehen, Selbstvertrauen, Prestige.

Aufgabe der Differenzstrategie ist es, diesen Unterschied zum Maßstab zu machen. Kunden sollen Wettbewerbsprodukte an diesem Kriterium messen und bereit sein, einen Mehrpreis zu bezahlen.

Beispiel: *Präferenzstrategie (Strategie der Differenzierung) im Automobilmarkt*

2.7.2 Strategie der Kostenführerschaft

Die Strategie der **Kostenführerschaft** ist darauf gerichtet, unter allen Wettbewerbern der kostengünstigste zu sein. Dabei konzentriert sich der Betrieb vorwiegend auf den Preiswettbewerb **(Preis-Mengen-Strategie)** und verzichtet weitgehend auf andere präferenzbildende Maßnahmen. Zielgruppe sind preisempfindliche Käufer, bei denen der Preis vor der Marke rangiert („unterer Markt").

Als Beispiel für die Preis-Mengen-Strategie (Strategie der Kostenführerschaft) im Lebensmittelhandel dienen die Diskounter wie LIDL (Lidl lohnt sich), ALDI, PENNY (Kampf dem Preis), Kaufland (Hier bin ich richtig) und NORMA (mehr fürs Geld).

Einen Kostenvorsprung kann der Betrieb erreichen durch:

- **Standortvorteile** wie niedrige Material-, Energie-, Arbeitskosten, niedrige Steuer- und Abgabenbelastung (z. B. Gewerbesteuer), günstige Grundstücksmieten, ausgebaute Verkehrs-, Versorgungs- und Kommunikationswege, Fertigung in „Billiglohnländern".
- **Rationalisierungsmaßnahmen** wie Einsparung von Material-, Energie-, Arbeitskosten und Prozessoptimierung, z. B. durch schlanke Betriebsabläufe, Standardisierung, Automatisierung, keine Regalbefüllung, sondern Produktpräsentation direkt auf den Euro-Paletten, standardisierte Ladengestaltung (z. B. jeder Aldi-Markt sieht innen gleich aus).
- Ausnutzung von Vorteilen durch die Betriebsgröße und ein flächendeckendes Angebot. **Größen- bzw. Massenproduktionseffekt (Kostendegression)** aufgrund sinkender Stückkosten bei steigender Produktions- bzw. Absatzmenge. Produkt- und Sortimentsvereinfachungen durch wenig Produktvarianten.

Beispiel: *Massenproduktionseffekt (Kostendegression)*

Begriffserklärungen:

Fixe Kosten	Sie bleiben **unverändert,** wenn sich die Verkaufs- bzw. Produktionsmenge verändert. ***Beispiele:*** *Gebäudemiete, Gehälter, Zinsen*
Variable Kosten	Sie **verändern sich,** wenn sich die Verkaufs- bzw. Produktionsmenge verändert. ***Beispiele:*** *Aufwendungen für Rohstoffe und Handelswaren, leistungsbezogene Entgelte (z. B. Akkordlohn, Verkaufsprovision)*

Monatliche Fixkosten: 20.000 €, variable Kosten pro Stück: 100 €

Produktionsmenge ↓	Fixkosten pro Monat in €	Variable Kosten in €	Gesamtkosten in €	Gesamtkosten pro Stück ↑
100	20.000	10.000	30.000	300,00
200	20.000	20.000	40.000	200,00
300	20.000	30.000	50.000	166,67
400	20.000	40.000	60.000	150,00
500	20.000	50.000	70.000	140,00
600	20.000	60.000	80.000	133,33
700	20.000	70.000	90.000	128,57
800	20.000	80.000	100.000	125,00

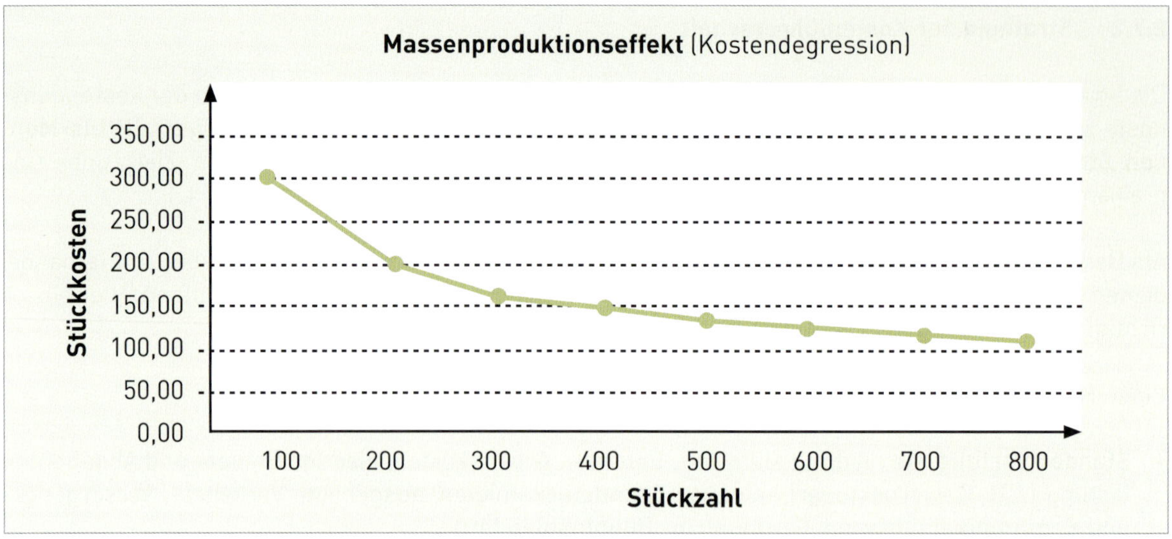

Mit zunehmender Produktionsmenge sinken die Gesamtkosten pro Stück (Stückkosten). Das liegt daran, dass sich die gleichbleibenden gesamten Fixkosten auf eine größere Menge verteilen und somit pro Stück sinken.

2.7.3 Nischenstrategie – Marktsegmentierung

Die **Nischenstrategie** (Strategie der Konzentration, Fokussierung) strebt den Wettbewerbsvorteil nicht auf dem Gesamtmarkt, sondern nur auf bestimmten **Teilmärkten (Nischen)** einer Branche an, die bisher noch nicht bzw. unzureichend von den Wettbewerbern bearbeitet werden. Die Nischenstrategie kann wiederum auf Kostenführerschaft oder auf Differenzierung in dem gewählten Teilmarkt gerichtet sein. Betriebe versprechen sich einen Wettbewerbsvorteil dadurch, dass sie durch Konzentration auf einen Teilmarkt oder eine Zielgruppe deren Anforderungen besser oder günstiger erfüllen können als Unternehmen, die auf dem Gesamtmarkt agieren.

Beispiele: *Differenzierung in der Nische* — *Kostenführerschaft in der Nische*

PORSCHE

DACIA

Im ersten Schritt sucht sich der Betrieb aus dem Gesamtmarkt in sich homogene, klar voneinander abgrenzbare Teilmärkte bzw. Käufergruppen **(Marktsegmente)** mit gemeinsamen Merkmalen, die er anschließend unterschiedlich bearbeiten kann.

Grundsätzliche Möglichkeiten der Marktsegmentierung im Überblick.

Totale Marktabdeckung mit Bearbeitung aller Marktsegmente	Teilweise Marktabdeckung mit Bearbeitung eines Teils des Gesamtmarktes	Teilweise Marktabdeckung mit Bearbeitung einiger Marktsegmente
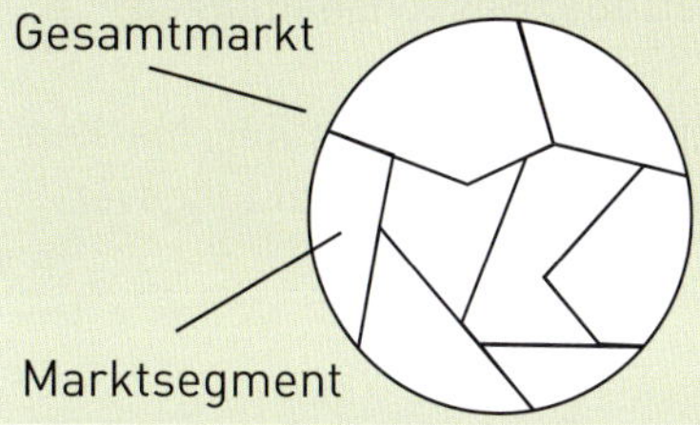	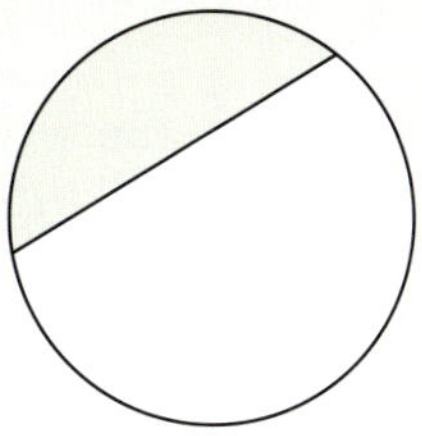	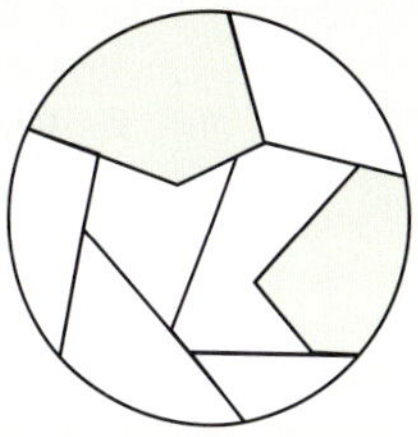
Beispiel: *Gesamtmarkt = Alle Fahrräder. Die Rad & Roll GmbH bietet alle Segmente an, z. B. Kinder-, Herren- und Damenräder.*	***Beispiel:*** *Die Rad & Roll GmbH bietet nur alle möglichen Mountainbikes an, z. B. für Kinder, Herren und Damen.*	***Beispiel:*** *Die Rad & Roll GmbH bietet nur Mountainbikes und Citybikes für Herren an.*

Das Streben, möglichst viele, klar abgrenzbare Segmente zu finden, führt dazu, dass die Größe der einzelnen Segmente immer kleiner wird. Das beeinträchtigt die Wirtschaftlichkeit der anschließenden Marktbearbeitungsmaßnahmen (z. B. zielgruppengenaue Werbung, Preis- und Produktdifferenzierung). Außerdem können die vielen einzelnen Segmente kaum mehr voneinander unterschieden werden (mangelnde Trennschärfe).

Die **Marktsegmente** bzw. Teilmärkte sollten daher folgende **Anforderungen** erfüllen:

- Die Unterschiede der Teilmärkte müssen eindeutig mit den gängigen Methoden der Marktforschung **messbar** sein (z. B. Alter der Kunden).
- Der Umfang (Absatzvolumen) der Teilmärkte muss **groß genug** sein, dass sich eine eigene Marktbearbeitung lohnt.
- Der **Nutzen** der Zielgruppenerhebung muss die Kosten für die Erhebung übersteigen.
- Die Merkmale der Teilmärkte müssen eine **zeitliche Stabilität** aufweisen (keine kurzfristigen Modeströmungen).
- Das **Kaufverhalten** der verschiedenen Zielgruppen muss sich voneinander unterscheiden.
- Die jeweilige Zielgruppe muss auf bestimmte Ansprachen, Botschaften die gleiche Reaktion zeigen. Die Zielgruppe muss in sich **homogen** sein und sich von anderen Zielgruppen unterscheiden.
- Die Merkmale der Zielgruppe müssen Rückschlüsse auf die Medien zulassen, über die die Zielpersonen erreicht werden können (**mediale Erreichbarkeit** der Zielgruppe).

Käufer unterscheiden sich in vielerlei Hinsicht, z. B. in ihren Lebensstilen, Einstellungen, Einkommen, Bildung, Geschlecht, Alter, Wohnort. Anhand jedes dieser Kriterien lässt sich ein Markt in voneinander abgrenzbare Kundengruppen unterteilen.

Marktsegmentierung nach Kundenmerkmalen

Sozioökonomische Merkmale	• **Soziale Schicht,** z. B. Bildung, Ausbildung, Beruf, Einkommen, Subkultur (Milieu) • **Demografische Merkmale,** z. B. Familienstand, Haushaltsgröße, Zahl der Kinder, Alter, Geschlecht, Staatsangehörigkeit • **Geografische Merkmale,** z. B. Wohnort, Wohngebiet, Stadt/Land, Region, Bundesland, Postleitzahlengebiet, Nation/Staat, Kaufkraft
Psychografische Merkmale	• **Allgemeine Persönlichkeitsmerkmale,** z. B. Lebensstil, Aktivitäten, Interessen, Risikobereitschaft, Meinungen, Mentalität (Vergangenheits-/Gegenwartsorientierung, Ich-/Gesellschaftsorientierung), Involvement (Engagement, Aufgeschlossenheit gegenüber Werbung und neuen Produkten) • **Produktbezogene Merkmale,** z. B. Kaufabsichten, Kaufmotive, Wahrnehmungen, produktbezogene Einstellungen, Nutzenvorstellungen

Beobachtbares Kaufverhalten (Verhaltensmerkmale)	• **Preisverhalten,** z. B. Preisorientierung, psychologische Preisschwellen, Schnäppchenjäger, Preisklasse • **Mediennutzung,** z. B. Art und Zahl der genutzten Medien, Nutzungsintensität (z. B. Stunden pro Tag) • **Einkaufsstättenwahl,** z. B. Fachgeschäft, Discounter, Kaufhaus, Verbrauchermarkt, Online-/Offlinekäufer, Geschäftstreue, Besuchshäufigkeit, Kaufzeitpunkte • **Produktwahl,** z. B. Qualitäts-, Serviceorientierung, Markenkäufer, Markentreue, Kaufhäufigkeit (Viel-/Wenig-/Nichtkäufer), Weiterempfehlungsverhalten

Das Ergebnis der Marktsegmentierung sind Käufergruppen, die spezielle Produkte und eine spezielle Ansprache erfordern.

Innerhalb der internationalen globalen Marktbearbeitung wird der Weltmarkt oft in einzelne **Ländermärkte** aufgeteilt, die dann je nach kulturellem Hintergrund und den Gegebenheiten und Bedürfnissen unterschiedlich bearbeitet werden. Die Mehrerlöse durch Wettbewerbsvorteile aufgrund der differenzierten Marktbearbeitung können jedoch durch erhöhte Kosten wieder verloren gehen.

Die Kostennachteile können durch Massenproduktionsvorteile im Wege der **Standardisierung** aufgefangen werden. Diese geht einher mit der Vereinheitlichung von Waren, Dienstleistungen und Verfahren und läuft darauf hinaus, dass in den unterschiedlichen Ländern weltweit identische Produkte zu identischen Preisen angeboten werden mit weltweit identischen Verkaufs- und Werbeaktivitäten.

Beispiel: *Um Synergien[1] (Kostenvorteile) zu nutzen, entwickelte Volkswagen aus einer Plattformstrategie eine modulare Baukastenstrategie. Der modulare Querbaukasten (MQB) von VW erstreckt sich über die Segmente A0 bis B. Bei Volkswagen sind das zum Beispiel Polo, Beetle, Golf, Scirocco, Jetta, Tiguan, Touran, Sharan, Passat und Volkswagen CC. Diese Modelle können, trotz unterschiedlicher Radstände und Spurbreiten, auf der gleichen Fertigungslinie gemeinsam gebaut werden.*

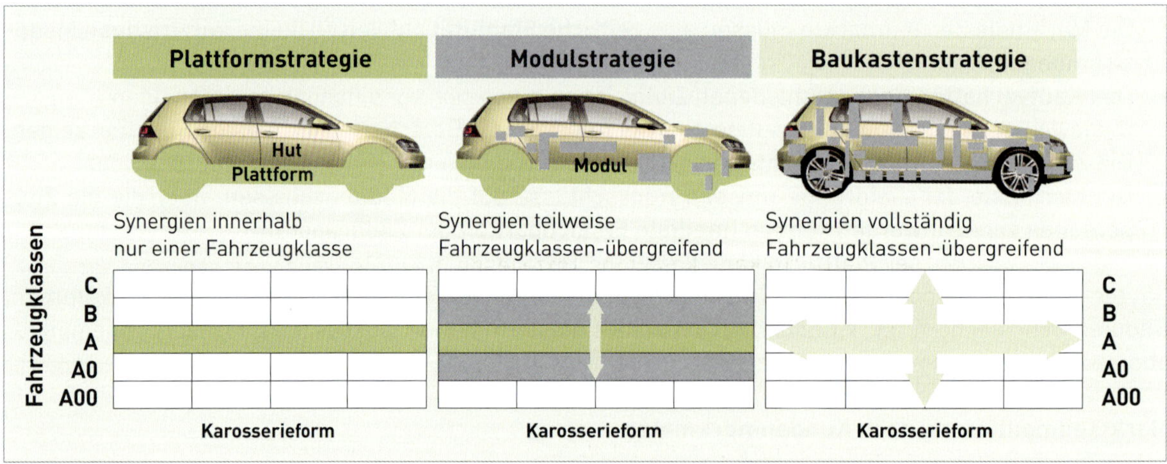

Quelle: www.autogramm.volkswagen.de/01-02_12/images/content/popups/16-17_MQB_Grafik1.jpg

1 Zusammenarbeiten im Sinne von „sich gegenseitig fördern“. Der **Synergieeffekt** besteht darin, dass das Ganze mehr ist als die Summe seiner Teile („1+1=3-Effekt“).

2.8 Unternehmensauftritt in sozialen Medien

Das Hauptmerkmal sozialer Medien (**soziale Netzwerke i. w. S.** oder **Web 2.0**[1] genannt) besteht darin, dass Informationsinhalte (contents) nicht mehr allein durch den Anbieter erstellt werden, sondern dass die Nutzer aktiv und persönlich mitwirken können. Das Internet entwickelt sich dadurch immer mehr zu einem „Mitmach-Netz", in dem der bisher eher passive Internetnutzer zum aktiven Teilnehmer wird. Betrieben eröffnet sich die Chance, mit ihren Kunden in einen echten Dialog zu treten – ebenso können Kunden untereinander kommunizieren.

Neben **nichtkommerziellen Motiven** (Selbstdarstellungs-, Mitteilungsbedürfnis, Kontaktsuche, Flucht aus dem realen Leben – Second Life) verfolgen die Nutzer der Web-2.0-Anwendungen auch **kommerzielle Motive** wie die Präsentation eigener Produkte und Leistungen. Die zunehmende Vernetzung der Internetnutzer bietet Betrieben die Möglichkeit, das Internet als Kommunikations-Plattform zu nutzen und aktuelle sowie potenzielle Kunden in Form von Wikis, Blogs, Podcasts oder sozialen Netzwerken einzubeziehen. Angebot und Nachfrage können sich hier auf einer **virtuellen Ebene** treffen, die keine realen Entfernungen kennt, meist kostenlos ist, jedem zugänglich und benutzerfreundlich ist und in Echtzeit zur Verfügung steht.

Wichtige Web-2.0-Anwendungen (soziale Medien) im Überblick

Wiki	Die Grundidee ist das gemeinschaftliche Arbeiten an Texten. Jeder Nutzer dieser Plattform kann kostenlos Texte lesen, neue Beiträge verfassen und vorhandene Texte online ändern oder ergänzen. Durch die Arbeit vieler Autoren an den Texten wird der vorhandene Wissens- und Erfahrungsschatz ständig erweitert und verbessert. Durch **Links** (Querverweise) in andere Bereiche kann neues Wissen entstehen.
Blog (Weblog, Forum)	Eine bestimmte Autorengruppe verfasst auf einer eigenen Internetplattform Beiträge (**Posts** oder Postings in Form von Texten, Bildern oder Videos), die in zeitlich absteigender Sortierung aufgelistet werden. Daher werden Blogs auch als Internet-Tagebücher bezeichnet. Jeder Leser kann Kommentare zu den Blog-Einträgen verfassen. Beim **Mikroblogging** werden nur kurze, meist bis zu 140 Zeichen umfassende, Textbeiträge veröffentlicht. Leser können auch **Links** zu eigenen Blogs herstellen, sodass eine echte Kommunikation entsteht. Sogenannte **Hashtags** (# = hash) ordnen Posts (bzw. Tweets bei Twitter) einem speziellen Oberthema zu. Das Rautenzeichen kennzeichnet Schlüsselwörter unter denen die Kurznachricht später auch über die Suchfunktion von Google+, Youtube oder Twitter nachhaltig gefunden werden können.

1 Der Begriff wurde erstmals im Jahr 2004 von den Mitarbeitern des Computerverlags O'Reilly Media in San Francisco im Rahmen einer Entwicklerkonferenz verwendet.

Podcast	Portale, die Audio- und Videobeiträge im Internet kostenlos, nach Themen sortiert, zum Abonnieren und Herunterladen anbieten (sogenannte On-Demand-Angebote oder Radio und Fernsehen für jedermann).
Soziale Netzwerke i. e. S.	Plattformen, die lose soziale Beziehungen zwischen Internetnutzern herstellen. Die Nutzer können ein *Profil* von sich erstellen, *Kontakte verwalten* und ihren Status durch *Blogs* ständig aktualisieren z. B. neue Fotos einstellen. Die Nutzer können sich in Gruppen (Communities, Freunde) untereinander austauschen. Das weltweit größte soziale Netzwerk mit über einer Milliarde Mitgliedern ist das Freundeportal Facebook. Weitere bekannte Dienste in Deutschland sind der Kurznachrichtendienst Twitter, XING, Google+, MySpace, das Fotoportal Flickr, LinkedIn sowie studiVZ/meinVZ. Noch einfacher und schneller zu bedienen ist WhatsApp, ein kostenloser Textnachrichtendienst (nicht begrenzt auf 140 Zeichen), der hierzulande auf fast allen Smartphones und Tablets installiert ist und sich anschickt, Facebook abzulösen.

Betriebe können die genannten sozialen Medien nutzen, um

- ihr Unternehmensprofil zu präsentieren und den Bekanntheitsgrad zu erhöhen,
- die Kundenbindung und Kundenzufriedenheit zu verbessern,
- Werbemaßnahmen durchzuführen.

Als **Unternehmensprofil** (bzw. Fanseite, Unternehmensseite) wird die kurzgefasste Selbstdarstellung des Unternehmens in Printmedien, firmeneigenen Internetauftritten oder in den sozialen Medien (Social Media) bezeichnet. Ein Unternehmensprofil enthält eine Beschreibung der Geschäftstätigkeit, die aktuellen Unternehmenskennzahlen (z. B. Umsatz, Gewinn, Anzahl der Mitarbeiter) und ggf. einen Link zum aktuellen Börsenkurs. Unternehmensprofile in sozialen Netzwerken verschaffen dem Betrieb eine hohe Reichweite. Er muss sich aber den Nutzungsbedingungen des externen Plattform-Betreibers unterwerfen.

Auszug aus der Facebook-Seite eines Fahrradhändlers

Mehrfacher Nutzen eines Unternehmensprofils bei Facebook

Dein Unternehmen ist für deine Kunden da. Baue Beziehungen zu ihnen auf, erreiche neue Menschen und steigere deinen Umsatz mit Facebook.

Mehr als 1 Milliarde Menschen klicken im Schnitt täglich auf „Gefällt mir" und kommentieren Beiträge. Mit einer aussagekräftigen Präsenz auf Facebook nimmt dein Unternehmen an diesen Unterhaltungen teil und hat Zugang zur wirkungsvollsten Art der Mundpropaganda – **Empfehlungen unter Freunden.**

1. Schritt	2. Schritt	3. Schritt	4. Schritt
Aufbau deiner Seite	**Verbindung** mit Menschen	**Interaktion** mit deiner Zielgruppe	**Beeinflussen** Freunde von Fans
Alles beginnt mit deiner Seite.	Werbeanzeigen helfen dir, die richtigen Personen zu erreichen.	Hochwertige Beiträge halten das Interesse wach.	Vergrößere deine Reichweite mithilfe von Freunden.

Über die reine Selbstdarstellung hinaus wollen Betriebe in sozialen Netzwerken über ihre aktuellen Aktivitäten informieren, Einfluss auf die öffentliche Meinung ausüben, Umfragen durchführen, mit Kunden kommunizieren und dabei Follower bzw. Freunde (Fans) gewinnen oder über Produkte und Dienstleistungen informieren. Betriebe können in kurzer Zeit eine große Zahl von Menschen erreichen und dabei authentisch und zielgruppennah auftreten. Verkäufer können direkt über die Netzwerke nach potenziellen Kunden suchen und diese daraufhin kontaktieren, um Verkaufsgespräche zu starten.

Modernes **Social-Channel-Marketing** nutzt alle sozialen Medien. Der Betrieb stellt die Inhalte bereit und diese werden z. B. von Bloggern, Facebook- oder YouTube-Usern neu und individuell aufbereitet und an ihre Freunde und Abonnenten verbreitet. Die Kunden, User und Meinungsführer entscheiden selbst, welche Inhalte sie teilen wollen und welche nicht. Durch diese Art des Empfehlungsmarketings werden die Beiträge nicht als bloße Werbung publiziert, sondern sind User-Generated-Content. Sie sind nicht mehr nur Adressaten von Werbebotschaften, sondern aktive Mitgestalter glaubwürdiger und interessanter Verkaufsaktivitäten. Im Idealfall wird das Produkt durch die Kunden getestet und weitervermarktet. Die Bekanntheit und Glaubwürdigkeit des Betriebs wird dadurch gesteigert.

Die **Kundenzufriedenheit** erhöht sich, wenn Kundenanliegen und konkrete Kundenanfragen in sozialen Netzwerken unbürokratisch schnell und einfach beantwortet werden. Die sprachliche Ausgestaltung der Posts bzw. Tweets kann an das Geschlecht, das Alter und den Beziehungsstatus der Zielpersonen bzw. Nutzer angepasst werden. Es empfiehlt sich, die Inhalte im Beitrag nur kurz anzureißen (Beitrag als Teaser) und über einen Link (Querverweis) zur Unternehmenswebsite oder zum Blog mit dem vollständigen Beitrag hinzuweisen. Fragen, Probleme, Lob, Kritik und Verbesserungsvorschläge werden durch den kurzen Kommunikationsweg direkt wahrgenommen. Die angebotene Hilfestellung kann den Kunden ebenso schnell erreichen und zur Problemlösung führen. Für den Kundenservice über die sozialen Medien ist kein externes Kommunikationsmedium (Hotline, E-Mail, Brief) nötig. Der Kunde kann sich aus seiner gewohnten Social-Media-Umgebung heraus mit einer einfachen Markierung des Unternehmens an den Kundendienst (Support) wenden. Ist das Problem eines Kunden zu komplex, wird der Fall zum Standardkundenservice weitergeleitet und die folgende Kommunikation läuft per E-Mail, Telefon oder Post.

Nützliche Informationen, die auf den Punkt gebracht sind, erhalten mehr Antworten (Re-Tweets). Ebenso sind Links auf unterhaltsame Inhalte wie etwa Gewinnspiele oder lustige Videos denkbar. Hohe Wertschätzung erzielen Links zu nützlichen, branchenbezogenen Informationen und Neuigkeiten, die sachlich aufbereitet sind. Um auf die oberen Plätze von Suchmaschinen zu gelangen, muss für viel Bewegung auf der eigenen Website, auf Foren und in sozialen Netzwerken gesorgt werden – natürlich immer unter Nennung der Firma bzw. der Marke.

Betriebe sollten ehrlich und authentisch auftreten und ihren Kunden auf Augenhöhe begegnen. Anfragen, Vorschläge oder Beschwerden sollten ehrlich und zeitnah beantwortet werden. Bevor ein Betrieb einen Beitrag in ein soziales Netzwerk einstellt, sollten mögliche Reaktionen der Nutzer bedacht werden. Im ungünstigsten Fall wird ein Sturm der Entrüstung **(Shitstorm)** ausgelöst, der einen immensen Imageschaden anrichten kann.

Um ein gewisses Maß an Kontrolle über die Webaktivitäten zu behalten, setzen Betriebe das **Monitoring** ein. Dabei werten sie den fortwährenden Informationsstrom aus, um Schwachstellen ihrer Produkte und ihrer Kommunikation rechtzeitig aufzudecken. Mithilfe von speziellen Suchmaschinen können Weblogs gezielt nach Stichwörtern und Links durchsucht werden. Ob eine Werbemaßnahme erfolgreich ist, wird über die Kommentare der Follower schnell und direkt sichtbar. Bei negativen Äußerungen und Entwicklungen können Unternehmen sofort eingreifen und gegensteuern. Negative Kommentare können jedoch auch sehr nützlich sein. Kritik und Anregungen helfen, Produkte zu verbessern, Dienstleistungen zu optimieren oder zukünftige Werbeaktionen und Veranstaltungen bereits im Vorfeld besser zu planen.

Wissen testen

1. Sie ergänzen Ihre Lernkartei um das Themengebiet „Preis- und Wettbewerbsstrategien“.

1.1 Sie schreiben jeden der folgenden Begriffe auf die Kopfzeile eines DIN-A6-Kärtchens:

Markt (Begriff), Marktfunktionen (Preisfunktionen), Marktformen (nach Anbieterzahl), vollkommener Markt (Modellannahmen), Präferenzen (Arten), Gesetz der Nachfrage, Gesetz des Angebots, Marktgleichgewicht (Bedingungen), Nachfrage- und Angebotsüberhang, Konsumenten- und Produzentenrente, Verkäufermarkt, Käufermarkt, Preiselastizität der Nachfrage, Kundenbeziehung (Phasen, 3 Rs), operationales Ziel, Zielhierarchie (Zielpyramide), absatzpolitische Ziele (quantitative, qualitative), Nutzen (Grund-, Zusatznutzen), Werthaltung (instrumental, terminal), Bedürfnispyramide (Maslow), Means-End-Analyse, Kaufmotive, Niedrigpreisstrategie (Ziel, Formen), Unique Advertising Proposition, Unique Selling Proposition, Hochpreisstrategie (Ziel, Formen), Festpreis- und Preisabfolgestrategie, Wettbewerbsstrategien (Porter-Matrix), Stuck-In-The Middle-Position, Differenzierungsstrategie, Markenartikel (Merkmale), Kostenführerschaft, Fixkosten, variable Kosten, Massenproduktionseffekt (Kostendegression), Nischenstrategie, Marktsegmentierung (Anforderungen), Marktsegmentierung (nach Käufergruppen), soziales Netzwerk i. w. S. (Merkmal, Motive), soziale Medien (Formen), soziales Netzwerk i. e. S., Unternehmensprofil, Social-Channel-Marketing, Shitstorm, Monitoring

1.2 Sie sortieren die Begriffskärtchen nach den Kriterien „Weiß ich“ oder „Weiß ich nicht“. Sie bilden mit Ihren Mitschülern Kleingruppen und erklären sich gegenseitig die „Weiß-ich-nicht“-Kärtchen. Sie schlagen dabei die ungeklärten Begriffe im Schulbuch nach. Sie schreiben die Begriffserklärungen auf die Rückseite des entsprechenden Kärtchens und ordnen diese unter der Leitkarte „Preis- und Wettbewerbsstrategien“ alphabetisch in Ihren Lernkartei-Behälter ein.

2. Sie ordnen die Ziffern in der Skizze den nebenstehenden Begriffen a) bis k) zu.

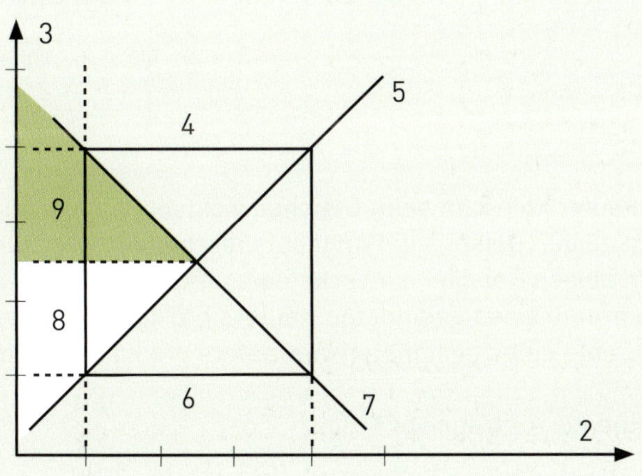

___ a) Nachfragekurve
___ b) Angebotskurve
___ c) Nachfrageüberhang
___ d) Angebotsüberhang
___ e) Gleichgewichtspreis
___ f) Käufermarkt
___ g) Verkäufermarkt
___ h) Preis
___ i) Menge
___ j) Produzentenrente
___ k) Konsumentenrente

3. Der Preis eines Gutes ändert sich von 2,50 € auf 2,25 €. Daraufhin steigt die Gesamtnachfrage von 500 000 Stück auf 525 000 Stück. Sie berechnen die Preiselastizität der Nachfrage.

4. Sie überprüfen die unten stehenden Aussagen zum vollkommenen Markt und zur Preisbildung auf diesem Markt auf ihre Richtigkeit. Sie ordnen ein R für richtig oder ein F für falsch zu.

4.1 Der Marktpreis wird ausschließlich von den Nachfragern bestimmt.

4.2 Der Gleichgewichtspreis ist der Preis, bei dem die angebotene Menge gleich der nachgefragten Menge ist.

4.3 Die angebotene Menge ist umso größer, je niedriger der Preis ist.

4.4 Liegt der Preis unterhalb des Gleichgewichtspreises, spricht man von einem Nachfrageüberhang.

4.5 Liegt der Preis oberhalb des Gleichgewichtspreises, spricht man von einem Verkäufermarkt.

4.6 Je größer der Angebotsüberhang, desto größer die Menge, die am Markt umgesetzt wird.

4.7 Die Bedingungen des vollkommenen Marktes treffen in der Realität für fast alle angebotenen Waren zu.

5. Einem Börsenmakler liegen folgende Aufträge vor:

Kaufaufträge (Nachfrage)

Käufer	Menge	höchstens für
A	10 kg	20,00 €
B	20 kg	16,00 €
C	30 kg	12,00 €
D	70 kg	8,00 €
E	20 kg	4,00 €

Verkaufsaufträge (Angebot)

Verkäufer	Menge	mindestens für
U	10 kg	4,00 €
V	20 kg	8,00 €
W	30 kg	12,00 €
X	50 kg	16,00 €
Y	30 kg	20,00 €

5.1 Sie berechnen mithilfe einer Tabelle nach folgendem Muster den Gleichgewichtspreis. Sie markieren den Gleichgewichtspreis in der Tabelle. Sie verwenden ggf. ein Tabellenkalkulationprogramm und stellen die Marktverhältnisse in einem Liniendiagramm dar.

Marktpreis	Nachfragemenge	Angebotsmenge	Abgesetzte Menge
4,00 €	...	...	...
...	...	...	...

5.2 Welche Käufer und welche Verkäufer kommen beim Gleichgewichtspreis nicht zum Zuge?

5.3 Bei welchen Preisen besteht im obigen Beispiel ein Angebotsüberhang bzw. Käufermarkt?

5.4 Bei welchen Preisen besteht im obigen Beispiel ein Verkäufermarkt?

5.5 Sie berechnen die Konsumentenrente eines geeigneten Käufers pro kg und insgesamt.

5.6 Sie berechnen die Produzentenrente eines geeigneten Verkäufers pro kg und insgesamt.

6. Einem Börsenmakler liegen folgende Aufträge vor:

Kaufaufträge (Nachfrage)

Käufer	Menge	höchstens für
A	10 kg	billigst
B	30 kg	6,00 €
C	30 kg	7,00 €
D	40 kg	8,00 €
E	40 kg	9,00 €

Verkaufsaufträge

Verkäufer	Menge	mindestens für
U	10 kg	bestens
V	20 kg	5,00 €
W	30 kg	6,00 €
X	60 kg	7,00 €
Y	20 kg	8,00 €

6.1 Sie berechnen mithilfe einer Tabelle nach folgendem Muster den Gleichgewichtspreis. Markieren Sie den Gleichgewichtspreis in der Tabelle. Verwenden Sie ggf. ein Tabellenkalkulationsprogramm und stellen Sie die Marktverhältnisse in einem Liniendiagramm dar.

Marktpreis	**Nachfragemenge**	**Angebotsmenge**	**Abgesetzte Menge**
5,00 €	...	...	...
...	...	...	...

6.2 Sie markieren in der Grafik die Bereiche, in denen ein Nachfrage- oder Angebotsüberhang besteht bzw. in denen die Käufer eine Konsumentenrente bzw. die Verkäufer eine Produzentenrente haben.

6.3 Sie berechnen die Konsumentenrente eines geeigneten Käufers pro kg und insgesamt.

6.4 Sie berechnen die Produzentenrente eines geeigneten Verkäufers pro kg und insgesamt.

7.1 Sie erläutern den Unterschied der beiden Abbildungen. Sie suchen gemeinsam nach Faktoren, die zu einer Verschiebung der Nachfragekurve führen können.

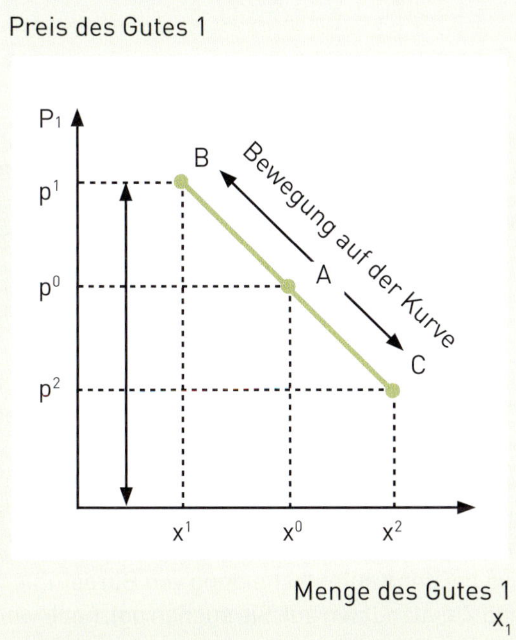

Eine Bewegung auf der Nachfragekurve eines Gutes ergibt sich nur dann, wenn sich der Preis dieses Gutes ändert.

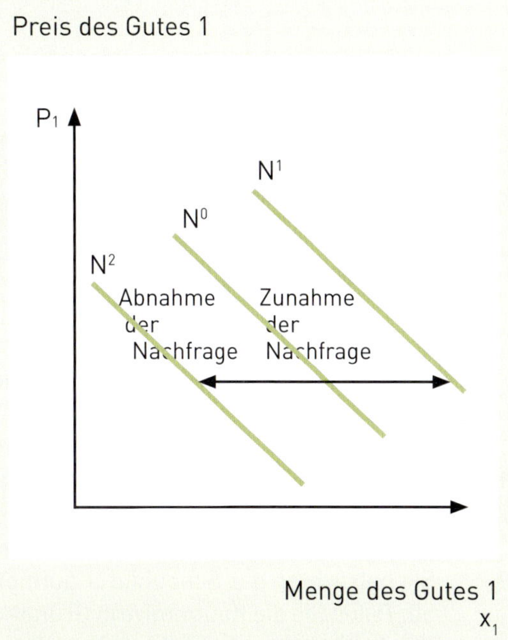

Eine Verschiebung der Nachfragekurve eines Gutes ergibt sich, wenn sich nicht der Preis dieses Gutes, sondern einer oder mehrere der anderen Bestimmungsfaktoren ändern.

7.2 Sie erläutern den Unterschied der beiden Abbildungen. Sie suchen gemeinsam nach Faktoren, die zu einer Verschiebung der Angebotskurve führen können.

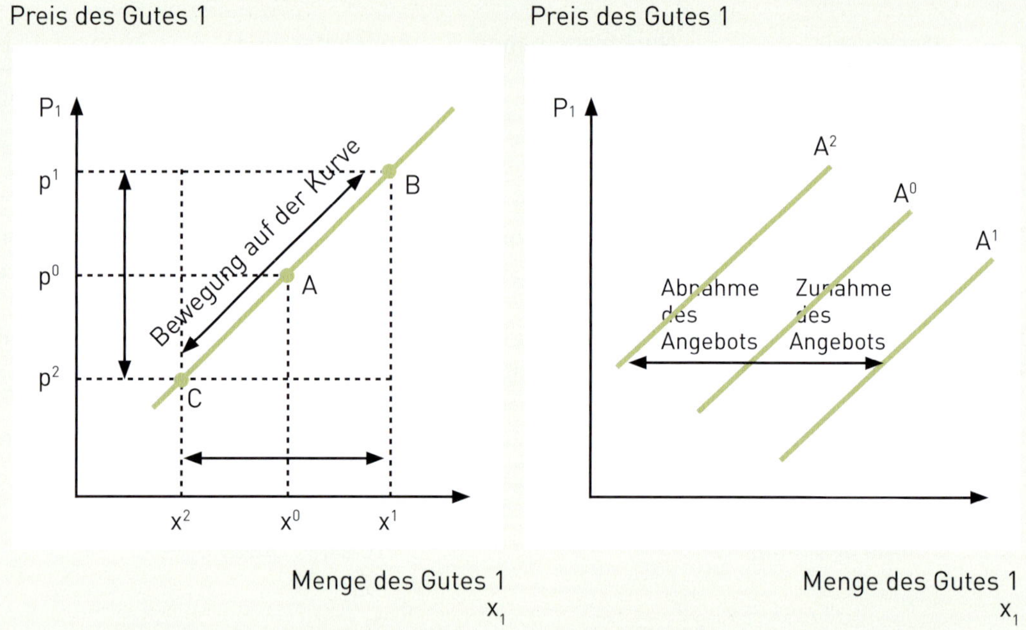

Eine Bewegung auf der Gesamtangebotskurve eines Gutes ergibt sich nur dann, wenn sich der Preis dieses Gutes ändert.

Eine Verschiebung der Angeobtskurve eines Gutes ergibt sich, wenn sich nicht der Preis dieses Gutes, sondern einer oder mehrere der anderen Bestimmungsfaktoren ändert.

8. Erfolgreiche Betriebe fassen ihre Produkte als Problemlösungen auf. Sie beschreiben ihre Produkte nicht eigenschaftsbezogen (z. B. Staubsauger X macht sauber), sondern nutzenorientiert (Staubsauger X schafft eine angenehme Wohnatmosphäre).

8.1 Suchen Sie hierfür einige Beispiele aus dem Leistungsangebot Ihres Ausbildungsbetriebs.

8.2 Jedes Produkt stiftet einen Grundnutzen und einen Zusatznutzen. Sie geben hierfür einige Beispiele aus dem Leistungsangebot Ihres Ausbildungsbetriebs.

8.3 Sie betrachten das Schaubild „Kaufmotive bei der Kaufentscheidung von Bürostühlen“ auf Seite 50. Teilen Sie die Kaufmotive in Grund- und Zusatznutzen auf. Sie suchen ggf. nach weiteren Nutzen.

8.4 Kundenorientiert denkende Verkäufer wissen, dass nicht der Grundnutzen das Kaufmotiv darstellt, sondern der Zusatznutzen. Diese Erkenntnisse nutzt die Means-End-Analyse. Sie führen nach dem Muster auf Seite 52 für einige Produkte Ihrer Wahl eine Means-End-Analyse durch.

9. Auf Käufermärkten kann sich ein Betrieb für die Penetrations-, Promotions-, Exklusiv-, Premium- oder Skimmingpreisstrategie entscheiden.

9.1 Sie ordnen in der unten stehenden Skizze die genannten Preisstrategien zu.

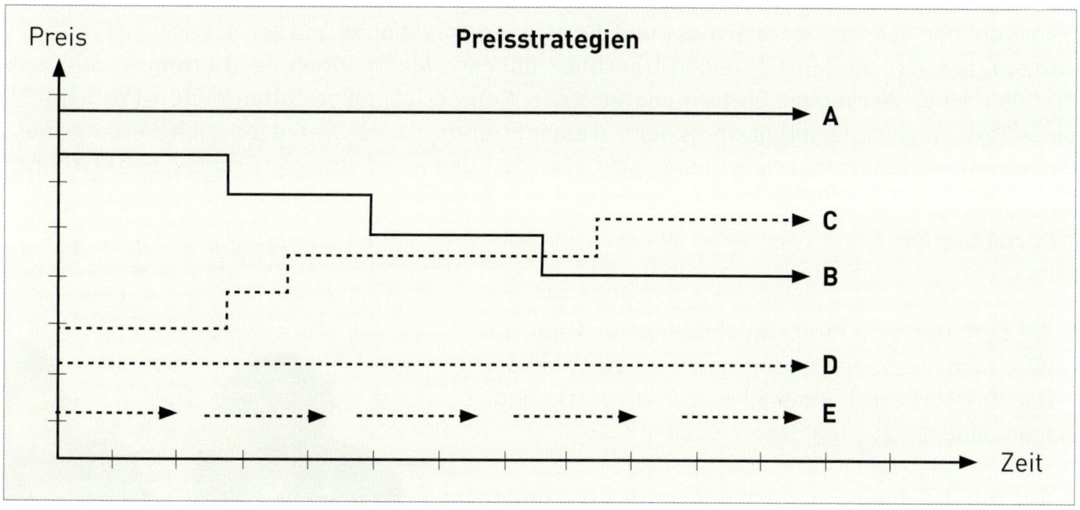

9.2 Wie kann sich ein Betrieb auch auf Käufermärkten Preisspielräume im Sinne einer Hochpreisstrategie verschaffen? Sie suchen nach Möglichkeiten.

10. Die Nutzung der sozialen Medien ist heute für Betriebe unabdingbar, um die Zufriedenheit ihrer Kunden zu erhöhen.

10.1 Welche Möglichkeiten bieten die sozialen Medien für Betriebe über die reine Selbstdarstellung hinaus?

10.2 Öffnen Sie die Website Ihres Ausbildungsbetriebs und das Unternehmensprofil in Facebook, notieren Sie die Stärken und Schwächen und machen Sie ggf. Verbesserungsvorschläge.

3 Preis- und Kommunikationspolitik

In diesem Kapitel informieren Sie sich über die Preis- und Kommunikationspolitik als Teil des Marketingkonzepts eines Betriebes. Sie erkennen, dass bei der Preisfindung die Kosten-, Konkurrenz- und Nachfragesituation beachtet werden muss und die eigenen Konditionen und der Service die Preispolitik unterstützen. Sie verschaffen sich einen Überblick über die Maßnahmen der Kommunikationspolitik und erstellen einen Werbeplan. Sie formulieren einen Werbebrief und gestalten weitere Werbemittel mithilfe eines Textverarbeitungsprogramms auch in einer Fremdsprache. Sie nutzen auch Werbeformen im Internet, bewerten den Werbeerfolg und respektieren rechtliche und ethische Grenzen der Werbung.

Lernsituation

Sie befinden sich in der Ausbildung zur Kauffrau bzw. zum Kaufmann für Büromanagement bei der Rad & Roll GmbH. Sie sind zurzeit im Marketingteam eingesetzt – Teamleiter ist Herr Kolb.

Auf der heutigen Teamsitzung zeigt Teamleiter Martin Kolb einen Prospekt des örtlichen Wettbewerbers Rad Regitz & Co. KG. In diesem Prospekt ist die zertifizierte Preisgarantie der Rad Regitz & Co. KG besonders hervorgehoben.

UNSERE PREISGARANTIE

zertifizierte Preisgarantie
entsprechend TÜV Thüringen Standard 3330/263/2

Prüfinhalte:
- Umsetzung der Preisgarantie
- Reklamationsmanagement
- Nachvollziehbarkeit

Bei Vorlage eines Angebots von einem anderen Radsporthändler der Region unterbreiten wir Ihnen ein günstigeres Angebot für den gleichen Artikel.

Rad Regitz & Co. KG

Herr Kolb: „Das ist eine Breitseite gegen uns. Wir müssen auf diesen Schachzug unseres Konkurrenten reagieren. Vor allem ist es an der Zeit, unsere Preispolitik auf den Prüfstand zu stellen. Kennen wir unsere Preisobergrenzen und Preisuntergrenzen? Und, überhaupt, sollten wir unsere Preise auch in der Werbung stärker hervorheben und, überhaupt, nutzen wir alle Möglichkeiten der Werbung auch im Internet?"

Im Anschluss an die Sitzung wendet sich Herr Kolb an die anwesenden Auszubildenden:

„Die letzte PowerPoint-Präsentation zum Thema Marktstrategien war ein voller Erfolg. Könnten Sie nach demselben Muster eine PowerPoint-Präsentation zu den Themen Preis- und Kommunikationspolitik anfertigen und auf der nächsten Teamsitzung präsentieren? Die Gliederung überlasse ich Ihnen."

Arbeitsaufträge

a) Sie **informieren** sich über die Möglichkeiten der Preisfindung und mögliche Konditionen und Serviceleistungen. Sie verschaffen sich einen Überblick über die Instrumente der Kommunikationspolitik, die Teilbereiche der Werbeplanung und die Formen der Internetwerbung. Ebenso informieren Sie sich über die Möglichkeiten der Werbeerfolgskontrolle und die Grenzen der Werbung.

   Tipp: Sie bilden thementeilige Arbeitsgruppen und lesen die folgenden Kapitel im Buch.

b) Sie **machen sich Notizen** und verfassen kurze Exzerpte über die genannten Themengebiete. Sie **erstellen** einen Werbeplan und **verfassen** einen Werbebrief und einen Werbeflyer für ein Produkt Ihrer Wahl. Sie integrieren den Werbeplan und die erstellten Werbemittel in die Gliederung Ihrer PowerPoint-Präsentation.

   Tipp: Hilfen für die Anwendung des Textverarbeitungsprogramms Word und des Präsentationsprogramms PowerPoint finden Sie im Ergänzungsband „Profi am PC".

c) Sie **tragen** die PowerPoint-Präsentation auf der nächsten Teamsitzung **vor.** Sie reagieren auf Fragen und Anmerkungen des Verkaufsteams und der anderen Auszubildenden.

d) Sie **bewerten** Ihren Vortrag zusammen mit dem Leiter des Marketingteams, Herrn Kolb, und den anderen Auszubildenden anhand des Kriterienkatalogs für Präsentationen. Sie nehmen Kritikpunkte auf zur Vollständigkeit und inhaltlichen Richtigkeit, ergänzen Ihre Ausarbeitungen und korrigieren Fehler.

e) Sie **reflektieren** Ihr Verhalten in der Gruppe der Auszubildenden und als Teil des Marketingteams und überlegen, wie Sie Ihre Verhaltensweisen verbessern könnten.

Informationen gewinnen

3.1 Marketingmix innerhalb des Marketingkonzepts

Alle Aktivitäten, die darauf abzielen, den Markt zu beeinflussen, werden unter dem Begriff **Marketing** zusammengefasst.

Ein in sich geschlossenes **Marketingkonzept** geht von den Ergebnissen der **Marktforschung** aus und leitet daraus mittelfristige **absatzpolitische Ziele** ab („Was wollen wir erreichen?"). Diese Ziele werden mit dem Leitbild und den allgemeinen Unternehmenszielen abgestimmt und sind Grundlage für die **absatzpolitischen Strategien** („Welche Wege führen zum Ziel?").

Die Strategien werden mit den **absatzpolitischen Maßnahmen** (Marketinginstrumente) durchgesetzt („Was müssen wir tun?"). Die Produktpolitik *(product)* kümmert sich um die marktgerechte Gestaltung des Leistungsprogramms des Betriebs. Die Preispolitik *(price)* legt fest, wie viel dieses Leistungsprogramm kosten darf. Die Vertriebspolitik *(place)* stellt sicher, dass die Produkte den Endverbraucher erreichen. Die Kommunikationspolitik *(promotion)* informiert über das Leistungsprogramm und will erreichen, dass die Produkte gekauft werden. Die Herausforderung besteht darin, diese vier Marketinginstrumente – kurz die „4 P's" – in einem **Marketingmix** optimal zu kombinieren.

Das **Marketingcontrolling** überprüft den Erfolg der absatzpolitischen Maßnahmen, stellt Abweichungen von den Zielen fest, nimmt Korrekturen vor bzw. passt die Maßnahmen bzw. Strategien bzw. Ziele der Marktsituation an **(Feedback).**

Marketingkonzept im Überblick

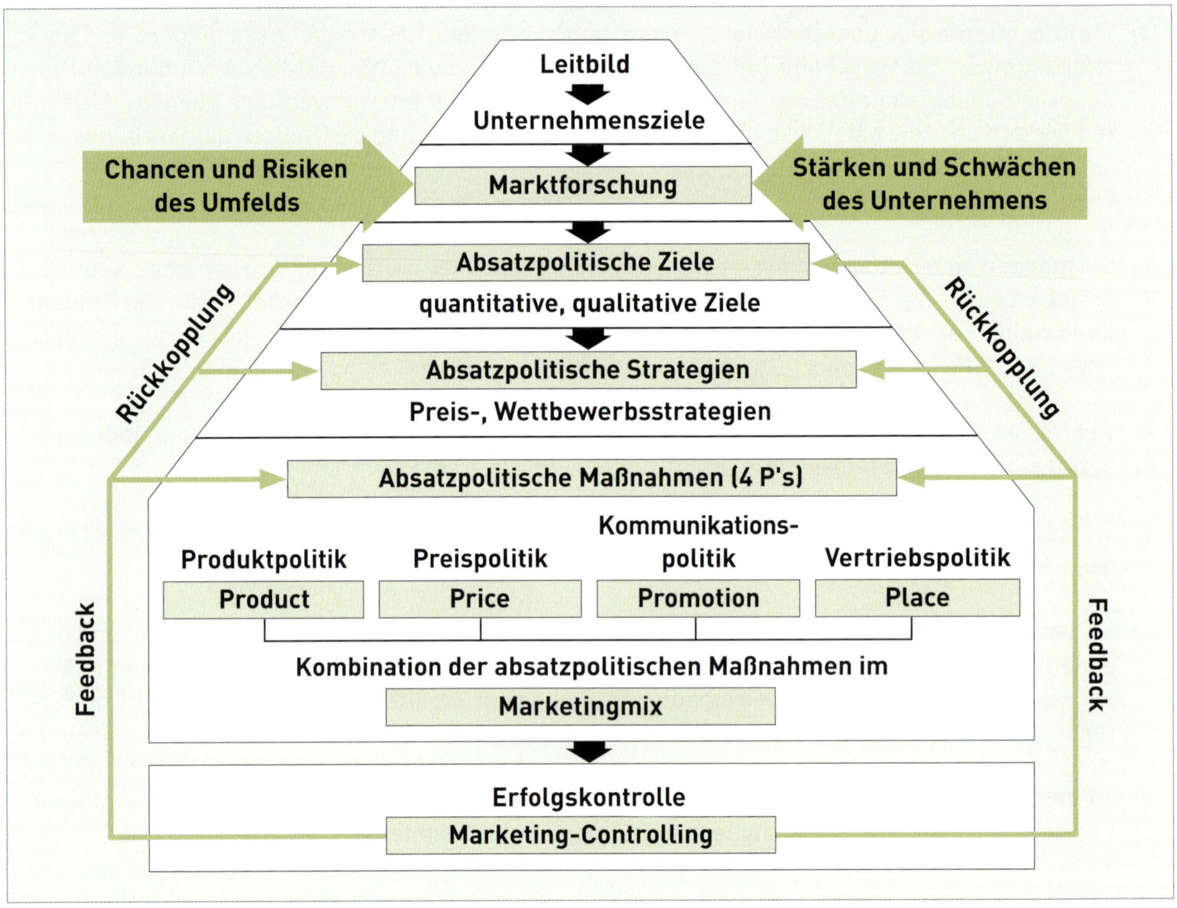

3.2 Preispolitik – Kosten, Konkurrenz und Kunden

Beeinflusst ein Unternehmen das Marktgeschehen über die Preise und sonstigen Verkaufsbedingungen (Liefer- und Zahlungsbedingungen, Rabatte), dann betreibt es **Preispolitik** (auch Entgelt- bzw. Kontrahierungspolitik genannt). Wichtige Bestimmungsfaktoren für die Gestaltung der Preise und Konditionen sind die eigene Kostensituation, die Konkurrenzverhältnisse (eigene Marktmacht aufgrund von Alleinstellungsmerkmalen) und die Nachfragemacht der Kunden. Dabei markiert der Preis, den die Kunden für die Leistung höchstens zu zahlen bereit sind, die **Preisobergrenze** und die Kosten der Leistungserstellung die **Preisuntergrenze.**

3.2.1 Kostenorientierte Preisfindung

Langfristig kann das Überleben eines Unternehmens nur gesichert werden, wenn die Verkaufserlöse alle Selbstkosten decken. Jener Preis, der die Selbstkosten deckt, bildet die **langfristige Preisuntergrenze.** Der Verkaufspreis errechnet sich mithilfe der **Vorwärtskalkulation,** in der auf die Selbstkosten ein geplanter Gewinnsatz aufgeschlagen wird. Weiter werden Preisnachlässe (Kundenrabatt und Kundenskonto) berücksichtigt.

Selbstkosten + Gewinn + Nachlässe (Kundenskonto, -rabatt) → = Verkaufspreis

In einer schwierigen Marktsituation mit vorübergehenden Absatzrückgängen kann ein Unternehmen gezwungen werden, den Preis unterhalb der Selbstkosten festzulegen. Da ein Teil der Selbstkosten auch anfällt, wenn nichts verkauft wird (fixe Kosten), trägt jeder Preis, der über den variablen Kosten liegt, zur Deckung der Fixkosten bei. Daher markieren die variablen Kosten die **kurzfristige Preisuntergrenze.**

Begriffe fixe und variable Kosten[1], Deckungsbeitrag

Fixe Kosten	Sie bleiben **unverändert,** wenn sich die Verkaufs- bzw. Produktionsmenge verändert. ***Beispiele:*** *Gebäudemiete, Gehälter, Zinsen*
Variable Kosten	Sie **verändern sich,** wenn sich die Verkaufs- bzw. Produktionsmenge verändert. ***Beispiele:*** *Aufwendungen für Rohstoffe und Handelswaren (Bezugs- bzw. Einstandspreise), leistungsbezogene Entgelte (z. B. Akkordlohn, Verkaufsprovision)*
Deckungsbeitrag pro Stück	Der Deckungsbeitrag gibt an, in welcher Höhe ein Produkt zur Abdeckung der fixen Kosten beiträgt und darüber hinaus Gewinn erwirtschaftet. **Deckungsbeitrag = Verkaufspreis – variable Kosten pro Stück**

Beispiel: *Preisfindung mittels Vorwärtskalkulation*

Die Rad & Roll GmbH bezieht einen Fahrradhelm als Handelsware von ihrem Lieferanten Bikewear KG. Der Einstandspreis beträgt 24,00 €. Die Rad & Roll GmbH kalkuliert mit 25 % Handlungskosten[2] (sie werden dem Einstandspreis zugeschlagen), 20 % Gewinn und räumt seinen Stammkunden 2 % Kundenskonto und 5 % Kundenrabatt ein. Eine Kostenanalyse ergab, dass 70 % der Handlungskosten fix sind und 30 % variabel (der Bezugspreis ist zu 100 % variabel).

Sie berechnen den Bruttoverkaufspreis (Ladenpreis) mithilfe der Vorwärtskalkulation und stellen die variablen Stückkosten sowie die langfristige und kurzfristige Preisuntergrenze fest. Welche Preise würden Sie Stammkunden einräumen?

Vorwärtskalkulation

Einstandspreis	**Gegeben**	24,00 €	**= 100 %**	davon 24,00 € variabel	
+ Handlungskosten	25 % v. H.	6,00 €	= 25 %	davon 1,80 € variabel	
Selbstkostenpreis		30,00 €	**= 125 %**	**= 100 %**	
+ Gewinnzuschlag	20 % v. H.	6,00 €		= 20 %	
Barverkaufspreis		36,00 €	**= 98 %**	**= 120 %**	
+ Kundenskonto	2 % i. H.	0,73 €	= 2 %		
+ ggf. Vertreterprovision	– i. H.	– €			
Zielverkaufspreis		36,73 €	**= 100 %**	**= 95 %**	
+ Kundenrabatt	5 % i. H	1,93 €		= 5 %	
Nettoverkaufspreis		38,66 €	**= 100 %**	**= 100 %**	
+ Umsatzsteuer	19 % v. H.	7,35 €	=19 %		
Bruttverkaufspreis	**Gesucht**	**46,01 €**	**= 119 %**		

Ergebnis: Der *Ladenpreis* des Fahrradhelms würde 46,01 € betragen. Das entspräche einem Barverkaufspreis von 36,00 €. Die variablen Stückkosten belaufen sich auf 25,80 €. Die *langfristige Preisuntergrenze* entspricht dem Selbstkostenpreis von 30,00 € und die *kurzfristige Preisuntergrenze* den variablen Kosten von 25,80 €. Für *Stammkunden* könnte der Preis nach Abzug des Kundenrabatts auf 36,73 € festgelegt werden. Wenn sie bar bezahlen, könnte der Preis nach Abzug von Kundenskonto bis auf 36,00 € gesenkt werden.

1 Siehe Kapitel 2.7, Wettbewerbsstrategien – Gesamtmarkt oder Teilmarkt
2 Siehe Band 1, LF 3, Kapitel 1.5, Angebotskalkulation

Hinweise: Damit der Gewinn nicht gekürzt wird, müssen die mit dem Kunden vereinbarten Nachlässe (Kundenskonto und Kundenrabatt) auf den Verkaufspreis aufgeschlagen werden. Das Gleiche gilt für die Vertreterprovision. Die genannten Posten werden – rückwärts – vom jeweiligen Endpreis (Kundenskonto und Vertreterprovision jeweils vom Zielverkaufspreis, Kundenrabatt vom Nettoverkaufspreis) abgezogen und müssen daher in der Vorwärtskalkulation durch eine Prozentrechnung vom verminderten Grundwert (im Hundert, i. H.) berechnet werden.[1]

Die kostenorientierte Preisgestaltung ist vor allem bei Produkten durchsetzbar, die nach Kundenwunsch (Spezialanfertigung) im Wege der Einzelfertigung hergestellt werden oder bei denen ein *Nachfrageüberhang (Verkäufermarkt)* besteht, die Käufer also relativ unelastisch reagieren.

3.2.2 Konkurrenzorientierte Preisfindung

Auf Dauer kann ein Unternehmen nicht teurer sein als seine Konkurrenten – die Kunden würden nach und nach zur Konkurrenz abwandern. Daher orientieren sich viele Unternehmen bei ihrer Preisfindung an den Preisen der wichtigsten Konkurrenten *(Leitpreise)* und überprüfen, ob der niedrigere Konkurrenzpreis noch einen Gewinn ermöglicht. Dabei wenden sie die **Rückwärtskalkulation bzw. Differenzkalkulation** an.

Die konkurrenzorientierte Preispolitik orientiert sich meist am Verkaufspreis des Preisführers **(adaptive Preispolitik).** Verfügt der Betrieb über eine ausreichende Marktmacht (oligopolistischer Markt) und will er Konkurrenten aus dem Markt drängen oder selbst Preisführer werden, dann wird er die Konkurrenzpreise so lange unterbieten, bis er sein Ziel erreicht hat **(aggressive Preispolitik)**. Dabei besteht die Gefahr des ruinösen Wettbewerbs, wenn die Konkurrenten ebenfalls ihre Preise senken.

Verkaufspreis der Konkurrenz – Nachlässe – Gewinn → = Selbstkosten

Beispiel: *Preisfindung mittels Rückwärts- bzw. Differenzkalkulation*

Die Konkurrenz bietet einen baugleichen Fahrradhelm zum Ladenpreis von 40,00 € an. Die Rad & Roll GmbH will ihren Preis anpassen. Sie kann die Handlungskosten kurzfristig nicht senken und möchte den bisherigen Gewinnzuschlag und ihre Verkaufskonditionen beibehalten.

Sie berechnen mithilfe der Rückwärtskalkulation den neuen Selbstkostenpreis, den veränderten Gewinn und den neuen Einstandspreis, den Sie bei Ihrem Lieferanten Bikewear KG durchsetzen müssten.

Rückwärtskalkulation

Einstandspreis	**Gesucht**	**20,86 €**	↑ **= 100 %**	
+ Handlungskosten	↑ 25 % a. H.	5,21 €	= 25 %	
Selbstkostenpreis		26,07 €	**= 125 %**	**= 100 %**
+ Gewinnzuschlag	20 % v. H.	5,22 €		= 20 %
Barverkaufspreis		31,29 €	↑ **= 98 %**	**= 120 %**
+ Kundenskonto	2 % i. H.	0,64 €	= 2 %	
+ ggf. Vertreterprovision	–	– €		
Zielverkaufspreis		31,93 €	**= 100 %**	**= 95 %**
+ Kundenrabatt	5 % i. H	1,68 €		= 5 %
Nettoverkaufspreis		38,66 €	↑ **= 100 %**	**= 100 %**
+ Umsatzsteuer	19 % v. H.	6,39 €	=19 %	
Bruttverkaufspreis	**Gegeben**	40,00 €	**= 119 %**	

1 Siehe hierzu Band 1, LF 3, Kapitel 1.7.2, Prozentrechnen

Ergebnis: Der neue Selbstkostenpreis würde 26,07 € (bisher: 30,00 €), der veränderte Gewinn würde 5,22 € (bisher: 6,00 €) und der neue Einstandspreis müsste 20,86 € (bisher: 24,00 €) betragen. Die Rad & Roll GmbH müsste bei Ihrem Lieferanten Bikewear KG einen Einstandspreis von 20,86 € (Preissenkung = 3,14 € = 13,08 %) durchsetzen, dann könnte sie bei unveränderten Zuschlägen mit dem Preis der Konkurrenz mithalten.

***Hinweise:** Die Umsatzsteuer wird bei der Rückwärtskalkulation vom Bruttoverkaufspreis mit einer Prozentrechnung vom vermehrten Grundwert (auf Hundert, a. H.) berechnet. Der Kundenrabatt und der Kundenskonto werden vom Nettoverkaufspreis bzw. Zielverkaufspreis mit einer Prozentrechnung vom Grundwert (vom Hundert, v. H.) berechnet. Der Selbstkostenpreis und der Einstandspreis werden vom Barverkaufspreis bzw. Selbstkostenpreis mit einer Prozentrechnung vom vermehrten Grundwert (auf Hundert, a. H.) berechnet.*

Gelänge es der Rad & Roll GmbH mangels Nachfragemacht nicht, den Einstandspreis für den Fahrradhelm zu drücken, dann müsste sie bei unveränderten Selbstkosten in Höhe von 30,00 € Gewinneinbußen hinnehmen. Diese lassen sich mithilfe der Differenzkalkulation berechnen.

Differenzkalkulation

Selbstkostenpreis		30,00 €	Gegeben	**= 100 %**
+ Gewinnzuschlag	**4,3 %**	**1,29 €**	**Gesucht**	= ? %
Barverkaufspreis		31,29 €	Gegeben	

Gewinnzuschlag in % = (Barverkaufspreis – Selbstkostenpreis) · 100 / Selbstkostenpreis

Bei unverändertem Selbstkostenpreis würde der Gewinn von vorher 6,00 € auf nur noch 1,29 € pro Stück schrumpfen. Der neue Gewinnzuschlag würde noch 4,3 % (bisher: 20 %) betragen. Das sind pro Fahrradhelm 4,71 € weniger. Die Gewinneinbuße beliefe sich auf 78,5 % (4,71 / 6,00 · 100).

Verkaufspreis der Konkurrenz – Selbstkosten **= verbleibender Gewinn**

3.2.3 Nachfrageorientierte Preisfindung

Auf den meisten Märkten hat der Kunde die stärkere Marktmacht (Käufermärkte). Um auf solchen Märkten und bei solchen Nachfrageverhältnissen bestehen zu können, müssen die eigenen Kosten genau analysiert und alle Preisspielräume genutzt werden. Hierfür eignen sich die Instrumente **Deckungsbeitragsrechnung** und **Preisdifferenzierung.**

- **Bestimmung des gewinnmaximalen Preises mithilfe der Deckungsbeitragsrechnung**

Der **Deckungsbeitrag** gibt an, in welcher Höhe ein Produkt zur Abdeckung der fixen Kosten beiträgt und darüber hinaus Gewinn erwirtschaftet.

Deckungsbeitrag pro Stück = Verkaufspreis – variable Kosten pro Stück

Solange der vom Nachfrager akzeptierte Marktpreis eines Produkts hoch genug ist, einen Deckungsbeitrag zu erwirtschaften, kann der Betrieb mithilfe der Preispolitik Wettbewerbsvorteile erzielen.

Marktpreis – variable Kosten → **= Deckungsbeitrag**

Die nachfrageorientierte Preisfindung ist erfolgreich, wenn sie bei der Preisentscheidung den Massenproduktionseffekt (→ 2.7 Wettbewerbsstrategien – Gesamtmarkt oder Teilmarkt) und die Preiselastizität der Nachfrage (→ 2.3 Verkäufer- und Käufermärkte – Nachfrage- oder Angebotsüberhang) berücksichtigt.

Beispiel: *Preisfindung mittels Deckungsbeitragsrechnung*

Eine Kostenanalyse brachte folgende Ergebnisse: Der Bezugspreis für den Fahrradhelm (24,00 €) und 30 % der Handlungskosten (6,00 € · 30 /100 = 1,80 €) sind variabel. Damit betragen die variablen Kosten pro Stück insgesamt 25,80 € und die Fixkosten 4,20 € (Selbstkosten 30,00 € – variable Kosten 25,80 €). Bei einer angenommenen *monatlichen Absatzmenge* von 100 Stück belaufen sich die Fixkosten auf insgesamt 420,00 € (4,20 € · 100 Stück). Beachte: Die Fixkosten bleiben bei höheren oder niedrigeren Absatzmengen unverändert.

Angenommene Preis-Absatz-Verhältnisse (die Ausgangssituation ist blau markiert)

Absatzmenge (Stück)	50	100	150	200	250
Bruttoverkaufspreis	63,90 €	58,80 €	46,00 €	40,00 €	31,95 €
Barverkaufspreis	50,00 €	46,00 €	36,00 €	31,29 €	25,00 €
Fixkosten	420,00 €	420,00 €	420,00 €	420,00 €	420,00 €

Deckungsbeitragsrechnung (Stückrechnung) bei verschiedenen Preisen und Absatzmengen

Barverkaufspreis	50,00 €	46,00 €	36,00 €	31,29 €	25,00 €
– variable Kosten/Stück	25,80 €	25,80 €	25,80 €	25,80 €	25,80 €
= Deckungsbeitrag	**24,20 €**	**20,20 €**	**10,20 €**	**5,49 €**	**–0,80 €**
– Fixkosten/Stück	8,40 €	4,20 €	2,80 €	2,10 €	1,68 €
= Gewinn	**15,80 €**	**16,00 €**	**7,40 €**	**3,39 €**	**–2,48 €**

Bei den hier angenommenen Preis-Absatz-Verhältnissen würde der höchste Deckungsbeitrag bei einem Barverkaufspreis von 50,00 € (das entspräche einem Ladenpreis von 63,90 €) erzielt. Der höchste Gewinn stellt sich aber bei einem Barverkaufspreis von 46,00 € (= Ladenpreis von 58,80 €) ein. Das liegt an der höheren Absatzmenge, die zu sinkenden Fixkosten pro Stück führt (Massenproduktionseffekt). Die variablen Kosten pro Stück stellen die *kurzfristige Preisuntergrenze* dar (hier: 25,80 € → siehe auch kostenorientierte Preisfindung). Die langfristige Preisuntergrenze ergibt sich aus den Stückkosten, also aus der Summe der variablen und fixen Kosten pro Stück.

Preisuntergrenzen bei unterschiedlichen Absatzmengen

Absatzmenge (Stück)	50	100	150	200	250
Kurzfristige Preisuntergrenze	25,80 €	25,80 €	25,80 €	25,80 €	25,80 €
Langfristige Preisuntergrenze	**34,20 €**	**30,00 €**	**28,60 €**	**27,90 €**	**27,48 €**

Bei einer Absatzmenge von 150 Stück beträgt die *langfristige Preisuntergrenze* 28,60 €.

Weitere Erkenntnisse: Sowohl die kostenorientierte Preisfindung (Bruttoverkaufspreis: 46,00 € bzw. Barverkaufspreis: 36,00 €) als auch die konkurrenzorientierte Preisfindung (Bruttoverkaufspreis: 40,00 € bzw. Barverkaufspreis: 31,29 €) erbrachten nicht den gewinnmaximalen Verkaufspreis (Bruttoverkaufspreis: 58,80 € bzw. Barverkaufspreis: 46,00 €). Das liegt daran, dass diese Vorgehensweisen der Preisfindung die Preis-Absatz-Zusammenhänge (sinkende Preise führen zu steigenden Absatzmengen und fallenden Stückkosten) nicht beachten. Daher ist die langfristige Preisuntergrenze bei der kostenorientierten Preisfindung (30,00 €) ebenfalls fehlerhaft.

- **Preisdifferenzierung – Abschöpfung der Konsumentenrente**

Wenn für das gleiche Produkt (z. B. Flug von A nach B) unterschiedliche Preise verlangt werden, dann liegt eine **Preisdifferenzierung** vor. Ziel dieser Art der nachfrageorientierten Preispolitik ist die Steigerung des Gesamtgewinns durch Bildung von Teilmärkten.

Im Idealfall wird von jedem Kunden der Preis verlangt, den er zu zahlen bereit ist. Derjenige Kunde, dem der einheitliche Marktpreis zu teuer ist, erhält die Ware zu einem niedrigeren Preis. Umgekehrt werden von Kunden, die bereit sind, mehr als den einheitlichen Marktpreis zu zahlen, höhere Preise verlangt. So kann ein großer Teil der Konsumentenrente abgeschöpft werden. Die Preisgebote auf *Versteigerungen nach dem amerikanischen Verfahren*[1] kommen dieser Art der Preisdifferenzierung am nächsten.

Abschöpfung der Konsumentenrente durch Preisdifferenzierung

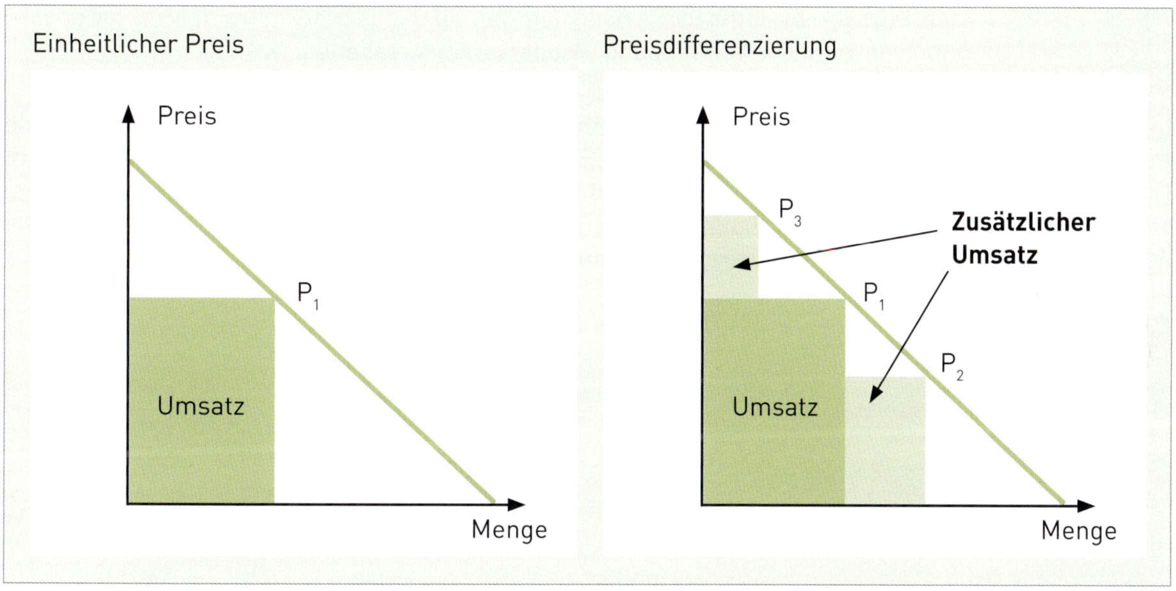

Die Preisdifferenzierung ist erfolgreich, wenn es gelingt, Kunden mit einer höheren Preisbereitschaft davon abzuhalten, das Produkt zu einem niedrigeren Preis zu erwerben. Dazu müssen die Teilmärkte voneinander isoliert werden, um den Kontakt zwischen den Kunden zu verhindern. Unterschiedliche Preise werden von den Kunden akzeptiert, wenn ihnen die Gründe einsichtig sind.

1 Der Zuschlag erfolgt zu dem Preis, den der Käufer (Bieter) geboten hat.

Arten der Preisdifferenzierung im Überblick

Zeitliche Preisdifferenzierung	Ein Produkt wird zu verschiedenen Zeiten (Tages-, Wochen-, Jahreszeiten) zu unterschiedlichen Preisen angeboten, z. B. Tag- und Nachttarif, Wochentag- und Wochenendpreise, Vor-, Haupt- und Nebensaisonpreise, Winter- und Sommerpreise bei Saisonprodukten (z. B. Markisen, Pelze, Wintersportartikel), Happy-Hour-Preise in Gaststätten und Diskotheken, Preise für TV-Werbeminuten.
Räumliche Preisdifferenzierung	Ein Produkt wird an verschiedenen Orten zu unterschiedlichen Preisen angeboten, z. B. Autopreise im In- und Ausland, Hotelpreise in Ballungsräumen und ländlichen Regionen, Lebensmittelpreise in den alten und neuen Bundesländern. Wegen der Entfernung können die Kunden nicht ohne Weiteres von einem Teilmarkt zum anderen wechseln.
Sachliche Preisdifferenzierung	Ein Produkt wird aus sachlichen Gründen zu unterschiedlichen Preisen angeboten, z. B. Barzahlungsnachlass, Preisstaffeln nach Sitzplatz (Parkett, Loge usw.), Preisklassen nach Komfort und sonstigen Nebenleistungen (erste oder zweite Klasse, Regionalexpress – IC – ICE, Preis für Selbstabholer).
Personenbezogene Preisdifferenzierung	Ein Produkt wird je nach Kundenmerkmalen zu unterschiedlichen Preisen angeboten, z. B. nach soziodemografischen Merkmalen (vergünstigte Preise für Studenten, Schüler, Kinder, Rentner, Behinderte in öffentlichen Verkehrsmitteln, Konzerten, Kinos, Beamtentarif bei der Kraftfahrtversicherung, Personalrabatt usw.), nach dem Kaufverhalten (Treue-, Mengen-, Stammkundennachlässe, Dauerkartennachlass, Payback-Systeme usw.), nach dem Verwendungszweck (Strompreise für private und gewerbliche Verwendung, Wiederverkäuferrabatte usw.).

Insbesondere bei der personenbezogenen Preisdifferenzierung ist darauf zu achten, dass bestimmte Personengruppen nicht diskriminiert werden, z. B. Frauen, Schwerbehinderte, Ausländer. Nach einem Urteil des Europäischen Gerichtshofes (EuGH) darf bei Versicherungen das Geschlecht, im Gegensatz zu anderen Faktoren, nicht mehr berücksichtigt werden. So gelten seit dem 21. Dezember 2012 für alle neu abgeschlossenen Versicherungsverträge die Unisex-Tarife.

Beispiel: *Preisdifferenzierung bei den Eintrittspreisen*

Kategorie	Preisstufe	Tages-Ticket	Saison-Ticket
Haupttribüne Mitte	normal	30,00	450,00
Haupttribüne West	normal	20,00	300,00
Haupttribüne West	ermäßigt	16,00	240,00
Haupttribüne Ost	normal	20,00	300,00
Haupttribüne Ost	ermäßigt	16,00	240,00
Tribüne West unten	normal	16,00	240,00
Tribüne West unten	ermäßigt	12,00	180,00
Tribüne West oben	normal	14,00	210,00
Tribüne West oben	ermäßigt	10,00	150,00
Tribüne Ost	normal	16,00	240,00
Tribüne Ost	ermäßigt	12,00	180,00
Tribüne Ost (Fanclub)	normal	–	210,00
Tribüne Ost (Fanclub)	ermäßigt	–	150,00
Stehplatz	normal	12,00	150,00
Stehplatz	ermäßigt	8,00	100,00
Junior-Ticket		5,00	50,00
Rollstuhlfahrer		5,00	

Zuschauer im Alter ... ***... von 0–5 Jahren*** *erhalten freien Eintritt,*
... von 6–12 Jahren *erhalten das Junior-Ticket,*
... ab 13 Jahren *bezahlen ganz normal.*

Ermäßigung erhalten Schüler, Studenten bis 27 Jahre und Rentner ab 65 Jahre gegen Vorlage eines entsprechenden Nachweises.
Der Nachweis ist bei jedem Spiel mit dem Ticket vorzulegen.

Bei der Kundengewinnung ist die Politik der Preisdifferenzierungen sehr hilfreich. Sind die Fixkosten bereits durch die vorhandenen Aufträge gedeckt, dann lohnt es sich, **Zusatzaufträge** entgegenzunehmen, wenn diese einen Deckungsbeitrag bringen, also mehr einbringen als ihre variablen Kosten. Voraussetzung ist, dass noch Kapazitäten frei sind, also Maschinen und Personal noch nicht voll ausgelastet sind.

Beispiel: *Preisdifferenzierung bei der Kundengewinnung*

Die Rad & Roll GmbH steht vor der Entscheidung, ob sie einen Zusatzauftrag annehmen soll. Sie könnte dadurch einen neuen Kunden gewinnen. Der Kunde ist bereit, 50 Fahrradhelme abzunehmen, besteht aber auf einen Einführungsrabatt von 30 %. Bei der momentanen Auftragslage hat die Rad & Roll GmbH ihre Fixkosten bereits gedeckt. Die Rad & Roll GmbH bezieht die Fahrradhelme für 24,00 € pro Stück und kalkuliert mit 25 % Handlungskosten, 2 % Kundenskonto und 5 % Kundenrabatt. Eine Kostenanalyse ergab, dass 70 % der Handlungskosten fix sind und 30 % variabel (der Bezugspreis ist zu 100 % variabel). Der reguläre Bruttoverkaufspreis beträgt 46,00 €.

Sie treffen eine Entscheidung auf der Grundlage der Differenzkalkulation und der Deckungsbeitragsrechnung und ermitteln die kurzfristige und langfristige Preisuntergrenze.

Differenzkalkulation bei verändertem Kundenrabatt

Einstandspreis	**Gegeben**	24,00 €	**= 100 %**	
+ Handlungskosten	25 % v. H.	6,00 €	= 25 %	
Selbstkostenpreis		30,00 €	**= 100 %**	
+ Gewinnzuschlag	– 11,6 %	3,48 €	= x %	**Gesucht**
Barverkaufspreis		26,52 €		**= 98 %**
+ Kundenskonto	2 % v. H.	0,54 €		**= 2 %**
+ ggf. Vertreterprovision	–	– €		
Zielverkaufspreis		27,06 €	**= 70 %**	**= 100 %**
+ Kundenrabatt	30 % v. H	11,60 €	**= 30 %**	
Nettoverkaufspreis		38,66 €	**= 100 %**	**= 100 %**
+ Umsatzsteuer	19 % a. H.	7,34 €		= 19 %
Bruttverkaufspreis	**Gegeben**	46,00 €		**= 119 %**

Gewinnzuschlag in % = (Barverkaufspreis – Selbstkostenpreis) · 100 / Selbstkostenpreis
Gewinnzuschlag in % = (26,52 – 30,00) · 100 % / 30 = –11,60 %
Aufgrund der Differenzkalkulation müsste die Rad & Roll GmbH den *Zusatzauftrag ablehnen,* da der Preiswunsch des Kunden einen Verlust ergäbe. *Die langfristige Preisuntergrenze* beträgt 30,00 € (= Selbstkostenpreis).

Deckungsbeitragsrechnung (Stückrechnung)

Barverkaufspreis	26,52 €	
– variable Kosten	25,80 €	siehe auf Seiten 73 und 76
= Deckungsbeitrag	**0,72 €**	
– Fixkosten/Stück	0,00 €	sie ändern sich nicht durch den Zusatzauftrag
= Gewinn	**0,72 €**	

Aufgrund der Deckungsbeitragsrechnung könnte die Rad & Roll GmbH den *Zusatzauftrag annehmen.* Er würde seine variablen Kosten decken und darüber einen Gewinnbeitrag von 0,72 € (insgesamt: 0,72 · 50 Stück = 36,00 €) leisten. Zusätzliche Fixkosten entstehen nicht, da diese bei der momentanen Auftragslage von den anderen Produkten bereits erwirtschaftet worden sind. Die *kurzfristige Preisuntergrenze* beträgt 25,80 €.

Wäre die Differenzkalkulation die Entscheidungsgrundlage gewesen, dann wäre der Auftrag abgelehnt worden. Die Anwendung der Deckungsbeitragsrechnung hat also eine Fehlentscheidung verhindert.

Die Politik der Preisdifferenzierung (insbesondere die Anwendung der kurzfristigen Preisuntergrenze) wird von großen Discountern (z. B. Aldi, Lidl) konsequent in Form der **Sonderangebotspolitik** angewandt. Sonderangebotspreise decken oft nicht einmal die variablen Kosten. Sie ziehen jedoch Käufer an, die dann auch weitere Produkte mit hohen Gewinnspannen kaufen. Zudem sorgen zeitlich begrenzte Sonderangebote dafür, dass die Stammkunden zufriedengestellt und neue Kunden hinzugewonnen werden.

3.2.4 Unterstützung der Preispolitik durch Konditionen und Service

Zu den **Konditionen** zählen alle Verkaufsbedingungen[1], zu denen ein Unternehmen seine Hauptleistung (Produkte oder Dienste) anbietet. Zusatzleistungen, die im Verbund mit der Hauptleistung erfolgen, sind Gegenstand der **Servicepolitik.** Konditionen und Service unterstützen die reine Preispolitik, da sie für den Kunden zusätzliche Kaufanreize bieten können.

Mögliche Konditionen im Überblick

Rabattsysteme	• **Rabattarten** siehe oben (sachliche Preisdifferenzierung) • **Freigrenze** (Frankogrenze), beträgt die Freigrenze z. B. 100 Stück, dann erhält der Kunde bei einer Abnahme von 120 Stück nur für die übersteigenden 20 Stück 5 % Rabatt • **Mindermengenzuschlag,** beträgt die Grundmenge z. B. 100 Stück, dann bezahlt der Kunde bei einer Abnahme von 70 Stück für die Mindermenge von 30 Stück einen Preiszuschlag (z. B. + 10 %) • **Mindestabnahmemenge,** beträgt die Mindestabnahme z. B. 100 Stück, dann erhält der Kunde keinen Mengenrabatt, wenn er lediglich 70 Stück bestellt
Lieferungsbedingungen	• **Zustellservice**, Übernahme der Transportkosten einschließich der Kosten für die Transportverpackung • Lieferung auf Wunsch des Kunden **(Kauf auf Abruf)** • Teillieferungen zu vorher vereinbarten Terminen **(Sukzessivkauf)** • Kunde bestimmt zunächst nur Art und Menge der Ware und kann innerhalb eines vereinbarten Zeitraums Größen, Farben und Maße genauer festlegen **(Spezifikations- oder Bestimmungskauf)** • Kunde kann nicht verkaufte bzw. nicht verbrauchte Ware kostenlos zurückgeben **(Kommissionskauf)** • Kunde kann eine kleine Menge der Ware ausprobieren **(Kauf zur Probe)** oder die Ware selbst ausprobieren und bei Nichtgefallen wieder zurückgeben **(Kauf auf Probe)**
Zahlungsbedingungen	• Bei Barzahlung bzw. bei Bezahlung innerhalb einer bestimmten Frist (Skontofrist) erhält der Kunde eine Nachlass **(Skonto)** • Gebührenfreie Annahme von **Zahlungskarten** (Girocard, Kredit- oder Geldkarten) oder anderen Geldersatzmitteln (Schecks, Wechsel) • Einräumung eines Zahlungsziels, z. B. 3 Monate • Vermittlung eines **Teilzahlungskredits** (Ratenzahlung)

Kundendienst- bzw. Serviceleistungen erfolgen entweder *vor, gemeinsam mit* der Hauptleistung oder *im Anschluss* an die Hauptleistung. Sie schaffen ein Vertrauensverhältnis zum Kunden, das mit Marken- und Geschäftstreue des Kunden belohnt wird.

1 Siehe hierzu Band 1, LF 4, Kapitel 2.2, Inhalte von Angeboten – vertragliche und gesetzliche

Überblick über mögliche Serviceleistungen (Kundendienst)

Service vor und beim Kauf	• kundenfreundliche Öffnungszeiten • fachgerechte Beratung, Erstellung von Bau- und Projektplänen, Ausarbeitung von Problemlösungsvorschlägen, Aufmaß • kostenloser Bestellservice „rund um die Uhr" • prompte Ausführung von Extrawünschen, Zustellung von Auswahlssendungen, Änderungsdienst • kostenloser Parkraum, Behindertenparkplätze, Fahrradständer • Kundentoiletten, Kundenbar (Gratistee, -kaffee) • Kinderhort, Spielecke, Kinderkino • Anprobekabinen, Kundengarderoben, Gepäckaufbewahrung • Finanzkauf, Hilfen bei der Finanzierung • Rücknahme von Altware und Verpackungsmaterial • Kauf auf Probe usw.
Service nach dem Kauf	• kostenloser Zustellservice, Abhol- und Bringdienst für Behinderte • weitgehende Rückgabe- und Umtauschrechte für mangelfrei gelieferte Waren **(Kulanz)** • Gewährleistung bei mangelhafter Lieferung über die gesetzlichen Verjährungsfristen hinaus **(Garantie)** • Servicetelefon, Hotline mit kompetenter Beratung • Kundenschulungen und Gerätevorführungen • Ersatzteil- und Reparaturservice, Abholservice • Kundenclub, Kundenzeitung usw.

3.3 Kommunikationspolitik im Überblick

Beeinflusst ein Unternehmen das Marktgeschehen, indem es Kontakt zum Kunden und der Öffentlichkeit aufnimmt, um über die Produkte und das Unternehmen selbst zu informieren, dann betreibt es **Kommunikationspolitik[1].**

Wichtige Instrumente der Kommunikationspolitik (Kommunikationsmix) sind *die Werbung, die Verkaufsförderung, das Sponsoring und Public Relations.*

3.3.1 Werbung – langfristig ausgerichtet

Werbung will das Kaufverhalten der vorhandenen und potenziellen Kunden langfristig beeinflussen, indem sie die Vorzüge des Leistungsangebots des Werbetreibenden herausstellt.

Nach zeitlichen Gesichtspunkten, der Zahl der Personen, die umworben werden, und der Zahl der Werbetreibenden lassen sich verschiedene Werbearten unterscheiden.

Nach zeitlichen Gesichtspunkten werden die *einmalige, kontinuierliche* (in regelmäßigen Zeitabständen) und *intermittierende Werbung* (in unregelmäßigen Zeitabständen) unterschieden sowie die *prosaisonale bzw. prozyklische* Werbung (während der Saison bzw. bei hohem Absatz) und *antisaisonale bzw. antizyklische Werbung* (außerhalb der Saison bzw. bei niedrigem Absatz, um Absatzrückgänge auszugleichen). → Siehe hierzu Kapitel 3.4, Werbeplanung – Zielgruppe beachten

1 Kommunikation beschreibt den Informationsaustausch zwischen einem Sender und einem Empfänger.

Werbearten nach der Zahl der umworbenen Personen

Massen-werbung	Eine *große Zahl von Personen* wird gleichzeitig umworben. Diese Werbeart ist unpersönlich und mit hohem Streuverlust verbunden. Sie hat aber eine hohe Reichweite (Zahl erreichter Personen) und niedrige Streukosten pro Werbekontakt. ***Beispiele:*** *Medienwerbung, Werbung im Internet, Außenwerbung*
Direktwerbung	Eine *einzelne Person* wird umworben (Einzelwerbung). Diese One-to-One-Werbung ist zielgruppengenau, sehr wirksam, kann aber sehr teuer sein. Vorhandene Kunden können auf der Grundlage der Kundendatenbank gezielt ausgewählt werden. ***Beispiele:*** *Adressierte Werbesendungen (Werbebriefe), Kundenbesuche (nur nach vorheriger Vereinbarung zulässig), Werbung per E-Mail, Telefon, Fax, SMS/MMS (nur mit Zustimmung des Kunden zulässig), Medien- und Außenwerbung mit Antwortmöglichkeit der Umworbenen (z. B. Antwortcoupons, eingeblendete Telefonnummer, QR-Code) und virale Werbung von „Mund-zu-Mund".*

Werbearten nach der Zahl der Werbetreibenden

Alleinwerbung	Ein *einzelnes Unternehmen* wirbt allein. Es kann die Werbeaktion selbst planen und durchführen oder hierfür eine Werbeagentur beauftragen.
Kooperative Werbung	In Form der **horizontalen Sammelwerbung** werben entweder mehrere Unternehmen der gleichen Branche (*Gruppenwerbung*, z. B. mehrere Ford-Händler schalten eine gemeinsame Werbeanzeige) oder verschiedener Branchen (Verbundwerbung, z. B. alle Händler einer Einkaufsstraße schalten vor Weihnachten eine Werbeseite in der Tagespresse) gemeinsam. **Vertikale Sammelwerbung** liegt vor, wenn mehrere Unternehmen unterschiedlicher Wirtschaftsstufen (z. B. Hersteller und Händler) eine gemeinsame Werbemaßnahme durchführen und sich die Kosten teilen. Wenn eine ganze Branche, meist über einen Zentralverband, eine Werbeaktion durchführt, ohne dass die kooperierenden Unternehmen namentlich erkennbar sind, dann spricht man von **Gemeinschaftswerbung** (z. B. „Kenner trinken Württemberger" der württembergischen Weingärtnergenossenschaften, „Stahl – der Umweltwerkstoff" des Stahl-Informationszentrums).

Beispiel: *Gemeinschaftswerbung des Zweirad-Industrie-Verbands e. V. (ZIV)*

3.3.2 Verkaufsförderung – kurzfristig ausgerichtet

Die **Verkaufsförderung (Salespromotion)** will das Verhalten der Marktteilnehmer mit zeitlich begrenzten Maßnahmen beeinflussen, indem sie Wiederverkäufer und Endverbraucher direkt mit dem Leistungsangebot des Unternehmens konfrontiert. Die Maßnahmen werden ständig variiert und folgen im schnellen Wechsel aufeinander und sollen die langfristig angelegte Werbung unterstützen.

Richten sich die Maßnahmen an die eingeschalteten Wiederverkäufer (Groß- und Einzelhändler), um sie zu motivieren, das Produkt ins Sortiment aufzunehmen (Listung), die Bestellmenge zu erhöhen oder die Platzierung im Verkaufsraum zu verbessern, spricht man von **Händlerpromotion** bzw. *Reinverkauf.* Soll die Kaufentscheidung der Endverbraucher am Ort des Verkaufs (POS = Point Of Sale) positiv beeinflusst werden, dann spricht man von **Verbraucherpromotion** bzw. *Rausverkauf.*

Maßnahmen der Salespromotion

Händler-promotion (Reinverkauf)	Maßnahmen der **personenbezogenen Händlerpromotion** richten sich direkt an das Verkaufspersonal des Groß- und Einzelhandels, z. B. Produktschulung, Beratung, Informationsveranstaltungen und Einführungsdegustationen *(Verkostung),* Motivationsanreize durch Leistungsprämien, Geschenke, kostenlose *Incentives* (z. B. Hubschrauberflug, Wellness-Urlaub), Outdoor-Seminare und Fitnessprogramme, Einsatz von Werbedamen bei Kosmetikprodukten. Formen der **sachbezogenen Händlerpromotion** sind z. B. Stellung von Displaymaterial, Mustern, Prospekten und Präsentationsmedien wie Touchscreen-Terminals, Unterstützung bei der Ladengestaltung (Regaloptimierung), Veranstaltung von Mode- und Mustermessen, Dekorationsservice.
Verbraucher-promotion (Rausverkauf)	Hier werden **Endverbraucher** am Ort des Verkaufs mit den Produkten in Kontakt gebracht, z. B. durch besondere Verkaufsstände mit Produktvorführungen bzw. Verteilung von Mustern *(Sampling),* Zugaben und Kostproben verbunden mit Preisausschreiben, Gewinnspielen, Autogrammstunden mit Prominenten, Verteilung von Gutscheinen *(Coupons)* und Werbegeschenken *(Give-aways),* Zweitplatzierung der Ware außerhalb des regulären Regalplatzes auf extra Warenträgern *(Displays)* in stark frequentierten Ladenzonen, verbunden mit Lautsprecherdurchsagen.

Werden Maßnahmenbündel mehrerer Hersteller in Form von Events für bestimmte Zielgruppen (z. B. kulinarische Wochen) angeboten, dann liegen **Verbund- oder Cross-Promotions** vor. Sogenannte **Retailer-Promotions** werden vom Einzelhandel in Eigenregie organisiert und werden meist von Großhändlern bzw. Herstellern finanziell, sachlich oder personell unterstützt.

Verbraucherpromotion erreicht die Kunden genau zu der Zeit und an dem Ort, wo sie ihre Kaufentscheidung treffen. Sie sprechen nicht nur die optischen, sondern auch den Tastsinn und je nach Produkt den Hör-, Geschmacks- und Geruchssinn der Zielgruppe an. Der Erfolg lässt sich daher genau messen. Sind sie mit Gewinnspielen verbunden, hat der Händler die zusätzliche Möglichkeit, die Kunden später noch mit Werbemaßnahmen anzusprechen.

Alle verkaufsfördernden Maßnahmen eines Herstellers werden manchmal unter dem Begriff Merchandising zusammengefasst. **Merchandising** im engeren Sinne meint die Vermarktung von Werbeartikeln im Zusammenhang mit einem Hauptprodukt. Die Palette der Merchandising-Produkte reicht von Sammelalben, Sammelartikeln (Figuren, Klebebildchen, Sammelkarten) bis hin zu Gebrauchsartikeln wie Tellern, Tassen, Schlüsselanhängern, Kleidungsstücken (z. B. Fanartikel wie Kappen, T-Shirts, Trikots, Sweatshirts usw.). Manche Kinofilme, Stars oder Sportvereine erwirtschaften mit ihren Merchandising-Produkten mehr Gewinn als mit ihren Einspielerlösen bzw. Eintrittspreisen.

3.3.3 Sponsoring – tue Gutes und sprich darüber

Wenn ein Betrieb (Sponsor) die Leistung einer Person, eines Teams oder einer Organisation (Gesponserter) unterstützt und dafür eine Gegenleistung vertraglich vereinbart, dann betreibt er **Sponsoring.** Sponsoring dient also dem beiderseitigen Nutzen des Sponsors und des Gesponserten.

Beispiel: *Auszüge aus einem Sponsoringvertrag*

> **SPONSORINGVERTRAG**
>
> zwischen der Universitäts-Bibliothek ...
> vertreten durch ... (Vertragspartner 1) und der
>
> Rad & Roll GmbH,
> vertreten durch Monika Kroner (Vertragspartner 2)
>
> **§ 1**
> Die Vertragspartner vereinbaren zum Zwecke des Sponsoring nachfolgende Leistungen auf Gegenseitigkeit:
>
> Der Vertragspartner 2 stellt zur Förderung des Vertragspartners 1 zweckgebundene finanzielle Mittel zur Verfügung. Im Gegenzug verpflichtet sich Vertragspartner 1 den Firmennamen und das Firmenlogo an geeigneter Stelle gut sichtbar zu platzieren. Näheres regelt § 3.
> ...
> **§ 3**
> Vertragspartner 2 überweist bis zum 20.04.20.. an den Vertragspartner 1 einen Geldbetrag in Höhe von 10.000 EUR auf das Konto Nr (IBAN) ... der Bank ...
>
> Vertragspartner 1 verpflichtet sich im Gegenzug den Firmennamen und das Firmenlogo des Vertragspartners 2 in den Räumen der Bibliothek für die Dauer von zwei Jahren gut sichtbar anzubringen und Werbeflyer auszulegen.
> ...

Die **Leistung des Sponsors** kann in Geld-, Sachmitteln oder Diensten bestehen. Die **Gegenleistung des Gesponserten** kann schlicht die Nennung des Sponsors auf der geförderten Veranstaltung bzw. während der Fernseh- oder Radioübertragung sein („Diese Sendung präsentiert Ihnen ...") oder das Tragen von Marken- und Firmensymbolen des Sponsors durch Personen (z. B. Trikotwerbung) bzw. in Einrichtungen des Gesponserten (z. B. Bandenwerbung im Stadion). Die Besucher wissen, dass die gebotene Qualität und die erschwinglichen Eintrittspreise vieler Veranstaltungen (z. B. Großkonzerte, Weltmeisterschaften, Olympiaden, Formel-1-Rennen, Opern-Festspiele) ohne Sponsoren nicht möglich wären.

Wichtige **Ziele des Sponsorings** sind die

- Verbesserung des Unternehmensimages und Erhöhung des Bekanntheitsgrades, um sich von Wettbewerbern abzuheben oder um sich ein neues (z. B. ökologisches) Marktsegment zu erschließen,
- Steigerung der Mitarbeitermotivation und deren Identifikation mit dem Unternehmen durch Übernahme gesellschaftlicher Verantwortung (Corporate Social Responsibility) sowie
- Intensivierung und Verbesserung der Kontaktpflege mit Personen bzw. Organisationen, die für das Unternehmen wichtig sind.

Bereiche des Sponsorings im Überblick

Sport-sponsoring	Hier werden bestimmte Sportarten (z. B. Fußball, Handball, Basketball, Motorsport, Tennis, Golf), einzelne Veranstaltungen (Turniere), organisatorische Einheiten (Sportverband, Liga, Verein, Team, Einzelsportler) und Leistungsebenen (Profi-, Amateur-, Freizeitsport) gefördert.
Kultur-sponsoring	Hier engagiert der Sponsor sich in den Bereichen bildende Kunst, Musik, Theater, Literatur, Design, Fotografie, Film, Forschung und Entwicklung (Wissenschaft).
Soziales Sponsoring	Hier unterstützt der Sponsor einzelne Personen oder Institutionen, die soziale oder humanitäre Probleme thematisieren und zu lösen versuchen. Die Bandbreite geht von der Förderung lokaler Kindertagesstätten, privater Bildungsstätten, Behindertenvereinen, Wohlfahrtsorganisationen, Eirichtungen zur Gesundheitsvorsorge, Seniorenheimen bis hin zu Projekten in Entwicklungsländern.
Umwelt- bzw. Ökosponsoring	Klassische Bereiche des Umweltsponsorings sind der Natur- und Artenschutz und das Naturschutzsponsoring wie Luft-, Boden- und Wasserschutz sowie Lärm- und Abfallvermeidungsmaßnahmen. Meistens werden nichtkommerzielle Organisationen (NGOs) wie der Bund für Umwelt- und Naturschutz in Deutschland (BUND), GREENPEACE oder Robin Wood, Organisationen für den Tierschutz (z. B. der World Wildlife Fund – WWF), lokale Umweltschutzinitiativen, der Bundesdeutsche Arbeitskreis für umweltbewusstes Management (B.A.U.M. e. V.) oder Future e. V. unterstützt.

Das **Product-Placement** kann ebenfalls als eine Art des Sponsorings verstanden werden. Hier finanziert der Sponsor einen mehr oder weniger großen Teil der Film- bzw. Fernsehproduktion. Als Gegenleistung setzt der Produzent die Markenartikel des Sponsors als Requisite gezielt und gut sichtbar in Handlungen ein. Dies ist kritisch zu sehen, wenn dadurch zeitliche Werbebeschränkungen und die Trennung von Werbung und übrigem Programm umgangen werden.

Nach der Anzahl der beteiligten Unternehmen werden **exklusives bzw. kooperatives Sponsoring** unterschieden. Beim Exklusivsponsoring profitiert der einzelne Sponsor allein von der Imagewirkung. Auf der anderen Seite erleidet er auch allein Imageeinbußen bei nachlassender Beliebtheit der gesponserten Personen, Vereine oder Sportarten und Skandale im gesponserten Bereich (z. B. Dopingskandal im Radsport). Kooperatives Sponsoring (Co-Sponsoring) ermöglicht die Durchführung von Großprojekten (z. B. Fußballweltmeisterschaft, Olympiade), wobei die Imagewirkung für den einzelnen beteiligten Sponsor kaum messbar ist.

Entscheidend für den Erfolg von Sponsoring-Maßnahmen ist die Glaubwürdigkeit. Die aktuelle bzw. potenzielle Zielgruppe muss dem Unternehmen das Engagement für eine bestimmte Sache abnehmen. Engagements, die z. B. lediglich dazu dienen, selbst verursachte Umweltprobleme zu kaschieren, verkommen zu einer nicht glaubwürdigen Alibifunktion und richten mehr Schaden an, als sie nützen. Zwischen dem Sponsor und dem Gesponserten bzw. dem gesponserten Bereich muss es **Verknüpfungspunkte** geben. Das kann das Produkt des Sponsors sein, die Zielgruppe oder das bereits vorhandene Image. So besteht ein Zusammenhang zwischen dem Firmenlogo und dem Kranichschutzprojekt der Deutschen Lufthansa AG.

3.3.4 Public Relations – Unternehmen ins rechte Licht rücken

Public Relations (kurz: PR, Öffentlichkeitsarbeit) sollen die Besonderheiten des Leistungsangebots, das Unternehmen als Ganzes und das Unternehmen als Teil der Gesamtgesellschaft der Öffentlichkeit präsentieren. Im Vordergrund steht die Pflege der Beziehungen (Relations) zu den internen und externen Anspruchsgruppen (Mitarbeiter, Kunden, Lieferanten, Wettbewerber, Eigentümer usw.). Das Unternehmen wirkt auf die öffentliche Meinungsbildung ein, um Vertrauen und Glaubwürdigkeit herzustellen, und festigt und verbessert so sein Image.

Zielrichtungen der Public Relations

Leistungsbezogene Public Relations	Information über Neuigkeiten, Ereignisse, besondere Leistungsmerkmale von Produkten und Dienstleistungen des Unternehmens im redaktionellen Teil von Medien, z. B. Presse, Kunden- und Werkszeitschriften, Newslettern, Homepage des Unternehmens (Product Publicity).
Unternehmensbezogene Public Relations	Selbstdarstellung der gesamten Unternehmensleistung bei den Anspruchsgruppen (Teilöffentlichkeiten), um diese von den eigenen Standpunkten und Handlungsweisen zu überzeugen (Überzeugungsarbeit). Hierzu zählt auch die Reaktion auf Skandale, die Ergänzung und Richtigstellung von Informationen *(Reputationsmanagement)* mittels Anzeigen, Spots, Podcasts usw.
Gesellschaftsbezogene Public Relations	Hier wird der Beitrag des Unternehmens zum Gesamtwohl der Gesellschaft kommuniziert. Das Unternehmen stellt sich als verantwortungsvoll handelndes Mitglied der Gesellschaft dar (z. B. Teilnahme an Spendenaktionen) und nimmt am öffentlichen Dialog zu aktuellen gesellschaftlichen Themen teil. Dabei werden persönliche Beziehungen zu allen für das Unternehmen relevante Einzelpersonen (z. B. Pressevertretern, Politikern) oder Organisationen (z. B. Verbänden, Parteien, Kirchen) aufgebaut und gepflegt. Gründung von **Stiftungen**[1].

PR-Maßnahmen im Überblick

Pressearbeit	Pressemitteilungen, Prospekt- und Aufklärungsmaterial für die Medien, Abhaltung von Pressekonferenzen, z. B. über Betriebsjubiläen, Betriebserweiterungen, Großaufträge, Forschungsprojekte, Unternehmenskennzahlen, Geschäftsentwicklung, Umwelt-, Gesundheits-, Spenden-, Sicherheitsaktionen (z. B. kostenloser Lichttest von Autohändlern im Herbst)
PR-Anzeigen	Präsentation der Leitsprüche, Unternehmens- und Markensymbole in Branchenzeitschriften, Telefon-, Adressbüchern, Vorlesungsverzeichnissen, Informationsbroschüren aller Art, Stellenanzeigen usw.
Dialog mit Teilöffentlichkeiten	Durchführung von Ausstellungen, Betriebsbesichtigungen und Tagen der offenen Tür, Verteilung von Informationsbroschüren (z. B. Geschäftsberichte, Sozial- und Ökobilanzen) an Schulen und auf Veranstaltungen aller Art, Unterrichtsbeiträge und Vorträge in Bildungseinrichtungen durch Mitarbeiter des Unternehmens, Ausschreibung von Preisen bei Ideen-, Sportwettbewerben, Einladung von Meinungsführern (z. B. Politiker, Bürgermeister, Verbandsführer), zu Gesprächen, Interviews und Diskussionsrunden, Vergabe von Stipendien für Hochbegabte, sozial benachteiligte Personen usw., Übernahme der Schirmherrschaft über kulturelle, ökologische, wissenschaftliche, soziale und sportliche Veranstaltungen usw.

1 **Stiftungen** werden als rechtsfähige Vermögensmassen von einem vom Stifter festgelegten Zweck (z. B. Förderung von Wissenschaft und Forschung) auf Dauer errichtet. Eine grundsätzliche Änderung des Stiftungszwecks ist später nicht mehr möglich. 90 % aller Stiftungen verfolgen gemeinnützige Zwecke, weil sie Aufgaben des öffentlichen Wohls wahrnehmen. Bis zu einem Drittel der jährlichen Stiftungseinnahmen dürfen zum Unterhalt des Stifters und seiner nächsten Angehörigen verwendet werden. Beispiele: Volkswagen-Stiftung, Robert-Bosch-Stiftung, Fritz-Thyssen-Stiftung, Lidl & Schwarz-Stiftung

3.4 Werbeplanung – Zielgruppe beachten

Die **Werbeplanung** umfasst die Festlegung des Werbeobjekts (Produkt) und der Werbeziele des Werbetreibenden. Daraus lassen sich die Zielgruppe (Werbesubjekte, Streukreis), die Werbemittel und die Werbeträger bestimmen sowie die geeignete Streuzeit (Werbezeitpunkt und Werbedauer) und das passende Streugebiet (Werbeort). Dabei muss in der Regel ein Werbeetat (Werbebudget) eingehalten werden.

3.4.1 Festlegung des Werbeziels

Die Werbeziele sind mit dem Zielsystem des Betriebs und hier im besonderen Maße mit den absatzpolitischen Zielen (→ siehe Kapitel 2.4, Absatzpolitische Ziele auf Käufermärkten) abzustimmen.

Die **allgemeinen Werbeziele** orientieren sich am Produktlebenszyklus, z. B. die **Einführungswerbung** in der Einführungsphase des Produkts (Information), die **Expansionswerbung** in der Wachstumsphase (Bekanntheitsgrad erhöhen) sowie die **Erhaltungs- und Erinnerungswerbung** in der Reife- und Sättigungsphase, um Absatzrückgänge zu verhindern (Bekanntheitsgrad erhalten).

Um die ökonomischen Werbeziele (z. B. Umsatz-, Gewinn- und Marktanteilsteigerung) zu erreichen werden **kommunikative Werbeziele** angestrebt, die auf die **Beeinflussung des Kundenverhaltens** gerichtet sind. Dabei geht es neben Aktualität durch ständige **Vermittlung von Informationen** über das Leistungsangebot um den Aufbau einer **emotionalen Erlebniswelt** rund um das Produkt, damit es unverwechselbar wird. Letztendlich soll die Werbung das **Produktimage festigen** und verbessern und *neue Bedürfnisse* wecken.

Henry Ford drückte es so aus: Wer aufhört zu werben, um Geld zu sparen, der könnte genauso seine Uhr anhalten, um Zeit zu sparen.

3.4.2 Auswahl der Zielgruppe (Werbesubjekte)

Der Werbeerfolg und damit der betriebliche Erfolg hängen wesentlich davon ab, wie das Leistungsangebot und dessen Anpreisung die Werte, Einstellungen und Wünsche der Zielgruppe treffen. Streuverluste lassen sich gering halten, wenn ein Betrieb ein genaues Bild von seiner Zielgruppe hat. → siehe Kapitel 2.7.3 Nischenstrategie – Marktsegmentierung

Sozio-ökonomische Merkmale wie Beruf, Alter, Geschlecht oder Wohnort geben Auskunft über die Lebensbedingungen. Sie sagen jedoch nur wenig über die Beweggründe des Kaufverhaltens aus. Käufergruppen, die nach diesen Merkmalen gebildet werden, zeigen oft große Unterschiede in ihren Wertvorstellungen, Interessen oder Verhaltensweisen. Daher werden vermehrt **psychografische Merkmale** für die Zielgruppenbildung herangezogen, da Persönlichkeitsmerkmale wie Lebensstile und Überzeugungen eine größere Nähe zu den Kaufmotiven haben. Die Erhebung des Lebensstils ist aber schwierig und kostenintensiv. Meistens werden dazu die sogenannten **AIO-Kriterien** (Activities, Interests, Opinions) abgefragt. Die **beobachtbaren Verhaltensmerkmale** (z. B. Kaufhäufigkeit, Markentreue, Mediennutzung) sind eher das Ergebnis von Werbeanstrengungen. Sie sind deshalb für die Zielgruppenbildung von Bedeutung, weil aus vergangenen und gegenwärtigen Verhaltensweisen auf das zukünftige Kaufverhalten geschlossen werden kann.

Für die **Feinsegmentierung der Zielgruppen** sollte aus den genannten Gründen eine Kombination aus sozio-ökonomischen, psychografischen und Verhaltensmerkmalen herangezogen werden. Daher werden häufig **Käufertypologien** vorgenommen, mit denen Zielgruppen mehrdimensional eingeteilt werden können. Die bekanntesten Typologien sind die persönlichkeitsbezogene **Lifestyle-Typologie** der Gesellschaft für Konsumforschung (Euro-Socio-Styles) und die **milieubezogene Typologie** (Sinus-Milieu-Konzept) der SINUS Markt- und Sozialforschung GmbH, Heidelberg.

Lifestyle-Typologie (GfK Roper Consumer Styles)

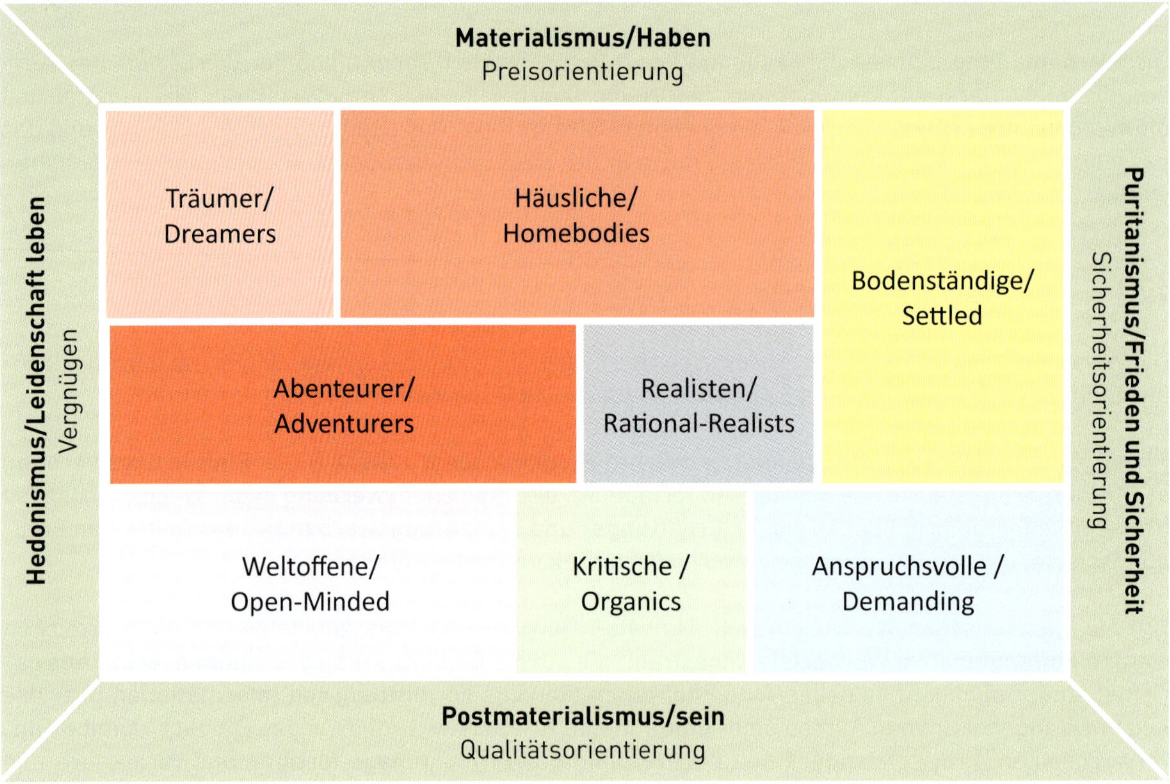

Erläuterung der 8 GfK Roper Consumer Styles

Die Bodenständigen	Traditionsorientierte Senioren mit mittlerem Lebensstandard, die ihren Ruhestand voll und ganz ausschöpfen.
Die Häuslichen	Angepasste Familien aus einfachen Kreisen, die von einem leichteren Leben träumen.
Die Träumer	Intuitive und materialistische Leute, die von der Welt der Stars träumen und einem Platz an der Sonne hinterherjagen.
Die Abenteurer	Junge, dynamische Leute auf der Suche nach Erfolg und materieller Unabhängigkeit.
Die Weltoffenen	Hedonistische tolerante Intellektuelle auf der Suche nach Individualität und persönlicher Harmonie.
Die Kritischen	Engagierte Familien mit Bekenntnis zu Umwelt und. Gesellschaft, ohne dabei die angenehmen Seiten .des Lebens zu vernachlässigen.
Die Realisten	Kritische engagierte und aufstiegsorientierte Paare, die eine lebenswerte Zukunft anstreben.
Die Anspruchsvollen	Kultivierte, pflichtbewusste Bürger mit traditionellem Halt und disziplinierter Persönlichkeit.

Die Landkarte der Sinus-Milieus ist als „Kartoffelgrafik" bekannt. Wie man sieht, ergeben zehn „Kartoffeln", eine für jedes Milieu, ein modellhaftes Abbild der sozialen Schichtung und der Wertestruktur der deutschen Gesellschaft in ihrer Wechselwirkung. In dieser „strategischen Landkarte" können Produkte, Marken und Medien positioniert werden.

Milieubezogene Typologie (Sinus-Milieu-Konzept)

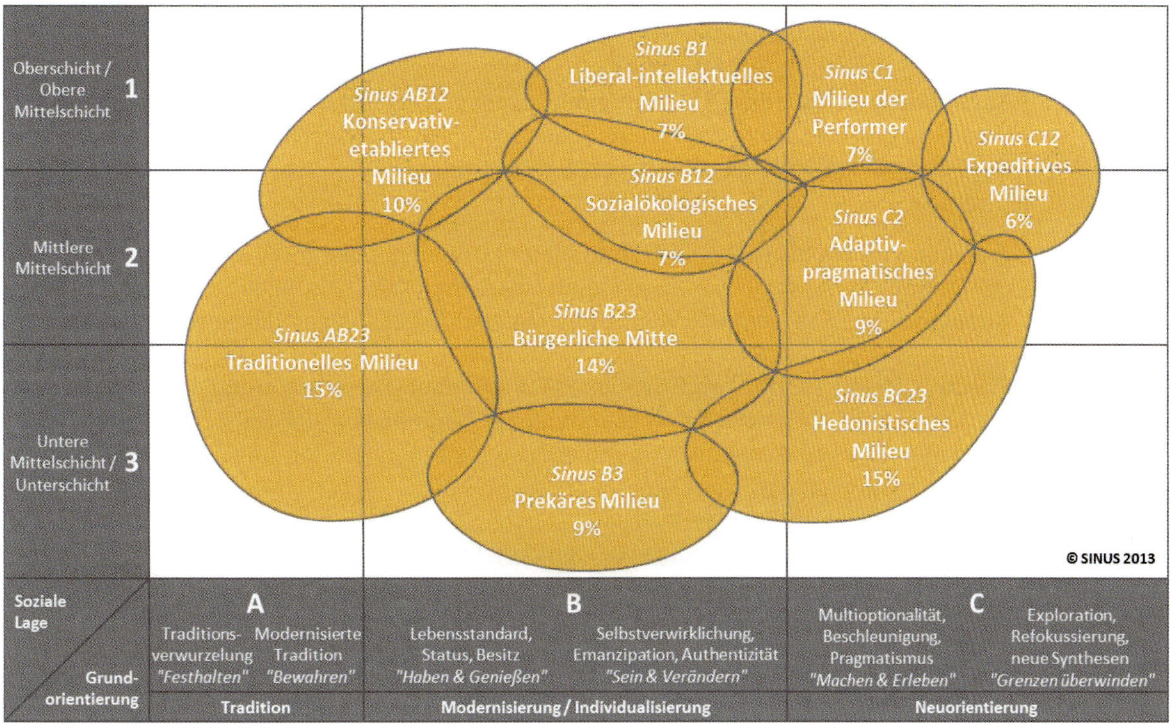

Die Grafik zeigt die Position der Sinus-Milieus nach sozialer Lage und Grundorientierung. **Je höher** das entsprechende Milieu in dieser Grafik angesiedelt ist, desto gehobener sind Bildung, Einkommen und Berufsgruppe; je weiter es sich **nach rechts** erstreckt, desto moderner im soziokulturellen Sinn ist die Grundorientierung des jeweiligen Milieus.

Sozial gehobene Milieus	***Konservativ-etabliertes Milieu* 10 %** (Das klassische Establishment): Verantwortungs- und Erfolgsethik; Exklusivitäts- und Führungsansprüche; Standesbewusstsein, Entre-nous-Abgrenzung ***Liberal-intellektuelles Milieu* 7 %** (Die aufgeklärte Bildungselite): liberale Grundhaltung und postmaterielle Wurzeln; Wunsch nach selbstbestimmtem Leben, vielfältige intellektuelle Interessen ***Milieu der Performer* 7 %** (Die offene, effizienzorientierte Leistungselite): global-ökonomisches Denken; Konsum- und Stil-Avantgarde; hohe IT- und Multimedia-Kompetenz ***Expeditives Milieu* 6 %** (Die ambitionierte kreative Avantgarde): mental und geografisch mobil, online und offline vernetzt und auf der Suche nach neuen Grenzen und neuen Lösungen

Milieus der Mitte	***Bürgerliche Mitte* 14 %** (Der leistungs- und anpassungsbereite bürgerliche Mainstream): generelle Bejahung der gesellschaftlichen Ordnung; Wunsch nach beruflicher und sozialer Etablierung, nach gesicherten und harmonischen Verhältnissen ***Adaptiv-pragmatisches Milieu* 9 %** (Die moderne junge Mitte unserer Gesellschaft mit ausgeprägtem Lebenspragmatismus und Nutzenkalkül): zielstrebig und kompromissbereit, hedonistisch und konventionell, flexibel und sicherheitsorientiert; starkes Bedürfnis nach Verankerung und Zugehörigkeit ***Sozialökologisches Milieu* 7 %** (Konsumkritisches/-bewusstes Milieu mit normativen Vorstellungen vom „richtigen" Leben): ausgeprägtes ökologisches und soziales Gewissen; Globalisierungs-Skeptiker, Bannerträger von Political Correctness und Diversity
Milieus der unteren Mitte / Unterschicht	***Traditionelles Milieu* 15 %** (Die Sicherheit und Ordnung liebende Kriegs-/Nachkriegsgeneration): verhaftet in der alten kleinbürgerlichen Welt bzw. in der traditionellen Arbeiterkultur; Sparsamkeit, Konformismus und Anpassung an die Notwendigkeiten ***Prekäres Milieu* 9 %** (Die um Orientierung und Teilhabe bemühte Unterschicht mit starken Zukunftsängsten und Ressentiments): Häufung sozialer Benachteiligungen, geringe Aufstiegsperspektiven, reaktive Grundhaltung; bemüht, Anschluss zu halten an die Konsumstandards der breiten Mitte ***Hedonistisches Milieu* 15 %** (Die spaß- und erlebnisorientierte moderne Unterschicht/untere Mittelschicht): Leben im Hier und Jetzt, Verweigerung von Konventionen und Verhaltenserwartungen der Leistungsgesellschaft

Quelle: Sinus Markt- und Sozialforschung GmbH, Heidelberg, www.sinus-institut.de

3.4.3 Auswahl der Werbemittel und Werbeträger

Das **Werbemittel** verkörpert die aus den Werbezielen abgeleitete Werbebotschaft (Werbeaussage) und stellt diese dar. Grundsätzlich können Werbemittel alle menschlichen Sinne ansprechen. Am meisten sind die visuellen (Auge) und akustischen (Ohr) Werbemittel verbreitet in Form von Anzeigen, Aufschriften (z. B. auf Sportanzügen, Sportgeräten), Filmen, Video- und Hörfunkspots. Die werbliche Nutzung haptischer (Tastsinn über die Haut) Sinneseindrücke, des Geschmackssinns (Geschmacksproben für die Zunge) und des Geruchssinns (Duftstoffe für die Nase) ist aufgrund der begrenzten Möglichkeiten der Vervielfältigung eher selten.

Werbeträger sind Personen oder Sachen (Medien), die das Werbemittel durch den Vorgang der Streuung an die Zielgruppe (Werbesubjekte) herantragen. Werbeträger stellen den physischen Kontakt der Werbebotschaft zur umworbenen Person her.

Werbeträger im Überblick

Printmedien	Tages-, Wochen-, Monatszeitungen, Publikums-, Fach-, Verbandzeitschriften, Kundenzeitungen, Anzeigenblätter, **Supplements** (Beilagen, „Heft im Heft"), Adressbücher usw.
Elektronische Medien	Fernsehen, Hörfunk, Filmtheater, Onlinewerbung im Internet, in sozialen Medien (z. B. Facebook, Twitter, Xing) usw.
Medien der Außenwerbung	Plakatanschlagstellen, Litfaßsäulen, Lichtwerbung, Verkehrsmittel, Personen mit Werbeaufdrucken auf Sportanzügen und Sportgeräten usw.
Medien der Direktwerbung	Werbebriefe bzw. E-Mails (Mailings), Handzettel, Kataloge, Telefon, Telefax, Mobilfunk usw.

Oft geben in der Medienwerbung bekannte Persönlichkeiten vor, das Produkt zu benutzen und damit zufrieden zu sein. Solche **Testimonials** (lat. testari = bezeugen) bewirken einen positiven Imagetransfer, wenn Produktimage und vermeintliche Eigenschaften des Prominenten übereinstimmen.

Im Augenblick der Verbreitung (Streuung) vereinen sich Werbemittel und Werbeträger.

Zusammenhang zwischen Werbemittel und Werbeträger

Werbemittel **→ stellt die Werbebotschaft dar**	**Werbeträger** **→ transportiert die Werbebotschaft zur Zielgruppe**
Werbeanzeigen (Inserate)	Zeitungen, Zeitschriften, Internet-Werbebanner usw.
Werbefilme (Videospots)	Fernsehsender, Kino, animierte Internet-Werbebanner usw.
Werbe-Hörfunkspots	Radiosender, animierte Internet-Werbebanner mit Ton usw.
Werbeplakat	Plakatanschlagstelle, Litfasssäule usw.
Werbeaufschrift	Jacken, Hosen, Sportgeräte, Verkehrsmittel, Stadionbande usw.
Lichtreklame (Leuchtschriften)	Hausdächer, Hausfassaden
Werbetext	Werbebrief (auch per Fax, E-Mail, Newsletter, SMS/MMS)
Werbebanner als Pop-up, Pop-under, Sticky Ad, Button, Rectangle[1]	Geöffnete Internetseite (beim Öffnen blenden sich die Werbebanner mit Werbeinformationen automatisch ein oder verweisen den Nutzer durch einen Click auf die Website des Werbenden) auf dem Bildschirm eines Computers, Laptops, Notebooks, Tablets oder Smartphones

***Beispiel**: Werbebanner als Pop-up*

1 **Pop-ups** springen beim Öffnen der Website in den Vordergrund, **Pop-unders** öffnen sich im Hintergrund und sind erst beim Schließen der Website sichtbar, **Sticky Ads** bleiben beim Scrollen auf derselben Stelle stehen, **Buttons** sind kleine animierte Logos in Knopfform, **Rectangles** sind kleine Rechtecke, die direkt beim Text eingebaut sind.

Die Werbeträgerforschung untersucht die Reichweiten der Werbeträger sowie die Struktur der Nutzer (vor allem soziodemografische, geografische und verhaltensbezogene Merkmale). Ein Werbeträger ist geeignet, wenn er zwischen der Werbebotschaft und der Zielperson einen Kontakt herstellt. Die Kontaktchancen und damit die Werbewirkung werden von der Reichweite, Kontakthäufigkeit (Frequenz) und Eindrucksqualität des Werbeträgers bestimmt. Die **Reichweite** beschreibt die Zahl der Personen, die mit dem Medium erreicht werden, die **Kontakthäufigkeit** ergibt sich aus der Zahl der Werbekontakte innerhalb eines bestimmten Zeitabschnitts (z. B. Tag, Woche, Monat). Die **Eindrucksqualität** gibt an, wie stark die werbliche Darbietung in dem entsprechenden Medium beachtet wird. Sie wird auch von der Glaubwürdigkeit, Wertigkeit und dem Image des Mediums selbst beeinflusst.

Auswahlkriterien für Werbeträger

Zielgruppe	Welche Medien nutzt die Zielgruppe? Junge Leute lesen andere Zeitschriften, hören andere Radiosender, sehen andere Fernsehsender und -programme, bewegen sich auf anderen Internetseiten als ältere Leute. Ebenso bevorzugen begeisterte Radsportler andere Medien als begeisterte Skifahrer. Anbieter von Internetwerbung können anhand der vom Nutzer aufgerufenen Seiten und Inhalte zielgenaue Nutzerprofile erstellen und diese anschließend speziell bewerben.
Werbeobjekt	Welche Medien sind für das umworbene Produkt geeignet? Damenmode und Kosmetika sollten in Frauenzeitschriften beworben werden, Herrenmode eher in Auto- oder Sportzeitschriften, Fahrräder in anderen Fachzeitschriften als Golfschläger.
Werbebotschaft	Sollen Informationen und Kaufargumente übermittelt werden, dann eignen sich eher Tageszeitungen. Emotionale Botschaften lassen sich besser in Publikumszeitschriften oder im Fernsehen transportieren.
Herstellungs- und Streukosten	Werbekosten entstehen für die Herstellung der Werbebotschaft und für deren Verbreitung (Streuung). So ist es teurer, einen TV-Spot zu produzieren, als einen Hörfunkspot. Die Streukosten werden meist als **Tausender-Kontakt-Preis (TKP)**[1] bzw. **Cost-Per-Click (CPC)** ausgedrückt. So sind die Kosten für 1000 Kontaktchancen mittels Publikumszeitschriften höher als durch das Fernsehen. Je höher die Einschaltquoten der Sendungen bzw. die Auflagen und Reichweiten der Printmedien, desto höher sind die Werbekosten.
Verfügbarkeit	So ist die Länge der Werbeblöcke bei Fernseh- und Rundfunkanstalten meistens eingeschränkt. Während die Verteilung der Werbespots bei privaten Sendern unbegrenzt ist, müssen die **Werbeblöcke** bei den öffentlichen Anbietern werktags zwischen 17 und 20 Uhr erfolgen. Für Tabakwaren und verschreibungspflichtige Medikamente besteht ein generelles Werbeverbot im Fernsehen. In Printmedien gibt es keine Mengenbeschränkung, jedoch sind hier Vorlaufzeiten von zwei bis drei Tagen bei Tageszeitungen und vier bis acht Wochen bei Publikumszeitschriften und Plakatanschlagstellen üblich.

3.4.4 Bestimmung des Werbeetats

Der Werbeetat bzw. das Werbebudget sollte so bemessen sein, dass sich die angestrebten Ziele verwirklichen lassen. Dabei sollten die Marktsituation, die Marktentwicklung und das Ausmaß der angestrebten Ziele berücksichtigt werden.

1 Wenn eine ganzseitige Farbanzeige in einer bundesweiten Zeitschrift 50.000,00 € kostet und bei einer Auflage von 1 Mio. Stück jede Woche 5,0 Mio. Leser die Anzeige lesen, dann beträgt der TKP = 50.000,00 € / 5 000 000 Leser · 1 000 = 10,00 € pro 1 000 Leser

Verbreitete Methoden der Budgetplanung

Zielorientierte Methode	Das Werbebudget leitet sich aus den zu erreichenden Werbezielen ab. Sind die Mittel begrenzt, dann müssen ggf. die Zielsetzungen heruntergeschraubt werden.
Vorjahres-methode	Das Werbebudget wird auf dem Niveau des Vorjahres gehalten. Viele Betriebe haben daraus Faustregeln entwickelt, die sich an Erfahrungswerten orientieren. Für jedes Produkt (Werbeobjekt) bzw. jede Absatzregion (Werbeort) wird z. B. ein fester Betrag für Werbemaßnahmen eingeplant.
Prozentverfah-ren	Ein festgelegter Prozentsatz vom erwarteten oder Vorjahres-Gewinn (z. B. 10 %) oder Umsatz (z. B. 5 %) wird für Werbemaßnahmen ausgegeben. Das Prozentverfahren bewirkt prozyklische Werbeausgaben, da bei steigendem Gewinn bzw. Umsatz die Werbeausgaben steigen und bei rückläufigen Gewinnen und Umsätzen die Werbeausgaben sinken. Eine wirtschaftliche Aufwärtsbewegung wird dadurch verstärkt, ebenso eine wirtschaftliche Abwärtsbewegung.
Konkurrenz-orientierte Methode	Das eigene Werbebudget orientiert sich an den Werbeausgaben der Konkurrenz (Konkurrenz-Paritäts-Methode). Der Werbeetat wird im Vergleich zum Wettbewerber gleich hoch, höher oder niedriger angesetzt.
Finanzorien-tierte Methode	Von den verfügbaren Finanzmitteln werden zunächst alle sonstigen Kosten abgezogen und der Rest für die Werbung eingeplant (Restwertmethode).

Nachdem die Höhe des Werbeetats feststeht, muss über die zielgruppengerechte Verteilung nach sachlichen Gesichtspunkten (z. B. Umsatzentwicklung der Werbeobjekte und Werbeträger), räumlichen Gesichtspunkten (z. B. Verkaufsgebiete bzw. Werbeorte) und zeitlichen Gesichtspunkten (Tageszeiten, Wochentage, Jahreszeiten) entschieden werden. Das Ergebnis der Budgetverteilung ist ein Streuplan. (→ siehe Abbildung auf Seite 95)

Saison- und Konjunkturverläufe verursachen Bedarfs-, Nachfrage- und Absatzschwankungen. Darauf kann mit einer prozyklischen Verteilung der **Werbeausgaben** reagiert werden oder mit einer antizyklischen Werbung. Die antizyklische Werbung erhöht die Werbeausgaben und damit den Werbedruck, wenn der Umsatz zurückgeht, und wirkt damit der sinkenden Nachfrage entgegen. Umgekehrt werden bei steigenden Verkaufszahlen die Werbeausgaben zurückgefahren.

Zyklische und antizyklische Werbung

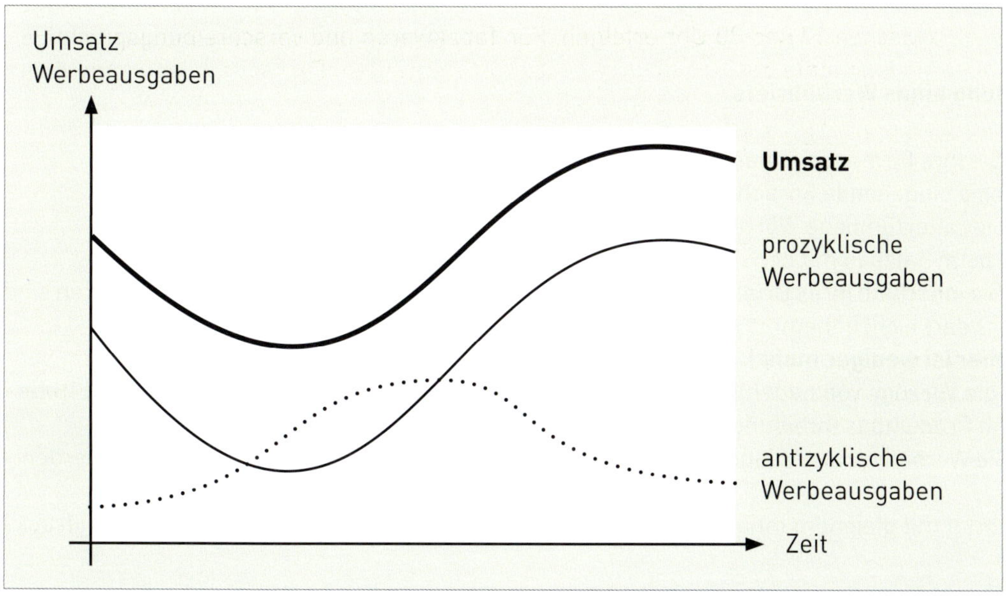

3.4.5 Bestimmung der Streuzeit und des Streugebiets

Bei der Planung der **Streuzeit** (Werbezeit) geht es um die Dauer der Werbemaßnahme und um die zeitliche Verteilung des Medieneinsatzes (Streu- bzw. Mediaplan) innerhalb eines Zeitabschnitts.

Beispiel: *Streu- bzw. Mediaplan*

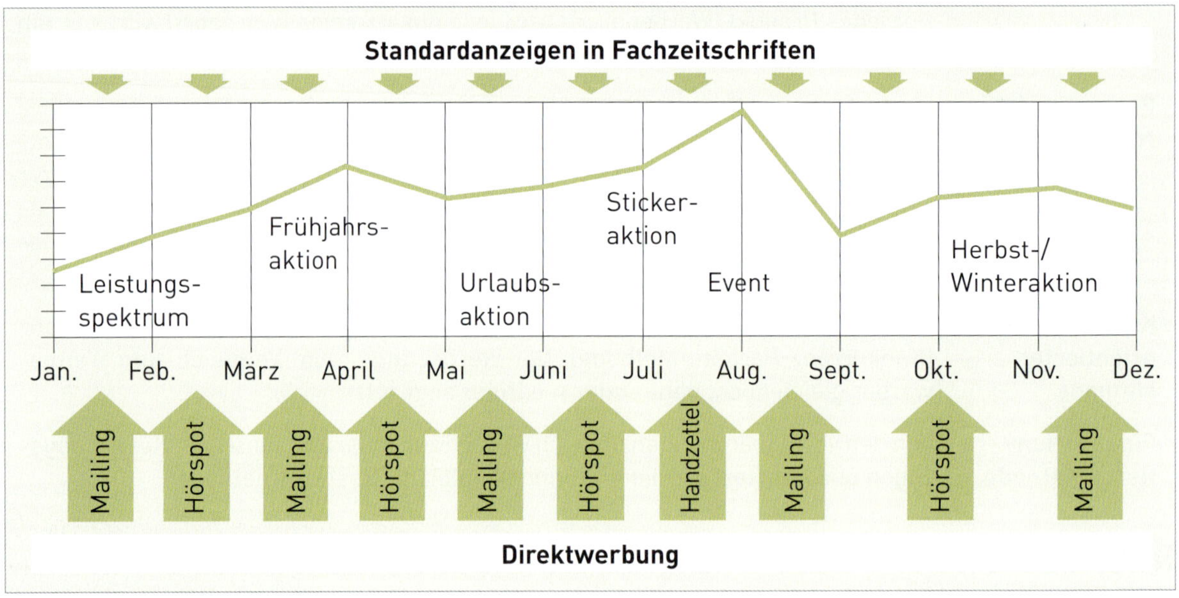

Mit dem **Streugebiet** (Werbeort) legt der Betrieb in Abstimmung mit den Werbezielen und der Zielgruppe fest, ob er die Werbemaßnahmen eher lokal, regional, national (bundesweit) oder international (global) durchführt.

3.5 Erstellung von Werbemitteln

Bei der Erstellung von Werbemitteln ist darauf zu achten, dass sie ansprechend gestaltet und übersichtlich sind. Sie sollen die Aufmerksamkeit des Kunden auf sich ziehen und ihn zum Kauf animieren. Die Art der Werbemittel kann variieren. Es bieten sich beispielsweise Werbebriefe, Flyer oder Faltblätter an.

3.5.1 Erstellung eines Werbebriefs

- Verwenden Sie Ihre Firmenbriefmaske für den Werbebrief.
- Wählen Sie eine eingehende Sprache und formulieren Sie Sätze, die neugierig machen.
- Vermeiden Sie „altertümliche Wörter".
- Arbeiten Sie beim Satzbau mit der „Sie-Form", Beispiel: „Sie suchen eine ...".
- Verwenden Sie innerhalb Ihres Briefes Grafiken oder Formen, die jedoch sinnvoll zu positionieren sind (der Lesefluss darf nicht gehemmt werden).
  ACHTUNG: Hier ist weniger mehr!
- Nennen Sie die Vorzüge von neuen Produkten und verweisen Sie auf zusätzliche Werbemittel (Internetauftritt mit Produktbeschreibung, Flyer ...).
- Versenden Sie Werbeflyer als Anlage, müssen diese auch so in Ihrem Werbebrief aufgeführt werden.

Wird ein Werbebrief mit gleichem Inhalt an mehrere Personen versendet, bietet sich die „Seriendruckfunktion" an.

Tipp: Informieren Sie sich über die Möglichkeiten der Seriendruckfunktion im Ergänzungsband *„Profi am PC".*

3.5.2 Erstellung eines Werbeflyers

Werbeflyer müssen, wie der Werbebrief auch, ansprechend gestaltet werden. Das Design hängt von verschiedenen Faktoren ab.

„Um welches Unternehmen handelt es sich?", also was hat das Unternehmen für ein Image, und was möchte das Unternehmen nach „außen verkörpern/darstellen?":

- „Welche Produkte werden vermarktet?"
- „Welche Zielgruppe soll erreicht werden?"

Sind diese Punkte klar, müssen die Inhalte des Flyers abgeklärt und notiert werden:

- Welche Produkte sollen auf dem Flyer erscheinen?
- Welche Produktdetails sind zu nennen?
- Wie soll der Werbetext aussehen (Fließtext, Stichworte ...)?
- Welche Grafiken sollen auf dem Flyer eingefügt werden?
- Welches Layout wird gewünscht (Hochformat, Querformat, Spalten ...)?
- Welches Farbschema soll eingesetzt werden?
- Sind Preise auf dem Flyer zu vermerken?
- Soll der Flyer einen Abschnitt für eine Bestellkarte zum Abtrennen enthalten?

Nach der „Abarbeitung" der Flyer-Inhalte kann der Flyer erstellt werden, wobei sich verschiedene Formatierungsmöglichkeiten in Word anbieten, wie Formen, Grafiken, Rahmen und Schattierungen, SmartArts ... Bei ihrem Einsatz gilt:

„Übersichtlich, ansprechend, verständlich und klar,
mit Bedacht arbeiten, so wird der Flyertraum wahr!"

Ein „überladenes Dokument", in dem viele verschiedene Formatierungen vorhanden sind, wirkt unseriös, und die Inhalte können vom Betrachter nicht richtig aufgenommen werden.

Tipp: Informieren Sie sich auch im Ergänzungsband *„Profi am PC"* zu den verschiedenen Formatierungsmöglichkeiten.

3.6 Formen der Internetwerbung

Alle Formen der Werbung im Internet (Onlinewerbung) ermöglichen

- die Sammlung von Kundendaten,
- die Minimierung von Streuverlusten durch personalisierte Werbung,
- eine einfache Messung der Werbewirkung,
- den Dialog mit den Kunden.

3.6.1 Möglichkeiten der Bannerwerbung

Die dominierende Werbeform im Internet sind **Banner**[1], die auf Websites eingeblendet werden und mittels Klick zum beworbenen Angebot führen. Die meisten Menschen akzeptieren diese Onlinewerbung, um viele Angebote im Internet kostenlos nutzen zu können. Banner werden in einem Umfeld platziert, das zur gewünschten Zielgruppe passt. Der Werbetreibende bezahlt *nach Sichtkontakten.*

1 Siehe hierzu Beispiel auf Seite 92

Möglichkeiten der Bannerwerbung

Re-Targeting	Internetnutzer werden erneut auf Angebote hingewiesen, die sie bereits interessiert haben. Möglich wird diese erinnernde Werbung durch **Cookies,** kleine Programme, die von Websites auf dem Computer gespeichert werden und die Aktivitäten des Besuchers registrieren, zum Beispiel die angeklickten Artikel oder das nächste Reiseziel.
Targeting	Werbebotschaften werden an die Merkmale der Besucher von Websites wie Suchbegriffe, Standort und Surfverhalten angepasst, ohne dass diese zuvor bestimmte Angebote genutzt haben. Diese **personalisierte Werbung** verringert Streuverluste und Werbekosten. • **Textbasierte Werbung (Keyword Advertising):** Entsprechend der eingegebenen Suchbegriffe werden passende Werbeanzeigen neben der Ergebnisliste präsentiert. Viele Suchmaschinen finanzieren sich auf diese Weise. Textbasiertes Targeting ist effektiver und günstiger als die reine Bannerwerbung. Der Werbetreibende kann Suchbegriffe und Anzeigekosten frei wählen und zahlt *pro Klick eines Nutzers.* Ist sein Tages- oder Gesamtbudget ausgeschöpft, wird die Werbung abgeschaltet. • **Ortsbasierte Werbung:** Die Werbung wird an die ausgewählten Städte, Landkreise oder Postleitzahlen-Gebiete angepasst und in der richtigen Landessprache angezeigt. Es kann zusätzlich auf die nächstgelegene Filiale eines Unternehmens hingewiesen werden. • **Verhaltensbasierte Werbung:** Cookies zeichnen das Surfverhalten im Internet auf und analysieren den Inhalt der besuchten Websites. Passend zu den protokollierten und ausgewerteten Spuren im Internet wird der Nutzer einer Zielgruppe zugeordnet. Folglich wird Werbung angezeigt, die den Nutzer mit hoher Wahrscheinlichkeit interessiert.

Re-Targeting und Targeting sind aus Sicht des **Datenschutzes** umstritten, weil zahlreiche Informationen ermittelt und gesammelt werden, ohne dass die Internetnutzer ihr ausdrückliches Einverständnis erklärt haben. Viele Menschen fühlen sich durch Targeting ausspioniert und beobachtet. Manche Nutzer empfinden die personalisierte Werbung aber auch als nützlich und angenehm.

Am weitesten geht die personalisierte Werbung in **sozialen Netzwerken**[1]**.** Sie verwenden die eingegebenen Daten der Mitglieder wie Alter, Geschlecht, Wohnort, Geburtstag, Beziehungsstatus und Interessen, um individuell zugeschnittene Werbeanzeigen einzublenden. Anzeigen in sozialen Netzwerken können jederzeit angepasst werden, ebenso wie die Zielgruppe und das Budget.

3.6.2 Empfehlungs-, In-Game- und Mailwerbung

- **Werbung per Empfehlung**

Onlineshops versuchen ihre Besucher durch Empfehlungen zum **Kauf weiterer Produkte** anzuregen, z. B. „Käufer von Artikel X haben auch Artikel Y und Z gekauft". Sie werden automatisch erzeugt und sollen Besucher zu spontanen oder zusätzlichen Käufen verleiten. Noch nützlicher werden **Urteile** (Rezensionen) von Käufern empfunden. Solche Rezensionen in Onlineshops und Preisvergleichsportalen sind missbrauchsanfällig, da positive Bewertungen auch von den Anbietern selbst oder bezahlten Autoren verfasst werden können. In sozialen Netzwerken gibt es **spezielle Buttons,** die meist positiv belegt sind, wie „Gefällt mir" bei Facebook über „Interessant" bei Xing bis zu „+1" bei Google +.

Werbung in sozialen Netzwerken kann auch als **User Generated Content,** Blogs oder Sharing-Diensten wie Flickr und Youtube platziert werden. Ist die Werbebotschaft witzig, nützlich oder überraschend, übernehmen die Internetnutzer selbst die Verbreitung, indem sie den Link an Freunde oder Bekannte

1 Siehe hierzu Kapitel 2.8, Unternehmensauftritt in sozialen Medien

senden und mit anderen Mitgliedern teilen. Durch diese **virale Werbung** (Mund-zu-Mund-Propaganda) wird Werbung nicht nur schnell, kostenlos und einfach verbreitet, sondern zusätzlich mit einem vertrauenswürdigen Absender und einer positiven Bewertung versehen.

- **In-Game-Werbung**

Um junge potenzielle Kunden zu erreichen, nutzen Werbetreibende immer öfter Computerspiele als Präsentationsfläche für ihre Werbung. Diese **In-Game-Werbung** verschmilzt die Spielwelt mit der Werbeanzeige. So werden in Sportspielen echte Bandenwerbung und in Strategiespielen echte Produkte in den Spielverlauf eingebunden. Vor allem Onlinespiele finanzieren sich aus diesen Werbebeiträgen.

- **Werbung in der Mailbox**

E-Mails in Form von Newslettern machen bis zu 90 % des gesamten E-Mail-Verkehrs aus und sind als Werbeform sehr beliebt. **Newsletter** sind regelmäßige Rundschreiben, die Nachrichten eines Unternehmens enthalten oder auf Termine, Aktionen oder Gewinnspiele hinweisen. Im Unterschied zu Websites müssen Internetnutzer in der eigenen Mailbox keine Werbebotschaften dulden. Sie müssen Newsletter ausdrücklich anfordern, indem sie sich in eine Empfängerliste eintragen *(Opt-in-Verfahren).* Beim *Double-opt-in-Verfahren* wird an die angegebene E-Mail-Adresse ein Bestätigungslink geschickt und das Newsletter-Abonnement erst durch einen Klick aktiviert. Damit lässt sich überprüfen, ob Abonnent und Eigentümer der E-Mail übereinstimmen. Bei Bestellungen im Internet müssen die Unternehmen nur ein *Opt-Out-Verfahren* anbieten, d. h., Werbe-Mails dürfen verschickt werden, wenn sie nicht ausdrücklich abbestellt werden. Werden Werbe-Mails unverlangt zugesandt, handelt es sich um unzulässige *Spam-Mails*[1] bzw. *Trash* (Werbemüll).

3.7 Werbeerfolgskontrolle – ökonomisch oder außerökonomisch

Betriebe wollen ihren Werbeetat möglichst effektiv und effizient einsetzen. Wenn die Werbeziele mit den eingesetzten Werbemitteln erreicht wurden, dann war die Werbung **effektiv.** Wenn die Werbeziele (Output) mit möglichst geringen Werbekosten (Input) erreicht wurden oder wenn mit dem gegebenen Werbeetat eine möglichst hohe Werbewirkung erzielt wurde, dann war die Werbung **effizient.** Dazu müssen Output (erreichtes Werbeziel) und Input (Werbebudget) ins Verhältnis gesetzt werden.

Die **Werbeerfolgskontrolle** überprüft, ob die gesetzten Werbeziele durch die Werbemaßnahmen erreicht wurden und ob sich die Werbemaßnahmen, gemessen an wirtschaftlichen und außerwirtschaftlichen Maßstäben, ausgezahlt haben.

Bereits bei der Werbeplanung wird die Wirkung der Werbemittel überprüft. Bei diesen **Pretests** werden die Methoden der Marktforschung (Beobachtung, Befragung, Experiment, Markttest)[2] angewandt, um das für das Werbeziel am besten geeignete Werbemittel auszuwählen. Nach der Durchführung der Werbemaßnahmen sollten die Pretest-Daten mit den tatsächlichen Ergebnissen verglichen werden. Nur so kann die Werbung optimiert und die Prognose verbessert werden.

3.7.1 Ökonomische Werbeerfolgskontrolle

Die ökonomische (wirtschaftliche) Werbeerfolgskontrolle misst den Werbeerfolg anhand **quantitativer Daten** wie Absatz (mengenmäßiger Verkauf), Umsatz (Verkaufspreis · Menge), Gewinn oder Marktanteil. Dabei wird der Beitrag der Werbemaßnahme zur Veränderung dieser Größen berechnet.

1 Kunstwort aus Spiced Ham (Dosenfleisch); Spam war in den USA während der Lebensmittel-Rationierung im Zweiten Weltkrieg überall verfügbar.
2 Siehe hierzu Kapitel 1.3, Methoden der Marktforschung – Sekundär- oder Primärforschung

Je konkreter die Werbeziele ausformuliert worden sind (Operationalisierung), desto einfacher lässt sich der **Werbeeffekt** ermitteln. Wenn als Werbeziel z. B. eine Umsatzsteigerung um 10 % in Stuttgart im ersten Halbjahr angestrebt wurde, dann war die Werbemaßnahme erfolgreich (effektiv), wenn der Umsatz mindestens um 10 % gesteigert werden konnte. Genauso einfach lassen sich Absatz-, Gewinn- oder Marktanteilsziele überprüfen.

Werbeerfolg (Werbeeffekt) = erreichtes Werbeziel ≥ angestrebtes Werbeziel

Zur Kontrolle der **Werbeeffizienz** werden die zusätzlichen Werbeausgaben (zusätzlicher Input) mit dem wirtschaftlichen Werbeeffekt (zusätzlicher Output) verglichen. Solange der zusätzliche Output (z. B. Umsatz- bzw. Gewinnsteigerung) die zusätzlichen Werbeausgaben übersteigt, waren die Werbemaßnahmen effizient.

Werbeerfolg (Werbeeffizienz) = zusätzlicher Output ≥ zusätzliche Werbeausgaben

Angestrebter Werbeerfolg in % der zusätzlichen Werbeausgaben

$$\textbf{Werbeerfolg (Werbeeffizienz)} = \frac{\text{zusätzlicher Umsatz bzw. Gewinn} \cdot 100}{\text{zusätzliche Werbeausgaben}} \geq 100\,\%$$

Beispiel: *Der Absatz für ein bestimmtes Kinderrad betrug im ersten Halbjahr des Vorjahres 200 Stück bei einem durchschnittlichen Einstandspreis von 150,00 € und einem Barverkaufspreis von 250,00 €. Das Marktvolumen im Raum Stuttgart beträgt laut Marktforschung 4 000 Stück. Der Werbeetat betrug für diesen Zeitraum 5.000,00 €.*

Nach der Werbemaßnahme betrug der Absatz für dieses Kinderrad im ersten Halbjahr dieses Jahres 220 Stück bei einem durchschnittlichen Einstandspreis von 170,00 € und einem Barverkaufspreis von 270,00 €. Das Marktvolumen im Raum Stuttgart beträgt laut Marktforschung für dieses Jahr 4.100 Stück. Der Werbeetat betrug 6.000,00 €.

Daten	**Vorjahr 1. Halbjahr**	**Berichtsjahr 1. Halbjahr**
Barverkaufspreis pro Stück (in €)	250	270
Einstandspreis pro Stück (in €)	150	170
Wareneinsatz (Einstandspreis · Absatz) (in €)	30.000	37.400

Erfolgsmaßstäbe	**Vorjahr 1. Halbjahr**	**Berichtsjahr 1. Halbjahr**	**Veränderung absolut in €**	**Veränderung in %**
Werbeetat (in €)	5.000	6.000	1.000	20 %
Absatz (in Stück)	200	220	20	10 %
Umsatz (in €) (Barverkaufspreis · Absatz)	50.000	59.400	9.400	18,8 %
Rohgewinn (in €) (Umsatz – Wareneinsatz)	20.000	22.000	2.000	10 %
Marktvolumen (in Stück)	4.000	4.100	100	2,5 %
Marktanteil (Absatz · 100 / Marktvolumen)	5,00 %	5,37 %	0,37 %	7,4 %

Werbeeffizienz gemessen am Umsatz = Umsatzsteigerung · 100 / Steigerung des Werbeetats	940 %
Werbeeffizienz gemessen am Rohgewinn = Rohgewinnsteigerung · 100 / Steigerung des Werbeetats	200 %

Wenn der Betrieb als Werbeziele für das Kinderrad die Steigerung des Absatzes, des Umsatzes, des Rohgewinns und des Marktanteils um jeweils 10 % angestrebt hatte, dann wurde lediglich das Marktanteilsziel verfehlt. Die Werbemaßnahmen waren damit effektiv. Sie waren auch effizient, da die Umsatz- bzw. Gewinnsteigerung jeweils die zusätzlichen Werbeausgaben übertreffen.

Bei der *Methode der Bestellungen unter Bezugnahme auf Werbemittel* **(BuBaW-Verfahren)** wird die Werbebotschaft mit einer Bestellkarte (Coupon, Preisausschreiben) oder Kontaktnummer verbunden (bei Inseraten in Zeitungen und Zeitschriften, Werbebriefen). Dadurch lässt sich der ökonomische Werbeerfolg an den eingehenden Bestellungen messen. Zusätzlich können dabei Daten über die Zielgruppe (Alter, Adresse) gewonnen werden.

Beispiel: *Die Werbeanzeige für ein Mountainbike kostet in der Wochenausgabe der Zeitschrift Rad & Sport 5.000,00 €. Über die Kontaktadresse gehen 100 Bestellungen ein. Im Barverkaufspreis des Mountainbikes in Höhe von 500,00 € sind 60,00 € Gewinn eingerechnet. Nach dem BuBaW-Verfahren brachten die 100 eingegangenen Bestellungen einen Umsatz von 50.000,00 € bzw. einen Gewinn von 6.000,00 €. Die Werbung war also erfolgreich. Die Werbeausgaben waren bereits nach 84 Bestellungen (5.000 / 60) gedeckt.*

3.7.2 Außerökonomische Werbeerfolgskontrolle

Die außerökonomische (nicht wirtschaftliche) Kontrolle des Werbeerfolgs geschieht mit der Beantwortung folgender Fragen:

- Konnte der Bekanntheitsgrad des Produkts/Unternehmens gesteigert werden?
- Hat sich die Einstellung der Kunden zum Produkt/Unternehmen positiv verändert?

Beim **Erinnerungsverfahren** (Recall) beschreiben repräsentativ ausgewählte Personen Details einer bestimmten Werbebotschaft mit oder ohne Erinnerungshilfen. Meist werden sie einen Tag nach dem Kontakt mit dem Werbeträger gefragt, an welche Anzeigen oder Werbespots sie sich noch erinnern können. Beim **Wiedererkennungsverfahren** (Recognition) wird ermittelt, ob die Versuchspersonen Anzeigen ganz oder teilweise wiedererkennen. Sie bekommen dabei nur die Zeitschrift vorgelegt. Manchmal wird die Anzeige ganz oder teilweise abgedeckt und die Person muss sagen, wie die Inhalte der verdeckten Teile lauten. Mit speziellen **Image- und Einstellungstests** lassen sich Einstellungs- und Verhaltensänderungen festzustellen, die durch die Werbung ausgelöst werden.

Die Onlinewerbung bietet neue Möglichkeiten der Werbeerfolgskontrolle, z. B. Vergleich

- der geplanten mit der tatsächlich erzielten **Reichweite,**
- dem geplanten mit dem tatsächlichen Preis und Prozentsatz pro Weiterschaltung in das Internetangebot des Werbetreibenden **(AdClick-Rate),**
- den geplanten mit den tatsächlichen **Seitenabrufen** bzw. **Sichtkontakten** (page impressions, page views) und **Seitenbesuche** (wenn der Nutzer länger als 60 Sekunden nicht weiterclickt, wird dies als neuer Seitenbesuch gezählt),
- dem geplanten mit dem tatsächlichen **Tausender-Kontakt-Preis** bzw. **Costs-per-Click,**
- Zahl der **Weiterempfehlungen** in sozialen Netzwerken.

Bei der **Methode der Direktbefragung** werden die Kunden befragt, auf welche Werbemaßnahme ihre Käufe zurückzuführen sind. Problematisch ist hier, dass viele Käufer den Einfluss der Werbung für ihre Kaufentscheidung nicht zugeben. Dabei sind Abstufungen nach der **AIDA-Formel** möglich.

Attention: Wieviel Personen aus der Zielgruppe sind aufmerksam geworden?	$\frac{\text{Zahl der Werbeberührten} \cdot 100}{\text{Personenzahl der Zielgruppe}}$	$\frac{1500 \cdot 100}{3000}$	= 50 %
Interest: Wieviel Personen aus der Zielgruppe haben Interesse am Werbeobjekt?	$\frac{\text{Zahl der Interessierten} \cdot 100}{\text{Personenzahl der Zielgruppe}}$	$\frac{300 \cdot 100}{3000}$	= 10 %
Desire: Wieviel Personen aus der Zielgruppe würden das umworbene Produkt kaufen?	$\frac{\text{Zahl der Überzeugten} \cdot 100}{\text{Personenzahl der Zielgruppe}}$	$\frac{90 \cdot 100}{3000}$	= 3 %
Action: Wieviel Personen aus der Zielgruppe haben das umworbene Produkt gekauft?	$\frac{\text{Zahl der zusätzlichen Käufer} \cdot 100}{\text{Personenzahl der Zielgruppe}}$	$\frac{30 \cdot 100}{3000}$	= 1 %

Die Kontrolle des Werbeerfolgs ist problematisch, da jede Werbemaßnahme vom gesamten Marketingmix (Preis-, Produkt-, Absatzwegepolitik) des Unternehmens begleitet wird **(Spill-Over-Effekte).** Hinzu kommt, dass sich Werbemaßnahmen aus Vorperioden noch zeitverzögert auf den Kontrollzeitraum auswirken **(Carry-Over-Effekt).** Außerdem werden die absatzpolitischen Maßnahmen durch **Störgrößen** gefördert oder beeinträchtigt, wie saisonale und konjunkturelle Einflüsse, Änderung des Konkurrenz- und Kundenverhaltens, der Einkommens-, Beschäftigungsverhältnisse usw.

Phasen der Werbung als Teil der Kommunikation

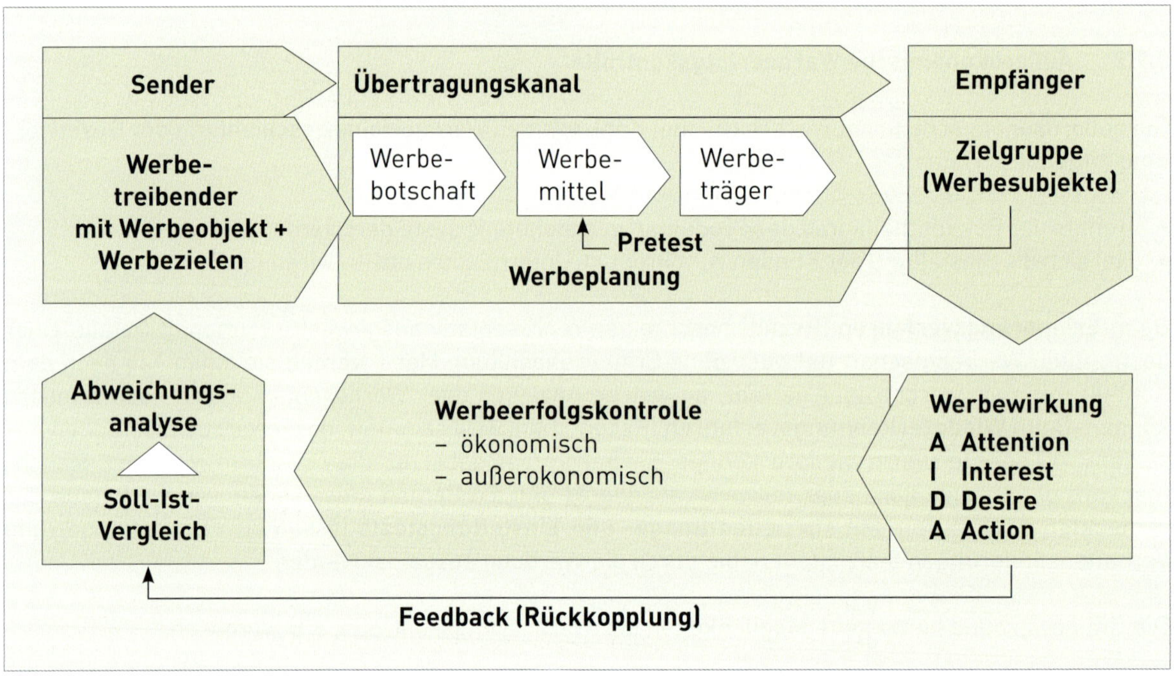

3.8 Grenzen der Werbung – wirtschaftliche, rechtliche, ethische

Dass Betriebe immer wieder Werbung einsetzen, die von der Norm abweicht (z. B. Schockwerbung), liegt daran, dass sie mit normaler Alltagswerbung die Verbraucher kaum noch erreichen. Werbung ist in Zeiten der Informationsüberflutung besonders erfolgreich, wenn sie Regeln und Normen bricht – und sei es nur mit einer lila Kuh. Damit die Werbung zum betrieblichen Erfolg beiträgt, müssen Betriebe bei ihrer Werbeplanung wirtschaftliche, rechtliche und ethische Grenzen einhalten.

3.8.1 Wirtschaftliche und rechtliche Grenzen der Werbung

Wie jede betriebliche Maßnahme muss sich auch die Werbung am ökonomischen Prinzip messen lassen. Die Werbeziele sollten mit möglichst geringen Werbeausgaben und möglichst ressourcenschonend erreicht werden. Andererseits sollten die eingesetzten Mittel eine möglichst hohe Werbewirkung erzielen. Wirtschaftliche Grenzen erfährt die Werbung einerseits durch die Festlegung des **Werbeetats**[1], andererseits durch die **Werbeerfolgskontrolle**[2]. Durch ständiges Feedback kann der Mitteleinsatz immer weiter optimiert werden. Zu beachten ist, dass es trotz sehr guter Werbung auf Dauer nicht möglich ist, schlechte oder überflüssige Produkte in den Markt zu drücken.

Der Wettbewerb und die Werbung werden unter anderem durch das **Gesetz gegen den unlauteren Wettbewerb** (UWG) geregelt. Das UWG schützt den Wettbewerber, den Verbraucher und alle sonstigen Marktteilnehmer vor sittenwidrigen Geschäftspraktiken (**Generalklausel** UWG § 1). Dabei ist von einem durchschnittlichen Verbraucher auszugehen. Auf die Sicht eines durchschnittlichen Mitglieds einer aufgrund von geistigen oder körperlichen Gebrechen, Alter oder Leichtgläubigkeit besonders schutzbedürftigen und eindeutig identifizierbaren Gruppe von Verbrauchern ist abzustellen, wenn für den Unternehmer vorhersehbar ist, dass seine geschäftliche Handlung nur diese Gruppe betrifft.

Tatbestände unlauterer geschäftlicher Handlungen

<table>
<tr>
<td>Verbotene geschäftliche Handlungen
(UWG §§ 3, 4)</td>
<td>Handlungen, die die Fähigkeit des Verbrauchers, sich aufgrund von Informationen zu entscheiden, spürbar beeinträchtigen und ihn damit zu einer Entscheidung veranlassen, die er andernfalls nicht getroffen hätte.

Beispiele:

• Ausübung von Druck
• Ausnutzung geistiger oder körperlicher Gebrechen, des Alters, der geschäftlichen Unerfahrenheit, der Leichtgläubigkeit, der Angst oder einer Zwangslage von Verbrauchern
• Verunglimpfung von Kennzeichen, Leistungsangebot, persönlichen oder geschäftlichen Verhältnissen eines Wettbewerbers
• unwahre Behauptungen über einen Wettbewerber, um ihn zu schädigen
• Verschleierung des Werbecharakters (Schleichwerbung) einer geschäftlichen Handlung, z. B. scheinbar wissenschaftliche Beiträge in Zeitschriften, Kongressen usw., die dazu gedacht sind, den Absatz eines Produkts zu fördern, fingierte Bewertungen im Internet (z. B. Kundenbewertungen, Einträge auf Hotelbewertungsportalen, Blogs usw. mit dem Zweck, ein Unternehmen oder dessen Angebot zu fördern oder zu behindern)
• Lockangebote, in denen Waren oder Dienstleistungen nicht für einen angemessenen Zeitraum in angemessener Menge zum genannten Preis bereitgestellt werden. Ist die Bevorratung kürzer als zwei Tage, muss der Unternehmer die Angemessenheit nachweisen</td>
</tr>
</table>

1 Siehe hierzu Kapitel 3.4.4, Bestimmung des Werbeetats
2 Siehe hierzu Kapitel 3.7.1, Ökonomische Werbeerfolgskontrolle

Irreführende geschäftliche Handlungen (UWG § 5)	Irreführend sind **unwahre Angaben** und Täuschungshandlungen. ***Beispiele:*** unwahre Angaben über • das **Leistungsangebot** (z. B. Verfügbarkeit, Art, Ausführung, Vorteile, Risiken, Zusammensetzung, Herstellung, Zwecktauglichkeit, Menge, Beschaffenheit, Kundendienst, geografische oder betriebliche Herkunft), • die **Person,** Eigenschaften oder Rechte des Unternehmers (z. B. Identität, Vermögen, Befähigung, Status, Zulassung, Mitgliedschaften oder Beziehungen, Auszeichnungen oder Ehrungen), • **Rechte des Verbrauchers,** insbesondere solche aufgrund von Garantieversprechen oder Gewährleistungsrechte.
Unzumutbare Belästigung (UWG § 7)	**Unzumutbar** ist jede Werbung, durch die ein Verbraucher hartnäckig angesprochen wird, obwohl er dies erkennbar nicht wünscht. ***Beispiele:*** • Werbung mit einem Telefonanruf gegenüber einem Verbraucher ohne dessen vorherige ausdrückliche Einwilligung • Werbung unter Verwendung einer automatischen Anrufmaschine, eines Faxgerätes oder elektronischer Post, ohne dass eine vorherige ausdrückliche Einwilligung des Adressaten vorliegt • Werbung mit einer Nachricht, bei der die Identität des Absenders verschleiert oder verheimlicht wird oder in der der Empfänger aufgefordert wird, eine Website aufzurufen, die gegen diese Vorschrift verstößt, oder bei der keine gültige Adresse vorhanden ist, an die der Empfänger eine Aufforderung zur Einstellung solcher Nachrichten richten kann

Eine **vergleichende Werbung** liegt vor, wenn die Werbung einen Mitbewerber oder die von einem Mitbewerber angebotenen Waren oder Dienstleistungen erkennbar macht (UWG § 6).

Unlauter ist eine vergleichende Werbung, wenn der Vergleich

- sich nicht auf Waren oder Dienstleistungen für den gleichen Bedarf oder dieselbe Zweckbestimmung bezieht,
- nicht objektiv auf relevante, nachprüfbare und typische Eigenschaften oder den Preis dieser Waren oder Dienstleistungen bezogen ist,
- zu Verwechslungen zwischen dem Werbenden und einem Mitbewerber oder zwischen den von diesen angebotenen Waren oder Dienstleistungen oder den von ihnen verwendeten Kennzeichen führt,
- den Ruf des von einem Mitbewerber verwendeten Kennzeichens in unlauterer Weise ausnutzt oder beeinträchtigt,
- die Waren, Dienstleistungen, Tätigkeiten oder persönlichen oder geschäftlichen Verhältnisse eines Mitbewerbers herabsetzt oder verunglimpft oder
- eine Ware oder Dienstleistung als Imitation oder Nachahmung einer unter einem geschützten Kennzeichen vertriebenen Ware oder Dienstleistung darstellt.

Wer in der Absicht, den Anschein eines besonders günstigen Angebots hervorzurufen, in öffentlichen Bekanntmachungen oder in Mitteilungen durch unwahre Angaben irreführend wirbt, wird mit Freiheitsstrafe bis zu zwei Jahren oder mit Geldstrafe bestraft (**strafbare Werbung,** UWG § 16).

Die **Werbeverbote für freie Berufe** wie Rechtsanwalt, Steuerberater, Arzt, Apotheker, Heilpraktiker, Psychologen oder öffentlich bestellter Ingenieur wurden in letzter Zeit deutlich gelockert. So kann die *jeweilige Berufsordnung der Fachkammern* (z. B. Rechtsanwalts-, Ärzte-, Apothekerkammer) einem Arzt oder Rechtsanwalt die eigene Webseite oder Imagebroschüre nicht mehr verbieten. Erlaubt sind sachliche, berufsbezogene Informationen, beispielsweise über die Qualifikation eines Arztes oder Anwalts, sodass sich Patienten und rechtsuchende Mandanten orientieren können. Untersagt sind hingegen reklamehafte Selbstanpreisung und marktschreierische Methoden, etwa Leuchtreklamen oder Massenartikel mit Werbeaufschrift.

3.8.2 Ethische Grenzen der Werbung

Werbemacher müssen sich immer wieder etwas Neues einfallen lassen. Manchmal verletzen sie dabei moralische Standards und gesellschaftliche Wertvorstellungen, denn das Abweichen von der Norm, die moralische Grenzüberschreitung und der Bruch von gesellschaftlichen Tabus versprechen eine größere Aufmerksamkeit. Und wer auffällt, ist im Konkurrenzkampf im Vorteil.

Nicht alles, was rechtlich zulässig wäre, ist auch moralisch vertretbar. Wenn Texte, Bilder und Töne in der Werbung zum Beispiel Menschen herabwürdigen oder diskriminieren, Kinder oder Jugendliche unzulässig bedrängt werden, Gewalt verherrlicht oder verharmlost wird oder religiöse Empfindungen verletzt werden – dann ist die Grenze zwischen Erträglichem und Unerträglichen überschritten.

Die ethischen Grenzen der Werbung werden vom **Deutschen Werberat**[1] überwacht. Dessen Arbeit beginnt dort, wo die Reichweite der Gesetze und Verordnungen zum Wettbewerb und zur Werbung enden. Der Deutsche Werberat soll durch geeignete Maßnahmen die Werbung bezüglich Inhalt, Aussage und Gestaltung weiterentwickeln, verantwortungsbewusstes Handeln fördern, Missstände im Werbewesen feststellen und beseitigen sowie als ständiges Ansprechorgan für verbraucherbezogene Werbeprobleme zur Verfügung stehen. Dabei orientiert er sich an der aktuell herrschenden Auffassung von **Sitte, Anstand und Moral.** Dabei berücksichtigt er die Wirklichkeit, die im redaktionellen Teil der Medien dargestellt wird (z. B. Werbung mit einer nackten Frau in einer Männerzeitschrift).

Zur Orientierung der Werbewirtschaft hat der Deutsche Werberat **generelle Grundregeln** und **spezielle Verhaltenskodizes** für besonders sensible Schutzbereiche aufgestellt.

1 Der **Deutsche Werberat** mit Sitz in Berlin ist ein Selbstkontrollorgan des **Zentralverbandes der deutschen Werbewirtschaft (ZAW).** Die 41 ZAW-Verbände wählen ein ZAW-Präsidium, aus dem heraus die ehrenamtlichen Mitglieder des Werberats alle drei Jahre gewählt werden. Vier Mitglieder stammen aus dem Kreis der werbenden Unternehmen, drei aus dem Bereich der Medien, zwei gehören Werbeagenturen an und ein Mitglied vertritt die Werbeberufe. Das ZAW-Präsidium kann weitere Experten in den Werberat berufen; gegenwärtig sind es drei zusätzliche Personen, sodass der Werberat aus 12Mitgliedern besteht. Auf einer Internetplattform können sie die Beschwerden und die dazugehörigen Werbungen einsehen und über sie abstimmen, wobei die einfache Mehrheit der Mitglieder über das weitere Vorgehen entscheidet. Um Probleme mit grenzüberschreitender Werbung kümmert sich die **Europäische Allianz der Werbeselbstkontrolle (EASA)** in Brüssel. Diese maßgeblich vom ZAW mitgegründete Institution lenkt Eingaben an den nationalen Werberat des jeweiligen Ursprungslands der Werbemaßnahme weiter.

Grundregeln des Deutschen Werberats für die Werbung

Kommerzielle Kommunikation hat die allgemein anerkannten Grundwerte der Gesellschaft und die dort vorherrschenden Vorstellungen von Anstand und Moral zu beachten. Sie muss stets von Fairness im Wettbewerb und Verantwortung gegenüber der Gesellschaft getragen sein. Insbesondere darf Werbung

- das Vertrauen der Verbraucher nicht missbrauchen und mangelnde Erfahrung oder fehlendes Wissen nicht ausnutzen;
- Kindern und Jugendlichen weder körperlichen noch seelischen Schaden zufügen;
- keine Form der Diskriminierung anregen oder stillschweigend dulden, die auf Rasse, Abstammung, Religion, Geschlecht, Alter, Behinderung oder sexuelle Orientierung bzw. die Reduzierung auf ein sexuelles Objekt abzielt;
- keine Form gewalttätigen, aggressiven oder unsozialen Verhaltens anregen oder stillschweigend dulden;
- keine Angst erzeugen oder Unglück und Leid instrumentalisieren;
- keine die Sicherheit der Verbraucher gefährdenden Verhaltensweisen anregen oder stillschweigend dulden.

Stellung des Deutschen Werberats innerhalb der Werbewirtschaft

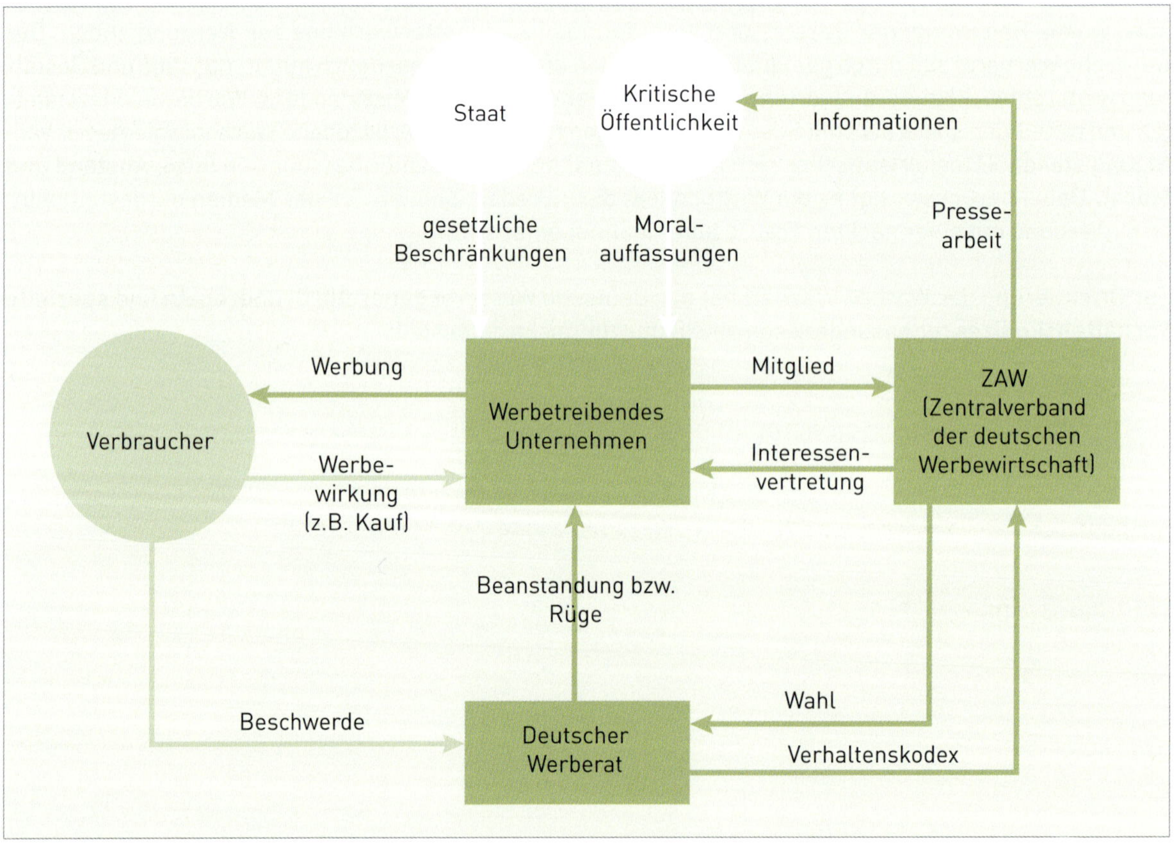

Jeder Bürger, der Anstoß an einer bestimmten Werbung nimmt, kann sich darüber beim Deutschen Werberat beschweren. Er leitet berechtigte Kritik an den Werbetreibenden weiter und fordert ihn in einer **Beanstandung** auf, die entsprechende Werbemaßnahme einzustellen oder zu ändern. Sind die betreffenden Unternehmen uneinsichtig, dann erteilt der Deutsche Werberat eine öffentliche Rüge der entsprechenden Werbemaßnahme.

Der Klassiker unter den Beschwerdeanlässen ist seit Jahrzehnten das Thema Frauen in der Werbung. Meist geht es um die Darstellung von Frauen als sexuelle Lustobjekte oder als dumme, in technischen Dingen ungeschickte Hausfrauen.

Ebenso ein Klassiker ist die Forderung nach einem allgemeinen Verbot der **Tabak- und Alkoholwerbung.** Die Staatsverträge für Rundfunk und Telemedien (Rundfunkstaatsverträge) der Bundesländer enthalten bereits ein generelles Verbot der Rundfunk- und Fernsehwerbung für Tabakwaren und für harte alkoholische Getränke sowie für **unterschwellige Werbung.** Bei der unterschwelligen (sublimierten) Werbung werden Reize so kurzzeitig dargeboten (blitzartige Bildeinblendungen in Filmen), dass sie nicht bewusst wahrgenommen werden können.

Eine Studie des Instituts für Therapie- und Gesundheitsforschung[1] stellte fest, dass es einen deutlichen Zusammenhang zwischen **Alkoholwerbung und dem Alkoholkonsum** junger Menschen gibt. Danach haben mehr als 80 % der Jungen und Mädchen, die keine solche Werbung kennen, auch noch nie Alkohol getrunken. Dagegen haben mehr als 90 % derjenigen, die jeden der vorgelegten Werbespots oder Plakate für Bier, Schnaps oder Wodka häufiger als zehnmal gesehen hatten, bereits entsprechende Getränke konsumiert.

Nur 1,5 % von ihnen gab an, noch nie eine der in der Befragung gezeigten Alkoholwerbungen gesehen zu haben. Fast alle kannten mindestens eines der gezeigten Motive. Jungen nahmen die Alkoholwerbung stärker wahr als Mädchen. Sie erkannten sie häufiger wieder und erinnerten sich besser an die Markennamen. Die Forscher haben den Jugendlichen zur Kontrolle auch Werbung für Handys und Süßigkeiten gezeigt. Hier war ein Zusammenhang kaum zu sehen.

Der Verband der deutschen Internetwirtschaft eco und die **Freiwillige Selbstkontrolle Multimedia-Diensteanbieter (FSM)** bearbeiten Beschwerden über illegale und schädigende Internetinhalte. Mit der gemeinsamen Webseite www.internet-beschwerdestelle.de bieten eco und die FSM eine Anlaufstelle für Internetnutzer, die sich über Fragen der Sicherheit im Internet informieren und Beschwerden einreichen wollen. Die Beschwerdestelle entstand durch die Initiative verschiedener Unternehmen der Internetwirtschaft, die im Rahmen von Selbstverpflichtungen Maßnahmen zur Verbesserung des Jugendmedienschutzes im Internet umsetzen.

Auszüge aus den Vorgaben des FSM für die Werbung in sozialen Netzwerken

1. Für alle Dienste: [...]

- Zielgruppenspezifische Werbung (Targeting) unter Nutzung personenbezogener Daten ist nur möglich, soweit eine datenschutzrechtliche Einwilligung der Nutzer vorliegt und die Nutzer entsprechend über die Verwendung ihrer Daten informiert werden.
- Gemäß des Gebotes der Trennung von Werbung und Inhalt ist Werbung als solche klar verständlich (z. B. mit den Worten „Werbung“ oder „Anzeige“) und deutlich zu kennzeichnen, soweit nicht aus der Gestaltung des Werbeformats selbst eindeutig hervorgeht, dass es sich hierbei um Werbung handelt (z. B. Werbebanner).

1 Siehe unter www.zeit.de/online/2009/20/alkohol-werbewirkung

2. Zusätzlich für Dienste mit überwiegend minderjähriger Zielgruppe

- Die Gestaltung von Werbung, die sich insbesondere an Kinder und Jugendliche richtet, muss sich an den Vorgaben des § 6 JMStV (Jugendmedienschutz-Staatsvertrag der Bundesländer) orientieren.
- Werbung darf nicht die Unerfahrenheit von Kindern und Jugendlichen ausnutzen oder den Interessen von Kindern und Jugendlichen schaden.
- Werbung darf nicht die Entwicklung von Kindern und Jugendlichen beeinträchtigen.
- Werbung darf keine direkten Kaufappelle enthalten.
- Werbung darf Kinder und Jugendliche nicht auffordern, ihre Eltern oder Dritte zum Kauf der beworbenen Waren oder Dienstleistungen zu bewegen.
- Werbung darf das besondere Vertrauen, das Kinder oder Jugendliche zu Eltern, Lehrern oder anderen Vertrauenspersonen haben, nicht ausnutzen.
- Werbung darf Kinder oder Jugendliche nicht ohne berechtigten Grund in gefährlichen Situationen zeigen.
- Pop-ups und animierte Banner, die den Inhalt der Webseite überdecken und sich nur schwer schließen lassen, sind für Communities mit einer jungen Zielgruppe besonders ungeeignet, da jungen Nutzern oftmals die Erfahrung fehlt, mit solchen Werbeformen umgehen zu können.

Diese Vorgaben stellen übergesetzliche Standards dar, durch die sich die Unternehmen freiwillig verpflichten, das Jugendschutzniveau über das Gesetz hinaus zu stärken.

Wissen testen

1. Sie ergänzen Ihre Lernkartei um das Themengebiet „Preis- und Kommunikationspolitik".

1.1 Sie schreiben jeden der folgenden Begriffe auf die Kopfzeile eines DIN-A6-Kärtchens:

Marketingkonzept (Begriff), Marketingmix (Begriff), „4 P's", Preispolitik (Begriff), Preisuntergrenze (lang-, kurzfristige), Fixkosten, variable Kosten, Deckungsbeitrag (Begriff, Berechnung), Kalkulationsschema, Vorwärtskalkulation (Begriff), Rückwärtskalkulation (Begriff), Differenzkalkulation (Begriff), Preisdifferenzierung (Begriff, Arten), Konditionen (Begriff, Beispiele), Freigrenze, Mindermengenzuschlag, Kauf auf Abruf, Sukzessivkauf, Bestimmungskauf, Kommissionskauf, Kauf auf Probe, Servicepolitik (Begriff, Beispiele), Kommunikationspolitik (Begriff, Überblick), Werbung (Begriff), Werbearten (nach der Werbezeit), Massenwerbung (Begriff, Beispiele), Direktwerbung (Begriff, Beispiele), Alleinwerbung , kooperative Werbung (Begriff, Arten), Sammelwerbung (horizontal, vertikal), Gemeinschaftswerbung, Salespromotion (Begriff, Überblick), Händlerpromotions (Begriff, Beispiele), Verbraucherpromotions (Begriff, Beispiele), Merchandising (Begriff, Beispiele), Sponsoring (Begriff, Beispiele), Product-Placement, Public Relations (Begriff, Zielrichtungen), PR-Maßnahmen, Werbeplanung (Begriff, Teilbereiche), Werbeziele, Zielgruppen der Werbung (nach Merkmalen), Käufertypologien (Begriff, Arten), Werbemittel (Begriff, Beispiele), Werbeträger (Begriff, Beispiele), Werbeträger (Auswahlkriterien), Werbeetat (Bestimmungsmethoden), Streuzeit, Streugebiet, Bannerwerbung (Begriff, Beispiele), Empfehlungswerbung, Werbeerfolgskontrolle (ökonomische, außerökonomische), Werbeerfolgskontrolle der Onlinewerbung, Werbeerfolgskontrolle (Probleme), unlauterer Wettbewerb (Tatbestände), Schleichwerbung, vergleichende Werbung, unterschwellige Werbung, ethische Grenzen der Werbung (Gründe, Beispiele aus Verhaltenkodizes), Werbung (Vorteile, Nachteile)

1.2 Sie sortieren die Begriffskärtchen nach den Kriterien „Weiß ich" oder „Weiß ich nicht". Sie bilden mit Ihren Mitschülern Kleingruppen und erklären sich gegenseitig die „Weiß-ich-nicht"-Kärtchen. Sie schlagen dabei die ungeklärten Begriffe im Schulbuch nach. Sie schreiben die Begriffserklärungen auf die Rückseite des entsprechenden Kärtchens und ordnen diese unter der Leitkarte „Preis- und Kommunikationspolitik" alphabetisch in Ihren Lernkartei-Behälter ein.

2. Der Lederwarenhändler LeWa Meinrad e. K. bezieht 10 Reisetaschen für insgesamt 495,00 €. Der Lieferant gewährt 2 % Skonto. Fracht und Verpackung betragen für die gesamte Sendung 25,00 €. Die LeWa Meinrad e. K. kalkuliert mit folgenden Zuschlagssätzen: Gewinnzuschlag 35 %, Handlungskosten 16 2/3 %, Kundenskonto 3 %, Vertreterprovision 7 %, Umsatzsteuer 19 %.

2.1 Sie berechnen den Bruttoverkaufspreis, zu dem eine Tasche angeboten werden kann.

2.2 Aus Konkurrenzgründen muss die LeWa Meinrad e. K. den Bruttoverkaufspreis für eine Reisetasche um 10 % senken. Welchen Einstandspreis müsste die LeWa Meinrad e. K. bei ihrem Lieferanten GroLeder KG durchsetzen, wenn sie ihre Zuschlagssätze beibehalten will?

2.3 Der Lieferant GroLeder KG ist zu keinen Zugeständnissen bereit. Die Senkung des Bruttoverkaufspreises um 10 % geht also zulasten des Gewinns der LeWa Meinrad e. K. Sie berechnen den neuen Gewinn pro Tasche in Euro und in Prozent.

3 Das Uhrengeschäft Wenzel GmbH bezieht 250 Uhren zu einem Einstandspreis von 71,20 € je Uhr. Die Wenzel GmbH kalkuliert mit 12,5 % Gewinnzuschlag, 30 % HKZ, 19 % Umsatzsteuer und 20 % Kundenrabatt.

3.1 Sie berechnen den Bruttoverkaufspreis, zu dem eine Uhr angeboten werden kann.

3.2 Sie ermitteln die langfristige und die kurzfristige Preisuntergrenze. Beachten Sie dabei, dass 80 % der Handlungskosten fix sind und der Einstandspreis variabel ist.

3.3 Aus Konkurrenzgründen muss die Wenzel GmbH den Bruttoverkaufspreis um 15,00 € senken. Sie berechnen den neuen Gewinn pro Uhr in € und in Prozent.

4. Die Bike4You GmbH produziert u. a. City-Bikes der Marke „Curvy".

Für dieses City-Bike „Curvy" liegen folgende Daten vor:

Geplante Verkaufsmenge	1500 Stück	
Nettoverkaufspreis	350,00 €	
Geplanter Einstandspreis	150,00 €	
Geplante Handlungskosten	100.000,00 €	davon sind 40 % Fixkosten

4.1 Sie berechnen den Deckungsbeitrag pro Stück und insgesamt.
4.2 Sie berechnen den Gewinn insgesamt und pro Stück.
4.3 Sie bestimmen die langfristige und die kurzfristige Preisuntergrenze.
4.4 Ein Kunde würde 100 Stück des City-Bikes „Curvy" abnehmen, wenn wir den Preis auf 250,00 € reduzieren würden. Treffen Sie eine fundierte Entscheidung mit rechnerischem Nachweis. Weisen Sie auch die Gewinnauswirkung nach.
4.5 Sie suchen nach Gründen, die die Bike4You GmbH veranlassen könnten, den Zusatzauftrag abzulehnen.
4.6 Die Geschäftsleitung der Bike4You GmbH erwägt eine Preisdifferenzierung für das City-Bike. Sie erklären den Begriff Preisdifferenzierung und erläutern zwei Möglichkeiten der Preisdifferenzierung (bezogen auf das City-Bike „Curvy").

5. Sie sind Sachbearbeiter/-in im Marketing der Fit4Life GmbH, einem mittelständischen Sportartikelgroßhändler mit Sitz in Ulm. Ihr Unternehmen beschäftigt 100 Mitarbeiter/-innen und vertreibt Sportgeräte und Sportbekleidung an Einzelhändler und Sportvereine im Inland und dem europäischen Ausland. Das Unternehmen erzielte im letzten Jahr einen Umsatz von 11 Mio. €. Das Sortiment umfasst Ausrüstung und Bekleidung in den Warengruppen Ballsport, Fitness, Leichtathletik und Radsport.

Ihre Teamleiterin, Frau Gerda Lohmiller übergibt Ihnen die folgenden Unterlagen mit der Bitte um Bearbeitung.

Fit4Life GmbH

ERGEBNISPROTOKOLL

Thema: Strategiesitzung des Führungsteams
...

Besprechungsergebnisse:
...

Auf vielfachem Kundenwunsch wurde einstimmig folgender Beschluss gefasst:

Die Warengruppe Elektro-Fahrräder (zunächst nur Pedelecs) wird ins Sortiment aufgenommen. Pedelecs machen 95 % aller verkauften Elektro-Fahrräder (E-Bikes) aus. Sie dürfen ohne Helm und Altersbeschränkung gefahren werden.

Aufgrund eigener Erhebungen rechnet die Fit4Life GmbH mit einem Absatz von 50 Stück im Monat. Für eine Einführungswerbung sollen 20 % des erwarteten Umsatzes ausgegeben werden.
[...]

Marketing — Fit4Life GmbH

ARBEITSAUFTRAG

Datum: 05.06.20..
Betreff: Neue Warengruppe Pedelec
Preisvorschläge und Vorschlag eines Werbeplans

Erstellen Sie bitte für eine Tischvorlage für die nächste Teamsitzung mit folgenden Themen:

1. Berechnung des Nettoverkaufspreises für ein Pedelec in übersichtlicher Form (Kalkulationsschema). Verwenden Sie unsere üblichen Kalkulationssätze: Handlungskosten 40 %, Gewinn 25 %, Kundenskonto 3 %, Kundenrabatt 10 %. Wir können die Pedelecs bei unserem Stammlieferanten Bike & More KG für 300,00 €, netto Kasse, beschaffen.
2. Berechnung des Gewinns in €€ und %, wenn wir den Nettoverkaufspreis des wichtigsten Konkurrenten in Höhe von 589,00 € um 10 % unterbieten würden.
3. Langfristige und kurzfristige Preisuntergrenze, wenn der Einstandspreis und 20 % der Handlungskosten variabel sind.
4. Vorschlag eines Werbeplans mit den Merkmalen Zielgruppe, Werbemittel, Werbeträger, Werbezeitpunkt, Werbeetat.
5. Vorschlag eines eingängigen Werbeslogans.
6. Auswahl von Maßnahmen der Salespromotion.

Gerda Lohmiller
Teamleiterin Marketing

6. Sie befinden sich in der Ausbildung zur Kauffrau bzw. zum Kaufmann für Büromanagement bei der Rad & Roll GmbH. Sie sind zurzeit im Marketingteam eingesetzt – Teamleiter ist Herr Kolb. Herr Kolb bittet Sie, eine Schulungsunterlage für das nächste Ausbildungsgespräch zu erstellen. Er überreicht Ihnen dazu das folgende Memo.

Marketing — Rad & Roll GmbH

MEMO

Datum: 15.06.20..
Betreff: Schulungsunterlage für das Ausbildungsgespräch am 22.06.20..

Erstellen Sie bitte folgende Unterlagen:

1. Mindmap mit Werbearten
2. Mindmap mit weiteren Instrumenten der Kommunikationspolitik
3. Tabellarische Gegenüberstellung Werbemittel und Werbeträger

Martin Kolb
Teamleiter Marketing

7. Anfang Mai führte die Sporthaus Gruber & Co. KG eine Sonderaktion „Frühlingswoche" für die Abteilung Mountainbikes durch. Für Prospekte und Verkaufsfördermaßnahmen wurden 8.000,00 € ausgegeben. Speziell für die Sparte Mountainbikes wurde eine Couponing-Aktion auf der Website des Sporthauses durchgeführt. Daraufhin gingen in dieser Woche 70 Bestellungen ein. Die Coupons kosteten insgesamt 2.000,00 €.

Einige Tage nach dieser Eröffnungsveranstaltung findet eine Besprechung des Verkaufsteams statt. Anwesend sind Herr Kahn, Teamleiter Radsport, sowie Frau Arslan und Herr Grimaldo vom Verkaufspersonal und alle Auszubildenden.

Kahn:	„Guten Morgen! Wie es aussieht, waren unsere Frühlingswoche und die Couponing-Aktion ein voller Erfolg. Unser Ladengeschäft hat gebrummt."
Arslan:	„Ich wäre mir da nicht so sicher, ob unsere Werbemaßnahmen erfolgreich waren, die meisten Kunden waren nur Schaukunden."
Grimaldo:	„Ich bitte dich! Die Kunden haben uns fast überrannt, und da sagst du, dass die Frühlingsaktion nicht erfolgreich war?"
Arslan:	„So einfach lässt sich diese Frage nicht beantworten! An unserem Aktionswochenende hatten wir nach langer Zeit mal wieder schönes Wetter. Jedenfalls hat unsere Aktion viel Geld gekostet."
Kahn:	„Wir sollten uns mal die Zahlen unserer Unternehmenssoftware anschauen. Dann werden wir ja sehen, ob sich die Aktion gelohnt hat."
Arslan:	„Der Computer kann uns aber nicht sagen, ob sich die Kunden in einem Monat auch noch an uns erinnern werden."
Kahn:	„Unsere Auszubildenden könnten sich *über d*as Thema Werbeerfolgskontrolle mal Gedanken machen und bis zur nächsten Teamsitzung eine Tischvorlage erstellen. Ich werde hierzu ein Memo verfassen."

Unterlagen für die Bearbeitung

Memo mit konkreten Arbeitsaufträgen

Gruber & Co. KG

Verkauf

MEMO

Datum: 13.05.20..
Betreff: Schulungsunterlage für das Ausbildungsgespräch am 22.06.20..

Erstellen Sie bitte folgende Unterlagen für eine Tischvorlage:

1. Methoden der Werbeerfolgskontrolle im Überblick
2. Ökonomische Werbeerfolgskontrolle der Werbeaktion „Frühlingswoche" und speziell der Couponing-Aktion auf der Website
3. Vorschlag für eine außerökonomische Werbeerfolgskontrolle
4. Problematik der Werbeerfolgskontrolle

Leon Kahn
Teamleiter Verkauf Radsport

Zusammenstellung der Vergleichsdaten aus der Unternehmenssoftware:

Übriges Sortiment	**Vor der Aktion**	**Aktionswoche (Montag bis Samstag)**
Verkaufsfläche	135 m²	160 m²
Tagesabsatz Mountainbikes (ohne Couponing-Aktion)	Ø 6 Stück	Ø 10 Stück
Verkaufspreis	Ø 400,00 €	Ø 350,00 €
Anzahl Kunden	Ø 150	Ø 200
Gesamtumsatz (übriges Sortiment)	Ø 2.000,00 € pro Tag	Ø 3.000,00 € pro Tag
Gewinn in % des Verkaufspreises	50 %	40 %
Werbeausgaben	Ø 10 % des Umsatzes	Ø 10 % des Umsatzes + Kosten der Aktionen

8. Sie beurteilen die folgenden Fälle anhand des UWG und begründen jeweils Ihre Meinung in einem kurzen Statement.

8.1 Auf dem Briefbogen einer kleinen Schusterwerkstatt ist ein großes Fabrikgebäude abgebildet.

8.2 Ein Handelsvertreter schenkt der Einkaufsleiterin eines Sporthauses eine wertvolle Armbanduhr und bittet sie, ihn bei der künftigen Auftragsvergabe zu beachten.

8.3 Der Geschäftsführer des Sportgeschäfts SpoGe KG führt zurzeit eine Konkurrenzanalyse durch. Sein Auszubildender macht folgenden Vorschlag: „Mehrere meiner Mitschüler in der Berufsschule sind bei der Konkurrenz. Ich könnte diese doch mal über die Lieferanten und die Einkaufskonditionen von dessen Ausbildungsbetrieben befragen.

8.4 Der Kaffeemaschinen-Hersteller KaMa KG lässt seine Produkte in Rumänien fertigen. Die Maschinen werden danach in Deutschland verpackt. Vor dem Einpacken lässt der Kaffeemaschinen-Hersteller auf die Maschinen das Label „Made in Germany" aufbringen.

8.5 Der Kaffeemaschinen-Hersteller KaMa KG wirbt mit folgender Anzeige: „Kaufen Sie noch heute eine KaMa-Kaffeemaschine – es gibt keine bessere!"

8.6 Der Geschäftsführer des Sportgeschäfts SpoGe KG fotografiert nach dem Motto „Man lernt nie aus" im Ladengeschäft seines Konkurrenten die Einrichtung und die Art der Warenpräsentation.

8.7 Bei der Geschäftseröffnung wirbt ein Textilgeschäft mit durchgestrichenen Preisen und Preisvergleichen mit unverbindlichen Preisempfehlungen.

8.8 Der Kaffeemaschinen-Hersteller KaMa KG wirbt mit dem Hinweis „Testsieger mit Testurteil sehr gut". Es gab jedoch mehrere Produkte, die das „Testurteil sehr gut" erhalten haben.

8.9 Ein Elektro-Fachhändler hängt ein Schild in seinen Laden, auf dem er davor warnt, dass die großen Märkte nur billig können, er hingegen auch fundiert berate und ein umfangreiches Serviceangebot biete.

9. Sie äußern Ihre Meinung zu folgenden Verhaltensweisen im Wettbewerb.

9.1 Das Landgericht Düsseldorf hat es dem Telekommunikationsanbieter Vodafone verboten, Bestandskunden zu Werbezwecken anzurufen beziehungsweise anrufen zu lassen, wenn diese nicht explizit ihr Einverständnis dazu gegeben haben (Az.: 38 O 49/12, Urteil vom 19. Juli 2013, noch nicht rechtskräftig). Geklagt hatte der Verbraucherzentrale Bundesverband (vzbv).

9.2 Der Bundesgerichtshof (BGH) hat am 5. Dezember 2012 entschieden, dass der Werbeslogan „So wichtig wie das tägliche Glas Milch!" für einen Fruchtquark als gesundheitsbezogene Angabe grundsätzlich nicht zulässig ist (Az.: I ZR 36/11). Das Verbot ergebe sich aus der EU-Health-Claims-Verordnung.[1]

9.3 Merkmale eines Schneeballsystems: Seriöse Strukturvertriebssysteme (Network Marketing, Multi Level Marketing) wenden sich ausschließlich an selbstständige Absatzmittler, z. B. Handelsvertreter. Unseriöse Schneeballsysteme hingegen locken Verbraucher an, das Produkt selbst zu vertreiben und dazu eigene „Vertriebsmitarbeiter" aus dem Bekanntenkreis anzuwerben. Für deren Umsätze werden ihnen Provisionen versprochen. An jedem Verkauf verdienen also mehrere Personen (Pyramidenstruktur). Dabei wird massiv psychischer Druck ausgeübt und die Verschwiegenheit durch Vertragsstrafen abgesichert. Beim typischen Schneeballsystem steht nicht der Verkauf im Vordergrund, sondern die Provisionen durch Anwerbung von Vertretern, die ihrerseits wieder Vertreter anwerben sollen, usw. Dabei verdienen in der Regel nur die Initiatoren dieses Kettenverkaufs, da sie an allen Umsätzen beteiligt sind.

Aufbau eines Schneeballsystems

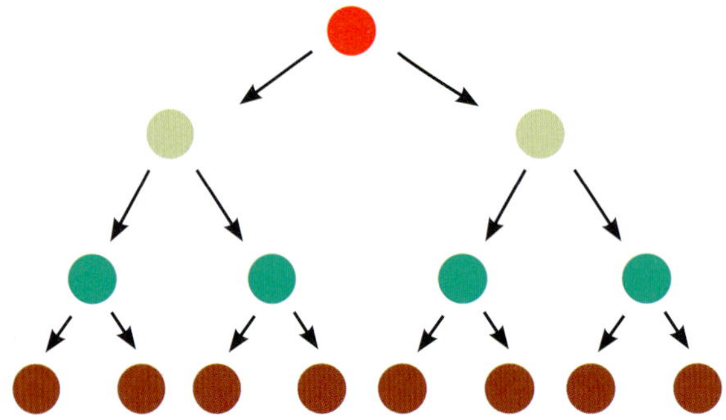

10. **Zu beanstanden oder nicht?** Sie lesen die folgenden Beschreibungen von Werbeanzeigen und nehmen dazu Stellung.

10.1 Ein Haushaltsgerätehersteller warb in einer Anzeige mit der Abbildung einer sich rekelnden, mit weißer Unterwäsche bekleideten Frau sowie einigen der beworbenen Haushaltsgeräte. Der dazugehörige Werbetext lautete: „Frauen mögen es, sich in Weiß zu kleiden. Genauso wie alle anderen Haushaltsgeräte."

10.2 Ein Milchgetränkehersteller warb mit dem Slogan „Vorsicht, Suchtgefahr" für ein Schokoladenmilchgetränk.

10.3 In seinem Prospekt warb ein Möbelhersteller mit dem Slogan „Wir nehmen Ihre ‚Alte' in Zahlung und schicken sie in die Wüste" für eine Eintauschaktion gebrauchter Möbel gegen neue. Groß abgebildet war in dem Prospekt eine ältere Dame neben einer Sitzgarnitur.

10.4 Ein Kfz-Hersteller warb in einem Werbeprospekt für ein neues Fahrzeugmodell mit dem Slogan: „Perfekt für Verfolgungsjagden".

10.5 Ein Bildbearbeitungsunternehmen bewarb seine Dienstleistungen mit einem Flyer, in dem die Schritte der Bildretusche dargestellt wurden. Die Abbildung eines offensichtlich verprügelten, da aus der Nase blutenden Mannes mit verquollenem Gesicht wurde schrittweise bearbeitet, bis zuletzt sämtliche Blessuren behoben waren. Begleitend enthielt der Flyer den Text: „Fresse polieren für Fortgeschrittene. Bildbearbeitung zum fairen Festpreis. Also haut rein, Jungs und Mädels".

10.6 Eine Brauerei warb im Internet für ihr Getränk mit der Abbildung einer Mannschaft der Fußballbundesliga an einem Stammtisch – als Comic gezeichnet. Einige der Spieler prosteten sich mit einem Glas des beworbenen Bieres zu.

10.7 Ein Telefondienst bewarb seine neue Auskunftsnummer mit der Stimme einer Sekretärin: „Ich schaffe 11 Anschläge in 88 Sekunden."

1 Laut Bundesverbraucherministerium sind alle gesundheitsbezogenen Werbeaussagen verboten, die nicht auf der sogenannten **Artikel-13-Liste** stehen (Artikel 13 der EG-Verordnung Nr.1924/2006 = Health-Claims-Verordnung). So ist z. B. die Aussage, dass „Eisen zu einer Reduktion übermäßigen Haarausfalls" beitrage, nicht erlaubt.

Werteströme erfassen und beurteilen

Lernfeld 6

Lernfeld 6

Werteströme erfassen und beurteilen

In diesem Lernabschnitt erwerben Sie die Kompetenz, betriebliche Werteströme prozessbegleitend zu erfassen, ordnungsgemäß zu dokumentieren und die Auswirkungen auf den Betriebserfolg zu beurteilen. Sie arbeiten dabei verantwortungsbewusst und sorgfältig.

Einführung in die Buchführung

- Betriebliche Informations-, Güter- und Werteströme
- Rechtliche Anforderungen an die Buchführung
- Von der Inventur zum Inventar
- Vom Inventar zur Bilanz
- Wertveränderungen der Bilanzposten

Werteströme erfassen und dokumentieren

- Auflösung der Bilanz in Bestandskonten
- Buchung auf Bestandskonten
- Buchung auf Ergebniskonten
- Trennung des Warenkontos
- Buchungen mit Umsatzsteuer
- Buchungen im Anlagenbereich

Ergebnisse der Buchführung kontrollieren und beurteilen

- Inventurdifferenzen und Korrekturbuchungen
- Auswertung und Beurteilung der Kapitalstruktur (Eigenkapitalquote)
- Verzinsung des eingesetzten Kapitals – Eigenkapitalrentabilität
- Beurteilung der Wirtschaftlichkeit

1 Einführung in die Buchführung

In diesem Kapitel identifizieren Sie Informations-, Güter- und Geldströme Ihres Betriebes anhand von Belegen, die im Rahmen der Geschäftsprozesse entstehen. Sie informieren sich über die rechtlichen Anforderungen an eine ordnungsgemäße Buchführung und gewinnen Erkenntnisse über die zeitliche und sachliche Dokumentation der anfallenden Geschäftsfälle.

Lernsituation

Sie befinden sich in der Ausbildung zur Kauffrau bzw. zum Kaufmann für Büromanagement bei der Rad & Roll GmbH. Sie sind zurzeit in der Buchführung eingesetzt.

Ihr Teamleiter, Herr Nitsch, zeigt Ihnen den folgenden Kontoauszug mit der Bitte, die zugrunde liegenden Geschäftsprozesse auf einem Plakat darzustellen und die Auswirkungen auf die Vermögenssituation der Rad & Roll GmbH zu zeigen.

Deutsche Bank Stuttgart		**Kontoauszug**		Nummer 1	Blatt 1
Kontonummer IBAN: DE30600700700011223344			BIC: DEUTDESS600		
				Alter Kontostand vom 31.12.20..	49.000,00
Datum	**Erläuterungen**		**Wert**	**Abgänge**	**Zugänge**
05.01.20..	Gutschrift	Rechnung Nr. 333 Kunde Sunsport GmbH	05.01.20..		2.000,00
07.01.20..	Lastschrift	Rechnung Nr. 1234 Lieferant Winora GmbH	07.01.20..	1.500,00	
				Neuer Kontostand vom 31.01.20..	49.500,00
Rad & Roll GmbH Schlossstraße 21 70176 Stuttgart					

Im montäglichen Ausbildungsgespräch weist Ihre Ausbilderin, Frau Liebenstein, darauf hin, dass in kommender Woche die alljährliche Inventur durchgeführt wird. Sie hält folgendes Schild hoch:

Frau Liebenstein bittet Sie, für das nächste Ausbildungsgespräch eine Tischvorlage und eine PowerPoint-Präsentation mit folgenden Gliederungspunkten zu erstellen:

1. Anforderungen an die Buchführung
2. Von der Inventur zum Inventar
3. Vom Inventar zur Bilanz
4. Veränderung der Bilanz durch Geschäftsfälle

Arbeitsaufträge

a) Sie **informieren** sich über die durch Geschäftsprozesse ausgelösten Informations-, Güter- und Geldströme, die rechtlichen Anforderungen an eine ordnungsgemäße Buchführung und die Begriffe Inventur, Inventar und Bilanz. Sie erkennen, dass sich die Bilanz durch Geschäftsfälle verändert, und unterscheiden vier grundsätzliche Veränderungsmöglichkeiten. Sie **gewinnen Erkenntnisse** über die zeitliche und sachliche Dokumentation der anfallenden Geschäftsfälle.

Tipp: Sie bilden thementeilige Arbeitsgruppen und lesen die folgenden Kapitel im Buch.

b) Sie **fertigen** das gewünschte **Plakat** an, auf dem Sie die betrieblichen Informations-, Güter- und Geldströme darstellen, die dem Kontoauszug zugrunde liegen. Sie **notieren** sich die Auswirkungen der auf dem Kontoauszug dargestellten Werteströme auf die Vermögenslage des Betriebes. Weiterhin **entwickeln Sie Regeln** zur Erstellung eines Inventars und einer Bilanz. Sie **erstellen** mithilfe eines Textverarbeitungs- oder Tabellenkalkulationsprogramms ein regelgerechtes Inventar und entwickeln daraus eine vorschriftsmäßige Bilanz. Sie **erarbeiten** eine PowerPoint-Präsentation und eine Tischvorlage mit den gewünschten Gliederungspunkten.

Tipp: Hilfen für die Anwendung des Textverarbeitungsprogramms Word, des Tabellenkalkulationsprogramms Excel und des Präsentationsprogramms PowerPoint finden Sie im Ergänzungsband *„Profi am PC“.*

c) Sie **tragen** Ihre PowerPoint-Präsentation beim Ausbildungsgespräch vor. Ebenso stellen Sie Ihre Tischvorlage und Ihr Plakat vor. Sie reagieren auf Fragen und Anmerkungen der Ausbilderin und der anderen Auszubildenden.

d) Sie **bewerten** Ihren Vortrag zusammen mit der Ausbilderin und den anderen Auszubildenden anhand des erstellten Kriterienkatalogs für Präsentationen. Sie nehmen Kritikpunkte zur Vollständigkeit und inhaltlichen Richtigkeit auf, ergänzen Ihre Ausarbeitungen und korrigieren Fehler.

e) Sie **reflektieren** Ihr Verhalten in der Arbeitsgruppe und überlegen, wie Sie Ihre Verhaltensweisen verbessern könnten.

Informationen gewinnen

1.1 Betriebliche Informations-, Güter- und Werteströme

Der Prozess der betrieblichen Wertschöpfung beginnt mit **Informationsströmen.** Anfragen der Kunden werden vom Verkauf mit Angeboten beantwortet, die wiederum Aufträge der Kunden auslösen, die intern bearbeitet werden. Kundenanfragen können bei nicht ausreichend verfügbarer Ware den Einkauf veranlassen, Anfragen an Lieferanten zu richten, die Angebote zur Folge haben und zu Aufträgen an die Lieferanten führen können.

Diese Informationsströme lösen **Werteströme** in Form von **Güterströmen** aus. Vom Beschaffungsmarkt gelangen Werkstoffe in das Unternehmen (Wertezuflüsse), werden dort zu Fertigprodukten umgeformt bzw. veredelt (Wertschöpfung) und auf dem Absatzmarkt verwertet (Werteabflüsse). Auch diese Güterströme werden von Informationsströmen begleitet. Vom Lieferanten gelangen Lieferscheine und Eingangsrechnungen in den Betrieb. Vom Betrieb werden Lieferscheine und Ausgangsrechnungen an die Kunden versandt.

Diese Güter- und Informationsströme lösen **Werteströme** in Form von **Geldströmen** aus. Ausgangsrechnungen führen an den Fälligkeitstagen zu Wertezuflüssen bzw. Zahlungseingängen, Eingangsrechnungen zu Werteabflüssen bzw. Zahlungsausgängen. Die Zahlungseingänge und -ausgänge lösen wiederum Informationsströme in Form von Kontoauszügen der Hausbank mit Gutschriften bzw. Lastschriften aus.

Betriebliche Informations-, Güter- und Geldströme im Überblick

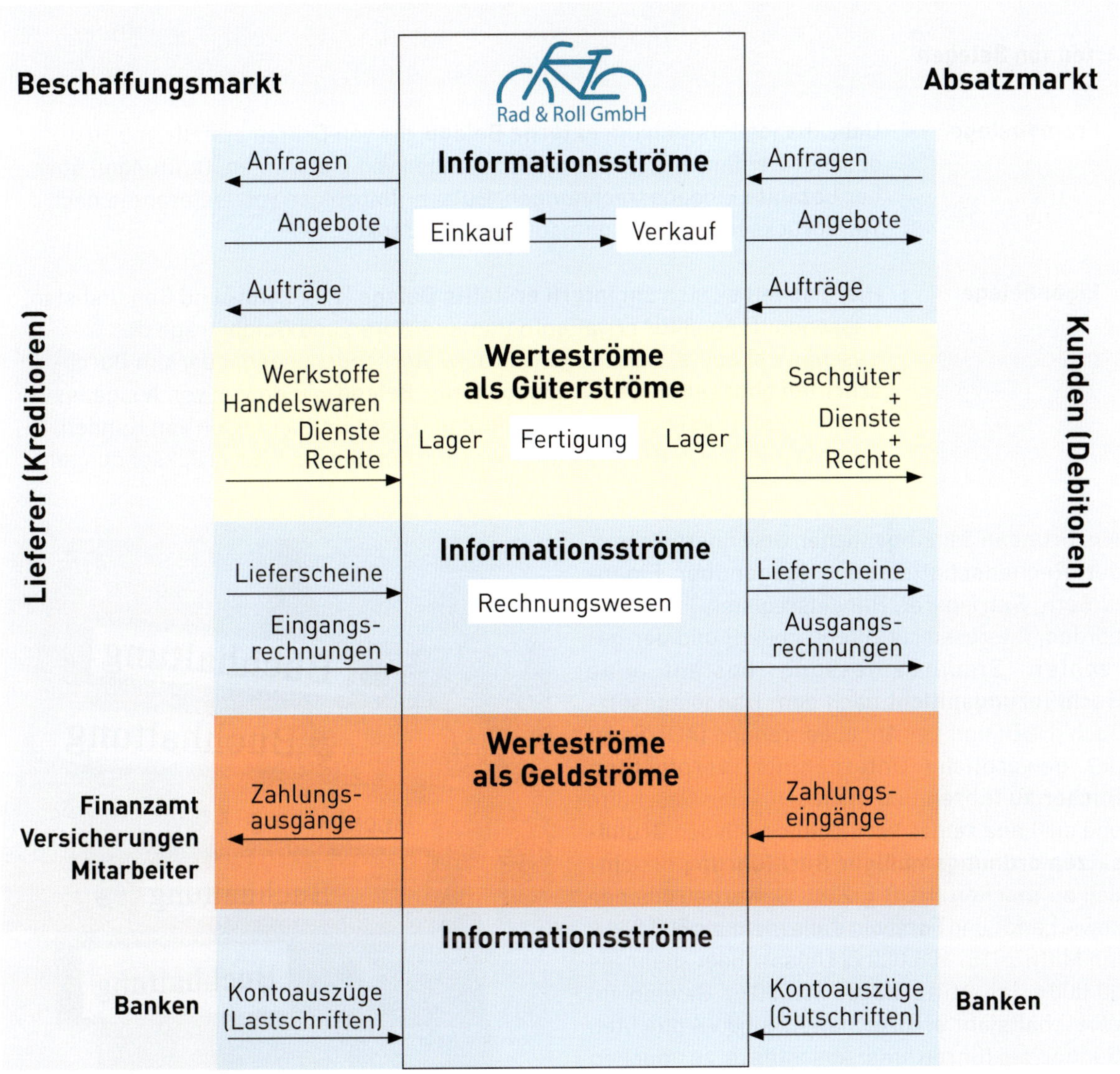

Dem Kontoauszug der Deutschen Bank (siehe Lernsituation) können folgende Informationen entnommen werden:

Am 05.01.20.. hat der Kunde Sunsport GmbH eine **Ausgangsrechnung** der Rad & Roll GmbH in Höhe von 2.000,00 € bezahlt. Durch den Zahlungseingang erfolgte ein **Wertezufluss** als Geldstrom auf das Bankkonto der Rad & Roll GmbH, der noch gebucht werden muss. Diesem Geldstrom ging eine Warenlieferung an diesen Kunden voraus (**Werteabfluss** als Güterstrom), der bereits zum Zeitpunkt des Rechnungsausgangs dokumentiert, d. h. gebucht wurde. Mit dem Zahlungseingang ist der **Verkaufsprozess** beendet worden.

Am 07.01.20.. hat die Rad & Roll GmbH eine **Eingangsrechnung** des Lieferers Wincora GmbH in Höhe von 1.500,00 € bezahlt. Durch den Zahlungsausgang erfolgte ein **Werteabfluss** als Geldstrom vom Bankkonto der Rad & Roll GmbH, der noch gebucht werden muss. Diesem Geldstrom ging eine Warenlieferung des Lieferers voraus (**Wertezufluss** als Güterstrom), der bereits zum Zeitpunkt des Rechnungseingangs dokumentiert, d. h. gebucht wurde. Mit dem Zahlungsausgang ist der **Einkaufsprozess** beendet worden.

1.2 Rechtliche Anforderungen an die Buchführung

Für die Zwecke der Planung, Steuerung und Kontrolle des betrieblichen Geschehens werden alle durch die Geschäftsprozesse ausgelösten Informations- und Werteströme zeitlich und sachlich geordnet anhand von Belegen aufgezeichnet. Dabei gilt der **Grundsatz: Keine Buchung ohne Beleg!** Jeder Beleg muss das Datum, den Ausstellungsgrund und den Betrag in Euro enthalten.

Arten von Belegen

Fremdbelege	Dabei handelt es sich um **externe Belege**, die von Dritten erstellt und zugesandt werden, z. B.: Eingangsrechnungen von Lieferanten, Quittungen über bar bezahlte Eingangsrechnungen, Gutschriftanzeigen von Lieferanten nach Warenrücksendungen, Kontoauszüge der Banken.
Eigenbelege	Hier handelt es sich um **intern erstellte Belege** (z. B. Lohn- und Gehaltslisten, Kassenquittungen für privat entnommene Waren und Geldbeträge des Geschäftsinhabers, Berichtigungs- bzw. Stornobuchungen) oder um **Durchschriften abgesandter bzw. abgegebener Belege** wie Kopien von Ausgangsrechnungen, Durchschläge von Quittungen über Barzahlungen von Kunden, Durchschriften von Gutschriftanzeigen für Kunden bei Warenrücksendungen.

Aus Gründen der einheitlichen Gewinnermittlung, der Rechenschaftslegung (gegenüber Eigentümern, Betriebsrat, Handelsregister, Finanzbehörden, interessierte Öffentlichkeit) und der gerechten Steuerbemessung besteht eine **Buchführungspflicht** nach dem Handelsgesetzbuch (HGB) und der Abgabenordnung (AO). So ist der gewerbliche Unternehmer[1] verpflichtet, **Bücher zu führen** und in diesen seine Geschäfte und die Lage seines Vermögens nach den **Grundsätzen ordnungsmäßiger Buchführung** ersichtlich zu machen (HGB § 238). Gewerbetreibende sowie Land- und Forstwirte, die mehr als 500.000 € (ab Mitte 2015: 600.000 €) Umsatz oder mehr als 50.000 € (ab Mitte 2015: 60.000 €) Gewinn im Wirtschaftsjahr erwirtschaften, sind verpflichtet, Bücher zu führen und Abschlüsse zu machen (AO § 141).

1 **Gewerbe** ist jede berufsmäßige und von der Absicht dauernder Gewinnerzielung beherrschte selbstständige Geschäftstätigkeit auf wirtschaftlichem Gebiet im weitesten Sinne. Die sogenannten freien Berufe (Rechtsanwälte, Steuerberater, Ärzte, Künstler, Journalisten und Dolmetscher) sind kein Gewerbe.

Wichtige Bücher der Buchführung

Grundbuch bzw. Geschäftstagebuch (Journal)	Hier werden alle Buchungsbelege (z. B. Eingangsrechnungen, Kontoauszüge, Durchschläge von Ausgangsrechnungen), die durch die Geschäftsprozesse anfallen, **zeitlich geordnet (chronologisch)** aufgezeichnet.
Nebenbücher	Hier werden die Aufzeichnungen **sachlich geordnet.** Im **Kundenbuch** werden die von unseren Kunden noch nicht bezahlten Ausgangsrechnungen (offene Posten) getrennt nach den jeweiligen Kunden (Debitoren bzw. Schuldnern) eingetragen und nach erfolgtem Zahlungseingang ausgetragen. Im **Lieferantenbuch** werden die von uns noch nicht bezahlten Eingangsrechnungen (offene Posten) getrennt nach den jeweiligen Lieferern (Kreditoren bzw. Gläubigern) eingetragen und nach erfolgter Zahlung ausgetragen. Im **Kassenbuch** werden die ein- und ausgehenden Barzahlungen (Banknoten, Münzen) täglich anhand von Kassenbelegen (z. B. Kassenabrechnung, Quittungen) aufgezeichnet. Im **Lagerbuch** werden die Lagerzugänge und Lagerabgänge aus den Rohstoff- und Fertigwarenlagern getrennt nach der Warenart mengen- und wertmäßig aufgezeichnet.
Hauptbuch	Hier werden die Nebenbücher **sachlich geordnet zusammengefasst,** z. B. alle offenen Posten der Kunden im Sachkonto Forderungen, alle offenen Posten des Lieferantenbuchs im Sachkonto Verbindlichkeiten, die Bestände aller Rohstoffe bzw. Warenarten im Sachkonto Rohstoffe bzw. Waren, alle bargeldlosen Zahlungseingänge und -ausgänge im Sachkonto Bank.

Grundsätze ordnungsmäßiger Buchführung (GoB)

Die Buchführung hat sich einer *lebenden Sprache* zu bedienen. Die Eintragungen in Büchern und die sonst erforderlichen Aufzeichnungen müssen *vollständig, richtig, zeitgerecht und geordnet* vorgenommen werden. Die Buchführung kann auch in der geordneten Ablage von Belegen bestehen oder auf Datenträgern geführt werden. Dabei ist sicherzustellen, dass die Daten während der Dauer der Aufbewahrungsfrist verfügbar sind und jederzeit innerhalb angemessener Frist *lesbar gemacht* werden können (HGB § 239). Die Geschäftsvorfälle müssen sich in ihrer Entstehung und *Abwicklung* verfolgen lassen. Eine Buchung oder eine Aufzeichnung darf *nicht* in einer Weise *verändert* werden, dass der ursprüngliche Inhalt nicht mehr feststellbar ist (AO § 146).

Aufbewahrungsfristen

Handelsbücher, Inventare, Eröffnungsbilanzen, Jahresabschlüsse, Lageberichte sowie die zu ihrem Verständnis erforderlichen Organisationsunterlagen und Belege für Buchungen in den nach § 238 Abs. 1 HGB zu führenden Büchern (Buchungsbelege) sind **zehn Jahre** aufzubewahren. Die empfangenen Handelsbriefe und die Wiedergaben der abgesandten Handelsbriefe sind **sechs Jahre** aufzubewahren.

Mit Ausnahme der Eröffnungsbilanzen und Abschlüsse können die Unterlagen auch als Wiedergabe auf Datenträgern aufbewahrt werden (HGB § 257).

Die Aufbewahrungsfrist **beginnt mit dem Schluss des Kalenderjahrs,** in dem die letzte Eintragung in das Handelsbuch gemacht, das Inventar aufgestellt, die Eröffnungsbilanz oder der Jahresabschluss festgestellt, der Handelsbrief empfangen oder abgesandt worden oder der Buchungsbeleg entstanden ist.

Beispiel: *Eine* ***Eingangsrechnung*** *trifft am 03.02.2015 ein. Sie ist ein Buchungsbeleg und wird noch am gleichen Tag im Grundbuch und im Lieferantenbuch erfasst. Die Aufbewahrungsfrist beginnt am 31.12.2015 (24:00 Uhr) und endet nach zehn Jahren am 31.12.2025 (24:00 Uhr). Die der Eingangsrechnung zugrunde liegende* ***Bestellung*** *ist kein Buchungsbeleg, sondern ein abgesandter Handelsbrief. Die Bestellung muss also lediglich sechs Jahre lang bis zum 31.12.2021 (24:00 Uhr) aufbewahrt werden.*

Ablauf der Belegbearbeitung

Vorbereitung sachliche und rechnerische Richtigkeit	→	**Buchung** zeitlich geordnet im Grundbuch sachlich geordnet in Nebenbüchern und im Hauptbuch	→	**Ablage** 10 Jahre Aufbewahrungsfrist

1.3 Von der Inventur zum Inventar

Jeder Kaufmann[1] hat zu Beginn seines Handelsgewerbes und für den Schluss eines jeden Geschäftsjahres ein Inventar zu erstellen, in dem er seine Grundstücke, seine Forderungen und Schulden, den Betrag seines baren Geldes sowie seine sonstigen Vermögensgegenstände genau verzeichnet und dabei den Wert der einzelnen *Vermögensgegenstände und Schulden* angibt (HGB § 241 **Inventar**). Die Dauer des Geschäftsjahres darf zwölf Monate nicht überschreiten. Gleichartige Vermögensgegenstände und annähernd gleichwertige bewegliche Vermögensgegenstände und Schulden können jeweils zu einer Gruppe zusammengefasst und mit dem gewogenen Durchschnittswert angesetzt werden.

Um ein Inventar aufstellen zu können, ist eine **Inventur** notwendig. Dabei werden

- Art und Menge der körperlich sichtbaren Gegenstände durch Zählen, Messen, Wiegen und ggf. Schätzen festgestellt, in *Inventurlisten* übernommen **(körperliche Inventur)** und bewertet,

  Schema einer Inventurliste für Handelswaren

Gegenstand	Menge	Mengeneinheit	Ø Einstandspreis	Gesamtwert
Cityrad „Racer	10	Stück	160,00 €	1.600,00 €
MB „Racer“	14	Stück	300,00 €	4.200,00 €
...	...	...	...	...

- die Werte der körperlich nicht sichtbaren Gegenstände anhand der vorhandenen Aufzeichnungen (Schlussbestand der offenen Posten im Kundenbuch und im Lieferantenbuch, Kontostand der Bankkonten am Jahresende) bestimmt **(Buchinventur).**

1 Gewerbetreibender mit kaufmännischer Einrichtung, z. B. mit mehreren Angestellten und Kunden

Zusammenhang zwischen Inventur und Inventar

Inventur

= körperliche bzw. buchmäßige **Bestandsaufnahme**

→

Inventar

= ausführliches **Bestandsverzeichnis in Staffelform**

Die Inventur muss nicht genau am Schluss des Geschäftsjahres (Abschlussstichtag) vorgenommen werden. Es sind verschiedene Inventurvereinfachungsverfahren erlaubt, wenn gesichert ist, dass Art, Menge und Wert der Gegenstände dabei richtig ermittelt werden (HGB § 241).

Inventurvereinfachungsverfahren

Stichtagsinventur	Sie kann innerhalb von *10 Tagen vor oder nach* dem Abschlussstichtag stattfinden. Mengen und Werte müssen dann auf den Abschlussstichtag zurückgerechnet bzw. fortgeschrieben werden.
Zeitlich verlegte Inventur	Sie kann innerhalb der letzten *3 Monate vor* oder innerhalb der ersten *2 Monate nach* dem Abschlussstichtag stattfinden. Die Bestände müssen nur wertmäßig auf den Abschlussstichtag bezogen werden.
Permanente Inventur	Sie findet fortlaufend durch Erfassung in die Bestandsdateien statt. Die Buchbestände müssen mindestens einmal jährlich durch körperliche Bestandsaufnahmen (Istbestände) überprüft werden.

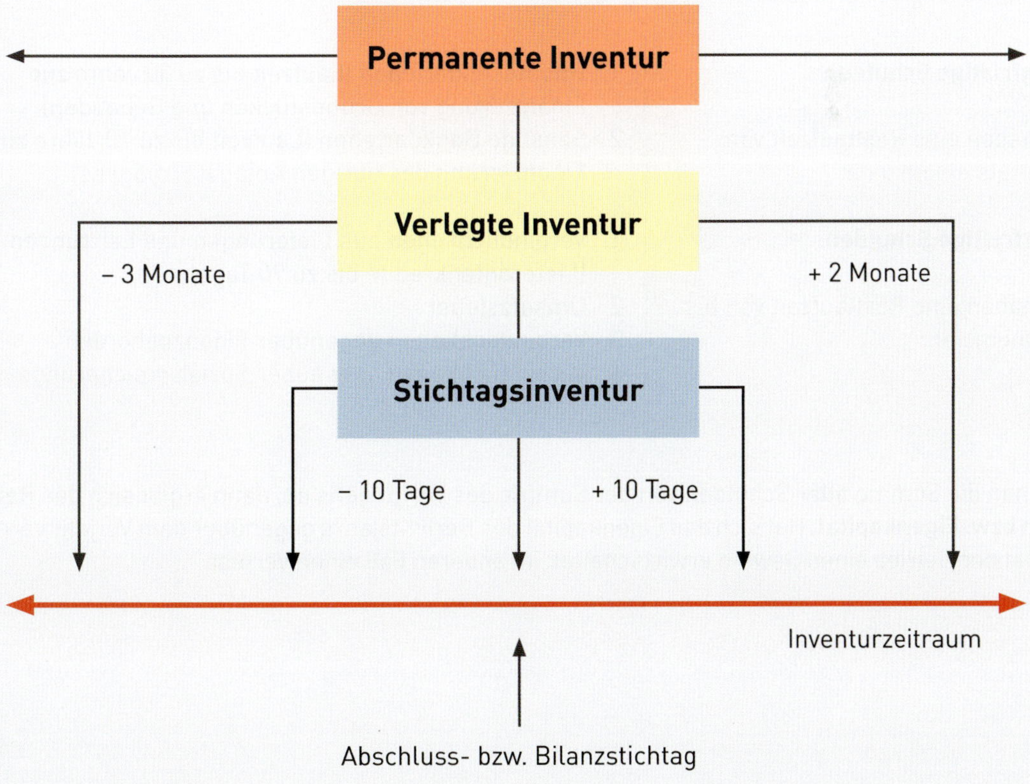

Regeln für die Erstellung eines Inventars

Das betriebliche **Vermögen** setzt sich aus Anlage- und Umlaufvermögen zusammen. Die Vermögensgegenstände werden im Inventar nach zunehmender Flüssigkeit (Liquidität) aufgelistet. Je schneller ein Vermögensgegenstand wieder in Geldmittel verwandelt („versilbert") werden kann, desto weiter unten steht er im Inventar. Ganz oben stehen daher die Grundstücke und Gebäude, ganz unten das Bargeld in der Kasse.

Gegenstände des Anlage- und Umlaufvermögens in der richtigen Reihenfolge

Anlagevermögen Es steht dem Betrieb dauerhaft oder zumindest für längere Zeit zur Verfügung und stellt die Betriebsbereitschaft sicher.	1. Grundstücke und Gebäude 2. Maschinen 3. Werkzeuge 4. Lager- und Transporteinrichtungen 5. Fuhrpark 6. Betriebsausstattung (Fabrikeinrichtung) 7. Geschäftsausstattung (Büroeinrichtung)
Umlaufvermögen Es verändert sich ständig und ist Gegenstand der Geschäftsprozesse (Kernprozesse wie Einkauf, Lagerhaltung, Verkauf).	1. Roh-, Hilfs- und Betriebsstoffe[1] 2. Unfertige Erzeugnisse 3. Fertige Erzeugnisse und Handelswaren 4. Forderungen aus Lieferungen und Leistungen (LL.) 5. Bankguthaben 6. Kasse (Bargeld)

Die betrieblichen **Schulden** werden auch als Verbindlichkeiten oder Fremdkapital bezeichnet. Sie werden in langfristige und kurzfristige Schulden eingeteilt. Je näher der Fälligkeitstermin ist bzw. je kürzer die Restlaufzeit der Schuld, desto weiter unten steht sie im Inventar. Langfristige Schulden dienen meist der Finanzierung des Anlagevermögens. Kurzfristige Schulden sind innerhalb eines Jahres fällig und dienen der Finanzierung des Umlaufvermögens.

Langfristige Schulden Sie haben eine Restlaufzeit von mehr als einem Jahr.	1. Hypothekendarlehen (Laufzeit bis zu 30 Jahre zur Finanzierung von Grundstücken und Gebäuden) 2. Sonstige Bankdarlehen (Laufzeit bis zu 10 Jahre zur Finanzierung des übrigen Anlagevermögens)
Kurzfristige Schulden Sie haben eine Restlaufzeit von bis zu einem Jahr	1. Verbindlichkeiten aus Lieferungen und Leistungen (Lieferantenkredite bis zu 90 Tage) 2. Umsatzsteuer 3. Verbindlichkeiten gegenüber Finanzbehörden 4. Verbindlichkeiten gegenüber Sozialversicherungsträgern

Zieht man die Summe aller Schulden von der Summe des Vermögens ab, dann ergibt sich das **Reinvermögen bzw. Eigenkapital.** Hat sich das Eigenkapital des Berichtsjahrs gegenüber dem Vorjahr vermehrt, dann hat der Betrieb einen Gewinn erwirtschaftet, im anderen Fall einen Verlust.

1 Begriffserklärungen siehe Band 1, LF 1, Kapitel 2.2.2 Produktionsfaktoren – Mittel des Wirtschaftens

Beispiel: Inventar der Rad & Roll GmbH

	Inventar der Rad & Roll GmbH zum 31.12.20..	**€**	**€**
A	**Vermögen**		
	***I.* Anlagevermögen**		
	Grundstück Schlossstraße 21	200.000,00	
	Gebäude Schlossstraße 21	260.000,00	
	Lager- und Transporteinrichtung (laut Anlagenverzeichnis)	150.000,00	
	Fuhrpark (laut Anlagenverzeichnis)	90.000,00	
	Betriebs- und Geschäftsausstattung (laut Anlagenverzeichnis)	40.000,00	740.000,00
	***II.* Umlaufvermögen**		
	Roh-, Hilfs- und Betriebsstoffe (laut Lagerbuch)	40.000,00	
	Unfertige Erzeugnisse	10.000,00	
	Fertige Erzeugnisse und Handelswaren (laut Lagerbuch)	350.000,00	
	Forderungen aus Lieferungen und Leistungen (laut Kundenbuch)	30.000,00	
	Bankguthaben (Deutsche Bank Stuttgart)	140.000,00	
	Kassenbestand (laut Kassenbuch)	10.000,00	580.000,00
	Summe des Vermögens		**1.320.000,00**
B	**Schulden**		
	***I.* Langfristige Schulden**		
	Hpothekendarlehen (laut Kontoauszug Deutsche Bank)	220.000,00	
	Darlehen (laut Kontoauszug Deutsche Bank)	140.000,00	360.000,00
	***II.* Kurzfristige Schulden**		
	Verbindlichkeiten aus Lieferungen und Leistungen (laut Lieferantenbuch)		320.000,00
	Summe der Schulden		**680.000,00**
C	**Ermittlung des Reinvermögens**		
	Summe des Vermögens	1.320.000,00	
	– Summe der Schulden	– 680.000,00	
	Reinvermögen (Eigenkapital)		**640.000,00**

Gewinnermittlung durch Eigenkapitalvergleich

Reinvermögen des Berichtsjahrs 20..	640.000,00
– Reinvermögen des Vorjahrs 20..	– 520.000,00
Gewinn	**120.000,00**

1.4 Vom Inventar zur Bilanz[1]

Der Kaufmann hat zu Beginn seines Handelsgewerbes und für den Schluss eines jeden Geschäftsjahres einen das Verhältnis seines Vermögens und seiner Schulden darstellenden Abschluss (Eröffnungsbilanz, Schlussbilanz) aufzustellen (HGB § 242). Die Bilanz ist in Kontoform aufzustellen. Dabei sind die Bilanzposten in der in § 266 HGB Abs. 2 und 3 vorgeschriebenen Reihenfolge auszuweisen. Zu jedem Posten ist der entsprechende Betrag des vorhergehenden Geschäftsjahres anzugeben (HGB § 265)[2]. Die Grundlage der Bilanz ist das Inventar.

Die linke Seite des Bilanzkontos heißt Aktiva, die rechte Seite Passiva. Die **Aktiva** listen das Anlage- und Umlaufvermögen auf, die **Passiva** das Eigenkapital und die Verbindlichkeiten (Fremdkapital). Beide Seiten sind wertmäßig gleich hoch. Dies zeigt die **Bilanzgleichung.**

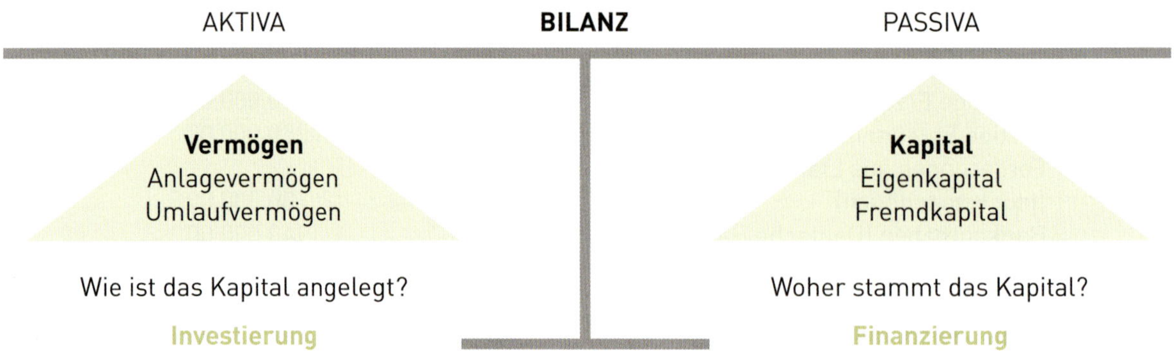

Beispiel: Schlussbilanz der Rad & Roll GmbH[3]

Aktiva	**Bilanz der Rad & Roll GmbH zum 31.12.20..**		Passiva
A. Anlagevermögen		**A. Eigenkapital**	
1. Gebäude und Bauten	460.000 €	1. Gezeichnetes Kapital[3]	500.000 €
2. Lager- und Transporteinrichtung	150.000 €	2. Gewinnrücklagen	20 000 €
3. Fuhrpark	90.000 €	3. Jahresüberschuss	120.000 €
4. Betriebs- und Geschäftsausstattung	40.000 €	**B. Verbindlichkeiten**	
B. Umlaufvermögen		1. Verbindlichkeiten gegenüber Kreditinstituten	360.000 €
1. Roh-, Hilfs-, Betriebsstoffe	40.000 €	2. Verbindlichkeiten aus Lieferungen und Leistungen	320.000 €
2. Unfertige Erzeugnisse	10.000 €		
3. Fertige Erzeugnisse und Handelswaren	350.000 €		
4. Forderungen LL	30.000 €	← Buchhalternase	
5. Bankguthaben	140.000 €		
6. Kassenbestand	10.000 €		
	1.320.000 €		1.320.000 €

Stuttgart, 04.01.20.. *Monika Kroner*

1 Bilancia (ital.) = Waage, Gleichgewicht
2 Diese Vorschrift und die Gliederungsvorschriften des § 266 HGB werden im Folgenden aus Vereinfachungsgründen nicht vollständig eingehalten.
3 Das gezeichnete Kapital ist das haftende Kapital einer Kapitalgesellschaft (hier: GmbH). Es ist in dieser Höhe im Handelsregister eingetragen. Bei Einzelunternehmen (e. K.) und Personengesellschaften (KG, OHG) haftet das gesamte Vermögen (Geschäfts- und Privatvermögen der vollhaftenden Gesellschafter).

Bilanzgleichung

Vermögen	**=**	**Kapital**
Anlagevermögen + Umlaufvermögen	**=**	**Eigenkapital + Fremdkapital**
AV + UV	**=**	**EK + FK**
Rad & Roll GmbH:		
740.000 € + 580.000 €	**=**	640.000 € + 680.000 €
1.320.000 €	**=**	1.320.000 €

Zusammenhang zwischen Inventur, Inventar und Bilanz

Inventur → **Inventar** → **Bilanz**

Inventur

= körperliche bzw. buchmäßige **Bestandsaufnahme**

Inventar

= ausführliches **Bestandsverzeichnis** in **Staffelform**

Inventar ... zum ...

A. Vermögen
...
B. Schulden
...
C. Reinvermögen
...

Bilanz

= kurz gefasstes Bestandsverzeichnis in **Kontoform**

Bilanz zum ...

A. AV	A. EK
B. UV	...
...	B. FK
	...

Inventar und Bilanz im Vergleich

Inventar	**Bilanz**
– Ausführlich, relativ unübersichtlich	– Kurzgefasst, übersichtlich
– Staffelform (Vermögen und Kapital stehen untereinander)	– Kontoform (Vermögen und Kapital stehen nebeneinander)
– Angaben der Art, Mengen (in Anlagen), Einzel- und Gesamtwerte der Posten	– Nur Angabe des Wertes der einzelnen Bilanzposten, keine Mengenangaben
– Keine Unterschrift des Inhabers	– Unterschrift des Inhabers
– Keine gesetzliche Gliederung	– Gesetzliche Gliederung (HGB § 266)

1.5 Veränderung der Bilanz durch Geschäftsfälle

Die Schlussbilanz eines Geschäftsjahres ist zugleich die Eröffnungsbilanz des folgenden Geschäftsjahres. Die in der Bilanz ausgewiesenen Werte werden durch Geschäftsfälle während des Geschäftsjahres laufend vermehrt oder vermindert. Dabei verändert ein Geschäftsfall die Werte von mindestens zwei Bilanzposten. Grundsätzlich bestehen **vier Veränderungsmöglichkeiten.**

Mögliche Wertveränderungen der Bilanzposten durch Geschäftsfälle

Aktivtausch	Die Werte von mindestens **zwei Bilanzposten auf der Aktivseite** der Bilanz werden verändert. Ein Bilanzposten vermehrt sich, ein anderer vermindert sich. Die Bilanzsumme bleibt unverändert.
Passivtausch	Die Werte von mindestens **zwei Bilanzposten auf der Passivseite** der Bilanz werden verändert. Ein Bilanzposten vermehrt sich, ein anderer vermindert sich. Die Bilanzsumme bleibt unverändert.
Aktiv-Passiv-Mehrung (Bilanzverlängerung)	Die Werte von mindestens **einem Bilanzposten auf der Aktivseite** und mindestens **einem Bilanzposten auf der Passivseite** werden erhöht. Die Bilanzsumme erhöht sich auf beiden Seiten um den gleichen Betrag.
Aktiv-Passiv-Minderung (Bilanzverkürzung)	Die Werte von mindestens **einem Bilanzposten auf der Aktivseite** und mindestens **einem Bilanzposten auf der Passivseite** werden vermindert. Die Bilanzsumme vermindert sich auf beiden Seiten um den gleichen Betrag.

Beispiel: Vereinfachte Eröffnungsbilanz (Ausgangsbilanz)

Aktiva		**Bilanz zum 01.01.20..**	Passiva
Fuhrpark	30.000 €	Eigenkapital	60.000 €
Handelswaren	125.000 €	Darlehen	20.000 €
Bankguthaben	25.000 €	Verbindlichkeiten LL	100.000 €
	180.000 €		180.000 €

1. Geschäftsfall am 02.01.20.. :
Bezahlung einer Eingangsrechnung über Handelswaren mit Banküberweisung: 5.000,00 €.

Welche Bilanzposten sind betroffen?	**Handelswaren** und **Bankguthaben**
Stehen sie auf der Aktiv- oder Passivseite?	Beides sind **Aktivposten**
Vermehren oder vermindern sie sich?	Handelswaren **vermehren** sich um 5.000,00 € Bankguthaben **vermindert** sich um 5.000,00 €
Welche Art der Bilanzveränderung liegt vor?	**Aktivtausch**

Neue Bilanz nach der Veränderung durch den 1. Geschäftsfall:

Aktiva	Bilanz zum 02.01.20..		Passiva
Fuhrpark	30.000 €	Eigenkapital	60.000 €
Handelswaren	130.000 €	Darlehen	20.000 €
Bankguthaben	20.000 €	Verbindlichkeiten LL	100.000 €
	180.000 €		180.000 €

2. Geschäftsfall am 03.01.20.. :
Umwandlung eines kurzfristigen Lieferantenkredits in ein langfristiges Darlehen: 15.000,00 €.

Welche Bilanzposten sind betroffen?	**Darlehen** und **Verbindlichkeiten LL.**
Stehen sie auf der Aktiv- oder Passivseite?	Beides sind **Passivposten**
Vermehren oder vermindern sie sich?	Darlehen **vermehrt** sich um 15.000,00 € Verbindlichkeiten **vermindern** sich um 15.000 €
Welche Art der Bilanzveränderung liegt vor?	**Passivtausch**

Neue Bilanz nach der Veränderung durch den 2. Geschäftsfall:

Aktiva	Bilanz zum 03.01.20..		Passiva
Fuhrpark	30.000 €	Eigenkapital	60.000 €
Handelswaren	130.000 €	Darlehen	35.000 €
Bankguthaben	20.000 €	Verbindlichkeiten LL	85.000 €
	180.000 €		180.000 €

3. Geschäftsfall am 04.01.20.. :
Eine Eingangsrechnung über Handelswaren trifft ein 1.500,00 €. Wir zahlen noch nicht (Zielkauf).

Welche Bilanzposten sind betroffen?	**Handelswaren** und **Verbindlichkeiten LL**
Stehen sie auf der Aktiv- oder Passivseite?	Handelswaren sind ein **Aktivposten** Verbindlichkeiten LL sind ein **Passivposten**
Vermehren oder vermindern sie sich?	Handelswaren **vermehren** sich um 1.500,00 € Verbindlichkeiten **vermehren** sich um 1.500,00 €
Welche Art der Bilanzveränderung liegt vor?	**Aktiv-Passiv-Mehrung**

Neue Bilanz nach der Veränderung durch den 3. Geschäftsfall:

Aktiva	Bilanz zum 04.01.20..		Passiva
Fuhrpark	30.000 €	Eigenkapital	60.000 €
Handelswaren	131.500 €	Darlehen	35.000 €
Bankguthaben	20.000 €	Verbindlichkeiten LL	86.500 €
	181.500 €		181.500 €

4. Geschäftsfall am 05.01.20.. :
Eine noch nicht bezahlte Eingangsrechnung (Verbindlichkeit LL.) wird mit Banküberweisung beglichen: 2.000,00 €.

Welche Bilanzposten sind betroffen?	**Bank** und **Verbindlichkeiten LL.**
Stehen sie auf der Aktiv- oder Passivseite?	Bank ist ein **Aktivposten** Verbindlichkeiten LL sind ein **Passivposten**
Vermehren oder vermindern sie sich?	Bankguthaben **vermindert** sich um 2.000,00 € Verbindlichkeiten **vermindern** sich um 2.000,00 €
Welche Art der Bilanzveränderung liegt vor?	**Aktiv-Passiv-Minderung**

Neue Bilanz nach der Veränderung durch den 4. Geschäftsfall:

Aktiva	Bilanz zum 05.01.20..		Passiva
Fuhrpark	30.000 €	Eigenkapital	60.000 €
Handelswaren	131.500 €	Darlehen	35.000 €
Bankguthaben	18.000 €	Verbindlichkeiten LL	84.500 €
	179.500 €		179.500 €

Wissen testen

1. Sie ergänzen Ihre Lernkartei um das Themengebiet „Buchführung“.

1.1 Sie schreiben jeden der folgenden Begriffe auf die Kopfzeile eines DIN-A6-Kärtchens:

> Buchführung (Aufgaben), Buchführungspflicht, Fremdbelege (Begriff, Beispiele), Eigenbelege (Begriff, Beispiele), Gewerbe, Grundbuch, Nebenbücher, Kundenbuch, Lieferantenbuch, Kassenbuch, Lagerbuch, Hauptbuch, Grundsätze ordnungsmäßiger Buchführung (GoB), Aufbewahrungspflichten, Belegbearbeitung (Ablauf), Inventur, Buchinventur, Inventurvereinfachungsverfahren (Überblick), Stichtagsinventur, zeitlich verlegte Inventur, permanente Inventur, Inventar, Vermögen (Begriff, Gliederungsprinzip), Anlagevermögen (Begriff, Beispiele), Umlaufvermögen (Begriff, Beispiele), Schulden (Begriff, Gliederungsprinzip), langfristige Schulden (Begriff, Beispiele), kurzfristige Schulden (Begriff, Beispiele), Bilanz (Begriff), Aktiva, Passiva, Bilanzgleichung, Aktivtausch, Passivtausch, Bilanzverlängerung, Bilanzverkürzung

1.2 Sie sortieren die Begriffskärtchen nach den Kriterien „Weiß ich“ oder „Weiß ich nicht“. Sie bilden mit Ihren Mitschülern Kleingruppen und erklären sich gegenseitig die „Weiß-ich-nicht“-Kärtchen. Sie schlagen dabei die ungeklärten Begriffe im Schulbuch nach. Sie schreiben die Begriffserklärungen auf die Rückseite des entsprechenden Kärtchens und ordnen diese unter der Leitkarte „Buchführung“ alphabetisch in Ihren Lernkartei-Behälter ein.

2. Sie notieren sich, welche Informations-, Güter- und Geldströme den folgenden Belegen der Rad & Roll GmbH vorausgegangen sind bzw. von diesen Belegen ausgelöst werden bzw. mit diesen Belegen verbunden sind.

2.1 Kontoauszug der Rad & Roll GmbH vom 30.09.20..

Deutsche Bank Stuttgart		**Kontoauszug**		Nummer 1	Blatt 1
Kontonummer IBAN: DE30600700700011223344			BIC: DEUTDESS600		
				Alter Kontostand vom 31.08.20..	35.000,00
Datum	**Erläuterungen**		**Wert**	**Abgänge**	**Zugänge**
05.09.20..	Gutschrift	Rechnung Nr. 333 Kunde Sunsport GmbH	05.09.20..		2.000,00
07.09.20..	Lastschrift	Rechnung Nr. 1234 Lieferant Winora GmbH	07.09.20..	1.500,00	
07.09.20..	Gutschrift	Bareinzahlung aus der Geschäftskasse	07.09.20..		1.000,00
10.09.20..	Lastschrift	Darlehenstilgung	10.09.20..	3.000,00	
				Neuer Kontostand vom 30.09.20..	33.500,00
Rad & Roll GmbH Schlossstraße 21 70176 Stuttgart					

2.2 Eingangsrechnung Nr. 5234

Eastside Sports GmbH

Eastside Sports GmbH, Industriestraße 2–4, 02571 Münsterhausen

Rad & Roll GmbH
Schlossstraße 21
70176 Stuttgart

Datum: 12.09.20..

Rechnung Nr. 5234
Kundennummer: 240223
...

Position	Stück	Einzel-preis	Summe
Skateboard Windpower	20	329,02 €	6.580,40 €
		Rechnungsbetrag	**6.580,40 €**

Bitte überweisen Sie den Rechnungsbetrag bis zum 22.09.20.. .

Mit freundlichen Grüßen

Eastside Sports GmbH

i. V.
Lara Kranz

2.3 Kopie der Ausgangsrechnung Nr. 05133

Rad & Roll GmbH

Rad & Roll GmbH, Schlossstraße 21, 70176 Stuttgart

Sporthaus Sunsport GmbH Deutschhofstraße 21
74072 Heilbronn

Datum: 15.09.20..

Rechnung Nr. 05133
Kundennummer: 2400744
...

Position	Stück	Einzel-preis	Summe
Mountain-bike Racer	10	610,00 €	6.100,00 €
		Rechnungsbetrag	**6.100,00 €**

Bitte überweisen Sie den Rechnungsbetrag bis zum 30.09.20.. .

Mit freundlichen Grüßen

Rad & Roll GmbH

i. V.
Lisa Rogg

3. Sie bestimmen die Aufbewahrungsfrist sowie deren Beginn und Ende für folgende Belege bzw. Handelsbriefe. Sie ergänzen dazu folgende Tabelle:

Unterlage	Aufbewahrungsfrist	Beginn	Ende
...	...	...	...

3.1 Belege aus Aufgabe 2 (Kontoauszug, Eingangsrechnung, Ausgangsrechnung)
3.2 Bestellung vom 21.03.2012
3.3 Inventar vom 31.12.2014
3.4 Schlussbilanz vom 31.12.2013
3.5 Lieferschein vom 21.04.2014
3.6 Kassenquittung für den Kauf eines Notebooks vom 21.10.2014
3.7 Geschäftsbrief mit dem Betreff „Mahnung mit Verzugszinsen" vom 21.01.2015

4. Sie unterscheiden jeweils anhand einer Vergleichsübersicht.
4.1 Buchführungspflicht nach § 238 HGB und § 141 AO
4.2 Körperliche Inventur und Buchinventur
4.3 Stichtagsinventur und zeitlich verlegte Inventur
4.4 Inventur, Inventar und Bilanz
4.5 Anlagevermögen und Umlaufvermögen

5. Ihnen liegen folgende Vermögensposten vor:

Maschinen, Forderungen LL, Fabrikhalle, Kassenbestand, Hypothekendarlehen, Handelswaren, Geschäftsausstattung, Verbindlichkeiten LL, Bankdarlehen, Rohstoffvorräte, Lagereinrichtung, Fertigerzeugnisse, Bankguthaben, Betriebsausstattung, Bürogebäude, Fuhrpark

Sie ordnen diese Vermögensposten den Bereichen Anlagevermögen und Umlaufvermögen zu und bringen sie in die richtige Reihenfolge.

6. Nach Durchführung der Inventur liegen der Mode & Sport GmbH folgende Werte für das gerade abgelaufene Geschäftsjahr vor:

Forderungen LL (laut Debitorenbuch)	20.000,00 €
Fabrikhalle (laut Gebäudeverzeichnis)	150.000,00 €
Kassenbestand (laut Kassenbuch)	5.000,00 €
Geschäftsausstattung (laut Inventurliste 01)	10.000,00 €
Verbindlichkeiten LL (laut Kreditorenbuch)	245.000,00 €
Fuhrpark (laut Inventurliste 02)	60.000,00 €
Bankdarlehen (laut Kontoauszug der Sparkasse)	20.000,00 €
Rohstoffvorräte (laut Inventurliste 03)	30.000,00 €
Hypothekendarlehen (laut Kontoauszug der Volksbank)	30.000,00 €
Lagereinrichtung (laut Inventurliste 04)	20.000,00 €
Fertigerzeugnisse (laut Inventurliste 05)	50.000,00 €
Bankguthaben bei der Sparkasse	6.000,00 €
Maschinen (laut Inventurliste 06)	30.000,00 €
Handelswaren (laut Inventurliste 07)	10.000,00 €
Bankguthaben bei der Volksbank	8.000,00 €
Betriebsausstattung (laut Inventurliste 08)	20.000,00 €
Bürogebäude (laut Gebäudeverzeichnis)	100.000,00 €

6.1 Sie erstellen anhand dieser Angaben das Inventar der Mode & Sport GmbH.
6.2 Ausgehend von diesem Inventar erstellen Sie die Bilanz der Mode & Sport GmbH.
6.3 Im vorausgegangenen Geschäftsjahr betrug das Eigenkapital (Reinvermögen) 190.000,00 €. Sie ermitteln den Gewinn bzw. Verlust für das gerade abgelaufene Geschäftsjahr.

7. Sie ergänzen die fehlenden Werte mithilfe der Bilanzgleichung:

	Vermögen	Umlauf-vermögen	Anlage-vermögen	Eigenkapital	Schulden
7.1	800.000 €	?	300.000 €	350.000 €	?
7.2	?	200.000 €	100.000 €	?	150.000 €
7.3	750.000 €	400.000 €	?	?	300.000 €
7.4	?	?	180.000 €	250.000 €	350.000 €
7.5	?	200.000 €	100.000 €	90.000 €	?

8. Ihnen liegen die Anfangsbestände folgender Bilanzposten vor:

Bank	100.000 €
Geschäftsausstattung	110.000 €
Darlehen	150.000 €
Verbindlichkeiten LL	260.000 €
Forderungen LL	50.000 €
Maschinen	60.000 €
Kasse	15.000 €
Handelswaren	190.000 €
Gebäude	200.000 €

8.1 Sie erstellen mithilfe dieser Angaben ein formgerechtes Inventar.
8.2 Ausgehend von Ihrem Inventar erstellen Sie die zugehörige Eröffnungsbilanz.
8.3 Sie ermitteln das Eigenkapital mithilfe der Bilanzgleichung.

8.4 Im laufenden Geschäftsjahr finden folgende Geschäftsfälle statt:

a)	Kauf von Handelswaren auf Ziel	100.000 €
b)	Begleichung von Verbindlichkeiten mit Banküberweisung	50.000 €
c)	Kauf von Büromöbeln gegen Barzahlung	10.000 €
d)	Umwandlung einer Verbindlichkeit in ein Darlehen	20.000 €
e)	Kauf einer Maschine auf Ziel	10.000 €

Sie stellen für die Geschäftsfälle a) bis e) die Auswirkung auf die Bilanzsumme fest.

8.5 Sie stellen für die Geschäftsfälle a) bis e) fest,

- welche Bilanzposten betroffen sind,
- um welche Art von Bilanzposten (Aktiv- oder Passivposten) es sich jeweils handelt,
- um welchen Betrag sich die jeweiligen Bilanzposten wertmäßig vermehren oder vermindern,
- um welche Art der Wertveränderung es sich handelt.

Sie ergänzen dazu die nachstehende Tabelle:

	Bilanzposten	**Aktiva (A) oder Passiva (P)**	**Mehrung (+) oder Minderung (–)**	**Art der Wertveränderung**
a)				
b)				
c)				
d)				
e)				

8.6 Sie erstellen die Schlussbilanz mit den veränderten Werten und ermitteln das Eigenkapital mithilfe der Bilanzgleichung.

2 Bestandskonten – Aktivkonten und Passivkonten

In diesem Kapitel lernen Sie, weshalb die Bilanz in Bestandskonten aufgelöst werden muss. Sie unterscheiden zwischen Aktivkonten und Passivkonten. Sie buchen auf Aktiv- und Passivkonten, schließen diese Konten ab und erstellen das Schlussbilanzkonto. Sie wenden bei der Buchung die Technik des Buchungssatzes an, um Belege vorkontieren zu können.

Lernsituation

Sie sind immer noch in der Abteilung Buchhaltung der Rad & Roll GmbH eingesetzt.

Ihr Teamleiter, Herr Nitsch, zeigt Ihnen den folgenden vorkontierten Beleg mit der Bitte, den zugrunde liegenden Geschäftsprozess nachzuvollziehen und die Kontierung zu überprüfen.

Rad & Roll GmbH

Rad & Roll GmbH, Schlossstraße 21, 7017…

Zweirad Schneider e. K.
Schubertstraße 89
77815 Bühl

Konto	Soll	Haben
Kasse	580,00	
Handelswaren		580,00
Datum	25.04.20..	
Unterschrift	Nitsch	

Kunden-Nr.: 240033
Steuer-Nr.: 181/240/50600
Datum: 25. April 20..

Rechnung Nr. 24000321

Artikelnummer	Artikel	Menge	Stückpreis	Gesamtpreis
09802	„Bottecchia" MTB Jugendrad, Größe M	1	150,00 €	150,00 €
	19 % Umsatzsteuer[1]			
	Rechnungsbetrag brutto			

Zahlung bitte nach Erhalt der Rechnung ohne Abzug.

bar bezahlt
25.04.20..
Rogg

Mit freundlichen Grüßen

Rad & Roll GmbH

i. V.
Lisa Rogg

Bankverbindung: Deutsche Bank Stuttgart, IBAN: DE30 6007 0070 0011 2233 44 BIC: DEUTDESS600

1 Umsatzsteuer siehe im Lernabschnitt 5 Warenbuchungen mit Umsatzsteuer

Herr Nitsch beauftragt Sie, für das nächste Ausbildungsgespräch eine Tischvorlage und eine PowerPoint-Präsentation mit folgenden Gliederungspunkten zu erstellen:

1. Regeln bei der Eröffnung der Bestandskonten
2. Regeln für die Buchung auf Aktivkonten
3. Regeln für die Buchung auf Passivkonten
4. Vorgehensweisen beim Abschluss eines Bestandskontos
5. Grundprinzip der doppelten Buchführung
6. Regeln für die Bildung von Buchungssätzen

Arbeitsaufträge

a) Sie **informieren** sich darüber, warum die Bilanz in Bestandskonten aufgelöst wird und wie die Bestandskonten eröffnet werden. Sie erkennen die Unterschiede zwischen Aktiv- und Passivkonten. Sie informieren sich über die Buchung mithilfe des Buchungssatzes und erkennen die Vorteile dieser Buchungstechnik.

b) Sie **buchen** auf Bestandskonten (T-Konten) und schließen sie ab. Dabei ermitteln Sie die Schlussbestände durch Saldieren. Sie **entwickeln Buchungsregeln** für die Buchung auf Aktiv- und Passivkonten und deren Abschluss. Sie wenden das Grundprinzip der doppelten Buchführung an und buchen mithilfe von Buchungssätzen. Sie **erarbeiten** eine PowerPoint-Präsentation und eine Tischvorlage mit den gewünschten Gliederungspunkten.

c) Sie **tragen** Ihre PowerPoint-Präsentation beim Ausbildungsgespräch vor. Ebenso stellen Sie Ihre Tischvorlage vor. Sie reagieren auf Fragen und Anmerkungen der Anwesenden.

d) Sie **bewerten** Ihren Vortrag zusammen mit Herrn Nitsch und den anderen Auszubildenden anhand des erstellten Kriterienkatalogs für Präsentationen. Sie nehmen Kritikpunkte auf zur Vollständigkeit und inhaltlichen Richtigkeit, ergänzen Ihre Ausarbeitungen und korrigieren Fehler.

e) Sie **reflektieren** kritisch mögliche Fehlerquellen im Buchungsprozess und überprüfen Ihre Arbeitsweise. Sie sind bereit, Ihr Arbeitsergebnis zu verantworten und aus Fehlern zu lernen, und erkennen, dass Sie bei der Kontierung von Buchungsbelegen besonders gewissenhaft arbeiten müssen. Ebenso **reflektieren** Sie Ihr Verhalten in der Arbeitsgruppe und überlegen, wie Sie Ihre Verhaltensweisen verbessern könnten.

2.1 Auflösung der Bilanz in Bestandskonten

Jeder Geschäftsfall verändert die Werte von **mindestens zwei Bilanzposten**. Demnach müsste nach jedem Geschäftsfall eine neue Bilanz erstellt werden. Das wäre umständlich und unübersichtlich. Deshalb wird für jeden Bilanzposten ein eigenes Konto[1] eingerichtet. In dieses Konto wird der Anfangsbestand aus der Eröffnungsbilanz übernommen und die Bestandsveränderungen aufgrund der Geschäftsfälle eingetragen. Am Schluss des Geschäftsjahres wird der Schlussbestand durch Saldieren ermittelt. Die Schlussbestände aller Konten werden in die Schlussbilanz übertragen.

Beispiel: *Vereinfachte Eröffnungsbilanz (Ausgangsbilanz) und Eröffnung der Konten*

Aktiva	**Bilanz zum 01.01.20..**		Passiva
Fuhrpark	30.000 €	Eigenkapital	60.000 €
Handelswaren (Waren)	125.000 €	Darlehen	20.000 €
Bankguthaben (Bank)	25.000 €	Verbindlichkeiten LL (VLL)	100.000 €
	180.000 €		180.000 €

Aktivkonten

Die Bilanzposten auf der Aktivseite der Bilanz heißen **Aktivkonten**. Hier steht der Anfangsbestand (AB) im Soll (S = linke Seite).

Soll	**Fuhrpark**		Haben
AB	30.000		

Soll	**Handelswaren**		Haben
AB	125.000		

Soll	**Bank**		Haben
AB	25.000		

Bei den Aktivkonten stehen Anfangsbestand (AB) und Bestandsmehrungen im Soll (S = linke Seite), Bestandsminderungen und Schlussbestand (SB) im Haben (H = rechte Seite).

S	**Aktivkonto** H
AB	Bestandsminderungen (Abgänge)
Bestandsmehrungen (Zugänge)	SB (Saldo)

Passivkonten

Die Bilanzposten auf der Passivseite der Bilanz heißen **Passivkonten**. Hier steht der Anfangsbestand (AB) im Haben (H = rechte Seite).

Soll	**Eigenkapital**		Haben
		AB	60.000

Soll	**Darlehen**		Haben
		AB	20.000

Soll	**Verbindlichkeiten LL.**		Haben
		AB	100.000

Bei den Passivkonten stehen Anfangsbestand (AB) und Bestandsmehrungen im Haben (H = rechte Seite), Bestandsminderungen und Schlussbestand (SB) im Soll (S = linke Seite).

S **Passivkonto**	H
Bestandsminderungen (Abgänge)	AB
SB (Saldo)	Bestandsmehrungen (Zugänge)

Aktiv- und Passivkonten werden **Bestandskonten** genannt, da sie die Bestände und die Bestandsveränderungen erfassen und fortschreiben.

1 Konto von italienisch conto = Rechnung. Die Bezeichnungen Soll und Haben für die Seiten eines Kontos sind historisch bedingt und stammen aus dem Kundenkonto (Forderungen): der Kunde **soll** zahlen (Sollbuchung), die Kunden **haben** bezahlt (Habenbuchung). Diese Seitenbezeichnungen geben für die anderen Konten jedoch keinen Sinn.

2.2 Buchung auf Bestandskonten

Zunächst sollen die Auswirkungen von Geschäftsfällen zur Vereinfachung nur **an einem Bestandskonto**[1] gezeigt werden. Wir wählen dazu das Aktivkonto Bank und das Passivkonto Verbindlichkeiten.

Buchung auf dem Aktivkonto Bank und Abschluss dieses Kontos:

1. Wir übernehmen den Bestand des Kontos Bank aus der Eröffnungsbilanz 25.000,00 €.
   Der Anfangsbestand steht auf der Sollseite (links), da das Konto Bank ein Aktivkonto ist und in der Bilanz auf der linken Seite (Aktiva) steht.

2. Kunde zahlt unsere Ausgangsrechnung (AR) Nr. 345 mit Banküberweisung 3.200,00 €.
   Unser Anfangsbestand wird vermehrt ▶ Buchung auf der Sollseite.

3. Wir zahlen die Eingangsrechnung (ER) Nr. 3367 unseres Lieferanten Wincora per Banküberweisung 1.300,00 €.
   Unser Anfangsbestand wird vermindert ▶ Buchung auf der Habenseite.

4. Unsere Bank zieht die Tilgungsrate für einen Autokredit in Höhe von 2.000,00 € ein.
   Unser Anfangsbestand wird vermindert ▶ Buchung auf der Habenseite.

Aktivkonto Bank nach Übernahme des Anfangsbestands und Buchungen der Geschäftsfälle:

Soll		**Bank**	Haben
1. Anfangsbestand (AB)	25.000 €	3. Wir zahlen ER 3367	1.300 €
2. Kunde zahlt AR 345	3.200 €	4. Wir zahlen Kreditrate	2.000 €

Aktivkonto Bank nach Feststellung des Schlussbestands durch Saldieren:

Soll		**Bank**	Haben
1. Anfangsbestand (AB)	25.000 €	3. Wir zahlen ER 3367	1.300 €
2. Kunde zahlt AR 345	3.200 €	4. Wir zahlen Kreditrate	2.000 €
		Schlussbestand (SB)	**24.900 €**
	28.200 €		28.200 €

Vorgehensweise beim Abschluss eines Bestandskontos:

1. Die **wertmäßig höhere Seite** feststellen und die Werte addieren.
2. Diese Summe **auf die Gegenseite** des Kontos übernehmen.
3. Davon die **dort befindlichen Werte abziehen** (= Saldieren).
4. Diese Differenz heißt Saldo und stellt den **Schlussbestand** des Bestandskontos dar.
5. Den **Schlussbestand (SB)** in die Schlussbilanz auf der Gegenseite eintragen.
6. Freiräume mit Buchhalternase entwerten.

Allgemein gilt für die Ermittlung des Schlussbestands folgende Regel:

Schlussbestand = Anfangsbestand + Zugänge – Abgänge

1 Es gilt jedoch weiterhin, dass jeder Geschäftsfall die Werte von **mindestens zwei Konten** verändert, sonst wäre die Bilanz nicht mehr im Gleichgewicht.

Buchung auf dem Passivkonto Verbindlichkeiten und Abschluss dieses Kontos:

1. Wir übernehmen den Bestand des Kontos Verbindlichkeiten aus der Eröffnungsbilanz 100.000,00 €.
   Der Anfangsbestand steht auf der Habenseite (rechts), da das Konto Verbindlichkeiten ein Passivkonto ist und in der Bilanz auf der rechten Seite (Passiva) steht.

2. Wir erhalten die Eingangsrechnung (ER) Nr. 2356 unseres Lieferanten Wincora über 2.000,00 € und zahlen später.
   Unser Anfangsbestand wird vermehrt ▶ Buchung auf der Habenseite.

3. Wir zahlen die Eingangsrechnung (ER) Nr. 2356 unseres Lieferanten Wincora per Banküberweisung 2.000,00 €.
   Unser Anfangsbestand wird vermindert ▶ Buchung auf der Sollseite.

4. Wir wandeln eine Lieferantenverbindlichkeit in ein langfristiges Darlehen um 10.000,00 €.
   Unser Anfangsbestand wird vermindert ▶ Buchung auf der Sollseite.

Passivkonto Verbindlichkeiten nach Übernahme des AB und Buchungen der Geschäftsfälle:

Soll	**Verbindlichkeiten LL (VLL)**		Haben
3. Wir zahlen ER 2356	2.000 €	1. Anfangsbestand (AB)	100.000 €
4. Umwandlung in Darlehen	10.000 €	2. Eingang der ER 2356	2.000 €

Passivkonto Verbindlichkeiten nach Feststellung des Schlussbestands durch Saldieren:

Soll	**Verbindlichkeiten LL (VLL)**		Haben
3. Wir zahlen ER 2356	2.000 €	1. Anfangsbestand (AB)	100.000 €
4. Umwandlung in Darlehen	10.000 €	2. Eingang der ER 2356	2.000 €
Schlussbestand (SB)	**90.000 €**		
	102.000 €		102.000 €

Von der Eröffnungsbilanz zur Schlussbilanz:

Beispiel: *Vereinfachte Eröffnungsbilanz (Ausgangsbilanz)*

Aktiva	**Eröffnungsbilanz zum 01.01.20..**		Passiva
Fuhrpark	30.000 €	Eigenkapital	60.000 €
Waren	125.000 €	Darlehen	20.000 €
Bank	25.000 €	Verbindlichkeiten LL (VLL)	100.000 €
	180.000 €		180.000 €

1. Geschäftsfall am 02.01.20.. :
Bezahlung einer Eingangsrechnung über Handelswaren mit Banküberweisung 5.000,00 €.

Welche Bilanzposten sind betroffen?	**Waren** und **Bank**
Sind es Aktiv- oder Passivkonten?	Beides sind **Aktivkonten.**
Vermehren oder vermindern sie sich? Im Soll oder im Haben?	Handelswaren **vermehren** sich **im Soll** um 5.000,00 €. Bank **vermindert** sich **im Haben** um 5.000,00 €.

Hinweis: Im Bestandskonto wird nicht nur der Betrag, sondern auch das Gegenkonto eingetragen. Damit kann auch der Grund der Bestandsveränderung nachvollzogen werden.

Soll	**Waren**		Haben
AB	125.000		
Bank	5.000		

Soll	**Bank**		Haben
AB	25.000	Waren	5.000

2. Geschäftsfall am 03.01.20.. :
Umwandlung eines kurzfristigen Lieferantenkredits in ein langfristiges Darlehen 15.000,00 €.

Welche Bilanzposten sind betroffen?	**Darlehen** und **Verbindlichkeiten (VLL)**
Sind es Aktiv- oder Passivkonten?	Beides sind **Passivkonten.**
Vermehren oder vermindern sie sich? Im Soll oder im Haben?	Das Darlehen **vermehrt** sich **im Haben** um 15.000,00 €. Verbindlichkeiten **vermindern** sich **im Soll** um 15.000,00 €.

Soll	**Darlehen**		Haben
		AB	20.000
		Verbindlich-keiten	15.000

Soll	**Verbindlichkeiten (VLL)**		Haben
Darlehen	15.000	AB	100.000

3. Geschäftsfall am 04.01.20.. :
Eine Eingangsrechnung über Handelswaren trifft ein 1.500,00 €. Wir zahlen noch nicht (Zielkauf).

Welche Bilanzposten sind betroffen?	**Waren** und **Verbindlichkeiten (VLL)**
Sind es Aktiv- oder Passivkonten?	Waren ist ein **Aktivkonto**, VLL ist ein **Passivkonto.**
Vermehren oder vermindern sie sich? Im Soll oder im Haben?	Waren **vermehren** sich **im Soll** um 1.500,00 €. Verbindlichkeiten **vermehren** sich **im Haben** um 1.500,00 €.

Soll	Waren		Haben
AB	125.000		
Bank	5.000		
Verbindlichkeiten	1.500		

Soll	Verbindlichkeiten (VLL)		Haben
Darlehen	15.000	AB	100.000
		Waren	1.500

4. Geschäftsfall am 05.01.20.. :
Eine Verbindlichkeit LL. wird mit Banküberweisung beglichen 2.000,00 €.

Welche Bilanzposten sind betroffen?	**Bank** und **Verbindlichkeiten (VLL)**
Sind es Aktiv- oder Passivkonten?	Bank ist ein **Aktivkonto**, VLL ist ein **Passivkonto.**
Vermehren oder vermindern sie sich? Im Soll oder im Haben?	Bank **vermindert** sich **im Haben** um 2.000,00 €. Verbindlichkeiten **vermindern** sich **im Soll** um 2.000,00 €.

Soll	**Bank**		**Haben**
AB	25.000	Waren	5.000
		Verbindlichkeiten	2.000

Soll	Verbindlichkeiten (VLL)		Haben
Darlehen	15.000	AB	100.000
Bank	2.000	Waren	1.500

Grundprinzip der doppelten Buchführung (Doppik):

- Jeder Geschäftsfall verändert mindestens **zwei Konten**.
- Der Betrag wird auf einem Konto im **Soll** und auf dem Gegenkonto im **Haben** gebucht.
- Für jeden Geschäftsfall gilt: **Wert der Sollbuchung = Wert der Habenbuchung.**

2.3 Abschluss der Bestandskonten auf das Schlussbilanzkonto

Zur Feststellung des Schlussbestandes müssen die Konten abgeschlossen werden.

Vorgehensweise beim Abschluss eines Bestandskontos:

1. Die **wertmäßig höhere Seite** feststellen und die Werte addieren.
2. Diese Summe **auf die Gegenseite** des Kontos übernehmen.
3. Davon die **dort befindlichen Werte abziehen** (= Saldieren).
4. Diese Differenz heißt Saldo und stellt den **Schlussbestand** (SB) des Kontos dar.
5. Den **Schlussbestand (SB)** in die Schlussbilanz auf der Gegenseite eintragen.
6. Freiräume mit Buchhalternase entwerten.

Allgemein gilt:

Schlussbestand = Anfangsbestand + Zugänge – Abgänge

Soll	**Waren**		Haben
AB	125.000	**SB**	**131.500**
Bank	5.000		
Verbindl.	1.500		
	131.500		131.500

Soll	**Darlehen**		Haben
SB	**35.000**	AB	20.000
		Verbindl.	15.000
	35.000		35.000

Soll	**Bank**		Haben
AB	25.000	Waren	5.000
		Verbindl.	2.000
		SB	**18.000**
	25.000		25.000

Soll	**Verbindlichkeiten (VLL)**		Haben
Darlehen	15.000	AB	100.000
Bank	2.000	Waren	1.500
SB	**84.500**		
	101.500		101.500

Aktiva	**Schlussbilanz zum 05.01.20..**		Passiva
Fuhrpark	30.000 €	Eigenkapital	60.000 €
Waren	131.500 €	Darlehen	35.000 €
Bank	18.000 €	Verbindlichkeiten LL (VLL)	84.500 €
	179.500 €		179.500 €

6

Werteströme erfassen und beurteilen

2.4 Buchungssatz – Belege vorkontieren

Für die Kontierung der Belege (Buchungsstempel) und für die anschließende Dokumentation der Buchung im Grund- und Hauptbuch genügt eine kurze Buchungsanweisung – Buchungssatz genannt.

Im **Buchungssatz** wird das Konto mit der **Sollbuchung zuerst** genannt und danach das Konto mit der Habenbuchung. Beide Konten werden mit dem Wort „an" verbunden – es entsteht ein kurzer Satz.

Konto mit der **Sollbuchung an** Konto mit der **Habenbuchung**

Auch für den Buchungssatz gilt das Grundprinzip der doppelten Buchführung:

Wert aller Sollbuchungen = Wert aller Habenbuchungen

Beispiel:

1	Geschäftsausstattung	1.100 €	**an**	Verbindlichkeiten LL	1.100 €

Der **einfache Buchungssatz** enthält nur zwei Konten. Werden mehr als zwei Konten angesprochen, dann liegt ein **zusammengesetzter Buchungssatz** vor. Selbstverständlich sind vor der Bildung des Buchungssatzes bei der Vorkontierung bzw. beim Eintrag ins Grundbuch dieselben Fragen zu beantworten wie bei der direkten Buchung im T-Konto des Hauptbuchs.

Beispiel 1: einfacher Buchungssatz

Eingangsrechnung für den Kauf eines Kopiergeräts geht ein 1.100,00 €. Der Rechnungsbetrag ist erst in drei Wochen fällig. Kurz: Kauf eines Kopiergeräts auf Ziel 1.100,00 €.

Vorüberlegungen

Welche Bilanzposten sind betroffen?	**Geschäftsausstattung**	**Verbindlichkeiten LL**
Sind es Aktiv- oder Passivkonten?	**Aktivkonto**	**Passivkonto**
Zugang oder Abgang?	**Zugang um 1.100,00 €**	**Zugang um 1.100,00 €**
Soll oder im Haben?	**Soll**	**Haben**

Einfacher Buchungssatz:

1	**Geschäftsausstattung**	1.100 €	**an**	**Verbindlichkeiten LL**	1.100 €

Beispiel 2: zusammengesetzter Buchungssatz

Bezahlung dieser Eingangsrechnung über 1.100,00 € durch Banküberweisung 600,00 € und mit Bargeld 500,00 €.

Vorüberlegungen

Welche Bilanzposten sind betroffen?	**Bank**	**Kasse**	**Verbindlichkeiten LL**
Sind es Aktiv- oder Passivkonten?	**Aktivkonto**	**Aktivkonto**	**Passivkonto**
Zugang oder Abgang?	**Abgang (600 €)**	**Abgang (500 €)**	**Abgang (1.100 €)**
Soll oder im Haben?	**Haben**	**Haben**	**Soll**

Zusammengesetzter Buchungssatz:

2	**Verbindlichkeiten LL**	1.100 €	**an**	**Bank** **Kasse**	600 € 500 €

Beispiel 3: zusammengesetzter Buchungssatz

Ein Kunde bezahlt unsere Ausgangsrechnung (sie war drei Wochen nach Rechnungsdatum fällig) teilweise bar (200,00 €), teilweise durch Banküberweisung (1.200,00 €).

Vorüberlegungen

Welche Bilanzposten sind betroffen?	**Kasse**	**Bank**	**Forderungen LL**
Sind es Aktiv- oder Passivkonten?	**Aktivkonto**	**Aktivkonto**	**Aktivkonto**
Zugang oder Abgang?	**Zugang (200 €)**	**Zugang (1.200 €)**	**Abgang (1.400 €)**
Soll oder im Haben?	**Soll**	**Soll**	**Haben**

Zusammengesetzter Buchungssatz:

3	**Bank** **Kasse**	200 € 1.200 €	**an**	**Forderungen LL**	1.400 €

2.5 Zusammenhang der Buchführung – vom Beleg zur Bilanz

Grundlage jeder Buchung sind die **Fremd- oder Eigenbelege.** Diese werden mithilfe des Buchungsstempels vorkontiert. Der **Buchungsstempel** enthält die betroffenen *Konten*, das *Datum* und die *Unterschrift des Bearbeiters.* Die *Buchungssätze* auf den Buchungsstempeln der Belege werden nach dem Datum geordnet ins **Grundbuch** (Geschäftstagebuch, Journal) übernommen. Die Buchungssätze werden danach in die **Nebenbücher** (z. B. Personen-, Waren-, Anlagenkonten) sachlich geordnet nach Kunden, Lieferanten, Warengruppen oder Anlagegruppen übernommen.

Danach werden die vorkontierten Belege abgelegt, z. B. zur Zahlung in den Terminordner gelegt. Die Nebenbücher werden in regelmäßigen Zeitabständen saldiert und die Ergebnisse in die Sachkonten des **Hauptbuchs** übernommen. Die Anfangsbestände der Sachkonten werden aus der Eröffnungsbilanz des **Bilanzbuchs** entnommen und die Schlussbestände der Sachkonten in die Schlussbilanz übertragen. Die Buchbestände der Nebenbücher und des Hauptbuchs müssen regelmäßig mit den Istbeständen abgeglichen werden (Inventur).

Von den Belegen zur Bilanz

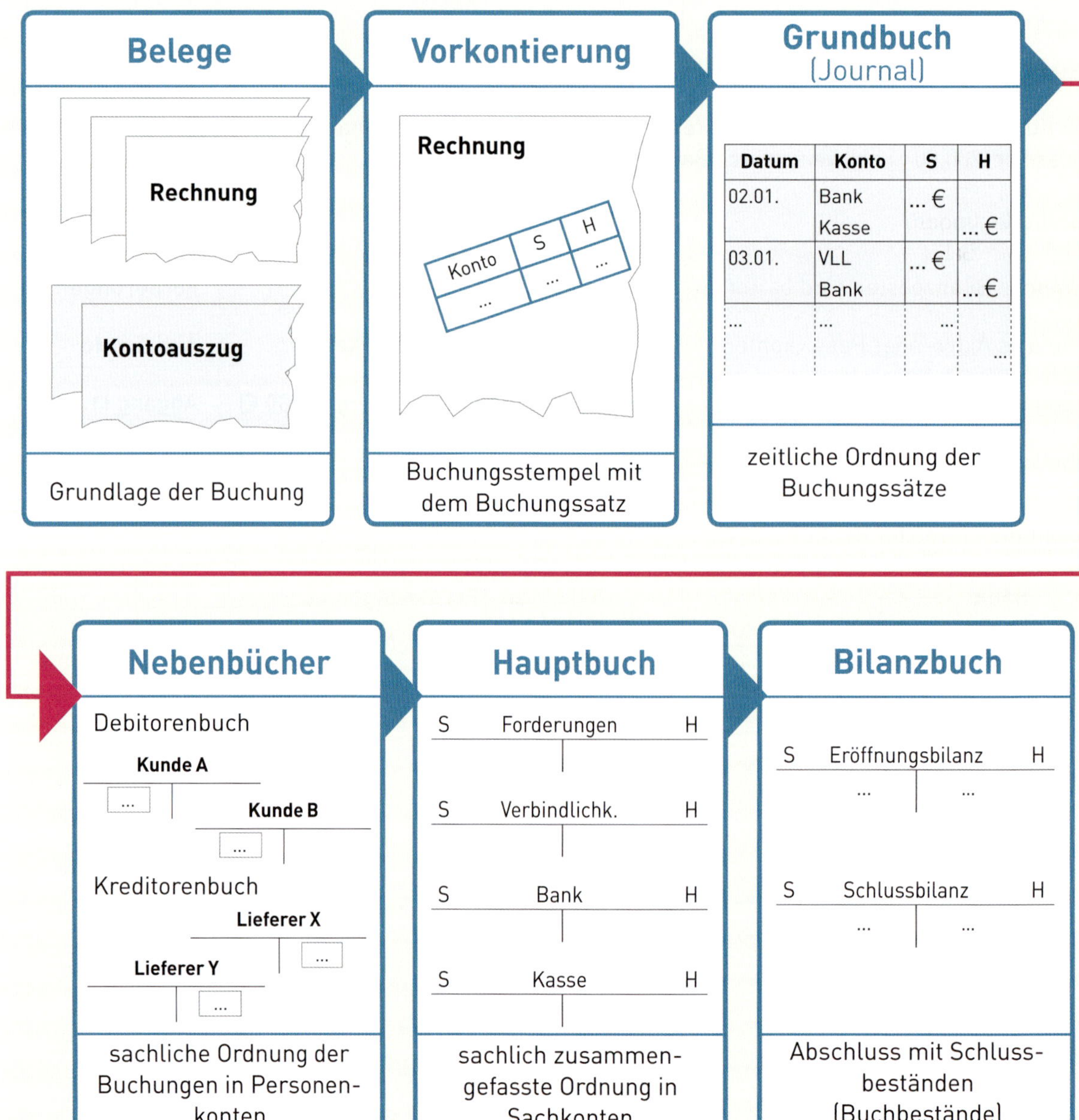

Wissen testen

1. Sie ergänzen Ihre Lernkartei zum Themengebiet „Buchführung".

1.1 Sie schreiben jeden der folgenden Begriffe auf die Kopfzeile eines DIN-A6-Kärtchens:

> Bestandskonto (Begriff, Arten), Aktivkonto (Buchungsregeln), Passivkonto (Buchungsregeln), Abschluss der Bestandskonten (Regeln), doppelte Buchführung bzw. Doppik (Grundprinzip), Buchungssatz (Regeln), zusammengesetzter Buchungssatz

1.2 Sie sortieren die Begriffskärtchen nach den Kriterien „Weiß ich" oder „Weiß ich nicht". Sie bilden mit Ihren Mitschülern Kleingruppen und erklären sich gegenseitig die „Weiß-ich-nicht"-Kärtchen. Sie schlagen dabei die ungeklärten Begriffe im Schulbuch nach. Sie schreiben die Begriffserklärungen auf die Rückseite des entsprechenden Kärtchens und ordnen diese unter der Leitkarte „Buchführung" alphabetisch in Ihren Lernkartei-Behälter ein.

2. Sie entscheiden, ob folgende Vorgänge im Soll oder im Haben gebucht werden:

a) Anfangsbestand eines Aktivkontos
b) Anfangsbestand eines Passivkontos
c) Zugänge auf einem Aktivkonto
d) Zugänge auf einem Passivkonto
e) Abgänge auf einem Passivkonto
f) Abgänge auf einem Aktivkonto
g) Saldo eines Aktivkontos
h) Saldo eines Passivkontos

3. Sie führen das Konto **Kasse** und schließen es ab.
Es liegen folgende Vorgänge vor:

a) Übernahme des Anfangsbestands aus der Eröffnungsbilanz	3.000,00 €
b) Wir entnehmen Bargeld aus der Kasse und zahlen es auf das Bankkonto ein	2.000,00 €
c) Ein Kunde bezahlt eine Handelswaren-Rechnung bar	2.500,00 €
d) Wir zahlen an einen Lieferanten bar	1.500,00 €

4. Sie buchen auf das Konto **Forderungen LL** und schließen es ab.
Es liegen folgende Vorgänge vor:

a) Übernahme des Anfangsbestands aus der Eröffnungsbilanz	10.000,00 €
b) Kunde bezahlt unsere Ausgangsrechnung mit Bankscheck	14.000,00 €
c) Wir geben dem Kunden einen Preisnachlass	500,00 €
d) Ausgangsrechnung Nr. 233 für gelieferte Handelswaren	13.000,00 €
e) Kunde zahlt per Banküberweisung	15.000,00 €
f) Wir belasten den Kunden mit Verzugszinsen	300,00 €
g) Ausgangsrechnung Nr. 234 für ausgelieferte Handelswaren	10.000,00 €
h) Schlussbestand (SB)	? €

5. Sie bilden die Buchungssätze für die Geschäftsfälle aus Aufgabe 4. b) bis g).

6. Ihnen liegt die folgende vereinfachte Eröffnungsbilanz vor:

Aktiva	**Eröffnungsbilanz zum 01.01.20..**		Passiva
Gebäude	300.000 €	Eigenkapital	? €
Geschäftsausstattung	120.500 €	Darlehen	205.000 €
Handelswaren	108.000 €	Verbindlichkeiten LL.	184.500 €
Forderungen LL	78.000 €		
Bankguthaben	38.000 €		
Kassenbestand	3.500 €		
	648.000 €		648.000 €

6.1 Sie berechnen das Eigenkapital mithilfe der Bilanzgleichung.

6.2 Im Monat Januar fallen folgende Geschäftsfälle an:

a) Bareinkauf von Waren	2.000,00 €
b) Warenverkauf gegen Bankscheck	33.000,00 €
c) Kauf eines Verkaufsregals auf Ziel	500,00 €
d) Verkauf nicht mehr benötigter Büromöbel gegen bar	11.000,00 €
e) Kauf eines Lieferwagens gegen Anzahlung in bar	5.000,00 €
und Aufnahme eines Darlehens (Autokredit)	25.000,00 €

Sie bilden die Buchungssätze für die Geschäftsfälle a) bis e).

6.3 Sie eröffnen die Konten und übertragen Ihre Buchungssätze in die T-Konten (= Hauptbuch).
6.4 Sie schließen alle Konten ab und erstellen die Schlussbilanz zum 31.01.20.. .

7. Welche Geschäftsfälle liegen den folgenden Buchungssätzen zugrunde?

a)	**Waren**	2.000	**an**	**Kasse**	2.000
b)	**Kasse**	3.000	**an**	**Waren**	3.000
c)	**Verbindlichkeiten LL**	10.000	**an**	**Darlehen**	10.000
d)	**Darlehen**	5.000	**an**	**Bank**	5.000
e)	**Bank**	2.500	**an**	**Kasse**	2.500

8. Am 01. September liegen folgende Anfangsbestände (AB) vor:
Geschäftsausstattung 120.000,00 €; Darlehen 50.000,00 €; Kasse 5.000,00 €; Bank 15.000,00 €; Verbindlichkeiten LL 100.000,00 €; Forderungen LL 30.000,00 €; Waren 200.000,00 €.

Im Monat September fallen folgende Geschäftsfälle an:

1. Wareneinkauf auf Ziel	10.000,00 €
2. Wir begleichen eine Eingangsrechnung durch Banküberweisung	5.000,00 €
3. Ein Kunde zahlt unsere Rechnung durch Banküberweisung	6.000,00 €
4. Warenverkauf bar (Tageslosung)	15.000,00 €

8.1 Sie erstellen die Eröffnungsbilanz zum 1. September und eröffnen die Konten.
8.2 Sie bilden die Buchungssätze und übertragen sie auf die T-Konten.
8.3 Sie schließen die Konten ab und erstellen die Schlussbilanz zum 30. September.

Sie erstellen die T-Konten (= Hauptbuch) in folgender Reihenfolge:

Soll	**Eröffnungsbilanz**	**Haben**	Soll	**Schlussbilanz**	Haben

Soll	**Geschäftsausstattung**	Haben	Soll	**Eigenkapital**	Haben

Soll	**Waren**	Haben	Soll	**Bank**	Haben

Soll	**Forderungen LL**	Haben	Soll	**Verbindlichkeiten LL**	Haben

Soll	**Kasse**	Haben	Soll	**Darlehen**	Haben

9. Sie erläutern den buchhalterischen Ablauf vom Beleg bis zur Schlussbilanz und stellen den Zusammenhang auf einem Blatt Papier als Tischvorlage dar.

3 Ergebniskonten – Aufwandskonten und Ertragskonten

In diesem Kapitel lernen Sie, weshalb für das Eigenkapitalkonto Unterkonten (Ergebnis- bzw. Erfolgskonten) eingerichtet werden. Sie unterscheiden zwischen Aufwandskonten und Ertragskonten. Sie buchen auf Aufwands- und Ertragskonten, schließen diese auf das Sammelkonto Gewinn und Verlust (GuV) ab, stellen den Erfolg (Gewinn oder Verlust) fest und ermitteln den Schlussbestand des Eigenkapitals. Sie buchen dabei im Grundbuch und im Hauptbuch.

Lernsituation

Ihr Teamleiter, Herr Nitsch, zeigt Ihnen den folgenden Kontoauszug mit der Bitte, die zugrunde liegenden Geschäftsprozesse nachzuvollziehen, die Buchungssätze zu bilden und die Auswirkungen auf den Erfolg der Rad & Roll GmbH zu zeigen.

Deutsche Bank Stuttgart		**Kontoauszug**		Nummer 20	Blatt 1
Kontonummer IBAN: DE30600700700011223344			BIC: DEUTDESS600		
				Alter Kontostand vom 28.02.20..	39.000,00
Datum	**Erläuterungen**		**Wert**	**Abgänge**	**Zugänge**
01.03.20..	Gutschrift	Vermietung eines Lagerraums an Immo-GmbH	01.03.20..		1.500,00
04.03.20..	Gutschrift	Zinsen für Februar 20.. Geschäftskonto	04.03.20..		200,00
05.03.20..	Lastschrift	Gebäudeversicherung für 20.. an Allianz AG	05.03.20..	400,00	
07.03.20..	Gutschrift	Provisionen aus Tätigkeit als Handelsvertreter	07.03.20..		6.000,00
14.03.20..	Lastschrift	Lohnzahlung für Montagearbeitskräfte	14.03.20..	2.900,00	
15.03.20..	Lastschrift	Druckkosten für Werbeprospekte	15.03.20..	300,00	
				Neuer Kontostand vom15.03.20..	43.100,00
Rad & Roll GmbH Schlossstraße 21 70176 Stuttgart					

Herr Nitsch beauftragt Sie, für das nächste Ausbildungsgespräch eine Tischvorlage und eine PowerPoint-Präsentation mit folgenden Gliederungspunkten zu erstellen:

1. Regeln für die Buchung auf Ergebniskonten
2. Abschluss der Ergebniskonten
3. Checkliste für den Geschäftsabschluss mit Bestands- und Ergebniskonten

Arbeitsaufträge

a) Sie **informieren** sich, weshalb für das Eigenkapitalkonto Unterkonten in Form von Ergebniskonten eingerichtet werden. Sie erkennen die Unterschiede zwischen Aufwands- und Ertragskonten. Sie informieren sich, wie Ergebniskonten abgeschlossen werden und der Gewinn bzw. der Verlust ermittelt wird.

b) Sie **buchen** auf Ergebniskonten mithilfe von Buchungssätzen und T-Konten. Sie schließen die Ergebniskonten durch Saldieren ab und übertragen die Salden auf das Sammelkonto Gewinn und Verlust und stellen den Gewinn bzw. den Verlust fest. Sie **entwickeln Buchungsregeln** für die Buchung auf Aufwands- und Ertragskonten und deren Abschluss. Sie **erarbeiten** eine PowerPoint-Präsentation und eine Tischvorlage mit den gewünschten Gliederungspunkten.

c) Sie **tragen** Ihre PowerPoint-Präsentation beim Ausbildungsgespräch vor. Ebenso stellen Sie Ihre Tischvorlage vor. Sie reagieren auf Fragen und Anmerkungen der Anwesenden.

d) Sie **bewerten** Ihren Vortrag zusammen mit Herrn Nitsch und den anderen Auszubildenden anhand des erstellten Kriterienkatalogs für Präsentationen. Sie nehmen Kritikpunkte auf zur Vollständigkeit und inhaltlichen Richtigkeit, ergänzen Ihre Ausarbeitungen und korrigieren Fehler.

e) Sie **reflektieren** kritisch mögliche Fehlerquellen im Buchungsprozess und überprüfen Ihre Arbeitsweise. Sie sind bereit, Ihr Arbeitsergebnis zu verantworten und aus Fehlern zu lernen, und erkennen, dass Sie bei der Kontierung von Buchungsbelegen besonders gewissenhaft arbeiten müssen. Ebenso reflektieren Sie Ihr Verhalten in der Arbeitsgruppe und überlegen, wie Sie Ihre Verhaltensweisen verbessern könnten.

3.1 Ergebniskonten – Unterkonten des Kontos Eigenkapital

Alle bisherigen Geschäftsfälle haben das Eigenkapitalkonto nicht verändert – sie waren daher **erfolgsneutral**. Nur Geschäftsfälle, die das Eigenkapital vermehren oder vermindern, sind **erfolgswirksam.** Wenn das Eigenkapital nach Abschluss einer Periode vermehrt wurde, dann wurde in dieser Periode ein **Gewinn** erwirtschaftet. Waren jedoch die Bestandsmehrungen des Eigenkapitals wertmäßig geringer als die Bestandsminderungen, dann ist ein **Verlust** entstanden. Es gilt:

Vermehrungen des Eigenkapitals > Verminderungen des Eigenkapitals = **Gewinn**
Vermehrungen des Eigenkapitals < Verminderungen des Eigenkapitals = **Verlust**

Beispiel: *Buchungen der Geschäftsfälle des Kontoauszugs direkt auf dem Eigenkapitalkonto:*

Soll		**Eigenkapital**	Haben
3. Bank (Bestandsminderungen)	400 €	**Anfangsbestand**	**60.000 €**
5. Bank (Bestandsminderungen)	2.900 €	1. Bank (Bestandsmehrungen)	1.500 €
6. Bank (Bestandsminderungen)	300 €	2. Bank (Bestandsmehrungen)	200 €
Schlussbestand	**64.100 €**	4. Bank (Bestandsmehrungen)	6.000 €
	67.700 €		67.700 €

Bei direkter Buchung auf dem Eigenkapitalkonto sind die **Ursachen** bzw. Gründe für die Bestandsmehrungen und Bestandsminderungen **nicht erkennbar**. Nach § 242 Abs. 2 HGB müssen die Gründe für die Bestandsmehrungen (Erträge genannt) und Bestandsminderungen des Eigenkapitals (Aufwendungen genannt) sichtbar sein. Aufwendungen und Erträge müssen einander gegenübergestellt werden. Nur so ist übersichtlich nachvollziehbar, wie das Ergebnis (Gewinn oder Verlust) zustande gekommen ist.

Beispiel mit Musterlösung: *Vom Anfangs- zum Schlussbestand des Eigenkapitals*

Soll	**Eigenkapital zum 01.03.20..**		Haben
		Anfangsbestand (01.03.)	60.000 €

↓ **Bestandsminderungen des Eigenkapitals = Aufwendungen**

↓ **Bestandsmehrungen des Eigenkapitals = Erträge**

Damit die Ursache des jeweiligen Aufwands bzw. des jeweiligen Ertrags feststellbar ist, wird nicht direkt auf dem Passivkonto Eigenkapital gebucht, sondern auf Unterkonten des Eigenkapitals, den **Ergebniskonten** bzw. Erfolgskonten. Bestandsminderungen werden auf den **Aufwandskonten**, Bestandsmehrungen auf den **Ertragskonten** gebucht. Als Unterkonten des Eigenkapitals haben Aufwands- und Ertragskonten *keinen Anfangsbestand* (dieser steht im passiven Bestandskonto Eigenkapital im Soll).

3.2 Buchung auf den Ergebniskonten

Der Kontoauszug vom 15.03.20.. (siehe Lernsituation) enthält die Werteströme aus den folgenden Geschäftsprozessen bzw. Geschäftsvorfällen:

01.03.20..	(1)	Bankgutschrift für Mieterträge aus der Vermietung eines Lagerraums	1.500,00 €
04.03.20..	(2)	Gutschrift der Zinserträge aus Bankguthaben	200,00 €
05.03.20..	(3)	Überweisung der Gebäudeversicherung für 20.. an Allianz AG	400,00 €
07.03.20..	(4)	Bankgutschrift der Provisionserträge aus Tätigkeit als Handelsvertreter	6.000,00 €
14.03.20..	(5)	Lohnzahlung für Montagearbeitskräfte durch Banküberweisung	2.900,00 €
15.03.20..	(6)	Banküberweisung der Druckkosten für Werbeprospekte	300,00 €

Diese Werteströme werden mithilfe der folgenden Buchungssätze im Grundbuch erfasst:

1	**Bank**	1.500 €	**an**	**Mieterträge**	1.500 €
2	**Bank**	200 €	**an**	**Zinserträge**	200 €
3	**Versicherungsbeiträge**	400 €	**an**	**Bank**	400 €
4	**Bank**	6.000 €	**an**	**Provisionserträge**	6.000 €
5	**Löhne**	2.900 €	**an**	**Bank**	2.900 €
6	**Werbung**	300 €	**an**	**Bank**	300 €

Übertragung der Buchungssätze ins Hauptbuch[1]

Aufwendungen werden **immer im Soll** des jeweiligen Aufwandskontos gebucht.

Soll	**Versicherungsbeiträge**	Haben
3. Bank	400	

Soll	**Löhne**	Haben
5. Bank	2.900	

Soll	**Werbung**	Haben
6. Bank	300	

Erträge werden **immer im Haben** des jeweiligen Ertragskontos gebucht.

Soll	**Mieterträge**	Haben
	1. Bank	1.500

Soll	**Zinserträge**	Haben
	2. Bank	200

Soll	**Provisionserträge**	Haben
	4. Bank	6.000

Aufwendungen werden auf der Sollseite gebucht, da sich das Passivkonto Eigenkapital auf der Sollseite vermindert.

Erträge werden auf der Habenseite gebucht, da sich das Passivkonto Eigenkapital auf der Habenseite vermehrt.

Grundstruktur eines Aufwandskontos

S	**Aufwandskonto**	H
Buchungen		(Saldo)

Grundstruktur eines Ertragskontos

S	**Ertragskonto**	H
(Saldo)		Buchungen

1 Wegen der Übersichtlichkeit werden nur die Buchungen auf den Ergebniskonten dargestellt.

3.3 Abschluss der Ergebniskonten über das Gewinn- und Verlustkonto

Der Saldo eines Aufwandskontos steht immer im Haben und wird auf die Sollseite des Gewinn- und Verlustkontos übertragen.

Der Saldo eines Ertragskontos steht immer im Soll und wird auf die Habenseite des Gewinn- und Verlustkontos übertragen.

Soll	Versicherungsbeiträge		Haben
3. Bank	400	GuV	**400**
	400		400

Soll	Mieterträge		Haben
GuV	**1.500**	1. Bank	1.500
	1.500		1.500

Soll	Löhne		Haben
5. Bank	2.900	GuV	**2.900**
	2.900		2.900

Soll	Zinserträge		Haben
GuV	**200**	2. Bank	200
	200		200

Soll	Werbung		Haben
6. Bank	300	GuV	**300**
	300		300

Soll	Provisionserträge		Haben
GuV	**6.000**	4. Bank	6.000
	6.000		6.000

Die Salden der Ergebniskonten werden auf das **Sammelkonto Gewinn und Verlust** übertragen.

Soll	Gewinn und Verlust (GuV)		Haben
Versicherungsbeiträge	400 €	Mieterträge	1.500 €
Löhne	2.900 €	Zinserträge	200 €
Werbung	300 €	Provisionserträge	6.000 €
Eigenkapital (Gewinn)	**4.100 €**		
	7.700 €		7.700 €

Das Sammelkonto Gewinn und Verlust weist die Ursachen der Aufwendungen und Erträge aus. Steht der Saldo des GuV-Kontos auf der Sollseite, dann waren die Erträge höher als die Aufwendungen, dann wurde ein **Gewinn** erwirtschaftet. Steht der Saldo des GuV-Kontos auf der Habenseite, dann wurde ein **Verlust** erwirtschaftet.

Der Saldo des GuV-Kontos wird ins **Eigenkapitalkonto** übertragen.

Soll	Eigenkapital zum 15.03.20..		Haben
Schlussbestand (15.03.)	**64.100 €**	Anfangsbestand (01.03.)	60.000 €
		GuV (Gewinn)	**4.100 €**
	64.100 €		64.100 €

Buchung und Abschluss der Ergebniskonten:

- **Aufwandskonten haben** keinen Anfangsbestand ▶ Buchungen erfolgen auf der **Sollseite**.
- **Ertragskonten** haben keinen Anfangsbestand ▶ Buchungen erfolgen auf der **Habenseite**.
- Abschluss der **Ergebniskonten** ▶ auf das **Gewinn- und Verlustkonto (GuV)**
  Saldo der Aufwandskonten ▶ Habenseite des Aufwandskontos und Sollseite des GuV-Kontos
  Saldo der Ertragskonten ▶ Sollseite des Ertragskontos und Habenseite des GuV-Kontos
- Abschluss des **GuV-Kontos** ▶ auf das **Eigenkapitalkonto (EK)**
  Erträge > Aufwendungen = **Gewinn** ▶ Sollseite des GuV-Kontos und im Haben des EK-Kontos
  Erträge < Aufwendungen = **Verlust** ▶ Habenseite des GuV-Kontos und im Soll des EK-Kontos
- Abschluss des **Eigenkapitalkontos** ▶ Schlussbestand steht in der **Schlussbilanz (Passiva)**.

Schematischer Zusammenhang der Ergebniskonten

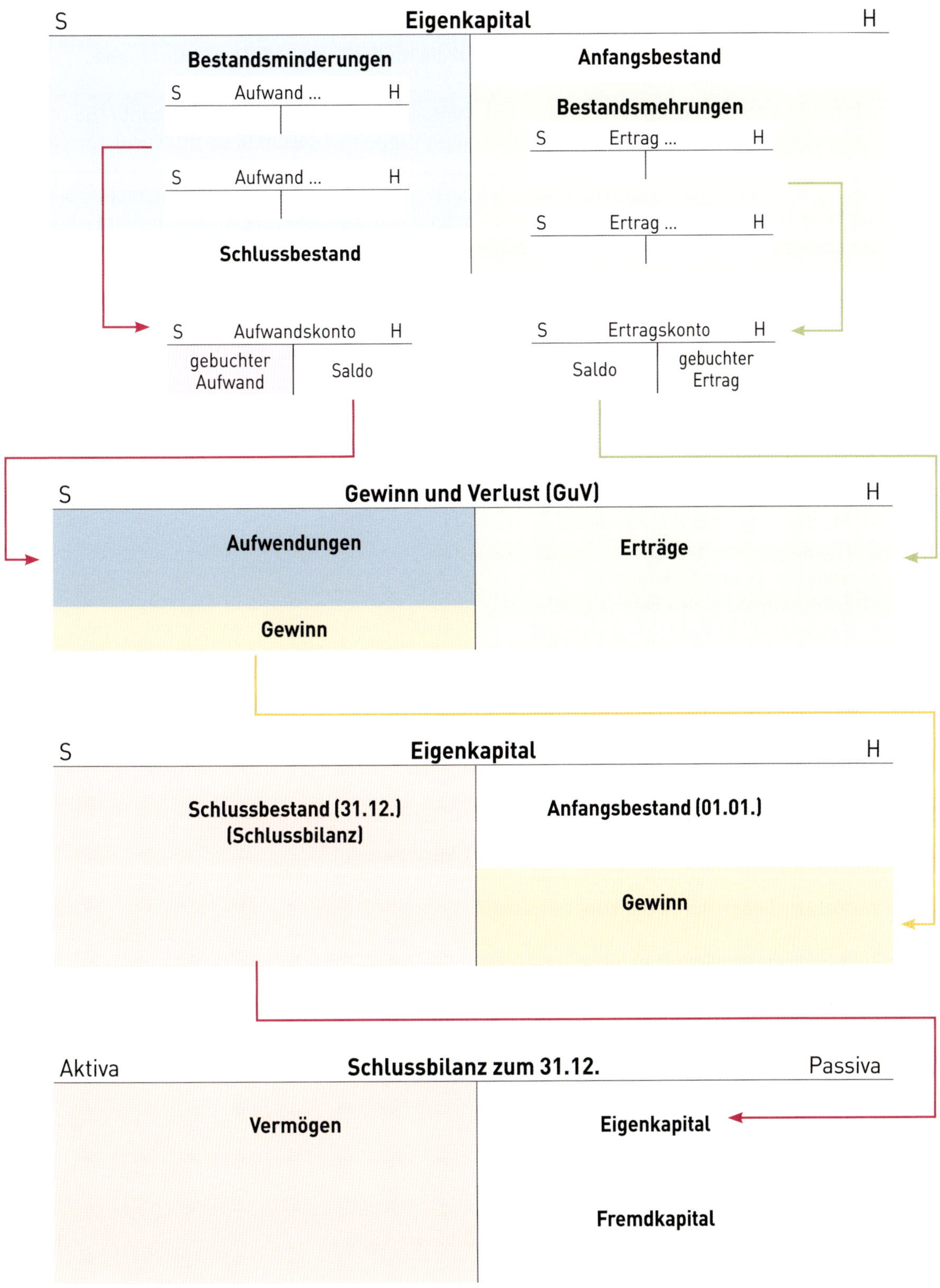

Wissen testen

1. Sie ergänzen Ihre Lernkartei zum Themengebiet „Buchführung".

1.1 Sie schreiben jeden der folgenden Begriffe auf die Kopfzeile eines DIN-A6-Kärtchens:

> Ergebniskonto (Begriff, Arten), Aufwandskonto (Buchungsregeln), Ertragskonto (Buchungsregeln), Abschluss der Ergebniskonten (Regeln), Gewinn (Begriff), Verlust (Begriff)

1.2 Sie sortieren die Begriffskärtchen nach den Kriterien „Weiß ich" oder „Weiß ich nicht". Sie bilden mit Ihren Mitschülern Kleingruppen und erklären sich gegenseitig die „Weiß-ich-nicht"-Kärtchen. Sie schlagen dabei die ungeklärten Begriffe im Schulbuch nach. Sie schreiben die Begriffserklärungen auf die Rückseite des entsprechenden Kärtchens und ordnen diese unter der Leitkarte „Buchführung" alphabetisch in Ihren Lernkartei-Behälter ein.

2. Sie entscheiden, ob folgende Vorgänge im Soll oder im Haben gebucht werden:

a) Anfangsbestand des Eigenkapitals
b) Buchung eines Aufwands
c) Mehrung des Eigenkapitals
d) Saldo eines Aufwandskontos
e) Minderungen des Eigenkapitals
f) Buchung eines Ertrags
g) Saldo eines Ertragskontos
h) Schlussbestand des Eigenkapitals
i) Saldo des GuV-Kontos (Gewinnfall)
j) Saldo des GuV-Kontos (Verlustfall)

3. Sie bilden die Buchungssätze für folgende Geschäftsvorfälle und entscheiden, welche dieser Vorgänge erfolgswirksam und welche erfolgsneutral sind.

3.1	Barkauf eines Schreibtisches	460,00 €
3.2	Wir begleichen eine Liefererrechnung durch Überweisung	1.100,00 €
3.3	Wir zahlen Zinsen durch Banküberweisung	380,00 €
3.4	Ein Kunde kauft Handelswaren und zahlt bar	55,00 €
3.5	Die Telekommunikationsentgelte werden von der Bank abgebucht	190,00 €
3.6	Tilgung eines Bankdarlehens durch Banküberweisung	2.000,00 €
3.7	Wir verkaufen Waren auf Ziel	9.100,00 €
3.8	Wir zahlen Geschäftsmiete per Bankscheck	900,00 €
3.9	Ein Kunde begleicht eine Rechnung per Banküberweisung	120,00 €
3.10	Die Bank schreibt uns Zinsen gut	220,00 €
3.11	Wir kaufen ein Grundstück und finanzieren es wie folgt:	
	Barzahlung	30.000,00 €
	Banküberweisung	40.000,00 €
	Kredit unserer Bank	70.000,00 €

3.12 Wir zahlen die Provision an unseren Handelsvertreter bar 3.000,00 €

3.13 Unser Mieter überweist die Januar-Miete 2.000,00 €

Tipp: Sie verwenden ein Formblatt nach folgendem Muster:

	Sollbuchung		**an**	**Habenbuchung**	
	Kontobezeichnung	**Betrag (€)**	**an**	**Kontobezeichnung**	**Betrag (€)**
3.1			**an**		
3.2			**an**		

4. Laut Kontoauszug der Bank lagen im November folgende Kontobewegungen vor:
Zinsaufwendungen: 1.200,00 €, Zinserträge: 1.400,00 €, Gehälter: 7.000,00 €,
Provisionserträge: 2. Nov.: 8.000,00 €, 15. Nov.: 3.300,00 €.

4.1 Sie übertragen diese Aufwendungen und Erträge in die unten stehenden **T-Konten.** Sie tragen auch die jeweiligen Gegenkonten ein.

4.2 Sie schließen alle Ergebniskonten ab und ermitteln den Gewinn bzw. Verlust.

4.3 Sie schließen das Eigenkapitalkonto ab, wenn der Anfangsbestand 30.000,00 € beträgt.

Sie erstellen die T-Konten in folgender Reihenfolge

Soll	**Zinsaufwendungen**	Haben	Soll	**Zinserträge**	Haben

Soll	**Gehälter**	Haben	Soll	**Provisionserträge**	Haben

Soll	**GuV**	Haben	Soll	**Eigenkapital**	Haben

5. Ihnen liegen folgende Anfangsbestände (AB) vor:
Forderungen LL 55.000,00 €; Bank 90.000,00 €; Verbindlichkeiten LL 80.000,00 €; Handelswaren 20.000,00 €; Eigenkapital ? €.

Im Monat Januar fielen folgende Geschäftsfälle an:

1. Ein Kunde begleicht unsere Rechnung durch Banküberweisung	10.000,00 €
2. Gehaltszahlung durch Banküberweisung	15.000,00 €
3. Gutschrift der Bank für vermietete Kopierer	15.000,00 €
4. Provisionszahlung an einen Handelsvertreter durch Banküberweisung	3.000,00 €
5. Zinsgutschrift der Bank	2.000,00 €
6. Einkauf von Handelswaren auf Ziel	31.000,00 €
7. Wir begleichen eine Lieferantenrechnung durch Banküberweisung	12.000,00 €

5.1 Sie erstellen die Eröffnungsbilanz zum 1. Januar und eröffnen die Konten.
5.2 Sie bilden die Buchungssätze und übertragen sie auf die T-Konten.
5.3 Sie schließen die Konten ab und erstellen die Schlussbilanz zum 31. Januar.
5.4 Sie stellen für den Monat Januar den Erfolg fest.

Sie erstellen die T-Konten in folgender Reihenfolge:

Soll	**Eröffnungsbilanz**	Haben

Soll	**Schlussbilanz**	Haben

Soll	**Handelswaren**	Haben

Soll	**Eigenkapital**	Haben

Soll	**Forderungen LL**	Haben

Soll	**Gehälter**	Haben

Soll	**Bank**	Haben

Soll	**Provisionsaufwand**	Haben

Soll	**Verbindlichkeiten LL**	Haben

Soll	**Mieterträge**	Haben

Soll	**GuV**	Haben

Soll	**Zinserträge**	Haben

Exkurs: Systematik der Buchführung

Kontenrahmen und Kontenplan

Würde jeder Betrieb seine Buchführung nach eigenem Ermessen gliedern und ordnen, dann wäre Chaos die Folge. Neu eingestellte Buchhalter und alle Interessengruppen wie Finanzämter, Gläubiger oder Gesellschafter müssten sich jeweils in dieses betriebsindividuelle Ordnungssystem einarbeiten, wenn sie ihre Arbeit tun wollten oder Betriebe kontrollieren und miteinander vergleichen wollten.

Deshalb hat jeder Wirtschaftsbereich (Industrie, Einzelhandel, Großhandel usw.) im Laufe der Zeit ein Ordnungsprinzip für die Buchhaltung entwickelt. Zentraler Bestandteil dieser Ordnung ist ein *einheitlicher, übersichtlich gegliederter* Kontenrahmen. Der **Kontenrahmen** enthält alle für den betreffenden Wirtschaftsbereich notwendigen Konten. Aus dieser Gesamtheit der Konten erstellt jeder Betrieb einen **Kontenplan**. Der Kontenplan enthält eine Auswahl mit den für seine Verhältnisse notwendigen Konten.

Alle Kontenrahmen und Kontenpläne sind nach dem **Zehnersystem** 0 bis 9 (dekadisch) aufgebaut. Die erste Stelle der Kontonummer kennzeichnet das zugehörige Sachgebiet, z. B. 2 = Umlaufvermögen. Insgesamt werden 10 Sachgebiete (= Kontenklassen 0 bis 9) unterschieden. Für die genaue Bezeichnung eines Kontos sind weitere Stellen notwendig, z. B. 28 Flüssige Mittel. Auch die zweite Stelle (und alle weiteren Stellen) ist eine Zahl zwischen 0 und 9. Der Kontenrahmen kommt mit 4-stelligen Kontonummern aus, die jeder Betrieb in seinem Kontenplan beliebig erweitern kann.

Beispiel: *Kontonummer 6081*

1. Stelle	**6**				**Kontenklasse**	Betriebliche Aufwendungen
2. Stelle	**6**	**0**			**Kontengruppe**	Aufwendungen für Roh-, Hilfs- und Betriebsstoffe und bezogene Waren
3. Stelle	**6**	**0**	**8**		**Kontenart**	Aufwendungen für Handelswaren
4. Stelle	**6**	**0**	**8**	**1**	**Kontenunterart**	Bezugskosten für Handelswaren

Aufbau des Industriekontenrahmens – Kontenklassen des IKR

<table>
<tr><td>0</td><td>Sachanlagen</td><td rowspan="2">Anlage-vermögen</td><td rowspan="3">Aktiv-konten</td><td rowspan="5">Bestandskonten (Bilanzposten)</td><td rowspan="9">Rechnungskreis 1
(auch als externe Buchführung, Finanzbuchführung oder Geschäftsbuch-führung bezeichnet)</td></tr>
<tr><td>1</td><td>Finanzanlagen</td></tr>
<tr><td>2</td><td>Umlaufvermögen</td><td>Umlauf-vermögen</td></tr>
<tr><td>3</td><td>Eigenkapital</td><td>Eigenkapital</td><td rowspan="2">Passiv-konten</td></tr>
<tr><td>4</td><td>Verbindlichkeiten</td><td>Fremdkapital</td></tr>
<tr><td>5</td><td>Erträge</td><td>Ertrags-konten</td><td colspan="2" rowspan="3">Ergebniskonten</td></tr>
<tr><td>6</td><td>Betriebliche Aufwendungen</td><td rowspan="2">Aufwands-konten</td></tr>
<tr><td>7</td><td>Weitere Aufwendungen</td></tr>
<tr><td>8</td><td>Ergebnis-rechnung</td><td>Bilanzen GuV-Konto</td><td colspan="2">Abschlusskonten</td></tr>
</table>

Die Kontenklassen 0 bis 8 dienen der kontenmäßigen Durchführung der externen Buchführung. So nennt sich die Buchführung, die Gegenstand dieses Lernabschnitts ist.

9	**Kosten- und Leistungsrechnung**	**Rechnungskreis 2** (auch als interne Buchführung oder Betriebs-buchführung bezeichnet)

Die Kontenklasse 9 dient der kontenmäßigen Durchführung der internen Buchführung. Die meisten Betriebe wickeln die Kosten- und Leistungsrechnung mit Tabellen ab.

Die Reihenfolge der Kontenklassen des Industriekontenrahmens orientiert sich an der Vorgehensweise bei der Erstellung des Jahresabschlusses (Bilanz und GuV-Rechnung). Das der Kontennummerierung zugrunde liegende Prinzip nennt sich daher **Abschlussgliederungsprinzip.**

Im Folgenden wird ein reduzierterer Industriekontenrahmen (IKR-**Schulkontenrahmen)** verwendet ▶ siehe Kontenrahmen am Ende des Buches.

Hinweis:
Um die Kontenhierarchie zu verdeutlichen werden im Folgenden

- dreistellige Kontonummern für die Kontenart (Hauptkonto) und
- vierstellige Kontennummern für die Kontenunterart (Unterkonto)

verwendet. So ist auf einen Blick erkennbar, wenn ein Unterkonto auf ein Hauptkonto abgeschlossen werden muss.

4 Buchung auf getrennten Warenkonten

In diesem Kapitel lernen Sie, weshalb das Warenkonto in drei Konten aufgeteilt werden muss. Sie unterscheiden zwischen dem Bestandskonto 221 (bzw. 228) Handelswaren, dem Aufwandskonto 608 Aufwendungen für Waren und dem Ertragskonto 501 (bzw. 510) Umsatzerlöse aus Handelswaren. Sie buchen den Einkauf und den Verkauf von Handelswaren. Sie schließen alle Warenkonten ab, ermitteln die Bestandsveränderungen, den Aufwand für die verkauften Waren (Wareneinsatz), den Ertrag aus dem Warenverkauf und den Rohgewinn aus dem Warenverkauf.

Lernsituation

Ihr Teamleiter, Herr Nitsch, zeigt Ihnen die folgenden Rechnungen mit der Bitte, die zugrunde liegenden Geschäftsprozesse nachzuvollziehen, die Buchungssätze zu bilden und die Auswirkungen auf den Erfolg der Rad & Roll GmbH zu zeigen.

Eingangsrechnung Nr. 6201

Eastside Sports GmbH

Eastside Sports GmbH, Industriestraße 2–4, 02571 Münsterhausen

Rad & Roll GmbH
Schlossstraße 21
70176 Stuttgart

Datum: 15.11.20..

Rechnung Nr. 6201
Kundennummer: 240223
...

Position	Stück	Einzelpreis	Summe
Skateboard „Windpower"	20	329,00 €	6.580,00 €
		Rechnungsbetrag	**6.580,00 €**

Bitte überweisen Sie den Rechnungsbetrag bis zum 30.11.20.. .

Mit freundlichen Grüßen

Eastside Sports GmbH

i. V.
Lara Kranz

Kopie der Ausgangsrechnung Nr. 05523

Rad & Roll GmbH

Rad & Roll GmbH, Schlossstraße 21, 70176 Stuttgart

Sporthaus Sunsport GmbH
Deutschhofstraße 21
74072 Heilbronn

Datum: 20.11.20..

Rechnung Nr. 05523
Kundennummer: 2400744
...

Position	Stück	Einzelpreis	Summe
Skateboard „Windpower"	5	450,00 €	2.250,00 €
		Rechnungsbetrag	**2.250,00 €**

Bitte überweisen Sie den Rechnungsbetrag bis zum 10.12.20.. .

Mit freundlichen Grüßen

Rad & Roll GmbH

i. V.
Lisa Rogg

Herr Nitsch beauftragt Sie, für das nächste Ausbildungsgespräch eine Tischvorlage und eine PowerPoint-Präsentation mit folgenden Gliederungspunkten zu erstellen:

1. Regeln für die Buchung des Wareneinkaufs und Warenverkaufs
2. Abschluss des Warenbestandskontos und der Warenergebniskonten
3. Checkliste für den Geschäftsabschluss mit getrennten Warenkonten und Ergebniskonten

Arbeitsaufträge

a) Sie **informieren** sich, weshalb das Warenkonto in drei Konten aufgeteilt werden muss. Sie unterscheiden zwischen dem Bestandskonto 221 (bzw. 228) Handelswaren, dem Aufwandskonto 608 Aufwendungen für Waren und dem Ertragskonto 501 (bzw. 510) Umsatzerlöse aus dem Warenverkauf. Sie informieren sich, wie diese Konten jeweils abgeschlossen werden.

b) Sie buchen den Einkauf und den Verkauf von Handelswaren mithilfe von Buchungssätzen und T-Konten. Sie schließen alle Warenkonten ab, ermitteln die Bestandsveränderungen, den Aufwand für die verkauften Waren (Wareneinsatz) und den Rohgewinn. Sie **entwickeln Buchungsregeln** für die Buchung auf den getrennten Warenkonten und deren Abschluss. Sie **erarbeiten** eine PowerPoint-Präsentation und eine Tischvorlage mit den gewünschten Gliederungspunkten.

c) Sie **tragen** Ihre PowerPoint-Präsentation beim Ausbildungsgespräch vor. Ebenso stellen Sie Ihre Tischvorlage vor. Sie reagieren auf Fragen und Anmerkungen der Anwesenden.

d) Sie **bewerten** Ihren Vortrag zusammen mit Herrn Nitsch und den anderen Auszubildenden anhand des erstellten Kriterienkatalogs für Präsentationen. Sie nehmen Kritikpunkte auf zur Vollständigkeit und inhaltlichen Richtigkeit, ergänzen Ihre Ausarbeitungen und korrigieren Fehler.

e) Sie **reflektieren** kritisch mögliche Fehlerquellen im Buchungsprozess und überprüfen Ihre Arbeitsweise. Sie sind bereit, Ihr Arbeitsergebnis zu verantworten und aus Fehlern zu lernen, und erkennen, dass Sie bei der Kontierung von Buchungsbelegen besonders gewissenhaft arbeiten müssen. Ebenso **reflektieren** Sie Ihr Verhalten in der Arbeitsgruppe und überlegen, wie Sie Ihre Verhaltensweisen verbessern könnten.

4.1 Einführung der drei Warenkonten – Bestand, Einkauf, Verkauf

Bisher wurde der Wareneinkauf als Bestandsmehrung auf dem Bestandskonto Handelswaren gebucht. Die Buchung des Warenverkaufs wurde bisher vermieden, da der Verkauf nicht auf dem Bestandskonto Handelswaren als Bestandsminderungen gebucht werden kann. Die Folge wäre ein falscher (oft sogar negativer) Schlussbestand, da die **eingekaufte Ware zum Einstandspreis** beschafft wird und die **verkaufte Ware zum höheren Verkaufspreis** verkauft wird.

Die Buchung des Einkaufs und Verkaufs auf dem gemischten Warenkonto sähe wie folgt aus:

Soll		**Warenkonto mit Einkäufen und Verkäufen**	Haben
Anfangsbestand: 150 Stück · **20 €**	3.000 €	**Warenverkäufe** 110 Stück · 40 €	4.400 €
Wareneinkäufe 100 Stück · **20 €**	2.000 €	**Schlussbestand** 140 Stück · 20 €	**2.800 €**
	5.000 €		5.000 €

Nach der Stückrechnung müsste der Schlussbestand 150 + 100 – 110 = 140 Stück betragen. Wertmäßig müssten diese 150 Stück einen Schlussbestand in Höhe von 2.800,00 € ergeben. Der rechnerische Saldo des gemischten Warenkontos würde jedoch 5.000 – 4.400 = 600,00 € betragen. Das liegt daran, dass der Wareneinkauf zu Einstandspreisen bewertet wurde und der Warenverkauf zu höheren Verkaufspreisen.

Da das gemischte Warenkonto einen falschen Schlussbestand ausweisen würde, werden die folgenden drei Warenkonten eingeführt.

Inhalt und Abschluss der drei Warenkonten[1]

Kontoart	Bezeichnung	Inhalt des Kontos	Abschluss
Bestandskonto (Aktivkonto)	**221 Handelswaren** (kurz: Hawa)	– Anfangsbestand – durch Inventur festgestellter Schlussbestand – Bestandsveränderung	Schlussbestand ▶ 801 Schlussbilanz Bestandsveränderung ▶ 608 Aufwendungen für Handelswaren
Aufwandskonto für die Einkäufe	**608 Aufwendungen für Handelswaren** (kurz: AfH)	Einkauf der Handelswaren zu **Einstandspreisen**	Saldo = Aufwand für die verkaufte Ware (Wareneinsatz) ▶ 802 GuV-Konto
Ertragskonto für die Verkäufe	**501 Umsatzerlöse für Handelswaren**	Verkauf der Handelswaren zu **Verkaufspreisen**	Saldo = Ertrag aus der verkauften Ware ▶ 802 GuV-Konto

Der Wareneinkauf wird im Folgenden nicht als Bestandsmehrung im Bestandskonto 221 Handelswaren erfasst (bestandsrechnerisches Verfahren), sondern direkt ins Konto 608 Aufwendungen für Handelswaren gebucht. Dieses **aufwandsrechnerische Verfahren** unterstellt, dass die eingekaufte Ware sofort wieder weiterverkauft wird. Lagerbestände spielen bei dieser **Just-in-time-Beschaffung** nur eine untergeordnete Rolle.

1 Im Schulkontenrahmen der Bundesländer sind die Kontennummern unterschiedlich: Z. B. 228 entspricht 221; 510 entspricht 501

***Beispiel:** Buchung des Wareneinkaufs und Warenverkaufs*

1. Buchung der Eingangsrechnung auf Seite 161 (siehe Lernsituation)

2. Buchung der Ausgangsrechnung auf Seite 161 (siehe Lernsituation)

Buchungssätze im Grundbuch

Buchung des Wareneinkaufs:

Die **Einkäufe** (Eingangsrechnungen) werden auf dem Aufwandskonto 608 Aufwendungen für Handelswaren, kurz AfH, gebucht.

1	608 AfH	6.580 €	an	440 Verbindlichkeiten LL	6.580 €

Buchung des Warenverkaufs:

Die **Verkäufe** (Ausgangsrechnungen) werden auf dem Ertragskonto 501 Umsatzerlöse für Handelswaren gebucht.

2	240 Forderungen LL	2.250 €	an	501 Umsatzerlöse für Hawa	2.250 €

Das **Bestandskonto 221 Handelswaren** enthält nur den Anfangsbestand, den durch Inventur festgestellten Schlussbestand und als Saldo die Bestandsveränderung. Bei der **Bestandsveränderung** kann es sich um eine Bestandsminderung oder Bestandsmehrung handeln.

Bestandsminderung
▶ SB < AB

Einkaufsmenge < Verkaufsmenge

Es wurden mengenmäßig **weniger Waren eingekauft** als verkauft. Lagerbestände wurden abgebaut.

S	221 Handelswaren		H
AB (150 St.)	3.000	SB (140 St.)	2.800
		608 AfH	**200**
	3.000		3.000

Liegt am Abschlusstag eine Bestandsminderung vor, dann steht der Saldo im Haben des Kontos 221 Handelswaren und im Soll des Gegenkontos 608 Aufwendungen für Handelswaren. Die Aufwendungen für Handelswaren werden um den Einkaufswert des Lagerabgangs erhöht.

Buchung der Bestandsminderung

608 AfH	200 an	221 Hawa	200

Bestandsmehrung
▶ SB > AB

Einkaufsmenge > Verkaufsmenge

Es wurden mengenmäßig **mehr Waren eingekauft** als verkauft. Lagerbestände wurden aufgebaut.

S	221 Handelswaren		H
AB (110 St.)	2.200	SB (140 St.)	2.800
608 AfH	**600**		
	2.800		2.800

Liegt am Abschlusstag eine Bestandsmehrung vor, dann steht der Saldo im Soll des Kontos 221 Handelswaren und im Haben des Gegenkontos 608 Aufwendungen für Handelswaren. Die Aufwendungen für Handelswaren werden um den Einkaufswert des Lagerzugangs verringert.

Buchung der Bestandsmehrung

221 Hawa	600 € an	608 AfH	600 €

4.2 Buchung auf den Warenkonten mit Abschluss

Beispiel:

Angaben: 221 Handelswaren: Anfangsbestand 4.000 €, Schlussbestand 6.000 €

Geschäftsfälle:

1. Einkauf von Handelswaren auf Ziel (Eingangsrechnung Nr. 234) 15.000 €
2. Verkauf von Handelswaren auf Ziel (Ausgangsrechnung Nr. 112) 25.000 €
3. Verkauf von Handelswaren gegen Barzahlung (Quittung Nr. 134) 400 €

Buchung auf den Warenkonten

Buchungssätze im Grundbuch

1	608 AfH	15.000 €	an	440 Verbindlichkeiten LL	15.000 €
2	240 Forderungen LL (FLL)	25.000 €	an	501 Umsatzerlöse für Hawa	25.000 €
3	282 Kasse[1]	400 €	an	501 Umsatzerlöse für Hawa	400 €

Übertragung der Buchungssätze ins Hauptbuch[2]

Soll	608 AfH		Haben
1. 440	15.000		

Soll	501 Umsatzerlöse		Haben
		2. 240	25.000
		3. 282	400

Abschluss der Warenkonten und Ermittlung des Rohgewinns

Der Saldo des Kontos 221 Handelswaren (hier: Bestandsmehrung im Soll) wird auf das Konto 608 AfH (Haben) übertragen.
Der Saldo des Kontos 608 AfH (Haben) wird auf das Konto 802 GuV (Soll) übertragen.
Der Schlussbestand des Kontos 221 Handelswaren (Haben) wird in das Konto 801 Schlussbilanz (Soll) übertragen.

Soll	221 Handelswaren		Haben
AB	4.000	SB	6.000
608 AfH	2.000		
	6.000		6.000

Soll	608 AfH		Haben
1. 440	15.000	221 Hawa	2.000
		802 GuV	13.000
	15.000		15.000

Wareneinkauf
= Einkauf zu Einstandspreisen

Wareneinsatz
= Verkauf zu Einstandspreisen

Der Saldo des Kontos 501 Umsatzerlöse für Handelswaren (Soll) wird in das Konto 802 GuV (Haben) übertragen.

Soll	501 Umsatzerlöse		Haben
802 GuV	25.400	2. 240	25.000
		3. 282	400
	25.400		25.400

Soll	802 GuV		Haben
608 AfH	13.000	501 UE	25.400
Rohgewinn	12.400		
	25.400		25.400

Soll	801 Schlussbilanz		Haben
221 Hawa	6.000	...	...
...	...		...

Rohgewinn (Warengewinn, Rohertrag) =
Warenumsatz (Verkauf zu Verkaufspreisen)
– Wareneinsatz (Verkauf zu Einstandspreisen)

1 Im Schulkontenrahmen mancher Bundesländer hat das Kassenkonto die Kontonummer 288.
2 Wegen der Übersichtlichkeit werden nur die Buchungen auf den Warenkonten dargestellt.

Vorgehensweise beim Abschluss der Warenkonten:

Anfangs- und Schlussbestände sind im Konto 221 Handelswaren eingetragen.

1. Schlussbestand (laut Inventur) im Konto **221 Handelswaren**
   ▶ auf das Konto **801 Schlussbilanz**
2. Abschluss des Kontos **221 Handelswaren** (Bestandsveränderung)
   ▶ auf das Konto **608 Aufwand für Handelswaren**
3. Abschluss des Kontos **608 Aufwand für Handelswaren** (Wareneinsatz)
   ▶ auf das Konto **802 GuV** (Sollseite)
4. Abschluss des Kontos **501 Umsatzerlöse** für Handelswaren
   ▶ auf das Konto **802 GuV** (Habenseite)

Abschlussbuchungssätze für das obige Beispiel:

1. **Übernahme des Schlussbestands** der Handelswaren in die Schlussbilanz

801 Schlussbilanz	6.000 €	an	221 Handelswaren	6.000 €

2. **Abschluss des Kontos 221** Handelswaren auf das Konto 608 AfH (hier: Bestandsmehrung)

221 Handelswaren	2.000 €	an	608 AfH	2.000 €

Im Falle der Bestandsminderung:

608 AfH	... €	an	221 Handelswaren	... €

3. **Abschluss des Kontos 608** Aufwand für Handelswaren (Wareneinsatz) auf das GuV-Konto

802 GuV	13.000 €	an	608 AfH	13.000 €

4. **Abschluss des Kontos 501** Umsatzerlöse für Handelswaren auf das GuV-Konto

501 Umsatzerlöse für Hawa	25.400 €	an	802 GuV	25.400 €

Regeln für den Abschluss der Bestands-, Ergebnis- und Warenkonten

1. Schritt:	Eintragung des **Inventurbestands** der Handelswaren ins Konto 221 Handelswaren als Schlussbestand und Übernahme dieses Schlussbestands ins Konto 801 Schlussbilanz
2. Schritt:	Ermittlung der **Bestandsveränderung** im Konto 221 Handelswaren und Übernahme der Bestandsveränderung ins Konto 608 Aufwendungen für Handelswaren (AfH)
3. Schritt:	Abschluss aller **Ergebniskonten** auf das Konto 802 GuV
4. Schritt	Abschluss des 802 **GuV-Kontos** auf das Konto 300 Eigenkapital
5. Schritt	Abschluss aller **Bestandskonten** auf das Konto 801 Schlussbilanz

Schematischer Zusammenhang der Warenkonten

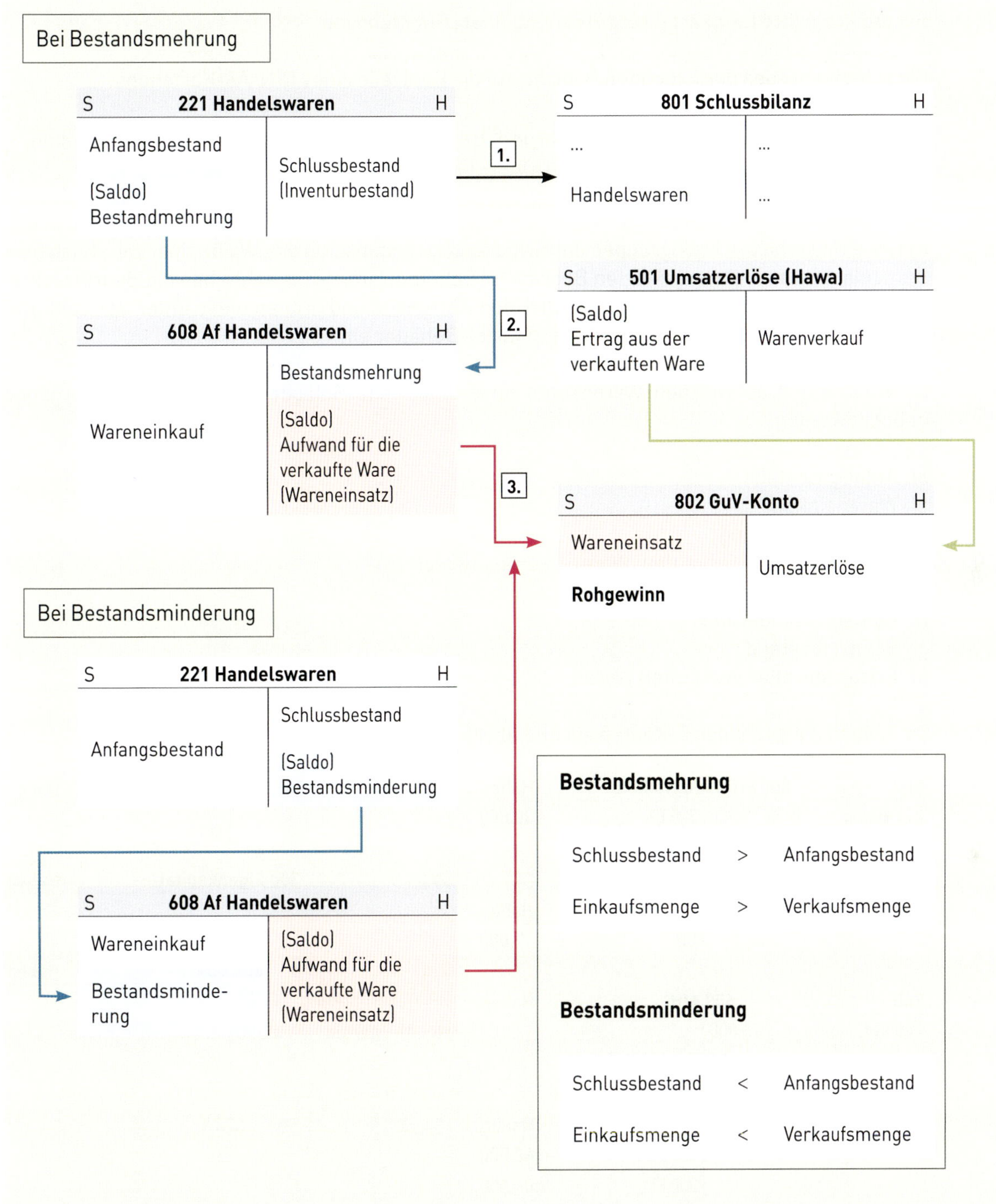

Wissen testen

1. Sie ergänzen Ihre Lernkartei zum Themengebiet „Buchführung".

1.1 Sie schreiben jeden der folgenden Begriffe auf die Kopfzeile eines DIN-A6-Kärtchens:

> Wareneinsatz (Begriff), Bestandsmehrung, Bestandsminderung, Abschluss der Warenkonten (Regeln), Rohgewinn, Reingewinn, Just-in-time-Beschaffung

1.2 Sie sortieren die Begriffskärtchen nach den Kriterien „Weiß ich" oder „Weiß ich nicht". Sie bilden mit Ihren Mitschülern Kleingruppen und erklären sich gegenseitig die „Weiß-ich-nicht"-Kärtchen. Sie schlagen dabei die ungeklärten Begriffe im Schulbuch nach. Sie schreiben die Begriffserklärungen auf die Rückseite des entsprechenden Kärtchens und ordnen diese unter der Leitkarte „Buchführung" alphabetisch in Ihren Lernkartei-Behälter ein.

2. Sie entscheiden, auf welchem Warenkonto auf welcher Seite (Soll oder Haben) folgende Vorgänge gebucht werden:

a) Anfangsbestand
b) Wareneinkauf
c) Bestandsmehrung
d) Aufwand für alle verkauften Waren (Wareneinsatz)
e) Warenverkauf
f) Bestandsminderung
g) Schlussbestand
h) Ertrag aus allen verkauften Waren

3. Sie richten die folgenden T-Konten ein und übernehmen die Kontenstände.

800 Eröffnungsbilanz

Soll		Haben	
221 Hawa	5.000	300 EK	200.000
...			

221 Handelswaren

Soll		Haben	
		SB	7.000

608 AfH

Soll		Haben	
440 VLL	16.000		
440 VLL	60.000		

501 Umsatzerlöse

Soll		Haben	
		240 FLL	42.000
		240 FLL	66.000

801 Schlussbilanz

Soll		Haben	

300 Eigenkapital

Soll		Haben	

802 GuV

Soll		Haben	
604 Af Verpackung	6.000		
605 Af Energie	5.000		

3.1 Sie schließen alle Konten ab und bilden die entsprechenden Abschlussbuchungssätze.

3.2 Sie ermitteln den Betrag in € für folgende Größen:

a) Bestandsminderung bzw. Bestandsmehrung
b) Summe der Wareneinkäufe
c) Wareneinsatz (Aufwand für die verkaufte Ware)
d) Summe aller Warenverkäufe
e) Rohgewinn (= Rohertrag, Warengewinn)
f) Reingewinn (= Gesamtgewinn)

3.3 Sie begründen, welche zwei der folgenden Aussagen zutreffen (siehe Aufgabe 3.1):

a) Es wurden weniger Waren eingekauft als verkauft.
b) Es wurden mehr Waren eingekauft als verkauft.
c) Es wurden weniger Waren verkauft als eingekauft.
d) Es wurden mehr Waren verkauft als eingekauft.

4.1 Sie richten nur die notwendigen Waren- und Abschlusskonten als T-Konten in der angegebenen Reihenfolge ein und erstellen das GuV-Konto und die Schlussbilanz.

Soll	**221 Handelswaren**	Haben

Soll	**300 Eigenkapital**	Haben
	AB	159.000

Soll	**608 AfH**	Haben

Soll	**802 GuV**	Haben

Soll	**501 Umsatzerlöse**	**Haben**

Soll	**801 Schlussbilanz**	Haben
0xx	160.000	

4.2 Sie tragen die folgenden Bestände und Geschäftsfälle in die Warenkonten bzw. Abschlusskonten ein. Für die Geschäftsfälle (2) bis (6) bilden Sie die Buchungssätze mit Angabe der Kontennummern, Kontenbezeichnungen und Beträge.

1. Handelswaren-Anfangsbestand:	44.000,00 €
2. Wareneinkäufe bar	47.000,00 €
3. Warenverkäufe auf Ziel	46.000,00 €
4. Warenverkäufe bar	75.000,00 €
5. Wareneinkäufe auf Ziel	22.000,00 €
6. Warenverkäufe gegen Bankscheck	3.000,00 €
7. Schlussbestand der Handelswaren laut Inventur	40.000,00 €
8. Weitere Aufwendungen (z. B. Miete, Zinsen, Gehälter)	30.000,00 €
9. Weitere Erträge (z. B. Provisionserträge, Zinsen)	10.000,00 €

4.3 Sie schließen alle Konten ordnungsgemäß ab und geben alle Abschlussbuchungssätze an.

4.4 Liegt hier eine Bestandsmehrung oder eine Bestandsminderung vor? Sie berechnen diese Bestandsveränderung.

4.5 Sie ermitteln den gesamten Einkaufswert, den Aufwand für die verkauften Waren (Wareneinsatz), den Rohgewinn bzw. Rohverlust und den Reingewinn bzw. Reinverlust.

5. Sie ergänzen den folgenden Text:

Der Wareneinkauf und der Warenverkauf können nicht auf demselben Warenkonto gebucht werden, da der Einkauf zum **a)** bewertet wird und der Verkauf zum höheren **b)** . Würde man das gemeinsame Warenkonto saldieren, dann kann der **c)** nicht stimmen – er könnte sogar negativ sein. Daher wird das gemischte Warenkonto in **d)** Warenkonten getrennt.

Das Bestandskonto **e)** enthält nur den Anfangsbestand, den durch Inventur festgestellten **f)** und als Saldo die **g)** . Wurden mehr Waren eingekauft als verkauft, dann ist der Schlussbestand **h)** als der Anfangsbestand. Es handelt sich dann um eine **i)** . Liegt eine **j)** vor, dann ist der Schlussbestand **k)** als der Anfangsbestand. Eine Bestandsminderung erscheint im **l)** des Kontos 221 Handelswaren, eine Bestandsmehrung im **m)** .

Das Aufwandskonto **n)** erfasst alle **o)** und die Bestandsveränderungen. Bestandsmehrungen erscheinen in diesem Konto im **p)** , Bestandsminderungen im **q)** . Der Saldo dieses Aufwandskontos heißt **r)** und steht im **s)** und wird auf das **t)** übertragen.

Das Ertragskonto **u)** erfasst alle **v)** und wird auf das GuV-Konto ins **w)** übertragen. Der Rohgewinn ergibt sich als Differenz zwischen **x)** und **y)** .

6. Geschäftsgang mit Abschluss (mit Bestands-, Ergebnis- und getrennten Warenkonten)

A. Anfangsbestände der Bestandskonten

087 Geschäftsausstattung	40.000,00 €
221 Handelswaren	20.000,00 €
240 Forderungen LL	2.000,00 €
280 Bankguthaben	10.000,00 €
282 Kasse	1.000,00 €
300 Eigenkapital	? €
440 Verbindlichkeiten LL	15.000,00 €

B. Schlussbestand Handelswaren (laut Inventur) 23.000,00 €

C. Geschäftsfälle

1. Einkauf von Handelswaren auf Ziel (ER 123)	3.500,00 €
2. Zahlung der Geschäftsmiete per Banküberweisung (Lastschrift)	1.500,00 €
3. Verkauf von Handelswaren auf Ziel (AR 435)	6.500,00 €
4. Zahlung der ER 123 per Banküberweisung (Lastschrift)	3.500,00 €
5. Verkauf von Handelswaren gegen bar (Quittung)	1.500,00 €
6. Kunde begleicht AR 435 per Banküberweisung (Gutschrift)	6.500,00 €
7. Bank schreibt Zinsen gut (Gutschrift)	200,00 €
8. Gehaltszahlung per Banküberweisung (Lastschrift)	3.200,00 €
9. Bareinzahlung auf das Geschäftskonto (Gutschrift)	1.000,00 €

6.1 Sie bilden die Buchungssätze mit Angabe der Kontennummern, Kontenbezeichnung und Beträge (Grundbuch).

6.2 Sie eröffnen die Bestandskonten und übertragen die Buchungssätze aus dem Grundbuch ins Hauptbuch (T-Konten).

6.3 Sie schließen die Konten ab und gehen dabei wie folgt vor:

1. Schritt:	Übernahme des Inventurbestands der Handelswaren ins Konto 221 Handelswaren als Schlussbestand und Eintrag in die Schlussbilanz
2. Schritt:	Abschluss des Kontos 221 Handelswaren und Übernahme der Bestandsveränderung ins Konto 608 Aufwendungen für Handelswaren (AfH)
3. Schritt:	Abschluss der Ergebniskonten auf das 802 GuV-Konto
4. Schritt:	Abschluss des 802 GuV-Kontos auf das Konto 300 Eigenkapital
5. Schritt:	Abschluss aller Bestandskonten auf das Konto 801 Schlussbilanz

Tragen Sie die Konten in der folgenden Reihenfolge ins Hauptbuch ein:

Soll	800 Eröffnungsbilanz	Haben

Soll	801 Schlussbilanz	Haben

Soll	087 Geschäftsausstatt.	Haben

Soll	440 Verbindlichk. LL.	Haben

Soll	221 Handelswaren	Haben

Soll	501 Umsatzerlöse	Haben

Soll	240 Forderungen LL.	Haben

Soll	571 Zinserträge	Haben

Soll	280 Bank	Haben

Soll	608 AfH	Haben

Soll	282 Kasse	Haben

Soll	630 Gehälter	Haben

Soll	300 Eigenkapital	Haben

Soll	670 Mieten	Haben

Soll	802 GuV	Haben

5 Warenbuchungen mit Umsatzsteuer

In diesem Kapitel lernen Sie das Umsatzsteuerverfahren kennen. Sie berücksichtigen bei den Warenbuchungen die Umsatzsteuer, führen Umsatzsteuer-Korrekturbuchungen im Zusammenhang mit Skontierungen und Rücksendungen durch. Sie schließen die Umsatzsteuerkonten 260 Vorsteuer und 480 Umsatzsteuer ab, ermitteln die Zahllast bzw. den Vorsteuerüberhang und führen eine Umsatzsteuer-Voranmeldung durch.

Lernsituation

Ihr Teamleiter, Herr Nitsch, zeigt Ihnen die folgenden Rechnungen und bittet Sie, die Auswirkungen auf den Erfolg der Rad & Roll GmbH darzustellen und die Buchungssätze zum Zeitpunkt des Rechnungseingangs bzw. -ausgangs zu bilden sowie zum Zeitpunkt des Zahlungsausgangs bzw. Zahlungseingangs (die Skontoabzugsmöglichkeit wird jeweils genutzt).

Eingangsrechnung Nr. 6208

Eastside Sports GmbH

Eastside Sports GmbH, Industriestraße 2–4, 02571 Münsterhausen

Rad & Roll GmbH
Schlossstraße 21
70176 Stuttgart

Datum: 20.11.20..

Rechnung Nr. 6208
Kundennummer: 240223
...

Position	Stück	Einzelpreis	Summe
Skateboard „Windcraft“	20	300,00 €	6.000,00 €
		19 % Umsatzsteuer	1.140,00 €
		Rechnungsbetrag	**7.140,00 €**

Bei Zahlung innerhalb 14 Tagen nach Rechnungsdatum 3 % Skonto oder ohne Abzüge nach 30 Tagen.

Mit freundlichen Grüßen

Eastside Sports GmbH

i. V.
Lara Kranz

Kopie der Ausgangsrechnung Nr. 05529

Rad & Roll GmbH

Rad & Roll GmbH, Schlossstraße 21, 70176 Stuttgart

Sporthaus Sunsport GmbH
Deutschhofstraße 21
74072 Heilbronn

Datum: 30.11.20..

Rechnung Nr. 05529
Kundennummer: 2400744
...

Position	Stück	Einzelpreis	Summe
Skateboard „Windcraft“	20	400,00 €	8.000,00 €
		19 % Umsatzsteuer	1.520,00 €
		Rechnungsbetrag	**9.520,00 €**

Bei Zahlung innerhalb 10 Tagen nach Rechnungsdatum 2 % Skonto oder ohne Abzüge nach 40 Tagen.

Mit freundlichen Grüßen

Rad & Roll GmbH

i. V.
Lisa Rogg

Herr Nitsch beauftragt Sie, für das nächste Ausbildungsgespräch eine Tischvorlage und eine Power-Point-Präsentation mit folgenden Gliederungspunkten zu erstellen:

1. Rechtliche Grundlagen der Umsatzsteuer und des Besteuerungsverfahrens
2. Buchung von Eingangs- und Ausgangsrechnungen mit Umsatzsteuer
3. Abschluss der Umsatzsteuerkonten
4. Buchung mit Skonti und Rücksendungen im Einkauf und Verkauf
5. Abschluss der Unterkonten der Warenkonten

Arbeitsaufträge

a) Sie **informieren** sich über das Umsatzsteuerverfahren. Sie unterscheiden die Begriffe Vorsteuer und Umsatzsteuer. Sie informieren sich, wie diese Konten abgeschlossen werden.

b) Sie **buchen** den Einkauf und den Verkauf von Handelswaren mithilfe von Buchungssätzen und T-Konten und berücksichtigen dabei die Umsatzsteuer. Sie führen Umsatzsteuer-Korrekturbuchungen im Zusammenhang mit Skontierungen und Rücksendungen durch. Sie schließen die Umsatzsteuerkonten 260 Vorsteuer und 480 Umsatzsteuer ab, ermitteln die Zahllast bzw. den Vorsteuerüberhang und führen eine Umsatzsteuer-Voranmeldung durch. Sie **entwickeln Buchungsregeln** für die Buchung mit Umsatzsteuer und für den Abschluss der Umsatzsteuerkonten und der Unterkonten die Warenkonten. Sie **erarbeiten** eine PowerPoint-Präsentation und eine Tischvorlage mit den gewünschten Gliederungspunkten.

c) Sie **tragen** Ihre PowerPoint-Präsentation beim Ausbildungsgespräch **vor**. Ebenso stellen Sie Ihre Tischvorlage vor. Sie reagieren auf Fragen und Anmerkungen der Anwesenden.

d) Sie **bewerten** Ihren Vortrag zusammen mit Herrn Nitsch und den anderen Auszubildenden anhand des erstellten Kriterienkatalogs für Präsentationen. Sie nehmen Kritikpunkte auf zur Vollständigkeit und inhaltlichen Richtigkeit, ergänzen Ihre Ausarbeitungen und korrigieren Fehler.

e) Sie **reflektieren** kritisch mögliche Fehlerquellen im Buchungsprozess und überprüfen Ihre Arbeitsweise. Sie sind bereit, Ihr Arbeitsergebnis zu verantworten und aus Fehlern zu lernen, und erkennen, dass Sie bei der Kontierung von Buchungsbelegen besonders gewissenhaft arbeiten müssen. Ebenso **reflektieren** Sie Ihr Verhalten in der Arbeitsgruppe und überlegen, wie Sie Ihre Verhaltensweisen verbessern könnten.

5.1 Rechtliche Grundlagen der Umsatzsteuer

Die Umsatzsteuer ist mit rund 200 Mrd. € die Haupteinnahmequelle des Staates. Sie erbringt rund ein Drittel der gesamten Steuereinnahmen von Bund, Ländern und Gemeinden in Höhe von rund 600 Mrd. €.

5.1.1 Steuerbare und steuerfreie Umsätze

Das Umsatzsteuergesetz (UStG) unterscheidet zwischen steuerbaren und steuerfreien Umsätzen.

Steuerbare Umsätze (UStG § 1)	**Lieferungen und Leistungen,** die ein Unternehmer *im Inland* gegen Entgelt im Rahmen seines Unternehmens durchführt **Innergemeinschaftlicher Erwerb** von Lieferungen und Leistungen *innerhalb* der Europäischen Union (Erwerbsteuer) **Einfuhr** von Gegenständen und Dienstleistungen aus Staaten *außerhalb* der Europäischen Union (Einfuhrumsatzsteuer)

Nach § 3 UStG werden einer Lieferung gegen Entgelt gleichgestellt[1]

- die **Entnahme eines Gegenstands** durch einen Unternehmer aus seinem Unternehmen für Zwecke, die außerhalb des Unternehmens liegen;
- die **unentgeltliche Zuwendung eines Gegenstands** durch einen Unternehmer an sein Personal für dessen privaten Bedarf, sofern keine Aufmerksamkeiten vorliegen;
- jede andere unentgeltliche Zuwendung eines Gegenstands, ausgenommen Geschenke von geringem Wert und Warenmuster für Zwecke des Unternehmens.

Steuerfreie Umsätze (UStG § 1)	**Geschäfte von Privatleuten** untereinander **Vermietung und Verpachtung von Grundstücken** nach bürgerlichem Recht **Kreditgeschäfte** **Wertpapiergeschäfte** **Versicherungsgeschäfte** **Medizinische Leistungen** (Arzt, Zahnarzt, Heilpraktiker, Hebamme u. Ä.) **Umsätze der Luftfahrt, Seeschifffahrt, Eisenbahnen** des Bundes **Innergemeinschaftliche Lieferungen** **Ausfuhr** in Nicht-EU-Länder

5.1.2 Regelsteuersatz und ermäßigter Steuersatz

Die Umsatzsteuer beträgt für jeden steuerpflichtigen Umsatz **19 %** des berechneten Entgelts (UStG § 12). Die Steuer ermäßigt sich auf **7 %** für Produkte, die für das *Existenzminimum* nötig sind, dem *Gemeinwohl* oder *kulturellen Zwecken* dienen. Sie sind in der Anlage 2 zum UStG aufgezählt oder im § 12 Abs. 2 UStG genannt, z. B. lebende Tiere, Lebensmittel, Kaffee, Tee, Früchte, Holz, Bücher, Zeitungen, Rollstühle, Kunstgegenstände, Theatervorführungen, Personennahverkehr (bis 50 km) usw.

Quelle: Südwestpresse 28.02.2014 Seite 9, SWP Grafik/Krapp Fotos: Fotolia, Deutsche Bahn AG

1 Voraussetzung ist, dass der Gegenstand oder seine Bestandteile zum vollen oder teilweisen Vorsteuerabzug berechtigt haben.

Auszüge aus der Anlage 2 zu § 12 Abs. 2 Nr. 1 und 2 UStG, Liste der dem **ermäßigten Steuersatz** unterliegenden Gegenstände:

Lfd. Nr.	Warenbezeichnung
1	Lebende Tiere z. B. Pferde ausgenommen Wildpferde, Maultiere und Maulesel, Hausrinder, Hausschweine, Hausziegen, Hausgeflügel, Hauskaninchen, Haustauben, Bienen
2	Fleisch und genießbare Schlachtnebenerzeugnisse
3	Fische und Krebstiere, Weichtiere und andere wirbellose Wassertiere, ausgenommen Zierfische, Langusten, Hummer, Austern und Schnecken
4	Milch und Milcherzeugnisse; Vogeleier und Eigelb, ausgenommen ungenießbare Eier ohne Schale und ungenießbares Eigelb; natürlicher Honig
6	Bulben, Zwiebeln, Knollen, Wurzelknollen und Wurzelstöcke, ruhend, im Wachstum oder in Blüte; Zichorienpflanzen und -wurzeln
7	Andere lebende Pflanzen einschließlich ihrer Wurzeln, Stecklinge und Pfropfreiser
8	Blumen und Blüten sowie deren Knospen, geschnitten, zu Binde- oder Zierzwecken, frisch
9	Blattwerk, Blätter, Zweige und andere Pflanzenteile, ohne Blüten und Blütenknospen, sowie Gräser, Moose und Flechten, zu Binde- oder Zierzwecken, frisch
10	Gemüse, Pflanzen, Wurzeln und Knollen, die zu Ernährungszwecken verwendet werden
48	Holz als Brennholz und Holzabfall
49	Bücher, Zeitungen und andere Erzeugnisse des grafischen Gewerbes mit Ausnahme der Erzeugnisse, für die Beschränkungen als jugendgefährdende Trägermedien bzw. Hinweispflichten nach § 15 Abs. 1 bis 3 und 6 des Jugendschutzgesetzes in der jeweils geltenden Fassung bestehen, sowie der Veröffentlichungen, die überwiegend Werbezwecken (einschließlich Reisewerbung) dienen. [...]
51	Rollstühle und andere Fahrzeuge für Behinderte, auch mit Motor oder anderer Vorrichtung zur mechanischen Fortbewegung. [...]
53	Kunstgegenstände, und zwar Gemälde und Zeichnungen, vollständig mit der Hand geschaffen, sowie Collagen und ähnliche dekorative Bildwerke [...]

5.1.3 Pflicht zur Rechnungsstellung und Bestandteile einer Rechnung

Führt ein Unternehmer eine Lieferung oder Leistung aus, ist er verpflichtet, innerhalb von sechs Monaten nach Ausführung der Leistung eine Rechnung auszustellen (UStG § 14).
Nach UStG §§ 14 (4) und 14 b müssen Rechnungen bestimmte Angaben enthalten. Die Pflichtangaben sind bei einem Rechnungsbetrag von über 150,00 € (ohne Umsatzsteuer) umfangreicher als bei Kleinbetragsrechnungen bis 150,00 € (einschließlich Umsatzsteuer).

Gesetzliche Bestandteile einer Ausgangsrechnung bis 150,00 € (brutto):

- Vollständige **Namen** und **Anschriften** des Leistungserstellers (Lieferant) und des Leistungsempfängers (Kunde)
- **Ausstellungsdatum der Rechnung**
- **Menge und Art** der gelieferten Gegenstände oder Art und Umfang der sonstigen Leistung
- **Entgelt und Steuerbetrag** für die Lieferung oder Leistung in einer Summe
- **Steuersatz** bzw. Hinweis auf Steuerbefreiung

Gesetzliche Bestandteile einer Rechnung über 150,00 € (netto):

1. Vollständige **Namen und Anschriften** des Leistungserstellers (Lieferant) und des Leistungsempfängers (Kunde)
2. Die dem leistenden Unternehmer vom Finanzamt erteilte **Steuernummer** oder die ihm vom Bundeszentralamt für Steuern erteilte Umsatzsteuer-Identifikationsnummer
3. **Ausstellungsdatum** der Rechnung und Zeitpunkt der Lieferung bzw. Leistung
4. Fortlaufende **Rechnungsnummer** und ggf. Lieferschein-Nummer
5. Menge und handelsübliche **Bezeichnung der gelieferten Gegenstände** oder Art und Umfang der sonstigen Leistung
6. Nach **Steuersätzen** und -befreiungen aufgeschlüsseltes Entgelt
7. Im Voraus vereinbarte **Minderungen des Entgelts**
8. Entgelt und hierauf entfallender **Steuerbetrag** sowie Hinweis auf Steuerbefreiung
9. Bei **Bauleistungen:** Hinweis auf die zweijährige Aufbewahrungsfrist (wenn der Leistungsempfänger ein Endverbraucher ist)

Die Vereinfachung für Kleinbetragsrechnungen gilt nicht im Versandhandel (UStG § 3 c) und bei innergemeinschaftlichen Lieferungen (UStG § 6 a).

5.1.4 Besteuerungsverfahren – von der Voranmeldung zum Steuerbescheid

Nach § 18 UStG hat der Unternehmer bis zum 10. Tag nach Ablauf jedes Voranmeldungszeitraums[1] eine **Umsatzsteuer-Voranmeldung** nach amtlich vorgeschriebenem Datensatz durch Datenfernübertragung zu übermitteln[2]. Er hat die Steuer für den Voranmeldungszeitraum (Vorauszahlung) selbst zu berechnen. Dazu addiert er die von seinen Kunden **vereinnahmten Umsatzsteuern** und subtrahiert davon die an seine Vorlieferanten **gezahlten Umsatzsteuern (Vorsteuern)**. Der so ermittelte Unterschiedsbetrag **(Zahllast bzw. Vorsteuerüberhang)** ist als Vorauszahlung bzw. Erstattung am 10. Tag nach Ablauf des Voranmeldungszeitraums fällig.

Gezahlte Umsatzsteuer (Vorsteuer) < vereinnahmte Umsatzsteuer = **Zahllast**
Gezahlte Umsatzsteuer (Vorsteuer) > vereinnahmte Umsatzsteuer = **Vorsteuerüberhang**

Für den Unternehmer ist die Umsatzsteuer als **durchlaufender Posten erfolgsneutral**, da er die abzuführende Zahllast zuvor von seinen Kunden vereinnahmt hat bzw. den selbst gezahlten Vorsteuerüberhang vom Finanzamt zurückerstattet bekommt.

Für das Kalenderjahr hat der Unternehmer eine **Umsatzsteuererklärung** nach amtlich vorgeschriebenem Datensatz durch Datenfernübertragung zu übermitteln, in der er die zu entrichtende Steuer oder den Überschuss, der sich zu seinen Gunsten ergibt, selbst berechnet **(Steueranmeldung)**. Setzt das Finanzamt die zu entrichtende Steuer oder den Überschuss abweichend von der Steueranmeldung für das Kalenderjahr fest, so ist der Unterschiedsbetrag zugunsten des Finanzamts einen Monat nach der Bekanntgabe des **Steuerbescheids** fällig.

1 **Voranmeldungszeitraum** ist das Kalendervierteljahr. Beträgt die Steuer für das vorangegangene Kalenderjahr mehr als 7.500,00 €, ist der Kalendermonat Voranmeldungszeitraum.

2 Auf Antrag kann das Finanzamt auf eine elektronische Übermittlung verzichten; in diesem Fall hat der Unternehmer eine Voranmeldung nach amtlich vorgeschriebenem Vordruck abzugeben, der eigenhändig zu unterschreiben ist. Siehe hierzu auf Seite 185 f.

5.2 Vorsteuer und Umsatzsteuer im Warenbereich

Die Umsatzsteuer muss auf Rechnungen gesondert ausgewiesen werden.

Umsatzsteuer

auf Eingangsrechnungen	**auf Ausgangsrechnungen**
Die ausgewiesene Umsatzsteuer bezahlt der Unternehmer an seine **Lieferanten** und kann sie vom Finanzamt zurückverlangen.	Die ausgewiesene Umsatzsteuer vereinnahmt der Unternehmer von seinen **Kunden** und führt sie ans Finanzamt ab.

Beispiel:

Rechnung der Eastside Sports GmbH

Nettowert des Wareneinkaufs	6.000 €
+ Umsatzsteuer	**1.140 €**
Bruttowert des Wareneinkaufs	7.140 €

Rechnung der Rad & Roll GmbH

Nettowert des Umsatzerlöses	8.000 €
+ Umsatzsteuer	**1.520 €**
Bruttowert des Umsatzerlöses	9.520 €

Forderung an das Finanzamt

= 1.140 €

buchhalterischer Begriff:

260 Vorsteuer
im Soll

Zahlung an das Finanzamt
=
Umsatzsteuer – Vorsteuer
= 1.520 – 1.140 = **380 €**
buchhalterischer Begriff:
Zahllast
diese entspricht der
Umsatzsteuer vom Mehrwert
8.000 € – 6.000 €

= 2.000 € · 19 % = 380 €

Verbindlichkeit gegenüber dem Finanzamt

= 1.520 €

buchhalterischer Begriff:

480 Umsatzsteuer
im Haben

5.2.1 Buchungen im Grundbuch und Hauptbuch

Buchung der Eingangsrechnung der Eastside Sports GmbH **(Wareneinkauf)**

1	608 AfH	6.000 €	an	440 Verbindlichkeiten LL	7.140 €
	260 Vorsteuer	**1.140 €**			

Buchung der Ausgangsrechnung der Rad & Roll GmbH (Warenverkauf)

2	240 Forderungen LL (FLL)	9.520 €	an	501 Umsatzerlöse für Hawa	8.000 €
				480 Umsatzsteuer	**1.520 €**

Übertragung der Buchungssätze ins Hauptbuch[1]

Soll	260 Vorsteuer		Haben
1. 440	1.140		

Soll	480 Umsatzsteuer		Haben
		2. 240	1.520

5.2.2 Abschluss der Umsatzsteuerkonten und Ermittlung der Zahllast

Der Saldo des Kontos 260 Vorsteuer wird auf das Konto 480 Umsatzsteuer übertragen.

Soll	260 Vorsteuer		Haben
1. 440	1.140	a) 480	1.140
	1.140		1.140

Der Saldo des Kontos 480 Umsatzsteuer wird am 10. Tag nach Ablauf des Voranmeldungszeitraums als Zahllast vom Finanzamt eingezogen (Lastschrift der Bank).

Soll	480 Umsatzsteuer		Haben
a) 260	1.140	2. 240	1.520
b) 280	380		
	1.520		1.520

Abschlussbuchungssätze im Falle einer Zahllast (Vorsteuer < Umsatzsteuer):

a) **Abschluss des Kontos 260 Vorsteuer** auf das Konto 480 Umsatzsteuer

480 Umsatzsteuer	1.140 €	an	260 Vorsteuer	1.140 €

b) **Abschluss des Kontos 480 Umsatzsteuer (Zahllast)** durch Bankeinzug

480 Umsatzsteuer	380 €	an	280 Bank	380 €

Am 31.12. müsste der Saldo des Kontos 480 in die Schlussbilanz übernommen werden. Für diesen Fall heißt der Abschlussbuchungssatz im Falle einer Zahllast wie folgt:

480 Umsatzsteuer	380 €	an	801 Schlussbilanz	380 €

5.2.3 Abschluss der Umsatzsteuerkonten für den Fall eines Vorsteuerüberhangs

Der Saldo des Kontos 260 Vorsteuer wird am 10. Tag nach Ablauf des Voranmeldungszeitraums als Vorsteuerüberhang vom Finanzamt erstattet (Gutschrift der Bank).

Soll	260 Vorsteuer		Haben
440	3.000	a) 480	2.000
		b) 280	1.000
	3.000		3.000

Der Saldo des Kontos 480 Umsatzsteuer wird auf das Konto 260 Vorsteuer übertragen.

Soll	480 Umsatzsteuer		Haben
a) 260	2.000	240	2.000
	2.000		2.000

1 Wegen der Übersichtlichkeit werden nur die Buchungen auf den Umsatzsteuerkonten dargestellt.

Abschlussbuchungssätze im Falle eines Vorsteuerüberhangs (Vorsteuer > Umsatzsteuer)

a) **Abschluss des Kontos 480 Umsatzsteuer** auf das Konto 260 Vorsteuer

480 Umsatzsteuer	2.000 €	an	260 Vorsteuer	2.000 €

b) **Abschluss des Kontos 260 Vorsteuer** durch Bankgutschrift

280 Bank	1.000 €	an	260 Vorsteuer	1.000 €

Am 31.12. müsste der Saldo des Kontos 260 in die Schlussbilanz übernommen werden. Für diesen Fall heißt der Abschlussbuchungssatz im Falle eines Vorsteuerüberhangs wie folgt:

801 Schlussbilanz	1.000 €	an	260 Vorsteuer	1.000 €

5.3 Skonti und Rücksendungen beim Wareneinkauf

Zum Zeitpunkt des Rechnungseingangs wird der volle Rechnungsbetrag bzw. Einkaufswert gebucht. Dieser Rechnungsbetrag kann sich durch einen vereinbarten **Lieferskonto** vermindern. In diesem Fall entscheidet der Zahlungspflichtige, ob er innerhalb der Skontofrist mit Skontoabzug zahlt oder das Zahlungsziel des Lieferanten (Lieferantenkredit) ausnutzt.

Ebenso sind Preisnachlässe bzw. **Rücksendungen** denkbar, wenn der Zahlungspflichtige nachträglich z. B. Rechte aus einer Schlechtleistung geltend gemacht hat.

Zur leichteren statistischen Auswertung werden Lieferskonti und Rücksendungen auf den Unterkonten 6083 Lieferskonti und 6082 Preisnachlässe und Rücksendungen[1] des Kontos 608 Aufwendungen für Handelswaren (AfH) erfasst. Weiter ist zu beachten, dass die zum Zeitpunkt des Rechnungseingangs bereits gebuchte Vorsteuer ebenfalls vermindert werden muss, wenn sich der Rechnungsbetrag (Bemessungsgrundlage) nachträglich vermindert (Vorsteuerkorrektur).

5.3.1 Buchungen im Grundbuch und Hauptbuch

Beispiel 1: *Eingangsrechnung der Eastside Sports GmbH*

1. Buchung zum Zeitpunkt des Rechnungseingangs

1	608 AfH	6.000 €	an	440 Verbindlichkeiten LL	7.140 €
	260 Vorsteuer	1.140 €			

2. Buchung zum Zeitpunkt des Zahlungsausgangs mit Skontoabzug

Berechnung des Zahlungsbetrags, des Lieferskontos und der Vorsteuerkorrektur:

		Nettobeträge	+ 19 % Vorsteuer	Bruttobeträge
Rechnungsbetrag	100 %	6.000,00 €	1.140,00 €	7.140,00 €
– Skonto	– 3 %	– 180,00 €	– 34,20 €	– 214,20 €
= Zahlungsbetrag	97 %	5.820,00 €	1.105,80 €	6.925,80 €

1 Im Kontenrahmen mancher Bundesländer wird ein gemeinsames Unterkonto 6082 **Nachlässe** verwendet.

2	440 Verbindlichkeiten LL	7.140,00 €	an	6083 Lieferskonti	180,00 €
				260 Vorsteuer	34,20 €
				280 Bank	6.925,80 €

Beispiel 2: *Eingangsrechnung der Winora GmbH über 2.000,00 € (netto) vom 02.12. Am 10.02. werden versteckte Mängel entdeckt. Wir senden mangelhafte Ware im Wert von 200,00 € (netto) zurück.*

3. Buchung zum Zeitpunkt des Rechnungseingangs

3	608 AfH	2.000 €	an	440 Verbindlichkeiten LL	2.380 €
	260 Vorsteuer	380 €			

4. Buchung zum Zeitpunkt der Rücksendung und Zahlung an den Lieferanten

Berechnung des Zahlungsbetrags, der Rücksendung und der Vorsteuerkorrektur:

	Nettobeträge	**+ 19 % Vorsteuer**	**Bruttobeträge**
Rechnungsbetrag	2.000 €	380 €	2.380 €
– Rücksendungen	– 200 €	– 38 €	– 238 €
= Zahlungsbetrag	1.800 €	342 €	2.142 €

4	440 Verbindlichkeiten LL	2.380 €	an	6082 Rücksendungen	200 €
				260 Vorsteuer	38 €
				280 Bank	2.142 €

Übertragung der Buchungssätze ins Hauptbuch[1]

Soll	260 Vorsteuer		Haben
1. 440	1.140,00	2. 440	34,20
3. 440	380,00	4. 440	38,00

Soll	608 AfH		Haben
1. 440	6.000,00		
3. 440	2.000,00		

Soll	6083 Lieferskonti		Haben
		2. 440	180,00

Soll	6082 Rücksendungen		Haben
		4. 440	200,00

5.3.2 Abschluss der Unterkonten des Kontos 608 Aufwendungen für Handelswaren

Der Saldo des Kontos 260 Vorsteuer wird auf das Konto 480 Umsatzsteuer übertragen.

Die Salden der Unterkonten 6082 und 6083 werden auf das Hauptkonto 608 AfH abgeschlossen.

Soll	260 Vorsteuer		Haben
1. 440	1.140,00	2. 440	34,20
3. 440	380,00	4. 440	38,00
		a) 480	1.447,80
	1.520,00		1.520,00

Soll	608 AfH		Haben
1. 440	6.000,00	6082	200,00
3. 440	2.000,00	6083	180,00
		802 GuV	7.620,00
	8.000,00		8.000,00

Soll	6083 Lieferskonti		Haben
608	180,00	2. 440	180,00
	180,00		180,00

Soll	6082 Rücksendungen		Haben
608	200,00	4. 440	200,00
	200,00		200,00

1 Wegen der Übersichtlichkeit werden nur das Warenkonto und das Vorsteuerkonto dargestellt.

Abschlussbuchungssätze für das obige Beispiel:

a) **Abschluss des Kontos 260 Vorsteuer** auf das Konto 480 Umsatzsteuer

480 Umsatzsteuer	1.447,80 €	an	260 Vorsteuer	1.447,80 €

b) **Abschluss der Unterkonten des Kontos 608 AfH** auf das Hauptkonto

6082 Rücksendungen	200,00 €	an	608 AfH	200,00 €
6083 Lieferskonti	180,00 €	an	608 AfH	180,00 €

c) **Abschluss des Kontos 608 AfH** auf das GuV-Konto

802 GuV	7.620,00 €	an	608 AfH	7.620,00 €

5.4 Skonti und Rücksendungen beim Warenverkauf

Zum Zeitpunkt des Rechnungsausgangs wird der volle Rechnungsbetrag bzw. Umsatzerlös gebucht. Dieser Rechnungsbetrag kann sich durch einen vereinbarten **Kundenskonto** vermindern. In diesem Fall entscheidet der zahlungspflichtige Kunde, ob er innerhalb der Skontofrist mit Skontoabzug zahlt oder das Zahlungsziel seines Lieferanten (Lieferantenkredit) ausnutzt.

Ebenso sind Preisnachlässe bzw. **Rücksendungen** denkbar, wenn der zahlungspflichtige Kunde nachträglich Rechte aus einer Schlechtleistung geltend gemacht hat.

Zur leichteren statistischen Auswertung werden Kundenskonti und Rücksendungen auf den Unterkonten **5012 Kundenskonti** und **5011 Preisnachlässe und Rücksendungen**[1] des Kontos 501 Umsatzerlöse für Handelswaren erfasst. Weiter ist zu beachten, dass die zum Zeitpunkt des Rechnungsausgangs bereits gebuchte Umsatzsteuer ebenfalls vermindert werden muss, wenn sich der Rechnungsbetrag (Bemessungsgrundlage) nachträglich vermindert **(Umsatzsteuerkorrektur)**.

5.4.1 Buchungen im Grundbuch und Hauptbuch

Beispiel 1: *Ausgangsrechnung der Rad & Roll GmbH an den Kunden Sporthaus Sunsport GmbH*

1. Buchung zum Zeitpunkt des Rechnungsausgangs

1	240 Forderungen LL	9.520,00	an	501 Umsatzerlöse aus Hawa	8.000,00 €
				480 Umsatzsteuer	1.520,00 €

1 Im Schulkontenrahmen mancher Bundesländer wird ein gemeinsames Konto 5101 **Erlösberichtigungen** verwendet

2. Buchung zum Zeitpunkt des Zahlungseingangs mit Skontoabzug

Berechnung des Zahlungsbetrags, des Kundenskontos und der Umsatzsteuerkorrektur:

		Nettobeträge	+ 19 % Umsatzsteuer	Bruttobeträge
Rechnungsbetrag	100 %	8.000,00 €	1.520,00 €	9.520,00 €
– Skonto	– 2 %	– 160,00 €	– 30,40 €	– 190,40 €
= Zahlungsbetrag	98 %	7.840,00 €	1.489,60 €	9.329,60 €

2	5012 Kundenskonti	160,00 €	an	240 Forderungen LL	9.520,00 €
	480 Umsatzsteuer	30,40 €			
	280 Bank	9.329,60 €			

Beispiel 2: *Ausgangsrechnung an den Kunden Sporthaus Sunsport GmbH über 2.200,00 € (netto) vom 02.12. Am 10.02. reklamiert der Kunde versteckte Mängel. Wie vereinbart sendet er die mangelhafte Ware im Wert von 300,00 € (netto) zurück.*

3. Buchung zum Zeitpunkt des Rechnungsausgangs

3	240 Forderungen LL	2.618,00 €	an	501 Umsatzerlöse aus Hawa	2.200,00 €
				480 Umsatzsteuer	418,00 €

4. Buchung zum Zeitpunkt der Rücksendung und Zahlung des Kunden

Berechnung des Zahlungsbetrags, der Rücksendung und der Umsatzsteuerkorrektur:

	Nettobeträge	+ 19 % Umsatzsteuer	Bruttobeträge
Rechnungsbetrag	2.200,00 €	418,00 €	2.618,00 €
– Rücksendungen	– 300,00 €	– 57,00 €	– 357,00 €
= Zahlungsbetrag	1.900,00 €	361,00 €	2.261,00 €

4	5011 Rücksendungen	300,00 €	an	240 Forderungen LL	2.618,00 €
	480 Umsatzsteuer	57,00 €			
	280 Bank	2.261,00 €			

Übertragung der Buchungssätze ins Hauptbuch[1]

Soll	480 Umsatzsteuer		Haben
2. 240	30,40	1. 240	1.520,00
4. 240	57,00	3. 240	418,00

Soll	501 Umsatzerlöse		Haben
		1. 240	8.000,00
		3. 240	2.200,00

Soll	5012 Kundenskonti		Haben
2. 240	160,00		

Soll	5011 Rücksendungen		Haben
4. 240	300,00		

1 Wegen der Übersichtlichkeit werden nur das Warenkonto und das Umsatzsteuerkonto dargestellt.

5.4.2 Abschluss der Unterkonten des Kontos 501 Umsatzerlöse

Der Saldo des Kontos 480 Umsatzsteuer (Zahllast) wird am 10. Tag des Folgemonats vom Bankkonto eingezogen. (Hinweis: Hier gab es keinen Übertrag der Vorsteuer.)

Soll	480 Umsatzsteuer		Haben
2. 240	30,40	1. 240	1.520,00
4. 240	57,00	3. 240	418,00
280	**1.850,60**		
	1.938,00		1.938,00

Soll	5012 Kundenskonti		Haben
2. 240	160,00	501	160,00
	160,00		160,00

Die Salden der Unterkonten 5011 und 5012 werden auf das Hauptkonto 501 Umsatzerlöse für Handelswaren abgeschlossen.

Soll	501 Umsatzerlöse		Haben
5011	300,00	2. 240	8.000,00
5012	160,00	3. 240	2.200,00
802 GuV	**9.740,00**		
	10.200,00		10.200,00

Soll	5011 Rücksendungen		Haben
4. 240	300,00	501	300,00
	300,00		300,00

Abschlussbuchungssätze für das obige Beispiel:

a) **Abschluss des Kontos 480 Umsatzsteuer** durch Bankeinzug

480 Umsatzsteuer	1.850,60 €	an	280 Bank	1.850,60 €

b) **Abschluss der Unterkonten des Kontos 501 Umsatzerlöse**

501 Umsatzerlöse	300,00 €	an	5011 Rücksendungen	300,00 €
501 Umsatzerlöse	160,00 €	an	5012 Kundenskonti	160,00 €

c) **Abschluss des Kontos Umsatzerlöse auf das GuV-Konto**

501 Umsatzerlöse	9.740,00 €	an	802 GuV	9.740,00 €

5.4.3 Skonti und Rücksendungen im Einkauf und Verkauf im Überblick

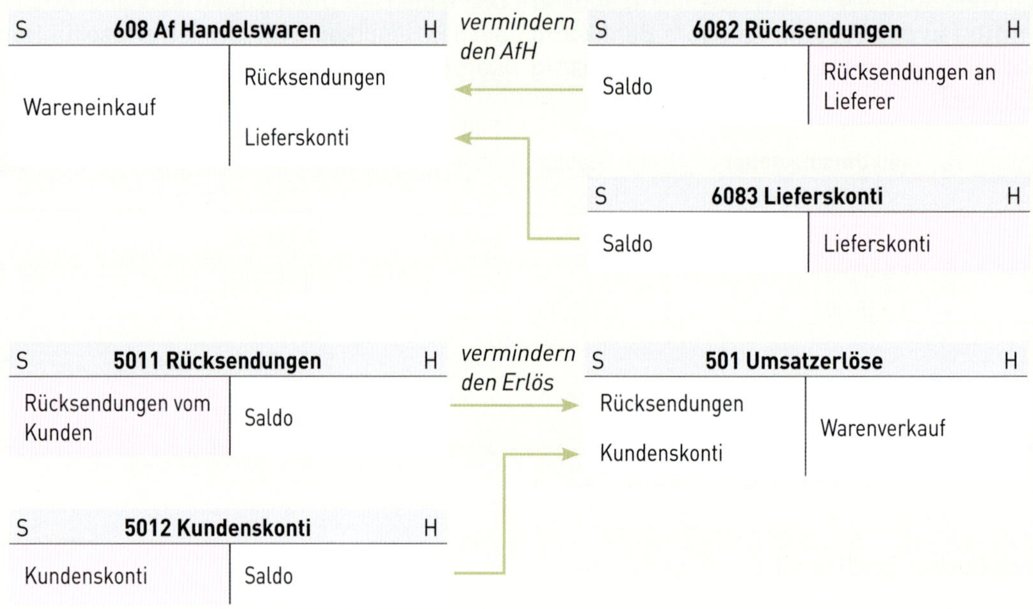

5.4.4 Vorsteuer und Umsatzsteuer und deren Abschluss im Überblick

Im Falle einer Zahllast (Vorsteuersumme < Umsatzsteuersumme)

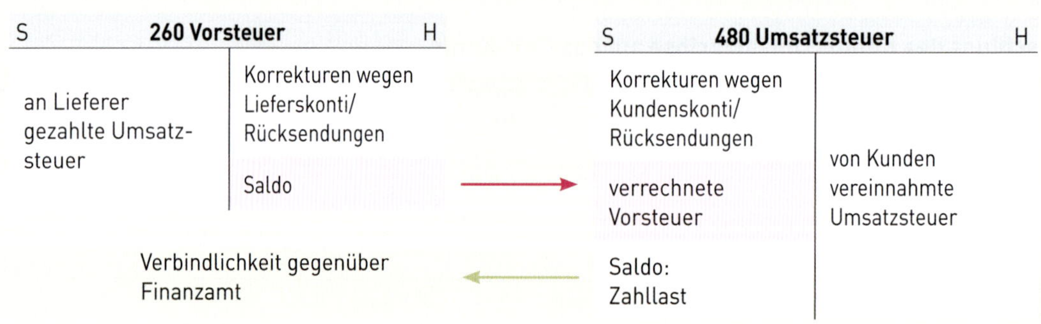

Im Falle eines Vorsteuerüberhangs (Vorsteuer > Umsatzsteuer)

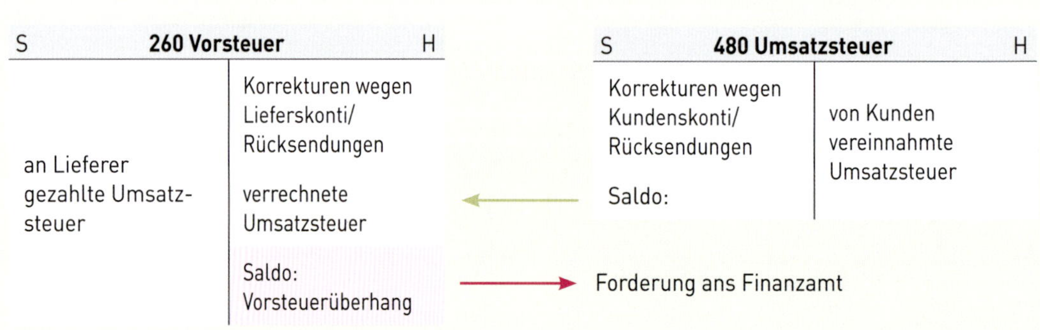

5.5 Durchführung einer Umsatzsteuer-Voranmeldung

Nach § 18 UStG hat der Unternehmer bis zum 10. Tag nach Ablauf jedes Voranmeldungszeitraums[1] eine **Umsatzsteuer-Voranmeldung** nach amtlich vorgeschriebenem Datensatz durch Datenfernübertragung zu übermitteln[2]. Er hat die Steuer für den Voranmeldungszeitraum (Vorauszahlung) selbst zu berechnen. Der so ermittelte Unterschiedsbetrag (Zahllast bzw. Vorsteuerüberhang) ist als Vorauszahlung bzw. Erstattung am 10. Tag nach Ablauf des Voranmeldungszeitraums fällig.

Beispiel: *Für den abgelaufenen Monat März:*

Saldo des Kontos 501 Umsatzerlöse: 180.000,00 €
Saldo des Kontos 260 Vorsteuer: 16.316,72 €
Saldo des Kontos 480 Umsatzsteuer: 34.200,00 €

Formular der Umsatzsteuer-Voranmeldung (wird elektronisch ausgefüllt)

- Bitte weiße Felder ausfüllen oder ☒ ankreuzen, Anleitung beachten -

20 . .

Fallart	Steuernummer	Unterfallart
11	181/240/50600	56

30 Eingangsstempel oder -datum

Finanzamt
Stuttgart

Unternehmer – ggf. abweichende Firmenbezeichnung – Anschrift – Telefon – E-Mail-Adresse
Rad & Roll GmbH
Schlossstr. 21, 70176 Stuttgart
Tel. 0711-12343-0,
Mail: Nitsch@Rad+Roll.de

Umsatzsteuer-Voranmeldung 20 . .

Voranmeldungszeitraum
bei monatlicher Abgabe bitte ankreuzen / bei vierteljährlicher Abgabe bitte ankreuzen

14 01	Jan.		14 07	Juli		14 41	I. Kalendervierteljahr	
14 02	Feb.		14 08	Aug.		14 42	II. Kalendervierteljahr	
14 03	März	X	14 09	Sept.		14 43	III. Kalendervierteljahr	
14 04	April		14 10	Okt.		14 44	IV. Kalendervierteljahr	
14 05	Mai		14 11	Nov.				
14 06	Juni		14 12	Dez.				

Berichtigte Anmeldung (falls ja, bitte eine „1" eintragen) **10**
Belege (Verträge, Rechnungen, Erläuterungen usw.) sind beigefügt bzw. werden gesondert eingereicht (falls ja, bitte eine „1" eintragen) **22**

I. Anmeldung der Umsatzsteuer-Vorauszahlung

Lieferungen und sonstige Leistungen (einschließlich unentgeltlicher Wertabgaben)	Kz	Bemessungsgrundlage ohne Umsatzsteuer volle EUR	Kz	Steuer EUR	Ct
Steuerfreie Umsätze mit Vorsteuerabzug Innergemeinschaftliche Lieferungen (§ 4 Nr. 1 Buchst. b UStG) an Abnehmer mit USt-IdNr.	41				
neuer Fahrzeuge an Abnehmer ohne USt-IdNr.	44				
neuer Fahrzeuge außerhalb eines Unternehmens (§ 2a UStG)	49				
Weitere steuerfreie Umsätze mit Vorsteuerabzug (z.B. Ausfuhrlieferungen, Umsätze nach § 4 Nr. 2 bis 7 UStG)	43				
Steuerfreie Umsätze ohne Vorsteuerabzug Umsätze nach § 4 Nr. 8 bis 28 UStG	48				
Steuerpflichtige Umsätze (Lieferungen und sonstige Leistungen einschl. unentgeltlicher Wertabgaben)					
zum Steuersatz von 19 %	81	180.000		34.200	00
zum Steuersatz von 7 %	86				

1 **Voranmeldungszeitraum** ist das Kalendervierteljahr. Beträgt die Steuer für das vorangegangene Kalenderjahr mehr als 7.500,00 €, ist der Kalendermonat Voranmeldungszeitraum.

2 Auf Antrag kann das Finanzamt auf eine elektronische Übermittlung verzichten; in diesem Fall hat der Unternehmer eine Voranmeldung nach amtlich vorgeschriebenem Vordruck abzugeben, der eigenhändig zu unterschreiben ist.

-2-

Steuernummer:

	Kz	Bemessungsgrundlage ohne Umsatzsteuer volle EUR	Kz	Steuer EUR	Ct
Übertrag					
Leistungsempfänger als Steuerschuldner (§ 13b UStG)					
Im Inland steuerpflichtige sonstige Leistungen eines im übrigen Gemeinschaftsgebiet ansässigen Unternehmers (§13b Abs. 1 UStG)	46		47		
Andere Leistungen eines im Ausland ansässigen Unternehmers (§ 13b Abs. 2 Nr. 1 und 5 Buchst. a UStG)	52		53		
Lieferungen sicherungsübereigneter Gegenstände und Umsätze, die unter das GrEStG fallen (§ 13b Abs. 2 Nr. 2 und 3 UStG)	73		74		
Lieferungen von Mobilfunkgeräten und integrierten Schaltkreisen (§ 13b Abs. 2 Nr. 10 UStG)	78		79		
Andere Leistungen eines im Inland ansässigen Unternehmers (§ 13b Abs. 2 Nr. 4, 5 Buchst. b und Nr. 6 bis 9 UStG)	84		85		
Steuer infolge Wechsels der Besteuerungsform sowie Nachsteuer auf versteuerte Anzahlungen u. ä. wegen Steuersatzänderung			65		
Umsatzsteuer				34.200	00
Abziehbare Vorsteuerbeträge					
Vorsteuerbeträge aus Rechnungen von anderen Unternehmern (§ 15 Abs. 1 Satz 1 Nr. 1 UStG), aus Leistungen im Sinne des § 13a Abs. 1 Nr. 6 UStG (§ 15 Abs. 1 Satz 1 Nr. 5 UStG) und aus innergemeinschaftlichen Dreiecksgeschäften (§ 25b Abs. 5 UStG)			66	16.316	72
Vorsteuerbeträge aus dem innergemeinschaftlichen Erwerb von Gegenständen (§ 15 Abs. 1 Satz 1 Nr. 3 UStG)			61		
Entstandene Einfuhrumsatzsteuer (§ 15 Abs. 1 Satz 1 Nr. 2 UStG)			62		
Vorsteuerbeträge aus Leistungen im Sinne des § 13b UStG (§ 15 Abs. 1 Satz 1 Nr. 4 UStG)			67		
Vorsteuerbeträge, die nach allgemeinen Durchschnittssätzen berechnet sind (§§ 23 und 23a UStG)			63		
Berichtigung des Vorsteuerabzugs (§ 15a UStG)			64		
Vorsteuerabzug für innergemeinschaftliche Lieferungen neuer Fahrzeuge außerhalb eines Unternehmens (§ 2a UStG) sowie von Kleinunternehmern im Sinne des § 19 Abs. 1 UStG (§ 15 Abs. 4a UStG)			59		
Verbleibender Betrag				17.883	28
Andere Steuerbeträge					
In Rechnungen unrichtig oder unberechtigt ausgewiesene Steuerbeträge (§ 14c UStG) sowie Steuerbeträge, die nach § 4 Nr. 4a Satz 1 Buchst. a Satz 2, § 6a Abs. 4 Satz 2, § 17 Abs. 1 Satz 6 oder § 25b Abs. 2 UStG geschuldet werden			69		
Umsatzsteuer-Vorauszahlung/Überschuss				17.883	28
Anrechnung (Abzug) der festgesetzten **Sondervorauszahlung** für Dauerfristverlängerung (nur auszufüllen in der letzten Voranmeldung des Besteuerungszeitraums, in der Regel Dezember)			39		
Verbleibende Umsatzsteuer-Vorauszahlung (bitte in jedem Fall ausfüllen) / **Verbleibender Überschuss** - bitte dem Betrag ein Minuszeichen voranstellen -			83	17.883	28

II. Sonstige Angaben und Unterschrift

Ein Erstattungsbetrag wird auf das dem Finanzamt benannte Konto überwiesen, soweit der Betrag nicht mit Steuerschulden verrechnet wird.

Verrechnung des Erstattungsbetrags erwünscht / Erstattungsbetrag ist abgetreten (falls ja, bitte eine „1" eintragen) 29

Geben Sie bitte die Verrechnungswünsche auf einem besonderen Blatt an oder auf dem beim Finanzamt erhältlichen Vordruck „Verrechnungsantrag".

Die Einzugsermächtigung wird ausnahmsweise (z.B. wegen Verrechnungswünschen) für diesen Voranmeldungszeitraum **widerrufen** (falls ja, bitte eine „1" eintragen) 26

Ein ggf. verbleibender Restbetrag ist gesondert zu entrichten.

Hinweis nach den Vorschriften der Datenschutzgesetze:
Die mit der Steueranmeldung angeforderten Daten werden auf Grund der §§ 149 ff. der Abgabenordnung und der §§ 18, 18b des Umsatzsteuergesetzes erhoben. Die Angabe der Telefonnummern und der E-Mail-Adressen ist freiwillig.

Bei der Anfertigung dieser Steueranmeldung hat mitgewirkt:
(Name, Anschrift, Telefon, E-Mail-Adresse)

Datum, Unterschrift

- nur vom Finanzamt auszufüllen -

11 | 19

12

Bearbeitungshinweis

1. Die aufgeführten Daten sind mit Hilfe des geprüften und genehmigten Programms sowie ggf. unter Berücksichtigung der gespeicherten Daten maschinell zu verarbeiten.
2. Die weitere Bearbeitung richtet sich nach den Ergebnissen der maschinellen Verarbeitung.

Datum, Namenszeichen

Kontrollzahl und/oder Datenerfassungsvermerk

Wissen testen

1. Sie ergänzen Ihre Lernkartei zum Themengebiet „Buchführung".

1.1 Sie schreiben jeden der folgenden Begriffe auf die Kopfzeile eines DIN-A6-Kärtchens:

> Steuerbare Umsätze, steuerfreie Umsätze, Vorsteuer (Begriff), Umsatzsteuer (Begriff), ermäßigter Umsatzsteuersatz (Beispiele), Bestandteile einer Rechnung, Kleinbetragsrechnung, Zahllast, Vorsteuerüberhang, Besteuerungsverfahren, Vorsteuerkorrektur, Umsatzsteuerkorrektur, Umsatzsteuer-Voranmeldung

1.2 Sie sortieren die Begriffskärtchen nach den Kriterien „Weiß ich" oder „Weiß ich nicht". Sie bilden mit Ihren Mitschülern Kleingruppen und erklären sich gegenseitig die „Weiß-ich-nicht"-Kärtchen. Sie schlagen dabei die ungeklärten Begriffe im Schulbuch nach. Sie schreiben die Begriffserklärungen auf die Rückseite des entsprechenden Kärtchens und ordnen diese unter der Leitkarte „Buchführung" alphabetisch in Ihren Lernkartei-Behälter ein.

2. Sie stellen die wesentlichen Merkmale der Konten Vorsteuer und Umsatzsteuer in einer Tabelle einander gegenüber.

3. Sie begründen, warum die Umsatzbesteuerung für die Unternehmen erfolgsneutral ist.

4. Sie entscheiden über den Umsatzsteuersatz und bilden die Buchungssätze für folgende Geschäftsvorfälle:

4.1 Einkauf eines Lagerverwaltungssystems auf Ziel 3.000,00 € + USt
4.2 Verkauf von Handelswaren (Lebensmittel) gegen Barzahlung 600,00 € + USt
4.3 Die Eingangsrechnung von 4.1 wird durch Banküberweisung unter Abzug von 3 % Skonto beglichen.
4.4 Ausgangsrechnung über zwei Citybikes an den Kunden Roman Berg, 1.200,00 € + USt
4.5 Der Geschäftsinhaber entnimmt Lebensmittel im Wert von 500,00 €.
4.6 Der Kunde Roman Berg zahlt die AR von 4.4 mit Abzug von 2 % Skonto durch Banküberweisung.
4.7 Der Kunde Aydin Uslu schickt eine Falschlieferung Fahrradtrikots (Bruttopreis: 178,50 €) zurück.
4.8 Der Lieferant Winora GmbH ist mit der Rücksendung eines mangelhaften Citybikes einverstanden, Nettopreis 750,00 €.

5. Es liegen folgende Kontostände vor:

- Monat März: Vorsteuer: 8.700,00 €; Umsatzsteuer: 12.800,00 €.
- Monat April: Vorsteuer: 9.500,00 €; Umsatzsteuer: 7.700,00 €.
- Der Zahlungsausgleich erfolgt jeweils am 10. Tag des Folgemonats. Sie bilden die Buchungssätze für den Abschluss der Umsatzsteuerkonten für den Monat

5.1 März;
5.2 April.

6.1 Sie bilden die Buchungssätze mit Angabe der Kontennummern, Kontenbezeichnungen und Beträgen für die folgenden Geschäftsfälle.

1. Einkauf von Handelswaren auf Ziel (ER 123) 2.500,00 € zuzüglich 19 % USt
2. Verkauf von Handelswaren auf Ziel (AR 435) 4.000,00 € zuzüglich 19 % USt
3. Zahlung der ER 123 per Banküberweisung mit 3 % Skonto zuzüglich 19 % USt
4. Rücksendung mangelhafter Ware an den Lieferer 500,00 € zuzüglich 19 % USt
5. Kunde A begleicht AR 435 per Banküberweisung mit 3 % Skonto
6. Kunde B schickt eine Falschlieferung zurück 476,00 € einschließlich 1 % USt
7. Geschäftsinhaber entnimmt Waren im Wert von 214,00 € einschließlich 7 % USt

6.2 Sie richten die folgenden T-Konten ein und übernehmen die Kontenstände. Sie übernehmen die Buchungssätze aus 6.1 in dieses Hauptbuch.

Soll	**221 Handelswaren**		Haben
AB	7.000	SB	6.000

Soll	**801 Schlussbilanz**		Haben
0xx	100.000		

Soll	**240 Forderungen LL**		Haben
AB	6.200		

Soll	**300 Eigenkapital**		Haben
		AB	126.200

Soll	**608 AfH**		Haben

Soll	**440 Verbindlichkeiten**		Haben
		AB	3.000

Soll	**501 Umsatzerlöse**		Haben

Soll	**280 Bank**		Haben
AB	16.000		

Soll	**5011 Rücksendungen**		Haben

Soll	**6082 Rücksendungen**		Haben

Soll	**5012 Kundenskonto**		Haben

Soll	**480 Umsatzsteuer**		Haben

Soll	**260 Vorsteuer**		Haben

Soll	**6083 Lieferskonti**		Haben

Soll	**542 Unentgeltliche Wertabgaben**		Haben

Soll	**802 GuV**		Haben

6.3 Sie schließen alle Konten ab und bilden die Abschlussbuchungssätze für

a) die Unterkonten der Warenkonten,
b) die Warenkonten,
c) die Umsatzsteuerkonten,
d) die anderen Bestandskonten,
e) das GuV-Konto und das Eigenkapitalkonto.

6.4 Sie ermitteln den Betrag in € für folgende Größen:

a) Bestandsminderung bzw. Bestandsmehrung
b) Summe der Wareneinkäufe
c) Wareneinsatz (Aufwand für die verkaufte Ware)
d) Summe aller Warenverkäufe
e) Rohgewinn (= Rohertrag, Warengewinn)
f) Reingewinn (= Gesamtgewinn)
g) Zahllast bzw. Vorsteuerüberhang

6.5 Sie füllen eine Umsatzsteuer-Voranmeldung anhand der obigen Daten aus.

7. Sie ergänzen den folgenden Text:

Die bezahlte Mehrwertsteuer heißt **a)** . Sie ist eine **b)** an das Finanzamt. Die vereinnahmte Mehrwertsteuer heißt **c)** . Sie ist eine **d)** gegenüber dem Finanzamt. Ist im Voranmeldungszeitraum die Vorsteuer niedriger als die Umsatzsteuer, dann liegt eine **e)** vor. In diesem Fall lautet der Abschlussbuchungssatz **f)** an **g)** . Ist im Voranmeldungszeitraum die Vorsteuer höher als die **h)** , dann liegt ein **i)** vor. In diesem Fall lautet der Abschlussbuchungssatz **j)** an **k)** .

Die Salden der Unterkonten 6082 **l)** und 6083 **m)** werden auf das Hauptkonto **n)** abgeschlossen. Die Salden der Unterkonten 5011 **o)** und 5012 **p)** werden auf das Hauptkonto **q)** übertragen.

6 Buchungen im Anlagenbereich

In diesem Kapitel lernen Sie den Begriff der Anschaffungskosten kennen. Sie berücksichtigen bei der Beschaffung von Anlagegegenständen die Umsatzsteuer. Sie erfassen die buchmäßige Wertminderung von Anlagegütern und ermitteln dazu die betriebsgewöhnliche Nutzungsdauer. Sie berechnen die jährlichen linearen Abschreibungsbeträge bei nicht geringwertigen Wirtschaftsgütern und buchen diese im Grundbuch und Hauptbuch.

Lernsituation

Ihr Teamleiter, Herr Nitsch, zeigt Ihnen die folgende Rechnung und bittet Sie, die Auswirkungen auf den Erfolg der Rad & Roll GmbH darzustellen und die Buchungssätze zum Zeitpunkt des Rechnungseingangs zu bilden sowie zum Zeitpunkt des Zahlungsausgangs.

Eingangsrechnung Nr. 3450

AUTOMATEN REICH GMBH

Automaten Reich GmbH · Neustraße 1–5 · 54290 Wei...

Rad & Roll GmbH
Schlossstraße 21
70176 Stuttgart

Konto	Soll	Haben
Datum	16.04.20..	
Unterschrift	Nitsch	

...: 240081
...Nr.: 188/734/5653
Datum: 15. April 20..

Rechnung Nr. 3450

Artikelnummer	Artikel	Menge	Stückpreis	Gesamtpreis
1245	Warenautomat für Fahrradzubehör	1 St.	10.009,28 €	10.009,28 €
	– Messe-Sofortrabatt			– 400,00 €
	Transportkosten	pauschal	300,00 €	300,00 €
	Wandmontage	5 Std.	80,00 €	400,00 €
	Gesamt, netto			**10.309,28 €**
	19 % Umsatzsteuer			**1.958,76 €**
	Rechnungsbetrag brutto			**12.268,04 €**

Zahlungsbedingung: 3 % Skonto innerhalb 14 Tagen nach Rechnungsdatum oder 30 Tage Ziel

Mit freundlichen Grüßen

Automaten Reich GmbH

ppa. Leon Reich

Volksbank Trier, IBAN: DE25 5856 0103 0045 6234 01, BIC: GENODED1TVB

Herr Nitsch beauftragt Sie, für das nächste Ausbildungsgespräch eine Tischvorlage und eine Power-Point-Präsentation mit folgenden Gliederungspunkten zu erstellen:

1. Ermittlung und Buchung der Anschaffungskosten für Anlagegüter
2. Berechnung des Abschreibungssatzes und des Abschreibungsbetrags
3. Buchung der jährlichen Abschreibungen

Arbeitsaufträge

a) Sie **informieren** sich über den Begriff der Anschaffungskosten. Sie erkennen, weshalb Wertminderungen von Anlagegütern erfasst werden müssen. Sie informieren sich über die zulässige Höhe der jährlichen Abschreibung und über die Methode der linearen Abschreibung.

b) Sie **ermitteln** und **buchen** die Anschaffungskosten von Anlagegütern. Sie ermitteln die betriebsgewöhnliche Nutzungsdauer für allgemein verwendbare Anlagegüter, berechnen die jährlichen linearen Abschreibungsbeträge bei nicht geringwertigen Wirtschaftsgütern und buchen diese im Grundbuch und Hauptbuch. Sie schließen die dazu notwendigen Konten ab und **entwickeln Buchungsregeln** für die Buchung der Abschreibung. Sie **erarbeiten** eine PowerPoint-Präsentation und eine Tischvorlage mit den gewünschten Gliederungspunkten.

c) Sie **tragen** Ihre PowerPoint-Präsentation beim Ausbildungsgespräch **vor**. Ebenso stellen Sie Ihre Tischvorlage vor. Sie reagieren auf Fragen und Anmerkungen der Anwesenden.

d) Sie **bewerten** Ihren Vortrag zusammen mit Herrn Nitsch und den anderen Auszubildenden anhand des erstellten Kriterienkatalogs für Präsentationen. Sie nehmen Kritikpunkte auf zur Vollständigkeit und inhaltlichen Richtigkeit, ergänzen Ihre Ausarbeitungen und korrigieren Fehler.

e) Sie **reflektieren** kritisch mögliche Fehlerquellen im Buchungsprozess und überprüfen Ihre Arbeitsweise. Sie sind bereit, Ihr Arbeitsergebnis zu verantworten und aus Fehlern zu lernen, und erkennen, dass Sie bei der Kontierung von Buchungsbelegen besonders gewissenhaft arbeiten müssen. Ebenso **reflektieren** Sie Ihr Verhalten in der Arbeitsgruppe und überlegen, wie Sie Ihre Verhaltensweisen verbessern könnten.

6.1 Ermittlung der Anschaffungskosten von Anlagegütern

Alle Aufwendungen, die getätigt werden, um einen Vermögensgegenstand zu erwerben und in einen betriebsbereiten Zustand zu versetzen, zählen zu den **Anschaffungskosten** (HGB § 255). Sie müssen dem Gegenstand einzeln zugeordnet werden können. Anschaffungspreisminderungen sind abzuziehen.

Listenpreis netto	Kaufpreis des Anlageguts *ohne Umsatzsteuer*
+ Anschaffungsnebenkosten	**Einmalige** Aufwendungen im Zusammenhang mit der Anschaffung, z. B. Transport-, Überführungs-, Montage-, Zulassungs-, Notariats-, Gerichtskosten, Maklerlohn, Zölle, Grunderwerbsteuer[1]
– Anschaffungspreisminderungen	Lieferrabatt, Lieferskonto
= Anschaffungskosten	**Abschreibungsgrundlage** für das Anlagegut

Beispiel: *Anschaffung eines Warenautomaten für Fahrradzubehör, Listenpreis netto 10.009,28 €, Messe-Sofortrabatt 400,00 €, Transportkosten 300,00 € netto, Kosten für die Wandmontage 400,00 € netto, 3 % Skonto bei Zahlung innerhalb 14 Tagen.*

Listenpreis netto	10.009,28 €	
– Messe-Sofortrabatt	– 400,00 €	
+ Anschaffungsnebenkosten (Transport und Montage)	+ 700,00 €	
= Anschaffungskosten bei Rechnungseingang	**10.309,28 €**	**Rechnungsbetrag**
– 3 % Lieferskonto vom Rechnungsbetrag	– 309,28 €	
= Anschaffungskosten am Zahlungstag	**10.000,00 €**	**Zahlungsbetrag**

1 Keine Anschaffungskosten sind alle regelmäßigen Aufwendungen wie Kraftfahrzeugsteuern, Grundsteuern, laufende Versicherungen, Zinsen usw.

6.2 Buchung der Anschaffungskosten

***Beispiel:** Der Warenautomat wird auf dem Konto 080 Andere Anlagen mit den Anschaffungskosten in Höhe von 10.000,00 € aktiviert. Da der Skontoabzug erst nach 14 Tagen erfolgt, sind zwei Buchungen erforderlich: eine Buchung zum Zeitpunkt des Rechnungseingangs (Tag der Beschaffung) und eine Buchung zum Zeitpunkt der Zahlung. Der Skontoabzug mindert die Anschaffungskosten, aber auch die am Beschaffungstag bereits gebuchte Vorsteuer.*

1. Buchung am Tag des Rechnungseingangs (hier: 16.04.)

080 Andere Anlagen	10.309,28 €	an	440 Verbindlichkeiten LL	12.268,04 €
260 Vorsteuer	1.958,76 €			

2. Buchung am Tag der Zahlung (hier: 28.04.)

440 Verbindlichkeiten LL	12.268,04 €		080 Andere Anlagen	309,28 €
		an	260 Vorsteuer	58,76 €
			280 Bank	11.900,00 €

Übertragung der Buchungssätze ins Hauptbuch

Soll	080 Andere Anlagen		Haben
1. 440	10.309,28	2. 440	309,28

Soll	260 Vorsteuer		Haben
1. 440	1.958,76	2. 440	58,76

Soll	440 VLL		Haben
2. 080/260/280	12.268,04	1. 080/260	12.268,04

Soll	280 Bank		Haben
		2. 440	11.900,00

Nach Abzug des Lieferskontos betragen die Anschaffungskosten noch 10.000,00 € netto, die Vorsteuer beträgt nach der Vorsteuerkorrektur aufgrund des Skontoabzugs noch 1.900,00 €.

Alter Warenautomat in Schwalenberg
© Martina Berg

6.3 Lineare Abschreibung von Anlagegütern

Gründe für Abschreibungen

Die Anschaffungskosten für *langjährig nutzbare Wirtschaftsgüter* dürfen nicht sofort als Aufwand gewinnmindernd gebucht werden. Sie müssen vielmehr auf die Nutzungsdauer *verteilt* werden. Vermögensgegenstände sind höchstens mit den Anschaffungskosten, **vermindert um Abschreibungen** anzusetzen. Bei Vermögensgegenständen des Anlagevermögens, deren *Nutzung zeitlich begrenzt* ist, sind die Anschaffungskosten um planmäßige Abschreibungen zu vermindern (HGB § 253).

Durch die Abschreibung wird erreicht, dass die Vermögensgegenstände in der Bilanz mit den richtigen Werten ausgewiesen werden. Eine Wertminderung kann eintreten durch

- **technische Abnutzung** (Verschleiß durch Gebrauch);
- **wirtschaftliche Abnutzung** (Veraltung durch technischen Fortschritt, Modellwechsel);
- **natürliche Abnutzung** (Wertverlust durch Rost, Witterungseinflüsse usw.).

Höhe und Berechnung der Abschreibungen

Der Abschreibungsplan muss die Anschaffungskosten auf die Geschäftsjahre verteilen, in denen der Vermögensgegenstand voraussichtlich genutzt werden kann (HGB § 253). Nach § 7 EStG sind die Anschaffungskosten des Wirtschaftsguts gleichmäßig auf dessen betriebsgewöhnliche Nutzungsdauer zu verteilen **(Absetzung für Abnutzung in gleichen Jahresbeträgen = lineare Abschreibung)**. Absetzung für Abnutzung **(AfA)** ist der steuerliche Begriff für die Abschreibung. Da Abschreibungen Aufwendungen sind und somit den Gewinn mindern, hat die Finanzverwaltung die betriebsgewöhnliche **Nutzungsdauer** für jeden Anlagegegenstand in **amtlichen Abschreibungstabellen** (AfA-Tabellen) festgelegt.

Auszüge aus der allgemeinen amtlichen Abschreibungstabelle[1]

Fundstelle	Anlagegüter	Nutzungsdauer (Jahre)
1	**Unbewegliches Anlagevermögen**	
1.6	Baubuden	8
1.11	Laderampen	25
2	**Grundstückseinrichtungen**	
2.8	Grünanlagen	15
3	**Betriebsanlagen allgemeiner Art**	
3.1.7	Solaranlagen	10
3.6	Transport-, Bau-, Büro- und Wohncontainer	10
3.8	Lichtreklame	9
4	**Fahrzeuge**	
4.2.1	Personenkraft- und Kombiwagen	6
4.2.3	Lastkraftwagen, Sattelschlepper, Kipper	9

1 Gegenstände, die zeitlich unbegrenzt nutzbar sind und damit nicht an Wert verlieren, dürfen nicht abgeschrieben werden. Dazu zählen unbebaute Grundstücke, der Grundstücksanteil eines bebauten Grundstücks, Finanzanlagen und Beteiligungen, alte Meisterwerke, z. B. Gemälde, Meistergeige.

5	**Be- und Verarbeitungsmaschinen**	
5.6	Drehbänke	16
5.7.1	Fräsmaschinen stationär	15
5.11	Pressen und Stanzen	14
6	**Betriebs-und Geschäftsausstattung**	
6.2	Wirtschaftsgüter der Ladeneinrichtungen	8
6.13.2.2	Mobilfunkendgeräte	5
6.14.3.2	Workstations, PC, Notebooks und deren Peripheriegeräte	3
6.14.7	Registrierkassen	6
6.14.10	Vervielfältigungsgeräte	7
6.14.12	Geldprüf-, -sortier-, -wechsel- und -zählgeräte	7
6.15	Büromöbel	13
7	**Sonstige Anlagegüter**	
7.2	bezeichnet eine Obergruppe, daher keine Nutzungsdauer	
7.2.3	Geschirr- und Gläserspülmaschinen	7
7.2.4	Hochdruckreiniger (Dampf- und Wasser-)	8
7.4.2	Warenautomaten	5

Im Jahr der Anschaffung des Wirtschaftsguts vermindert sich für dieses Jahr die Abschreibung um jeweils ein Zwölftel für jeden vollen Monat, der dem Monat der Anschaffung vorangeht **(zeitanteilige Abschreibung im Anschaffungsjahr, EStG § 7 Abs. 1)**.

Beispiel: *Tag der Anschaffung des Warenautomaten: 16.04., diesem Monat gehen 3 volle Monate voraus. Die Abschreibung im Anschaffungsjahr verringert sich daher um 3/12, sodass für dieses Jahr nur noch die verbleibenden 9 Restmonate, also 9/12 des vollen Jahresbetrags der Abschreibung abgesetzt werden können. Die noch fehlenden 3/12 der Gesamtnutzungsdauer werden im Anschluss an das letzte volle Nutzungsjahr abgeschrieben.*

Formeln zur Berechnung der Abschreibung	**Beispiel Warenautomat:**
Abschreibungssatz in % pro Jahr $= \frac{100\ \%}{\text{Nutzungsdauer}}$	Abschreibungssatz $= \frac{100\ \%}{5\ \text{Jahre}} = 20\ \%$ pro Jahr
Abschreibungsbetrag in € pro Jahr $= \text{Anschaffungskosten} \cdot \text{Abschreibungssatz}$ $= \frac{\text{Anschaffungskosten}}{\text{Nutzungsdauer}}$	Abschreibungsbetrag $= 10.000 \cdot 20\ \% = 2.000$ € pro Jahr $= \frac{10.000}{5\ \text{Jahre}} = 2.000$ € pro Jahr
Abschreibungsbetrag im Anschaffungsjahr $= \frac{\text{Abschreibungsbetrag} \cdot \text{Restmonate}}{12\ \text{Monate}}$	Abschreibungsbetrag im Anschaffungsjahr $= \frac{2.000 \cdot 9}{12\ \text{Monate}} = 1.500$ €

Abschreibungsplan (lineare Abschreibungsmethode)

Nach der **linearen Abschreibungsmethode** bezieht sich der Abschreibungssatz (hier: 20 %) immer auf die Anschaffungskosten. Somit bleibt der jährliche Abschreibungsbetrag konstant (hier: 2.000 €).

Beispiel: Abschreibungsplan für den Warenautomaten

Anschaffungswert am 16.04. (Tag der Anschaffung)	10.000,00 €
– Abschreibung am 31.12. des **1. Jahres** (zeitanteilig: $\frac{9}{12}$)	1.500,00 €
Restbuchwert am 31.12. des 1. Jahres	8.500,00 €
– 20 % Abschreibung am 31.12. des **2. Jahres**	2.000,00 €
Restbuchwert am 31.12. des 2. Jahres	6.500,00 €
– Abschreibung am 31.12. des **3. Jahres**	2.000,00 €
Restbuchwert am 31.12. des 3. Jahres	4.500,00 €
– Abschreibung am 31.12. des **4. Jahres**	2.000,00 €
Restbuchwert am 31.12. des 4. Jahres	2.500,00 €
– Abschreibung am 31.12. des **5. Jahres**	2.000,00 €
Restbuchwert am 31.12. des 5. Jahres	500,00 €
– restliche Abschreibung im **6. Jahr** (zeitanteilig: $\frac{3}{12}$)	499,00 €
Erinnerungswert ab 01.04. des 6. Jahres	1,00 €

Im Anschluss an das letzte volle Abschreibungsjahr fällt noch eine **restliche zeitanteilige Abschreibung** an (hier $\frac{3}{12}$ des Abschreibungsbetrags), da das Anlagegut so lange abgeschrieben wird, bis die volle Nutzungsdauer abgelaufen ist. Erst nach Ablauf der buchmäßigen Nutzungsdauer ist das Anlagegut vollständig abgeschrieben.
Es kann aber in der Regel bis zu seinem Ausscheiden weiterhin genutzt werden. Daher wird im letzten Nutzungsjahr ein **Erinnerungswert** von einem Euro so lange stehen gelassen, bis der Gegenstand ausscheidet und aus der Inventurliste gelöscht wird.

Grafischer Verlauf der linearen Abschreibung und der Restbuchwerte (ohne Berücksichtigung der zeitanteiligen Abschreibung)

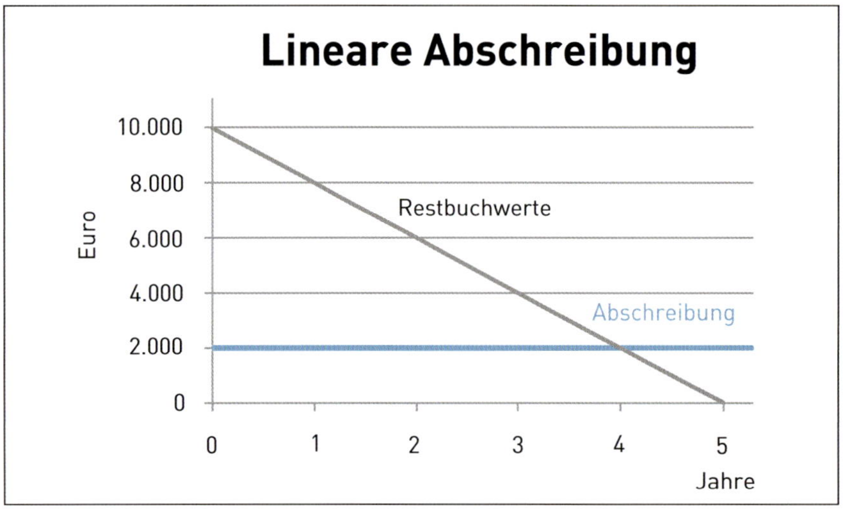

6.4 Buchung der Abschreibung

Abschreibungen werden jeweils am Jahresende (Abschlussbuchung) auf dem Aufwandskonto **650 Abschreibungen auf Sachanlagen** gebucht.[1]

3. Buchung der zeitanteiligen Abschreibung am 31.12. des Anschaffungsjahrs

650 Abschreibungen auf SA	1.500,00 €	an	080 Andere Anlagen	1.500,00 €

4. Buchung der Abschreibung jeweils am 31.12. der Folgejahre

650 Abschreibungen auf SA	2.000,00 €	an	080 Andere Anlagen	2.000,00 €

Übertragung der Buchungssätze ins Hauptbuch[2] am 31.12.

Soll	080 Andere Anlagen		Haben
1. 440	10.309,28	2. 440	309,28
		3. 650	1.500,00

Soll	650 Abschreibungen auf SA		Haben
3. 080	1.500,00		

Abschluss des Anlagenkontos und des Abschreibungskontos im Anschaffungsjahr

Soll	080 Andere Anlagen		Haben
1. 440	10.309,28	2. 440	309,28
		3. 650	1.500,00
		801 SB	8.500,00
	10.309,28		10.309,28

Soll	650 Abschreibungen auf SA		Haben
3. 080	1.500,00	802 GuV	1.500,00

Soll	802 GuV		Haben
650	1.500,00	...	

Soll	801 Schlussbilanz		Haben
080	8.500,00	...	

a) **Abschlussbuchung des Kontos 650 Abschreibungen auf SA**

802 GuV	1.500,00 €	an	650 Abschreibungen auf SA	1.500,00 €

b) **Abschlussbuchung des Anlagenkontos**

801 Schlussbilanz	8.500,00 €	an	080 Andere Anlagen	8.500,00 €

Abschreibungen auf Sachanlagen mit Abschluss im Überblick

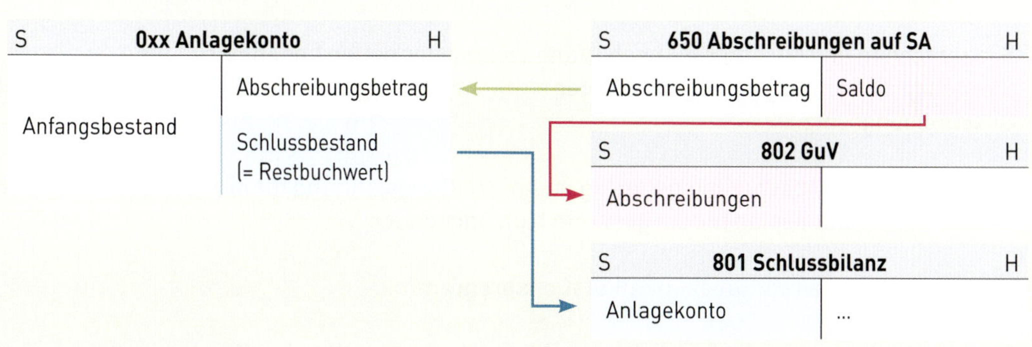

1 Im Schulkontenrahmen mancher Bundesländer hat das Konto Abschreibungen auf Sachanlagen die Kontonummer **652**.
2 Wegen der Übersichtlichkeit werden nur das Anlagekonto und das Abschreibungskonto dargestellt.

Wissen testen

1. Sie ergänzen Ihre Lernkartei zum Themengebiet „Buchführung".

1.1 Sie schreiben jeden der folgenden Begriffe auf die Kopfzeile eines DIN-A6-Kärtchens:

> Anschaffungskosten (Aufstellung), Abschreibung (Gründe), lineare Abschreibung (Begriff), zeitanteilige Abschreibung, Abschreibungssatz (Berechnung), Abschreibungsbetrag (Berechnung), Erinnerungswert

1.2 Sie sortieren die Begriffskärtchen nach den Kriterien „Weiß ich" oder „Weiß ich nicht". Sie bilden mit Ihren Mitschülern Kleingruppen und erklären sich gegenseitig die „Weiß-ich-nicht"-Kärtchen. Sie schlagen dabei die ungeklärten Begriffe im Schulbuch nach. Sie schreiben die Begriffserklärungen auf die Rückseite des entsprechenden Kärtchens und ordnen diese unter der Leitkarte „Buchführung" alphabetisch in Ihren Lernkartei-Behälter ein.

2. Das Sport M & M GmbH erhält die Rechnung (siehe Auszug) für die neue Ladeneinrichtung.

Lager & Logistik GmbH

Lager & Logistik GmbH, Industriepark 3, 74076 Heilbronn
Sportgeschäft M & M GmbH
Hauptstraße 45
89584 Ehingen

Datum: 18.10.20..

Rechnung Nr. 1004123

Position	Beschreibung	Menge	Stückpreis	Gesamtpreis
1	Ladeneinrichtung	1	siehe Rapport	21.000,00 €
2	Montagekosten			4.500,00 €
3	Transportversicherung			250,00 €
	Abzüglich 5 % Rabatt (nur auf die Position 1)			? €
	Rechnungsbetrag netto			? €
	19 % Umsatzsteuer			? €
	Rechnungsbetrag brutto			? €

2.1 Sie berechnen und buchen die Anschaffungskosten der neuen Ladeneinrichtung.

2.2 Sie stellen die Nutzungsdauer anhand der amtlichen Abschreibungstabelle fest und ermitteln den Abschreibungssatz.

2.3 Sie ermitteln den Abschreibungsbetrag im Anschaffungsjahr und für die Folgejahre und erstellen einen Abschreibungsplan für die gesamte Nutzungsdauer.

Tipp: Sie verwenden ein Tabellenkalkulationsprogramm.

2.4 Sie buchen die Abschreibung im Anschaffungsjahr und stellen den Restbuchwert am Ende des Jahres fest.

3. Die Rad & Roll GmbH erhält folgende Rechnung für einen neuen Geschäftswagen.

Auszug aus der Rechnung des Autohauses Wester GmbH:

Autohaus Wester GmbH München

Autohaus Wester GmbH, Yorckstraße 3, 80637 München
Rad & Roll GmbH
Schlossstraße 21
70176 Stuttgart

Datum: 10.07.20..

Rechnung Nr. 1002314

Position	Beschreibung	Menge	Stückpreis	Gesamtpreis
1	Audi A6 Avant	1	60.000,00 €	60.000,00 €
2	Überführungskosten	1		490,00 €
3	Zulassung	1		60,00 €
4	Kennzeichensatz	1		50,00 €
	Abzüglich 10 % Rabatt (nur auf das Fahrzeug selbst)			? €
	Rechnungsbetrag netto			? €
	19 % Umsatzsteuer			? €
	Rechnungsbetrag brutto			? €

3.1 Sie berechnen und buchen die Anschaffungskosten des neuen Geschäftswagens.

3.2 Sie stellen die Nutzungsdauer anhand der amtlichen Abschreibungstabelle fest und ermitteln den Abschreibungssatz

3.3 Sie ermitteln den Abschreibungsbetrag im Anschaffungsjahr und für die Folgejahre und erstellen einen Abschreibungsplan für die gesamte Nutzungsdauer.

Tipp: Sie verwenden ein Tabellenkalkulationsprogramm.

3.4 Sie buchen die Abschreibung im Anschaffungsjahr und stellen den Restbuchwert am Ende des Jahres fest.

4. Sie sind Mitarbeiter im Rechnungswesen des Autohauses Siegle GmbH. Ihnen liegt die Eingangsrechnung vom 20. Mai für ein Kopiergerät vor. Rechnungsbetrag: 2.000,00 € zuzüglich 19 % MWSt, Bedienerschulung: 100,00 € einschließlich 19 % MWSt. Bei Zahlung innerhalb 8 Tagen 2 % Skonto oder 30 Tage Ziel.

4.1 Sie berechnen und buchen die Anschaffungskosten zum Zeitpunkt des Rechnungseingangs.

4.2 Sie buchen die Zahlung mit Skontoabzug und ermitteln die aktuellen Anschaffungskosten.

4.3 Sie stellen die Nutzungsdauer anhand der amtlichen Abschreibungstabelle fest und ermitteln den Abschreibungssatz.

4.4 Sie ermitteln den Abschreibungsbetrag im Anschaffungsjahr und für die Folgejahre und erstellen einen Abschreibungsplan für die gesamte Nutzungsdauer.

Tipp: Sie verwenden ein Tabellenkalkulationsprogramm.

4.5 Sie buchen die Abschreibung im Anschaffungsjahr und stellen den Restbuchwert am Ende des Jahres fest.

5. Am 30. Juni beschaffen wir einen Lastkraftwagen zum Bruttopreis von 130.900,00 € auf Ziel.

Auf der Rechnung des Autohauses sind folgende weitere Posten aufgeführt:

- Überführung 780,00 € zuzüglich 19 % MWSt
- Kennzeichen 80,00 € zuzüglich 19 % MWSt
- Zulassungskosten 150,00 €, sie sind umsatzsteuerfrei.
- Auf den Listenpreis werden 20 % Rabatt eingeräumt.

Im Anschaffungsjahr betragen die Kfz-Versicherung 1.800,00 € und die Kfz-Steuer 1.400,00 €; sie werden jeweils per Bankeinzug (Lastschriftverfahren) bezahlt.

5.1 Sie ermitteln die Anschaffungskosten für den Lastkraftwagen.
5.2 Sie buchen die Anschaffungskosten und alle weiteren Aufwendungen.
5.3 Sie stellen die Nutzungsdauer anhand der amtlichen Abschreibungstabelle fest und ermitteln den Abschreibungssatz.

5.4 Sie ermitteln den Abschreibungsbetrag im Anschaffungsjahr und für die Folgejahre und erstellen einen Abschreibungsplan für die gesamte Nutzungsdauer.

Tipp: Sie verwenden ein Tabellenkalkulationsprogramm.

5.5 Sie buchen die Abschreibung im Anschaffungsjahr und stellen den Restbuchwert am Ende des Jahres fest.

6. Ihnen liegen folgende Angaben über Vermögensgegenstände vor, die im laufenden Jahr auf Ziel beschafft worden sind:

	Anlagegegenstand	Anschaffungstag	Nutzungsdauer	Anschaffungskosten (netto)
a)	Büromöbel (Einbaumöbel)	03.03.20..	?	14.000,00 €
b)	Fräsmaschine (stationär)	06.04.20..	?	40.000,00 €
c)	Registrierkasse	31.08.20..	?	3.000,00 €
d)	Lichtreklame	01.10.20..	?	8.000,00 €

6.1 Sie buchen die Anschaffungskosten dieser Anlagegegenstände.
6.2 Sie stellen für diese Anlagegegenstände die jeweilige Nutzungsdauer anhand der amtlichen Abschreibungstabelle fest und ermitteln den Abschreibungssatz.

6.3 Sie ermitteln für diese Anlagegegenstände den Abschreibungsbetrag im Anschaffungsjahr und für die Folgejahre und erstellen einen Abschreibungsplan für die ersten drei Nutzungsjahre.

Tipp: Sie verwenden ein Tabellenkalkulationsprogramm.

6.4 Sie buchen für jeden dieser Anlagegegenstände die Abschreibung im Anschaffungsjahr.

6.5 Sie erklären Ihrer Kollegin, weshalb Abschreibungen notwendig bzw. erlaubt sind und weshalb die Finanzverwaltung amtliche AfA-Tabellen erstellt hat.

7. Sie setzen die folgenden Begriffe in den Text ein:

Aufwandskonto, gewinnmindernd, Geschäftsjahrs, Soll, Soll, Haben, Wertminderung, GuV-Konto, technischen Fortschritt, Absetzung für Abnutzung, lineare Abschreibung

Anlagegüter (Sachanlagen) unterliegen im Zeitablauf einer ... . Diese wird verursacht durch den ... , den natürlichen Verschleiß sowie den Gebrauch des Anlageguts und wird am Ende des ... abgeschrieben. Der steuerliche Begriff für die Abschreibung heißt ... . Planmäßige Abschreibungen werden auf dem ... Abschreibungen im ... erfasst und im ... des entsprechenden Anlagekontos gegengebucht. Das Konto Abschreibungen wird über das ... abgeschlossen und dort im ... gebucht. Abschreibungen wirken ... . Die Abschreibung in gleichen Jahresbeträgen wird ... genannt.

8. Sie vollziehen den dargestellten Abschreibungskreislauf nach und begründen, weshalb Abschreibungen in der Volkswirtschaft als Ersatzinvestitionen bezeichnet werden.

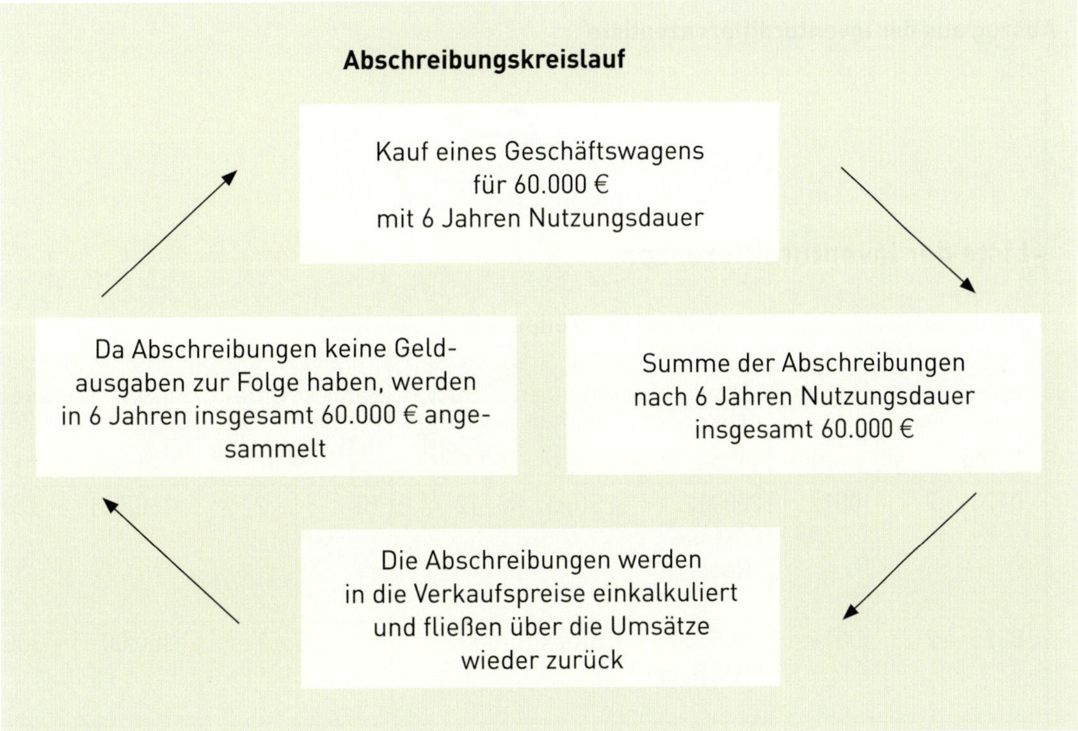

7 Kontrolle und Auswertung der Buchführungsergebnisse

In diesem Kapitel vergleichen Sie die Schlussbestände des Hauptbuchs mit den Istbeständen der Inventur. Sie klären die Gründe für mögliche Inventurdifferenzen und erkennen, dass Korrekturbuchungen notwendig sind. Sie erstellen einen Jahresabschluss (GuV-Rechnung und Schlussbilanz) und machen Aussagen über die Kapitalstruktur, die Verzinsung des eingesetzten Eigenkapitals und die Wirtschaftlichkeit des Betriebes.

Lernsituation

Ihr Teamleiter, Herr Nitsch, zeigt Ihnen die folgende Inventurdifferenzenliste und die zugehörige Buchungsanweisung. Er bittet Sie, sich Gedanken zu machen über folgende Punkte:

- Auswirkungen auf den Erfolg der Rad & Roll GmbH,
- mögliche Ursachen für die Abweichungen,
- notwendige Buchungen.

Auszug aus der Inventurdifferenzenliste

Rad & Roll GmbH

Liste der Inventurdifferenzen

Mengenangaben beziehen sich auf den Zeitpunkt der Zählung.

Inventurbeleg	Position	Lagerort	Material-Nr. Artikel-Nr.	Mengen-Einheit	Buch-Menge (Soll)	Zähl-Menge (Ist)	Differenzmenge	Einzelpreis (€)	Differenzwert (€)
0123	2	0012	200012 Citybike „Racer	Stück	12	10	– 2	160,00	– 320,00
0325	21	0014	200020 MB „Racer“	Stück	7	6	– 1	300,00	– 300,00
0433	5	0024	60033 Klingel	Stück	34	29	– 5	3,00	– 15,00
...									

Sie führen eine Nachzählung für alle Positionen des Inventurbelegs durch, bei denen Ihnen die Differenzen sehr hoch erscheinen.

Interne Buchungsanweisung

Rad & Roll GmbH

Datum: 31.12.20..
Betrifft: Liste der Inventurdifferenzen

Buchen Sie bitte die Differenzen aus dem System aus und erfassen Sie diese in der *Bestandsführung*.

Teamleitung Buchführung Nitsch

Herr Nitsch beauftragt Sie, für die nächste Abteilungskonferenz eine Tischvorlage und eine PowerPoint-Präsentation mit folgenden Gliederungspunkten zu erstellen:

1. Inventurdifferenzen – Ursachen und Korrekturbuchungen
2. Auswertung und Beurteilung der Kapitalstruktur
3. Verzinsung des eingesetzten Kapitals – Eigenkapitalrentabilität
4. Beurteilung der Wirtschaftlichkeit

Arbeitsaufträge

a) Sie **informieren** sich über die Ursachen und buchmäßigen Konsequenzen von Inventurdifferenzen. Sie **erkennen** die Bedeutung wichtiger Kennzahlen für die Beurteilung der Kapitalstruktur, der Verzinsung des eingesetzten Kapitals und der Wirtschaftlichkeit.

b) Sie **führen** Korrekturbuchungen im Waren- und Anlagenbereich **durch**, um Inventurdifferenzen auszugleichen. Sie **erstellen** einen Jahresabschluss in Form einer Gewinn- und Verlustrechnung und der Schlussbilanz. Sie bereiten diese auf und ermitteln wichtige Kennzahlen zur Beurteilung der Kapitalstruktur, der Verzinsung des eingesetzten Kapitals und der Wirtschaftlichkeit. Sie **erarbeiten** eine PowerPoint-Präsentation und eine Tischvorlage mit den gewünschten Gliederungspunkten.

c) Sie **präsentieren** Ihre PowerPoint-Präsentation beim Ausbildungsgespräch. Ebenso stellen Sie Ihre Tischvorlage vor. Sie reagieren auf Fragen und Anmerkungen der Anwesenden.

d) Sie **bewerten** Ihren Vortrag zusammen mit Herrn Nitsch und den anderen Auszubildenden anhand des erstellten Kriterienkatalogs für Präsentationen. Sie nehmen Kritikpunkte auf zur Vollständigkeit und inhaltlichen Richtigkeit, ergänzen Ihre Ausarbeitungen und korrigieren Fehler.

e) Sie **reflektieren** kritisch mögliche Fehlerquellen im Buchungsprozess und überprüfen Ihre Arbeitsweise. Sie sind bereit, Ihr Arbeitsergebnis zu verantworten und aus Fehlern zu lernen, und erkennen, dass Sie bei der Kontierung von Buchungsbelegen besonders gewissenhaft arbeiten müssen. Ebenso **reflektieren** Sie Ihr Verhalten in der Arbeitsgruppe und überlegen, wie Sie Ihre Verhaltensweisen verbessern könnten.

7.1 Inventurdifferenzen und Korrekturbuchungen

7.1.1 Inventurdifferenzen und deren Ursachen

Während des Geschäftsjahres erfasst die Finanzbuchhaltung alle Geschäftsfälle anhand von Belegen im Grundbuch und im Hauptbuch. Am Schluss des Geschäftsjahres werden alle Konten des Hauptbuchs abgeschlossen. Wesentliche Ergebnisse dieses **Jahresabschlusses** sind die Gewinn- und Verlustrechnung und die Schlussbilanz. Die Werte der Schlussbilanz ergeben sich also aus den Anfangsbeständen und den laufenden Buchungen (Fortschreibungen) der Bestandsveränderungen bzw. Aufwendungen und Erträge in den Konten.

Die **buchmäßigen Bestandswerte (Sollbestände)** müssen am Schluss eines jeden Geschäftsjahres mit den **tatsächlichen Bestandswerten (Istbeständen)** verglichen werden. Deshalb müssen alle buchführungspflichtigen Betriebe[1] am Schluss eines jeden Geschäftsjahres ein Inventar[2] erstellen, in dem sie ihre Vermögensgegenstände und Schulden genau verzeichnen. Grundlage für dieses Inventar sind die Ergebnisse der körperlichen Inventur und der Buchinventur. Das Inventar ist wiederum die Grundlage für die Schlussbilanz.

Weichen die buchmäßigen Sollbestände der Finanzbuchhaltung und die tatsächlichen Istbestände aus der Inventur voneinander ab, dann liegt eine **Inventurdifferenz** vor. In das Inventar und damit in die Schlussbilanz müssen die Istbestände übernommen werden.

Inventurdifferenzen sind in der Finanzbuchhaltung durch Berichtigungs- bzw. **Korrekturbuchungen** auszugleichen. Alle Korrekturen müssen im Grund- und Hauptbuch dokumentiert werden. Dazu werden sogenannte **künstliche Belege** erstellt. Dabei handelt es sich um interne Buchungsanweisungen mit Unterschrift des Verantwortlichen. Sie ergeben sich im Gegensatz zu den **natürlichen Belegen** nicht aus dem Geschäftsablauf.

Bevor eine Korrekturbuchung vorgenommen wird, müssen mangelnde Sorgfalt und andere **Fehler bei der Bestandsaufnahme** (z. B. Zähl-, Lese-, Schreib-, Rechenfehler) ausgeschaltet werden. Diese Fehler können durch Information des Personals und **Inventurrichtlinien** vermieden werden.

Auszug aus den Inventurrichtlinien der Rad & Roll GmbH

1. Die Geschäftsleitung bestimmt eine **verantwortliche Person** für die Inventur – in der Regel die Leitung des Rechnungswesens. Diese Person erarbeitet exakte Aufgabenbeschreibungen und genaue Arbeitsanweisungen für die Inventur.
2. Rechtzeitig vor der anstehenden Inventur legt die verantwortliche Person die **Inventurbereiche** (z. B. Abteilungen) fest, bestimmt das anzuwendende **Inventurverfahren** (z. B. Stichtagsinventur oder zeitlich verlegte Inventur) und informiert die Inventurbereiche rechtzeitig über den **Zeitpunkt** der Inventur. Dadurch werden Doppelerfassungen und Erfassungslücken ausgeschlossen. Bei Bedarf können die Inventurbereiche weiter in Inventurfelder unterteilt werden.
3. Die für die Inventur verantwortliche Person sorgt für ausreichend Personal für die Leitung, Ansage, Aufnahme und Überwachung der Inventur. Der **Personalplan** regelt die Zusammensetzung der Aufnahmegruppen und legt fest, wer die Bilanzwerte ermittelt und wer die Eingaben in das zentrale EDV-System vornimmt.
4. Bei der Durchführung der Inventurmaßnahmen ist das **Vier-Augen-Prinzip** zu beachten. Eine Person zählt und diktiert (Ansager), die andere Person schreibt und kontrolliert (Aufschreiber).
5. Die Bestandsaufnahme darf nur auf den dafür vorgesehenen **Inventurlisten** dokumentiert werden. Die Inventurlisten müssen von beiden Personen unterschrieben werden. Alle Inventurblätter sind fortlaufend zu nummerieren.
6. Nur Vermögensgegenstände mit **Inventarnummer** sind zu erfassen. Gemietete oder geliehene Gegenstände sind nicht zu erfassen. Vollständig abgeschriebene Gegenstände, die noch genutzt werden, sind mit einem Euro (Erinnerungswert) anzusetzen.

1 Siehe Kapitel 1.2 Rechtliche Anforderungen an die Buchführung
2 Siehe Kapitel 1.3 Von der Inventur zum Inventar

Eine Auswahl möglicher Ursachen für Inventurdifferenzen

Hauptursache	Beispiele
Fehler bei der Bestandsaufnahme	– Zähl-, Lese-, Schreib-, Rechenfehler (ein alter Inventurspruch lautet: „Zählen – Messen – Wiegen – Lügen“) – Waren im Showroom, Schaufenster oder Wareneingang werden nicht erfasst – Fehlerhafte Zuordnung der Waren durch mangelhafte Warenkenntnisse des Inventurpersonals – In Reparatur oder Inspektion befindliche Anlagegüter werden nicht erfasst
Fehlende oder unklare Organisationanweisungen	– Fehlende Inventurrichtlinien – Mitarbeiter wissen nicht, wie sie mit Rücksendungen durch Kunden (Retouren) umgehen sollen, Rücksendungen an Lieferer sind noch nicht gebucht oder werden nicht sofort gebucht, bereits berechnete Waren sind noch nicht ausgeliefert, bereits ausgelieferte Ware wurde noch nicht berechnet – Umlagerungen zwischen den Filialen werden erfasst, Werbegeschenke, Gästebewirtung und Warenentnahmen des Inhabers an Kunden oder Mitarbeiter werden ungenügend erfasst – Einkaufspreise werden falsch, Preisänderungen werden nicht erfasst
Unzureichende Sicherheitsvorkehrungen, Lager- und Transporteinrichtungen	– Schwund, Verderb und Bruch durch nicht artgerechte Warenlagerung, nachlässige Warenpflege durch ungeschultes Personal – Unzureichende Warensicherungssysteme, Zugangskontrollen oder unaufmerksames Personal erleichtern Diebstähle durch Personal, Kunden und Lieferanten – Verdorbene oder zu Bruch gegangene Waren werden ohne Eintragung entsorgt

In Handelsbetrieben entstehen vor allem durch Diebstähle jährlich Schäden in Höhe von etwa vier Milliarden Euro. Die ungenügende Trennung zwischen Wareneingangs- und Warenausgangsbereich wurde als größter Schwachpunkt ausgemacht.

Mögliche Schutzmaßnahmen gegen Diebstahl im Bereich des Wareneingangs:

- Exakte Dienstanweisungen für den Arbeitsablauf beim Wareneingang, insbesondere für die Behandlung von Retouren
- Räumliche Trennung zwischen Wareneingang und Warenausgang in Betrieben mit Auslieferung
- Sorgfältige Wareneingangskontrolle durch Vergleich von Lieferschein und Menge. Sofortige Weiterleitung der gelieferten Waren ins Lager
- Sichere Aufbewahrung von Eingangsstempeln, damit sich die Lieferanten nicht selbst den „richtigen“ Eingang bestätigen können
- Zurückweisung von angebrochenen oder beschädigten Gebinden. Annahme nur nach Zustimmung durch die Wareneingangsleitung
- Exakte Bestimmung von Personen, die sich in der Warenannahmezone aufhalten dürfen (möglichst mit einheitlich farbigen Kitteln bekleidet, damit Unbefugte sofort erkennbar sind)
- Parkverbot für private Pkws im Bereich der Anlieferungszone (damit nicht während einer Arbeitspause gestohlene Ware im Auto deponiert werden kann)

Mögliche Diebstahlschutzmaßnahmen im Bereich des Warenausgangs:

- Trennung zwischen Personal- und Warenweg in größeren Unternehmen; möglichst mit dazwischen liegender Kontrollzone.
- Betreten und Verlassen des Betriebsgeländes nur über einen kontrollierten Zugang.
- Verbot, während der Dienstzeit ohne vorherige Abmeldung beim Vorgesetzten das Haus zu verlassen
- Pressen von leeren Verpackungen zu Ballen in einem besonderen Raum, damit nicht Ware in der Verpackung auf einen Sammelplatz kommt, wo sie vom Mitarbeiter wieder abgeholt wird
- Klare und für alle Mitarbeiter verbindliche Regelung des Personalkaufs mit genauen Abrechnungs- und Kontrollverfahren und konsequente Durchführung entsprechender Kontrollen
- Trennung von Garderobe und Pausenraum vom Warenausgangsbereich
- Grundsätzliches Verbot für alle Mitarbeiter, beschädigte Ware an sich zu nehmen oder Lebensmittel zu verzehren
- Regelmäßige Kontrolle der Personalräume
- Kassenstürze ohne vorherige Ankündigung.

7.1.2 Buchung von Inventurdifferenzen bei den Warenbeständen

In das Bestandskonto 221 Handelswaren wird immer der Inventurbestand (= Istbestand) als Schlussbestand übernommen, sodass keine Korrekturbuchung erforderlich ist.

Inventurbestand ist niedriger als Buchbestand – Ist < Soll

Damit der Aufwand für die verkaufte Ware (Wareneinsatz) richtig ermittelt wird, ist bei erheblichen Fehl- bzw. Minderbeständen eine Umbuchung des Warenaufwands auf das Konto **76 Außerordentliche Aufwendungen** sinnvoll. Es kommt auch das Konto **653 Abschreibungen auf Vermögensgegenstände des Umlaufvermögens** infrage. Eine Vorsteuerberichtigung muss nicht vorgenommen werden, da der Lieferer die bereits bezahlte Vorsteuer nicht zurückerstatten muss.

Beispiel 1: *Laut Lagerbuch beträgt der Buchbestand am 31.12. bei den Citybikes „Racer“ 12 Stück. Laut Inventurliste befinden sich tatsächlich nur 10 Stück am Lager.*

	Menge	Einzelwert	Gesamtwert
Inventurbestand (Istbestand)	10 Stück	160,00 €	1.600,00 €
– Buchbestand (Sollbestand)	12 Stück	160,00 €	1.920,00 €
= Inventurdifferenz (Minderbestand)	– 2 Stück		– 320,00 €

Die zwei verschwundenen Citybikes im Wert von 320,00 € wurden zwar eingekauft und somit im Aufwandskonto 608 Aufwendungen für Handelswaren (AfH) ordnungsgemäß gebucht, können aber nicht verkauft werden.

Korrekturbuchung, wenn Istbestand < Buchbestand

76 Außerordentlicher Aufwand	320,00 €	an	608 Aufwendungen für Hawa	320,00 €

Inventurbestand ist höher als Buchbestand – Ist > Soll

Damit der Aufwand für die verkaufte Ware (Wareneinsatz) richtig ermittelt wird, muss der Mehrbestand nachträglich im Konto 608 AfH erfasst werden. Die Vorsteuer muss nicht gebucht werden, da sie bereits bei der Zahlung der ursprünglichen Eingangsrechnung an den Lieferanten überwiesen wurde. Als Gegenkonto wird das Konto **580 Außerordentliche Erträge** verwendet.

Beispiel 2: *Laut Lagerbuch beträgt der Buchbestand am 31.12. bei den Mountainbikes „Sprinter" 12 Stück. Laut Inventurliste befinden sich tatsächlich 14 Stück am Lager.*

	Menge	Einzelwert	Gesamtwert
Inventurbestand (Istbestand)	14 Stück	300,00 €	4.200,00 €
– Buchbestand (Sollbestand)	12 Stück	300,00 €	3.600,00 €
= Inventurdifferenz (Mehrbestand)	+ 2 Stück		+ 600,00 €

Die zwei überzähligen Mountainbikes im Wert von 600,00 € werden nachträglich auf das Aufwandskonto 608 AfH gebucht.

Korrekturbuchung, wenn Istbestand > Buchbestand

608 Aufwendungen für Hawa	600,00 €	an	580 Außerordentliche Erträge	600,00 €

7.1.3 Buchung von Inventurdifferenzen bei Anlagegegenständen

Alle nicht geringwertigen Anlagegüter[1] werden im Anlagenbuch, einem Nebenbuch der Buchführung, geführt. Jedes Anlagegut erhält eine Inventarnummer und wird auf einem besonderen Datenblatt dokumentiert, auf dem das Anschaffungsdatum, die Anschaffungskosten und die Abschreibungen festgehalten werden. Diese Datenblätter sind die Grundlage für die Buchinventur.

Abweichungen zwischen den Buchbeständen und den tatsächlichen Beständen können sich ergeben, wenn ein Anlagegut bei der körperlichen Bestandsaufnahme nicht mehr auffindbar ist. Das kann daran liegen, dass das Anlagegut an eine andere Abteilung ausgeliehen, gestohlen oder entsorgt wurde. Es könnte auch sein, dass es wegen eines Defekts in Reparatur ist oder bei einem Brand vernichtet wurde. Wenn all diese Vorkommnisse der Anlagenbuchhaltung bekannt wären, gäbe es keine Inventurdifferenzen.

Beispiel 1: *Laut Anlagenbuch sind in der Abteilung Einkauf drei Kopiergeräte registriert. Die Restbuchwerte des Vorjahres (Anfangsbestand am 01.01. dieses Jahres) betragen insgesamt 3.000,00 €. Bei der körperlichen Bestandsaufnahme sind am 31.12. dieses Jahres nur zwei Kopierer auffindbar.*

	Menge	Einzelwert	Gesamtwert
Inventurbestand (Istbestand)	2 Stück	1.000,00 €	2.000,00 €
– Buchbestand (Sollbestand)	3 Stück	1.000,00 €	3.000,00 €
= Inventurdifferenz (Minderbestand)	– 1 Stück		– 1.000,00 €

1 Zu den **geringwertigen Wirtschaftsgütern** zählen Anlagegüter mit einem Einzelwert über 150,00 € netto bis zu 410,00 € netto bzw. bei Erfassung als Sammelposten bis zu 1.000,00 € netto (EStG § 6 Abs. 2, 2 a).

Der nicht auffindbare Kopierer im Wert von 1.000,00 € muss im Anlagenkonto 087 Geschäftsausstattung als Abgang (Minderbestand) im Haben erfasst werden. Die Gegenbuchung geschieht mithilfe des Kontos **696 Verluste aus dem Abgang von Gegenständen des Sachanlagevermögens** (kurz: Verluste aus AV-Abgang). Eine für das laufende Jahr bereits gebuchte Abschreibung für den fehlenden Kopierer müsste storniert werden.

Korrekturbuchung, wenn Istbestand < Sollbestand (Minderbestand)

696 Verluste aus AV-Abgang	1.000,00 €	an	087 Geschäftsausstattung	1.000,00 €

Übertragung des Buchungssatzes ins Hauptbuch vor der Buchung der Abschreibungen

Soll	**087 Geschäftsausstattung**		Haben
AB	3.000,00	696	1.000,00

Soll	**696 Verluste aus AV-Abgang**		Haben
087	1.000,00		

Beispiel 2: *Laut Anlagenbuch sind in der Abteilung Verwaltung vier Kopiergeräte registriert. Die Restbuchwerte des Vorjahres (Anfangsbestand am 01.01 dieses Jahres) betragen insgesamt 4.000 €. Bei der körperlichen Bestandsaufnahme sind am 31.12. dieses Jahres fünf Kopierer gezählt worden.*

	Menge	**Einzelwert**	**Gesamtwert**
Inventurbestand (Istbestand)	5 Stück	1.000,00 €	5.000,00 €
– Buchbestand (Sollbestand)	4 Stück	1.000,00 €	4.000,00 €
= Inventurdifferenz (Mehrbestand)	+ 1 Stück		+ 1.000,00 €

Ist der Istbestand höher als der Sollbestand, dann muss der Mehrbestand im Anlagenkonto als Zugang im Soll erfasst werden. Die Gegenbuchung geschieht mithilfe des Kontos **544 Erträge aus Werterhöhungen von Gegenständen des Anlagevermögens** (kurz: Zuschreibungen oder Erträge aus AV-Zugang). Der zusätzliche Kopierer müsste zusätzlich abgeschrieben werden.

Korrekturbuchung, wenn Istbestand > Sollbestand (Mehrbestand)

087 Geschäftsausstattung	1.000,00 €	an	544 Erträge aus AV-Zugang	1.000,00 €

Übertragung des Buchungssatzes ins Hauptbuch vor der Buchung der Abschreibungen

Soll	**087 Geschäftsausstattung**		Haben
AB	4.000,00		
544	1.000,00		

Soll	**544 Erträge aus AV-Zugang**		Haben
		087	1.000,00

Inventurdifferenzen im Zusammenhang

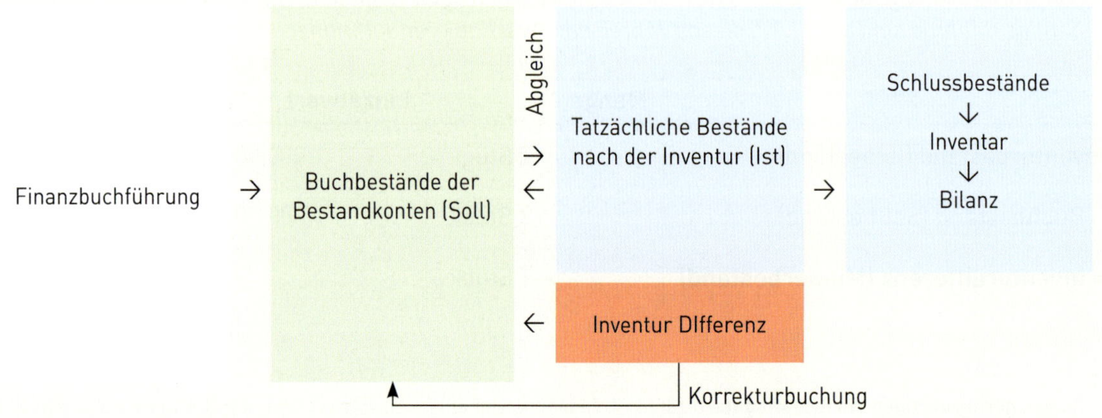

7.2 Erstellung und Auswertung des Jahresabschlusses

7.2.1 Erstellung des Jahresabschlusses

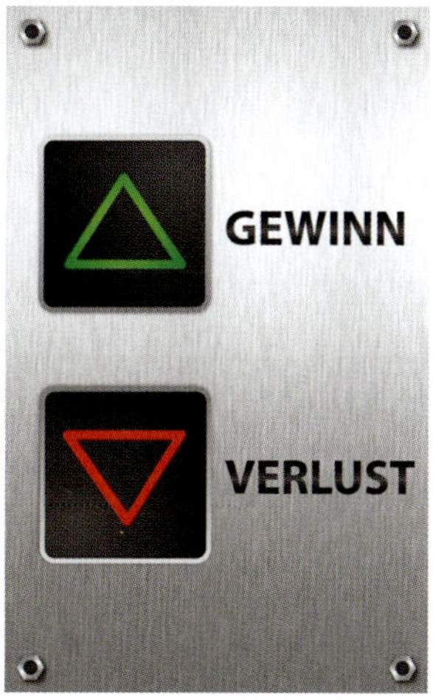

Die Buchführung ermittelt den betrieblichen Erfolg (Gewinn oder Verlust) für das abgelaufene Geschäftsjahr (Zeitraumrechnung) und gibt Auskunft über die Zusammensetzung des Vermögens und des Kapitals am Bilanzstichtag (Zeitpunktrechnung). Der **Jahresabschluss** besteht in der zeitraumbezogenen **Gewinn- und Verlustrechnung** und in der stichtagsbezogenen Bestandsrechnung der **Schlussbilanz.** Mit diesen beiden Rechnungen legt der Betrieb Rechenschaft ab gegenüber seinen Kapitalgebern (Eigentümer und Gläubiger) und dem Finanzamt.

Beispiel: *Gewinn- und Verlustrechnung der Rad & Roll GmbH*

Gewinn- und Verlustrechnung nach § 275 Abs. 2 HGB in Staffelform (verkürzt)

	Vorjahr	**Berichtsjahr**
Umsatzerlöse	1.800.000,00 €	2.150.000,00 €
sonstige betriebliche Erträge	+ 120.000,00 €	+ 120.000,00 €
Materialaufwand:		
a) Aufwendungen für RHB und für bezogene Waren	- 920.000,00 €	- 1.020.000,00 €
b) Aufwendungen für bezogene Leistungen	- 50.000,00 €	- 60.000,00 €
Personalaufwand:		
a) Löhne und Gehälter	- 620.000,00 €	- 680.000,00 €
b) soziale Abgaben und Aufwand für Altersversorgung	- 50.000,00 €	- 90.000,00 €
Abschreibungen:		
a) auf Vermögensgegenstände des Anlagevermögens	- 100.000,00 €	- 140.000,00 €
b) auf Vermögensgegenstände des Umlaufvermögens	- 10.000,00 €	
sonstige betriebliche Aufwendungen	- 70.000,00 €	- 80.000,00 €
Zinsen und ähnliche Aufwendungen	- 10.000,00 €	- 20.000,00 €
= Ergebnis der gewöhnlichen Geschäftstätigkeit	**90.000,00 €**	**180.000,00 €**
außerordentliche Erträge	+ 12.000,00 €	+ 9.000,00 €
außerordentliche Aufwendungen	- 2.000,00 €	- 19.000,00 €
= außerordentliches Ergebnis	**10.000,00 €**	**- 10.000,00 €**
Steuern vom Einkommen und vom Ertrag	- 20.000,00 €	- 40.000,00 €
sonstige Steuern	- 10.000,00 €	- 10.000,00 €
= Jahresüberschuss/Jahresfehlbetrag	**70.000,00 €**	**120.000,00 €**

Beispiel: *Schlussbilanz der Rad & Roll GmbH*

Bilanz nach § 266 Abs. 2 HGB (verkürzt)[1]

Aktiva	**Bilanz der Rad & Roll GmbH**				Passiva
	Vorjahr	**Berichtsjahr**		**Vorjahr**	**Berichtsjahr**
A. Anlagevermögen			A. Eigenkapital		
1. Gebäude und Bauten	400.000	460.000	1. Gezeich Kapital[2]	500.000	500.000
2. Lagereinrichtung	140.000	150.000	2. Gewinnrücklagen	20.000	20.000
3. Fuhrpark	50.000	90.000	3. Jahresüberschuss	70.000	120.000
4. BGA[1]	60.000	40.000	B. Verbindlichkeiten		
B. Umlaufvermögen			1. geg. Kreditinstituten	280.000	360.000
1. RHB	40.000	40.000			
2. UE	10.000	10.000	2. geg. Lieferer	300.000	320.000
3. FE und Waren	340.000	350.000			
4. Forderungen LL	30.000	30.000			
5. Kasse und Bank	100.000	150.000			
	1.170.000	1.320.000		1.170.000	1.320.000

Stuttgart, 04.01.20.. *Monika Kroner*

7.2.2 Kennzahlen zur Beurteilung der Kapitalstruktur

Um die Auswertung und Beurteilung zu erleichtern, wird die Bilanz so aufbereitet, dass die Vermögens- und Kapitalstrukturen und ihre Veränderung sichtbar werden.

Beispiel: *Aufbereitete Schlussbilanz der Rad & Roll GmbH*

Aktiva	**Bilanz der Rad & Roll GmbH**				Passiva
	Vorjahr	**Berichtsjahr**		**Vorjahr**	**Berichtsjahr**
A. Anlagevermögen	650.000	740.000	A. Eigenkapital	590.000	640.000
B. Umlaufvermögen	520.000	580.000	B. Fremdkapital	580.000	680.000
	1.170.000	1.320.000		1.170.000	1.320.000

1 BGA = Betriebs- und Geschäftsausstattung, RHB = Roh-, Hilfs- und Betriebsstoffe, UE = Unfertige Erzeugnisse, FE = Fertige Erzeugnisse

2 Das gezeichnete Kapital ist das haftende Kapital einer Kapitalgesellschaft (hier: GmbH). Es ist in dieser Höhe im Handelsregister eingetragen. Bei Einzelunternehmen (e. K.) und Personengesellschaften (KG, OHG) haftet das gesamte Geschäfts- und Privatvermögen der vollhaftenden Gesellschafter..

Die vorliegende Bilanz zeigt das Eigenkapital jeweils vor der Gewinnausschüttung bzw. Gewinnverteilung. Es wird sichtbar, dass sich das Eigenkapital (520.000 € gezeichnetes Kapital und Gewinnrücklagen) um den Jahresüberschuss (Gewinn) erhöht hat: im Vorjahr um 70.000 € und im Berichtsjahr um 120.000 €. Die Gesellschafter entscheiden in einer Gesellschafterversammlung über die **Gewinnverwendung.** Bei der Rechtsform der GmbH wird der Großteil des Gewinns im Verhältnis der Kapitalanteile an die Gesellschafter ausgeschüttet[1], ein kleinerer Teil geht in die Gewinnrücklagen.

Kennzahlen zur Beurteilung der Kapitalstruktur

Kennzahl	***Beispiel: Rad & Roll GmbH***		
Eigenkapitalquote	Vorjahr	Berichtsjahr	Veränderung
$= \frac{\text{Eigenkapital} \cdot 100}{\text{Bilanzsumme}}$	$= \frac{590.000 \cdot 100}{1.170.000} = 50{,}4\,\%$	$= \frac{640.000 \cdot 100}{1.320.000} = 48{,}5\,\%$	– 3,8 %
Fremdkapitalquote	Vorjahr	Berichtsjahr	Veränderung
$= \frac{\text{Fremdkapital} \cdot 100}{\text{Bilanzsumme}}$	$= \frac{580.000 \cdot 100}{1.170.000} = 49{,}6\,\%$	$= \frac{680.000 \cdot 100}{1.320.000} = 51{,}5\,\%$	+ 3,8 %
Selbstfinanzierungsgrad	Vorjahr	Berichtsjahr	Veränderung
$= \frac{\text{Gewinnrücklage} \cdot 100}{\text{Eigenkapital}}$	$= \frac{20.000 \cdot 100}{590.000} = 3{,}4\,\%$	$= \frac{20.000 \cdot 100}{640.000} = 3{,}1\,\%$	– 8,8 %

Ein Unternehmen mit einer relativ hohen Eigenkapitalquote hat gleichzeitig eine niedrige Fremdkapitalquote (Verschuldungsgrad). Es ist **unabhängiger** von fremden Kapitalgebern, die die Entscheidungen der Unternehmensführung in ihrem Sinne beeinflussen könnten, **kreditwürdiger** und **krisenfester**, d. h. besser auf konjunkturelle und strukturelle Veränderungen vorbereitet. Ein hoher Eigenkapitalanteil stellt einen **Sicherheitspuffer** dar, um Verluste abzudecken und schlechte Auftragsphasen zu überstehen.

Im Berichtsjahr lag die Eigenkapitalquote der Rad & Roll GmbH knapp unter 50 %, sie hat sich damit gegenüber dem Vorjahr um knapp 4 % verschlechtert. Die Eigenkapitalquote liegt aber immer noch deutlich über dem Durchschnittswert der deutschen mittelständischen Unternehmen von rund 20 %.

Der Selbstfinanzierungsgrad der Rad & Roll GmbH ist mit etwa 3 % relativ gering und hat sich weiter verschlechtert. Das liegt daran, dass in den letzten 2 Jahren der Gewinn in voller Höhe ausgeschüttet wurde. Interessant ist in diesem Zusammenhang der **Cashflow**, der die innere Finanzkraft eines Unternehmens ausdrückt.

Cashflow
= Jahresüberschuss
– Gewinnausschüttung
+ Abschreibungen

1 Bei Personengesellschaften wird der Gewinn wie folgt verteilt: eine vertraglich vereinbarte Mindestverzinsung geht an alle Gesellschafter, die geschäftsführenden Vollhafter erhalten aus dem Gewinn ihre Vergütung, der Restgewinn wird in einem vertraglich vereinbarten Verhältnis an alle Gesellschafter verteilt.

7.2.3 Verzinsung des eingesetzten Kapitals – Eigenkapitalrentabilität

Die absolute Höhe des Gewinns sagt noch nichts darüber aus, ob das eingesetzte Kapital wirtschaftlich verwendet wurde. Erst im Verhältnis zu anderen Größen (z. B. im Verhältnis zum Eigenkapital) kann der Gewinn beurteilt werden. Wird das Eigenkapital als Bezugszahl verwendet, dann muss mit dem tatsächlich zur Verfügung gestandenen Eigenkapital gerechnet werden – das ist der **Anfangsbestand des Eigenkapitals** am 01.01. Finden während des Geschäftsjahres Veränderungen des Eigenkapitals durch Privatentnahmen und -einlagen[1] statt, ist ein gewogener Durchschnitt zu ermitteln.

Berechnung und Vergleich der Eigenkapitalrentabilität[2]

Kennzahl	Beispiel **Rad & Roll GmbH**		
Eigenkapitalrentabilität	Vorjahr	Berichtsjahr	Veränderung
$= \frac{\text{Gewinn} \cdot 100}{\text{Eigenkapital am 01.01.}}$	$= \frac{70.000 \cdot 100}{520.000} = 13{,}5\,\%$	$= \frac{120.000 \cdot 100}{520.000} = 23{,}1\,\%$	+ 71,1 %

Die Eigenkapitalrentabilität drückt die Verzinsung des eingesetzten Eigenkapitals durch den damit erwirtschafteten Gewinn aus. Sie muss sich daher an der **Verzinsung alternativer Kapitalanlagen** bei Kreditinstituten messen lassen. Zusätzlich sollte noch eine **Risikoprämie** erwirtschaftet werden, die das allgemeine *Unternehmerwagnis und das Haftungsrisiko* für die Verbindlichkeiten der Gesellschaft ausgleicht. Bei Einzelunternehmen (e. K.) und Personengesellschaften (OHG, KG) muss der Gewinn zusätzlich die *Lebensführung der geschäftsführenden vollhaftenden Gesellschafter* (= sogenannter kalkulatorischer Unternehmerlohn) sichern.

Die Eigenkapitalrentabilität der Rad & Roll GmbH ist mit über 13 % bzw. 23 % höher als vergleichbare langfristige Kapitalanlagen bei Kreditinstituten (zz. 1 % bis 6 % pro Jahr). Mit 100,00 € Eigenkapital erwirtschaftete die Rad & Roll GmbH im Berichtsjahr 23,00 € Gewinn. Damit wird der Eigentümer für sein Unternehmerwagnis ausreichend entschädigt. Inwieweit die Gesellschafter mit der Eigenkapitalrentabilität zufrieden sind, hängt von ihrer Risikobereitschaft, der Höhe der Marktzinsen und den aktuellen Möglichkeiten alternativer Kapitalanlagen ab. Wie aus der Formel zu erkennen ist, steigt die Eigenkapitalrendite mit abnehmendem Eigenkapital.

Nach internationaler Rechnungslegung wird die Eigenkapitalrentabilität mithilfe des **EBIT (Earnings before Interests And Taxes)** berechnet. Dabei wird der Jahresüberschuss um die Zinsaufwendungen (Interests) und gewinnabhängigen Steuern (Taxes) bereinigt. Die Eigenkapitalrenditen verschiedener Geschäftsjahre, Quartale oder Unternehmensbereiche sind auf diese Weise besser vergleichbar, da schwankende Steuern und Zinsaufwendungen den Gewinn nicht verzerren.

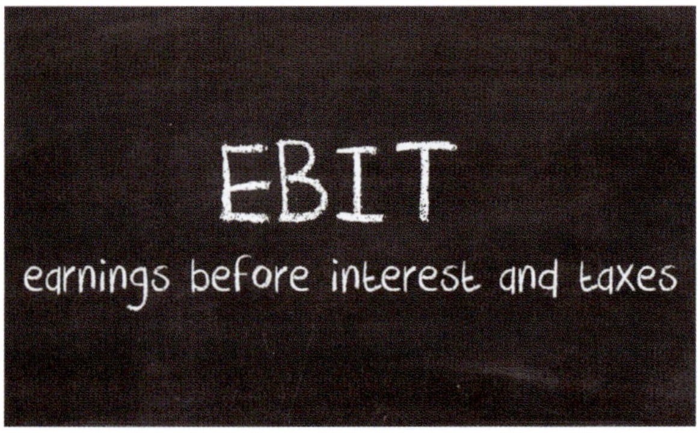

1 Privatentnahmen und -einlagen können nur in Einzelunternehmen und Personengesellschaften durch die mitarbeitenden Eigentümer vorkommen.

2 Bei Einzelunternehmen und Personengesellschaften ist der Gewinn um den (kalkulatorischen) Unternehmerlohn der mitarbeitenden Eigentümer zu kürzen, da dieser in der Finanzbuchhaltung nicht gebucht werden darf.

Beispiel: *Rad & Roll GmbH*

	Vorjahr	Berichtsjahr
Jahresüberschuss (+)/Jahresfehlbetrag (–)	**70.000,00 €**	**120.000,00 €**
+ Zinsen und ähnliche Aufwendungen	+ 10.000,00 €	+ 20.000,00 €
+ Steuern vom Einkommen, Ertrag und sonstige Steuern	+ 30.000,00 €	+ 50.000,00 €
EBIT	**110.000,00 €**	**190.000,00 €**

Berechnung der Eigenkapitalrentabilität auf Basis des EBIT

Kennzahl	Beispiel **Rad & Roll GmbH**		
Eigenkapitalrentabilität	Vorjahr	Berichtsjahr	Veränderung
$= \frac{\text{EBIT} \cdot 100}{\text{Eigenkapital am 01.01.}}$	$= \frac{110.000 \cdot 100}{520.000} = 21{,}2\,\%$	$= \frac{190.000 \cdot 100}{520.000} = 36{,}5\,\%$	+ 72,2 %

Der Gewinn – eine unberechenbare Größe?
Es war einmal vor langer, langer Zeit, da berechneten Kaufleute ihren Gewinn auf primitive Weise. Sie zählten zusammen, was im Laufe des Jahres an Geld in die Kasse geflossen war, und subtrahierten davon, was aus dieser Kasse entnommen wurde. Im Laufe der Zeit wurde diese einfache Gewinnrechnung immer weiter verfeinert, um vermeintlich aussagefähigere Kennzahlen zu gewinnen. Großunternehmen berechnen Gewinngrößen wie das „bereinigte operative Ergebnis", den „Betriebsgewinn vor Sondereinflüssen", den „nachhaltigen Konzernüberschuss", oder den „Gewinn vor Zinsen, Steuern, Abschreibungen und Sondereffekten", das sogenannte bereinigte Ebita. Anstelle von Transparenz, Einheitlichkeit und Vergleichbarkeit regiert ein babylonisches Sprachengewirr. Jeder Vorstand erzählt sein eigenes Märchen vom Gewinn. Dem Außenstehenden bleibt nichts anderes übrig als sich von der Idee der periodengerechten Gewinnermittlung zu verabschieden und wieder das Geld in der Kasse zu zählen.

7.2.4 Beurteilung der Wirtschaftlichkeit

Die Ergebnisse der Gewinn- und Verlustrechnung ermöglichen die Beurteilung der **Wirtschaftlichkeit** des Betriebes. Dabei werden die betrieblichen Erträge mit den betrieblichen Aufwendungen ins Verhältnis gesetzt. Das Ergebnis sollte größer als die Zahl 1 sein. Zur richtigen Ermittlung der Wirtschaftlichkeit müssen die *außerordentlichen Erträge und außerordentlichen Aufwendungen* herausgerechnet werden, da diese mit dem eigentlichen Betriebszweck nichts zu tun haben.

Ermittlung der betrieblichen Erträge	**Vorjahr**	**Berichtsjahr**
Umsatzerlöse	1.800.000,00 €	2.150.000,00 €
+ sonstige betriebliche Erträge	120.000,00 €	120.000,00 €
= betriebliche Erträge	**1.920.000,00 €**	**2.270.000,00 €**

Ermittlung der betrieblichen Aufwendungen	**Vorjahr**	**Berichtsjahr**
Materialaufwand	970.000,00 €	1.080.000,00 €
+ Personalaufwand	670.000,00 €	770.000,00 €
+ Abschreibungen	110.000,00 €	140.000,00 €
+ sonstige betriebliche Aufwendungen	70.000,00 €	80.000,00 €
+ Zinsen und ähnliche Aufwendungen	10.000,00 €	20.000,00 €
+ Steuern vom Einkommen, Ertrag und sonstige Steuern	30.000,00 €	50.000,00 €
= betriebliche Aufwendungen	**1.860.000,00 €**	**2.140.000,00 €**

Beurteilung der Wirtschaftlichkeit

Kennzahl	Beispiel **Rad & Roll GmbH**		
Wirtschaftlichkeit	Vorjahr	Berichtsjahr	Veränderung
$= \frac{\text{betriebliche Erträge}}{\text{betriebliche Aufwendungen}}$	$= \frac{1.920.000}{1.860.000} = 1{,}03$	$= \frac{2.270.000}{2.140.000} = 1{,}06$	+ 2,9 %

Die Wirtschaftlichkeit liegt über 1, wenn die betrieblichen Erträge die Aufwendungen übersteigen. Dies ist bei der Rad & Roll GmbH der Fall. Mit jedem vom Betrieb aufgewendeten Euro werden 1,03 € bzw. 1,06 € betriebliche Erträge erzielt. Die Wirtschaftlichkeit hat sich gegenüber dem Vorjahr leicht verbessert. Zur weiteren Beurteilung der Wirtschaftlichkeit sind Vergleichswerte der Branche oder anderer Zweigbetriebe erforderlich.

Wissen testen

1. Sie ergänzen Ihre Lernkartei zum Themengebiet „Buchführung".

1.1 Sie schreiben jeden der folgenden Begriffe auf die Kopfzeile eines DIN-A6-Kärtchens:

> Inventurdifferenz (Begriff, Ursachen), künstliche Belege, natürliche Belege, Jahresabschluss (Bestandteile), Eigenkapitalquote, Fremdkapitalquote (Verschuldungsgrad), Selbstfinanzierungsgrad, Cashflow, Eigenkapitalrentabilität, EBIT, Wirtschaftlichkeit

1.2 Sie sortieren die Begriffskärtchen nach den Kriterien „Weiß ich" oder „Weiß ich nicht". Sie bilden mit Ihren Mitschülern Kleingruppen und erklären sich gegenseitig die „Weiß-ich-nicht"-Kärtchen. Sie schlagen dabei die ungeklärten Begriffe im Schulbuch nach. Sie schreiben die Begriffserklärungen auf die Rückseite des entsprechenden Kärtchens und ordnen diese unter der Leitkarte „Buchführung" alphabetisch in Ihren Lernkartei-Behälter ein.

2.1 Sie finden Gründe für die Notwendigkeit von Inventurrichtlinien. Sie führen dazu eine Kartenabfrage durch.

2.2 Sie stellen die Inventurrichtlinien Ihres Ausbildungsbetriebes vor und suchen nach Gemeinsamkeiten mit der Inventurrichtlinie der Rad & Roll GmbH auf Seite 204.

3. Eine interne Studie der Rad & Roll GmbH brachte folgende Ergebnisse:

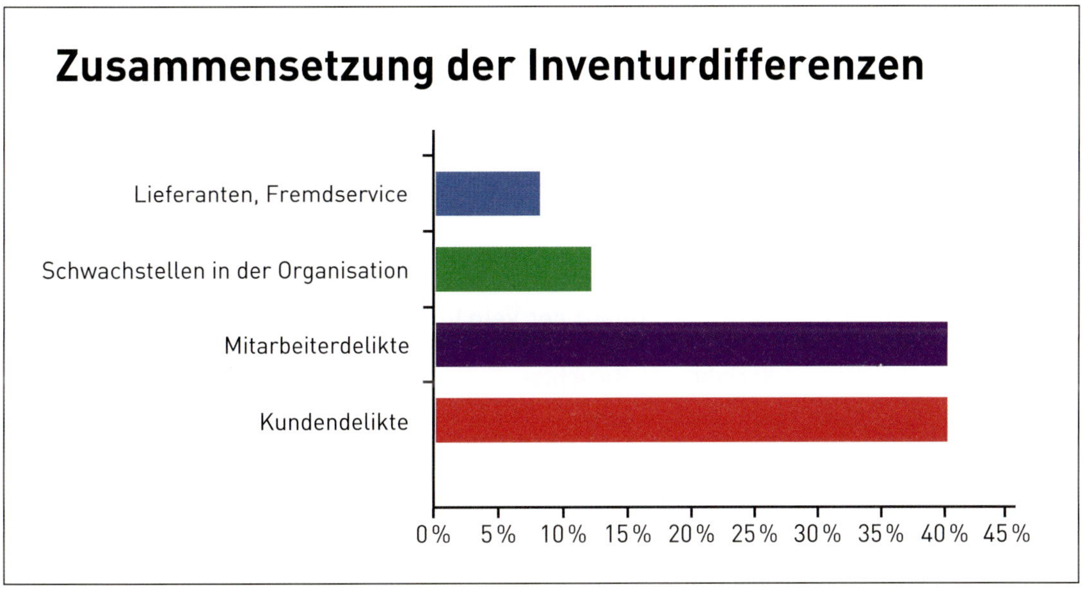

3.1 Nach den Erfahrungswerten des Handels bleiben 98 % der Diebstähle in den Betrieben unentdeckt bzw. unaufgeklärt. Sie äußern sich zu diesem Erfahrungswert des Handels und zu den Ergebnissen der Studie der Rad & Roll GmbH.

3.2 Sie schlagen mögliche Schutzmaßnahmen gegen Diebstahl vor. Sie führen dazu ein Brainstorming mit Kolleginnen und Kollegen durch.

4.1 Sie bilden den Buchungssatz für die Korrekturbuchung des Differenzwerts des Inventurbelegs 0325 aus der Inventurdifferenzliste in der Lernsituation auf Seite 202.

4.2 Laut Anlagenbuch sind in der Abteilung Verkauf 15 Laptops registriert. Die Restbuchwerte des Vorjahres (= Anfangsbestand am 01.01. dieses Jahres) betragen insgesamt 6.000,00 €. Bei der körperlichen Bestandsaufnahme sind am 31.12. dieses Jahres nur noch 10 Laptops auffindbar. Sie gehen auf die Ursachen ein und nehmen die Korrekturbuchung vor.

5. Ihnen liegen die verkürzte Gewinn- und Verlustrechnung und die verkürzte Schlussbilanz der Velo Rosso KG vor.

Gewinn- und Verlustrechnung	**Vorjahr**	**Berichtsjahr**
Umsatzerlöse	800.000,00 €	1.150.000,00 €
Materialaufwand	– 320.000,00 €	– 520.000,00 €
Personalaufwand	– 220.000,00 €	– 280.000,00 €
Abschreibungen	– 100.000,00 €	– 130.000,00 €
sonstige betriebliche Aufwendungen	– 30.000,00 €	– 40.000,00 €
Zinsen und ähnliche Aufwendungen	– 10.000,00 €	– 20.000,00 €
= Ergebnis der gewöhnlichen Geschäftstätigkeit	?	?
außerordentliche Erträge	+ 10.000,00 €	+ 11.000,00 €
außerordentliche Aufwendungen	– 12.000,00 €	– 9.000,00 €
= außerordentliches Ergebnis	?	?
Steuern vom Einkommen, Ertrag und sonstige Steuern	– 20.000,00 €	– 25.000,00 €
= Jahresüberschuss/Jahresfehlbetrag	**?**	**?**

Aktiva		**Bilanz der Velo Rosso KG**			Passiva
	Vorjahr	**Berichtsjahr**		**Vorjahr**	**Berichtsjahr**
A. Anlagevermögen			A. Eigenkapital		
1. Gebäude und Bauten	200.000	460.000	1. Vollhafter	300.000	300.000
2. Lagereinrichtung	140.000	150.000	2. Teilhafter	120.000	120.000
3. Fuhrpark	180.000	120.000	3. Jahresüberschuss	?	?
4. BGA[1]	50.000	80.000	B. Verbindlichkeiten		
B. Umlaufvermögen			1. geg. Kreditinstituten	180.000	360.000
1. RHB	30.000	20.000	2. geg. Lieferer	202.000	223.000
2. UE	10.000	10.000			
3. FE und Waren	240.000	250.000			
4. Forderungen LL	30.000	20.000			
5. Kasse und Bank	20.000	30.000			
	900.000	1.140.000		900.000	1.140.000

1 BGA = Betriebs- und Geschäftsausstattung, RHB = Roh-, Hilfs- und Betriebsstoffe, UE = Unfertige Erzeugnisse, FE = Fertige Erzeugnisse

5.1 Sie beurteilen die Kapitalstruktur der Velo Rosso KG anhand der Eigenkapitalquote bzw. der Fremdkapitalquote und gehen auch auf die Veränderungen gegenüber dem Vorjahr ein.

5.2 Sie beurteilen die Eigenkapitalrentabilität der Velo Rosso KG anhand des Jahresüberschusses und des EBIT und gehen auch auf die Veränderungen gegenüber dem Vorjahr ein.

5.3 Sie beurteilen ebenso den Cashflow der Velo Rosso KG, wenn in den Vergleichsjahren jeweils 70 % des Gewinns ausgeschüttet wurden.

5.4 Sie beurteilen die Wirtschaftlichkeit der Velo Rosso KG und erläutern die Veränderungen.

6.1 Sie interpretieren die Karikatur auf Seite 213.

6.2 Sie nehmen zu dem Text auf Seite 213 Stellung.

Gesprächssituationen bewältigen

Lernfeld 7

Lernfeld 7

Gesprächssituationen bewältigen

In diesem Lernabschnitt erwerben Sie die Kompetenz, Gesprächssituationen mit Geschäftspartnern, Vorgesetzten und Mitarbeitern angemessen und sachgerecht zu führen und korrekt zu handeln.

Gesprächssituationen vorbereiten und erfassen

- Regeln bei der Beratung von Kunden
- Konflikte und ihre Ursachen in Gesprächen
- Gesprächsziele
- Hilfsmittel
- Dokumentation
- Körperhaltung und Auswirkung dieser auf die Kommunikation

Gespräche führen

- Gespräche führen
- Sprache in Geschäftsbriefen
- Fragetechniken
- Argumentation
- Mein Betrieb – meine Sprache
- Gute Ausdruck – bleibender Eindruck

Beurteilung des Gesprächsinhaltes und der Gesprächssituation

- Kriterienkataloge
- Checklisten
- Ebenen der Kommunikation
- Konflikte erkennen und gegensteuern
- Beschwerden, Reklamation

Reflektion

- Gesprächsziele unter Berücksichtigung der Unternehmenssituation
- Reflexion mithilfe von Kriterienkatalogen, Checklisten

1 Unterschiedliche Gesprächssituationen

In diesem Kapitel erwerben Sie die Kompetenz, Gesprächssituationen zu gestalten und die Vorteile einer positiven Gesprächsführung zu nutzen. Sie lernen Konflikte sowie deren Ursachen in Gesprächen kennen und sind in der Lage, diese in der Praxis zu vermeiden bzw. diese zu erkennen und entsprechend gegenzusteuern.

Lernsituation

Sie sind zurzeit im Verkaufsteam der Rad & Roll GmbH eingesetzt und müssen dort vielfältige Aufgaben erledigen. Ihre derzeitige Vorgesetzte, Frau Stehle, hat in einer Fachzeitschrift gelesen, dass Mitarbeiter in Bezug auf die Kommunikation und das Führen von Gesprächen regelmäßig geschult werden sollten.

Diese Informationen hat Frau Stehle aufgegriffen und möchte für alle Mitarbeiter einen **Workshop** zum Thema „Gesprächssituationen meisten" anbieten.

Arbeitsaufträge

a) Sie **informieren** sich über den Themenbereich „Unterschiedliche Gesprächssituationen" und **notieren** sich wichtige Informationen stichpunktartig (z. B. in einer MindMap, usw.). Sie **arbeiten** in Partner- oder Gruppenarbeit und **organisieren** sich selbst.

b) Sie **erstellen** als Einstieg für den Workshop eine PowerPoint-Präsentation, welche die Teilnehmer über das oben genannte Themengebiet informiert. Sie **nutzen** dabei verschiedene Programmfunktionen und **fügen** das Thema des Workshops „Gesprächssituationen meistern" geschickt in Ihre Präsentation ein. Auch das Corporate Design der Rad & Roll GmbH findet Anwendung.

Tipp: Nehmen Sie das Ergänzungsband „Profi am PC" zur Hilfe.

c) Sie **entwickeln** einen Muster-Kriterienkatalog für die Rad & Roll GmbH, welchen Sie über einen Hyperlink in Ihre Präsentation mit einbinden.

d) Sie **präsentieren** Ihre Ergebnisse im Plenum und **erläutern** anhand von anschaulichen Beispielen Ihre in der Power-Point-Präsentation aufgeführten Informationen.

e) Sie **kontrollieren** die Ergebnisse und **prüfen** diese auf Vollständigkeit und Richtigkeit.

f) Sie **reflektieren** über Ihre Erfahrungen in Bezug auf die Kommunikation und ziehen für die Zukunft aus diesen wichtige Schlüsse.

Informationen gewinnen

1.1 Gespräche führen – Allgemeine Erläuterung

„Jeder Mensch führt Gespräche – mal mehr, mal weniger, es kommt immer auf die Situation und auch auf die Laune der Gesprächspartner an".

Im beruflichen Bereich muss die eigene Laune bzw. die Laune des Gegenübers jedoch außer Acht gelassen werden, denn das Führen von Gesprächen hängt mit dem Erfolg des Unternehmens zusammen. So führen positive Verkaufs- bzw. Beratungsgespräche meist zu einem Auftrag, einer Bestellung. Auch richtig geführte Reklamationsgespräche werfen ein gutes Licht auf den Mitarbeiter und das Unternehmen.

Doch welche Gespräche fallen im Unternehmen eigentlich an? Zu nennen sind Telefongespräche, persönliche Gespräche mit Mitarbeitern/Kunden/Lieferanten/Vorgesetzten, Gespräche mittels Videokonferenz, Videotelefonie usw.

Festzuhalten ist, dass die Kundenbegeisterung durch die Mitarbeiterin bzw. den Mitarbeiter eine Überlebensstrategie ist.

Beispiel: *Frau Weidert möchte für sich ein neues Fahrrad kaufen, welches verschiedene Eigenschaften erfüllen soll. Sie wendet sich an ihren Schwager, den Lagerist, Herrn Dursun. Da dieser sich bestens mit dem Sortiment der Rad & Roll GmbH auskennt und hinter den angebotenen Artikeln steht, kann er Frau Weidert schnell für ein Modell begeistern, welches sie sich am nächsten Tag auch bestellt.*

1.2 Regeln bei der Beratung von Kunden

Handelt es sich um die Beratung von Kunden – egal ob diese am Telefon oder persönlich stattfindet, sind einige Regeln einzuhalten:

- begrüßen Sie Ihr Gegenüber und stellen Sie sich mit Ihrem Namen vor
- seien Sie freundlich und höflich
- sprechen Sie in einer angemessenen Lautstärke
- nutzen Sie eine angemessene Sprache und Wortwahl
- machen Sie kurze Pausen während des Sprechens („reden Sie nicht am Stück")
- gehen Sie auf Ihr Gegenüber ein und beantworten Sie eventuelle Fragen
- lassen Sie Ihr Gegenüber „zu Wort" kommen
- hören Sie „aktiv" zu
- halten Sie Ihre Sortimentskenntnisse immer auf dem Laufenden – nur kompetente Mitarbeiter sind in der Lage, gute Geschäftsgespräche zu führen
- halten Sie die Distanzzonen ein (vgl. Lernfeld 2)

1.3 Sprache in Geschäftsbriefen

Bei der Sprache bzw. dem Inhalt von Geschäftsbriefen ist zu berücksichtigen, dass diese der Situation angemessen sein müssen. Der Konjunktiv ist auf jeden Fall zu vermeiden. Im Lernfeld 2 bis 3 haben Sie bereits wichtige Fachkenntnisse zu diesem Bereich erworben. Wichtig ist, dass Sachverhalte immer möglichst positiv formuliert werden.

Beispiel für eine „positive Formulierung"	Beispiel für eine negative Formulierung
„Das neue Bestellverfahren bei der Rad & Roll GmbH funktioniert zurzeit weniger optimal."	„Das neue Bestellverfahren bei der Rad & Roll GmbH funktioniert nicht gut".

1.4 Konflikte und ihre Ursachen in Gesprächen

Oft kann es sein, dass sich Konflikte in Gesprächen oder gar aus einem Gesprächsverlauf heraus entwickeln. Dieses „Phänomen" kommt häufig bei der Kommunikation zwischen Mann und Frau vor. In der Berufswelt ist also unbedingt auf das richtige Gesprächsverhalten zu achten. Außerdem müssten Konfliktanlässe im Vorfeld von Mitarbeitern bekannt sein, damit diese „umgangen" werden können.

Eine Ursache kann beispielsweise die Ebene sein, auf der eine Nachricht übertragen und vom Gegenüber aufgenommen wird (Sender sendet auf der Sachebene – Empfänger „hört" auf der Beziehungsebene). Bei einer emotionalen Regung des Gegenübers muss der Sender also sofort reagieren und versuchen, das Gespräch bzw. dessen Inhalt wieder auf eine Sachebene zu lenken.

Beispiel: *Frau Liebenstein beauftragt Herrn Dursun, ihr einen Artikel aus dem Lager holen zu gehen. Da Frau Liebenstein diese Bitte bereits zum zweiten Mal an Herrn Dursun richtet, fühlt dieser sich beleidigt. Er hat den Eindruck, dass Frau Liebenstein denkt, er hätte die Bitte vergessen oder wäre ihr zu „langsam".*
Frau Liebenstein hingegen ist sich nicht mehr sicher, ob sie diese Bitte geäußert hat und sendet ihre Botschaft rein auf der Sachebene als Information.

1.5 Konfliktbewältigung und Vermeidung von Konflikten – Gesprächsverhalten

Um Konflikte in Gesprächen zu vermeiden, ist es unbedingt notwendig, einige Gesprächsregeln einzuhalten.

1. *Vermeiden Sie „besser wissen"!*
   Auch wenn Ihre Fachkenntnisse die des Gegenübers übersteigen, lassen Sie dieses bitte nicht „raushängen" und das Gegenüber spüren. Lenken Sie dieses vielmehr geschickt in die richtige Richtung. Fragetechniken können dabei hilfreich sein.

2. *Reden Sie Ihr Gegenüber nicht „an die Wand"!*
   Gehen Sie während des Gesprächs auf Ihr Gegenüber ein, reden Sie dieses aber nicht „an die Wand". Der Gesprächspartner sollte immer in der Lage sein, auf Ihre Erklärungen, Fragen, Hinweise zu antworten und Ihnen seine eigene Meinung mitzuteilen.

3. *Aggressivität führt zu nichts, getreu nach dem Motto „Gewalt erzeugt Gegengewalt"!*
   Bleiben Sie in Gesprächen ruhig und machen Sie kurze Redepausen, um Ihre Gedanken in einer hitzigen Diskussion bzw. einem langen und unangenehmen Gespräch zu sortieren. Je ruhiger Sie bleiben und sind, umso ruhiger wird auf Ihr Gegenüber.

   Sollten Sie doch einmal „aus der Haut fahren", unterbrechen Sie das Gespräch kurz, sammeln Sie sich (am besten in einem anderen Raum) und setzen Sie dann das Gespräch in Ruhe fort, ggf. ist eine Entschuldigung angebracht bzw. notwendig. Eine schwierige Sache, doch: ÜBUNG MACHT DEN MEISTER!

4. *Schweigen ist GOLD – Reden ist SILBER?!*
   Hier muss festgehalten werden, dass es auf die Situation ankommt. Wenn Ihr Gegenüber konkrete Fragen an Sie hat oder sich mit Ihnen über einen Sachverhalt unterhalten möchte, sollten Sie schon antworten, ohne, dass Ihr Gegenüber Sie ständig „stupsen" muss. Auf der anderen Seite ist es manchmal angebracht, sich zu einem Sachverhalt NICHT zu äußern und zu schweigen, so werden Konflikte galant umgangen und keimen gar nicht erst auf.

Lassen Sie sich die Konflikte in Gesprächen nicht zu „nahe" gehen. Oft ist es so, dass die Ursache für Konflikten in der Sache selbst bzw. in der Gesprächsführung, aber NICHT an Ihrer Person liegen.

1.6 Konfliktanlässe erkennen und vermeiden

Warum ein Konflikt in einem Gespräch entsteht, ist für den Gesprächsteilnehmer oft in der jeweiligen Situation etwas schwieriger nachzuvollziehen. Daher sollte er sich mit den Konfliktanlässen bzw. Ursachen genau auseinander setzen und selbst reflektieren, was er im Gespräch besser hätte machen können.

Man unterscheidet bei den Konfliktanlässen unter anderem zwischen den Ebenen der Kommunikation:

persönliche Ebene	sachbezogene Ebene
Der Konflikt entsteht NICHT wegen der Sache, sondern vielmehr wegen den persönlichen Befindlichkeiten. ***Beispiel*** *Bei der wöchentlichen Abteilungsbesprechung kommt es zwischen Frau Leiter und Herrn Class immer wieder zu Konflikten, da beide Mitarbeiter sich nicht sonderlich mögen. Egal, was Frau Leiter auch sagt, Herr Class fasst dies immer als Kritik auf.*	Der Konflikt entsteht, weil man sich wegen des Gesprächsinhaltes nicht einig ist. Es wird zwar auf der Sachebene und nicht auf der Beziehungsebene „diskutiert", jedoch bestehen unterschiedliche Meinungen. ***Beispiel*** *Herr Dursun findet die neuen Bremsen, die bei der Rad & Roll GmbH eingeführt wurden, sehr gut, sein Kollege, Herr Class sympathisiert viel mehr mit den „alten Bremsen", die seiner Meinung nach „gleich gut" waren.*

Nur wer sich dieser Ebenen bewusst ist, wird in der Lage sein, Gesprächssituationen zu meisten und möglichst ohne Konflikte zu führen.

1.7 Kriterienkatalog entwickeln

Um Konflikte zu vermeiden, kann ein Kriterienkatalog entwickelt werden, in dem „Konfliktfallen" aufgeführt sind. Inhalte können sein:

- bin ich auf das Gespräch vorbereitet?
- nehme ich mein Gegenüber ernst?
- bin ich in der Lage, meinem Gegenüber aktiv zuzuhören?
- bin ich in der Lage, auf der Sachebene zu kommunizieren?
- ist mein Fachwissen für das bevorstehende Gespräch ausreichend?
- bestehen persönliche Beziehungen zu meinem Gesprächspartner?
- bin ich in der Lage, einen Kompromiss einzugehen?

Wissen testen

1. Sie ergänzen Ihre Lernkartei um die Themengebiete „Gespräche führen" sowie „Konflikte und deren Ursachen in Gesprächen".

1.1 Sie schreiben jeden der folgenden Begriffe auf die Kopfzeile eines DIN-A6-Kärtchens:

> Regeln bei der Beratung von Kunden; Sprache in Geschäftsbriefen, Konflikte in Gesprächen; Ursachen in Gesprächen; Gesprächsverhalten zur Vermeidung von Konflikten; Konfliktanlässe, Kriterienkatalog.

Sie sortieren die Begriffskärtchen nach den Kriterien „weiß ich" oder „weiß ich nicht". Sie bilden mit ihren Mitschülern Kleingruppen und erklären sich gegenseitig die „Weiß-ich-nicht"-Kärtchen. Sie schlagen dabei die ungeklärten Begriffe im Schulbuch bzw. in Ihren erstellen Unterlagen nach. Sie schreiben die Begriffserklärungen auf die Rückseite des entsprechenden Kärtchens und ordnen diese in Ihren Lernkartei-Behälter ein.

2 Kommunikationsformen

Kommunizieren – aber wie? Diese Frage wurde bereits im Lernfeld 2 ausführlich behandelt! Der Austausch per E-Mail, Fax, Brief, Telefon oder Videokonferenz sowie im persönlichen Gespräch ist unter Berücksichtigung verschiedener Regeln problemlos möglich.

In diesem Kapitel erwerben Sie die Kompetenz, unter Berücksichtigung von verschiedenen Aspekten (Möglichkeiten der Kommunikation, kulturell bedingtes Gesprächsverhalten, Gespräche in fremder Sprache führen usw.) zu kommunizieren und entsprechend der Kommunikationssituation zu reagieren. Auch rechtliche und betriebliche Bestimmungen sowie passende Fragetechniken finden Ihrerseits Anwendung. Sie sind sich stets Ihrer Gesprächsziele bewusst und überwachen das Erreichen dieser ggf. mit einem Kriterienkatalog, einer Checkliste, usw.

Lernsituation

Nachdem Sie die PowerPoint-Präsentation für den Workshop-Einstieg fertiggestellt haben, bittet Frau Stehle Sie, die Schulungsunterlagen für die Workshop-Gruppen vorzubereiten.

Dabei soll es für jeden Themenbereich, der in den Workshop-Gruppen zu bearbeiten ist, ein Handout geben.

Arbeitsaufträge

a) Sie **informieren** sich über die Themenbereich „Kommunikationsformen" und **notieren** sich wichtige Informationen stichpunktartig (z. B. in einer MindMap, usw.). Sie **arbeiten** in Partnerarbeit oder im Gruppenpuzzle und **organisieren** sich selbst.

b) Sie **erstellen** die benötigten Handoutunterlagen (ggf. mit einem Textverarbeitungsprogramm und **achten** auf eine übersichtliche und ansprechende Darstellung). Sie **finden** Beispiele zu einzelnen Themenschwerpunkten, die Sie in Ihrem Handout aufführen und hervorheben. Sie **entwickeln** Checklisten und Kriterienkataloge für verschiedene Gesprächssituationen unter Berücksichtigung der DIN 5008 sowie den Typografischen Regeln.

c) Sie **präsentieren** Ihre Ergebnisse im Plenum und **erläutern** den Inhalt sowie Ihre Vorgehensweise bei der Erstellung (wenn mit einem Textverarbeitungsprogramm gearbeitet wurde).

d) Sie **kontrollieren** die Ergebnisse und **prüfen** diese auf Vollständigkeit und Richtigkeit.

e) Sie **reflektieren**, wie Sie sich während der Gruppenarbeit gefühlt haben, wo dabei Ihre Stärken und Schwächen in Bezug auf die einzelnen Themen liegen und ziehen daraus wichtige Schlüsse für die Zukunft (z. B. wie argumentiere ich, welche Fragetechniken setze ich in der Praxis ein, usw.).

Informationen gewinnen

2.1 Kommunikation mit Anwesenden – Verhalten

Bei der persönlichen Kommunikation mit einem Gegenüber spielt neben der Wortwahl und den einzuhaltenden Gesprächsregeln auch das Auftreten und das äußere Erscheinungsbild eine wichtige Rolle. Diese beiden Aspekte unterstreichen das Gesagte und verstärken dieses. Außerdem wirkt man glaubwürdiger auf seinen Gesprächspartner.

Beispiel: *Die Mitarbeiterin, Frau Stehle, die den Verkauf der Rad & Roll GmbH leitet, legt großen Wert auf ihre Kleidung und ihr äußeres Erscheinungsbild. Sie begründet dies mit dem Hinweis: „Kleider machen Leute und unterstreichen die Seriösität eines Mitarbeiters". Sie fügt außerdem hinzu: „Ein Bankangestellter kann schließlich auch nicht mit Fetzenjeans hinter dem Schalter stehen, da dies einen weniger guten Eindruck auf die Kunden macht, die der Bank ja ihr sauer verdientes Geld anvertrauen".*

2.2 Fernmündliche Kommunikation

Handelt es sich bei der fernmündlichen Kommunikation um eine Videokonferenz, gelten die Aussagen für das persönliche Gespräch entsprechend.

Im Gegensatz zu diesen beiden muss beim Telefonieren per Telefon/Handy nicht zwangsläufig die Kleidung eine wichtige Rolle spielen. Vielmehr kommt es auf die Umgangsformen am Telefon an, die bereits im Lernfeld 2 erläutert wurden. Beispiele hierfür sind:

- freundliche Begrüßung
- Ausreden lassen des Gegenübers
- wichtige Daten aufschreiben
- aktives Zuhören, usw.

2.3 Regeln während der Gesprächsführung

Um ein Gespräch mit positivem Ausgang bzw. mit einem guten Eindruck zu führen und zu beenden, ist es notwendig, dass einige Regeln eingehalten werden.

2.3.1 Aktives Zuhören

Hören Sie Ihrem Gegenüber aktiv zu. Lassen Sie dieses also ausreden und unterbrechen Sie das Gesagte nicht. Nehmen Sie die „Botschaft" auf der „richtigen Ebene" auf und merken Sie sich wichtige Informationen. Diese können Sie ggf. auch notieren, um später auf einzelne Punkte einzugehen.

2.3.2 „Ich-Botschaften" – „Du-Botschaften"

Senden Sie Ihre Informationen in **„Ich-Botschaften"!** Damit vermitteln Sie Ihrem Gegenüber den Eindruck, dass Sie dieses nicht angreifen oder gar „beschuldigen" wollen sondern vielmehr ein Gefühl, eine Empfindung ausdrücken, die für den Sender wichtig sind und von Ihrem Gesprächspartner ernst genommen werden sollen. Formulieren Sie Ihre Sätze möglichst „positiv".

Beispiel für die Formulierung einer „Ich-Botschaft"	Beispiel für eine sonstige Formulierung, mit der sich das Gegenüber ggf. angegriffen fühlt
„Ich bin der Meinung, dass unser neues Bestellverfahren bei der Rad & Roll GmbH weniger optimal funktioniert."	„Sie haben ein Bestellverfahren eingeführt, dass überhaupt nicht funktioniert".

„Ich-Botschaften" werden:

- selten negativ aufgefasst
- die Bereitschaft, sich zu ändern, fördern
- das Gegenüber und die Beziehung zu diesem nicht verletzen

Missbrauchen Sie die „Ich-Botschaften" jedoch nicht! Es ist nämlich nicht Sinn und Zweck der Sache, dass Sie diese als versteckte „Du-Botschaften" senden und so versuchen, Ihren Gesprächspartner zu beeinflussen, zu manipulieren. Kommt dieser hinter Ihre „List", kann es zu unangenehmen Folgen für Sie im weiteren Gespräch führen (der Gesprächspartner greift Sie gezielt an, wird verletzend, „schweift" vom Thema ab oder beendet abrupt das Gespräch).

Handelt es sich bei dem Senden Ihrer Informationen um **„Du-Botschaften"**, lässt dies den Gesprächspartner Rückschlüsse auf Ihr eigenes Befinden ziehen.

Bei den „Du-Botschaften" („SIE-Botschaften") wird die Aussage direkt auf den Gesprächspartner bezogen. Dies kann positive Wirkung haben, das Gegenüber kann sich aber auf der anderen Seite auch angegriffen fühlen und annehmen, dass die Aussage aus Frust oder eine Laune getroffen wurde. Die Aussage wirkt also sehr negativ.

DU-BOTSCHAFTEN

ICH-BOTSCHAFTEN

Aussage	Wirkung auf den Gesprächspartner	Folgen
„Du wolltest doch, dass wir uns nach neuen Produkten aus dem Bremsensortiment umsehen."	„Mein Gegenüber ist frustriert, weil etwas schief gelaufen ist und will mir das Ganze jetzt in die Schuhe schieben."	- Unlust, das Gespräch fortzuführen - schlechtes Gewissen - Unterwürfigkeit
„Du hörst jetzt sofort damit auf."	„Was ist denn jetzt wieder passiert, was habe ich jetzt wieder falsch gemacht, bekomme ich Ärger?!	- Unterwürfigkeit - schlechtes Gewissen - Angst - Selbstzweifel
„Du verstehst es einfach nicht."	„Ist mein Gegenüber böse, habe ich etwas Falsches gesagt, was „predigt" er jetzt wieder?!"	- Selbstzweifel - Ignoranz - Wut
Du hast das gut gemacht!	„Ich bin gelobt worden, das freut mich."	- positive Verstärkung - Steigerung Selbstwertgefühl

2.3.3 Ausreden lassen

Lassen Sie Ihr Gegenüber ausreden und vollenden Sie nicht dessen Sätze. Dies wirkt auf den Gesprächspartner sehr unhöflich, manchmal sogar besserwisserisch und kann zu Konflikten beitragen. Durch das Ausreden lassen des Gesprächspartners erweist man diesem Respekt und ist selbst in der Lage, das von ihm Gesagte besser aufzunehmen. Sie überlegen also nicht bereits während Ihr Gegenüber spricht eine Antwort oder eine Taktik, sondern lassen nach dem Gesagten eine Pause einfließen und beginnen im Anschluss daran mit der Fortführung des Gesprächs oder Ihrer Antwort ...

2.4 Rechtliche und betriebliche Regelungen

Bei einigen Gesprächen sind rechtliche oder betriebliche Regelungen einzuhalten. So kann ein Mitarbeiter bei einer unberechtigten Reklamation dem Kunden keine Zusicherungen machen, mit der Gewissheit im Kopf, dass diese später nicht eingehalten werden können.

Beispiel: *Herr Dursun hat seiner Schwägerin das neu erstandene Fahrrad mitgebracht. Diese freut sich sehr und „dreht" gleich eine Runde durch das Wohngebiet. Am Abend stellt Frau Weidert fest, dass ihre Fahrradklingel beschädigt ist und ruft sofort ihren Schwager an. Dieser betrachtet sich am gleichen Abend den Schaden und sichert Frau Weidert zu, dass er auf Kosten seiner Firma eine neue Klingel besorgt. Eigentlich weiß Herr Dursun, dass sein Neffe Bastian an der Klingel rumgeschraubt und diese mutwillig beschädigt hat, was der Werkstattmonteur am nächsten Tag auch wohl direkt feststellen wird und somit ein kostenloser Ersatz der Klingel seitens der Rad & Roll GmbH auszuschließen ist.*

Auch ist bei der eigenen Wortwahl darauf zu achten, dass diese den rechtlichen sowie betrieblichen Bestimmungen Rechnung trägt. Exakte Formulierungen sind daher unumgänglich.

Art der Regelung	Erläuterung	Beispiel
Rechtliche Regelungen	sind durch Gesetze, Verordnungen, Vorschriften definiert	Anspruch auf Nacherfüllung bei einem Mangel (§ 439 Abs. 1 BGB) – entsprechende Formulierung gemäß Gesetzestext und entsprechende Argumentation vor dem Kunden ist notwendig.
Betriebliche Regelungen	werden vom Betrieb festlegt und häufig im Zuge der Corporate Identity definiert und schriftlich festgehalten (vgl. Lernfeld 2)	Die Rad & Roll GmbH begrüßt alle Kunden mit Handschlag und hat ein eigenes Konzept entwickelt, wie man Kunden anspricht bzw. berät. Fragen sind immer in der „Sie bzw. Ihnen-Form" zu stellen: - Sie interessieren sich für dieses Produkt? - Sie suchen einen bestimmten Artikel? - Ihnen gefällt das Fahrrad?

2.4.1 Bindefristen

Unter dem Wort Bindefrist versteht man eine Frist, die einzuhalten ist, wenn z. B. ein verbindliches Angebot abgegeben wird. Das anbietende Unternehmen verpflichtet sich also, eine Leistung zu einem vorher zugesicherten Termin sowie zu einem festgelegten Preis zu erbringen. Daher muss die Wortwahl „Bindefrist" bzw. verbindliches Angebot auch fachlich richtig in Schriftstücken oder Gesprächen verwendet werden. Es handelt sich um eine rechtliche Bestimmung, die einzuhalten ist.

2.4.2 Sicherung Beweislast in der jeweiligen Gesprächsform

Bei der schriftlichen Kommunikation ist die Beweislast recht einfach geregelt. Der Verfasser hält eine „Situation" fest (z. B. Angebot) und dieses liegt dem Empfänger dann schriftlich vor. Er kann also mit dem im Beispiel erwähnten Angebot beweisen, dass er dieses auch zu den fixierten Bedingungen erhalten hat.

Anders sieht dies bei der Kommunikation „von Angesicht zu Angesicht" aus. Kommt es also in einem solchen Gespräch zu Konflikten oder Meinungsverschiedenheiten, ist es notwendig, den Sachverhalt genau zu dokumentieren (schriftlich) und beide Gesprächspartner für die Richtigkeit unterschreiben zu lassen. Dies ist natürlich schnell gesagt, in der Praxis jedoch leider nicht immer möglich, da die „Streithähne" oft zwei verschiedene Sichtweisen haben und keiner von seinem Standpunkt abweicht bzw. ein Dokument zur Klärung des Sachverhalts gerne unterschreibt.

Eine weitere Möglichkeit, um in einem Gespräch Gesagtes zu beweisen, ist das Mitbringen von Zeugen. Diese hätten in einer aufkommenden Konfliktsituation die Möglichkeit, sich zu dem Sachverhalt zu äußern und genaue Angaben zur Situation zu machen. Wichtig ist hierbei natürlich, dass die „Zeugen neutral" sind, also sich nicht einer „Partei" zugehörig führen und dann für diese „aussagen" sondern sachlich richtig argumentiert.

Um dem „Dokumentationsproblem" aus dem Weg zu gehen, werden in der Praxis häufig Protokolle eingesetzt, die von Sitzungen, Besprechungen, usw. angefertigt werden. Der Protokollführer sendet dann die Entwurfsfassung an alle Teilnehmer, Änderungen und/oder Ergänzungen am Schriftstück können vorgenommen und erst dann kann die Endfassung erstellt und unterschrieben werden. (Thema Protokoll wird ausführlich im Lernfeld 2 erläutert).

2.5 Kulturell bedingtes Gesprächsverhalten

Findet eine Kommunikation mit anderen Kulturen statt, ist es wichtig, dass sich beide Gesprächsteilnehmer auf das Gespräch vorbereiten. Begrifflichkeiten, die zwar in der eigenen Sprache verwendet, jedoch vom Gegenüber als unhöflich oder „nicht schicklich" angesehen werden, sollte man daher vermeiden. Wäre dies nicht der Fall, kommen wieder die bereits mehrfach erwähnten Konflikte ins Spiel.

Gängige Begrüßungs- und Umgangsformen (auch nonverbal) spielen dabei ebenfalls eine Rolle und sollten auf jeden Fall im Vorfeld recherchiert und eingeübt werden. Dies hinterlässt bei dem jeweiligen Gesprächspartner einen guten Eindruck und lässt Sie kompetent wirken.

2.6 Fragetechniken

Möchte ein Gesprächspartner Informationen von seinem Gegenüber erhalten, spielt die Fragetechnik eine wichtige Rolle.

Man unterscheidet zwischen

- offenen Fragen (auch W-Fragen: Weshalb, Wohin, Wieso, Wer, Was, usw.),
- geschlossenen Fragen,
- Suggestivfragen,
- Entscheidungsfragen,
- Kontrollfragen,
- reflektierenden Fragen.

Fragetechnik	Erläuterung	Beispiel
offene Fragen	Die Frage wird so gestellt, dass das Gegenüber viele Möglichkeiten zum Antworten hat, es wird also nicht in seinen Antwortmöglichkeiten eingeschränkt. ACHTUNG: redet Ihr Gegenüber gerne und viel, kann die Antwort sehr lang sein!	„Welcher Fahrradtyp interessiert Sie?" „Weshalb haben Sie sich für unser Unternehmen entschieden?" „Wie können wir Ihnen weiterhelfen?"
geschlossene Fragen	Das Gegenüber kann nur mit „vorgegebenen Antworten erwidern (ja/nein; trifft zu,/trifft nicht zu, weiß ich/weiß ich nicht). Individuelle Antworten sind nicht möglich.	„Gefällt Ihnen das Fahrrad?" „Sind Sie mit unserem Service zufrieden?" „Wissen Sie, dass wir einen neuen Service anbieten?"
Entscheidungsfragen	Bei Entscheidungsfragen kann das Gegenüber nur mit Ja oder Nein antworten. Sie zählen zu den geschlossenen Fragen.	„Sind Sie sicher, dass Sie dieses Fahrrad erwerben möchten"?
Suggestivfragen	Bei dieser Fragetechnik lenkt man sein Gegenüber in eine „Antwortrichtung". Man beeinflusst dieses also indirekt und ist nicht an einer objektiven Antwort interessiert.	„Sind Sie nicht auch der Meinung, dass...." „Sie möchten doch sicherlich, ..." „Finden Sie nicht auch, dass...."
reflektierende Fragen	Bei dieser Fragetechnik werden Aussagen oder Gefühle des Gegenübers aufgegriffen und in einer Frage wiedergegeben. Es wird gewissermaßen „reflektiert", worum es dem Gegenüber geht und was dieses „bewegt".	„Das Fahrrad ist entspricht Ihren Vorstellungen, sagten Sie?"
Kontrollfragen	Durch Kontrollfragen vergewissert sich das Gegenüber, ob das vom Gesprächspartner Gesagte auch richtig verstanden wurde.	„Habe ich Sie richtig verstanden, dass Ihnen das Fahrrad XP 1018 gefällt?"

Merke: Welches Ergebnis möchte ich erzielen – welche Fragetechnik wende ich am besten an, um dieses zu erreichen?!

2.7 Gesprächsziele

Werden Gespräche geführt, haben diese meist ein Ziel, z. B. den Abschluss eines Vertrages, das Klären von offenen Fragen, das Klären von Konflikten z. B. mit Vorgesetzten, das Vortragen von Anliegen, usw.

„Wer sein Ziel nicht kennt, geht meist den falschen Weg!"

Wichtig während des Gespräches ist, dass man sein Ziel nicht aus den Augen verliert. Unter Anwendung von den verschiedenen Fragetechniken gelingt es auch meist, sein Ziel zu erreichen.

Doch bedenken Sie:
„VERSUCHEN SIE NICHT AUF BIEGEN UND BRECHEN IHR ZIEL ZU ERREICHEN!"

In manchen Situationen kommt es vor, dass das angestrebte Ziel nicht gleich bzw. nicht in vollem Maße erreicht wird. Dies hängt vom Gesprächspartner, dessen Gefühlen, Launen und Meinungen zu Sachverhalten und natürlich auch von Ihnen selbst ab.

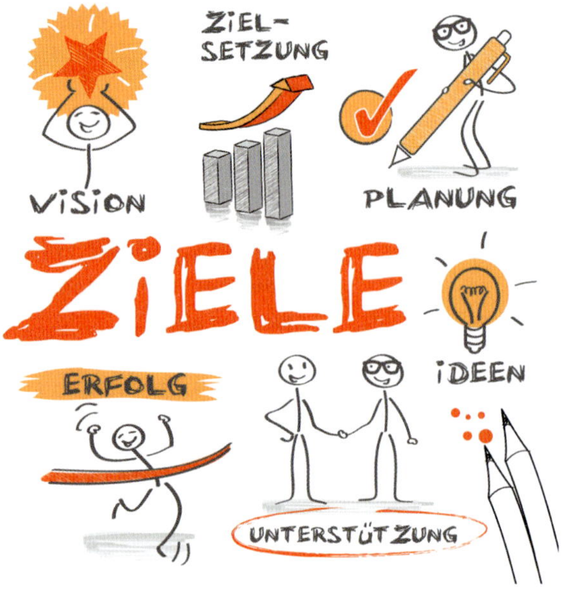

Am geschicktesten ist es, wenn man auf sein Gegenüber eingeht, dessen Körpersprache, Mimik und Gestik studiert und das Gesagte während des Gespräches in vollem Maße miteinbezieht. Nur dann kann schnell erkannt werden, ob das Gespräch in die richtige Richtung läuft oder ein Kompromiss eingegangen werden kann bzw. muss.

Je sensibler man in solchen Situationen reagiert, umso eher wird das angestrebte Ziel – manchmal dann eben erst im „Step 2" erreicht.

2.7.1 Ebenen der Kommunikation (Sachebene, Beziehungsebene)

Bei den Ebenen der Kommunikation unterscheidet man zwischen der Sach- und der Beziehungsebene nach dem Eisberg-Modell. Dieses Modell besagt, dass Informationen auf der Sachebene übertragen werden; also rein faktisch die Inhalte der Kommunikation = **„WAS wird gesagt".**

Die Beziehungseben hingegen „ergänzt" die Sachebene. Es werden also Gefühle, Meinungen, Empfindungen der Sachebene hinzugefügt = „WIE wird etwas gesagt". Hier spielen dann Mimik, Gestik, Tonfall usw. des „Sprechers" eine tragende Rolle.

Bedenken Sie dies, wenn Sie Ihre Ziele im Hinterkopf haben!

Sachebene	**und**	**Beziehungsebene**
Aussage von Kunden in einem Beratungsgespräch – die Aussage ist als reine Feststellung gemeint:		Die Mitarbeiterin, Frau Stehle, nimmt sofort eine abwehrende Haltung gegen diese Aussage ein – schließlich stammt das Design für das Fahrrad von ihrem Sohn. Daher fällt die Antwort auch entsprechend „schroff "aus:
„Dieses Fahrrad gefällt mir nicht".		„Dann entwerfen Sie doch ein besseres Design".

Kommunikation findet rein sachlich ohne den Einbezug von Gefühlen statt.		Das Gegenüber reagiert auf die Körpersprache und bezieht seine Gefühle mit ein – fasst das Gesagte anders auf, als es „gesendet" wurde.

2.7.2 Argumentation – aber wie?

Um sein Gesprächsziel zu erreichen, spielt neben der richtigen Fragetechnik und natürlich auch den zu berücksichtigenden Ebenen die Argumentation eine wichtige Rolle.

Welche Regeln sollten eingehalten werden?

Regeln für die Argumentation	**Inhalte** *Notieren Sie Ihre Antworten zu:*
Vorbereiten der Argumente	• Wo wollen Sie hin – Ziel?! • Welche Informationen benötigen Sie? • Welche Reaktionen könnte Ihr Gegenüber zeigen?
Kompromisse anstreben	• Welcher Kompromiss könnte eingegangen werden? • Wie kann ich meinem Gegenüber ggf. entgegenkommen?
Gesprächsverlauf/ Gesprächsführung berücksichtigen und festlegen	• Wie steigen Sie in das Gespräch ein? • Wie bauen Sie Ihre Argumente logisch auf? • Welche Argumente nenne ich zuerst (immer nacheinander die Argumente im Gespräch einbringen und das stärkste Argument erst zum Schluss des Gespräches nennen – die Argumentation also steigern)? • Wie bringe ich das Gespräch in die richtige Richtung? • Wie beende ich das Gespräch positiv?

Regeln für die Argumentation	Inhalte *Notieren Sie Ihre Antworten zu:*
Gesprächspartner miteinbeziehen	• Wie gehe ich auf mein Gegenüber ein? • Auf welcher Ebene kommuniziert mein Gegenüber mit mir? • Wie kann ich mein Gegenüber aktiv in das Gesprächsgeschehen mit einbinden? • Wie kann ich meinem Gegenüber zeigen, dass ich dieses ernst nehme und bereit bin, Kompromisse einzugehen?
Gespräch positiv beenden	• Wie bringe ich das Gespräch zu einem positiven Abschluss? • Wie fasse ich die Argumente des Kunden und die eigenen Argumente zusammen? • Welcher Kompromiss könnte eingegangen werden? • Welchen Schlusssatz wähle ich?
Reflexion des Gespräches	• Habe ich mein Ziel aus den Augen verloren? • Habe ich mein Ziel erreicht? • Wie habe ich mich während des Gesprächs gefühlt? • Was würde ich beim nächsten Gespräch anders machen?

2.7.3 Gesprächsumgebung – ein notwendiges Mittel für positive und zielführende Gespräche

Damit ein Gespräch positiv und möglichst zielführend verläuft, muss nicht alleine die Kommunikation sondern auch die Umgebung stimmen, in der das Gespräch stattfindet. Dabei können Konferenzräume (intern oder extern), Lokale oder sonstige Treffpunkte – je nach dem Gesprächsanlass und dem Gesprächsziel sinnvoll sein.

2.7.3.1 Raumgestaltung

Je nach dem, um welche Gesprächsform es sich handelt, sind die Raumform und die Raumausstattung zu wählen. Bei *Videokonferenzen* sollte der Raum verdunkelt werden können und über die benötigte Ausstattung verfügen. Handelt es sich um ein *persönliches Gespräch,* ist es sinnvoll, wenn der Raum hell und tageslichtdurchflutet ist, um so eine angenehme Atmosphäre zu schaffen.

Von der Bestuhlung her sollten Tische und Stühle so aufgestellt werden, dass ein guter Sichtkontakt entsteht und alle Partner auf „Augenhöhe" sitzen (keiner, der am Kopfende als Chef fungiert oder sich durch seinen Sitzplatz besonders hervorhebt).

Findet das Gespräch in Verkaufsräumen statt, ist darauf zu achten, dass diese immer ordentlich sind und die Ware ansprechend präsentiert wird. Bei Konflikten in Gesprächen ist unbedingt darauf zu achten, dass man den Gesprächspartner etwas „isoliert", also das Gespräch abseits vom Geschehen fortführt, um so die Aufmerksamkeit von unerwünschten Zuhörern nicht unnötig auf sich zu lenken.

Für alle Räume gilt: Ordnung, Sauberkeit und eine ansprechende Gestaltung beeinflussen den Gesprächsverlauf positiv und erhöhen die Chancen, das angestrebte Ziel zu erreichen!

2.7.3.2 Bewirtung

„Der Bauch spricht mit!"

Dieser Grundsatz sollte bei dem Führen von Gesprächen immer Berücksichtigung finden, denn: ein knurrender Magen sorgt für schlechte Laune und demzufolge auch für evtl. weniger gute Gesprächsergebnisse. Ein „zufriedener und satter" Gesprächspartner hingegen, ist viel eher bereit, Kompromisse einzugehen und der positive Gesprächsverlauf wird somit begünstigt.

Merke: Die Vorfreude auch ein gutes Essen und eine tolle Bewirtung lässt jeden „Gast" mit Vorfreude wiederkommen und das eigene Ansehen sowie das Ansehen des Betriebes werden automatisch gesteigert und der Gesprächserfolg stellt sich ein!

2.8 Kriterienkataloge

Je nach dem, um welche Gesprächsart es sich handelt bietet sich der Einsatz eines Kriterienkataloges an. Dieser kann Inhalte wie

- Redesituation
- Anlass
- Gesprächsziel
- Argumentationsweise
- stilistische Mittel
- Wirkung, die erzielt werden möchte

enthalten. Die Kriterien zu den jeweiligen Oberpunkten sollten dabei präzise ausformuliert werden. Im Gespräch ist auf di einzelnen Punkte einzugehen und Ergebnisse sind festzuhalten.

Eine übersichtliche und gute Gestaltung minimiert das Risiko des „Vergessens von einzelnen Kriterien". Außerdem wirkt ein gut gestalteter Kriterienkatalog sehr professionell auf das Gegenüber.

2.9 Gespräche in fremder Sprache führen

Wie Geschäftsbriefe in fremder Sprache formuliert werden, ist bereits im Lernfeld 2 erläutert.

Werden Gespräche von Angesicht zu Angesicht (persönlich, per Videokonferenz) oder telefonisch geführt, ist es wichtig, dass man der fremden Sprache „mächtig" ist, diese also einwandfrei spricht. Wäre dies nicht der Fall, kann das „Sprachdefizit" auf das Gegenüber unprofessionell oder sogar abschreckend wirken. Auch Fehler können sich schnell in der Kommunikation einschleichen, die später zu Problemen führen können. Wichtig ist auch, dass man sich im Vorfeld über gängige Begrüßungs- und Verabschiedungsfloskeln informiert und diese einübt.

Bei wichtigen Gesprächen kommen häufig Dolmetscher zum Einsatz.

Wissen testen

1. Sie ergänzen Ihre Lernkartei um die Themengebiete Möglichkeiten der Kommunikation", „Fragetechniken", „Gesprächsziele", „Kriterienkataloge", „Gespräche in fremder Sprache führen".

1.1 Sie schreiben jeden der folgenden Begriffe auf die Kopfzeile eines DIN-A6-Kärtchens:

> Verhalten bei der Kommunikation mit Anwesenden; Fernmündliche Kommunikation, Aktives Zuhören, Ich-Botschaften – Du-Botschaften, Ausreden lassen, Rechtliche und betriebliche Bestimmungen, Bindefristen, Sicherung Beweislast, Kulturell bedingtes Gesprächsverhalten, Fragetechniken, Gesprächsziele, Argumentation – aber wie?, Raumgestaltung, Bewirtung, Kriterienkataloge, Gespräche in fremder Sprache führen.

Sie sortieren die Begriffskärtchen nach den Kriterien „weiß ich" oder „weiß ich nicht". Sie bilden mit ihren Mitschülern Kleingruppen und erklären sich gegenseitig die „Weiß-ich-nicht"-Kärtchen. Sie schlagen dabei die ungeklärten Begriffe im Schulbuch bzw. in Ihren erstellen Unterlagen nach. Sie schreiben die Begriffserklärungen auf die Rückseite des entsprechenden Kärtchens und ordnen diese in Ihren Lernkartei-Behälter ein.

2. Sie entwickeln eine szenische Darstellung zu dem Themenbereich „Ich-Botschaften – Du-Botschaften" und veranschaulichen so den Unterschied dieser Kommunikationsmöglichkeiten.

3. Sie notieren rechtliche und betriebliche Regelungen, die in Zusammenhang mit der Kommunikation in Ihrem Unternehmen einzuhalten sind und erläutern diese im Plenum.

4. Sie erarbeiten einen Argumentationskatalog anhand einer Praxissituation aus Ihrem Unternehmen.

5. Sie notieren gängige Floskeln für das Führen von Gesprächen in fremder Sprache.

3 Mein Betrieb – meine Sprache

In diesem Kapitel beschäftigen Sie sich mit der „Sprache in Ihrem Unternehmen" sowie der Wichtigkeit einer guten Ausdrucksweise. Sie lernen, Gespräche unter Berücksichtigung der Unternehmensziele zu führen und Win-Win-Situationen in Verbindung mit der Kommunikation zu erkennen und ggf. einzugehen.

Lernsituation

Ihre Vorgesetzte, Frau Stehle ist begeistert. Sie haben nicht nur eine tolle PowerPoint-Präsentation als Workshop-Einstieg vorbereitet sondern auch sehr gute Schulungsunterlagen entwickelt.

Da Sie sich bereits sehr gut dem Workshopthema „Gesprächssituationen meistern" auskennen, bittet Frau Stehle Sie, ein Referat anzufertigen, welches im Anschluss an die Gruppenarbeit von *Ihnen selbst* gehalten werden soll.

Arbeitsaufträge

a) Sie **informieren** sich mithilfe der Informationstexte und des Internets über die Themengebiete „Mein Betrieb – meine Sprache" und „Guter Ausdruck – bleibender Eindruck". Sie **gewinnen** Erkenntnisse über die Inhalte dieser.

b) Sie **notieren** sich wichtige Informationen auf einem Spickzettel (ggf. in einer Mindmap, usw.) und **fertigen** das gewünschte Referat an. Sie strukturieren Ihr Referat sinnvoll. Sie **erstellen** einen Kriterienkatalog, mit welchem Sie später die gehaltenen Referate analysieren können.

c) Sie **bereiten** sich auf das Halten Ihres Referates vor.

d) Sie **präsentieren** Ihre Ergebnisse.

e) Sie **bewerten** mithilfe des erstellten Kriterienkatalogs die Referate und argumentieren auf der Sachebene.

f) Sie **reflektieren**, wie Sie sich während des Referates und der anschließenden Plenumsdiskussion gefühlt haben und **ziehen** daraus wichtige Erkenntnisse für die Zukunft. Sie überlegen, ob Sie die erlernten Inhalte (z. B. zur Wortwahl, Fachtermini, usw.) während Ihres Referates berücksichtigt und umgesetzt haben und Nutzen Ihr neu erworbenes Wissen.

Informationen gewinnen

Jeder Betrieb hat eine eigene „Sprache", die meist über die Corporate Identity definiert wird. Dabei spielen neben dieser auch das Leitbild bzw. die Firmenphilosophie eine wichtige Rolle.

Beispiel: *Die Rad & Roll GmbH vertritt die Firmenphilosophie* ***„Beratungsstunden für den Kunden".***
Frau Kroner erläutert dem neuen Auszubildenden dies wie folgt: „Egal, wie viel Zeit es in Anspruch nimmt, ein Kunde wir immer ausführlich beraten – so nervig er auch sein mag. Wir bleiben ruhig, verständnisvoll und freundlich".
Auch legt Frau Kroner größten Wert darauf, dass im Unternehmen von jedem Mitarbeiter DEUTSCH gesprochen wird. Der Mitarbeiter, Herr Dursun, findet dies gut und begründet seine Meinung immer damit, „dass er türkisch zu Hause ausreichend spreche".
Das Telefonverhalten bei der Rad & Roll GmbH ist ebenfalls eindeutig geregelt. Es ist genau festgelegt, wie sich die Mitarbeiter am Telefon melden und wie sie ein Telefongespräch beenden.

3.1 Gespräche unter Berücksichtigung des Unternehmensziels führen

„Schlechte Beratung – schlechter Verkauf!"
Diese Aussage macht Frau Kroner immer wieder und fügt noch hinzu: „Damit wir den Gewinn maximieren, unsere Kunden halten und neue Kunden gewinnen, müssen wir Weltmeister im Beraten sein – also mindestens 4 Sterne von den Kunden erhalten!

Hat Frau Kroner Recht? Die Aussage von ihr kann man aus betriebswirtschaftlicher Sicht bestätigen. Gut und vor allem ehrlich beratene Kunden, kaufen ihre Produkte immer wieder in dem entsprechenden Unternehmen, auch, wenn ein Produkt evtl. teurer als bei der Konkurrenz sein sollte. Es werden Produkte, Verkäufer und das Unternehmen weiterempfohlen und selten treten Reklamationen auf, also:

gute Beratung, guter Verkauf bedeutet:	
Gewinnmaximierung	viele Produkte werden verkauft, wenig Reklamationen, hohe Einnahmen
Kundenbindung	zufriedene und ausgeglichene Kunden sowie passender Produktverkauf – Kunden kommen gerne wieder
Kundenneugewinnung	Mund-zu-Mund-Propaganda – Neukunden kommen zum Einkaufen
Image-Steigerung	freundliche und kompetente Mitarbeiter, freundliches Unternehmen – gute Außenwirkung und gutes Image

3.2 Win-Win-Situation

Die Wortkombi „Win-Win-Situation“ haben Sie sicherlich schon häufig gehört! Unter dieser versteht man, dass beide Gesprächspartner einen Nutzen oder einen Gewinn haben. Es wird also eine positive Übereinkunft erzielt, die für beide Seiten zufriedenstellend ist.

Beispiel: *Die Rad & Roll GmbH bietet ein Mountainbike an, welches vom Preis-Leistungsverhältnis für Kunden sehr attraktiv ist. Bei Vertragsabschluss erhält der Käufer zusätzlich eine kostenlose Wartung.*
Durch den hohen Absatz des Rads gewinnen beide Seiten – der Kunde durch das gute Preis-Leistungsverhältnis und den Wartungsvertrag, die Rad & Roll GmbH durch die großen Einkaufsmengen und die damit verbundenen Rabatte und dementsprechend passenden Gewinn.

3.2.1 Berücksichtigung Bedürfnisse Geschäftspartner

Möchte man im Geschäftsleben eine Win-Win-Situation erzielen, kann es vorkommen, dass während eines Gesprächs die „Verhandlungen“ zunächst in zwei verschiedene Richtungen laufen. Dann ist es wichtig, dass man eine für beide Parteien zufriedenstellende Einigung erzielt. Dies könnte wie folgt aussehen:

Frau Kroner führt mit einem neuen Lieferanten Preisverhandlungen“. Es handelt sich vom Produkt her um neue und verbesserte Fahrradschläuche. Frau Kroner möchte, dass der Lieferant ihr einen Rabatt, Skonto und zusätzlich noch portofreie Lieferung gewährt. Der Lieferant ist damit nicht einverstanden. Nach langen Verhandlungen einigen sich Beide wie folgt:

*Der **Lieferant** gewährt Frau Kroner 20 % Rabatt und zusätzlich 2 % Skonto bei Zahlung innerhalb von 8 Tagen und die Ware wird versandkostenfrei an die Rad & Roll GmbH geliefert.*

*Frau **Kroner** verpflichtet sich im Gegenzug dazu, dass sie einen Vertrag mit dem Lieferanten für zwei Jahre unterschreibt und diesem zusichert, in dem vereinbarten Zeitraum exklusiv bei ihm die Ware abzunehmen. Des Weiteren sichert sie zu, dass pro Jahr mindestens 200 Fahrradschläuche abgenommen werden.*

Es ist also eine Win-Win-Situation für beide Parteien entstanden. Frau Kroner ist zufrieden mit den Liefer- und Zahlungsbedingungen. Der Lieferant ist zufrieden, weil dieser die Rad & Roll GmbH für einen langen Zeitraum mit einer Mindestabsatzmenge pro Jahr gebunden hat.

3.2.2 Berücksichtigung eigener Bedürfnisse

Kommt es aus einer Situation heraus zu einem Konflikt bzw. zwei unterschiedlichen Meinungen von den Vertragspartnern, sollte man seine eigenen Bedürfnisse analysieren. Erst wenn man sich über diese Klarheit verschafft hat, kann über einen Kompromiss nachgedacht werden.

Wir bleiben bei unserem obigen Beispiel:
Wenn Frau Kroner nicht bereit gewesen wäre, mit dem Lieferanten einen Vertrag über die Laufzeit von 2 Jahren abzuschließen und der Lieferant im Gegenzug keine versandkostenfreie Lieferung gewährt hätte, könnte es möglich sein, dass der Vertrag nicht zustande gekommen wäre.

Person	Bedürfnisse
Frau Kroner	Bedürfnis nach einem „guten Preis" in Form von Rabatt- und Skontogewährung sowie versandkostenfreie Lieferung, in diesem Zusammenhang wird aber auch ein gutes und neues Produkt gewünscht
Lieferant	Absatzsteigerung, Gewinnmaximierung, Kundenbindung

Sind ein bzw. beide Vertragspartner bereit, einen Kompromiss einzugehen und eigene Bedürfnisse etwas zurückzustellen, wird meist eine Einigung erzielt. Wäre das Gegenteil der Fall, käme ein Vertrag nicht zustande, was aus psychologischer Sicht für die Verhandelnden in manchen Fällen aber nicht negativ sein muss.

Beispiel: *Der* ***Lieferant*** *gibt seine Ware nicht zu einem „Dumping-Preis" ab – ist also froh, dass keine Einigung zustande kam.*
Frau ***Kroner*** *möchte sich nicht für zwei Jahre auf einen „Lieferanten versteifen" – da der Markt in Bezug auf Fahrradschläuche zurzeit in „Bewegung" ist und evtl. noch attraktivere Produkte im kommenden Jahr angeboten werden könnten.*

3.3 Guter Ausdruck – bleibender Eindruck

„Je besser Menschen sich ausdrücken, umso größer ist der Eindruck, der hinterlassen wird.“

3.3.1 Fachtermini, Wortwahl, Sprachtempo

Dabei spielen die richtige Wortwahl, das Sprachtempo, das Nutzen von Fachtermini und natürlich auch der Einsatz von Füllwörtern in Sätzen eine wichtige Rolle.

Fachtermini

- Fachbegriffe verwenden
- Begrifflichkeiten auf das jeweilige Thema abstimmen
- dadurch kompetenteres und selbstsicheres Auftreten
- Gegenüber „schöpft Vertrauen“

Wortwahl

- auf die Zielgruppe anpassen
- angemessene Sprache verwenden
- positive Formulierungen verwenden („das Glas ist halb voll“ und nicht „das Glas ist halb leer“)

Guter Audruck – bleibender Eindruck

Sprachtempo

- muss angemessen sein (nicht zu schnell, jedoch auch nicht zu langsam)
- während des Sprechens kurze Pausen einlegen
- auf das Gegenüber reagieren (kann mir dieses folgen?!) und Tempo entsprechend anpassen

Füllwörter (Lückenfüller)

- sollten bewusst während eines Gespräches/in Sätzen eingesetzt werden
- unnötige Füllwörter vermeiden (also, ähm, ja, usw.)
- können Texten Emotionen schenken bzw. die Wirkung von Sätzen verstärken

3.4 Strukturiertes Sprechen, Modulation und Aussprache

Möchte man während eines Gesprächs einen Erfolg erzielen und sein Gegenüber überzeugen, ist es wichtig, dass man über die entsprechende Thematik strukturiert spricht.

strukturiertes Sprechen bedeutet:	Gliederung von Text in einzelne Sinnabschnitte und Wiedergabe dieser in der richtigen Reihenfolge, Verwendung von grammatikalisch korrekten Begriffen

Einsatzmöglichkeiten:

- Vortrag
- Referat
- Verkaufs- bzw. Beratungsgespräch

Vorteile:

- kompetentes Auftreten
- Ausstrahlen von Selbstsicherheit
- sympathisches und angenehmes Erscheinungsbild
- „Expertenstellung"

Nachteile:

- hohe Vorbereitungszeit
- man kann als „Fachidiot" vom Gegenüber aufgenommen werden

Um strukturiert zu Sprechen und als „Experte" wahrgenommen zu werden, ist neben der Gliederung von Texten und Gesagtem auch die Aussprache sowie die Modulation (abgeleitet vom Lateinischen = Takt, Rhythmus) wichtig.

Was?	Erläuterung	Beispiel
Aussprache	wie artikuliere ich mich (wie spreche ich die Wörter aus)?	Frau Kroner stammt ursprünglich aus der Eifel. Sie betont viele Worte anders, als die Schwaben in Stuttgart.
Modulation	in welcher Lautstärke spreche ich? Wann hebe ich senke ich meine Stimme? Spreche ich langsam oder schnell?	Frau Kroner spricht immer sehr leise. Damit bezweckt sie, dass es um sie herum ebenfalls leise ist bzw. leiser wird und ihr das/die Gegenüber zuhören.

Wissen testen

1. Sie ergänzen Ihre Lernkartei um die Themengebiete „Mein Betrieb – meine Sprache“ und „Guter Ausdruck – bleibender Eindruck“.

1.1 Sie schreiben jeden der folgenden Begriffe auf die Kopfzeile eines DIN-A6-Kärtchens:

Gespräche unter Berücksichtigung des Unternehmensziels führen, Win-Win-Situation, Berücksichtigung Bedürfnisse Gesprächspartner, Berücksichtigung eigener Bedürfnisse, Fachtermini, Wortwahl, Sprachtempo, Strukturiertes Sprechen, Modulation und Aussprache

Sie sortieren die Begriffskärtchen nach den Kriterien „weiß ich“ oder „weiß ich nicht“. Sie bilden mit ihren Mitschülern Kleingruppen und erklären sich gegenseitig die „Weiß-ich-nicht“-Kärtchen. Sie schlagen dabei die ungeklärten Begriffe im Schulbuch bzw. in Ihren erstellen Unterlagen nach. Sie schreiben die Begriffserklärungen auf die Rückseite des entsprechenden Kärtchens und ordnen diese in Ihren Lernkartei-Behälter ein.

2. Sie notieren, welche Gesprächsregeln es in Ihrem Unternehmen gibt und wie diese das Unternehmensziel beeinflussen.

3. Sie entwickeln eine Win-Win-Situation für Ihr Unternehmen (z. B. bei der Verhandlung mit Lieferanten, dem Gespräch mit Vorgesetzten, usw.) und notieren diese. Sie erläutern die jeweiligen Situationen in Plenum und kommunizieren auf der Sachebene.

4 Richtige Körperhaltung – ein gutes Gefühl

In diesem Kapitel beschäftigen Sie sich mit dem Zusammenhang von „Kommunikation und Körperhaltung“ und lernen die jeweilige Wirkung auf den Gesprächspartner kennen.

Lernsituation

Ihr Referat für den Workshop ist fertig. Sie haben es vor Ihrem Kollegen, Herrn Dursun, in Ihrer Mittagspause gehalten und dieser findet es gut gelungen!

Zurück im Büro hat Frau Stehle eine weitere Aufgabe für Sie! Um den Workshop etwas aufzulockern, möchte Ihre Vorgesetzte eine szenische Darstellung präsentieren. Das Thema dieser lautet „Guter Auftritt – positive Wahrnehmung“. Die Darstellung soll von Ihnen und Herrn Dursun durchgeführt werden.

Arbeitsaufträge

a) Sie **informieren** sich mithilfe der Informationstexte und des Internets über das Themengebiet „Richtige Körperhaltung – ein gutes Gefühl“.

b) Sie **notieren** wichtige Informationen auf einem Spickzettel und bereiten mithilfe dieser die szenische Darstellung vor.

c) Sie **präsentieren** Ihre Szenischen Darstellungen im Plenum und **diskutieren** im Anschluss über diese. Sie **berücksichtigen** bei Ihrer Kommunikation die Sachebene.

d) Sie **erläutern,** wie Sie sich während der Szenischen Darstellung gefühlt und warum Sie diese so entwickelt haben.

e) Sie **reflektieren** Ihr Verhalten während der Vorbereitung und nach der Präsentation Ihrer szenischen Darstellung und **ziehen** aus den Beispielen Schlüsse auf Ihre eigene Körperhaltung und den Zusammenhang zwischen dieser und der Kommunikation.

Informationen gewinnen

Bei der Kommunikation spielt die Körperhaltung eine bedeutende Rolle.

Aussagen können entweder durch diese **unterstrichen, also gefestigt** oder **entkräftet** werden.

Außerdem fühlt man sich durch eine aufrechte Körperhaltung „größer“ und „stärker“, wirkt auf das Gegenüber kompetent und seriös.

Welche Körperhaltung sollte in Gesprächen eingenommen werden? Dies hängt natürlich davon ab, ob das Gespräch im Stehen oder im Sitzen geführt wird. Nachfolgend einige Tipps, welche Körperhaltungen eingenommen werden können und welche Wirkung diese auf Ihr Gegenüber haben.

Körperhaltung	Wirkung
Stehen Sie aufrecht!	Sie wirken so kompetent auf Ihr Gegenüber.
Halten Sie Ihren Kopf aufrecht!	Diese Körperhaltung lässt Sie größer selbstbewusst wirken.
Schauen Sie Ihr Gegenüber an und nicht auf den Boden!	Sie signalisieren Ihrem Gegenüber, dass Sie Interesse haben und nicht ängstlich sind.
Verschränken Sie Ihre Arme nicht!	Desinteressiere wird signalisiert (stellt eine abwehrende Körperhaltung dar).
Lassen Sie Ihre Arme hängen!	Dies ist ein Zeichen von Entspannung!
Stellen Sie sich gerade oder leicht seitlich vor Ihren Gesprächspartner!	Diese Haltung ist ein Zeichen für Offenheit, Interesse.
Drehen Sie Ihrem Gegenüber nicht den Rücken bzw. wenden Sie sich von diesem nicht ab.	Sie wirken desinteressiert, gelangweilt und unhöflich. Sie zeigen Ihrem Gegenüber, dass Sie diesem überlegen sind (wird von zurückhaltenden und verunsicherten Menschen meist so aufgefasst).
Lehnen Sie sich in einem Gespräch nicht zurück!	Die kann eine arrogante oder überlegene Wirkung auf das Gegenüber haben.
Stellen Sie Ihren Bürostuhl nicht unnötig hoch – sitzen Sie auf diesem aufrecht.	Sie signalisieren Ihrem Gegenüber, dass Sie auf einer Augenhöhe mit diesem sind. Sie wirken freundlich und kompetent.

Zur nonverbalen Kommunikation zählen neben der **Körperhaltung auch Mimik und Gestik.** Im Lernfeld 2 ist auf diesen Themenbereich bereits ausführlich eingegangen worden.

Ergänzend kann an dieser Stelle erwähnt werden, dass die Mimik und Gestik die Wirkung der Körperhaltung unterstützen können.

Beispiel: *Frau Liebenstein unterhält sich mit Ihrer Kollegin. Sie steht aufrecht, erklärt gerade einen Sachverhalt und lächelt dabei. Auf Ihre Kollegin wird sie kompetent, freundlich und seriös. Das Lächeln in Verbindung mit der Köperhaltung unterstreicht ihre Freundlichkeit.*

Auch das **Auftreten und äußere Erscheinungsbild** und der Zusammenhang zwischen diesem und der Wirkung auf den Mitmenschen sind im Lernfeld 2 erläutert.

Zusammenfassende Tipps:

- Kleiden Sie sich dem Gesprächsanlass entsprechend.
- Achten Sie auf Ihre Mimik und Gestik, diese muss zum Gesagten passen!
- Setzen Sie Ihre Mimik und Gestik zum „Verstärken" (z. B. durch lächeln und nicken) oder zum Abschwächen (z. B. durch Kopfschütteln oder eine ernste Miene) in einem Gespräch ein!
- Achten Sie darauf, dass Sie von Ihrer Art her nicht arrogant wirken – im Beratungs- bzw. Verkaufsgespräch haben Sie durch dieses Verhalten fast immer „sofort verloren".
- Begrüßen Sie Ihr Gegenüber freundlich.
- Bereiten Sie sich auf ein Gespräch vor – so wirken Sie während des Gesprächsverlaufs kompetent (was Sie durch Ihre Körperhaltung noch verstärken können).

Wissen testen

1. Sie ergänzen Ihre Lernkartei um das Themengebiet „Richtige Körperhaltung – ein gutes Gefühl".

1.1 Sie schreiben jeden der folgenden Begriffe auf die Kopfzeile eines DIN-A6-Kärtchens:

Körperhaltung und ihre Wirkung, nonverbale Kommunikation, Auftreten und äußere Erscheinungsbild.

Sie sortieren die Begriffskärtchen nach den Kriterien „weiß ich" oder „weiß ich nicht". Sie bilden mit ihren Mitschülern Kleingruppen und erklären sich gegenseitig die „Weiß-ich-nicht"-Kärtchen. Sie schlagen dabei die ungeklärten Begriffe im Schulbuch bzw. in Ihren erstellen Unterlagen nach. Sie schreiben die Begriffserklärungen auf die Rückseite des entsprechenden Kärtchens und ordnen diese in Ihren Lernkartei-Behälter ein.

5 Kundenbindung

Sie befassen sich in diesem Kapitel mit den Themengebiet Kundenbindung und lernen Techniken kennen, wie man sich in Gesprächssituationen korrekt und kompetent verhält. Sie erweitern Ihr Fachwissen in Bezug auf Argumentationstechniken und können die Zusatzleistungen/Serviceangebote in Konfliktgesprächen gezielt als Lösungsansatz einbringen.

Lernsituation

Alle Unterlagen für den Workshop sind vorbereitet, Ihre Szenische Darstellung steht! Eine letzte Bitte hat Frau Stehle an Sie.

„Können Sie bitte eine Übersicht zu den Themenbereichen „Beschwerden/Reklamation“ und „Zusatzleistungen/Serviceangebote“, die wir bei der Rad & Roll GmbH anbieten, ausarbeiten? Ich möchte die Teilnehmer am Ende des Workshops durch eine „Plakatallee“ führen und diese später auch bei uns im Pausenraum aufstellen. Eine ansprechende Gestaltung muss natürlich gewährleistet sein“.

Arbeitsaufträge

a) Sie **informieren** sich mithilfe der Informationstexte und des Internets über die Themenbereiche „Beschwerden/Reklamation“ und „Zusatzleistungen/Serviceangebote“.

b) Sie **notieren** sich wichtige Informationen in einer MindMap. Sie **fertigen** die gewünschten Plakate mit allen wichtigen Inhalten zu den jeweiligen Themen an und **gestalten** diese ansprechend.

c) Sie **entwickeln** einen Bewertungsbogen, mit welchem die Plakate später **eingeschätzt** werden können. Inhalte des Bogens können sein:

- Übersichtlichkeit,
- Gestaltung/Darstellung,
- Einsatz von Grafiken/Farben/Symbolen,
- Inhalt, usw.

d) Sie **hängen** Ihre Plakate sowie die Bewertungsbögen im Unterrichtsraum auf und **führen** die Einschätzung durch. Sie **diskutieren** im Plenum über die Ergebnisse und üben **konstruktive** Kritik.

e) Sie **reflektieren** die Plenumsaussagen und **ziehen** aus diesen wichtige Schlüsse für zukünftige Aufgaben.

Informationen gewinnen

5.1 Beschwerden-Reklamation

Wer kennt das nicht: „Ein Kunde ruft an und beschwert sich, dass der erworbene Artikel nicht richtig funktioniert. Er ist sehr genervt und äußerst unhöflich am Telefon".

Rechtlich gesehen muss in diesem Zusammenhang zwischen den Begrifflichkeiten Kulanz und Gewährleistung unterschieden werden. Während des Reklamations- bzw. Beschwerdegespräches sollte der entsprechende Mitarbeiter also genau die rechtlichen Bestimmungen kennen und diese auch dem Kunden erläutern können. Er muss des Weiteren in der Lage sein, auf unberechtigte Reklamationen zu reagieren und den Kunden trotzdem versuchen, zu beruhigen.

Regeln bei Beschwerde bzw. Reklamation von Kunden
Welches Verhalten ist richtig?

- Bleiben Sie ruhig und lassen Sie Ihr Gegenüber aussprechen!
- Handelt es sich um ein persönliches Gespräch, versuchen Sie, Ihren Gesprächspartner an einen ruhigen Ort zu führen (zum einen, um keine Aufmerksamkeit z. B. in Verkaufsräumen auf sich zu ziehen, zum anderen, um mehr „Ruhe" zu haben und nicht von Anderen gestört zu werden).
- Nehmen Sie die Aussagen Ihres Gesprächspartners ernst und achten Sie auf Ihre Mimik und Gestik. Werten Sie seine Argumente nicht durch diese ab.
- Bestätigen Sie Ihr Gegenüber, in dem Sie antworten: „Sie haben recht" – automatisch wird der Gesprächspartner ruhiger und fühlt sich „bestätigt" **oder** er ist „verdutzt", weil die Reklamation/Beschwerde vielleicht nicht wirklich gerechtfertigt ist und er eine Bestätigung Ihrerseits erhält.
- Bewegen Sie sich immer auf der Sachebene. Fühlen Sie sich **NICHT** persönlich angegriffen und greifen Sie auch Ihr Gegenüber nicht an. Bei Reklamationen geht es meist nie um Sie sondern um den Reklamations- bzw. Beschwerdegrund selbst. Werden die Ebenen nicht eingehalten, kann es zu Frustration, Wut, Traurigkeit oder sogar aggressivem Verhalten auf beiden Seiten kommen (Kunde sowie Gesprächspartner).
- Wenn Ihr Gesprächspartner zu brüllen, zu schimpfen oder ähnliches anfängt, lassen Sie sich nicht anstecken sondern sprechen vielmehr etwas leiser und weiterhin ruhig sowie bestimmt.
- Versuchen Sie eine Einigung zu finden und unterbreiten Sie ihm „Lösungsvorschläge" für das Problem.
- Berücksichtigen Sie Ihre Firmenphilosophie und verstoßen Sie nicht gegen diese (z. B. „Wir tauschen alles ohne Nachfragen um – auch ohne Kassenbeleg).
- Sie sind sich in einem Sachverhalt nicht sicher? Bitten Sie eine Kollegin/einen Kollegen oder die bzw. den Vorgesetzten um Rat (bei Telefongesprächen bieten Sie einen Rückruf an).
- Verabschieden Sie den Kunden freundlich – auch, wenn er sie vielleicht aufgeregt hat und keine Einigung erzielt wurde.

5.2 Organisatorische Unterlagen, die benötigt werden

Um Reklamationen bzw. Beschwerden ordnungsgemäß abwickeln zu können, sollte man sich die zugehörigen Unterlagen zur Hand nehmen. Diese können sein:

- Lieferschein
- Bestellung
- laufender Schriftverkehr, usw.

Nur mit Hilfe dieser ist eine fachlich korrekte Kommunikation möglich. Auf den Kunden haben die von Ihnen gemachten Angaben eine professionelle und kompetente Wirkung.

5.3 Hilfsmittel Beschwerden, Reklamation

Um Beschwerden bzw. Reklamationen zu bearbeiten, bietet sich der Einsatz von Checklisten bzw. entsprechenden Formularen an. Diese können folgenden Inhalt haben:

- Wie wurde reklamiert (Art der Reklamation/Beschwerde – persönlich, schriftlich, telefonisch, usw.)?
- Was wurde reklamiert (Gegenstand der Reklamation/Beschwerde)?
- Wann wurde reklamiert (Datum der Reklamation/Beschwerde)?
- Wer hat reklamiert (Name, Vorname, Straße, PLZ, Ort, Telefonnummer für Rückfragen)?
- Welcher Lösungsvorschlag wird angeboten (Reparatur, neuer Artikel, „Geldauszahlung", usw.)?
- Wer hat die Reklamation/Beschwerde angenommen (Name des Mitarbeiters)?`
- Wer bearbeitet die Reklamation/Beschwerde im Unternehmen (kann ggf. ein anderer Mitarbeiter sein, als der, der die Reklamation angenommen hat)?
- Bis wann wird die Reklamation/Beschwerde abgewickelt (z. B.: wann ist der reparierte Artikel fertig)?
- Datum und Unterschrift des Kunden sowie des Mitarbeiters, der die Reklamation/Beschwerde entgegen genommen hat.

5.4 Beratungsgespräch

Wie das Wort schon sagt, wird ein Kunde bzw. Gegenüber in einem Gespräch „beraten". Ziel eines Beratungsgespräches ist es, entweder eine Lösung für ein Problem zu finden, oder einen Kunden in Bezug auf die Produkte eines Unternehmens zu beraten. Ziel ist in diesem Falle natürlich immer der Verkauf der Ware.

Argumentationstechnik
Um ein gutes Beratungsgespräch zu führen, können verschiedene Argumentationstechniken Anwendung finden.

Argumentations-technik	Erläuterung	Beispiel
Einwands-vorwegnahme	Bevor ein Kunde einen Einwand anführen kann, wird dieser vom Berater formuliert.	Berater: „An dieser Stelle ist anzuführen, dass das Produkt natürlich auch ein optimales Preis-Leistungsverhältnis und eine verlängerte Garantie hat".
Einwandsumkehr	Die Einwände des Kunden werden in positive Aspekte zu Gunsten eines Produkts umgewandelt.	Kunde: „Das Produkt scheint schon sehr teuer?!" Berater: „Und genau das ist das Ergebnis von hervorragender Qualität, oder möchten Sie gerne ein Rad erwerben, dass nach zwei Jahren auseinanderfällt bzw. nicht lange verkehrssicher ist?!"
Relativierung	Eine Kundenaussage wird relativiert.	Berater: „Wir sprechen hier natürlich von einem absolut hochwertigen Artikel, der viel Komfort bietet und durch eine einfache Bedienung gekennzeichnet ist".
Polarisierung	Der Gesprächspartner wird in eine bestimmte Richtung gelenkt. Es gibt meist nur zwei Möglichkeiten (z. B. pro oder kontra).	Berater: „Sie können dieses unglaubliche Angebot annehmen oder dieses ablehnen."
Appell	Es wird an den Kunden ein Appell ausgesprochen, z. B. zu einer Kaufentscheidung.	„Bedenken Sie, dieses Angebot ist nur noch bis am Samstag gültig! Der Artikel ist doch genau das, was Sie gerne hätten."

5.5 Zusatzleistungen/Serviceangebote im Unternehmen

In Zusammenhang mit der Gesprächsführung während Beratungs- oder Verkaufsgesprächen spielen Zusatzleistungen/Serviceangebote in einem Unternehmen eine große Rolle. Häufig werden diese als Argumente für die Kaufentscheidung eines Kunden angeführt und beeinflussen den Gesprächsverlauf/Geschäftsabschluss positiv. Auch können Zusatzleistungen/Service dazu beitragen, dass ein Kunde das Unternehmen einem anderen Unternehmen vorzieht.

Beispiel 1: *Die Rad & Roll GmbH bietet neben dem Verkauf von Fahrrädern einen Reparatur- und Wartungsservice an. Die Kunden müssen sich also bei Problemen nicht an eine „fremde Werkstatt" wenden bzw. selbst eine Werkstatt suchen, sondern können das Fahrrad direkt bei der Rad & Roll GmbH warten bzw. reparieren lassen.*
Die Mitarbeiterinnen und Mitarbeiter der Rad & Roll GmbH sind angewiesen, auf diese Serviceleistungen während eines Verkaufsgesprächs hinzuweisen.

Mitarbeiterinnen und Mitarbeiter sollten daher genau über die im Unternehmen geltenden Zusatzleistungen/Serviceangebote informiert sein.

Beispiele hierfür sind:

- kompetente Beratung
- Kundentoiletten
- Babywickelecke
- Kinderspielecke
- 24-Stunden-Lieferservice
- Möglichkeit, Produkte „zur Auswahl“ mitzunehmen
- Kundenkarte
- Anbieten von Reparatur und Ersatzteilen
- Wartungsservice
- Finanzierungsservice
- Logistikservice, usw.

Beispiel 2: *Die Rad & Roll GmbH bietet seinen Kunden eine „Roll-Card“ an. Auf diese werden die Einkäufe des Kunden verbucht. Am Jahresende erhält der Kunde einen Bonus in Höhe von 5 % auf den Jahresumsatz. Der Bonus wird in Form eines Gutscheins ausgezahlt.*

Um das Image des Unternehmens zu stärken und Neukunden zu gewinnen, ist es sinnvoll, wenn man die Zusatzleistungen/Serviceangebote eines Unternehmens nach außen kommuniziert und bewirbt.

Einsatz von Zusatzleistungen/Serviceangeboten zur Konfliktbewältigung im Verkaufsgespräch
In Konfliktgesprächen kann der Hinweis auf Zusatzleistungen/Serviceangebote die Situation „entschärfen“.

Beispiel : *Der Fahrradschlauch der Kundin, Frau Thiel, ist geplatzt. Diese kommt völlig aufgeregt in den Verkaufsraum und fängt gleich zu schimpfen an. Frau Stehle geht auf Frau Thiel zu und begrüßt diese mit freundlicher Stimme. Sie hört sich die Beschwerde von Frau Thiel an und verweist auf die hausinterne Werkstatt, die den Schlauch auf Fehler prüft. Sie teilt der Kundin weiterhin mit, dass aus Kulanzgründen auch ein neuer Fahrradschlauch bestellt werden kann, wenn der alte nicht mehr zu reparieren ist.*
Frau Thiel ist zufrieden.

Dabei muss natürlich gewährleistet sein, dass die Mitarbeiter zum einen über die Zusatzleistungen und Serviceangebote informiert sind und zum anderen im Gesprächsverlauf mit dem Gegenüber erkennen, dass das Hinweisen auf Serviceleistungen diese „beruhigen“ kann.

Wissen testen

1. Sie ergänzen Ihre Lernkartei um die Themengebiete „Beschwerden/Reklamation“ und „Zusatzleistungen/Serviceangebote im Unternehmen“.

1.1 Sie schreiben jeden der folgenden Begriffe auf die Kopfzeile eines DIN-A6-Kärtchens:

> Regeln bei Beschwerden/Reklamation, Organisatorische Unterlagen, Beratungsgespräch, Argumentationstechnik, Zusatzleistungen und Serviceangebote

Sie sortieren die Begriffskärtchen nach den Kriterien „weiß ich“ oder „weiß ich nicht“. Sie bilden mit ihren Mitschülern Kleingruppen und erklären sich gegenseitig die „Weiß-ich-nicht“-Kärtchen. Sie schlagen dabei die ungeklärten Begriffe im Schulbuch bzw. in Ihren erstellen Unterlagen nach. Sie schreiben die Begriffserklärungen auf die Rückseite des entsprechenden Kärtchens und ordnen diese in Ihren Lernkartei-Behälter ein.

6 Umgang mit Kunden – mögliche Hilfsmittel

In diesem Kapitel beschäftigen Sie sich mit den Hilfsmitteln, die für den Umgang mit Menschen eingesetzt werden können. Sie sind in der Lage, diese zu erstellen und diese unter Berücksichtigung der DIN 5008 zu gestalten.

Lernsituation

Der Workshop ist durchgeführt! Sie sind froh, dass alles so gut geklappt hat! Auch Ihre Szenische Darstellung ist bei den Teilnehmern gut angekommen!

Zum Abschluss des Workshops hat Frau Stehle eine Feedbackrunde durchgeführt und viele positive Anmerkungen erhalten. Eine Frage wurde abschließend noch von dem Mitarbeiter, Herrn Kolb, gestellt:

„Gibt es eigentlich Hilfsmittel,
die mich während des Kundengesprächs unterstützen können?"

Frau Stehle greift diese Frage auf und bittet Sie, ein Informationsschreiben über diesen Themenbereich zu erstellen, welches per Hauspost an alle Mitarbeiter weitergeleitet werden kann.

Arbeitsaufträge

a) Sie **informieren** sich mithilfe der Informationstexte und des Internets über den „Umgang mit Kunden und die entsprechenden Hilfsmittel".

b) Sie **notieren** sich wichtige Informationen auf einem Spickzettel.

c) Sie **fertigen** das gewünschte Schreiben an (ggf. unter Anwendung eines Textverarbeitungsprogramms und berücksichtigen dabei die Regeln der DIN 5008) und **achten** auf eine übersichtliche Gestaltung sowie auf eine **kompetente** Formulierung.

Tipp: Hilfen für die Anwendung des Textverarbeitungsprogramms Word finden Sie im Ergänzungsband *„Profi am PC".*

d) Sie **präsentieren** Ihre Ergebnisse über den Beamer und **erörtern** sowohl den Inhalt Ihres Schreibens als auch die angewendeten Regeln der DIN 5008.

e) Sie **bewerten** Ihre Ergebnisse und **ergänzen (ggf. korrigieren)** diese.

f) Sie reflektieren, ob Sie Hilfsmittel, die in Ihrem Unternehmen vorhanden sind, (fachgerecht) nutzen und setzen Ihre neuen Erkenntnisse im Unternehmen ein bzw. um.

Informationen gewinnen

Der richtige Umgang mit Kunden spiegelt maßgeblich den Erfolg eines Unternehmens wider. Fühlen sich Kunden schlecht oder gar nicht beraten, werden sie in den meisten Fällen die Konkurrenz aufsuchen. Kompetent beratene Kunden fühlen sich bei dem Unternehmen jedoch „gut aufgehoben" und kommen gerne wieder (vgl. 8.2 Gespräche unter Berücksichtigung des Unternehmensziels führen). Daher sollte jede Mitarbeiterin und jeder Mitarbeiter auch entsprechend geschult werden.

Manche Unternehmen nutzen daher einen **„Leitfaden für den Umgang mit Kunden".** Die Inhalte dieses hängen von der Unternehmensform, den angebotenen Produkten und den Kunden ab.

Beispielinhalte für die Rad & Roll GmbH sind:

- Treten Sie dem Kunden gegenüber freundlich auf"!
- Begrüßen Sie Ihr Gegenüber immer mit Handschlag!
- Respektieren Sie Ihr Gegenüber!
- Berücksichtigen Sie immer unsere Firmenphilosophie!
- Bedenken Sie: „Schlechte Beratung – Schlechter Verkauf"!
- Berücksichtigen Sie: „Beratungsstunden für den Kunden"!
- Verweisen Sie immer auf unsere Zusatzleistungen und Serviceangebote!

Ein weiteres Hilfsmittel für den Umgang mit Kunden kann eine **Checkliste** sein. Mithilfe von dieser können zum einen die Kundenwünsche genau abgefragt und schriftlich fixiert und zum anderen am Ende des Beratungs- bzw. Verkaufsgesprächs ein Feedback durchgeführt werden.

Auf den Kunden wirkt der Einsatz einer Checkliste sehr kompetent, er fühlt sich ernst genommen und gut beraten.

Für den Mitarbeiter stellt die Checkliste eine Hilfe dar. Er notiert wichtige Informationen und ist in der Lage, einzelne Punkte strukturiert abzufragen und keine Punkte zu vergessen.

Wie eine Checkliste aufgebaut ist, wurde bereits im Lernfeld 2 erläutert.

Inhalte können sein:

- Vor- und Nachname des Kunden
- ggf. Anschrift und Telefonnummer des Kunden
- genauer Kundenwunsch (Produkte, Serviceleistungen, usw.)
- genaue Eigenschaften des Produkts
- Anforderungen, die der Kunde hat
- Nutzungsvoraussetzungen
- Sonstiges
- Datum und Unterschrift des Mitarbeiters und ggf. des Kunden

Damit sich der Kunde zu Hause noch einmal einen Eindruck von dem Beratungs- bzw. Verkaufsgespräch machen kann, ist es hilfreich, ihm ein Duplikat der Checkliste mit nach Hause zu geben. Auf den Kunden wirkt das Unternehmen so noch kompetenter und vor allem sehr „transparent". Eine Kaufentscheidung wird mithilfe eines solchen Dokumentes meist positiv beeinflusst.

Wissen testen

1. Sie ergänzen Ihre Lernkartei um das Themengebiet „Umgang mit Kunden – mögliche Hilfsmittel".

1.1 Sie schreiben jeden der folgenden Begriffe auf die Kopfzeile eines DIN-A6-Kärtchens:

Leitfaden für den Umgang mit Kunden, Checklisten als Hilfsmittel.

Sie sortieren die Begriffskärtchen nach den Kriterien „weiß ich" oder „weiß ich nicht". Sie bilden mit ihren Mitschülern Kleingruppen und erklären sich gegenseitig die „Weiß-ich-nicht"-Kärtchen. Sie schlagen dabei die ungeklärten Begriffe im Schulbuch bzw. in Ihren erstellen Unterlagen nach. Sie schreiben die Begriffserklärungen auf die Rückseite des entsprechenden Kärtchens und ordnen diese in Ihren Lernkartei-Behälter ein.

2. Entwickeln Sie einen „Leitfaden für den Kunden" für Ihr Unternehmen.

3. Entwickeln Sie eine Checkliste für ein Beratungsgespräch in Ihrem Unternehmen.

Personalwirtschaftliche Aufgaben wahrnehmen

Lernfeld 8

Lernfeld 8

Personalwirtschaftliche Aufgaben wahrnehmen

In diesem Lernfeld erwerben Sie die Kompetenz, bei der Beschaffung, Verwaltung und Entwicklung von Personal sowie beim Abschluss und bei der Beendigung von Arbeitsverhältnissen mitzuwirken. Sie beachten dabei allgemeine Anforderungen wie Sorgfalt, Vertraulichkeit und Objektivität.

Prozess der Personalbeschaffung

- Richtgrößen der Personalplanung
- Personalbedarfsplanung
- Personalwerbung
- Personalauswahl und Einstellung

Rechtliche Grundlagen eines Arbeitsverhältnisses und Personaleinsatz

- Einzelarbeitsvertrag
- Arbeitsschutzvorschriften
- Arbeitszeitregelungen und Urlaubsansprüche (Planung des Personaleinsatzes)
- Entgeltformen im Überblick

Verwaltung, Betreuung und Freistellung von Personal

- Arbeitszeiterfassung
- Entgeltabrechnung
- Personalbeurteilung und Personalentwicklung
- Beendigung von Arbeitsverhältnissen
- Erstellen von Abmahnungen, Kündigungen und Arbeitszeugnissen
- Personalstatistik

1 Prozess der Personalbeschaffung

In diesem Kapitel analysieren Sie den Personalbestand, bestimmen den quantitativen und qualitativen Personalbedarf und informieren sich über geeignete Wege der Personalbeschaffung. Sie formulieren Stellenanzeigen auf der Grundlage von Stellenbeschreibungen und organisieren den Ablauf des Auswahl- und Einstellungsverfahrens. Sie erkennen, dass bei personalwirtschaftlichen Aufgaben im besonderen Maße Sorgfalt, Vertraulichkeit und Objektivität notwendig sind.

Lernsituation

Sie befinden sich in der Ausbildung zur Kauffrau bzw. zum Kaufmann für Büromanagement bei der Rad & Roll GmbH. Sie sind zurzeit im Personalteam eingesetzt. Ihre Teamleiterin, Frau Reisch, überreicht Ihnen einen Auszug aus dem Protokoll der letzten Sitzung des Führungsteams mit der Bitte, sich Gedanken zu machen, weshalb Herr Class, Herr Ferizi und Frau Kraus jeweils eine zusätzliche Arbeitskraft für ihre Abteilungen anfordern. Klären Sie auch die Begriffe ausbalancierte Altersstruktur, Inklusion und Migration.

Rad & Roll GmbH

ERGEBNISPROTOKOLL

Thema: Strategiesitzung des Führungsteams

Termin:	15.03.20..	**Ort, Raum:**	Kleiner Sitzungssaal
Beginn:	08:30 Uhr	**Ende:**	11:30 Uhr

Sitzungsleitung: Frau Kroner (Geschäftsleitung)
Teilnehmende Personen: Herr Class (Einkauf), Herr Ferizi (Fertigung), Frau Kraus (Verwaltung), Frau Stehle (Verkauf), Frau Reisch (Personal)

Besprechungsergebnisse:

...
Auf der Strategiesitzung am 15.01. wurde der Beschluss gefasst, das Sortiment um ein Skateboard der mittleren Preisklasse zu erweitern, das selbst hergestellt werden soll.

Für das kommende Jahr ist aufgrund des einsetzenden Konjunkturaufschwungs eine Umsatzsteigerung von 10 % auf 2,4 Mio. € anzustreben.

Laut Herrn Ferizi ist dafür ab sofort eine zusätzliche Montagekraft erforderlich.
...

Frau Kraus merkt an, dass bei insgesamt gleichbleibender Arbeitsproduktivität drei zusätzliche Arbeitskräfte eingestellt werden müssen.

Frau Reisch organisiert das entsprechende Auswahl- und Einstellungsverfahren. Sie achtet dabei auf eine ausbalancierte Altersstruktur der Belegschaft und auf Aspekte der Inklusion und Migration entsprechend unserem Leitbild.
...

Frau Reisch bittet Sie, für das nächste Ausbildungsgespräch ein Plakat mit den Ablaufschritten der Personalbeschaffung bis zur Einstellung anzufertigen und eine Tischvorlage mit folgenden Gliederungspunkten zu erstellen:

1. Richtgrößen der Personalplanung
2. Personalbedarfsplanung
3. Möglichkeiten der Personalwerbung
4. Auswahl- und Einstellungsverfahren

Arbeitsaufträge

a) Sie **informieren** sich über externe und interne Richtgrößen der Personalplanung, Methoden der Personalbedarfsplanung und Möglichkeiten der Personalwerbung und Bewerberauswahl.

Tipp: Sie bilden thementeilige Arbeitsgruppen und lesen die folgenden Kapitel im Buch.

b) Sie **analysieren** den Personalbestand Ihres Betriebes nach quantitativen und qualitativen Strukturmerkmalen, **planen** den quantitativen Personalbedarf nach der Kennzahlen- und Stellenplanmethode und **ermitteln** den qualitativen Personalbedarf anhand von Stellenbeschreibungen und Anforderungsprofilen. Sie **wenden** geeignete Wege der internen und externen Personalbeschaffung an und **konzipieren** eine geeignete Stellenanzeige. Sie **organisieren** die Grob- und Feinauswahl der Bewerber und **erstellen** einen Ablaufplan. Sie **treffen eine Auswahlentscheidung** und berücksichtigen dabei arbeits- und mitbestimmungsrechtliche Vorschriften. Sie **erstellen** eine PowerPoint-Präsentation mit den gewünschten Gliederungspunkten mit zugehöriger Tischvorlage und das **Plakat** mit den Ablaufschritten der Personalbeschaffung.

Tipp: Hilfen für die Anwendung des Tabellenkalkulationsprogramms Excel und des Präsentationsprogramms PowerPoint finden Sie im Ergänzungsband *„Profi am PC"*.

c) Sie **tragen** Ihre PowerPoint-Präsentation beim Ausbildungsgespräch **vor.** Ebenso stellen Sie Ihr Plakat vor und **reagieren auf Fragen** und Anmerkungen der Teamleiterin Personal, der Ausbilderin und der anderen Auszubildenden.

d) Sie **bewerten** Ihren Vortrag zusammen mit der Ausbilderin und den anderen Auszubildenden anhand des Kriterienkatalogs für Präsentationen. Sie **nehmen Kritikpunkte auf** zur Vollständigkeit und inhaltlichen Richtigkeit, **ergänzen** Ihre Ausarbeitungen und **korrigieren** Fehler. Außerdem **beurteilen** Sie den Personalbeschaffungsprozess und zeigen Möglichkeiten zur Optimierung auf.

e) Sie **reflektieren** Ihr Verhalten hinsichtlich Sorgfalt, Vertraulichkeit und Objektivität und überlegen, wie Sie Ihre Vorgehensweisen verbessern könnten. Sie reflektieren auch, welche gesellschaftliche Rolle Ihr Unternehmen auf dem Arbeitsmarkt einnimmt hinsichtlich der Sicherung von Arbeitsplätzen und der Integration behinderter Menschen und ausländischer Arbeitnehmer.

Informationen gewinnen

1.1 Überblick

Prozess der Personalbeschaffung

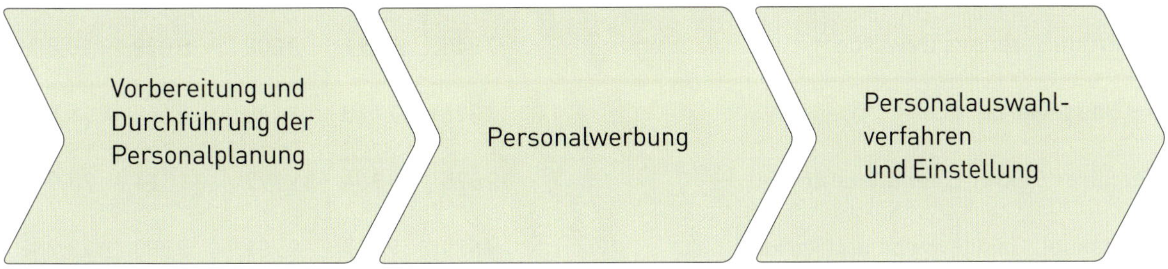

1.2 Vorbereitung der Personalplanung

Planung ist die gedankliche Vorwegnahme zukünftigen Handelns und daher mit einem gewissen Maß an Unsicherheit verbunden. Die Planung des zukünftigen Personals wird von außerbetrieblichen (externen) und innerbetrieblichen (internen) Richtgrößen beeinflusst.

1.2.1 Außerbetriebliche Richtgrößen der Personalplanung

Wichtige außerbetriebliche Faktoren der Personalplanung sind z. B. die wirtschaftliche, technologische und demografische Entwicklung, die Veränderung von rechtlichen Rahmenbedingungen vor allem im Sozial-, Tarif- und Arbeitsrecht und durch aktuelle wirtschaftspolitische Förderprogramme.

- **Wirtschaftliche und technologische Entwicklungen**

Kurzfristig wird der Personalbedarf von der erwarteten **Konjunkturphase** (Aufschwung, Hochkonjunktur, Abschwung oder Tiefstand) beeinflusst[1]. Erwarten die Konjunkturprognosen einen Aufschwung bzw. einen Boom (Hochkonjunktur), dann muss aufgrund der guten Auftragslage der Personalbestand erhöht werden. Es entsteht ein Zusatzbedarf von Personal, während im Abschwung und im Tiefstand Personal abgebaut werden muss.

Langfristig wird der Personalbedarf vom wirtschaftlichen **Strukturwandel** beeinflusst. 1950 arbeiteten noch knapp 25 % der Erwerbstätigen in Betrieben des primären Sektors (Land-, Forstwirtschaft und Fischerei). Heute ist der primäre Sektor sowohl gemessen an dem Anteil der Beschäftigen (2014: 1,5 %) als auch nach dem Beitrag zum Bruttoinlandsprodukt (unter 1 %) unbedeutend. Gleichzeitig wurde der tertiäre Sektor (Dienstleistungen) von 32,5 % der Beschäftigten im Jahre 1950 auf 73,9 % im Jahr 2014 zum dominierenden Wirtschaftssektor.

1 Siehe hierzu LF 5, Kapitel 1.2.3, Konjunkturelle Lage – Auf und Ab der Wirtschaft

Zahl der Erwerbstätigen nach Wirtschaftssektoren in Tausend (2014 auch in %)

Wirtschaftssektor **Jahr**	**2011**	**2012**	**2013**	**2014**	
Primärer Sektor (Land-, Forstwirtschaft, Fischerei)	**669**	**666**	**646**	**656**	**1,5 %**
Sekundärer Sektor (Weiterverarbeitung)	**10 226**	**10 401**	**10 438**	**10 475**	**24,6 %**
• Produzierendes Gewerbe	7 850	7 991	8 008	8 028	18,8 %
• Baugewerbe	2 376	2 410	2 430	2 447	5,5 %
Tertiärer Sektor (Dienstleistungen)	**30 675**	**30 966**	**31 197**	**31 521**	**73,9 %**
• Handel, Gastgewerbe und Verkehr	9 620	9 717	9 789	9 888	23,2 %
• Information und Kommunikation	1 177	1 198	1 204	1 226	2,9 %
• Finanz-, Wohnungs-, Unternehmensdienstleister	7 027	7 104	7 166	7 254	17,0 %
• Öffentliche und sonstige private Dienstleister	12 851	12 947	13 038	13 153	30,8 %
Erwerbstätige	**41 570**	**42 033**	**42 281**	**42 652**	**100,0 %**

Quelle: https://www.destatis.de/DE/ZahlenFakten/GesamtwirtschaftUmwelt/Arbeitsmarkt/Erwerbstaetigkeit/TabellenErwerbstaetigenrechnung/ArbeitnehmerWirtschaftsbereiche.html, abgerufen: 05.06.2015

Die wirtschaftliche Entwicklung zur Dienstleistungsgesellschaft begünstigte seit den 90er-Jahren die Zunahme der Teilzeitarbeit, befristeten Arbeit und geringfügigen Beschäftigung (sogenannte **prekäre Arbeitsverhältnisse**).

Neue Technologien verändern die Arbeitsprozesse in den Betrieben. In der Fertigung übernehmen Maschinen viele Tätigkeiten von Menschen **(Automatisierung)**, die Informationstechnologie und die integrierte Unternehmenssoftware optimieren und strukturieren alle Abläufe und kontrollieren Termine, Räume und Verantwortlichkeiten. Die Kommunikation und Teamarbeit wird durch das **Internet** zunehmend virtuell und über große Distanzen möglich und beschleunigt.

Mit immer größerer Geschwindigkeit (zum Teil in Echtzeit) werden immer mehr Daten aus immer mehr Quellen verarbeitet. Dieses Phänomen wird als „Big Data" bezeichnet. Aber auch video-basierte Kommunikation, **soziale Medien** und andere Tools werden für Unternehmen immer wichtiger. Jeder Mitarbeiter ist über Mobilfunk und Smartphone jederzeit erreichbar und kann alle benötigten Unternehmensdaten jederzeit von jedem Ort aus der **Cloud** abrufen und in die Cloud abspeichern und anderen zur Verfügung stellen. Mitarbeiter können dabei auch ihr eigenes Smartphone nutzen **(Cyberloafing).** Die Arbeit wird dadurch flexibler und zunehmend unabhängig von Raum und Zeit. Die Anforderungsprofile der Arbeitsplätze ändern sich immer schneller. Lebenslanges Lernen wird immer wichtiger, während gering qualifizierte Tätigkeiten an Bedeutung verlieren.

Dieser Trend wird durch den Prozess der **Globalisierung** mit der eingehenden Verlagerung von Produktionsstätten ins Ausland verstärkt. In vielen Branchen (z. B. Automobilindustrie) wird Absatzwachstum nur noch auf den Exportmärkten erzeugt. Viele Unternehmen haben in letzter Zeit mehr Jobs im Ausland geschaffen als im Inland. Damit steigt die Abhängigkeit von der Marktentwicklung und den Rahmenbedingungen in den wachstumsstarken Schwellenländern wie China und Indien. Die Beschäftigungslage im Inland wird immer mehr von den Konjunkturen in anderen Ländern beeinflusst.

- **Demografische Entwicklungen**

Gesellschaftliche Trends wie **Geburtenrückgang** (schrumpfende Bevölkerung) bei gleichzeitig **steigender Lebenserwartung** bzw. zunehmender **Alterung** der Bevölkerung haben Folgen für die wirtschaftliche Wettbewerbsfähigkeit Deutschlands, für die Zukunft der sozialen Sicherungssysteme und für den Arbeitsmarkt. Ein Rückgang der Bevölkerung geht einher mit einem Rückgang des Erwerbspersonenpotenzials, also der Zahl aller Menschen, die arbeiten können, wollen und dürfen.

Entwicklung der Gesamtbevölkerung und der Erwerbstätigen (20- bis 64-Jährige) in Deutschland

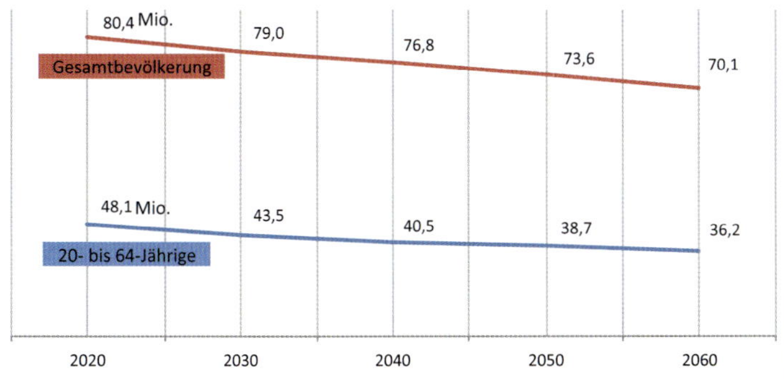

Die schrumpfende Bevölkerung im Erwerbsalter macht es für Unternehmen schwieriger, eine **ausgeglichene Altersstruktur** aufrechtzuerhalten und auch in Zukunft neue Talente und Fachkräfte zu gewinnen. Um ältere erfahrene Arbeitskräfte halten zu können, müssen Betriebe die Arbeit anders organisieren und Fachkräfte aus dem Ausland besser integrieren. Es gilt Beruf und Freizeit besser auszubalancieren und Frauen Karrierechancen zu bieten, ohne dass sie dafür auf Kinder verzichten müssen.

Grenzüberschreitende **Bevölkerungswanderungen (Migration[1])** gleichen zunehmend die negativen Auswirkungen des demografischen Wandels aus, da über 80 % der Zugewanderten sich im erwerbsfähigen Alter (20 bis 64 Jahre) befinden. In Deutschland hat jeder fünfte Einwohner einen Migrationshintergrund[2], bei Kindern unter zehn Jahren liegt dieser Anteil bereits bei etwa einem Drittel.

Die Rad & Roll GmbH reagiert auf diesen demografischen Wandel u. a. mit einem umfassenden **Gesundheitsprogramm** (Fitness-Raum für angeleitete Gymnastikübungen) für ältere Mitarbeiter und erreicht so, dass sich die älteren Mitarbeiter wohlfühlen und ihr Know-how dem Unternehmen möglichst lange erhalten bleibt. Außerdem wurde ein **Rundumservice für ausländische Mitarbeiter** mit Sprachbarrieren eingerichtet. Eine Integrationsexpertin kümmert sich um Behördengänge, organisiert Kindergartenplätze und erklärt das deutsche System der Mülltrennung.

- **Rechtliche Rahmenbedingungen für die Beschäftigung von Migranten**

Bürger aus EU-Mitgliedstaaten und deren Familienangehörige sowie Staatsangehörige von Island, Liechtenstein, Norwegen und der Schweiz sind deutschen Arbeitnehmern gleichgestellt und müssen keinen Antrag auf Erlaubnis einer Beschäftigung (Arbeitserlaubnis) stellen.

Für alle übrigen ausländischen Beschäftigten ist jeder Arbeitgeber nach dem **Aufenthaltsgesetz** verpflichtet, für die Dauer der Beschäftigung eine Kopie des Aufenthaltstitels, der Duldung oder der Aufenthaltsgestattung in elektronischer Form oder in Papierform aufzubewahren. Bei einem Versäumnis beträgt das Bußgeld bis zu 500.000 €. Inhaber einer Niederlassungserlaubnis, unbefristeten Aufenthaltserlaubnis, Aufenthaltsberechtigung oder einer Erlaubnis zum Daueraufenthalt-EG und deren Familienangehörige dürfen jede beliebige Beschäftigung ausüben.[3] Arbeitgeber können das **Vorabprü-**

1 Von **Migration** spricht man, wenn eine Person ihren Lebensmittelpunkt räumlich verlegt, von internationaler Migration, wenn dies über Staatsgrenzen hinweg geschieht. Zuwanderung liegt vor, wenn, wenn eine Person ihren üblichen Aufenthaltsort für mindestens ein Jahr ins Zielland verlegt. Asylbewerber werden grundsätzlich als Zuwanderer betrachtet.

2 Zu den **Menschen mit Migrationshintergrund** (im weiteren Sinn) zählen alle nach 1949 auf das heutige Gebiet der Bundesrepublik Deutschland Zugewanderten sowie alle in Deutschland geborenen Ausländer und alle in Deutschland als Deutsche Geborenen mit zumindest einem zugewanderten oder als Ausländer in Deutschland geborenen Elternteil.

3 Anträge auf Erlaubnis einer Beschäftigung sind an die Ausländerbehörde zu richten. Dazu werden eine aussagekräftige Einstellungszusage bzw. ein **Arbeitsvertrag,** das **Formular „Antrag auf Erlaubnis einer Beschäftigung"** und das vom Arbeitgeber auszufüllende **Formular „Stellenbeschreibung"** benötigt. Die Ausländerbehörde klärt die Möglichkeit einer Beschäftigung in einem internen Zustimmungsverfahren mit der Bundesagentur für Arbeit – *Zentrale Auslands- und Fachvermittlung **(ZAV)***. Die *Beschäftigungsverordnung* regelt das Verfahren und die Zulassung von in Deutschland lebenden Ausländern zur Ausübung einer Beschäftigung.

fungsverfahren der Zentralen Auslands- und Fachvermittlung (ZAV) der Bundesagentur für Arbeit nutzen. Die ZAV prüft dabei noch vor Beginn des Visumverfahrens bzw. vor der Einreise der ausländischen Arbeitskraft, ob die arbeitsmarktrechtlichen Voraussetzungen erfüllt wären. Das positive Prüfungsergebnis ist sechs Monate bindend.

Eine **Blaue Karte EU** wird ausländischen Arbeitnehmern zur Ausübung einer genau benannten hochqualifizierten Beschäftigung erteilt, wenn sie ein Jahresgehalt von mindestens 52 % der jährlichen Beitragsbemessungsgrenze in der allgemeinen Rentenversicherung erzielen. Die Blaue Karte EU ist – je nach Laufzeit des Arbeitsvertrags – bis zu vier Jahre gültig. Familienangehörige des Inhabers einer Blauen Karte EU können mit einer Aufenthaltserlaubnis zum Familiennachzug jede Beschäftigung ausüben. Das unbefristete Aufenthaltsrecht kann schon nach 33 Monaten Beschäftigung erlangt werden, bei ausreichenden Deutschkenntnissen bereits nach 21 Monaten.

Das Gesetz zur Verbesserung der Feststellung und Anerkennung im Ausland erworbener Berufsqualifikationen **(Anerkennungsgesetz)** schafft einen allgemeinen Rechtsanspruch auf Überprüfung der Gleichwertigkeit eines ausländischen Berufsabschlusses mit dem deutschen Referenzberuf. Dies trägt zur Fachkräftesicherung und zur besseren Arbeitsmarktintegration von Menschen mit ausländischen Qualifikationen bei. Das *Bundesamt für Migration und Flüchtlinge* informiert über die notwendigen Unterlagen und zuständigen Stellen für das Anerkennungsverfahren und bietet eine sogenannte Verweisberatung (Hotline +49 (0)30 1815 1111). Hinweise zur Anerkennung von Berufsabschlüssen geben auch die Industrie- und Handelskammern unter Foreign Skills Approval – IHK FOSA.

- **Rechtliche Rahmenbedingungen für die Beschäftigung von Schwerbehinderten**

Arbeitgeber sind verpflichtet zu prüfen, ob freie Arbeitsplätze mit schwerbehinderten Menschen, insbesondere mit bei der Agentur für Arbeit arbeitslos oder arbeitssuchend gemeldeten schwerbehinderten Menschen, besetzt werden können. Die Bundesagentur für Arbeit oder ein Integrationsfachdienst schlägt den Arbeitgebern geeignete schwerbehinderte Menschen vor. Über die Vermittlungsvorschläge und vorliegende Bewerbungen von schwerbehinderten Menschen haben die Arbeitgeber die Schwerbehindertenvertretung unmittelbar nach Eingang zu unterrichten (SGB IX § 81, **Pflichten des Arbeitgebers**). Arbeitgeber dürfen schwerbehinderte Beschäftigte nicht wegen ihrer Behinderung benachteiligen.

Private und öffentliche Arbeitgeber mit jahresdurchschnittlich monatlich mindestens 20 Arbeitsplätzen haben auf wenigstens **5 % der Arbeitsplätze** schwerbehinderte Menschen zu beschäftigen (SGB IX § 71). Dabei sind schwerbehinderte Frauen besonders zu berücksichtigen.[1] Als Arbeitsplätze gelten alle Stellen, die mit Arbeitnehmern, Beamten oder Auszubildenden besetzt sind (SGB IX § 73). Nicht als Arbeitsplätze gelten die Stellen, die mit behinderten Menschen besetzt sind oder mit Personen, deren Beschäftigungsverhältnis ruht (z. B. wegen Elternzeit) und für die eine Vertretung eingestellt ist, oder mit Personen mit einer Arbeitszeit von weniger als 18 Stunden wöchentlich.

Jeden unbesetzten Pflichtarbeitsplatz muss der Arbeitgeber dem zuständigen Integrationsamt anzeigen (SGB IX § 80). Gleichzeitig ist eine **Ausgleichsabgabe** abzuführen (SGB IX § 77). Die Ausgleichsabgabe hebt die Pflicht zur Beschäftigung schwerbehinderter Menschen nicht auf.

1 Abweichend davon haben Arbeitgeber mit jahresdurchschnittlich monatlich weniger als 40 (60) Arbeitsplätzen jahresdurchschnittlich je Monat einen (zwei) schwerbehinderten (schwerbehinderte) Menschen zu beschäftigen.

Höhe der Ausgleichsabgabe (von Ausnahmen abgesehen[1]) je unbesetzten Pflichtarbeitsplatz

Ausgleichsabgabe	**Beschäftigungsquote** im Jahresdurchschnitt
105,00 €	3 % bis unter 5 %
180,00 €	2 % bis unter 3 %
260,00 €	unter 2 %

Immer mehr Unternehmen stellen schriftliche Grundsätze zur **Integration und Inklusion von Menschen mit Behinderung** auf.[2] Doch bei der Umsetzung hapert es. Nur jedes siebte Unternehmen hat einen schriftlich dokumentierten Plan zur Integration von Menschen mit Behinderung. Nur rund ein Viertel der Unternehmen sind vollständig barrierefrei, rund ein Drittel überhaupt nicht barrierefrei. Dabei hat die Teilhabe am Arbeitsleben für Menschen mit Behinderung einen besonders hohen Stellenwert, denn sie bildet eine wesentliche Voraussetzung für ein selbstbestimmtes und gleichberechtigtes Leben in der Gesellschaft. Die Arbeitslosenquote Schwerbehinderter ist mit 14 % fast doppelt so hoch wie die vergleichbare Arbeitslosenquote von Menschen ohne Behinderung.

- **Rechtliche Rahmenbedingungen für besondere Personenkreise**

Auswirkungen auf den Personalbedarf haben rechtliche Vorschriften zum Schutz bestimmter Personenkreise. So müssen **Auszubildende** zur Berufsschule freigestellt werden (BBiG § 15) und stehen in dieser Zeit nicht zur Verfügung. Bei **jugendlichen Arbeitnehmern** müssen die Bestimmungen des Jugendarbeitsschutzgesetzes für Arbeitszeiten, Mindesturlaub, Mindestfreizeit und besondere Beschäftigungsverbote beachten werden.[3]

Nach dem **Arbeitszeitgesetz** müssen Höchstarbeitszeiten und Arbeitsverbote an Sonn- und Feiertagen, nach dem **Bundesurlaubsgesetz** spezielle Urlaubsvorschriften beachtet werden.[4] Für Schwangere und Mütter bzw. Väter gelten zahlreiche Arbeitsschutzvorschriften aus dem **Mutterschutzgesetz** bzw. **Bundeselterngeld-/Elternzeitgesetz** (BEEG). Für langjährige Mitarbeiter gelten besondere Kündigungsfristen. Datenschutzbeauftrage, Schwerbehinderte, Mitglieder des Betriebsrats und der JAV sowie Auszubildende genießen einen besonderen **Kündigungsschutz,** wenn ihr Arbeitgeber mehr als 10 Arbeitnehmer beschäftigt.

Ein besonderer Kündigungsschutz besteht auch während der Familienpflegezeit von längstens 24 Monaten. Nach dem **Familienpflegezeitgesetz** kann der Arbeitnehmer 24 Monate lang die Arbeitszeit auf bis zu 15 Stunden monatlich verkürzen, wenn er nahe Angehörige zuhause pflegt. Er hat darauf einen Rechtsanspruch und zusätzlich ein Rückkehrrecht in eine Vollzeitstelle.Nach dem **Gesetz über Teilzeitarbeit und befristete Arbeitsverträge** hat der Arbeitgeber den Arbeitnehmern, auch in leitenden Positionen, Teilzeitarbeit zu ermöglichen (TzBfG § 6), wenn er mehr als 15 Arbeitnehmer beschäftigt. Ein Arbeitnehmer, dessen Arbeitsverhältnis länger als sechs Monate bestanden hat, kann verlangen, dass seine vertraglich vereinbarte Arbeitszeit verringert wird. Den Umfang der Verringerung muss er spätestens drei Monate vor deren Beginn geltend machen und dabei die gewünschte Verteilung der Arbeitszeit angeben. Der Arbeitgeber hat diesen Wünschen zuzustimmen (TzBfG § 8).

1 Davon abweichend beträgt die Ausgleichsabgabe für Arbeitgeber mit jahresdurchschnittlich weniger als 40 zu berücksichtigenden Arbeitsplätzen bei einer jahresdurchschnittlichen Beschäftigung von weniger als einem schwerbehinderten Menschen 105,00 € und für Arbeitgeber mit jahresdurchschnittlich weniger als 60 zu berücksichtigenden Arbeitsplätzen bei einer jahresdurchschnittlichen Beschäftigung von weniger als zwei schwerbehinderten Menschen 105,00 € und bei einer jahresdurchschnittlichen Beschäftigung von weniger als einem schwerbehinderten Menschen 180,00 €.

2 Der Begriff **Integration** geht von einer vorgegebenen Gesellschaft aus, in die integriert werden kann und soll. Der Begriff **Inklusion** geht weiter und fordert, dass gesellschaftliche Verhältnisse, die bestimmte gesellschaftliche Gruppen von der Teilhabe ausschließen, überwunden werden. Nach der UN-Behindertenrechtskonvention von 2009 soll jeder Mensch gleichberechtigt und vollständig an allen gesellschaftlichen Vorgängen teilhaben, unabhängig von individuellen Fähigkeiten, ethnischer und sozialer Herkunft, Geschlecht und Alter.

3 Siehe hierzu Band 1, LF 1, Kapitel 1.2, Besonderer Schutz jugendlicher Auszubildender

4 Siehe hierzu Kapitel 2.3, Planung des Personaleinsatzes

Nach dem **Betriebsverfassungsgesetz** sind ab einer bestimmten Betriebsgröße eine bestimmte Zahl von Mitgliedern des Betriebsrats von ihrer beruflichen Tätigkeit ganz freizustellen (BetrVG § 38). Ein Betriebsratsmitglied ist freizustellen in Betrieben mit in der Regel 200 bis 500 Arbeitnehmern, zwei Betriebsratsmitglieder in Betrieben mit in der Regel 501 bis 900 Arbeitnehmern usw.

Im Jahre 2007 wurde mit dem „Rentenversicherungs-Altersgrenzenanpassungsgesetz" die **Rente mit 67** beschlossen. Von 2012 bis 2023 steigt das Renteneintrittsalter zunächst jährlich um einen Monat von 65 auf 66 Jahre, von 2024 bis 2029 dann jährlich um jeweils zwei Monate auf 67 Jahre. Das heißt: Wer 1947 geboren wurde, muss über seinen 65. Geburtstag hinaus noch einen Monat länger arbeiten. Ab Jahrgang 1964 gibt es die Rente ohne Abzüge in der Regel erst mit 67 Jahren. Die Möglichkeit, bis zu vier Jahre früher in Ruhestand zu gehen, bleibt bestehen – wenn auch mit 3,6 % Abschlag pro Jahr des vorzeitigen Rentenbeginns. 2014 wurde das „Gesetz über Leistungsverbesserungen in der gesetzlichen Rente" beschlossen, wonach Arbeitnehmer, die mindestens 45 Jahre in die Rentenversicherung eingezahlt haben, schon mit 63 Jahren ohne Abschlag in Rente gehen können **(Rente mit 63).** Begünstigt sind die Geburtsjahrgänge zwischen 1952 und 1963. Bis 2029 wird das Eintrittsalter für jeden neuen Rentnerjahrgang schrittweise auf 65 Jahre angehoben. Phasen von Arbeitslosigkeit sollen mit angerechnet werden, ebenso Zeiten der Kindererziehung, der Pflege von Familienangehörigen oder Zeiten mit Bezug von Insolvenzgeld.

Mit dem nationalen Implementierungsplan zur Umsetzung der **EU-Jugendgarantie** soll sichergestellt werden, dass allen jungen Menschen unter 25 Jahren innerhalb eines Zeitraums von vier Monaten, nachdem sie arbeitslos werden oder die Schule verlassen, eine hochwertige Arbeitsstelle oder Weiterbildungsmaßnahme oder ein hochwertiger Ausbildungs- bzw. Praktikumsplatz angeboten wird. Damit soll die hohe Jugendarbeitslosigkeit vor allem in Südeuropa bekämpft werden.

- **Wirtschafts- und sozialpolitische Förderprogramme**

Arbeitgeber, die schwerbehinderte Menschen beschäftigen, erhalten vom zuständigen Integrationsamt und vom Rehabilitationsträger verschiedene Leistungen.

Leistungen an Arbeitgeber, die schwerbehinderte Menschen beschäftigen

Beratung	bei der Auswahl des geeigneten Arbeitsplatzes für Menschen mit schweren Behinderungen, bei der behindertengerechten Gestaltung von Arbeitsplätzen, bei Problemen im Zusammenhang mit der Beschäftigung von Menschen mit schweren Behinderungen sowie psychosoziale Beratung zur Beseitigung von besonderen Problemen, Information über Lösungsmöglichkeiten
Finanzielle Leistungen	zur Schaffung neuer und behindertengerechter Einrichtungen und zur Gestaltung vorhandener Arbeitsplätze für Beschäftigte mit schweren Behinderungen, bei außergewöhnlichen Belastungen, die mit der Beschäftigung besonders betroffener Menschen mit schweren Behinderungen verbunden sind
Unterstützung	des betrieblichen Integrationsteams (Schwerbehindertenvertretung, der Beauftragte des Arbeitgebers und der Betriebsrat oder Personalrat) durch Schulungs- und Bildungsmaßnahmen, Beratungen im Einzelfall, Mithilfe zur Lösung von Konflikten

Der Zugang zum Arbeitsmarkt bleibt jungen Menschen ohne Schul- und Berufsabschluss auch in Zeiten des demografischen Wandels weitgehend versperrt. Der Übergang von der Schule in Ausbildung bzw. Beschäftigung gestaltet sich für **sozial benachteiligte Jugendliche und junge Erwachsene** aus bildungsfernen Familien oder mit Migrationshintergrund besonders schwierig. Mit der Initiative JUGEND STÄRKEN fördert das Bundesministerium für Familie, Senioren, Frauen und Jugend die berufliche Integration dieser jungen Menschen.

Das Bundesamt für Wirtschaft und Ausfuhrkontrolle (BAFA) unterstützt kleine und mittlere Unternehmen (KMU) bei der Sicherung ihres zukünftigen Fachkräftebedarfs durch das **Förderprogramm „Passgenaue Vermittlung Auszubildender".** Fachleute beraten und besuchen die Unternehmen, ermitteln den Personalbedarf der Betriebe, erstellen Bewerberprofile, suchen nach noch nicht vermittelten Jugendlichen und unterbreiten dem Betrieb einen passgenauen Vorschlag. Im Wege der **gewerblichen Wirtschaftsförderung** erhalten KMU Zuwendungen, Beratungsleistungen oder zinsgünstige Darlehen, wenn sie arbeitsplatzschaffende Investitionen tätigen, ihre Betriebsstätte erweitern, sich in der Gründungsphase befinden und Gebäude anmieten oder errichten.

Mit dem **Bundesprogramm für arbeitsmarktferne Langzeitarbeitslose** ohne Berufsabschluss soll dieser Personenkreis für den allgemeinen Arbeitsmarkt vermittelbar gemacht werden. Dies geschieht durch gezielte Ansprache und Beratung von Arbeitgebern, Arbeitnehmercoaching nach der Beschäftigungsaufnahme sowie durch den Ausgleich der Minderleistung durch Lohnkostenzuschüsse.

Das Sonderprogramm zur „Förderung der beruflichen Mobilität von ausbildungsinteressierten Jugendlichen und arbeitslosen jungen Fachkräften aus Europa" **(Förderrichtlinie MobiPro-EU)** unterstützt Jugendliche und arbeitslose junge Erwachsene (i. d. R. 18 bis 35 Jahre) aus EU-Staaten, die in ihren Herkunftsländern nur geringe berufliche Perspektiven haben, bei der Aufnahme einer Beschäftigung in Deutschland. Dabei wird die Vermittlung in eine betriebliche Berufsausbildung sowie in eine qualifizierte Beschäftigung (Engpassberufe) gefördert. So werden die Kosten für Deutschkurse und für die Anreise zu Bewerbungsgesprächen in Deutschland übernommen. Auszubildende erhalten auch Leistungen zur Sicherung des Lebensunterhalts sowie für die sozial- und berufspädagogische Begleitung.

1.2.2 Innerbetriebliche Richtgrößen der Personalplanung

Der Einsatz menschlicher Arbeitskraft geschieht nicht um ihrer selbst willen, sondern zur Erreichung bestimmter betrieblicher Ziele. Es gilt die Leistungsbereitschaft des Betriebes zu sichern und gleichzeitig das Leitbild umzusetzen und die ökonomischen und sozialen Ziele zu erreichen. Dabei muss die Personalplanung mit den Zielen und Plänen anderer Organisationsbereiche (Absatz, Fertigung, Einkauf und Verwaltung) abgestimmt werden. Wichtige **innerbetriebliche Richtgrößen** für die Personalplanung sind z. B. das geplante Absatzprogramm, der angestrebte Personalstand, die angestrebte Personalstruktur, Veränderung der Organisationsstruktur und die Kapitalausstattung des Betriebes.

Grundlagen für den künftigen Personalbedarf sind der vorhandene Personalbestand, die Bestandsbewegung in der Vergangenheit und die vorhandene bzw. anzustrebende Personalstruktur.

- **Analyse des Ist- und Soll-Personalbestands**

Entwicklung des Personalstands der Rad & Roll GmbH zum 31.12. des Jahres

Jahr	Vorjahr	Berichtsjahr	1. Planjahr (Ziel)	2. Planjahr (Ziel)
Personalbestand	27	30	33	36

Jahr	Vorjahr	Berichtsjahr	1. Planjahr (Ziel)	2. Planjahr (Ziel)
Nach der Abteilung				
Leitung	2	2	2	2
Einkauf	6	7	8	9
Fertigung	5	6	7	8
Verwaltung	7	7	8	8
Verkauf	7	8	8	9
Nach dem Geschlecht				
Frauen	10	12	14	16
Männer	17	18	19	20
Nach der Arbeitszeit				
Vollzeit	12	14	16	18
Teilzeit	10	11	12	14
Niedriglöhner[1]	5	5	5	4
Nach der Befristung des Arbeitsverhältnisses				
Unbefristet	20	20	22	24
Befristet	7	10	11	12
Nach der Qualifikation				
Qualifizierte[2]	16	18	21	22
Angelernte	7	8	8	9
Auszubildende	4	4	4	5

1 Hierzu zählen **kurzfristige Beschäftigungen,** die auf nicht mehr als drei Monate bzw. 70 Arbeitstage im Kalenderjahr begrenzt sind (z. B. Krankheitsvertretungen, Saisontätigkeiten, Ferienjobs), geringfügig entlohnte Beschäftigungen (Minijobs) bis zu 450,00 € Monatsentgelt im Jahresdurchschnitt und **Beschäftigungen in der Gleitzone (Midijobs)** zwischen 450,01 € und 850,00 € Monatsentgelt im Jahresdurchschnitt.

2 Abschluss einer Ausbildung oder eines Studiums

Jahr	Vorjahr	Berichtsjahr	1. Planjahr (Ziel)	2. Planjahr (Ziel)
Nach dem Alter				
bis 25 Jahre alt	4	4	5	7
bis 35 Jahre alt	3	5	5	7
bis 45 Jahre alt	8	8	10	8
bis 55 Jahre alt	8	10	8	7
bis 65 Jahre alt	4	3	5	7
Nach weiteren Kriterien				
Schwerbehinderte	2	2	3	4
Migranten	2	3	4	5

- **Analyse der Personalstruktur**

Die absoluten Personaldaten sind für Zwecke des Betriebs- und Unternehmensvergleichs ungeeignet. Deswegen werden Verhältniszahlen gebildet und in einem Kennzahlenspiegel dargestellt.

Entwicklung bzw. angestrebte Personalstruktur der Rad & Roll GmbH

Kennzahl	Berechnungsweise	Istzahl Vorjahr	Berichtsjahr	1. Planjahr	2. Planjahr	Ø der Branche
Personalstand		27	30	33	36	?
Frauenquote	$\frac{\text{Frauen} \cdot 100}{\text{Personalstand}}$	37 %	40 %	42 %	44 %	40 %
Männerquote	$\frac{\text{Männer} \cdot 100}{\text{Personalstand}}$	63 %	60 %	58 %	56 %	60 %
Vollzeitquote	$\frac{\text{Vollzeitkräfte} \cdot 100}{\text{Personalstand}}$	44 %	47 %	49 %	50 %	44 %
Teilzeitquote	$\frac{\text{Teilzeitkräfte} \cdot 100}{\text{Personalstand}}$	37 %	37 %	36 %	39 %	37 %
Niedriglöhner	$\frac{\text{Niedriglöhner} \cdot 100}{\text{Personalstand}}$	19 %	16 %	15 %	11 %	19 %
Unbefristete	$\frac{\text{Unbefristete} \cdot 100}{\text{Personalstand}}$	74 %	67 %	67 %	67 %	60 %
Befristete	$\frac{\text{Befristete} \cdot 100}{\text{Personalstand}}$	26 %	33 %	33 %	33 %	40 %

Kennzahl	Berechnungsweise	Istzahl Vorjahr	Berichtsjahr	1. Planjahr	2. Planjahr	Ø der Branche
Anteil Qualifizierte	$\frac{\text{Qualifizierte} \cdot 100}{\text{Personalstand}}$	59 %	60 %	64 %	61 %	60 %
Ausbildungsquote	$\frac{\text{Auszubildende} \cdot 100}{\text{Personalstand}}$	15 %	13 %	12 %	14 %	10 %
Quote bis 35-Jährige	$\frac{\text{Jüngere} \cdot 100}{\text{Personalstand}}$	26 %	30 %	30 %	39 %	26 %
über 45-Jährige	$\frac{\text{Ältere} \cdot 100}{\text{Personalstand}}$	44%	43 %	39 %	39 %	31 %
Schwerbehindertenquote[1]	$\frac{\text{Schwerbehinderte} \cdot 100}{\text{Personalstand}}$	7 %	7 %	9 %	11 %	5 %
Migrantenquote[2]	$\frac{\text{Migranten} \cdot 100}{\text{Personalstand}}$	7 %	10 %	12 %	14 %	5 %

1.3 Personalbedarfsplanung

Die Personalbedarfsplanung hat die Aufgabe, die richtige Zahl von Mitarbeitern **(quantitativer Personalbedarf)** mit der richtigen Qualifikation **(qualitativer Personalbedarf)** für den Planungszeitraum zu ermitteln. Dabei sind zahlreiche außer- und innerbetrieblichen Einflussgrößen auf der einen Seite sowie die Interessen und Bedürfnisse der Mitarbeiter auf der anderen Seite zu berücksichtigen.

1.3.1 Ermittlung des quantitativen Personalbedarfs

Der richtige Personalbedarf (Nettobedarf) ergibt sich aus dem Abgleich des Bruttopersonalbedarfs mit dem künftigen Personalbestand.

Nettopersonalbedarf = Bruttopersonalbedarf – künftiger Personalbestand

- **Ermittlung des Bruttopersonalbedarfs**

Der **Bruttopersonalbedarf** umfasst den Soll-Personalbestand, der nach technischen und organisatorischen Gesichtspunkten bei Einhaltung aller gesetzlichen und tariflichen Vorschriften erforderlich ist.
Er kann nach der Kennzahlenmethode oder nach der Stellenplanmethode oder aus einer Kombination von beiden ermittelt werden.

Die **Kennzahlenmethode** berechnet den Bruttopersonalbedarf mithilfe der Kennzahl Arbeitsproduktivität. Die *Arbeitsproduktivität* setzt den Output der Arbeit (z. B. Umsatz, Absatz-, Produktionsmenge) ins Verhältnis zum Arbeitsinput (z. B. Arbeitskräfte, Arbeitsstunden).

1 Arbeitgeber mit mindestens 20 Arbeitsplätzen haben auf mindestens 5 % der Arbeitsplätze schwerbehinderte Menschen zu beschäftigen (SGB IX § 71). Siehe S. 266

2 Begriff Migration siehe S. 265

Unter der Annahme, dass die Arbeitsproduktivität (hier gemessen am **Umsatz pro Mitarbeiter**) konstant bleibt, errechnet sich der Bruttopersonalbedarf wie folgt:

$\text{Arbeitsproduktivität} = \frac{\text{Umsatz}}{\text{Zahl der Arbeitskräfte}}$	$\text{Bruttopersonalbedarf} = \frac{\text{Umsatz}}{\text{Arbeitsproduktivität}}$
Beispiel: $\frac{1.800.000}{27 \text{ Arbeitskräfte}} = 66.667 \text{ € pro Arbeitskraft}$	Beispiel: $\frac{2.150.000}{66.667 \text{ € / Arbeitskraft}} = 32 \text{ Arbeitskräfte}$

Beispiel: *Bruttopersonalbedarf der Rad & Roll GmbH ausgedrückt in Köpfen. Die Arbeitsproduktivität soll im Berichtsjahr und in den Planjahren erhöht werden.*

Jahr	Vorjahr	Berichtsjahr	1. Planjahr	2. Planjahr
Umsatz	1.800.000 €	2.150.000 €	2.400.000 €	2.700.000 €
Arbeitsproduktivität pro Mitarbeiter	66.667 €	72.000 €	73.000 €	75.000 €
Bruttopersonalbedarf	**27**	**30**	**33**	**36**

Auf der Ebene der einzelnen Abteilungen wird die Arbeitsproduktivität üblicherweise an der **Arbeitsmenge pro Mitarbeiter** gemessen. Der Bruttopersonalbedarf errechnet sich dann bei konstanter Arbeitszeit pro Vorgang wie folgt:

$\text{Arbeitsproduktivität} = \frac{\text{Arbeitsmenge}}{\text{Zahl der Arbeitskräfte}}$	$\text{Bruttopersonalbedarf} = \frac{\text{Arbeitsmenge}}{\text{Arbeitsproduktivität}}$
Beispiel: $\frac{100 \text{ Vorgänge pro Tag}}{6 \text{ Arbeitskräfte}} = 17 \text{ Vorgänge pro Kopf}$	Beispiel: $\frac{120 \text{ Vorgänge pro Tag}}{17 \text{ Vorgänge pro Arbeitskraft}} = 7 \text{ Arbeitskräfte}$

Beispiel: *Feststellung des Bruttopersonalbedarfs für die* **Abteilung Einkauf** *bei steigender Arbeitsmenge und steigender Arbeitsproduktivität (bzw. kürzerer Arbeitszeit pro Vorgang):*

Jahr	Vorjahr	Berichtsjahr	1. Planjahr	2. Planjahr
Ø Arbeitsmenge pro Tag	100 Vorgänge	130 Vorgänge	150 Vorgänge	180 Vorgänge
Arbeitsproduktivität pro Mitarbeiter und Tag	17 Vorgänge	18 Vorgänge	19 Vorgänge	20 Vorgänge
Bruttopersonalbedarf	**6**	**7**	**8**	**9**

Manche Betriebe rechnen mit sogenannten *Vollzeitäquivalenten.* Eine Vollzeitkraft mit branchenüblichen 40 Wochenstunden entspricht einem Vollzeitäquivalent. Eine Teilzeitkraft mit 20 Wochenstunden entspricht ½ Vollzeitäquivalent. Auf diese Weise können Voll- und Teilzeitkräfte addiert werden.

Verteilung des Bruttopersonalbedarfs nach der Arbeitszeit

Jahr	Vorjahr	Berichtsjahr	1. Planjahr	2. Planjahr
Vollzeit (40 h/Woche)	12	14	16	18
Teilzeit (20 h/Woche)	10	11	12	14
Niedriglöhner (10 h/Woche)	5	5	5	4

Die Ermittlung des Bruttopersonalbedarfs nach der **Stellenplanmethode** setzt einen kompletten Stellenbesetzungsplan mit genehmigten Planstellen voraus. Die genehmigten Planstellen können besetzt oder noch unbesetzt (N.N.)[1] sein. Sind im Berichtsjahr genehmigte Planstellen noch unbesetzt, so führt das zu einem (akuten) Nachholbedarf. Der Nachholbedarf errechnet sich wie folgt:

Nachholbedarf = Gesamte Planstellen – besetzte Planstellen

In einer ersten Planungsrunde melden die Abteilungsleitungen der Personalabteilung, wenn sie neue Planstellen benötigen oder Planstellen abbauen wollen. Die Personalabteilung stimmt diese Bedarfsmeldungen der Abteilungen mit dem meist mittels Kennzahlenmethode berechneten Bruttopersonalbedarf des Gesamtbetriebs ab und macht vor der Genehmigung ggf. Korrekturvorschläge.

Nach der Stellenplanmethode macht jede Abteilung für jedes Planjahr folgende Aufstellung

Ermittlung des Bruttopersonalbedarfs	***Beispiel:** Abteilung Einkauf*
Im Berichtsjahr genehmigte Planstellen	7 im Berichtsjahr genehmigte Planstellen
+ für das Planjahr neu genehmigte Planstellen	+ 1 neu genehmigte Planstelle
– im Planjahr abzubauende Planstellen	– 0 im Planjahr abzubauende Planstellen
= im Planjahr genehmigte Planstellen (= Bruttopersonalbedarf)	= 8 im Planjahr genehmigte Planstellen (= Bruttopersonalbedarf)

Ermittlung des Bruttopersonalbedarfs nach der Stellenplanmethode bei der Rad & Roll GmbH

Jahr	Vorjahr	Berichtsjahr	1. Planjahr	2. Planjahr
Nach der Abteilung				
Leitung	2	2	**2**	**2**
Einkauf	6	7	**8**	**9**
Fertigung	5	6	**7**	**8**
Verwaltung	7	7	**8**	**8**
Verkauf	7	8	**8**	**9**
Bruttopersonalbedarf	**27**	**30**	**33**	**36**

1 N.N. bedeutet **Nomen Nominandum** (lateinisch für „(noch) zu nennender Name"“

Sind für alle Stellen Stellenbeschreibungen vorhanden, dann kann mit der Fortschreibung der Stellenpläne zugleich der quantitative und der qualitative Personalbedarf ermittelt werden.

Der mit der Kennzahlen- bzw. Stellenplanmethode berechnete Bruttopersonalbedarf nennt sich **Einsatzbedarf.** Dieser sollte noch durch einen **Reservebedarf** ergänzt werden, der erfahrungsgemäß eintretende *Fehlzeiten*[1] (z. B. Krankenstand, Urlaub, Mutterschutz) und kurzzeitige Auslastungs- und Auftragsspitzen berücksichtigt. Meist wird der Reservebedarf prozentual auf den Einsatzbedarf aufgeschlagen. Es ergibt sich folgende Rechnung.

Bruttopersonalbedarf = Einsatzbedarf + Reservebedarf

Der Reservebedarf wird im Bedarfsfall i. d. R. durch Leiharbeitnehmer abgedeckt, sodass sich der geplante Bruttopersonalbedarf für die Stammbelegschaft dadurch nicht erhöht.

- **Ermittlung des künftigen Personalbestands**

Die Berechnung des künftigen Personalbestands geht vom vorhandenen Bestand aus und berücksichtigt alle Personalveränderungen im Planungszeitraum durch Personalzugänge und Personalabgänge. Auf sogenannte autonome Personalveränderungen hat der Arbeitgeber keinen oder nur einen bedingten Einfluss im Gegensatz zu den vom ihm initiierten Zu- und Abgängen.

Künftiger Personalbestand = Vorhandener Personalbestand + Personalzugänge – Personalabgänge

Gründe für Personalveränderungen

	Zugänge	Abgänge
Autonome Personalveränderungen	Rückkehrer aus Elternzeit, Pflegezeit, Sabbatjahr	Arbeitnehmerseitige Kündigungen (Fluktuation[2]), Ruhestand, Elternzeit, Pflegezeit, unbezahlte Beurlaubung, Sabbatjahr, Invalidität, Todesfälle
Initiierte Personalveränderungen	Geplante Versetzungen bzw. Beförderungen von anderen Abteilungen, Einstellungszusagen, Übernahme von Auszubildenden und Praktikanten	Geplante Versetzungen bzw. Beförderungen in andere Abteilungen, arbeitgeberseitige Kündigungen, Abordnungen zu Auslandsaufenthalten und Langzeit-Fortbildungsmaßnahmen, nicht übernommene Auszubildende

Personalveränderungen durch Versetzungen und Beförderungen zwischen den Abteilungen verändern zwar nicht den Gesamt-Personalstand, führen aber zu einem Ersatzbedarf bei den abgebenden Abteilungen.

1 Viele Betriebe ermitteln eine **Fehlzeitquote** (Fehlzeiten · 100 / Sollarbeitszeit) für den Gesamtbetrieb, aber auch für einzelne Abteilungen.

2 Viele Betriebe ermitteln eine Fluktuationsquote für den Gesamtbetrieb, aber auch für einzelne Abteilungen. **Fluktuationsquot**e i. e. S. = Arbeitnehmerseitige Kündigungen · 100 / Ø Personalstand
Fluktuationsquote i. w. S. = Alle Personalabgänge · 100 / durchschn. Personalstand

Ermittlung des zukünftigen Personalbestands bei der Rad & Roll GmbH

Jahr	Vorjahr	Berichtsjahr	1. Planjahr	2. Planjahr
Vorhandener Personalbestand	–	–	30	28
+ Personalzugänge	–	–	+2	+ 3
– Personalabgänge	–	–	– 4	– 2
= zukünftiger Personalbestand	**27**	**30**	**28**	**29**

- **Ermittlung des Nettopersonalbedarfs**

Der Nettopersonalbedarf ergibt sich aus dem Abgleich des Bruttopersonalbedarfs mit dem zukünftigen Personalbestand.

Nettopersonalbedarf (Neubedarf) = Bruttopersonalbedarf – Zukünftiger Personalbestand > 0

Beispiel: *Rad & Roll GmbH*

Jahr	Vorjahr	Berichtsjahr	1. Planjahr	2. Planjahr
Bruttopersonalbedarf	**27**	**30**	33	36
– zukünftiger Personalbestand	–	–	– 28	– 29
= Nettopersonalbedarf	–	–	**+ 5**	**+ 7**
– davon Ersatzbedarf	–	–	2	0
– davon Zusatzbedarf	–	–	3	7

Ist der Nettopersonalbedarf negativ, dann entsteht ein **Freistellungsbedarf.** In diesem Fall muss Personal abgebaut werden. Ist der Nettopersonalbedarf positiv, dann liegt ein **Neubedarf** vor. Er setzt sich aus dem Ersatzbedarf und dem Zusatzbedarf zusammen. Der **Ersatzbedarf** gibt die Zahl der Einstellungen an, die notwendig werden, wenn die Personalabgänge höher sind als die Personalzugänge. Durch den **Zusatzbedarf** werden neue Stellen geschaffen, d. h. Kapazitäten ausgeweitet.

Freistellungsbedarf = Bruttopersonalbedarf – Zukünftiger Personalbestand < 0

Ersatzbedarf = Voraussichtliche Personalabgänge – Voraussichtliche Personalzugänge > 0

Zusatzbedarf = Neubedarf – Ersatzbedarf > 0

Begrifflicher Zusammenhang der quantitativen Personalbedarfsplanung im Überblick

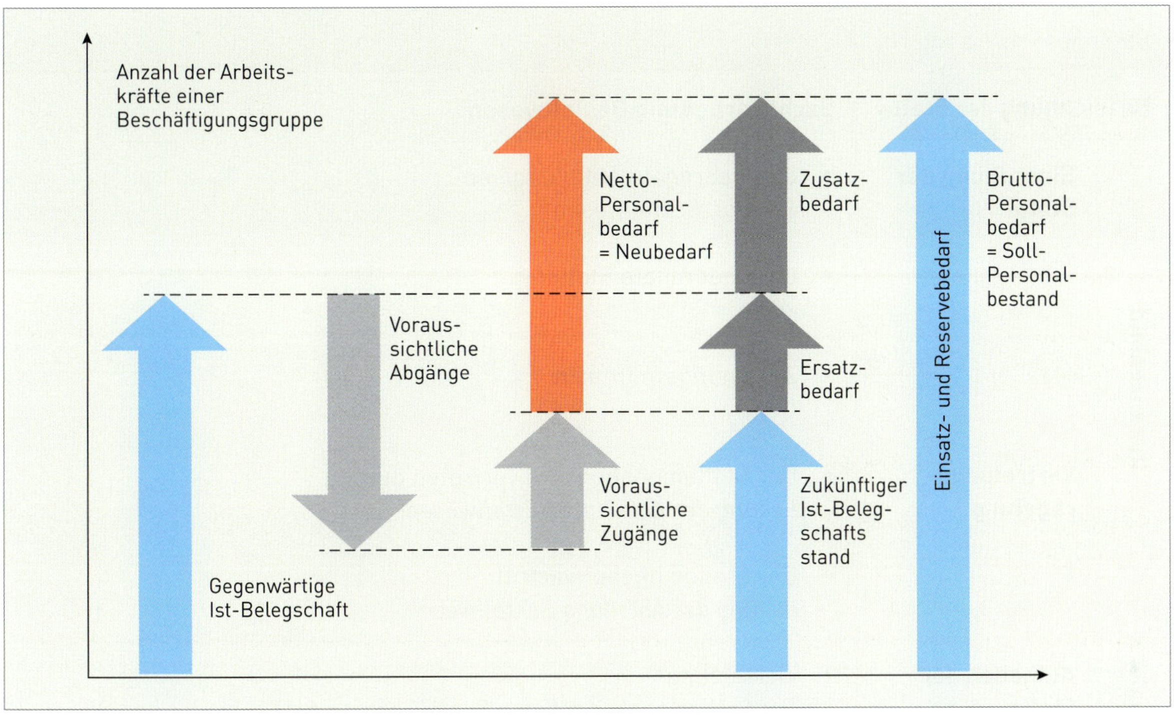

1.3.2 Ermittlung des qualitativen Personalbedarfs

Der quantitativen Personalbedarfsplanung muss im zweiten Schritt die qualitative Personalbedarfsplanung folgen. Bei der Ermittlung des Neubedarfs haben die Abteilungsleitungen bereits bestimmte Vorstellungen über das Aufgabengebiet (Stelle) ihrer neuen Mitarbeiter. Die erforderlichen Qualifikationen können dann im Einzelnen den zugehörigen **Stellenbeschreibungen** entnommen werden. Diese enthalten ein aktuelles **Anforderungsprofil** der entsprechenden Stelle. Die Anforderungen sollten auch mit den Interessen und Bedürfnissen der Stelleninhaber übereinstimmen.

Inhalte einer Stellenbeschreibung im Überblick

Inhalte	Beschreibung
Stellenbezeichnung	Organisationsnummer und Namen der Stelle
Instanzenbild	• Einordnung der Stelle in die Unternehmenshierarchie (über- bzw. untergeordnete Stellen) • Unterschriftsbefugnisse (Zeichnungsvollmacht wie i. V., ppa.)
Aufgabenbild	• Zielsetzung der Stelle • Aufgaben der Stelle (der Stelleninhaber plant und führt aus, entscheidet über, berät und informiert usw.)
Leistungsbild	• Anforderungsprofil wie Vorbildung, wesentliche Kenntnisse (Wissen, Fachkompetenz), Fertigkeiten (Können, Methoden-, Sprachkompetenz), Erfahrungen (z. B. Auslands-, Führungserfahrung), Persönlichkeitsmerkmale (soziale, kommunikative Kompetenz, Selbstkompetenz) • Ausstattungsliste des konkreten Arbeitsplatzes (Arbeitsmittel, Arbeitsraum, Umgebungseinflüsse und Umweltfaktoren)

Beispiel: *Stellenbeschreibung für einen Sachbearbeiter im Bestellwesen bei der Rad & Roll GmbH*

Stellenbeschreibung Nr. 14		
Bezeichnung der Stelle		**Sachbearbeitung Bestellwesen**
Instanzenbild	**Einordnung der Stelle**	• übergeordnete Abteilung/-en *Einkauf, Bestellwesen* • untergeordnete Stelle/-n *keine* • Zeichnungsvollmacht *i. V.*
	Vertretungs-regelung	• Der Stelleninhaber wird vertreten durch *Leitung der Abteilung Bestellwesen* • Der Stelleninhaber vertritt *Leitung der Abteilung Bestellwesen*
Aufgabenbild	**Aufgaben der Stelle**	• Zielsetzung *Der Stelleninhaber soll den Bestellvorgang für Sachgüter und Dienstleistungen abwickeln.* • Der Stelleninhaber führt aus bzw. entscheidet über – *den Schriftverkehr im Zusammenhang mit der Bestellung;* – *die Überwachung der Liefertermine in Zusammenarbeit mit der Einkaufsplanung und der Warenannahme;* – *die Vorgehensweise bei Schlechtleistung und Nicht-Rechtzeitig-Lieferung in Zusammenarbeit mit der Einkaufsleitung.* • Der Stelleninhaber berät bzw. informiert seinen Vorgesetzten über – *die Veränderung von Einkaufskonditionen und AGBs der Lieferer;* – *drohende Lieferengpässe.*
Leistungsbild	**Anforderungen an den Stellen-inhaber**	• Vorbildung *Kaufmännische Ausbildung* • wesentliche Kenntnisse *Schwerpunkt Beschaffung und Logistik* • Persönlichkeitsmerkmale *aufgeschlossen, kontaktfreudig, teamfähig, dynamisch, kreativ, selbstständig*
	Ausstattungs-liste	• vernetzter Personal Computer mit notwendiger Peripherie • betriebsübliche Software • gängige Kommunikationsmittel (z. B. Fax, Mobilfunkgerät) • Arbeitsraum mit gängiger Möblierung

Anforderungskatalog und Anforderungsprofil für einen Sachbearbeiter im Bestellwesen

Anforderungsart	Beschreibung	--	-	+	++
Fachkompetenz	Fachliches Wissen und Können (Fertigkeiten), EDV- und Office-Kenntnisse, Produkt-, Sprach-, Methodenkenntnisse, Kunden- und Serviceorientierung, Kenntnisse im Medieneinsatz			x	
Methodenkompetenz	Zielgerichtetes, planmäßiges Vorgehen, Beherrschung von Techniken der Informationsgewinnung, Textaufbereitung, Textstrukturierung, Visualisierung, Anwendung von Kreativitäts-, Moderations-, und Präsentationstechniken		x		
Selbstkompetenz	Selbstständigkeit, Kritikfähigkeit, Selbstvertrauen, Zuverlässigkeit, Flexibilität auf veränderte Bedingungen, Vertrauenswürdigkeit, Verantwortungs-, Pflichtbewusstsein (Termineinhaltung, Sorgfalt), eigene Wertvorstellungen haben				x
Sozialkompetenz	Teamfähigkeit, Kooperation, Fähigkeit zur Vernetzung, Konfliktfähigkeit, soziales und ökologisches Verantwortungsbewusstsein, solidarisches Verhalten			x	
Kommunikative Kompetenz	Eigene Interessen wahrnehmen, Absichten der Partner verstehen, Gesprächssituationen verstehen und gestalten			x	
Lernkompetenz	Sachverhalte und Zusammenhänge verstehen und in Strukturen einordnen, Lerntechniken nutzen (z. B. Lernkartei), Bereitschaft zu lebenslangem Lernen		x		
Führungskompetenz	Bereitschaft zur Aufgabendelegation und Informationsweitergabe, Durchsetzungsfähigkeit, Fähigkeit, andere zu motivieren, Entscheidungsfreude, Überzeugungskraft, Weitsicht	x			

Stellenbeschreibung und Anforderungsprofil bilden die Grundlage für die Stellenausschreibung und Bewerberauswahl. Bei der Festlegung jedes Anforderungsmerkmals muss bedacht werden, ob es eine **Diskriminierung** darstellt. Benachteiligungen aus Gründen der Rasse oder wegen der ethnischen Herkunft, des Geschlechts, der Religion oder Weltanschauung, einer Behinderung, des Alters oder der sexuellen Identität müssen verhindert oder beseitigt werden (AGG § 1). Ausnahmen sind nach § 8 AGG zulässig, wenn z. B. die Muskelkraft oder die Geschicklichkeit eine entscheidende berufliche Anforderung darstellt und die Arbeit deswegen von einem behinderten Menschen selbst mit Hilfsmitteln nicht ordnungsgemäß ausgeführt werden kann.

1.4 Personalwerbung – inner- und außerbetrieblich

Personalwerbung umfasst die Suche, Auswahl und Bereitstellung von Personal zur **Deckung des Nettopersonalbedarfs** (Ersatz- und Zusatzbedarf). Die kurzfristige Gewinnung (Akquirierung, Rekrutierung) qualifizierten Personals ist nur eine Seite der Personalwerbung. In Zeiten des Fachkräftemangels wird die Personalwerbung immer mehr Teil der Öffentlichkeitsarbeit des Unternehmens. Dabei geht es darum, ein Arbeitgeberimage **(Employer Branding)** aufzubauen, das die langfristige Erschließung von inner- und außerbetrieblichen Mitarbeiterpotenzialen erleichtert.

1.4.1 Wege der Personalbeschaffung

- **Überblick über Möglichkeiten der Personalbeschaffung**

Die Personalwerbung richtet sich an den innerbetrieblichen (internen) und an den außerbetrieblichen (externen) Arbeitsmarkt. Der Betriebsrat kann verlangen, dass Stellen vor ihrer Besetzung innerhalb des Betriebs ausgeschrieben werden (BetrVG § 93). Entsprechende Regelungen enthalten die Personalvertretungsgesetze der Bundesländer.

Überblick über die Möglichkeiten der Personalbeschaffung

Interne Beschaffungswege	• Innerbetriebliche Stellenausschreibung, z. B. Schwarzes Brett, Hausmitteilung bzw. Rundschreiben, Werkszeitung, Intranet • Beziehungsmanagement (direkte Ansprache), Stellenclearing (systematischer Informationsaustausch zwischen den Führungskräften und der Personalabteilung über innerbetriebliche Besetzung vakanter Stellen) • Innerbetriebliche Versetzungsmaßnahmen[1] • Systematische Nachwuchs-, Aufstiegsplanung • Betriebliche Umschulungsmaßnahmen • Übernahme von Auszubildenden, Praktikanten
Externe Beschaffungswege	• Arbeitsvermittlung, z. B. Vermittlung durch Betriebsangehörige, Agenturen für Arbeit, (private) Personalberatungen, Zeitarbeitsfirmen • Stellenanzeigen in Printmedien, z. B. Tages-, Wochenzeitungen, Publikums- und Fachzeitschriften • Stellenanzeigen in audiovisuellen Medien, z. B. Rundfunk, TV, Kino, Plakate und Aushänge am Werkstor • E-Recruiting im Internet, z. B. auf der Homepage des Unternehmens, über Jobbörsen (z. B. StepStone, Monster), Banner, soziale Medien (z. B. Linkedin, Xing, Research Gate, Facebook) • Personal-Sourcing (aktive Personalbeschaffung), z. B. Auswertung von Initiativ-, Blindbewerbungen und Stellengesuchen, Kontakte mit Bildungseinrichtungen, Betriebsführungen, Fach-, Bildungsmessen

1 **Versetzung** ist die Zuweisung eines anderen Arbeitsbereichs, die voraussichtlich die Dauer von einem Monat überschreitet oder die mit einer erheblichen Änderung der Umstände verbunden ist, unter denen die Arbeit zu leisten ist (BetrVG § 95).

Wege der Personalbeschaffung geordnet nach der Erfolgsquote (Zahlenangaben in Prozent)

Wege der Personalbeschaffung	Suchwege	Tatsächliche Einstellungen	Erfolgsquote
Vermittlung durch Betriebsangehörige	39,7	24,9	**62,7**
Eigene Stellenanzeigen	42,1	23,5	**55,9**
Auswahl aus Leiharbeitnehmern	2,8	1,4	**50,7**
Auswahl aus Praktikanten	2,8	1,2	**42,0**
Private Arbeitsvermittlung	7,6	2,8	**36,3**
Vermittlung durch Agentur für Arbeit	42,8	15,3	**35,8**
Initiativbewerbungen	29,3	9,8	**33,5**
Stellenangebote im Internet	42,4	14,1	**33,3**
Auswahl aus eigenen Auszubildenden	2,8	0,8	**27,7**
Interne Stellenausschreibung	22,6	3,2	**14,4**
Inserate Arbeitssuchender	5,6	0,7	**12,6**

Quelle: Gerlach, Katharina; Dr. Fornahl, Dirk; Richter, Lutz; Soziale Netzwerkanalyse als Instrument der erfolgreichen Personalauswahl; in: Personalquarterly 02/14, S. 24

Nach obiger Statistik sind die Erfolgsaussichten der klassischen Beschaffungswege (Vermittlung von Bewerbern durch eigene Mitarbeiter, Stellenanzeigen) am höchsten. Das E-Recruiting im Internet ist zwar weitverbreitet, kosten- und zeitsparend, aber wenig erfolgversprechend.

- **Vor- und Nachteile der Beschaffungswege**

Die **innerbetriebliche Personalbeschaffung** mittels interner Stellenausschreibung ist *kostengünstig* und hat aufgrund der damit verbundenen *Chancengleichheit* bei Aufstiegschancen eine *Motivationswirkung* für die Mitarbeiter. Das *Auswahlrisiko ist gering*, da das Eignungsprofil der eigenen Mitarbeiter aufgrund vorliegender Beurteilungen bekannt ist. Das *Lohn- und Gehaltsgefüge* wird nicht gestört, was sich positiv auf das *Betriebsklima* auswirkt. Die *Einarbeitungszeiten sind kurz*, da der interne Bewerber die organisatorischen Besonderheiten und die Kollegen kennt.

Die innerbetriebliche Personalbeschaffung kann zu *Rivalitäten* unter den Mitarbeitern führen, wodurch das Betriebsklima leidet. Unzufriedenheit und *Frustration* können entstehen, wenn Mitarbeiter abgelehnt werden müssen. Ist mit der internen Stellenbesetzung ein Aufstieg des Mitarbeiters verbunden, kann *Missgunst, mangelnde Anerkennung* durch die Kollegen und *fehlende Führungserfahrung* die Einarbeitungszeit verlängern und das Betriebsklima belasten. Weil die Stelle des erfolgreichen internen Bewerbers wieder besetzt werden muss, wird das Beschaffungsproblem lediglich auf eine andere Abteilung verlagert. Dadurch wird ein *Versetzungskarussell* („Stühlerücken") ausgelöst. Die vorrangige Stellenbesetzung mit eigenen Mitarbeitern erhöht die Gefahr der *Betriebsblindheit* und kann aufgrund des Automatismus auf Dauer zu *nachlassenden Leistungen* führen.

Grundsätzlich kehren sich die Vor- und Nachteile der internen Beschaffung in Nach- und Vorteile der externen Personalbeschaffung um.

Die **außerbetriebliche Personalbeschaffung** verursacht relativ *hohe Beschaffungskosten* (z. B. Inserate, Ersatz der Fahrt- und Übernachtungskosten der Bewerber, Kosten für die Durchführung des Schriftverkehrs und des Auswahlprozesses) und *blockiert mögliche Aufstiegschancen* der vorhandenen Mitarbeiter. *Betriebsklima und Motivation verschlechtern sich,* wenn sich das Stammpersonal übergangen fühlt. Das *Risiko einer Fehlbesetzung* (Auswahlrisiko) ist trotz aufwendiger Auswahlverfahren relativ hoch. Das *Lohn- und Gehaltsgefüge* wird möglicherweise gestört, die *Einarbeitungszeiten sind relativ lang.*

Die außerbetriebliche Personalbeschaffung bietet eine relativ *große* Auswahl, sie führt bei Internetbewerbungen manchmal zu einer wahren Bewerberflut. Neue Mitarbeiter bringen *neue Impulse* und Ideen („Neue Besen kehren gut") und *Führungserfahrung* mit. Sie müssen nicht aufwendig durch Personalentwicklungsmaßnamen auf ihren Job vorbereitet werden, sondern *sind bereits fertig.* Ein *Versetzungskarussell* kann nicht ausgelöst werden.

Internet-Jobbörsen gleichen die Fähigkeitsprofile der Bewerber und die Anforderungsprofile der Stellenangebote der Unternehmen ab (Matching-Prozess). Liegt ein passendes Stellenangebot vor, wird der Bewerber per E-Mail benachrichtigt. Wenn sich der Bewerber einverstanden erklärt, erhält das betreffende Unternehmen ein Zugriffsrecht auf die elektronische Akte des Bewerbers.

1.4.2 Stellenanzeige – fließend oder gestaltet

Stellenanzeigen gehören zu den effizientesten Beschaffungswegen. Vor ihrer Schaltung müssen Entscheidungen bezüglich des Trägers, des Termins, der Art und der Gestaltung der Stellenanzeige getroffen werden.

- **Träger, Termin und Art der Stellenanzeige**

Der **Träger der Stellenanzeige** sollte zum gesuchten Qualifikationsniveau des Mitarbeiters passen. Werden Mitarbeiter der unteren und mittleren Hierarchieebene gesucht, dann kommen regionale Tageszeitungen und (Werbe-)Wochenblätter in Betracht. Überregionale Tages- und Wochenzeitungen (z. B. Süddeutsche Zeitung, Frankfurter Allgemeine Zeitung, Die Zeit) eignen sich für höhere Hierarchieebenen. Werden Spezialisten und Mitarbeiter im technischen Bereich gesucht, dann eignen sich Fachzeitschriften.

Der **Termin der Stellenanzeige** richtet sich nach der Dauer des Auswahl- und Einstellungsverfahrens, den Kündigungsfristen der potenziellen Bewerber und der Aufmerksamkeitswirkung. Der Anzeigenteil der Tageszeitung lenkt an Mittwochen und Samstagen mehr Aufmerksamkeit auf sich als an den übrigen Wochentagen. Erfahrungsgemäß sollten in der Urlaubszeit und an den sogenannten Brückentagen keine Stellenanzeigen geschaltet werden.

Nach der **Art der Stellenanzeige** ist die *offene Stellenanzeige* (der Name des suchenden Unternehmens wird genannt) am häufigsten. *Chiffreanzeigen*[1] (ohne Angabe des inserierenden Unternehmens) sollten nur aufgegeben werden, wenn der Arbeitsplatz noch besetzt ist und der Personalbedarf unerwünschten Interessenten oder der Konkurrenz nicht bekannt werden soll. Bei Chiffreanzeigen und *Anzeigen über einen Personalberater* kann der Bewerber einen *Sperrvermerk* auf dem Briefumschlag anbringen, um zu verhindern, dass er sich bei seinem eigenen Betrieb bewirbt. Sogenannte *Klein-, Wort- oder Fließsatzanzeigen* sind abträglich für das Unternehmensimage und entfalten keinerlei Werbewirkung, im Gegensatz zu mehrspaltigen, *gestalteten Stellenanzeigen.*

Beispiel einer Fließsatzanzeige

> Zuverlässige, erfahrene **Reinigungskraft,**
> stundenweise gesucht, Dorfner KG, 01234
> Niederdorf, ☎ 0162/44456798

1 Chiffre (franz.) = Ziffer, Geheimzeichen, Kennwort

- **Merkmale einer gestalteten Stellenanzeige**

Die richtig gestaltete Stellenanzeige orientiert sich bei der Aufmachung (Layout[1]), dem Aufbau und Inhalt an den Ansprüchen der Zielgruppe. Klare Aussagen über das Unternehmen, die zu besetzende Stelle und das Anforderungsprofil verhindern, dass sich ungeeignete Bewerber melden. Jede Stelle muss frei von Diskriminierungen im Sinne von § 1 AGG, insbesondere geschlechtsneutral und auch als Teilzeitarbeitsplatz ausgeschrieben werden, wenn sie sich hierfür eignet (TzBfG § 7).

Inhalte einer offenen Stellenanzeige[2]

Unser Profil	Vorstellung des Betriebs (Firma, Logo, Branche, Standort, Größe)
Wir suchen	Bezeichnung der freien Stelle, Ausschreibungsgrund
Ihr Tätigkeitsfeld	Anforderungsprofil der zu besetzenden Stelle (Stellung in der Hierarchie, Aufgabenbeschreibung, Entwicklungschancen, Teamarbeit, Einstellungstermin)
Ihr Profil	Gewünschtes Fähigkeitsprofil des Stelleninhabers (Ausbildung, Berufsbezeichnung, Berufserfahrung, geforderte Kompetenzen)
Wir bieten	Leistungen des Unternehmens (z. B. Vergütungsgruppe, Sozialleistungen, Arbeitszeit, Auslandsaufenthalt, Geschäftswagen)
Wir bitten um	Einzureichende Bewerbungsunterlagen mit Bewerbungstermin (z. B. Lebenslauf, Zeugnisse, Lichtbild, Referenzen), Bewerbungsfrist (spätester Einreichungstermin)
Kontakt	Kontaktdaten (Ansprechpartner, Kontaktadressen wie Anschrift, Telefon, Homepage, E-Mail), ggf. QR-Code[2], Onlinebewerbungen: Hinweis auf die spezielle Homepage und auf einen auszufüllenden Bewerberfragebogen

Bei Onlinebewerbungen muss der Bewerber im Vorfeld meist ein Bewerberformular ausfüllen. Das Anschreiben wird durch eine E-Mail ersetzt. Die Bewerbungsunterlagen werden gescannt und in gängigen Dateiformaten (z. B. docx, pdf) der E-Mail angehängt. Die Anlagen kann der Bewerber auch über einen Link mit Passwort in seiner E-Mail zu seiner eigenen Homepage abrufbereit halten. Onlinebewerbungen müssen frühestens nach Abschluss des Beschaffungsprozesses gelöscht werden.

1 Format, Text- und Bildanordnung, Bild-, Schriftgröße, Schriftart für Überschrift und Text, Verhältnis Text zu Bild
2 **QR-Code** (englisch Quick Response = „schnelle Antwort"), er besteht aus einer quadratischen Matrix aus schwarzen und weißen Punkten, die die kodierten Daten binär darstellen.

Beispiel *einer Stellenanzeige der Rad & Roll GmbH für einen Sachbearbeiter im Bestellwesen*

Rad & Roll GmbH

Rad & Roll GmbH

Rad macht fit

Wir sind
ein modernes, mittelständisches Unternehmen und gehören zu den führenden Fachhändlern für Fahrräder, E-Bikes und Zubehör der Region. Seit über 20 Jahren sind wir einer der innovativsten Betriebe in der Region und haben über 30 Mitarbeiter/-innen.

Wir suchen
zur Verstärkung unseres Einkaufsteams einen/eine

SACHBEARBEITER/-IN
FÜR DAS BESTELLWESEN

Ihr Aufgabenbereich
erstreckt sich auf die Abwicklung des Bestellvorgangs, die Überwachung der Liefertermine in Zusammenarbeit mit der Einkaufsplanung und der Lagerhaltung und die sachgerechte Vorgehensweise im Falle von Lieferstörungen in Zusammenarbeit mit der Einkaufsleitung.

Ihre Qualifikation
Nach Abschluss Ihrer Ausbildung zur/zum Kauffrau / Kaufmann für Büromanagement haben Sie bereits Berufserfahrung in ähnlicher Position sammeln können. Sie beherrschen Navision, Word und Excel, sind teamfähig, kontakt- und entscheidungsfreudig und arbeiten eigenverantwortlich.

Unser Angebot
Wir bieten Ihnen eine abwechslungsreiche, herausfordernde und verantwortungsvolle Tätigkeit in einem kollegialen und hochmotivierten Team sowie aktive Unterstützung für Ihre persönliche und fachliche Weiterentwicklung. Ein leistungsgerechtes Einkommen mit individuellen Sozialleistungen ist für uns selbstverständlich.

Wenn Sie in dieser Tätigkeit Ihre berufliche Herausforderung erkennen, dann freuen wir uns auf Ihre vollständigen Bewerbungsunterlagen mit Gehaltsvorstellung und frühestem Eintrittstermin. Auf Ihre Bewerbung bis 10.08.20.., auch online, freuen wir uns.

Rad & Roll GmbH

Rad macht fit

Rad & Roll GmbH
Schlossstraße 21, 70176 Stuttgart
Ansprechpartner: Frau Reisch
+49 0711 12343-12
Onlinebewerbung: www.rad&roll.de
E-Mail: Reisch-Careers@rad&roll.de

1.4.3 Auswahl- und Einstellungsverfahren

Nach Eingang der Bewerbungen beginnt die **Erfassung und Auswertung der Bewerbungsunterlagen.** Viele Unternehmen schicken den Stellenbewerbern nach Eingang der Bewerbung einen **Personalfragebogen,** der die weitere Bearbeitung und Kontrolle erleichtert.

Vollständige Bewerbungsunterlagen

übliche Bewerbungsunterlagen	mögliche zusätzliche Unterlagen
Bewerbungsschreiben Bewerbungsfoto (Lichtbild) Lebenslauf (Curriculum Vitae, Skills Resume) letztes Schulzeugnis letztes Arbeitszeugnis	Personalfragebogen Referenzen (Auskunftspersonen) Nachweis über besuchte Kurse, Zertifikate polizeiliches Führungszeugnis (bei Beamten) Gesundheitszeugnis (bei Beamten)

Die Qualität der Bewerbungsunterlagen ist maßgebend für die **Grobauswahl** der Bewerber.

- **Bewerbungsschreiben mit Lebenslauf und Lichtbild**

Während Bewerber beim Zusammenstellen der Bewerbungsunterlagen kaum nennenswerte Fehler machen, wird das **Bewerbungsschreiben** häufig zur eigentlichen Hürde. Wer seine Chancen bei der Kandidatenkür wahren will, sollte sachlich, unaufdringlich und präzise auf die konkrete Stellenausschreibung eingehen. Das Anschreiben sollte möglichst kreativ gestaltet sein. Die Gliederung nach dem Elf-Punkte-System erleichtert die Auswertung.

Gliederung eines Bewerbungsschreibens nach der Elf-Punkte-Checkliste

1. Absenderangaben mit Kommunikationsdaten (Telefon, Mobilfunk, Fax, E-Mail)
2. Anschrift des Unternehmens
3. Datum und Anrede (möglichst persönliche Anrede mit Namen)
4. Betreff (möglichst originell: nicht „Ihre Stellenanzeige ...")
5. Einstieg (Gründe für die Bewerbung bzw. gewünschte Ausbildung)
6. Werbung (Ausbildung, Berufsweg, Qualifikationen, besondere Kenntnisse)
7. Eintrittstermin
8. Gehaltsvorstellung (Spielraum lassen) – nicht bei Berufsanfängern
9. Schlusssatz (möglichst originell!)
10. Grußformel und Unterschrift
11. Anlagen (z. B. Bewerbungsmappe)

Aussehen, Inhalt und Stil des **Bewerbungsschreibens** geben Hinweise auf die Eignung eines Bewerbers. Die Fähigkeit, die gestellte Aufgabe (hier: Anforderungen der Stellenanzeige) mit der nötigen Sorgfalt zu erfüllen, wird damit nachgewiesen. Wenn der Bewerber seiner Bewerbung unaufgefordert ein aktuelles **Lichtbild** beifügt, dann sollte es nicht in die Bewertung der Unterlagen eingehen. Es besteht sonst die Gefahr, dass sich der Betrieb dem Vorwurf der Benachteiligung (Diskriminierung) des Bewerbers nach § 1 AGG aussetzt.

Der **Lebenslauf** (Curriculum Vitae) gibt dem Adressaten einen ersten Überblick über den Werdegang des Bewerbers. Er sollte tabellarisch aufgebaut sein und folgende Gliederungspunkte enthalten:

Gliederungspunkte eines tabellarischen Lebenslaufs

1. Überschrift mit ggf. Lichtbild
2. *Persönliche Daten:* Name, Geburtsdatum mit -ort, aktuelle Anschrift, Familienstand, ggf. Staatsangehörigkeit, Kommunikationsdaten (Telefon, E-Mail)
3. *Schulische Ausbildung* mit Schulabschlüssen (mittlere Reife, Hochschulreife mit Note)
4. *Berufliche Ausbildung* mit Fachrichtung und Abschluss mit Note
5. *Studium mit Fachrichtung,* Vertiefungsfächer und Abschluss mit Note
6. *Beruflicher Werdegang* in der Zeitfolge von der Gegenwart zur Vergangenheit
7. *Sprachkenntnisse* mit erreichtem Niveau (Muttersprache, gute Kenntnisse, Grundkenntnisse)
8. *Sonstige für die ausgeschriebene Stelle relevante Kenntnisse und Fähigkeiten,* z. B. Softwaretools (Word, Excel, PowerPoint, Lexware, Navision usw.), ausgeübte Sportart, Trainerschein, Führerschein, Ehrenämter, Praktika und Auslandserfahrungen
9. *Ort, Datum und Unterschrift*

Der Lebenslauf wird einer *Zeitfolge-, Positions-, Branchen-, Betriebs-und Entwicklungsanalyse* unterzogen. Zeitliche Lücken im Lebenslauf werden negativ bewertet. Häufige Stellenwechsel und Wechsel des Arbeitsgebiets und des Betriebs werden nur positiv bewertet, wenn sie mit einem Aufstieg verbunden sind. Die Liste der bisherigen Arbeitgeber geben Rückschlüsse auf die Branchenkenntnisse des Bewerbers. War der Arbeitnehmer in Kleinbetrieben beschäftigt, dann ist er eher ein „Allrounder", der ein breites Aufgabenfeld gewohnt ist, während Arbeitnehmer in Großbetrieben nur in einem engen spezialisierten Aufgabengebiet tätig sind. Die Entwicklungs- bzw. Kontinuitätsanalyse lässt Aussagen zu über die Zielstrebigkeit, Stetigkeit und Geradlinigkeit des Bewerbers in seinem Berufsweg. In einem glatten Lebenslauf mit wohlklingenden Praktikumsstationen und Auslandsaufenthalten fehlt jedoch eine wichtige Anforderung – echte Lebenserfahrung einschließlich aller Irrwege.

- **Arbeitszeugnisse – die Kunst zwischen den Zeilen zu lesen**

Arbeitszeugnisse geben Auskunft über das Aufgabengebiet, Leistungs- und Sozialverhalten des Bewerbers.

Beispiel: *Arbeitszeugnis eines Bewerbers mit Anmerkungen der Personalchefin*

ZEUGNIS

Herr Fritz Müller, geboren am 15. August 1982,

war in der Zeit vom 1. März 2000 bis 31. August 2010

in der Finanzbuchhaltung unseres Hauses — *wo genau?*

beschäftigt. Während dieser Zeit hat er sich

an alle ihm gestellten Aufgaben mit großem — *welche?*

Eifer herangemacht und war erfolgreich. — *zeigte mangelhafte Leistungen*

Herr Müller war stets pünktlich und ist mit — *absolute Niete*

seinem Vorgesetzten gut zurechtgekommen. — *Mitläufer, der sich stets anpasst*

Er verlässt unser Haus, um sich einen neuen

Wirkungskreis zu suchen. — *kein Wort des Bedauerns, dass dieser Mitarbeiter geht*

Münchner Kabel GmbH
Personalabteilung
Leithammer
P. Leithammer

Sind wichtige Aufgabengebiete, Leistungs- und Verhaltensmerkmale nur kurz beschrieben *(Knappheitstechnik)*, sind weniger wichtige vor wichtigen Aussagen platziert *(Reihenfolgetechnik)* oder fehlen Beispiele oder übliche Aussagen *(Leerstellentechnik)*, dann signalisiert der Verfasser, dass er mit seinem Mitarbeiter unzufrieden war. Für bewusst falsche Angaben im Zeugnis und bei sonstigen Auskünften (z. B. Referenzen) haftet der bisherige Arbeitgeber (BGH, Az.: VI ZR 230/76). Zeugnisse sollten Bewerber niemals als Originale verschicken.

Aufbau eines vollständigen Arbeitszeugnisses (7 Bestandteile)

Überschrift	Arbeitszeugnis, Dienstzeugnis, Zwischenzeugnis, Ausbildungszeugnis
Eingangssatz	Titel, Vorname, Name (Geburtsname), Geburtsdatum (Geburtsort), Wohnadresse, Tätigkeitsbezeichnung, Eintritts- und ggf. Austrittsdatum
Aufgabenbeschreibung	Unternehmen und Branche, hierarchische Einordnung der Position, Stellvertretung und Vollmachten, Haupt- und Sonderaufgaben
Beurteilung der Leistung	• Leistungsbereitschaft, z. B. Engagement, Initiative, Mehrarbeit • Leistungsfähigkeit, z. B. Belastbarkeit, Ausdauer, Flexibilität • Fachwissen und Weiterbildung, z. B. Zertifikate, Nutzen • Arbeitsstil, z. B. Selbstständigkeit, Methodik, Planung, Sorgfalt • Arbeitserfolg, z. B. Zielerreichung, Arbeitsqualität, -menge, -tempo • Führungsleistung, z. B. Leitungsspanne, Mitarbeiterzufriedenheit • Konkrete herausragende Erfolge Zusammenfassende Zufriedenheitsaussage
Beurteilung des Sozialverhaltens	• Verhalten gegenüber Vorgesetzten und Kollegen, z. B. Vorbildlichkeit, Hilfsbereitschaft, Wertschätzung, • Verhalten gegenüber Externen (Kunden, Lieferanten, Behörden), z. B. Auftreten, Kontaktfähigkeit, Gesprächsverhalten, Verhandlungsgeschick • Soziale Kompetenz, z. B. Teamfähigkeit, Überzeugungskraft, Integrität Zusammenfassende Zufriedenheitsaussage
Schlussabsatz	• Beendigungsformel, ggf. mit Begründung • Dankes-/Bedauerns-Formel mit Empfehlung, Verständnis • Zukunftswünsche, Erfolgswünsche
Datum und Unterschrift	Ausstellungsort und -datum Unterschrift(en) der Personalleitung oder eines Vorgesetzten

Die Ausstellung eines **Zwischenzeugnisses** gehört zur allgemeinen Fürsorgepflicht des Arbeitgebers. Der Arbeitnehmer kann es nach der Probezeit jederzeit während des Bestehens des Beschäftigungsverhältnisses verlangen, wenn er ein berechtigtes Interesse nachweist. Das ist der Fall, wenn er sich um eine neue Arbeitsstelle bemüht. Zwischenzeugnisse sind in der Gegenwartsform zu formulieren.

Arbeitszeugnisse müssen der *Wahrheit entsprechen*, gleichzeitig aber von *verständigem Wohlwollen* gegenüber dem Arbeitnehmer getragen sein, damit ihm das weitere Fortkommen nicht ungerechtfertigt erschwert wird (BGH-Urteil vom 26. November 1963 – VI ZR 221/62). Dieses Urteil ist Ursache dafür, dass sich seitdem eine verschlüsselte Zeugnissprache **(Zeugniscode)** entwickelt hat.

Beispiel: Zusammenfassende Zufriedenheitsaussagen für ausgewählte Anforderungsmerkmale

Merkmal / Note	Leistung	Arbeitserfolg	Verhalten
Sehr gut	... hat die übertragenen Aufgaben **stets** zu unserer **vollsten** Zufriedenheit erledigt.	... fand und realisierte **stets sehr gute,** kostengünstige Lösungen.	... Verhalten gegenüber Führungskräften und Kollegen war **stets vorbildlich.**
Gut	... hat die übertragenen Aufgaben **stets** zu unserer **vollen Zufriedenheit** erledigt.	... fand und realisierte **sehr gute,** kostengünstige Lösungen.	... Verhalten gegenüber Führungskräften und Kollegen war **vorbildlich.**
Befriedigend	... hat die übertragenen Aufgaben zu unserer **vollen** Zufriedenheit erledigt.	... fand und realisierte **gute,** kostengünstige Lösungen.	... Verhalten gegenüber Führungskräften und Kollegen war **gut.**
Ausreichend	... hat die übertragenen Aufgaben zu unserer **Zufriedenheit** erledigt.	... fand und realisierte **stets zufriedenstellende** Lösungen.	... Verhalten gegenüber Führungskräften und Kollegen war **stets befriedigend.**
Mangelhaft	... hat die übertragenen Aufgaben **meist** zu unserer **Zufriedenheit** erledigt.	... fand und realisierte **meist zufriedenstellende** Lösungen.	... Verhalten gegenüber Führungskräften und Kollegen war **angemessen.**

Die Qualität der Bewerbungsunterlagen ist maßgebend für die **Grobauswahl** der Bewerber.

Übersicht über häufige Gründe für das Ausscheiden von Bewerbern bei der Grobauswahl

Äußere Form	Unvollständige Unterlagen, falsche Reihenfolge der Unterlagen, billiger Schnellhefter und billiges Papier, schlampiges Erscheinungsbild (Eselsohren, verknitterte, verschmutzte, gefaltete Ausdrucke)
Personalfragebogen	Widersprüche im Vergleich zum Lebenslauf, widersprüchliche Kreuze bei den Auswahlfeldern, zu wenige „Kann-Felder" (Angaben zu sonstigen Kenntnissen, Erfahrungen und sozialem Engagement) ausgefüllt (deutet auf mangelndes Interesse hin), Rechtschreib-, Grammatikfehler
Bewerbungsschreiben	Mangelnder Bezug zur ausgeschriebenen Stelle bzw. zum Unternehmen, Form-, Ausdrucks-, Grammatik-, Rechtschreib-, Trennfehler, unbeholfener Satzbau, immer derselbe Satzanfang ...
Lebenslauf	Lücken in der Zeitfolge, zu häufige unvorteilhafte Stellenwechsel deuten auf eine schwierige Persönlichkeit, Arbeitgeber aus anderen Branchen
Arbeitszeugnis	Mittelmäßige Beurteilung des Leistungs- und Sozialverhaltens, zu knappe Aufgabenbeschreibung ohne Hervorhebung besonderer Erfolge, Widersprüche im Vergleich zum Lebenslauf

Nach der Grobauswahl müssen den ausgeschiedenen Bewerbern **Absagen** und den verbliebenen Bewerbern **Einladungen** zu Einstellungstests und Vorstellungsgesprächen zugesandt werden. Immer öfters werden vorher datenschutzrechtlich (BDSG §§ 4 a, 28, 32) bedenkliche **Bewerber-Screenings** (Bewerberüberprüfungen) mittels Internetsuchmaschinen oder Profilen und Kontakten in den sozialen Netzwerken durchgeführt. Diese Vorselektion wird oft ergänzt durch kurze Bewerbergespräche per Telefon oder Internet (mit Einsatz einer Webcam mit Bild und Ton). Neuerdings werden auch **Job Castings**[1] oder **Job Speed-Datings** durchgeführt.

- **Einstellungstests und Assessment-Center**

Es gilt nicht, den besten Bewerber („Weltmeister") auszuwählen, sondern den Bewerber, dessen Eignungsprofil am besten zum Anforderungsprofil der ausgeschriebenen Stelle passt. Tests ermöglichen es, die Arbeitsweise und den Arbeitserfolg des Bewerbers zu beobachten, wenn er unter Zeitdruck Aufgaben lösen muss. Tests messen auch Persönlichkeitsmerkmale und Wertvorstellungen des Bewerbers. In jedem Fall muss sich der Bewerber damit einverstanden erklären.

Überblick über verbreitete Testverfahren[2]

Intelligenztest	Feststellung des logischen Denk- und räumlichen Vorstellungsvermögens, der Merkfähigkeit, der Kombinationsgabe usw., die für die konkrete Berufsausübung nötig sind. Bloße IQ-Tests sind unzulässig (IQ = Intelligenzquotient), da sie gegen das Persönlichkeitsrecht nach Art. 2 GG verstoßen.
Leistungstest	Feststellung der körperlichen und geistigen Belastbarkeit, Schnelligkeit und Ausdauer durch *Konzentrationstests.* Überprüfung der Allgemeinbildung (Kenntnisse der Rechtschreibung, Grundrechenarten, Geografie, Biologie usw.) durch *Kenntnistests. Berufsbezogene Eignungstests* (z. B. Allgemeiner Büroarbeitstest, Hör-, Seh- und Geschicklichkeitstests) stellen die Eignung für bestimmte Berufsrichtungen fest.
Persönlichkeitstest	Feststellung der Leistungsbereitschaft, des Temperaments (extro- oder introvertierter Persönlichkeitstyp), der allgemeinen Lebenseinstellung, der besonderen Charaktereigenschaften usw.

Weitverbreitet sind sogenannte **Assessment-Center**[3]. In einer ein- bis dreitägigen Veranstaltung bewältigen die Teilnehmer eine Reihe von Tests, Interviews, situativen Rollenspielen, Einzel- und Gruppenübungen. Die Bewerber werden dabei von Führungskräften aus dem Betrieb, geschulten Personalfachleuten und externen Psychologen (Assessoren) beobachtet. Sie erhalten in einer Vorselektionsphase bzw. am Ende der Veranstaltung ein ausführliches Feedback von diesen Fachleuten.

Für bestimmte Berufsgruppen eignen sich **Arbeitsproben.** Sie geben einen unmittelbaren Einblick in die Qualifikation des Bewerbers, z. B. Veröffentlichungen, Texte, Reportagen, Bilder. Sie können auch unter Aufsicht erstellt werden (z. B. Phonodiktat, Übersetzungen, Bearbeitung von Werkstücken).

Bewerber, die diese vorletzte Hürde genommen haben, werden zu Vorstellungsgesprächen eingeladen.

- **Vorstellungsgespräch – bluffen ist zwecklos**

Mit Bewerbern, die in die engere Wahl gekommen sind, werden Vorstellungsgespräche geführt. Für jedes Bewerbungsgespräch sollte ein ruhiger Raum und ausreichend Zeit reserviert werden. Das Telefon sollte umgeleitet, das Smartphone ausgeschaltet sein. Soll der Arbeitsplatz gezeigt werden, müssen die Kollegen informiert sein. Ebenso sollten die Reisekostenabrechnungen und ggf. die Give-aways für die Bewerber vorbereitet sein.

1 Engl. to cast = angeln, fischen, jemanden für eine Rolle vorsehen
2 Die DIN-Norm 33430 legt bestimmte Qualitätsmerkmale für Eignungstestverfahren fest. Private und öffentliche Arbeitsvermittler können auf normgerechte Einstellungsverfahren bestehen.
3 Abkürzung: AC, (engl.) assessment = Einschätzung, Beurteilung

Die wesentlichen Gesprächsinhalte und der grobe Verlauf des Gesprächs sollten vorgeplant werden (**strukturiertes Gespräch**). Die Fragen sollten arbeitsrechtlich zulässig sein. Die unwahre Beantwortung zulässiger Fragen kann den anschließenden Arbeitsvertrag anfechtbar machen und ggf. Schadensersatzansprüche des Arbeitgebers auslösen. Arbeitsrechtlich unzulässige Fragen dürfen von den Bewerbern dagegen unwahr oder unvollständig beantwortet werden.

Arbeitsrechtlich bedenkliche Fragen und ihre Zulässigkeit

Frühere Gehaltshöhe	Wenn es sich bei der neuen Stelle um eine vergleichbare Tätigkeit handelt und das frühere Gehalt damit Bedeutung für das künftige Gehalt hat
Schwerbehinderung	Wenn die Behinderung für die auszuübende Tätigkeit von Bedeutung ist (BAG AZ: 2 AZR 467/93). Es besteht kein „Recht auf Lüge" (BAG AZ: 2 AZR 923/94)
Chronische Krankheiten	Wenn an der Kenntnis der Krankheit ein Interesse besteht entweder für das Unternehmen (Eignung für die vorgesehene Tätigkeit ist eingeschränkt) oder für die übrigen Arbeitnehmer (Gefährdung von Kollegen und Kunden durch Ansteckung)
Schwangerschaft	Generell unzulässig. Die Bewerberin kann die Unwahrheit sagen, ohne Nachteile befürchten zu müssen [EU-Gerichtshof (AZ Rs. C-177/88), BAG AZ: 2 AZR 227/92].
Vermögensverhältnisse	Bei Mitarbeitern der höheren und hohen Hierarchie-Ebene und Mitarbeitern, die in einem besonderen Vertrauensverhältnis zum Arbeitgeber stehen.
Vorstrafen	Wenn sie etwas mit der künftigen Arbeit zu tun haben, d. h., wenn und soweit die zu besetzende Arbeitsstelle oder die zu leistende Arbeit dies erfordert.

Typischer Verlauf eines Vorstellungsgesprächs

Verlaufsphasen	Erläuterung
1. **Einleitung des Gesprächs**	Begrüßung, gegenseitige Vorstellung, Small Talk (z. B. „Haben Sie eine gute Anreise gehabt?"), Überblick über weiteren Verlauf
2. **Selbstdarstellung des Bewerbers**	Persönliche Situation (z. B. Herkunft, Familie, Wohnort, Freizeitaktivitäten), bisheriger Werdegang, Fort- und Weiterbildung, Tätigkeiten, Begründung der Berufswahl und der Bewerbung
3. **Vorstellung des Unternehmens und der freien Stelle**	Interviewer stellt die aktuelle Situation des Unternehmens, der Branche und der freien Stelle dar, ggf. wird der zuständige Abteilungsleiter hinzugezogen, ggf. Betriebsbegehung
4. **Prüfung des Eignungsprofils des Bewerbers**	Klärung von Lücken und Widersprüchen im Werdegang, Fragen zur Ausbildung, zur Branche, zur beruflichen Entwicklung, zum Unternehmen, zur ausgeschriebenen Stelle, zu den geforderten Kompetenzen, Unternehmen und freie Stelle aus Bewerbersicht (z. B. „Warum sollen wir Sie einstellen?"), ggf. situative Fragen (z. B. „Was machen Sie, wenn ...")

5. **Gesprächsabschluss**	Resümee des Gesprächs (z. B. Gründe, die für den Bewerber sprechen), Klärung von Fragen des Bewerbers, z. B. möglicher Eintrittstermin, Konditionen (z. B. Gehaltsvorstellungen, weitere Leistungen des Betriebes), weitere Schritte, Dank und Verabschiedung. Hinweis: Grundsätzlich sollte der Betrieb seine Entscheidung offenhalten, da diese erst nach der Auswertung des ganzen Auswahlverfahrens endgültig getroffen werden kann.
6. **Protokollerstellung**	Um Verwechslungen auszuschließen, sollte der Interviewer unmittelbar im Anschluss an das Gespräch ein Gedächtnisprotokoll anfertigen. Ein **einheitlicher Bewertungsbogen** für alle Bewerber erleichtert und objektiviert die spätere Bewerberauswahl.

Die Reihenfolge der Phasen zwei bis fünf kann je nach Gesprächsverlauf verändert werden. Die **Vorstellungskosten** (Anfahrt, ggf. Übernachtung, Verpflegung) müssen in angemessener Höhe erstattet werden, wenn der Arbeitgeber ausdrücklich zum Gespräch eingeladen hat.

- **Auswahlentscheidung – Nutzwertanalyse**

Im letzten Schritt erfolgt die **Auswahlentscheidung.** Aufgrund der Auswertungen der Bewerbungsunterlagen, der Eignungstests und des Vorstellungsgesprächs wird über die Einstellung entschieden. Personalleitung und anfordernde Stelle müssen sich auf einen Bewerber einigen. Die Eignungsprofile aller verbliebenen Bewerber stimmen mit den Anforderungsprofilen überein, sodass der Eindruck aus dem Vorstellungsgespräch ausschlaggebend ist. Hier bietet sich, ähnlich der Lieferantenauswahl, die Erstellung einer Vergleichstabelle mit anschließender **Nutzwertanalyse** an. Die für die freie Stelle wichtigsten Anforderungsmerkmale werden gewichtet und die Bewerber nach diesen Kriterien benotet. Der Bewerber mit der Höchstpunktzahl wird ausgewählt.

▶ Siehe Band 1, LF 4, Kapitel 2.3.2, Qualitativer Angebotsvergleich mithilfe der Nutzwertanalyse

Gerade bei Einstellungen kann die im Leitbild angestrebte **gesellschaftliche Verantwortung** des Betriebes in die Tat umgesetzt werden. Schwerbehinderte, Migranten und andere benachteiligte Personen müssen gleiche Einstellungschancen haben. **Diversity Management** versucht die Verschiedenheit (engl.: diversity) der Mitarbeiter für den Unternehmenserfolg nutzbar zu machen. Die Vielfalt besteht in äußerlich wahrnehmbaren (objektiven) Unterschieden (z. B. wie Geschlecht, Ethnie, Alter und Behinderung) und in verhaltensbezogenen (subjektiven) Unterschieden wie sexuelle Orientierung, Religion und Lebensstil.

Die ausgeschiedenen Bewerber erhalten möglichst persönlich, höflich und ermunternd formulierte Absagen. Die Bewerbungsunterlagen sind zurückzugeben. Arbeitgeber müssen mit Schadensersatzklagen rechnen, wenn sie einem abgelehnten Stellenbewerber nicht die **Gründe für die Absage** erläutern. Der Europäische Gerichtshof (EuGH) hat zwar entschieden, dass Unternehmen nicht zu Auskünften verpflichtet sind, wer stattdessen eingestellt wurde und nach welchen Kriterien. Die Weigerung könne jedoch darauf hindeuten, dass der Stellensuchende diskriminiert wurde (EuGH, Az: C-415/10).

- **Eingruppierung und Einstellung – Arbeitsvertrag abschließen**

Um die **Höhe des Arbeitsentgelts** festzulegen, muss die neue Arbeitskraft eingruppiert werden. Maßgebend für die **Eingruppierung** sind die Tätigkeitsbeschreibungen des gültigen Entgeltrahmentarifvertrags und des Entgelttarifvertrags und die Anforderungen der Stellenbeschreibung des zu besetzenden Arbeitsplatzes. Je nach Branche umfasst der Entgeltgruppenkatalog 11 bis 17 Entgeltgruppen (EG). Er wird durch betriebliche Richtbeispiele oder tarifliche Niveaubeispiele ergänzt.

Beispiel: *Entgeltgruppen für kaufmännische und technische Tätigkeiten*

EG 5	Aufgaben nach mindestens **3-jähriger fachspezifischer Berufsausbildung,** Handlungsspielraum im Rahmen allgemeiner Anweisungen innerhalb der Aufgaben
EG 6	Wie EG 5 und **mehrjähriger fachspezifischer Berufserfahrung** oder fachspezifischer Weiterbildung, Handlungsspielraum im Rahmen allgemeiner Anweisungen innerhalb der verschiedenartigen Aufgaben
EG 7	Wie EG 6, **erweiterter Handlungsspielraum** im Rahmen allgemeiner Anweisungen
EG 8	Wie EG 7, **fachübergreifende Aufgaben**
EG 9	Fachübergreifende Aufgaben nach mindestens **2-jähriger Fachschulausbildung** (zum Beispiel Meister/Techniker/Betriebswirt), entsprechend erweiterter Handlungsspielraum im Rahmen von allgemeinen Richtlinien
EG 10	Fachübergreifende Aufgaben nach **abgeschlossener Hochschulausbildung,** weitgehender Handlungsspielraum im Rahmen allgemeiner Richtlinien
EG 11	Aufgabenstellungen nach abgeschlossener Hochschulausbildung und **mehrjähriger fachspezifischer Berufserfahrung** oder Fach- und Spezialkenntnissen, weitgehender Handlungsspielraum im Rahmen allgemeiner Richtlinien
EG 12	Aufgabenstellungen nach abgeschlossener Hochschulausbildung und **langjähriger** fachspezifischer Berufserfahrung, **Zielvorgaben als Handlungsspielraum**
EG 13	Aufgabenstellungen nach abgeschlossener Hochschulausbildung und langjähriger **umfangreicher fachspezifischer Berufserfahrung** und Fach- und Spezialkenntnissen **in unterschiedlichen Aufgaben,** allgemeine Ziele als Handlungsspielraum

Mit dem künftigen Mitarbeiter wird ein **Arbeitsvertrag** geschlossen. Die Inhalte des Arbeitsvertrags sind spätestens einen Monat nach Arbeitsbeginn **schriftlich niederzulegen** (NachwG § 2). Die elektronische Form (z. B. E-Mail, Fax, Telefon) ist ausgeschlossen.

► Siehe Kapitel 2, Rechtliche Grundlagen eines Arbeitsverhältnisses

1.4.4 Rechte der Arbeitnehmervertretung bei Personalentscheidungen

Die Arbeitnehmervertretung (Betriebsrat bzw. Personalrat) soll die gegensätzlichen Interessen der Arbeitnehmer und des Arbeitgebers ausgleichen und dabei die **Rechte der Arbeitnehmer wahren.** Der Betriebsrat hat nach § 80 BetrVG unter anderem die Durchsetzung der tatsächlichen Gleichstellung von Frauen und Männern, insbesondere bei der Einstellung und dem beruflichen Aufstieg, zu fördern, ebenso die Eingliederung Schwerbehinderter und sonstiger besonders schutzbedürftiger Personen, die Beschäftigung älterer Arbeitnehmer und die Integration ausländischer Arbeitnehmer.

Arbeitgeber und Betriebsrat müssen Benachteiligungen aus Gründen der Rasse oder wegen der ethnischen Herkunft, des Geschlechts, der Religion oder Weltanschauung, einer Behinderung, des Alters oder der sexuellen Identität verhindern oder beseitigen (BetrVG § 75, AGG § 1). Dieses **Benachteiligungsverbot** gilt beim Zugang zu einem Arbeitsplatz (z. B. in Stellenanzeigen, Bewerbergesprächen), bei den Arbeitsbedingungen (z. B. Entgelt, Arbeitszeit) und beim beruflichen Aufstieg (z. B. Beförderungen). Eine unterschiedliche Behandlung ist zulässig, wenn dies aufgrund der Art der auszuübenden Tätigkeit eine entscheidende berufliche Anforderung darstellt (AGG § 8).

Arbeitgeber haben den Betriebsrat über die **Personalplanung,** insbesondere über den gegenwärtigen und künftigen Personalbedarf sowie über die sich daraus ergebenden personellen Maßnahmen und Maßnahmen der Berufsbildung anhand von Unterlagen rechtzeitig und umfassend zu unterrichten (BetrVG § 92). Der Betriebsrat kann dem Arbeitgeber Vorschläge für die Einführung einer Personalplanung und ihre Durchführung machen.

Der Betriebsrat kann verlangen, dass freie Arbeitsplätze vor ihrer Besetzung innerhalb des Betriebs ausgeschrieben werden (BetrVG § 93, **interne Stellenausschreibung**). **Personalfragebogen** bedürfen der Zustimmung des Betriebsrats. Kommt eine Einigung über ihren Inhalt nicht zustande, so entscheidet die Einigungsstelle[1] (BetrVG § 94).

Richtlinien über die fachlichen, persönlichen Voraussetzungen und sozialen Gesichtspunkte für die personelle Auswahl bei Einstellungen, Versetzungen, Umgruppierungen und Kündigungen bedürfen der Zustimmung des Betriebsrats. Kommt eine Einigung nicht zustande, entscheidet auf Antrag des Arbeitgebers die Einigungsstelle (BetrVG § 95, **Auswahlrichtlinien**). In Betrieben mit mehr als 500 Arbeitnehmern kann der Betriebsrat die Aufstellung solcher Richtlinien verlangen.

Der Arbeitgeber muss den Betriebsrat vor jeder **Einstellung, Eingruppierung, Umgruppierung und Versetzung** unterrichten, ihm die erforderlichen Bewerbungsunterlagen vorlegen und Auskunft über die Person der Beteiligten geben. Bei Einstellungen und Versetzungen hat der Arbeitgeber insbesondere den in Aussicht genommenen Arbeitsplatz und die vorgesehene Eingruppierung mitzuteilen (BetrVG § 99). Verweigert der Betriebsrat seine Zustimmung, so hat er dies unter Angabe von Gründen *innerhalb einer Woche nach der Unterrichtung* schriftlich mitzuteilen. Der Arbeitgeber kann beim Arbeitsgericht beantragen, die Zustimmung zu ersetzen. Wenn dies aus sachlichen Gründen dringend erforderlich ist, kann der Arbeitgeber die personelle Maßnahme vorläufig durchführen, bevor der Betriebsrat sich geäußert oder wenn er die Zustimmung verweigert hat. Er muss den betroffenen Arbeitnehmer über die Sachlage aufklären (BetrVG § 100, **vorläufige personelle Maßnahme**). Hebt der Arbeitgeber entgegen einer rechtskräftigen gerichtlichen Entscheidung die personelle Maßnahme nicht auf, kann ihm das Arbeitsgericht auf Antrag des Betriebsrats ein **Zwangsgeld** von 250,00 € pro Tag der Zuwiderhandlung auferlegen.

1 Die **Einigungsstelle** besteht aus einer gleichen Anzahl von Beisitzern, die vom Arbeitgeber und Betriebsrat bestellt werden, und einem unparteiischen Vorsitzenden, auf dessen Person sich beide Seiten einigen müssen (BetrVG § 76).

Wissen testen

1. Sie ergänzen Ihre Lernkartei um das Themengebiet „Personalplanung".

1.1 Sie schreiben jeden der folgenden Begriffe auf die Kopfzeile eines DIN-A6-Kärtchens:

> Personalplanung (außer-, innerbetriebliche Richtgrößen), Migration (Begriff, Beschäftigung), schwerbehinderte Person (Begriff, Quote, Ausgleichsabgabe), Integration, Inklusion, Förderprogramme zur Beschäftigung, kurzfristige Beschäftigung, Minijob, Midijob, Personalbedarfsplanung (Aufgabe), Nettopersonalbedarf, Bruttopersonalbedarf, Kennzahlenmethode, Arbeitsproduktivität, Stellenplanmethode, Nachholbedarf, Einsatzbedarf, Reservebedarf, Fehlzeitquote, künftiger Personalbestand, Personalveränderungen (autonome, initiierte), Fluktuationsquote, Freistellungsbedarf, Neubedarf, Ersatzbedarf, Zusatzbedarf, Stellenbeschreibung (Inhalte), Employer Branding, Personalbeschaffungswege, interne Personalbeschaffung (Vor-, Nachteile), externe Personalbeschaffung (Vor-, Nachteile), Internet-Jobbörse, Stellenanzeige (Arten), Stellenanzeige (7 Inhaltspunkte), Bewerbungsunterlagen, Bewerbungsschreiben (Elf-Punkte-System), Lebenslauf (9 Gliederungspunkte), Lebenslauf (Analyse), Onlinebewerbung, Arbeitszeugnis (7 Bestandteile, Zeugniscode), Grobauswahl (Kriterien), Bewerber-Screening, Testverfahren (Arten), Assessment-Center, Vorstellungsgespräch (6 Phasen), Diversity Management, Eingruppierung, Auswahl- und Einstellungsverfahren (6 Schritte), Nutzwertanalyse (Vorgehensweise), Mitwirkungsrechte der Arbeitnehmervertretung (Überblick)

1.2 Sie sortieren die Begriffskärtchen nach den Kriterien „Weiß ich" oder „Weiß ich nicht". Sie bilden mit Ihren Mitschülern Kleingruppen und erklären sich gegenseitig die „Weiß-ich-nicht"-Kärtchen. Sie schlagen dabei die ungeklärten Begriffe im Schulbuch nach. Sie schreiben die Begriffserklärungen auf die Rückseite des entsprechenden Kärtchens und ordnen diese unter der Leitkarte „Personalplanung" alphabetisch in Ihren Lernkartei-Behälter ein.

2. Sie sind zurzeit in der Personalabteilung der Karl Abt KG eingesetzt und sollen den Nachholbedarf und den Nettopersonalbedarf für das nächste Jahr nach der Stellenplanmethode ermitteln. Ihre aussagefähige Aufstellung soll alle notwendigen Fachbegriffe enthalten.

Ihnen liegt folgender Auszug aus dem Ergebnisprotokoll der letzten Sitzung der Personalabteilung vor. Es ging um die Personalplanung für das nächste Jahr.

> Die Karl Abt KG hat zurzeit 110 genehmigte Planstellen. Der aktuelle Personalstand beträgt 100 Mitarbeiter.
>
> Nach Rücksprache mit der Produktions-, Vertriebs- und Einkaufsleitung sollen im nächsten Jahr 10 Planstellen abgebaut werden. Für eine Filiale in Leipzig sind 14 neue Planstellen notwendig.
>
> Außerdem sind folgende Personalveränderungen zu beachten:
>
> - 4 externen Stellenbewerbern wurde bereits eine Einstellungszusage gegeben
> - 7 Arbeitskräfte werden in den Ruhestand treten (davon sollen nur 5 Mitarbeiter ersetzt werden),
> - 4 Mitarbeiterinnen kehren aus der Elternzeit zurück.
>
> Für das nächste Jahr werden eine Fehlzeitquote von 8 % und eine Fluktuationsquote von 4 % erwartet.

3. Sie planen den Nettopersonalbedarf und erstellen dazu übersichtliche Tabellen zur Ermittlung des künftigen Personalbestands und des Nettopersonalbedarfs. Sie ermitteln den Nachholbedarf, Einsatz-, Reserve-, Ersatz- und Zusatzbedarf.

3.1 Informationen der Personalabteilung

Aktueller Personalbestand: 40 Mitarbeiter.

Der Planstellenbestand beträgt zurzeit 52 Planstellen. Er soll aufgrund wachsender Umsätze im Planjahr um 10 Stellen erhöht werden. Die Abteilung Zentrales Schreibbüro (6 Planstellen) soll geschlossen werden.

Im Planjahr sollen alle 4 Auszubildenden übernommen werden (sie sind im aktuellen Personalbestand nicht enthalten).

Drei Mitarbeiterinnen kommen aus der Elternzeit zurück. 8 Mitarbeiter werden im Planjahr in den Ruhestand treten; davon sollen nur 6 ersetzt werden.

Die durchschnittliche Fehlzeitquote beträgt 5 %, die Fluktuationsquote 6 %.

3.2 Informationen der Personalabteilung

Der Betrieb hat zurzeit 132 genehmigte Planstellen. Der aktuelle Personalstand beträgt 120 Mitarbeiter.

Nach Rücksprache mit den Fachabteilungen sollen im nächsten Jahr 5 Planstellen abgebaut werden. Für eine neue Filiale sind 10 neue Planstellen notwendig.

Außerdem sind folgende Vorgaben zu beachten: Ein Mitarbeiter und 6 Mitarbeiterinnen kehren aus der Elternzeit zurück, 10 Arbeitskräfte werden in den Ruhestand treten (davon sollen nur 6 Mitarbeiter ersetzt werden), 3 externen Stellenbewerbern wurde für das nächste Jahr bereits eine Einstellungszusage gegeben.

Für Kündigungen von Mitarbeitern soll eine Fluktuationsquote von 7 % berücksichtigt werden. Die durchschnittliche Fehlzeitquote beträgt 6 %.

4. Ein Arbeitszeugnis muss man „zwischen den Zeilen" lesen.

4.1 Sie wollen das Verhalten und die Leistung eines Mitarbeiters mit der Note 4 bewerten. Verwenden Sie die entsprechenden Formulierungen.

4.2 Sie äußern Ihre Meinung zu folgende Zeugnisaussagen:

1. „.... Herr G. bemühte sich stets, die ihm gestellte Aufgabe effektiv zu erfüllen. Er hat den Anforderungen in jeder Hinsicht entsprochen."
2. „Herr G. war stets pünktlich und nutzte die Arbeitszeit korrekt aus [...]"
3. „.... Sie engagierte sich in unserem Fachverband und galt dort als Expertin."
4. „.... Sie engagierte sich in diesem Projekt und zeigte dabei ihr organisatorisches Talent."
5. „.... Er war für die Beschaffung von Büromaterial, Werkzeugen und Investitionsgütern zuständig."
6. „.... Wir bestätigen, dass Frau X unsere Anforderungen stets in bester Weise erfüllt hat."

5. Gregor Propov will sich bei einem Betrieb in seiner Nachbarschaft bewerben. Er erhält ein Zwischenzeugnis von seinem aktuellen Arbeitgeber.

5.1 Sie prüfen das Arbeitszeugnis auf Vollständigkeit (7 Inhaltspunkte).

5.2 Sie bewerten jeweils die Leistung und das Verhalten von Gregor Propov mit einer Note zwischen „sehr gut" und „mangelhaft".

Zwischenzeugnis

Herr Gregor Propov, geboren am 03.05.1988 in Köln, ist zurzeit in der Abteilung Einkauf eingesetzt.

Sein Tätigkeitsbereich erstreckt sich auf die Beschaffung von Büromaterial, Bearbeitung der Fehlermeldungen aus dem Wareneingang, Lieferantenanalyse und die Betreuung der Praktikanten. Er erledigt die ihm übertragenen Arbeiten zu unserer vollen Zufriedenheit.

Er ist stets um Freundlichkeit gegenüber den Lieferanten bemüht. Sein Verhalten gegenüber Kolleginnen und Kollegen ist einwandfrei.

Wir wünschen ihm viel Erfolg für den weiteren Berufsweg.

Köln, 14.07.20..

Möbelhaus Meyer GmbH
ppa. **Bernd Schuster**

6. Das Sanitärhaus San4U KG ist ein expandierendes mittelständisches Unternehmen mit über 800 Mitarbeitern, das Sanitärartikel aller Art herstellt. Die Geschäftsleitung hat beschlossen, ihr Sortiment um das Zukunftsprodukt Außen-Whirlpool zu ergänzen. Um den Markt möglichst schnell zu erschließen, soll dieses Produkt zunächst komplett zugekauft werden.

Sie befinden sich im letzten Ausbildungsjahr zur Kauffrau für Büromanagement und sind in Ihrem letzten Ausbildungsabschnitt in der Personalabteilung eingesetzt. Sie unterstützen Frau Mirela Basic bei der Personalplanung. Zur Umsetzung des Qualitätsmanagementsystems ist Frau Basic damit beschäftigt, für ihr Aufgabengebiet ein Qualitätsmanagement-Handbuch zu erstellen. Sie ist von der Geschäftsleitung gebeten worden, alle wesentlichen Inhalte und Abläufe möglichst in Checklisten-Form zu dokumentieren.

6.1 Frau Basic wurde gerade beauftragt, ein neues Teammitglied für den Verkauf der neuen Produktgruppe Außen-Whirlpool zu suchen. Ihr liegt die Personalanforderung der Verkaufsabteilung **(Anlage 1)** mit Stellenbeschreibung **(Anlage 2)** vor.
6.1.1 Sie erstellen daraus eine offene Stellenanzeige für die ausgeschriebene Stelle.
6.1.2 Für das QM-Handbuch erstellen Sie Leerformulare für eine Personalanforderung und eine Stellenbeschreibung.
6.1.3 Ebenso erstellen Sie eine Checkliste mit den wichtigsten Inhaltspunkten für eine Stellenanzeige. Sie überprüfen Ihre eigene Stellenanzeige anhand dieser Checkliste.

6.2 Inzwischen sind zwei Bewerbungen eingegangen. Frau Basic sichtet gerade deren Arbeitszeugnisse. **(Anlage 3)**
6.2.1 Sie bittet Sie, die beiden Arbeitszeugnisse zu bewerten.
6.2.2 Sie erstellen eine Prüfliste, mit der Sie die Vollständigkeit von Arbeitszeugnissen feststellen können. Sie überprüfen die vorliegenden Arbeitszeugnisse anhand Ihrer Checkliste.

6.3 Frau Basic möchte beide Bewerber zu einem Vorstellungsgespräch einladen.
6.3.1 Sie formulieren die entsprechenden Einladungsschreiben.
6.3.2 Sie erstellen für das Qualitätsmanagement-Handbuch zwei Checklisten zur Vorbereitung eines Vorstellungsgesprächs und zum Ablauf eines Vorstellungsgesprächs.

6.4
6.4.1 Sie führen jeweils ein Vorstellungsgespräch (als Rollenspiel) mit den Bewerbern.

Tipp: Drei Schüler führen das Rollenspiel in einem Innenkreis durch. Die übrigen Schüler im Außenkreis bewerten das Vorstellungsgespräch und ergänzen dazu den Beobachtungsbogen.

Beobachtungsbogen

Kriterien	**Bewerber 1**	**Bewerber 2**	**Personalleitung**
Name	Maria Zurlo	Lothar Gerber	
Auftreten	...	...	...
...	...	...	...

6.4.2 Sie entwickeln allgemeine Regeln für ein Rollenspiel.

6.5 Für ein Ausbildungsgespräch erstellen Sie eine Gesamtübersicht mit allen wesentlichen Prozessschritten der Personalbeschaffung und des Auswahl- und Einstellungsverfahrens.

6.6 Auf der anstehenden Betriebsversammlung will Frau Basic einen Vortrag zum Thema anonymisierte Bewerbungsverfahren halten. Sie helfen ihr, indem Sie ihr ein Handout mit den wichtigsten Inhaltspunkten (Gründe, Merkmale, Verfahren, Vorteile, Umgang mit Initiativbewerbungen, Einhaltung gesetzlicher Vorgaben) anfertigen. Sie führen dazu eine Internetrecherche durch.

Anlage 1 **Personalanforderung**

Sanitärhaus San4U KG		
Personalanforderung		
Stelle: Teammitglied Verkauf (Produktmanagement)	**Anzahl:** 1	**Abteilung:** Verkauf
Qualifikation:	Siehe beiliegende Stellenbeschreibung	
	Ersatzbedarf	
X	**Zusatzbedarf** wegen Aufnahme des neuen Produkts Außen-Whirlpool	
	Reservebedarf	
Einstellungsdatum: sofort	**Unterschrift Fachabteilung** Raabe	
Genehmigt: Unterschrift Geschäftsführung: Dr. Gentner		
Betriebsrat wurde unterrichtet am (Datum): 01.07.20..	**Unterschrift Personalabteilung**: Basic	

Anlage 2 **Stellenbeschreibung**

Sanitärhaus San4U KG	
Stellenbeschreibung Nr. 0034	
Bezeichnung	Verkäufer/Verkäuferin
Einordnung	Übergeordnete Abteilung/-en: ***Verkaufsleitung*** Untergeordnete Stelle/n: – Zeichnungsvollmacht: ***i. V.***
Vertretungsregelung	Der Stelleninhaber wird vertreten durch ***Verkaufsleitung*** Der Stelleninhaber vertritt ***Verkäufer anderer Sachgebiete***
Aufgaben	Zielsetzung ***Der Stelleninhaber soll den Verkauf der Produkte seines Sachgebiets zu möglichst günstigen Konditionen durchführen und laufend neue Kunden- und Zielgruppen erschließen.*** Der Stelleninhaber führt aus bzw. entscheidet über • ***Erstellung von Angeboten innerhalb des Sachgebiets*** • ***Akquise neuer Kunden und Zielgruppen*** • ***Vorbereitung und Durchführung der Verkaufsverhandlungen*** • ***Führung der Kundendatei*** • ***Auftragsabwicklung und -überwachung innerhalb des Sachgebiets*** • ***Behandlung von Kundenbeschwerden*** • ***Durchsetzung von Rechten aus Nicht-Rechtzeitig-Zahlungen*** Der Stelleninhaber berät bzw. informiert seinen Vorgesetzten über • ***Vertragsabschlüsse, die 10.000,00 € übersteigen*** • ***Ergebnisse seiner Analysen des Absatzmarktes (z. B. Messebesuche, Besuche einzelner Kunden, Marktsituation)*** • ***Maßnahmen zur Verbesserung der Produktqualität und der Nachhaltigkeit im Absatzbereich***
Anforderungen	Vorbildung ***Kaufmännische Ausbildung*** Wesentliche Kenntnisse ***Branchenkenntnisse, technisches Verständnis, Englisch in Wort und Schrift, MS-Office-Programme, Navision*** Persönlichkeitsmerkmale ***Aufgeschlossen, kontaktfreudig, teamfähig, dynamisch, kreativ, selbstständig***

Anlage 3 **Auszüge aus den Arbeitszeugnissen der Bewerber**

SANITÄR-LINDER GMBH & CO. KG – IMPORT UND EXPORT

Mathildenstraße 12, 50679 Köln-Deutz

Zwischenzeugnis

Frau Maria Zurlo, geboren am ..., trat am 1. September 2011 als Auszubildende zur Industriekauffrau in unser Unternehmen ein.

Im Anschluss an ihre Ausbildung übernahm Frau Zurlo am 1. August 2013 in der Exportabteilung den Aufgabenbereich Zoll- und Zahlungsabwicklung. Sie ist allein verantwortlich für alle Verkaufsgüter ins Ausland.

Die ihr übertragenen Aufgaben erledigt Frau Zurlo zu unserer Zufriedenheit. Bei Bedarf ist sie zur Mehrarbeit bereit. Durch ihre ruhige und unaufdringliche Art ist sie in allen Abteilungen gern gesehen. Ihr Verhalten gegenüber Kollegen, Außenstehenden und Vorgesetzten ist stets befriedigend.

Frau Zurlo möchte uns aus eigenem Wunsch verlassen, um eine Aufgabe zu übernehmen, die ihren Neigungen eher entspricht. Für die Zukunft wünschen wir ihr alles Gute und weiterhin viel Erfolg.

Liebermann & Partner KG
Sanitärhandlung

Harmoniestraße 33, 47119 Duisburg

Zwischenzeugnis

Herr Lothar Gerber, geboren am 17.07.1984, ist seit 1. März 2005 für unser Unternehmen als Verkaufssachbearbeiter tätig.

Zu seinem Aufgabengebiet gehören die Marktbeobachtung und die Marktanalyse von Trends. Er führt selbstständig Verkaufsverhandlungen mit Lieferanten aus Europa und Fernost und ist für die Termin- und Qualitätsüberwachung aller Verkaufsgüter zuständig.

Herr Gerber ist ein zuverlässiger und gewissenhafter Mitarbeiter und führt die ihm übertragenen Arbeiten zu unserer vollen Zufriedenheit aus. Stets findet er gute und kostengünstige Lösungen.

Sein Verhalten im Team ist vorbildlich. Zu seinen Vorgesetzten hatte er stets ein gutes Verhältnis.

Da wir Herrn Gerber auf absehbare Zeit keine Aufstiegschancen bieten können, möchte er uns aus eigenem Wunsch verlassen. Unsere besten Wünsche begleiten ihn.

7 Die Spare4U International KG, Leipzig, sucht für ihren Geschäftsbereich Ersatzteile einen Einkäufer/-in. Sie stellt eine Stellenanzeige ins Internet (siehe Anlage 1)

7.1 Sie notieren sich Argumente für und gegen eine Stellenanzeige im Internet.

7.2 Sie prüfen die Inhaltspunkte und beurteilen die Aufmachung der Stellenanzeige.

7.3 Sie treffen die Feinauswahl aus den in die engere Wahl gekommenen Bewerberinnen und Bewerber anhand der Auszüge aus den Lebensläufen (Anlage 2), den Arbeitszeugnissen (Anlage 3) und den Stichwortprotokollen aus den Bewerbungsgesprächen (Anlage 4).
Sie ergänzen die Vergleichstabelle (Anlage 5) um fünf weitere Kriterien, die für die ausgeschriebene Stelle wichtig sind. Sie berücksichtigen dabei die Anforderungen aus der Stellenanzeige. Auf dieser Grundlage vervollständigen Sie die vorbereitete Tabelle zur Nutzwertanalyse (Anlage 6) und gewichten die Beurteilungskriterien so, dass die Summe 100 % ergibt.

7.4 Sie formulieren Absagen an die abgelehnten Bewerberinnen bzw. Bewerber.

Anlage 1 **Stellenanzeige im Internet**

Spare4U International KG

Spare4U International KG ist der Begriff für hochwertige Dichtungstechnologie. Mit weltweit 1200 Mitarbeitern an 10 Standorten in allen Erdteilen gehören wir zu den bedeutendsten Autozulieferern. Innovation, fachliche Kompetenz und höchste Produktqualität machen uns zum Technologieführer.

Innerhalb unseres Geschäftsbereichs Ersatzteile suchen wir zur Ergänzung unseres Einkaufsteams eine/einen

Einkäuferin / Einkäufer.

Das Aufgabengebiet umfasst das Beschaffungsmarketing, die Einkaufsplanung und Einkaufsabwicklung für das Ersatzteilgeschäft von der Marktbeobachtung über die Suche nach neuen Beschaffungsquellen bis hin zu Verhandlungen mit Lieferern und deren Auditierung.

Sie haben Ihre kaufmännische Ausbildung erfolgreich abgeschlossen und bringen Erfahrungen aus der Fahrzeugindustrie mit. Sie beherrschen die englische Sprache und sprechen idealerweise auch Französisch.

Teamfähigkeit, Flexibilität und Einsatzbereitschaft, verbunden mit dem für den Einkauf notwendigen Verhandlungsgeschick, zeichnen Sie aus. Verhandlungstechniken wie Visualisierung, Moderation und Coaching sind Ihnen bestens vertraut. Sie kennen das Arbeiten in größeren Teams und behalten auch in schwierigen Situationen Ruhe und Ausgeglichenheit. Ihre Kommunikationsfreude, Ihre überzeugende und offene Art, nicht zuletzt auch Ihre Selbstständigkeit und Eigeninitiative werden Sie für uns unersetzlich machen.

Es erwartet Sie ein sicherer und zukunftsorientierter Arbeitsplatz in einem dynamischen Einkaufsteam. Sie erhalten von Anfang an ein überdurchschnittliches Einkommen.

Ihre vollständigen Bewerbungsunterlagen mit Gehaltsvorstellung und frühestem Eintrittstermin richten Sie bitte an unsere Frau Landowski.

Wir freuen uns auf Ihre Bewerbung.

Spare4U International KG
Personal Recruiting
Hopfenweg 3–5
04329 Leipzig

Ansprechpartner: Frau Landowski
+49 0341 666333-12
Onlinebewerbung: www.Spare4U.de
E-Mail: Landowski-Recruiting@Spare4U.de

Anlage 2 **Auszüge aus den Lebensläufen**

Name	**Tim Michalik**
...	...
Familienstand:	ledig
Schulbildung:	...
	Wirtschaftsgymnasium mit Abitur (Note 2)
Berufsausbildung:	Ausbildung zum Bürokaufmann bei Maschinenbau Ott GmbH, Torgau, Abschlussprüfung befriedigend
Berufstätigkeit:	2 Jahre Einkäufer beim ausbildenden Betrieb 2 Jahre Sachbearbeiter Auftragsbearbeitung, Partz Apparatebau, Gera 1 Jahr Einkaufssachbearbeiter INEMO Industrieanlagen, Gotha Seit 01.01.2012 Einkäufer Hörmann Fahrzeugtechnik, Zwickau
Sonstige Kenntnisse:	Lehrgänge SAP, Office (Word, Excel, Outlook)

Name	**Nicole Graf**
...	...
Familienstand:	ledig
Schulbildung:	...
	Kaufmännisches Berufskolleg (Note 3)
Berufsausbildung:	2 Jahre Ausbildung zur Industriekauffrau bei Samfy Elektrotechnik GmbH, Berlin, Abschlussprüfung sehr gut
Berufstätigkeit:	4 Jahre Einkäuferin bei Samfy Elektrotechnik GmbH; Seit 01.07.2010 bis heute: Einkäuferin bei ULMAN Dichtungstechnik GmbH, Potsdam
Sonstige Kenntnisse:	Volkshochschulkurse in Französisch

Name	**Alexander Gros**
...	...
Familienstand:	verheiratet, 2 Kinder
Schulbildung:	...
	Pestalozzi-Realschule Hannover, Abschluss Mittlere Reife (Note 1)
Berufsausbildung:	3 Jahre Ausbildung zum Kaufmann im Groß- und Außenhandel bei Carl, Schlösser GmbH, Dichtungen und Stanzteile, Hannover, Abschlussprüfung gut
Berufstätigkeit:	13 Jahre Sachbearbeiter Auftragsbearbeitung bei Schlösser GmbH Seit 01.04.2014 bis heute: Einkäufer bei HKL Regeltechnik GmbH, Hannover
Sonstige Kenntnisse:	Lehrgang Microsoft Dynamics NAV, VHS-Kurs Geschäftsenglisch

Name	**Romina Grimaldi**
...	...
Familienstand:	ledig
Schulbildung:	...
	Goethe-Gymnasium Stuttgart (Note 3)
Berufsausbildung:	2 Jahre Ausbildung zur Industriekauffrau bei Dichtungstechnik Scheer, Ulm, Abschlussprüfung gut
Berufstätigkeit:	seit 01.07.2008 Einkäuferin bei Dichtungstechnik Scheer
Sonstige Kenntnisse:	VHS-Kurs Spanisch

Anlage 3 **Auszüge aus den Arbeitszeugnissen**

Zwischenzeugnis

Herr Tim Michalik, geboren am ..., ist seit 01.01.2012 in unserem Unternehmen als Einkäufer beschäftigt.

Sein Arbeitsgebiet umfasst den Einkauf von Roh-, Hilfs- und Betriebsstoffen sowie Fremdbauteilen, die Überwachung der Liefertermine und die Zahlungsabwicklung.

Herr Tim Michalik hat die ihm übertragenen Aufgaben mit Engagement zu unserer Zufriedenheit erledigt. Sein persönliches Verhalten war stets korrekt.

Wir wünschen Herrn Tim Michalik für die Zukunft alles Gute.

Zwischenzeugnis

Frau Nicole Graf, geboren am ..., ist seit 01.07.2010 in unserem Betrieb als Sachbearbeiterin in der Einkaufsabteilung beschäftigt.

Neben der Bestellung von Material für die Produktion obliegt ihr die Überwachung der Liefertermine sowie der Qualität der gelieferten Materialien. Preisverhandlungen mit den Lieferanten und die Zahlungsabwicklung gehören ebenfalls zu ihrem Aufgabengebiet.

Wir waren während der ganzen Beschäftigungszeit mit den Leistungen von Frau Nicole Graf voll und ganz zufrieden. Es gelang ihr, ein vertrauensvolles Verhältnis zu unseren Lieferanten aufzubauen. In ihrer Abteilung trug sie wesentlich zu einem positiven Betriebsklima bei. Ihr Verhalten war jederzeit einwandfrei. Zu Beanstandungen gab sie niemals Anlass.

Wir bedauern das Ausscheiden von Frau Nicole Graf sehr und wünschen ihr für die Zukunft alles Gute.

Zwischenzeugnis

Herr Alexander Gros, geboren am ..., ist seit 01.04.2009 in unserem Betrieb als Einkäufer tätig.

Er ist mit der kompletten Einkaufsabwicklung für den Bereich Fertigteile für unsere Produktion betraut. Die Suche nach neuen Lieferanten und deren Bewertung gehört ebenso zu seinem Aufgabengebiet wie der ständige Kontakt zu unserer Produktionsabteilung zur Sicherung und Verbesserung unserer Qualitätsstandards.

Wir waren mit den Leistungen von Herrn Alexander Gros in jeder Hinsicht zufrieden. Er bewies immer großes Verhandlungsgeschick mit unseren Lieferanten. Seine Einsatzbereitschaft war groß und er konnte im Team arbeiten. Seine Führung gab uns zu Beanstandungen keinen Anlass.

Herr Alexander Gros verlässt uns auf eigenen Wunsch. Wir wünschen ihm viel Erfolg.

Zwischenzeugnis

Frau Romina Grimaldi, geboren am ..., ist seil 01.09.2006 in unserem Betrieb tätig.

Sie absolvierte zunächst eine zweijährige Ausbildung als Industriekauffrau. Seit 01.07.2008 ist sie als Einkäuferin bei uns tätig. Neben der Abwicklung von Bestellvorgängen gehört es zu ihrem Aufgabengebiet, Kontakte zu den von ihr betreuten Lieferanten im In- und Ausland intensiv zu pflegen und deren Produkte mit unseren Bedürfnissen optimal abzustimmen.

Mit den Leistungen von Frau Romina Grimaldi sind wir zufrieden. Sie verfügt neben Verhandlungsgeschick auch über Durchsetzungsvermögen. Zu den Lieferern konnte sie ein vertrauensvolles Verhältnis aufbauen. Sie arbeitete im Team. Ihr Verhalten bot uns keinen Anlass zur Beanstandung.

Frau Romina Grimaldi verlässt uns auf eigenen Wunsch.

Anlage 4 **Stichwortprotokolle aus den Bewerbungsgesprächen**

Tim Michalik

Herr Tim Michalik war sportlich modisch gekleidet, gepflegtes Äußeres, arbeitete bei seinen bisherigen Arbeitsstellen in Teams, Auftreten betont locker, etwas undeutliche Aussprache, formuliert nicht immer ganze Sätze, berufliches Ziel Abteilungsleiter, Grundkenntnisse Moderation und Präsentation vorhanden, Englischkenntnisse mäßig (jedoch bereit zur Weiterbildung), nur geringe Kenntnisse über Spare4U International, keine besonderen Wünsche für ein spezielles Aufgabengebiet, gute fachliche Kenntnisse, Hobbys Fußballspielen (aktiver Vereinsspieler) und Fallschirmspringen. Ist beim Surfen im Internet zufällig auf die Stellenanzeige gestoßen.

Nicole Graf

Frau Nicole Graf war sehr modisch gekleidet, trug einen Ring im Ohr und in der Nase, rote Haare, kann sich schnell verständlich machen, sieht den internationalen Markt als Herausforderung, neben guten Englischkenntnissen Grundkenntnisse in Französisch, konnte ihre Nervosität nicht ganz ablegen, klare Ausdrucksweise, offene Grundhaltung, freundlich, Präsentations- und Moderationstechniken sind bekannt, weiß über Spare4U International Bescheid: sehr guter Überblick über den Dichtungsmarkt , möchte sich gerne weiterentwickeln, Hobbys Sängerin in einer regional bekannten Rockband. Hat von einem Vertreter von der Stelle gehört.

Alexander Gros

Herr Alexander Gros war sehr korrekt gekleidet, gepflegte Erscheinung, ruhiges und sicheres Auftreten, freundlich distanziert, solide Fachkenntnisse, war bei seiner letzten Arbeitsstelle maßgeblich an einer Reorganisation der Einkaufsabteilung beteiligt, möchte unbedingt zu Spare4U International, um seine Kenntnisse auf dem Dichtungssektor einzubringen, würde gerne berufliche Chancen nutzen, wenn sie sich bieten, erst seit Kurzem Erfahrung mit Teamarbeit und Präsentationstechnik, offene Haltung gegenüber neuen Entwicklungen, fortbildungswillig, formuliert manchmal etwas umständlich, stellt Zusammenhänge aber klar dar, Hobbys Wandern, Obstbau, sehr engagiert beim DRK-Rettungsdienst. Ein Freund hat ihn auf die Stellenanzeige aufmerksam gemacht.

Romina Grimaldi

Frau Romina Grimaldi ist modisch, jedoch nicht übertrieben gekleidet; vielleicht etwas zu lebhaft, freundlich, sehr gute Ausdrucksfähigkeit, würde gerne ihre Fremdsprachenkenntnisse im internationalen Umfeld anwenden, offen für alle Einsatzbereiche, möchte wegen des positiven Unternehmensleitbildes gerne für Spare4U International arbeiten, Präsentations- und Moderationstechniken sind geläufig, kennt die Eigenheiten auf dem Dichtungssektor, möchte beruflich weiterkommen, wenn sie sich bewährt hat Hobbys: Reisen, andere Leute kennenlernen. Sie hat gezielt nach einer Stelle im Internet gesucht. Das Bewerbungsschreiben erreichte die Firma per E-Mail.

Anlage 5 **Vergleichstabelle**

Kriterien / Bewerber	**Tim Michalik**	**Nicole Graf**	**Alexander Gros**	**Romina Grimaldi**
Berufserfahrung	über 7 Jahre	über 8 Jahre	über 13 Jahre	über 6 Jahre
?	?	?	?	?
?	?	?	?	?
?	?	?	?	?
?	?	?	?	?
?	?	?	?	?

Anlage 6 **Tabelle für die Nutzwertanalyse**

Summe der Gewichtungsfaktoren = 100 %
Bewertungsskala von 1 (nicht erfüllt) bis 5 (in vollem Maße erfüllt).

Kriterien / Bewerber		**Tim Michalik**		**Nicole Graf**		**Alexander Gros**		**Romina Grimaldi**	
Auswahlkriterien	Gewichtung	Bewertung	Punkte	Bewertung	Punkte	Bewertung	Punkte	Bewertung	Punkte
Berufserfahrung	10 %	3	**30**	5	**50**	1	**10**	4	**40**
?		?	?	?	?	?	?	?	?
?		?	?	?	?	?	?	?	?
?		?	?	?	?	?	?	?	?
?		?	?	?	?	?	?	?	?
?		?	?	?	?	?	?	?	?
Summe	100 %								

2 Rechtliche Grundlagen eines Arbeitsverhältnisses

In diesem Kapitel analysieren Sie die rechtlichen Anforderungen beim Abschluss und bei der Beendigung von unterschiedlichen Arten von Arbeitsverträgen. Sie überprüfen die erforderlichen Arbeitsunterlagen und nehmen entsprechende Anmeldungen vor. Sie legen Personalakten an und beachten die Erfordernisse des Datenschutzes. Sie überwachen wichtige arbeitsrechtliche Schutzfristen und Bestimmungen des sozialen Arbeitsschutzes. Sie sondieren Arbeitszeit- und Entgeltmodelle. Sie achten bei diesen Aufgaben im besonderen Maße auf Sorgfalt, Vertraulichkeit und Objektivität.

Lernsituation

Sie befinden sich in der Ausbildung zur Kauffrau bzw. zum Kaufmann für Büromanagement bei der Rad & Roll GmbH. Sie sind zurzeit im Personalteam eingesetzt. Ihre Teamleiterin, Frau Reisch, überreicht Ihnen einen Standard-Arbeitsvertrag und bittet Sie, sich Gedanken über dessen rechtliche Grundlagen zu machen und ihn mit ihrem Berufsausbildungsvertrag zu vergleichen.

Arbeitsvertrag

zwischen dem Arbeitgeber: Rad & Roll GmbH, Schlossstraße 21, 70176 Stuttgart, vertreten durch die Geschäftsführerin Monika Kroner

und dem Arbeitnehmer: ______________________________
(im folgenden Mitarbeiter genannt)

1. Beginn des Arbeitsverhältnisses.

Das Arbeitsverhältnis beginnt am ______________________ und besteht auf unbestimmte Dauer.
Die ersten vier Monate gelten als Probezeit. Während dieser Zeit können die Vertragsparteien das Arbeitsverhältnis mit einer Kündigungsfrist von einem Monat zum Monatsende kündigen.

2. Tätigkeit

Herr/Frau ______________________ wird in der Abteilung ______________________ beschäftigt. Er/Sie übt in dieser Abteilung folgende Aufgaben aus:

Die Rad & Roll GmbH behält sich vor, dem Mitarbeiter andere zumutbare Arbeiten im Betrieb zuzuweisen, die seinen Vorkenntnissen entsprechen. Tritt dieser Fall ein, so wird die bisherige Vergütung weitergezahlt. Der Mitarbeiter verpflichtet sich, alle ihm übertragenen Aufgaben sorgfältig auszuführen und auch andere als die vorgesehenen Aufgaben, sofern erforderlich, zeitweise bis maximal vier Wochen zu übernehmen.

3. Arbeitszeit

Die wöchentliche Arbeitszeit ist im Tarifvertrag festgelegt. Die Arbeitszeit ist pünktlich einzuhalten. Persönliche Angelegenheiten sind grundsätzlich außerhalb der Arbeitszeit zu erledigen. Beginn und Ende der Arbeitszeit und die Pausenregelung sind in der Betriebsordnung geregelt.

4. Arbeitsunfähigkeit

Eine Verhinderung der Arbeitsleistung durch Arbeitsunfähigkeit ist unverzüglich zu melden. Die ärztliche Bescheinigung über die Arbeitsunfähigkeit muss spätestens am vierten Krankheitstag vorliegen, wenn die Arbeitsunfähigkeit länger als drei Kalendertage dauert.

5. Vergütung

Der Mitarbeiter erhält für seine Tätigkeit ein monatliches Bruttogehalt von ____________ €. Es wird entsprechend dem jeweils gültigen Gehaltstarifvertrag der Metallindustrie (vergleichbare Tarifgruppe) erhöht. Die Vergütung ist jeweils am Letzten eines Monats fällig. Das Unternehmen gewährt vermögenswirksame Leistungen nach dem Vermögensbildungsgesetz. Die Vergütung erfolgt bargeldlos und wird auf das vom Mitarbeiter genannte Konto überwiesen. Am Ende des Kalenderjahres wird ein 13. Monatsgehalt ausgezahlt. Diese Sonderzahlung erfolgt im freien Ermessen des Arbeitgebers und begründet keinen Rechtsanspruch.

6. Gehaltsfortzahlung im Krankheitsfall

Ist der Mitarbeiter infolge Krankheit an der Arbeitsleistung verhindert, so erhält er Gehaltsfortzahlung nach den gesetzlichen Bestimmungen.

7. Erholungsurlaub

Der Mitarbeiter erhält kalenderjährlich einen um zwei Arbeitstage über den Bestimmungen des Manteltarifvertrages der Metallindustrie liegenden Erholungsurlaub. Bei Urlaubsantritt erhält der Mitarbeiter das im o. g. Manteltarifvertrag ausgewiesene Urlaubsgeld.

8. Verschwiegenheitspflicht

Der Mitarbeiter verpflichtet sich, über alle vertraulichen Angelegenheiten und Vorgänge, die ihm im Rahmen der Tätigkeit zur Kenntnis gelangen, auch nach dem Ausscheiden, Stillschweigen zu bewahren.

9. Nebenbeschäftigung

Der Mitarbeiter darf eine Nebenbeschäftigung während des Bestandes des Arbeitsverhältnisses nur mit vorheriger schriftlicher Zustimmung der Rad & Roll GmbH übernehmen. Ansonsten gelten die Verbotsbestimmungen der §§ 60, 61 HGB.

10. Beendigung des Arbeitsverhältnisses

Das Arbeitsverhältnis endet mit dem Ablauf des Monats, in dem der Mitarbeiter das 67. Lebensjahr vollendet. Die Kündigung bedarf der Schriftform. Die Kündigungsfrist richtet sich nach den gesetzlichen Bestimmungen. Die Vereinbarung eines vertraglichen Wettbewerbsverbots nach den Bestimmungen des § 74 HGB steht im Ermessen der Rad & Roll GmbH.

11. Qualifiziertes Zeugnis

Im Falle einer ordentlichen Kündigung hat die Rad & Roll GmbH die Pflicht, dem Mitarbeiter bis spätestens 14 Tage vor dem Ausscheiden ein qualifiziertes Zeugnis nach § 630 BGB zu erstellen.

Ort, Datum: Rad & Roll GmbH

Unterschrift des Arbeitgebers | Unterschrift des Arbeitnehmers

Frau Reisch bittet Sie, für das nächste Ausbildungsgespräch eine Tischvorlage zu erstellen mit folgenden Gliederungspunkten:

1. Rechtliche Grundlagen und Inhalt des Einzelarbeitsvertrags
2. Schutzfristen und Bestimmungen des sozialen Arbeitsschutzes
3. Arbeitszeitregelungen und Urlaubsansprüche
4. Entgeltformen im Überblick

Arbeitsaufträge

f) Sie **informieren** sich über die rechtlichen Grundlagen des Arbeitsvertrags, insbesondere über die Arten von Arbeitsverträgen und die einzuhaltenden Schutzfristen und Bestimmungen des sozialen Arbeitsschutzes. Weiter recherchieren Sie mögliche Arbeitszeitmodelle, Urlaubsansprüche und Entgeltformen.

   Tipp: Sie bilden thementeilige Arbeitsgruppen und lesen die folgenden Kapitel im Buch.

g) Sie **analysieren** einen Einzelarbeitsvertrag und **ermitteln** dessen rechtliche Grundlagen (Gesetze, Tarifverträge, Betriebsvereinbarungen) beim Abschluss und bei der Beendigung und unterscheiden dabei unterschiedliche Arten von Arbeitsverträgen. Sie **schlagen** passende Arbeitszeit- und Entgeltmodelle **vor.** Sie **unterstützen** die Personaleinsatzplanung, indem Sie Kommunikationszeiten, Schicht- und Urlaubspläne anschaulich **darstellen.** Sie berücksichtigen dabei das Arbeitszeit- und Bundesurlaubsgesetz. Sie **erstellen** eine PowerPoint-Präsentation mit den gewünschten Gliederungspunkten mit zugehöriger Tischvorlage.

   Tipp: Hilfen für die Anwendung des Präsentationsprogramms PowerPoint finden Sie in der *Handreichung „Profi am PC“.*

h) Sie **tragen** Ihre PowerPoint-Präsentation beim Ausbildungsgespräch **vor** und **reagieren auf Fragen** und Anmerkungen der Teamleiterin Personal, der Ausbilderin und der anderen Auszubildenden.

i) Sie **bewerten** Ihren Vortrag zusammen mit der Ausbilderin und den anderen Auszubildenden anhand des Kriterienkatalogs für Präsentationen. Sie **nehmen Kritikpunkte auf** zur Vollständigkeit und inhaltlichen Richtigkeit, **ergänzen** Ihre Ausarbeitungen und **korrigieren** Fehler.

j) Sie **reflektieren** Ihr Verhalten hinsichtlich Sorgfalt, Vertraulichkeit und Objektivität und überlegen, wie Sie Ihre Vorgehensweisen verbessern könnten.

Informationen gewinnen

2.1 Einzelarbeitsvertrag

2.1.1 Rechtliche Grundlagen und Mindestinhalte

Wichtigste Grundlage jedes Arbeitsverhältnisses ist der **Einzelarbeitsvertrag** zwischen dem einzelnen Arbeitgeber und dem einzelnen Arbeitnehmer. Der Arbeitsvertrag ist darauf gerichtet, dass der Arbeitnehmer entgeltlich, unselbstständig und abhängig für den Arbeitgeber tätig ist. Abschluss, Inhalt und Form des Arbeitsvertrages können frei vereinbart werden, soweit nicht zwingende gesetzliche Vorschriften, Bestimmungen eines anwendbaren Tarifvertrages oder einer Betriebsvereinbarung entgegenstehen (GewO § 105). Zu den **rechtlichen Grundlagen** des Arbeitsverhältnisses gehören EU-Richtlinien, das deutsche Verfassungsrecht, Gesetze, Tarifverträge, Betriebsvereinbarungen und (individuelle) arbeitsvertragliche Vereinbarungen.

Diese Rechtsquellen stehen in einer **Rangordnung.** Die Regelung einer höherrangigen Rechtsquelle hat Vorrang gegenüber der entsprechenden Regelung einer nachrangigen Rechtsquelle. Widersprechen sich diese Regelungen, dann gilt das **Günstigkeitsprinzip,** nach dem die für den Arbeitnehmer günstigere Regelung die ungünstigere Regelung verdrängt (Unabdingbarkeit der günstigeren Regelung). Dies gilt nicht, wenn die höherrangige Rechtsquelle die ungünstigere Regelung ausdrücklich zulässt, z. B. Öffnungsklausel in einem Tarifvertrag aus Gründen der Beschäftigungssicherung.

Rechtliche Grundlagen des Arbeitsverhältnisses nach ihrer Rangordnung

Zwingendes **EU-Recht** (z. B. EU-Richtlinie) und deutsches **Grundgesetz (GG)**

▼ **gehen vor**

Zwingende **gesetzliche Regelung** (z. B. BGB, HGB, Arbeitsschutzgesetzgebung)

▼ **gehen vor**

Zwingende Regelung des anwendbaren **Tarifvertrags** zwischen den Tarifpartnern (Gewerkschaft und Arbeitgeber[verband]) der Branche bzw. Berufssparte

▼ **gehen vor**

Zwingende Regelung einer **Betriebsvereinbarung** zwischen dem Betriebsrat eines Unternehmens und dem einzelnen Arbeitgeber

▼ **gehen vor**

Regelung des **Einzelarbeitsvertrags** zwischen einzelnem Arbeitnehmer und einzelnem Arbeitgeber

Nach § 2 Nachweisgesetz hat der Arbeitgeber spätestens einen Monat nach dem vereinbarten Beginn des Arbeitsverhältnisses die *wesentlichen Vertragsbedingungen schriftlich niederzulegen,* die Niederschrift zu unterzeichnen und dem Arbeitnehmer auszuhändigen. Die elektronische Form ist ausgeschlossen.

In die Niederschrift sind mindestens aufzunehmen **(Mindestangaben)**:

1. der Name und die Anschrift der Vertragsparteien,
2. der Zeitpunkt des Beginns des Arbeitsverhältnisses,
3. bei befristeten Arbeitsverhältnissen: die vorhersehbare Dauer des Arbeitsverhältnisses,
4. der Arbeitsort oder, falls der Arbeitnehmer nicht nur an einem bestimmten Arbeitsort tätig sein soll, ein Hinweis darauf, dass der Arbeitnehmer an verschiedenen Orten beschäftigt werden kann,
5. eine kurze Charakterisierung oder Beschreibung der vom Arbeitnehmer zu leistenden Tätigkeit,
6. die Zusammensetzung und die Höhe des Arbeitsentgelts einschließlich der Zuschläge, der Zulagen, Prämien und Sonderzahlungen sowie anderer Bestandteile des Arbeitsentgelts und deren Fälligkeit,
7. die vereinbarte Arbeitszeit,
8. die Dauer des jährlichen Erholungsurlaubs,
9. die Fristen für die Kündigung des Arbeitsverhältnisses,
10. ein in allgemeiner Form gehaltener Hinweis auf die Tarifverträge, Betriebs- oder Dienstvereinbarungen, die auf das Arbeitsverhältnis anzuwenden sind.

Die Angaben (6) bis (9) können ersetzt werden durch einen Hinweis auf die einschlägigen Tarifverträge **(Tarifbindung),** Betriebs- oder Dienstvereinbarungen und ähnlichen Regelungen, die für das Arbeitsverhältnis gelten. Ist in den Fällen (8) und (9) die jeweilige gesetzliche Regelung maßgebend, so kann hierauf verwiesen werden.

Soll der Arbeitnehmer seine Arbeitsleistung (länger als einen Monat) im Ausland erbringen, dann muss ihm die Niederschrift vor der Abreise ausgehändigt werden (NachwG § 2). Diese muss zusätzlich folgende Angaben enthalten:

- die Dauer der im Ausland auszuübenden Tätigkeit,
- die Währung, in der das Arbeitsentgelt ausgezahlt wird,
- ein zusätzliches mit dem Auslandsaufenthalt verbundenes Arbeitsentgelt,
- die vereinbarten Bedingungen für die Rückkehr des Arbeitnehmers.

2.1.2 Rechte und Pflichten aus dem Einzelarbeitsvertrag

Die Rechte des einen Vertragspartners sind die Pflichten des anderen und umgekehrt. Rechtsquellen dafür finden sich für alle Arbeitnehmer im BGB (§§ 611, 630), für die Angestellten („Handlungsgehilfen") im HGB (§§ 59–83) und für gewerbliche Arbeitnehmer in der Gewerbeordnung (§§ 105–110).

Rechte des Arbeitnehmers im Überblick

Beschäftigung GG Art. 1 und 2	Der Beschäftigungsanspruch leitet sich aus dem **Persönlichkeitsrecht** des Arbeitnehmers ab. Dieses beinhaltet auch, dass der Arbeitnehmer sich an seinem Arbeitsplatz u. a. **entfalten und entwickeln** kann. Der Arbeitnehmer kann verlangen, **entsprechend der vereinbarten Tätigkeit** vom Arbeitgeber beschäftigt zu werden. Dazu gehört auch das Recht auf Beschäftigung an einem bestimmten Arbeitsplatz. Wenn jemand als Lagerleiter eingestellt wurde, kann er nicht als einfacher Lagerarbeiter eingesetzt werden. Eine Freistellung (Suspendierung) ist nur in Ausnahmefällen erlaubt (z. B. Auftragsmangel, Betriebsstörung) und wenn der Arbeitgeber die Bezüge fortzahlt.
Vergütung BGB § 611, HGB § 64, GewO § 107	Zahlung des Gehalts am **Schluss jedes Monats** in Euro. Eine Vereinbarung, nach der die Zahlung des Gehalts später erfolgen soll, ist nichtig. Soll der Handlungsgehilfe für Geschäfte, die von ihm geschlossen oder vermittelt werden, **Provision** erhalten, so sind die für die Handelsvertreter geltenden Vorschriften der §§ 87 ff. HGB einzuhalten. Arbeitgeber und Arbeitnehmer können **Sachbezüge als Teil des Arbeitsentgelts** vereinbaren, wenn dies dem Interesse des Arbeitnehmers oder der Eigenart des Arbeitsverhältnisses entspricht. Erhält der Arbeitnehmer von Dritten (z. B. Kunden) ein Trinkgeld, dann kann die Zahlung des regelmäßigen Arbeitsentgelts deswegen nicht ausgeschlossen werden. **Trinkgeld** ist ein Geldbetrag, den ein Dritter ohne rechtliche Verpflichtung **zusätzlich** zu einer dem Arbeitgeber geschuldeten Leistung zahlt.
Gleichbehandlung AGG §§ 1, 7, TzBfG § 5	Beschäftigte dürfen nicht aus Gründen der Rasse oder wegen der ethnischen Herkunft, des Geschlechts, der Religion oder der Weltanschauung, einer Behinderung, des Alters oder der sexuellen Identität benachteiligt werden Ebenso ist die **Benachteiligung** wegen Inanspruchnahme von Rechten aus dem Teilzeit- und Befristungsgesetz unzulässig.
Fürsorge HGB § 62	Der Arbeitgeber (Prinzipal) hat die Geschäftsräume und die Arbeitsmittel so einzurichten und zu unterhalten und die Arbeitszeit so zu regeln, dass die **Gesundheit** des Handlungsgehilfen nicht gefährdet ist, soweit es die Natur des Betriebs gestattet. Ebenso hat der Arbeitgeber für die Aufrechterhaltung der **guten Sitten und des Anstands** zu sorgen. Die allgemeine Fürsorgepflicht beinhaltet **Schutz-, Sorgfalts- und Auskunftspflichten.** Dazu gehören die Aufklärungspflicht über Gefahren, Maßnahmen zur Unfallverhütung und die Stellung von Schutzausrüstungen.
Urlaub JArbSchG § 19, BUrlG § 3	Arbeitnehmer haben mindestens folgende gesetzliche **Urlaubsansprüche:** **JArbschG:** 30 Werktage, wer am 1. Januar noch nicht 16 Jahre alt ist, 27 Werktage, wer am 1. Januar noch nicht 17 Jahre alt ist, 25 Werktage, wer am 1. Januar noch nicht 18 Jahre alt ist; **BUrlG:** 24 Werktage, wer am 1. Januar 18 Jahre alt oder älter ist.
Zeugniserteilung BGB § 630, HGB § 73, GewO § 109	Bei der Beendigung eines unbefristeten Dienstverhältnisses kann der Arbeitnehmer ein schriftliches Zeugnis über Art und Dauer seiner Tätigkeit **(einfaches Zeugnis)** verlangen. Auf Verlangen des Arbeitnehmers muss das Zeugnis darüber hinaus eine Beurteilung des Verhaltens und der Leistungen beinhalten **(qualifiziertes Zeugnis).** Es darf keine Merkmale oder Formulierungen enthalten, die den Zweck haben, eine andere als aus dem Wortlaut ersichtliche Aussage über den Arbeitnehmer zu treffen.

Pflichten des Arbeitnehmers im Überblick

Arbeitspflicht BGB § 611 HGB § 59	Alle im Rahmen seines Arbeitsvertrages anfallenden Arbeiten muss der Arbeitnehmer sorgfältig nach bestem Wissen und Können ausführen. Die vereinbarte Arbeit ist **persönlich** zu leisten.
Weisungsbefolgung GewO § 106	Der Arbeitgeber kann **Inhalt, Ort und Zeit der Arbeitsleistung** nach seinem Ermessen näher bestimmen, soweit diese Arbeitsbedingungen nicht durch den Arbeitsvertrag festgelegt sind. Dies gilt auch hinsichtlich der Ordnung und des **Verhaltens** der Arbeitnehmer im Betrieb, z. B. Alkohol-, Rauchverbot. Bei der Ausübung des Ermessens hat der Arbeitgeber auch auf Behinderungen des Arbeitnehmers Rücksicht zu nehmen.
Sorgfaltspflicht BGB § 241 Abs. 2	Der Arbeitnehmer hat die ihm übertragene **Arbeit sorgfältig auszuführen.** Er hat Maschinen, Arbeitsgeräte und technische Einrichtungen sowie Fahrzeuge des Arbeitgebers **fachgerecht zu bedienen** und sorgfältig zu behandeln. Dies gilt auch für das zur Verfügung gestellte Material.
Treuepflicht BGB § 241 Abs. 2	Der Arbeitnehmer hat auf die **schutzwürdigen Interessen des Arbeitgebers** Rücksicht zu nehmen. Zur Treuepflicht gehören z. B. **rufschädigende** Äußerungen unterlassen (Anzeigen bei Behörden, die strafbare Handlungen oder öffentliche Missstände betreffen), **Betriebs- und Geschäftsgeheimnisse** wahren, zumutbare **Mehrarbeit leisten**, aus betrieblichen Erfordernissen den **Urlaub ändern** bzw. verschieben, das **Schmiergeldverbot**[1] einhalten, **Mitteilungs- und Anzeigepflichten** bei drohenden Schäden (z. B. Fehler am Arbeitsmaterial, an Maschinen oder Werkzeugen) oder von Straftaten anderer Arbeitnehmer und das Wettbewerbsverbot. Der arbeitsunfähig krankgeschriebene Arbeitnehmer hat wegen der Treuepflicht alles zu unterlassen, was seine Genesung verzögern könnte.
Gesetzliches Wettbewerbsverbot **(Konkurrenzverbot)** HGB § 60	Solange das Arbeitsverhältnis besteht, darf der Arbeitnehmer nebenher **ohne Einwilligung im Geschäftszweig des Arbeitgebers** weder ein Handelsgewerbe betreiben noch Geschäfte für eigene oder fremde Rechnung machen. Der Arbeitnehmer kann in einer fremden Branche ohne Einwilligung des Arbeitgebers selbstständig tätig sein, wenn dies nicht zulasten seiner Arbeitspflicht geht (siehe Treuepflicht).
Vertragliches Wettbewerbsverbot **(Konkurrenzklausel)** HGB §§ 74–75 f.	Damit der Arbeitnehmer **nach Ausscheiden** aus dem Arbeitsverhältnis seinem bisherigen Arbeitgeber keine Konkurrenz macht, kann ein Wettbewerbsverbot für längstens **zwei Jahre in Schriftform vereinbart** werden. Es darf aber das berufliche Fortkommen und die neue Arbeitsplatzwahl nicht wesentlich erschweren. Außerdem muss eine angemessene Entschädigung für Minderverdienst bezahlt werden (mindestens die Hälfte der vom Arbeitnehmer zuletzt bezogenen vertragsgemäßen Leistungen). Das vertragliche Wettbewerbsverbot wird **unwirksam,** wenn der Arbeitnehmer wegen eines wichtigen Grundes kündigt oder der Arbeitgeber eine ordentliche Kündigung ausspricht.

1 Schmiergeld = Zuwendungen von geldwerten Geschenken oder anderen Vorteilen, durch die der Arbeitnehmer zu einem pflichtwidrigen Tun veranlasst werden soll.

2.1.3 Arten von Einzelarbeitsverträgen und deren Beendigung

Arten von Arbeitsverträgen im Überblick

Nach der Dauer	Unbefristete und befristete Arbeitsverträge
Nach dem zeitlichen Umfang	Vollzeit- und Teilzeitbeschäftigungen

- **Unbefristeter oder befristeter Einzelarbeitsvertrag**

Gewöhnlich wird zwischen Arbeitgeber und Arbeitnehmer ein **unbefristeter Arbeitsvertrag** abgeschlossen. Er gilt üblicherweise so lange, bis einer der beiden Vertragspartner kündigt oder beide Vertragspartner ihn einvernehmlich aufheben. Mit solchen *Dauerarbeitsverhältnissen* wollen Arbeitgeber qualifizierte Fachkräfte an sich binden und ein gutes entspanntes Betriebsklima fördern. Arbeitnehmer schätzen das sichere Arbeitsverhältnis, das ihnen die individuelle Lebensplanung ermöglicht.

Nach dem Teilzeit- und Befristungsgesetz (TzBfG) liegt ein **befristeter Arbeitsvertrag** vor, wenn seine Dauer kalendermäßig bestimmt ist *(kalendermäßige Befristung)* oder sich aus Art, Zweck oder Beschaffenheit der Arbeitsleistung ergibt *(Zweckbefristung)*. Der Arbeitgeber kann damit kurzfristige Personalengpässe relativ unbürokratisch überbrücken, da Kündigung und Kündigungsschutz entfallen. Gleichzeitig bietet eine solche flexible Beschäftigung dem Arbeitnehmer eine Brücke zu einem unbefristeten Arbeitsverhältnis. Befristete Arbeitsverträge bedürfen der *Schriftform* (TzBfG § 14).

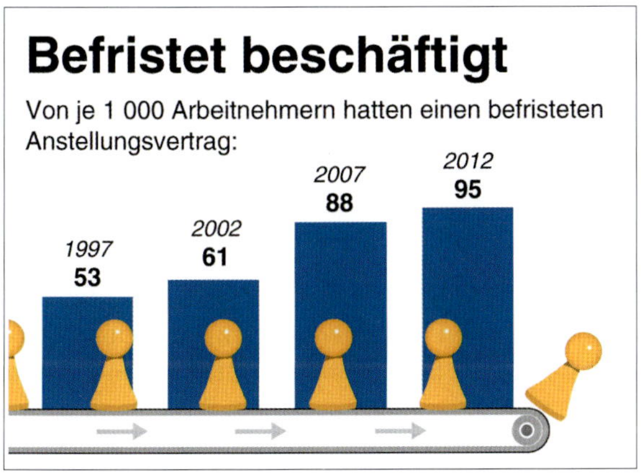

Quelle: IAB, Globus

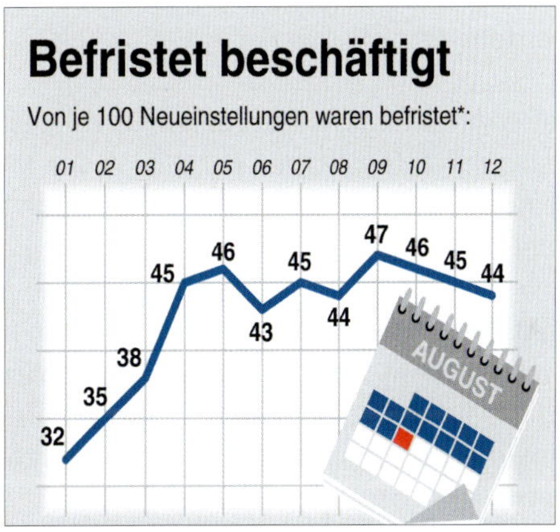

Quelle: IAB, Globus

Die Befristung eines Arbeitsvertrags ist zulässig, wenn es dafür einen sachlichen Grund gibt **(Zweckbefristung).** Ein **sachlicher Grund** liegt z. B. in folgenden Fällen vor (TzBfG § 14):

- Bedarf an der Arbeitsleistung ist nur vorübergehend (z. B. Erntesaison, Inbetriebnahme einer neuen technischen Anlage);
- Anschlussbeschäftigung von Auszubildenden und Hochschulabsolventen soll erleichtert werden;
- Vertretung eines anderen Arbeitnehmers (z. B. bei Beurlaubung, Sabbatjahr, Krankheit);
- Eigenart der Arbeitsleistung (z. B. bei Schauspielern, Sängern, Tänzern);
- Person des Arbeitnehmers (z. B. Nichtverlängerung der Aufenthaltserlaubnis, Überbrückung der Zeit bis zum Beginn einer bereits feststehenden anderen Tätigkeit);
- Erprobung der fachlichen und persönlichen Eignung; die Probezeit darf sechs Monate nicht überschreiten, weil dann der allgemeine Kündigungsschutz greift (KSchG § 1).

Die **kalendermäßige Befristung** eines Arbeitsvertrags bedarf keines sachlichen Grundes, wenn der Arbeitsvertrag oder seine höchstens *dreimalige Verlängerung*[1] die Gesamtdauer von insgesamt *zwei Jahren* nicht überschreitet. Eine Befristung ist nicht zulässig, wenn mit demselben Arbeitgeber bereits zuvor ein befristetes oder unbefristetes Arbeitsverhältnis bestanden hat **(Verbot von Kettenverträgen).**
In den ersten vier Jahren nach der Gründung eines Unternehmens ist die *mehrfache Verlängerung* einer kalendermäßigen Befristung bis zur Gesamtdauer von *vier Jahren* zulässig. Wenn der Arbeitnehmer bei Beginn des befristeten Arbeitsverhältnisses das 52. Lebensjahr vollendet hat, ist die *mehrfache Verlängerung* einer kalendermäßigen Befristung ohne sachlichen Grund bis zu einer Dauer von *fünf Jahren* zulässig (TzBfG § 14).

Ein kalendermäßig befristeter Arbeitsvertrag endet mit Ablauf der vereinbarten Zeit. Ein zweckbefristeter Arbeitsvertrag endet mit Erreichen des Zwecks, frühestens jedoch *zwei Wochen nach Zugang der schriftlichen Unterrichtung* des Arbeitnehmers (TzBfG § 15). Wird das befristete Arbeitsverhältnis nach Ablauf der Zeit oder nach Zweckerreichung mit Wissen des Arbeitgebers fortgesetzt, so gilt es als auf unbestimmte Zeit verlängert, wenn der Arbeitgeber nicht unverzüglich widerspricht oder dem Arbeitnehmer die Zweckerreichung nicht unverzüglich mitteilt.

- **Vollzeit- oder Teilzeitbeschäftigung**

Nach dem zeitlichen Umfang werden Vollzeit- und Teilzeitbeschäftigung unterschieden. **Vollzeitbeschäftigte** haben meist nur eine Arbeitsstelle und arbeiten je nach anzuwendendem Tarifvertrag 35 bis 40 Wochenstunden. Nach § 3 Arbeitszeitgesetz darf die werktägliche Arbeitszeit der Arbeitnehmer acht Stunden nicht überschreiten. Sie kann auf bis zu zehn Stunden verlängert werden, wenn innerhalb von sechs Kalendermonaten oder innerhalb von 24 Wochen im Durchschnitt acht Stunden werktäglich nicht überschritten werden.

Rund 90 % aller Arbeitnehmer haben einen Vollzeitjob, jedoch nur rund 50 % der Arbeitnehmerinnen. Von allen berufstätigen Eltern haben rund 70 % der Mütter und 6 % der Väter eine Teilzeitstelle. **Teilzeitbeschäftigte** sind Arbeitnehmer, deren regelmäßige Wochenarbeitszeit kürzer ist als die eines vergleichbaren vollzeitbeschäftigten Arbeitnehmers (TzBfG § 2).

Nach § 6 TzBfG haben Arbeitnehmer in Betrieben mit mehr als 15 Mitarbeitern eine *Anspruch auf Teilzeitbeschäftigung,* wenn ihr Arbeitsverhältnis seit mindestens 6 Monaten besteht. Der Arbeitnehmer muss den Umfang der Arbeitszeitverringerung spätestens drei Monate vor deren Beginn geltend machen und dabei die gewünschte Verteilung der Arbeitszeit angeben. Der Arbeitgeber hat diesen Wünschen zuzustimmen (TzBfG § 8).

1 Bei einer **Verlängerung** darf grundsätzlich *nur die Vertragsdauer* geändert werden, nicht aber die übrigen Arbeitsbedingungen. Dies gilt auch, wenn die geänderten Arbeitsbedingungen für den Arbeitnehmer günstiger sind, z. B. erhöhtes Arbeitsentgelt.

Wichtige Regelungen für Teilzeitbeschäftigte nach TzBfG

Verbot der Diskriminierung

Teilzeitbeschäftigte dürfen nicht schlechter behandelt werden als vergleichbare Vollzeitbeschäftigte:

Gehalt und andere Geldleistungen (z.B. Urlaubsgeld)
mindestens entsprechend dem Anteil der Arbeitszeit des Teilzeitbeschäftigten an der Arbeitszeit eines Vollzeitbeschäftigten
Rechenbeispiel:

Vollzeitbeschäftigter		**Teilzeitbeschäftigter** (60 %-Stelle)
3 000 €	monatliches Bruttogehalt	(3 000 × 60) ÷ 100 = 1 800 €

Weiterbildung
Teilnahme an Weiterbildungsmaßnahmen ist auch Teilzeitbeschäftigten zu gewähren.

Rückkehr in Vollzeit

Wurde die **Teilzeit befristet**, kann der Arbeitnehmer nach Ablauf der Frist wieder Vollzeit arbeiten.

Wurde die **Teilzeit unbefristet** vertraglich vereinbart, hat der Arbeitnehmer kein Recht auf Rückkehr in Vollzeit; bei der Besetzung einer frei werdenden Stelle ist er jedoch bei gleicher Eignung bevorzugt zu berücksichtigen.

Quelle: Teilzeit- und Befristungsgesetz

2.1.4 Arbeitsunterlagen und Anmeldungen

Jeder Mitarbeiter muss bei seiner Einstellung verschiedene Arbeitsunterlagen vorlegen und beim zuständigen Finanzamt und der zuständigen Einzugsstelle zur Sozialversicherung angemeldet werden.

Bei der Einstellung muss der neue Mitarbeiter folgende Daten angeben bzw. **Arbeitsunterlagen** vorlegen:

- Name und Anschrift
- Steueridentifikationsnummer (vom Bundeszentralamt für Steuern vergeben)
- Sozialversicherungsausweis bzw. -nummer (vom Rentenversicherungsträger vergeben)
- Mitgliedsbescheinigung seiner Krankenkasse
- Urlaubsbescheinigung (über genommenen Urlaub) des früheren Arbeitgebers
- Schwerbehindertennachweis bei Schwerbehinderten
- Unterlagen über vermögenswirksame Leistungen
- Antrag auf Erlaubnis einer Beschäftigung bei ausländischen Arbeitnehmern
- je nach Mitarbeiter und Tätigkeit spezielle Unterlagen wie z. B. die Gesundheitsbescheinigung (bei Minderjährigen), die Erstbelehrung nach dem Infektionsschutzgesetz oder den Staplerschein.

Für die **Anmeldung beim Finanzamt** benötigt der Arbeitgeber vom neuen Mitarbeiter das Geburtsdatum, die Steueridentifikationsnummer und die Auskunft, ob es sich um ein Haupt- oder Nebenarbeitsverhältnis handelt (EStG § 39 e Abs. 4). Der Arbeitgeber übermittelt in der Anmeldung des Arbeitnehmers in der ELStAM-Datenbank zusätzlich die Steuernummer seiner Betriebsstätte, sein Zertifikat[1], das Datum des Beschäftigungsbeginns bzw. das Referenzdatum, ab dem die ELStAM bereitgestellt werden sollen. Erst dann kann der Arbeitsgeber die **elektronischen Lohnsteuerabzugsmerkmale (ELStAM)** des neuen Mitarbeiters (z. B. Lohnsteuerklasse, Kinder, eingetragene Lohnsteuerfreibeträge und Kirchensteuerabzugsmerkmale) beim Finanzamt abfragen und den neuen Mitarbeiter über die Lohnabrechnungssoftware oder das Programm ELSTER[2] beim Finanzamt anmelden.

Nach erfolgter Anmeldung erhält der Arbeitgeber eine *Anmeldebestätigung mit den ELStAM des Arbeitnehmers*, die er ab dem Referenzdatum anzuwenden hat. Nur der Arbeitnehmer kann bei seinem zuständigen Finanzamt eine Änderung der ELStAM beantragen, z. B. bei Eheschließung, Scheidung, Geburt eines Kindes. Verwendet der Arbeitgeber ein Lohnabrechnungsprogramm, werden ihm **Änderungen der** ELStAM der angemeldeten Arbeitnehmer automatisch mitgeteilt (EStG § 39 e Abs. 5).

1 Das Zertifikat erhält der Arbeitgeber, wenn er sich über das ElsterOnline-Portal registriert hat. Nur so kann der Arbeitgeber eindeutig identifiziert werden

2 ELSTER = Elektronische Steuererklärung

Ein Minijobber, dessen Lohnsteuer pauschal berechnet und abgeführt wird, muss nicht beim Finanzamt angemeldet werden.

Für die **Anmeldung zur Sozialversicherung** muss der Arbeitgeber den neuen Mitarbeiter sozialversicherungsrechtlich einordnen (Zuordnung einer Beitragsgruppe). Anzumelden ist jeder Mitarbeiter, der in der Kranken-, Pflege-, Renten- oder Arbeitslosenversicherung pflichtversichert ist (SGB IV § 28 a). Die Krankenkassen sind die zentralen Meldestellen für die Sozialversicherung. Sie ziehen die gesamten Sozialversicherungsbeiträge ein und leiten sie an die zuständigen Stellen wie z. B. die Rentenversicherung weiter.

Die Anmeldung eines neuen Mitarbeiters ist mit der ersten Entgeltabrechnung, spätestens innerhalb von 6 Wochen nach Beginn der Beschäftigung, vorzunehmen (DEÜV § 6[1]). Die Meldungen zur Sozialversicherung und das Anfertigen der Beitragsnachweise sind nur elektronisch über ein Lohnabrechnungsprogramm oder die Software „sv-net" möglich. Es sind geeignete Maßnahmen zur Sicherstellung von Datenschutz und Datensicherheit vorzusehen. Bei der Nutzung allgemein zugänglicher Netze sind Verschlüsselungsverfahren anzuwenden (DEÜV § 16).

Die Anmeldung enthält Namen und Anschrift des Arbeitnehmers, den Beschäftigungsbeginn, die Art der Tätigkeit, seine Versicherungsnummer den **Beitragsgruppenschlüssel,** die Staatsangehörigkeit sowie die Betriebsnummer (von der Agentur für Arbeit vergeben), das Zertifikat für die verschlüsselte Datenübertragung[2], die Unfallversicherungsmitgliedsnummer des Beschäftigungsbetriebs, die Betriebsnummer des zuständigen Unfallversicherungsträgers und den anzuwendenden Gefahrtarif.

Der Beitragsgruppenschlüssel besteht aus vier Stellen:

1. Stelle	**2. Stelle**	**3. Stelle**	**4. Stelle**
Kranken-versicherung	**Renten-versicherung**	**Arbeitslosen-versicherung**	**Pflege-versicherung**
1	1	1	1
0	1	1	0

Beispiele:
Beitragsgruppe 1111: Arbeitnehmer ist in allen Sozialversicherungen mit vollem Beitrag versichert.
Beitragsgruppe 0110: Arbeitnehmer ist in nur in der Renten- und Arbeitslosenversicherung versichert.

Für Minijobber ist die **Minijob-Zentrale** bei der Bundesknappschaft zuständig. Zur Beurteilung, ob ein Minijob möglich ist, hilft ein Personalfragebogen, der die Angaben des Arbeitnehmers erfasst[3]. Bei der Anmeldung des Minijobbers ist anzugeben, ob er Eigenbeiträge zur Rentenversicherung abführt oder ob er einen Befreiungsantrag übergeben hat.

In bestimmten Branchen[4] ist der Beginn der Beschäftigung durch eine sogenannte Sofortmeldung an die Datenstelle des Rentenversicherungsträgers bzw. die Minijob-Zentrale zu melden. Die **Sofortmeldung** ist spätestens am Tag der Arbeitsaufnahme zu erstatten (DEÜV § 7). Auch sie erfolgt über Ihr Lohnabrechnungsprogramm oder die Software „sv-net". Die Sofortmeldungen ersetzt die Anmeldung bei der Krankenkasse nicht.

1 DEÜV = Datenerfassungs- und -übermittlungsverordnung
2 Das Zertifikat vergibt die Informationstechnische Servicestelle der gesetzlichen Krankenversicherung.
3 Der Fragebogen kann abgerufen werden unter: www.arbeitgeber.de/www/arbeitgeber.nsf/id/DE_Checkliste_Minijobs
4 Bau-, Schausteller-, Gebäudereinigungs-, Messe-, Gaststätten- und Beherbergungsgewerbe, Personenbeförderungs-, Speditions-, Transport- und damit verbundene Logistikgewerbe, Fleischwirtschaft, Unternehmen der Forstwirtschaft

2.2 Arbeitsschutzvorschriften

2.2.1 Personalakte und Datenschutz

In der **Personalakte** werden alle Unterlagen über einen bestimmten Arbeitnehmer gesammelt. Die Unterlagen müssen das Arbeitsverhältnis betreffen oder damit in Zusammenhang stehen. Die Inhalte der Personalakte sollen ein möglichst objektives Bild von der Person, der Tätigkeit und den Leistungen des Mitarbeiters vermitteln.

Mögliche Ablagestruktur und Inhalte einer Personalakte

Personalbelege	Personalfragebogen, ärztliche Untersuchungsberichte, Gesundheitsbescheinigung, Elternzeit, Mutterschutz, Jubiläen, Kinder, Eheschließung, Scheidung, Atteste, Schwerbehinderung, Unfallmeldungen, Arbeitsunfähigkeitsmeldungen, Arbeitsversuche, Sozialversicherungsausweis (ggf. Kopie), DEÜV-Meldungen, Zwischenzeugnisse, Endzeugnis, polizeiliches Führungszeugnis, Versorgungszusage (Betriebsrente), Direktversicherung (Betriebsrente), allgemeine Korrespondenz mit dem Mitarbeiter, Abmahnungen, Kopie der Austrittsbescheinigung
Vertragsbelege	Arbeitsvertrag, Vertragsänderungen (Zusatzverträge), Entgeltänderungen (Zulagen, Entgeltgruppenänderung), Sonderzahlungen, vermögenswirksame Leistungen, Kündigung, Aufhebungsvereinbarung, Arbeitsgerichtsunterlagen
Tätigkeitsbelege	Art der Tätigkeit, Beurteilungsergebnisse, Beförderungen, Versetzungsmeldungen, besuchte Seminare, Fortbildungsmaßnahmen, Kursabschlüsse (Zertifikate), Aushändigungen (z. B. Firmen-Pkw, Arbeitsmittel, Handy, Schlüssel, Bahncard, Miles & More, Firmenausweis, Parkplatz), Belehrungen (z. B. Datenschutz, Betriebsordnung, Sicherheitsbelehrung), Nebentätigkeiten

Der Arbeitnehmer hat ein **Einsichtsrecht** in seine Personalakte *(Recht auf Transparenz).* Er kann dabei ein Mitglied des Betriebsrats bzw. der Schwerbehindertenvertretung hinzuziehen, Erklärungen zum Inhalt der Personalakte beifügen lassen (BetrVG § 83) und sich Notizen machen, Ausdrucke und Fotokopien erstellen lassen. Das Einsichtsrecht kann ohne Angabe von Gründen während der Arbeitszeit ausgeübt werden und umfasst das **Auskunftsrecht** bezüglich der Datenherkunft und Datenübermittlung an Dritte nach § 34 BDSG. Die Einzelheiten der Einsichtnahme, wie etwa die Häufigkeit, die Voranmeldung und der betriebliche Ort, an dem Einblick genommen werden kann, unterliegen der Mitbestimmung des Betriebsrats (BetrVG § 87 Abs. 1)

Das Auskunfts- bzw. Einsichtsrecht soll verhindern, dass unzutreffende oder unzulässige Informationen über Beschäftigte gesammelt werden. Der Arbeitnehmer kann nach § 35 BDSG unrichtige Personalaktendaten korrigieren lassen und verlangen, dass unzulässige Angaben entfernt werden **(Recht auf Berichtigung).** Vor der Aufnahme negativer Vorgänge, die ihn in seinem beruflichen Fortkommen behindern könnten, muss der betroffene Mitarbeiter angehört werden **(Anhörungsrecht).**

Arbeitnehmer dürfen durch den Umgang mit ihren personenbezogenen Daten nicht in ihrem **Persönlichkeitsrecht** beeinträchtigt werden (BDSG § 1). Grundsätzlich gilt, dass alle Sachverhalte, die in einem Vorstellungsgespräch nicht erfragt werden dürfen (z. B. chronische Krankheiten, Vorstrafen, Vermögensverhältnisse), auch nicht in die Personalakte gehören.

Der Arbeitgeber ist verpflichtet, die Personalakten sorgfältig zu verwahren und die Informationen vertraulich zu behandeln **(Prinzip der Vertraulichkeit).** Er hat das Gebot der Zweckbindung einzuhalten und muss die Sachbearbeiter entsprechend anweisen. Dabei ist der Kreis der mit Personalakten befassten Mitarbeiter möglichst klein zu halten. Den bei der Datenverarbeitung beschäftigten Personen ist untersagt, personenbezogene Daten unbefugt zu erheben, zu verarbeiten oder zu nutzen (**Datengeheimnis,** BDSG § 5). Diese Personen sind vor der Aufnahme ihrer Tätigkeit auf das Datengeheimnis zu verpflichten. Das Datengeheimnis besteht auch nach Beendigung ihrer Tätigkeit fort.

Sensible Daten sind besonders vor Missbrauch zu schützen und ggf. getrennt zu speichern und zu verarbeiten. **Sensible Daten** sind nach § 3 Abs. 9 BDSG insbesondere die Angaben über die rassische und ethnische Herkunft, politische Meinung, religiöse oder philosophische Überzeugung, Gewerkschaftszugehörigkeit, Gesundheit oder das Sexualleben.

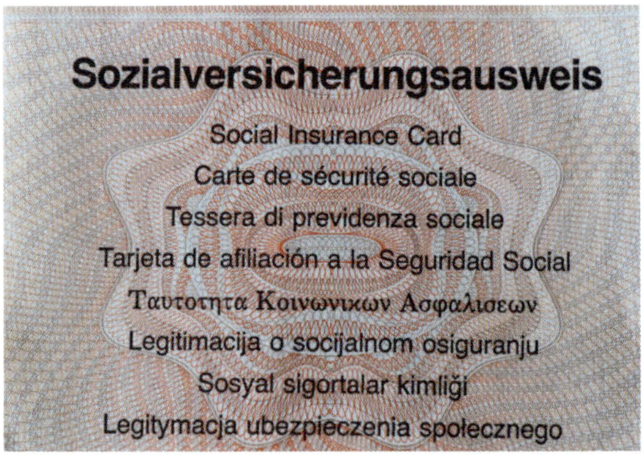

Der Schutz der Daten ist durch technische und organisatorische Maßnahmen sicherzustellen (BDSG § 9). Personalakten sind so aufzubewahren, dass nur Berechtigte Zugang haben. Geeignet sind abschließbare Räume bzw. Schränke. Auskünfte über Inhalte und die Versendung von Inhalten aus Personalakten sind nur mit Einwilligung des Beschäftigten zulässig. Bei der Verarbeitung der Daten der Beschäftigten mittels Kommunikations- und Informationstechniken sind die Mitbestimmungsrechte der Personalvertretungen zu beachten.

Abmahnungen, bei denen es sich nicht um schwere Verstöße handelt, dürfen nicht unbegrenzt in der Personalakte aufbewahrt werden. Abmahnungen wegen kleineren Verstößen, wie z. B. Zuspätkommen, dürfen üblicherweise nur **rund zwei Jahre** in der Akte verbleiben.

Immer öfters wird die Personalakte digital geführt, da so die Dokumente jederzeit und übersichtlich strukturiert zur Verfügung stehen. Ebenso sind automatische Erinnerungen möglich, z. B. Ende Probezeit, Ablauf der Vertragsbefristung oder Elternzeit.

Beispiel: *Digitale Personalakte*

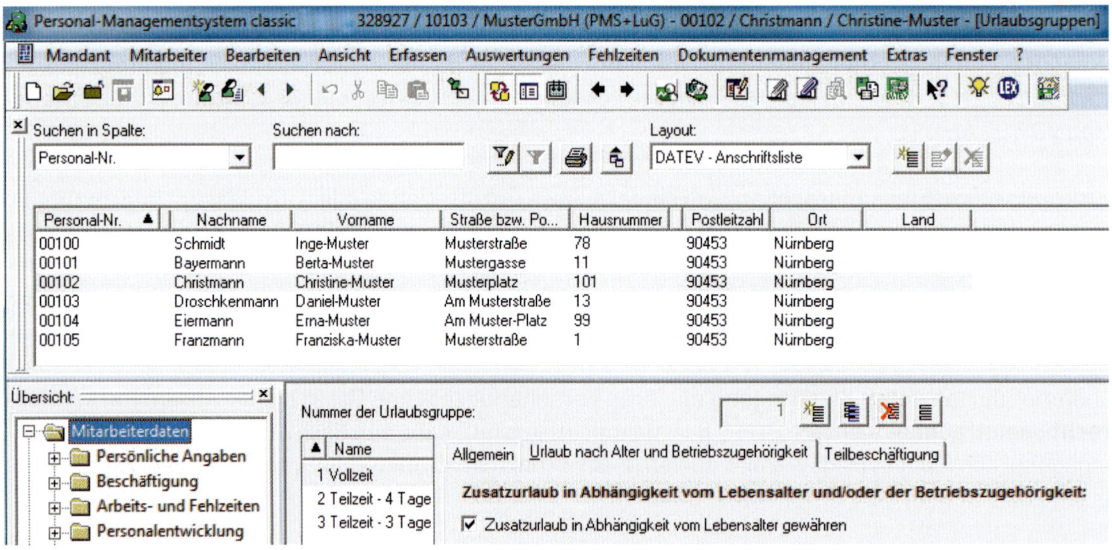

www.**datev**.de/portal/ShowPage.do?pid=dpi&nid=155686

2.2.2 Probezeit und Entgeltfortzahlung

- **Probezeit bei befristeten und unbefristeten Arbeitsverträgen**

Bei neu eingestellten Mitarbeitern ist die Vereinbarung einer **Probezeit** sinnvoll, um sich gegenseitig kennenzulernen, die fachliche Qualifikation des Neuen prüfen zu können und um festzustellen, ob der Neue in die Betriebsgemeinschaft passt.

Eine Probezeit kann auf zwei verschiedene Arten vereinbart werden:

Befristeter Probearbeitsvertrag	Unbefristeter Arbeitsvertrag mit vorgeschalteter Probezeit
Mit dem Arbeitnehmer wird ein **befristeter Probearbeitsvertrag** in Schriftform geschlossen. Die Erprobung eines Arbeitnehmers ist ein anerkannter sachlicher Grund für eine Zweckbefristung (TzBfG § 14 Abs. 1). In diesem Falle endet das Arbeitsverhältnis automatisch nach Ablauf der Probezeit, ohne dass es einer Kündigung bedarf. Kündigungsbeschränkungen des Mutterschutz- und Schwerbehindertenrechts greifen nicht. Bei längeren Probezeiten als 6 Monaten sollte der Arbeitgeber aufgrund seiner Fürsorgepflicht den Arbeitnehmer darauf hinzuweisen, dass eine Verlängerung des Arbeitsverhältnisses nicht beabsichtigt ist („Nichtverlängerungsanzeige"). Wird das Probearbeitsverhältnis nach Ablauf der Befristung fortgesetzt, kommt in der Regel ein unbefristetes Arbeitsverhältnis zustande (TzBfG § 15 Abs. 5).	Mit dem Arbeitnehmer wird ein **unbefristeter Arbeitsvertrag** geschlossen, bei dem eine Probezeitvereinbarung vorgeschaltet ist. Die Dauer der Probezeit richtet sich nach der Art der Tätigkeit und sollte 6 Monate nicht überschreiten *(Grundsatz der Verhältnismäßigkeit).* Denn in Unternehmen, die regelmäßig mehr als 10 Arbeitnehmer beschäftigen, greift nach 6 Monaten der allgemeine Kündigungsschutz des Arbeitnehmers (KSchG § 1). Ebenso greifen die Kündigungsbeschränkungen des Mutterschutz- und Schwerbehindertenrechts. Während der Probezeit (mit einer Dauer von längstens 6 Monaten) kann das Arbeitsverhältnis mit einer Frist von 2 Wochen ausdrücklich schriftlich gekündigt werden (BGB § 622 Abs. 3).[1] ***Beispiel:*** *Die vorgeschaltete Probezeit läuft vom 01.04. bis 30.09. Wenn die Kündigung am 15.04. erfolgt, dann enden die Probezeit und damit das Arbeitsverhältnis am 29.04.*

Arbeitgebern werden die Kosten für eine **befristete Probebeschäftigung behinderter, schwerbehinderter Menschen** und ihnen Gleichgestellter im Sinne des § 2 SGB IX bis zu einer Dauer von drei Monaten erstattet, wenn dadurch die Möglichkeit einer Teilhabe am Arbeitsleben verbessert wird oder eine vollständige und dauerhafte Teilhabe am Arbeitsleben zu erreichen ist (SGB III § 46).

Wird ein Auszubildender in ein unbefristetes Arbeitsverhältnis übernommen, dann kann der Betrieb auf eine erneute Probezeit nach § 622 Abs. 3 BGB bestehen. Der allgemeine Kündigungsschutz des „neuen" Beschäftigten setzt jedoch sofort ein. Nach § 3 Abs. 3 Entgeltfortzahlungsgesetz (EntgFG) entsteht der Anspruch auf Entgeltfortzahlung erst nach vierwöchiger nicht unterbrochener Beschäftigung. Auch hier sind beide Arbeitsverhältnisse als Einheit zu betrachten und die Entgeltfortzahlung bleibt ohne Unterbrechung bestehen.

1 Auch bei einer Kündigung in der Probezeit muss der Betriebsrat ordnungsgemäß angehört werden d. h., es muss ein Kündigungsgrund genannt werden. Auszubildende können während der Probezeit jederzeit ohne Einhaltung einer Frist gekündigt werden (BBiG § 22 Absatz 1).

- **Regelungen zur Entgeltfortzahlung**

Für Arbeitszeit, die infolge eines **gesetzlichen Feiertages** ausfällt, hat der Arbeitgeber dem Arbeitnehmer das Arbeitsentgelt zu zahlen, das er ohne den Arbeitsausfall erhalten hätte. Arbeitnehmer, die am letzten Arbeitstag vor oder am ersten Arbeitstag nach Feiertagen unentschuldigt der Arbeit fernbleiben, haben keinen Anspruch auf Bezahlung für diese Feiertage (EntgFG § 2).

Wird ein Arbeitnehmer durch Arbeitsunfähigkeit infolge Krankheit an seiner Arbeitsleistung verhindert, hat er Anspruch auf **Entgeltfortzahlung im Krankheitsfall** durch den Arbeitgeber *bis zur Dauer von sechs Wochen.* Dieser Anspruch entsteht nach vierwöchiger ununterbrochener Dauer des Arbeitsverhältnisses (EntgFG § 3). Maßgebend ist das regelmäßige Arbeitsentgelt ohne Überstunden. Bei einer leistungsabhängigen Vergütung ist der in der regelmäßigen Arbeitszeit erzielbare Durchschnittsverdienst zugrunde zu legen (EntgFG § 4). Durch Tarifvertrag kann eine abweichende Bemessungsgrundlage des fortzuzahlenden Arbeitsentgelts festgelegt werden.

Im Krankheitsfall ist der Arbeitnehmer verpflichtet, dem Arbeitgeber die Arbeitsunfähigkeit und deren voraussichtliche Dauer *unverzüglich* mitzuteilen **(Anzeigepflicht).** Dauert die Arbeitsunfähigkeit länger als drei Kalendertage, hat der Arbeitnehmer eine ärztliche Bescheinigung über das Bestehen der Arbeitsunfähigkeit sowie deren voraussichtliche Dauer *spätestens an dem darauffolgenden Arbeitstag* vorzulegen **(Nachweispflicht).** Der Arbeitgeber ist berechtigt, die Vorlage der ärztlichen Bescheinigung früher zu verlangen. Dauert die Arbeitsunfähigkeit länger als in der Bescheinigung angegeben, ist der Arbeitnehmer verpflichtet, eine neue ärztliche Bescheinigung vorzulegen (EntgFG § 5).

Der Arbeitgeber ist berechtigt, die Fortzahlung des Arbeitsentgelts zu verweigern, solange der Arbeitnehmer die ärztliche Bescheinigung nicht vorlegt (EntgFG § 7, **Leistungsverweigerungsrecht**).

2.2.3 Kündigungsfristen und Kündigungsschutz[1]

- **Ordentliche und außerordentliche Kündigung nach BGB**

Eine ordentliche Kündigung ist an Fristen gebunden, die sich aus dem Gesetz, dem Arbeits- bzw. Tarifvertrag ergeben.

Gesetzlich kann das Arbeitsverhältnis mit einer Frist von **vier Wochen (= 28 Kalendertage) zum Fünfzehnten oder zum Ende eines Kalendermonats** gekündigt werden (BGB § 622 Abs. 1).

Beispiel: Der Arbeitnehmer kündigt am 15. Mai. Sein Arbeitsverhältnis endet am 15. Juni (15.05. + 28 Tage = 12.06. zum 15. des Monats).

Einzelvertraglich können diese Grundkündigungsfristen verkürzt werden, wenn ein Arbeitnehmer zur vorübergehenden Aushilfe (bis drei Monate) eingestellt ist oder wenn der Arbeitgeber in der Regel nicht mehr als 20 Arbeitnehmer[2] ausschließlich der Auszubildenden beschäftigt und die Kündigungsfrist vier Wochen nicht unterschreitet. Ein befristetes Arbeitsverhältnis unterliegt nur dann der ordentlichen Kündigung, wenn dies einzelvertraglich oder im Tarifvertrag vereinbart ist (TzBfG § 15).

Für eine *Kündigung durch den Arbeitgeber* verlängert sich die Kündigungsfrist mit der Dauer der Betriebszugehörigkeit des Arbeitnehmers (BGB § 622 Abs. 2).

1 Siehe auch Kapitel 3.5, Beendigung von Arbeitsverhältnissen
2 Bei der Feststellung der Zahl der beschäftigten Arbeitnehmer sind teilzeitbeschäftigte Arbeitnehmer mit einer regelmäßigen wöchentlichen Arbeitszeit von nicht mehr als 20 Stunden mit 0,5 und nicht mehr als 30 Stunden mit 0,75 zu berücksichtigen.

Verlängerte Kündigungsfristen[1]

Wenn das Arbeitsverhältnis ...	beträgt die Kündigungsfrist ...
zwei Jahre bestanden hat	einen Monat zum Ende eines Kalendermonats
fünf Jahre bestanden hat	zwei Monate zum Ende eines Kalendermonats
acht Jahre bestanden hat	drei Monate zum Ende eines Kalendermonats
zehn Jahre bestanden hat	vier Monate zum Ende eines Kalendermonats
zwölf Jahre bestanden hat	fünf Monate zum Ende eines Kalendermonats
15 Jahre bestanden hat	sechs Monate zum Ende eines Kalendermonats
20 Jahre bestanden hat	sieben Monate zum Ende eines Kalendermonats

Beispiel:

1. *Der Arbeitgeber kündigt einem Arbeitnehmer mit einem Jahr Betriebszugehörigkeit am 10. Mai. Das Arbeitsverhältnis endet am 15. Juni (10.05. + 28 Tage = 12.06. zum 15. des Monats).*
2. *Der Arbeitgeber kündigt einem Arbeitnehmer mit zwei Jahren Betriebszugehörigkeit am 10. Mai. Das Arbeitsverhältnis endet am 30. Juni (10.05. + 1 Monat = 10.06. zum Ende des Monats).*
3. *Der Arbeitgeber kündigt einem Arbeitnehmer mit 10 Jahren Betriebszugehörigkeit am 10. Mai. Das Arbeitsverhältnis endet am 30. September (10.05. + 4 Monate = 10.09. zum Ende des Monats).*
4. *Ein Arbeitnehmer mit zehn Jahren Betriebszugehörigkeit kündigt am 4. Juni. Es gelten die Grundkündigungsfristen. Das Arbeitsverhältnis endet am 15. Juli (04.06. + 28 Tage = 02.07. zum 15. des Monats). Die verlängerten Kündigungsfristen gelten nur, wenn der Arbeitgeber kündigt.*

Abweichende Kündigungsfristen können durch Tarifvertrag vereinbart werden. Die einzelvertragliche Vereinbarung längerer als der oben genannten Kündigungsfristen ist möglich, wenn für die Kündigung durch den Arbeitnehmer keine längere Frist vereinbart wird als für die Kündigung durch den Arbeitgeber. Die Beendigung von Arbeitsverhältnissen durch Kündigung oder Auflösungsvertrag bedürfen zu ihrer Wirksamkeit der **Schriftform;** die elektronische Form ist ausgeschlossen (BGB § 623).

Ein Dienstverhältnis kann von jedem Vertragsteil aus wichtigem Grund ohne Einhaltung einer Kündigungsfrist gekündigt werden **(fristlose Kündigung).** Für eine solche **außerordentliche Kündigung** müssen Tatsachen vorliegen, die eine Fortsetzung des Dienstverhältnisses bis zum Ablauf der Kündigungsfrist oder bis zur vereinbarten Beendigung unzumutbar machen. Die Kündigung kann nur *innerhalb von zwei Wochen* seit dem maßgebenden Vorfall erfolgen. Der Kündigende muss dem anderen Teil auf Verlangen den Kündigungsgrund unverzüglich schriftlich mitteilen (BGB § 626). Gründe für eine fristlose Kündigung können strafbare Handlungen (z. B. Diebstahl, Tätlichkeiten, Bestechung), grobe Beleidigungen oder grobe Pflichtverletzungen (z. B. Arbeitsverweigerung) sein.

- **Schutz vor sozial ungerechtfertigter Kündigung**

Die ordentliche Kündigung eines Arbeitnehmers, dessen Arbeitsverhältnis in demselben Betrieb ohne Unterbrechung länger als sechs Monate bestanden hat, ist ungültig, wenn sie sozial ungerechtfertigt ist (KSchG § 1). **Sozial ungerechtfertigt** ist die Kündigung, wenn

- der Kündigungsgrund nicht in der Person, nicht im Verhalten des Arbeitnehmers liegt, oder nicht durch dringende betriebliche Erfordernisse, die einer Weiterbeschäftigung des Arbeitnehmers in diesem Betrieb entgegenstehen, bedingt ist;

1 Die Regelung, dass Beschäftigungszeiten, die vor dem 25. Lebensjahr des Arbeitnehmers liegen, nicht berücksichtigt werden, ist wegen Altersdiskriminierung ausgesetzt (EuGH Az.: C-555/07).

- die Kündigung gegen Auswahlrichtlinien (z. B. BetrVG § 95) verstößt,
- der Arbeitnehmer an einem anderen Arbeitsplatz in demselben Betrieb oder in einem anderen Betrieb des Unternehmens weiterbeschäftigt werden kann

und der Betriebsrat oder eine andere zuständige Vertretung der Arbeitnehmer der Kündigung innerhalb einer Woche schriftlich widersprochen hat (BetrVG § 102). Dieser **allgemeine Kündigungsschutz** gilt für Betriebe, die mehr als zehn Arbeitnehmer[1] ausschließlich der Auszubildenden beschäftigen (KSchG § 23). Vor der Kündigung ist zu prüfen, ob eine Weiterbeschäftigung des Arbeitnehmers nach zumutbaren Umschulungs- oder Fortbildungsmaßnahmen oder unter geänderten Arbeitsbedingungen möglich ist.

Eine Kündigung aus dringenden betrieblichen Erfordernissen ist nur dann sozial gerechtfertigt, wenn der Arbeitgeber bei der **Sozialauswahl des Arbeitnehmers** die *Dauer der Betriebszugehörigkeit, das Lebensalter, die Unterhaltspflichten und die Schwerbehinderung* des Arbeitnehmers ausreichend berücksichtigt hat. Auf Verlangen des Arbeitnehmers hat der Arbeitgeber die Gründe anzugeben, die zu der getroffenen sozialen Auswahl geführt haben. In die soziale Auswahl müssen Arbeitnehmer nicht einbezogen werden, deren Weiterbeschäftigung, insbesondere wegen ihrer Kenntnisse, Fähigkeiten und Leistungen oder zur Sicherung einer ausgewogenen Personalstruktur des Betriebes, im berechtigten betrieblichen Interesse liegt. Die soziale Auswahl der Arbeitnehmer kann nur auf grobe Fehlerhaftigkeit überprüft werden (KSchG § 1 Abs. 3).

Kündigungsgründe nach dem KSchG

Kündigung ist bedingt durch	Erläuterungen und Beispiele
die Person des Arbeitnehmers	Der Arbeitnehmer kann aufgrund seiner individuellen Eigenschaften und Fähigkeiten seine Arbeitsleistung nicht mehr erbringen, z. B. beschränkte Einsatzmöglichkeit und Leistungsfähigkeit durch z. B. häufige Kurzerkrankungen, lange Krankheit mit negativer Prognose, dauernde Arbeitsunfähigkeit durch Verlust des Führerscheins, Leistungsminderung wegen Alkohol- oder Drogenabhängigkeit, Entzug der Erlaubnis einer Beschäftigung (Arbeitserlaubnis), fehlende Gesundheitsbescheinigung
das Verhalten des Arbeitnehmers	Fehlhandlungen des Arbeitnehmers, z. B. beharrliche Arbeitsverweigerung, Verrat von Betriebsgeheimnissen, Verstoß gegen das Wettbewerbsverbot, Störung des Betriebsfriedens, wiederholte Unpünktlichkeit, Urlaubsüberschreitungen, wiederholter Verstoß gegen Rauch-, Alkoholverbot, Beleidigungen und andere strafbare Handlungen,. Der Arbeitgeber muss nachweisen, dass er sich bemüht hat, das beanstandete Verhalten zu korrigieren, z. B. durch eine **Abmahnung,** in der er das Verhalten missbilligt und im Wiederholungsfall die Kündigung androht.
dringende betriebliche Erfordernisse	Anpassung des Ist- an den zukünftigen Soll-Personalbestand. Der konkrete Arbeitsplatz muss tatsächlich wegfallen durch z. B. **außerbetriebliche Ursachen** (z. B. Auftragsrückgang, Umsatzeinbruch, Energie-, Rohstoffmangel) oder **innerbetriebliche Ursachen** (z. B. Rationalisierungsmaßnahmen, organisatorische Veränderungen, Betriebsstilllegung).

1 Bei der Feststellung der Zahl der beschäftigten Arbeitnehmer sind teilzeitbeschäftigte Arbeitnehmer mit einer regelmäßigen wöchentlichen Arbeitszeit von nicht mehr als 20 Stunden mit 0,5 und nicht mehr als 30 Stunden mit 0,75 zu berücksichtigen.

2.2.4 Mutterschutz und Erfordernisse der Inklusion

- **Mutterschutzrecht – Beschäftigungs- und Kündigungsverbot**

Werdende Mütter sollen dem Arbeitgeber ihre Schwangerschaft und den mutmaßlichen Tag der Entbindung mitteilen, sobald ihnen ihr Zustand bekannt ist. Auf Verlangen des Arbeitgebers sollen sie das Zeugnis eines Arztes oder einer Hebamme vorlegen (MuSchG § 5, **Mitteilungspflicht**). Der Arbeitgeber hat die Aufsichtsbehörde unverzüglich von der Mitteilung der werdenden Mutter zu benachrichtigen. Er darf die Mitteilung Dritten nicht unbefugt bekannt geben.

Werdende Mütter dürfen nicht beschäftigt werden, soweit nach ärztlichem Zeugnis Leben oder Gesundheit von Mutter oder Kind gefährdet sind. Werdende Mütter dürfen in den letzten *sechs Wochen vor der Entbindung* nicht beschäftigt werden **(Beschäftigungsverbot).** Sie können sich zur Arbeitsleistung ausdrücklich bereit erklären; die Erklärung kann jederzeit widerrufen werden (MuSchG § 3). Werdende Mütter dürfen *nicht mit schweren körperlichen Arbeiten* und nicht mit Arbeiten beschäftigt werden, bei denen sie schädlichen Einwirkungen von gesundheitsgefährdenden Stoffen oder Strahlen, von Staub, Gasen oder Dämpfen, von Hitze, Kälte oder Nässe, von Erschütterungen oder Lärm ausgesetzt sind (MuSchG § 4, **weitere Beschäftigungsverbote**). Werdende und stillende Mütter dürfen nicht mit Mehrarbeit, nicht in der Nacht zwischen 20 und 6 Uhr und nicht an Sonn- und Feiertagen beschäftigt werden (MuSchG § 8).

Mütter dürfen bis zum Ablauf von acht Wochen nach der Entbindung[1] nicht beschäftigt werden (MuSchG § 6, **Beschäftigungsverbote nach der Entbindung**). Frauen, die in den ersten Monaten nach der Entbindung nach ärztlichem Zeugnis nicht voll leistungsfähig sind, dürfen nicht zu einer ihre Leistungsfähigkeit übersteigenden Arbeit herangezogen werden.

Die Kündigung einer Frau während der Schwangerschaft und bis zum Ablauf von vier Monaten nach der Entbindung ist unzulässig, wenn dem Arbeitgeber zur Zeit der Kündigung die Schwangerschaft oder Entbindung bekannt war oder innerhalb zweier Wochen nach Zugang der Kündigung mitgeteilt wird (MuSchG § 9 **Kündigungsverbot**). Das Überschreiten dieser Frist ist unschädlich, wenn die Mitteilung unverzüglich nachgeholt wird. Das Kündigungsverbot gilt auch, wenn die Frau kündigt.

Die für den Arbeitsschutz zuständige oberste Landesbehörde oder die von ihr bestimmte Stelle kann in besonderen Fällen die Kündigung für zulässig erklären. Die Kündigung bedarf der schriftlichen Form und sie muss den zulässigen Kündigungsgrund angeben.

- **Erfordernisse der Inklusion – Rechte Schwerbehinderter[2]**

Menschen sind nach § 2 SGB IX behindert, wenn ihre körperliche Funktion, geistige Fähigkeit oder seelische Gesundheit mit hoher Wahrscheinlichkeit länger als sechs Monate von dem für das Lebensalter typischen Zustand abweichen und daher ihre Teilhabe am Leben in der Gesellschaft beeinträchtigt ist **(Behinderung).** Menschen sind schwerbehindert, wenn bei ihnen ein Grad der Behinderung von wenigstens 50 vorliegt **(Schwerbehinderung).** Schwerbehinderten gleichgestellt werden behinderte Menschen mit einem Grad der Behinderung von weniger als 50, aber wenigstens 30, wenn sie infolge ihrer Behinderung ohne die Gleichstellung einen geeigneten Arbeitsplatz nicht erlangen bzw. behalten können **(gleichgestellte behinderte Menschen).**

Behinderte erhalten **Leistungen zur Teilhabe am Arbeitsleben.** Diese umfassen Hilfen zur Erhaltung oder Erlangung eines Arbeitsplatzes einschließlich Leistungen zur Aktivierung und beruflichen Eingliederung, einer Berufsvorbereitung einschließlich einer wegen der Behinderung erforderlichen Grundausbildung, eine individuelle betriebliche Qualifizierung im Rahmen unterstützter Beschäftigung sowie die berufliche Anpassung und Weiterbildung (SGB IX § 33).

Die Rehabilitationsträger (z. B. gesetzliche Krankenkassen, Bundesagentur für Arbeit, Träger der gesetzlichen Unfallversicherung) können Leistungen zur Teilhabe am Arbeitsleben auch an Arbeitgeber erbrin-

1 Bei Früh- und Mehrlingsgeburten bis zum Ablauf von zwölf Wochen
2 Zur Pflicht der Arbeitgeber zur Beschäftigung schwerbehinderter Menschen nach § 71 SGB IX und zur Höhe der Ausgleichsabgabe nach § 77 SGB IX siehe Seite 266 f.

gen (SGB IX § 34, **Leistungen an Arbeitgeber**). Die Leistungen umfassen Ausbildungs-, Eingliederungszuschüsse und die volle Kostenerstattung (bis zu einer Dauer von drei Monaten) für eine befristete Probebeschäftigung (SGB III § 46).

Leistungen an Arbeitgeber

Ausbildungszuschüsse	Der Arbeitgeber erhält Ausbildungszuschusse zur betrieblichen Ausführung von Bildungsleistungen. Sie können für die gesamte Dauer der Maßnahme geleistet werden und sollen die im letzten Ausbildungsjahr zu zahlenden monatlichen Ausbildungsvergütungen nicht übersteigen
Eingliederungszuschüsse	Sie betragen höchstens 50 % der vom Arbeitgeber regelmäßig gezahlten Entgelte, soweit sie die tariflichen Arbeitsentgelte nicht übersteigen. Die Leistungen werden für höchstens ein Jahr gewährt. Soweit es für die Teilhabe am Arbeitsleben erforderlich ist, können die Leistungen um bis zu 20 Prozentpunkte höher festgelegt und bis zu einer Förderungshöchstdauer von zwei Jahren erbracht werden.

Arbeitgeber sind verpflichtet zu prüfen, ob freie Arbeitsplätze mit schwerbehinderten Menschen, insbesondere mit bei der Agentur für Arbeit arbeitslos oder arbeitssuchend gemeldeten schwerbehinderten Menschen, besetzt werden können. Die Bundesagentur für Arbeit oder ein Integrationsfachdienst schlägt den Arbeitgebern geeignete schwerbehinderte Menschen vor. Über die Vermittlungsvorschläge und vorliegende Bewerbungen von schwerbehinderten Menschen haben die Arbeitgeber die Schwerbehindertenvertretung unmittelbar nach Eingang zu unterrichten (SGB IX § 81, **Pflichten des Arbeitgebers**). Arbeitgeber dürfen schwerbehinderte Beschäftigte nicht wegen ihrer Behinderung benachteiligen.

Die schwerbehinderten Menschen haben gegenüber ihren Arbeitgebern Anspruch auf

- Beschäftigung, bei der sie ihre Fähigkeiten und Kenntnisse möglichst voll verwerten und weiterentwickeln können,
- bevorzugte Berücksichtigung bei innerbetrieblichen Maßnahmen der beruflichen Bildung zur Förderung ihres beruflichen Fortkommens,
- Erleichterungen im zumutbaren Umfang zur Teilnahme an außerbetrieblichen Maßnahmen der beruflichen Bildung,
- behinderungsgerechte Einrichtung und Unterhaltung der Arbeitsstätten einschließlich der Betriebsanlagen, Maschinen und Geräte sowie der Gestaltung der Arbeitsplätze, des Arbeitsumfeldes, der Arbeitsorganisation und der Arbeitszeit, unter besonderer Berücksichtigung der Unfallgefahr,
- Ausstattung ihres Arbeitsplatzes mit den erforderlichen technischen Arbeitshilfen.

Schwerbehinderte Menschen haben einen Anspruch auf Teilzeitbeschäftigung, wenn die kürzere Arbeitszeit wegen Art oder Schwere der Behinderung notwendig ist. Die Arbeitgeber fördern die Einrichtung von Teilzeitarbeitsplätzen und werden dabei von den Integrationsämtern unterstützt.

In Betrieben und Dienststellen, in denen wenigstens fünf schwerbehinderte Menschen nicht nur vorübergehend beschäftigt sind, werden alle vier Jahre eine Vertrauensperson und wenigstens ein stellvertretendes Mitglied gewählt (SGB IX § 94, **Schwerbehindertenvertretung**). Wahlberechtigt sind alle schwerbehinderten Menschen. Wählbar sind alle nicht nur vorübergehend Beschäftigten, die am Wahltag das 18. Lebensjahr vollendet haben und dem Betrieb seit sechs Monaten angehören.

Der Arbeitgeber bestellt einen Beauftragten, der ihn in Angelegenheiten schwerbehinderter Menschen vertritt. Der Beauftragte soll nach Möglichkeit selbst ein schwerbehinderter Mensch sein (SGB IX § 98, **Beauftragter des Arbeitgebers**).

Arbeitgeber treffen mit der Schwerbehindertenvertretung und dem Betriebs- bzw. Personalrat in Zusammenarbeit mit dem Beauftragten des Arbeitgebers eine verbindliche **Integrationsvereinbarung,** die der zuständigen Agentur für Arbeit und dem Integrationsamt übermittelt wird (SGB IX § 83). Die Vereinbarung enthält Regelungen im Zusammenhang mit der Eingliederung schwerbehinderter Menschen, insbesondere zur Personalplanung, Arbeitsplatzgestaltung, Gestaltung des Arbeitsumfelds, Arbeitsorganisation und Arbeitszeit. Bei der Personalplanung werden besondere Regelungen zur Beschäftigung eines angemessenen Anteils von schwerbehinderten Frauen vorgesehen.

In der Integrationsvereinbarung können insbesondere auch Regelungen getroffen werden

- zur angemessenen Berücksichtigung schwerbehinderter Menschen bei der Besetzung freier, frei werdender oder neuer Stellen,
- zu einer anzustrebenden Beschäftigungsquote, einschließlich eines angemessenen Anteils schwerbehinderter Frauen,
- zu Teilzeitarbeit,
- zur Ausbildung behinderter Jugendlicher,
- zur Durchführung der betrieblichen Prävention (betriebliches Eingliederungsmanagement) und zur Gesundheitsförderung,
- über die Hinzuziehung des Werks- oder Betriebsarztes auch für Beratungen über Leistungen zur Teilhabe sowie über besondere Hilfen im Arbeitsleben.

In den **Versammlungen schwerbehinderter Menschen** berichtet der Arbeitgeber über alle Angelegenheiten im Zusammenhang mit der Eingliederung schwerbehinderter Menschen.

Der Arbeitgeber schaltet bei Eintreten von personen-, verhaltens- oder betriebsbedingten Schwierigkeiten, die zur Gefährdung des Arbeitsverhältnisses führen können, möglichst frühzeitig die Schwerbehindertenvertretung, den Betriebs- bzw. Personalrat sowie das Integrationsamt ein, um alle Möglichkeiten zur Beratung und mögliche finanzielle Leistungen zu erörtern (SGB IX § 84, **Prävention**). Sind schwerbehinderte Beschäftigte innerhalb eines Jahres länger als sechs Wochen ununterbrochen oder wiederholt arbeitsunfähig, klärt der Arbeitgeber mit dem Betriebs- bzw. Personalrat und der Schwerbehindertenvertretung, mit Zustimmung und Beteiligung der betroffenen Person die Möglichkeiten, wie die Arbeitsunfähigkeit möglichst überwunden werden und mit welchen Leistungen oder Hilfen erneuter Arbeitsunfähigkeit vorgebeugt und der Arbeitsplatz erhalten werden kann **(betriebliches Eingliederungsmanagement).**

Die **Kündigung eines schwerbehinderten Menschen** durch den Arbeitgeber bedarf der vorherigen Zustimmung des Integrationsamtes (SGB IX § 85). Die Kündigungsfrist beträgt mindestens vier Wochen SGB IX § 86). Die Zustimmung zur Kündigung beantragt der Arbeitgeber schriftlich beim zuständigen Integrationsamt (SGB IX § 87, **Antragsverfahren**). Das Integrationsamt holt eine Stellungnahme des Betriebs- bzw. Personalrates und der Schwerbehindertenvertretung ein und hört den schwerbehinderten Menschen an und wirkt auf eine gütliche Einigung hin. Das Integrationsamt entscheidet über die Kündigung innerhalb eines Monats vom Tage des Eingangs des Antrages an (SGB IX § 88).
Stimmt das Integrationsamt der Kündigung zu, kann der Arbeitgeber die Kündigung nur innerhalb eines Monats nach Zustellung der Entscheidung erklären.[1] Bei der Bemessung des Arbeitsentgelts sind die Anrechnung von Renten und vergleichbare Leistungen, die wegen der Behinderung bezogen werden, unzulässig (SGB IX § 123). Schwerbehinderte Menschen werden auf ihr Verlangen von Mehrarbeit freigestellt (SGB IX § 124) und haben Anspruch auf einen bezahlten zusätzlichen Urlaub von fünf Arbeitstagen im Urlaubsjahr (SGB IX § 125).

1 Bei einer fristlosen Kündigung entfällt die Kündigungsfrist, das Integrationsamt entscheidet innerhalb zwei Wochen und der Arbeitgeber erklärt die Kündigung innerhalb zwei Wochen nach Zustellung.

2.3 Planung des Personaleinsatzes

Bei der **Planung des Personaleinsatzes** geht es darum, die vorhandenen Arbeitskräfte so auf die Arbeitsplätze zu verteilen, dass sie optimal ausgelastet sind und die Durchlaufzeiten der Prozesse möglichst gering gehalten werden.

Alle Arbeitskräfte müssen entsprechend ihrer individuell vereinbarten Arbeitszeit eingesetzt werden. Die Anwesenheitszeiten werden meist mithilfe von Schicht- und Urlaubsplänen sichergestellt.

2.3.1 Regelungen zur Arbeitszeit

Nach einer Entscheidung des Bundesarbeitsgerichts (BAG Az. 6 AZR 567/03) kann der Arbeitgeber aufgrund seines Weisungsrechts die Lage der Arbeitszeit seiner Beschäftigten im Rahmen der gesetzlichen und tariflichen Vorschriften bestimmen. Er muss aber bei der Verteilung der Arbeitszeiten die beiderseitigen Interessen angemessen berücksichtigen. Insbesondere sind die familiären Belange des Arbeitnehmers (z. B. erforderliche Beaufsichtigung und Betreuung von Kindern) zu berücksichtigen, soweit nicht betriebliche Gründe oder berechtigte Belange anderer Beschäftigter entgegenstehen. Immer mehr Betriebe erkennen, dass sie mithilfe von flexiblen Arbeitszeitmodellen ihre Attraktivität steigern und so qualifizierte Arbeitnehmer an sich binden und leichter Fachkräfte gewinnen können.

Der **Normalarbeitstag** mit festen Arbeitsbeginn und festem Arbeitsende ist heute eher eine Seltenheit. Die allgemeine Öffnungszeit des Betriebes (Betriebszeit) und die individuelle Arbeitszeit der Mitarbeiter (Arbeitszeit) sind heute durch **flexible Arbeitszeiten** weitgehend entkoppelt. Moderne Arbeitszeitkonzepte (Arbeitszeitmodelle) bringen die persönlichen Wünsche der Arbeitnehmer bezüglich Dauer, Lage und Verteilung der Arbeitszeit mit sozialen und betrieblichen Erfordernissen zum Ausgleich.

Arbeitszeitmodelle im Überblick

Gleitzeit	Hier gibt es **Kernarbeitszeiten (Kommunikationszeiten)** mit Anwesenheitspflicht für die Beschäftigten (z. B. 08:30–11:30 Uhr und 14:00–15:30 Uhr). Außerhalb der Kernarbeitszeiten greift die Gleitzeit, in der die Beschäftigten ihre Arbeitszeit frei bestimmen können. Zeitguthaben und Zeitschulden können angesammelt und innerhalb eines Monats durch Gleittage bzw. Mehrarbeitszeit wieder ausgeglichen werden. Beim **Ampelkonto** werden Zeitguthaben und Zeitschulden in drei Phasen unterteilt: Innerhalb der *grünen Phase* (z. B. von – 35 bis + 35 Stunden) verwaltet der Mitarbeiter sein Arbeitszeitkonto selbst. In der *gelben Phase* (z. B. von – 70 bis – 35 sowie + 35 bis + 70 Stunden) muss der Vorgesetzte weitere Zeitguthaben bzw. Zeitschulden genehmigen. In der *roten Phase* (z. B. über – 70 sowie über + 70 Stunden) muss der Mitarbeiter mit seinem Vorgesetzten einen Plan zum Abbau des Zeitguthabens bzw. der Zeitschulden erstellen.
Flexible Teilzeit	Die wöchentliche Arbeitszeit wird auf 2 bis 5 Tage verteilt. Dabei kann auch die tägliche, wöchentliche oder monatliche Stundenanzahl variieren. So ist Teilzeit auch mit Vollzeit kombinierbar.
Jobsharing	Zwei Arbeitnehmer teilen sich eigenverantwortlich eine Stelle. Teilzeit-Mitarbeiter können somit auch Vollzeitprojekte übernehmen und verantwortlich leiten, wenn sie sich regelmäßig abstimmen und Informationen austauschen.

Langzeit-Arbeits-zeitkonto	Gearbeitet wird unverändert Vollzeit – bezahlt wird Teilzeit. Die Differenz wird als Zeit- oder Wertguthaben auf einem Langzeitkonto angespart. Damit werden mehrmonatige Urlaubsphasen (Sabbaticals[1]) oder langfristig sogar der vorgezogene Ruhestand möglich. Das Gehalt wird dabei jeweils weitergezahlt.
Team-Teilzeit	Arbeitgeber geben nur vor, wie viele Mitarbeiter in bestimmten Zeitabschnitten anwesend sein müssen. Im Team wird dann die jeweilige persönliche Arbeitszeit geplant und abgesprochen. Kurzfristige Änderungen sind jederzeit möglich.
Saison-Teilzeit	Zum Ausgleich von Über- bzw. Unterauslastung in Saisonbetrieben. In Hochphasen werden Arbeitnehmer vollzeit beschäftigt. Bei niedriger Auslastung haben sie frei. Die Arbeitnehmer haben ein gleichbleibendes Grundgehalt und sind sozialversichert.
Telearbeit	Arbeitnehmer arbeiten zu Hause und sind via Intranet mit ihrem Betrieb verbunden. Vereinbarte Arbeitszeiten stellen die Erreichbarkeit sicher und erleichtern die Zusammenarbeit. Tägliche Leerlaufzeiten wie Hin- und Rückfahrten entfallen. Bei der alternierenden Telearbeit wechseln Telearbeit und Arbeitstage im Betrieb ab.

Die flexibelste Form der Arbeitszeitgestaltung ist die **Vertrauensarbeitszeit.** Der Mitarbeiter entscheidet selbst, wann und wie lange er täglich arbeitet, natürlich unter der Maßgabe, dass er die aufgetragenen Arbeitsaufgaben erfüllt bzw. seine Projekte fristgerecht abschließt. Die Lage der Arbeitszeit ist nicht maßgeblich, sondern der Zeitraum bzw. Zeitpunkt, in dem bzw. bis zu dem eine bestimmte Arbeitsaufgabe erledigt sein muss. Der Betrieb vertraut darauf, dass der Mitarbeiter auch ohne Zeitkontrolle seine Arbeitsleistung erbringt. Meist wird ein Zeitrahmen festgelegt (z. B. werktäglich 07:00–20:00 Uhr) innerhalb dessen der Mitarbeiter tätig sein kann. Nur so kann der Vorgesetzte sicherstellen, dass die tägliche Mindest-Ruhezeit von 11 Stunden und der gesetzliche Sonn- und Feiertagsschutz beachtet werden (ArbzG §§ 5, 11).

Der Betriebsrat hat, soweit eine gesetzliche oder tarifliche Regelung nicht besteht, über Beginn und Ende der täglichen Arbeitszeit einschließlich der Pausen sowie Verteilung der Arbeitszeit auf die einzelnen Wochentage mitzubestimmen (BetrVG § 87). Immer mehr Betriebe vereinbaren mit ihrem Betriebsrat Arbeitszeitmodelle für **mobile Arbeit.** Hier werden Arbeitszeiten innerhalb und außerhalb des Büros gleich honoriert. Die Mitarbeiter erfassen ihre Arbeitszeiten selbst und sprechen Anwesenheits- und Abwesenheitszeiten mit dem Vorgesetzten ab.

2.3.2 Schichtarbeit und Schichtplan

Wenn eine Arbeitskraft nach einem bestimmten Zeitplan innerhalb eines bestimmten Zeitraums (z. B. Woche, Monat) zu unterschiedlichen Zeiten eingesetzt wird, liegt **Schichtarbeit** vor. Wird die Schichtarbeit an Wochenenden unterbrochen, liegt *teil- bzw. diskontinuierliche* Schichtarbeit vor. Bei der *vollkontinuierlichen* Schichtarbeit (VK, Vollkonti) wird auch an den Wochenenden durchgearbeitet.

Eine gleichmäßige Belastung aller eingebundenen Schichtarbeiter wird durch **Wechselschichten** erreicht – hier ändert sich die Arbeitszeit in einem regelmäßigen Rhythmus. Die **Vorwärtsrotation** beginnt mit einer Frühschichtwoche, setzt mit einer Spätschichtwoche fort und endet mit einer Nachtschichtwoche. Bei der **Rückwärtsrotation** ist die Schichtfolge umgekehrt.

1 Das Wort **„Sabbatical"** (oder Sabbatjahr) geht auf das alte Testament zurück. Es bedeutete damals das einjährige Ruhenlassen des Feldes nach sechs Jahren Bewirtschaftung.

Zwischen zwei aufeinanderfolgenden Schichten muss eine **Ruhezeit** von mindestens 11 Stunden liegen (ArbzG § 5). Dabei ist eine regelmäßige Wochenruhezeit von 35 Stunden einzuhalten (ArbzG § 11). Diese besteht aus der 24-stündigen sonntäglichen Ruhezeit und der direkt verbundenen 11-stündigen Ruhezeit. Mithilfe eines **Schichtplans** können die gesetzlichen Anforderungen erfüllt und der Schichtwechsel gerecht geplant werden.

Beispiel: *Schichtplan für ein diskontinuierliches 3-Schichtsystem für 3 Schichtgruppen*

Arbeitszeiten von Montag bis Freitag (15 Schichten in der Woche), wochenweiser Wechsel, Frühschicht: 06:00–14:00 Uhr / Spätschicht: 14:00–22:00 Uhr / Nachtschicht: 22:00–06:00 Uhr
durchschnittliche Wochenarbeitszeit: 40 Std.

Zugehöriger Schichtplan

Gruppe	Mo.	Di.	Mi.	Do.	Fr.	Sa.	So.	Arbeitszeit	Ruhezeit
A	Früh	Früh	Früh	Früh	Früh			40 Std.	72 Std.
B	Spät	Spät	Spät	Spät	Spät			40 Std.	72 Std.
C	Nacht	Nacht	Nacht	Nacht	Nacht			40 Std.	48 Std.
A	Spät	Spät	Spät	Spät	Spät			40 Std.	72 Std.
B	Nacht	Nacht	Nacht	Nacht	Nacht			40 Std.	48 Std.
C	Früh	Früh	Früh	Früh	Früh			40 Std.	72 Std.
A	Nacht	Nacht	Nacht	Nacht	Nacht			40 Std.	48 Std.
B	Früh	Früh	Früh	Früh	Früh			40 Std.	72 Std.
C	Spät	Spät	Spät	Spät	Spät			40 Std.	72 Std.

Beurteilung des Schichtplans:
Im dargestellten Schichtplan müssen 5 Nachtschichten in Folge geleistet werden mit negativen Folgen für Leistungsfähigkeit, Gesundheit, Familienleben und Freizeit. Der kürzeste Freizeitblock liegt nach der Nachtschicht als Folge der Vorwärtsrotation. Es gibt nur 2 freie Wochenenden, da in der 3. Woche die Nachtschicht vom Freitag erst am Samstag um 06:00 Uhr endet. Insgesamt wird erst nach jeweils 3 Wochen rotiert. Positiv sind die 2 freien Tage nach der Nachtschichtfolge und die Vorwärtsrotation. Schichtarbeiter in vorwärtsrotierten Systemen (Früh – Spät – Nacht) berichten über weniger Beschwerden als Schichtarbeiter in rückwärtsrotierten Systemen (Nacht – Spät – Früh). Die Vorwärtsrotation entspricht eher dem inneren körperlichen Rhythmus des Menschen. Außerdem werden durch die Vorwärtsrotation zu kurze Ruhezeiten vermieden.

Der Schichtplan gilt für eine Minimalbelegung. Für den Fall, dass einzelne Schichtarbeiter wegen Krankheit oder Urlaub ausfallen, müssen weitere Personen (Springer) eingeplant werden, die in den genannten Fällen einspringen.

Beispiel: *Auszug aus einem Schichtplan für 6 Mitarbeiter*

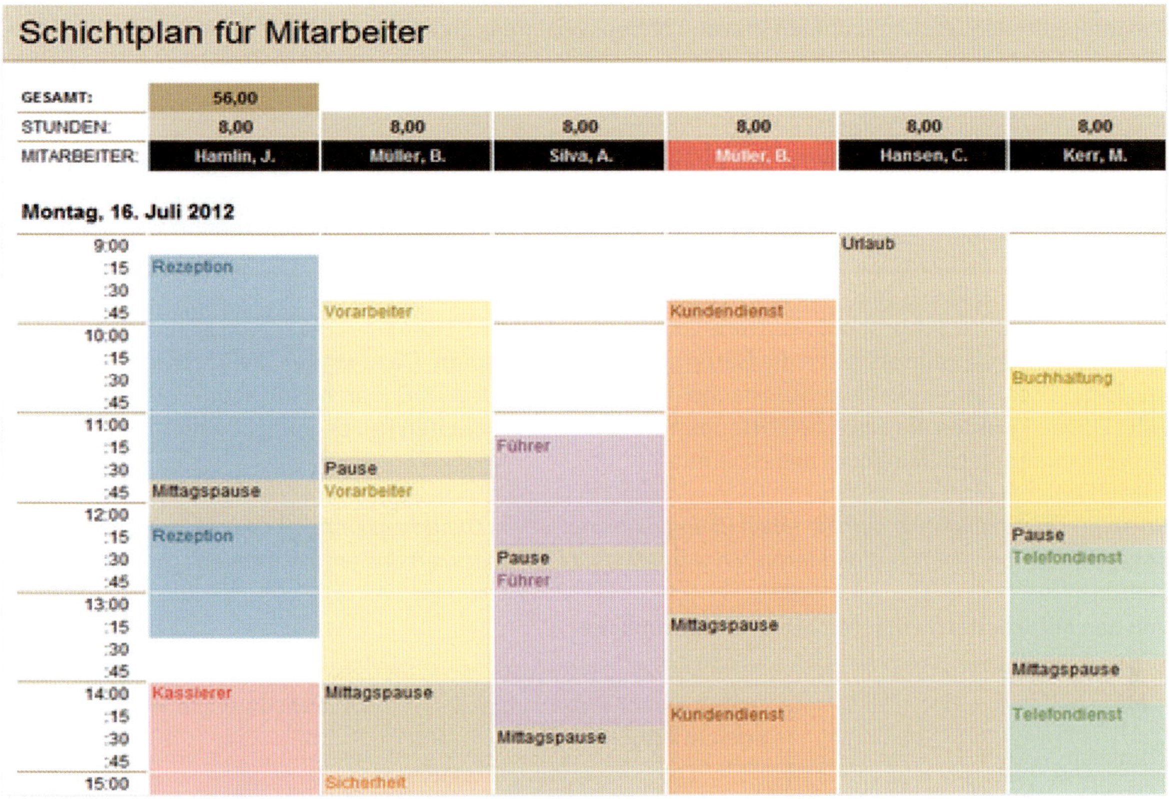

2.3.3 Urlaubsvorschriften und Urlaubsplanung

Jeder Arbeitnehmer hat in jedem Kalenderjahr Anspruch auf **bezahlten Erholungsurlaub** (BurlG § 1). Die Urlaubsdauer ist im Arbeitsvertrag geregelt. Darin wird meist auf den anzuwendenden Tarifvertrag verwiesen. Im Bundesurlaubsgesetz bzw. Jugendarbeitsschutzgesetz werden Untergrenzen für die Urlaubsdauer (Mindesturlaub) vorgeschrieben. Der **gesetzliche Mindesturlaub** beträgt für volljährige Mitarbeiter *24 Werktage* (BUrlG § 3). Als Werktage gelten alle Kalendertage außer Sonntage und gesetzliche Feiertage. Der volle Urlaubsanspruch wird nach sechsmonatigem Bestehen des Arbeitsverhältnisses erworben.

Beispiel: Auszug aus einem Arbeitsvertrag:

Urlaub und Feiertage

Die Urlaubsdauer und das Urlaubsentgelt richten sich nach dem aktuell anzuwendenden Rahmentarifvertrag. Der Urlaubstermin kann nur im Einvernehmen mit dem zuständigen Vorgesetzten festgelegt werden. Als Urlaubstage gelten alle Kalendertage mit Ausnahme der Sonn- und gesetzlichen Wochenfeiertage. Für 30 Kalendertage des Bestehens des Arbeitsverhältnisses wird ein 1/12 des Jahresurlaubs gewährt. Anspruch auf anteiligen Jahresurlaub hat jeder Arbeitnehmer, dessen Arbeitsverhältnis mindestens 30 Tage bestanden hat. Bei Anträgen auf unbezahlten Urlaub muss der Arbeitnehmer einen sachlichen Grund angeben.

Das **Urlaubsentgelt** ist vor Antritt des Urlaubs auszuzahlen und bemisst sich nach dem durchschnittlichen Arbeitsverdienst (ohne Überstunden), das der Arbeitnehmer in den letzten dreizehn Wochen vor dem Beginn des Urlaubs erhalten hat.

Bei der zeitlichen Festlegung des Urlaubs sind die **Urlaubswünsche** des Arbeitnehmers zu berücksichtigen, wenn sie mit den betrieblichen Erfordernissen oder den Urlaubswünschen anderer Arbeitnehmer, die unter sozialen Gesichtspunkten Vorrang haben, vereinbar sind (BUrlG § 7). Arbeitnehmer mit schulpflichtigen Kindern haben in den Ferienzeiten immer Vorrang. Danach folgen Arbeitnehmer mit erwerbstätigem Ehepartner bzw. Auszubildende in den Berufsschulferien.

Der Urlaub ist **zusammenhängend** zu gewähren, außer wenn dringende betriebliche Erfordernisse oder persönliche Gründe der Arbeitnehmer eine Teilung erforderlich machen. Dabei muss einer der Urlaubsteile mindestens *zwölf aufeinanderfolgende Werktage* umfassen (BUrlG § 7). Urlaubsansprüche gelten nur *für das laufende Kalenderjahr* und können nur ausnahmsweise auf das folgende Kalenderjahr (spätestens bis zum 31. März) übertragen werden, sonst erlischt der Urlaubsanspruch.

Für jedes Kalenderjahr erstellen die Betriebe einen **Urlaubsplan.** Dazu stellen die Abteilungsleitungen am Anfang des Jahres die Urlaubswünsche ihrer Mitarbeiter fest, z. B. durch Eintragung in eine Urlaubsliste. Danach werden die einzelnen Urlaubswünsche in einer zweiten Runde, unter Beachtung der sozialen Vorrangregeln, aufeinander abgestimmt.

Beispiel: *Urlaubsplanung mithilfe eines Balkendiagramms (als Ganttdiagramm)[1]. In der Urlaubszeit soll folgende Mindestbesetzung aufrechterhalten werden: eine Führungskraft und ein Mitarbeiter.*

Von den Mitarbeitern eingereichte Urlaubswünsche

Mitarbeiter	Urlaubswoche von ... bis ... einschließlich	Urlaubsdauer in Wochen
Abteilungsleiter A	26. – 28.	3
Stellvertreter B	29. – 32.	4
Mitarbeiter C	25. – 27.	3
Mitarbeiter D	27. – 29.	3
Mitarbeiter E	28. – 30.	3

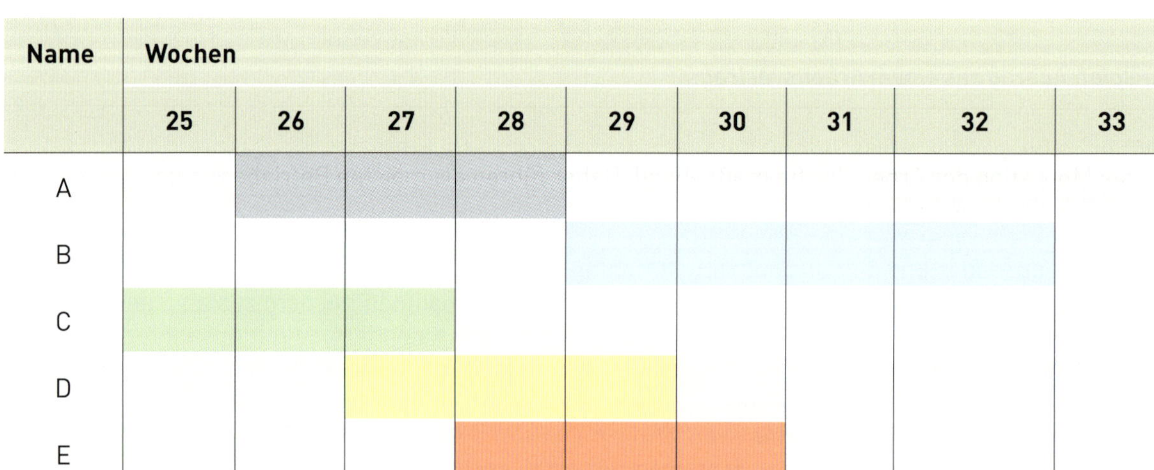

1 Das **Ganttdiagramm** ist nach dem amerikanischen Unternehmensberater Henry Laurence Gantt (1861–1919) benannt worden. Die Urlaubswünsche werden auf einer Zeitachse entsprechend ihres Zeitbedarfs *als versetzte Balken* abgetragen.

Der **Betriebsrat** hat, soweit eine gesetzliche oder tarifliche Regelung nicht besteht, über die Aufstellung allgemeiner Urlaubsgrundsätze und des Urlaubsplans sowie die Festsetzung der zeitlichen Lage des Urlaubs für einzelne Arbeitnehmer mitzubestimmen, wenn zwischen dem Arbeitgeber und den beteiligten Arbeitnehmern kein Einverständnis erzielt wird (BetrVG § 87). Erkrankt ein Arbeitnehmer während des Urlaubs, so werden die durch ärztliches Zeugnis nachgewiesenen Tage der Arbeitsunfähigkeit auf den Jahresurlaub nicht angerechnet.

Manche Betriebe vereinbaren mit ihren Betriebsräten **Werksferien** während der Hauptferienzeit (Sommerferien oder Weihnachten). Werksferien sind nach § 7 BurlG zulässig, wenn der Betriebsablauf während der Ferienzeit nicht mehr einwandfrei aufrechterhalten werden kann, z. B. in Betrieben mit Schichtarbeit oder besonderer Auftragslage in der Hauptsaison. In einer Betriebsvereinbarung können Betriebsferien für mehrere aufeinanderfolgende Urlaubsjahre festgelegt werden. Der einzelne Arbeitnehmer muss seinen Urlaub in dieser Zeit nehmen, es sei denn, der Urlaub in den Betriebsferien ist für ihn unzumutbar. Entsprechendes gilt für die Anordnung von Urlaub an sogenannten **Brücken- oder Fenstertagen.** Das sind Werktage, die zwischen einem Feiertag und einem (zumeist) arbeitsfreien Tag (Samstag oder Sonntag) liegen (BAG v. 28.07.1981 – 1 ABR 79/79).

Ein Urlaubsanspruch besteht nicht, soweit dem Arbeitnehmer für das laufende Kalenderjahr bereits von einem früheren Arbeitgeber Urlaub gewährt wurde (Ausschluss von Doppelansprüchen). Der Arbeitgeber ist deshalb verpflichtet, einem ausscheidenden Arbeitnehmer eine **Urlaubsbescheinigung** auszuhändigen (BUrlG § 6). Darin sind die im laufenden Kalenderjahr gewährten bzw. abgegoltenen Urlaubstage aufgeführt.

2.4 Formen des betrieblichen Entgelts

2.4.1 Bemessungsgrundlagen für das Entgelt

Nach § 87 BetrVG hat der Betriebsrat, soweit eine gesetzliche oder tarifliche Regelung nicht besteht, bei Fragen der betrieblichen Lohngestaltung und bei der Festsetzung der Akkord- und Prämiensätze mitzubestimmen. Mögliche **Bemessungsgrundlagen für die Entgelthöhe** sind die

- Anforderungen des konkreten Arbeitsplatzes *(anforderungsgerechter Lohn),*
- Qualifikation der Arbeitsperson *(qualifikationsgerechter Lohn),*
- erbrachte individuelle Leistung der Arbeitsperson *(leistungsgerechter Lohn),*
- Nachfrage- bzw. Angebotssituation auf dem Arbeitsmarkt *(marktgerechter Lohn).*

In jedem Fall sollte die Lohndifferenzierung für die Betroffenen einsichtig sein. Lohngrundsätze wie „Gleicher Lohn für gleiche Arbeit" und „Mehr Lohn bei mehr Leistung" müssen eingehalten werden und sind für die Motivation der Arbeitskräfte maßgebend. Daher führen die meisten Betriebe zusätzliche, von der Entgeltform unabhängige **Leistungsbeurteilungen**[1] durch. Entsprechend ihrer vorwiegenden Bemessungsgrundlage werden vier Entgeltformen unterschieden.

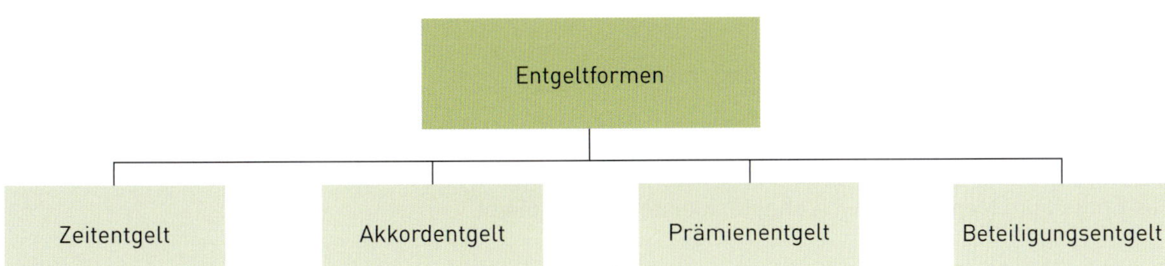

Das Zeitentgelt ist eher anforderungs- und qualifikationsgerecht, das Akkord- und Prämienentgelt orientieren sich eher an der Leistungsgerechtigkeit, das Beteiligungsentgelt (Mitarbeiterbeteiligung) ist als Mischform eher marktorientiert.

1 Siehe hierzu Kapitel 3.3.1, Ziele der Beurteilung und Beurteilungskriterien

2.4.2 Zeitentgelt – eher anforderungsgerecht

Bemisst sich die Entgelthöhe nach der Dauer der Arbeitszeit, dann liegt ein **Zeitentgelt** vor. Die Arbeitsperson erhält ein festes Entgelt pro Zeiteinheit (Stunde, Tag, Woche, Monat), unabhängig von der dabei erbrachten Arbeitsleistung.

Das Bruttoentgelt ergibt sich durch folgende Berechnung:

Bruttoentgelt (Zeitentgelt) = Lohnsatz pro Zeiteinheit · Anzahl der Zeiteinheiten

Beispiel: *15,00 €/Stunde · 40 Stunden/Woche = 600,00 € pro Woche*

Die Höhe des Lohnsatzes (meist pro Stunde) richtet sich nach der **tariflichen Entgeltgruppe**, in die jede Arbeitskraft nach den Anforderungen des Arbeitsplatzes und ihrer Qualifikation eingestuft ist, und nach der alljährlichen Erhöhung der Tariflöhne. Für den Mitarbeiter besteht kein finanzieller Anreiz, seine Arbeitsleistung zu steigern. Von ihm wird aufgrund des Arbeitsvertrags mittelfristig erwartet, dass er eine Normalleistung erbringt, deren Erreichen der direkte Vorgesetzte überwacht. Der Betrieb trägt daher das Risiko einer Minderleistung und profitiert umgekehrt von einer Mehrleistung der Arbeitsperson durch sinkende Lohnstückkosten. Deshalb gehen immer mehr Betriebe dazu über, mit den einzelnen Arbeitnehmern oder den Arbeitsgruppen *Ziele zu vereinbaren*. Entsprechend den Zielerreichungsgraden werden Leistungszulagen gewährt.

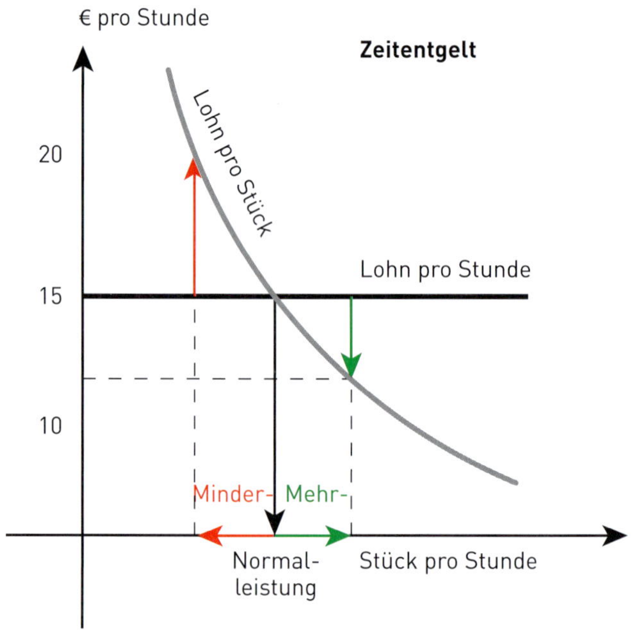

Das Zeitentgelt eignet sich bei hohen Qualitätsansprüchen (z. B. teure Rohstoffe, Maß-, Laborarbeit), wenn das Arbeitsergebnis nicht oder nur mit hohem Aufwand messbar ist (z. B. bei vorwiegend geistiger Arbeitsleistung), das Arbeitstempo aufgrund der angewandten Technik vorgegeben ist (z. B. computergesteuerte Maschinen, getaktetes Fließband), wenn die Arbeitsinhalte sich häufig ändern oder wenn die Arbeit nach Art und Umfang nicht genau planbar ist.

Sinkende Unfallzahlen, geringe Fehlzeiten, gutes Betriebsklima aufgrund einheitlicher Bezahlung, Schonung der Betriebsmittel, geringe Ausschussquoten und die einfache Entgeltberechnung machen das Zeitentgelt wirtschaftlich.

2.4.3 Akkordentgelt – mehr Leistung, mehr Lohn

Bemisst sich die Entgelthöhe nach der erbrachten Mengenleistung, dann liegt ein **Akkordentgelt** vor. Das Entgelt pro Zeiteinheit (z. B. Stunde) verändert sich mit der Arbeitsmenge in dieser Zeiteinheit, während das Entgelt pro Mengeneinheit (Lohnstückkosten) gleich bleibt.

Der **Akkordrichtsatz** (Grundentgelt) setzt sich aus einem tariflich garantierten *Mindestentgelt pro Stunde* und dem *Akkordzuschlag* (15 % bis 25 %) zusammen. Er stellt den Stundenlohn bei *Normalleistung* dar und wird auf eine Minute umgerechnet **(Minutenfaktor).**

Die **Normalleistung** in Mengeneinheiten pro Stunde wird für jeden Arbeitsvorgang mittels Arbeitszeitstudien bezogen auf eine erwachsene eingearbeitete Arbeitskraft ermittelt. Da sich die Arbeitsinhalte alle paar Minuten wiederholen, wird für jede Mengeneinheit eine objektiv richtige Vorgabezeit in Minuten bestimmt **(Zeitakkordsatz).**

Das Bruttoentgelt ergibt sich durch folgende Berechnung:

Bruttoentgelt (Akkordentgelt) = Minutenfaktor · Zeitakkordsatz · erbrachte Mengenleistung

Beispiel: *0,30 €/Minute · 10 Minuten/Stück · 250 Stück pro Woche = 750,00 € pro Woche*

Angaben: Das Mindestentgelt eines Drehers beträgt 15,00 €/Stunde, der Akkordzuschlag 20 %. Als Vorgabezeit wurden pro Stück 10 Minuten ermittelt. Der Dreher arbeitet 40 Stunden pro Woche und hat in dieser Zeit 250 Teile gefertigt.

Rechenweg:

Rechengröße	Berechnung	Ergebnis
Akkordrichtsatz	15,00 € + 20 % · 15,00 € =18,00 €/Std.	
Minutenfaktor	18,00 € : 60 Minuten =	**0,30 €/Minute**
Normalleistung	60 Minuten : 10 Minuten = 6 Stück/Std.	
Zeitakkordsatz (Vorgabezeit)	60 Minuten : 6 Stück =	**10 Minuten/Stück**
Erbrachte Mengenleistung	Angegeben	**250 Stück/Woche**

Lösung:

Bruttoverdienst	0,30 €/Min. · 10 Min./Stück · 250 Stück =	**750,00 €/Woche**
Effektiver Stundenlohn	750,00 € : 40 Stunden =	**18,75 €/Stunde**

Das Verhältnis zwischen erbrachter Leistung und Normalleistung ausgedrückt in Prozent wird **Leistungsgrad** genannt. Der Leistungsgrad bei Normalleistung beträgt 100 %.

Leistungsgrad = erbrachte Leistung · 100 / Normalleistung

Beispiel: *250 Stück/Woche · 100 / 40 Stunden · 6 Stück/Stunde = 104,17 %*

Das Akkordentgelt eignet sich bei niedriger Fehlerwahrscheinlichkeit bzw. niedrigen Qualitätsansprüchen, wenn das Arbeitsergebnis leicht messbar ist und von der Arbeitskraft beeinflusst werden kann (z. B. bei vorwiegend Handarbeit), die Arbeitskraft das Arbeitstempo verändern kann (z. B. halbautomatische Maschinen, nicht getaktetes Fließband), wenn sich die Arbeitsinhalte selten ändern und in kurzen Zeitabständen (2 bis 20 Minuten) wiederkehren und die Arbeit nach Art und Umfang genau planbar ist.

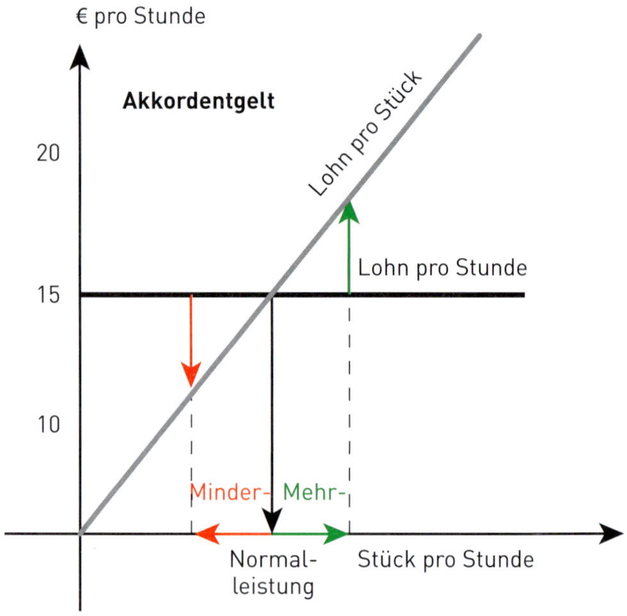

Vorteile des Akkordentgelts sind der Anreiz zur Mehrleistung, die gute Ausnutzung der Betriebsmittelkapazitäten und die leichtere Produktkalkulation wegen der festen Lohnstückkosten. **Nachteilig** sind die gesundheitliche Belastung aufgrund des Zeitdrucks (Stress), der einseitigen Beanspruchung bestimmter Körperteile und die Arbeitsmonotonie durch die ständige Wiederholung der Arbeitsinhalte. Schlechtes Betriebsklima, schlechtere Umweltbilanz durch hohe Ausschussquoten und die aufwendige Ermittlung der Vorgabezeiten und erforderliche Qualitätskontrollen verdrängen nach sowie nach die Akkordarbeit.

2.4.4 Prämienentgelt – Grundentgelt und Prämie

Wird neben dem Grundentgelt (z. B. Zeitentgelt, Akkordrichtsatz) ein planmäßiges Zusatzentgelt, die Prämie, bezahlt, dann liegt ein **Prämienentgelt** vor. Das Grundentgelt ist tariflich garantiert, die Prämie bietet einen Anreiz zur Leistungssteigerung bzw. Verkürzung der Bearbeitungszeit.
Das Bruttoentgelt ergibt sich durch folgende Berechnung:

Bruttoentgelt (Prämienentgelt) = Grundentgelt + Prämie

Beispiel: *15,00 €/Stunde + 10 % Zeitersparnisprämie = 16,50 € pro Stunde*

Die vielfältigen Einsatzmöglichkeiten machen das Prämienentgelt gegenüber dem reinen Zeit- bzw. Akkordentgelt vorteilhaft. Mögliche Bemessungsgrundlagen für Prämien sind die

- mengenmäßige Mehrleistung **(Mengenprämien),**
- Unterschreitung der Vorgabezeit **(Zeitersparnisprämie),**
- Termineinhaltung **(Terminprämie),**
- Verringerung des Ausschusses **(Qualitätsprämie),**
- pflegliche Behandlung der Betriebsmittel **(Sorgfaltsprämie),**
- Vermeidung von unproduktiven Zeiten **(Nutzungsgradprämien)** oder
- optimale Materialausnutzung **(Materialersparnisprämie).**

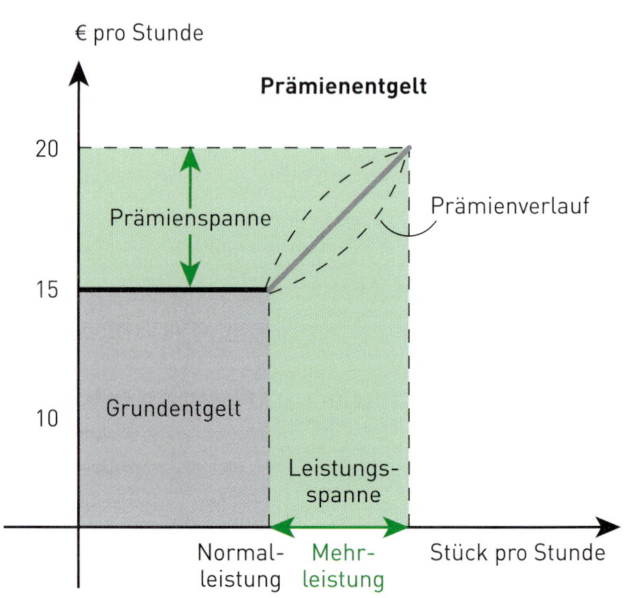

Bei der Gestaltung der Prämie werden die **Prämienspanne** (z. B. 0 bis 3,75 €/Std.), die **Leistungsspanne** (Bereich zwischen Normal- und angestrebter Höchstleistung) und der gewünschte **Prämienverlauf** (proportional, unter-, überproportional zur Leistungssteigerung) festgelegt.

Beispiel: *Wird die Vorgabezeit unterschritten, erhält die Arbeitskraft 50 % des ersparten Zeitentgelts (Zeitersparnisprämie). Die Vorgabezeit beträgt pro Stück 10 Minuten. Das entspricht einer Normalleistung von 6 Stück pro Stunde. Das tarifliche Zeitentgelt beträgt 15,00 €/Stunde.*

benötigte Zeit	**Zeiter-sparnis**	**Zeitersparnis-prämie**	**Prämien-lohn**	**Leistungs-menge**	**Lohnstück-kosten**
Min./Stück	%	€/Stunde	€/Stunde	Stück/Stunde	€/Stück
(1)	(2)	(3)	(4)	(5)	(6)
10	0 %	0,00	**15,00**	6,00	2,50
9	10 %	0,75	**15,75**	6,67	2,25
8	20 %	1,50	**16,50**	7,50	2,00
7	30 %	2,25	**17,25**	8,57	1,75
6	40 %	3,00	**18,00**	10,00	1,50
5	50 %	3,75	**18,75**	12,00	1,25
Rechenweg:		15 € · (2) · 50 %	15 € + (3)	60 Min./ (1)	15 € / (5)

Für Vertriebsmitarbeiter im Außendienst (Reisende) ist die **Umsatzprovision** bedeutsam. Sie wird mithilfe eines festen Provisionssatzes (z. B. 10 %) vom erzielten Umsatz berechnet. Die so ermittelte Provision wird zusätzlich zum festen Grundentgelt (Fixum) als variabler Entgeltbestandteil ausgezahlt und stellt somit einen Anreiz zur Mehrleistung dar. Führungskräfte erhalten oft **Tantiemen** (prozentualer Gewinnanteil) als Zusatzvergütung.

Vor- und Nachteile des Prämienentgelts

Vorteile	• Prämien lassen sich für verschiedensten Bemessungsgrundlagen bestimmen. • Prämien stellen Leistungsanreize dar und sorgen für das gewünschte Verhalten des Mitarbeiters. • Eine Überanstrengung des Mitarbeiters wird durch nach oben begrenzte Mengenprämien verhindert.
Nachteile	• Bei unterdurchschnittlichen Leistungen erhält der Mitarbeiter dennoch den vollen Grundlohn. • Vorarbeiten sind sehr aufwändig, ebenso die Leistungsmessung, sodass die Mehrleistung durch den Verwaltungsaufwand gemindert wird.

Ähnlich wie beim Zeitentgelt werden auch Prämiensysteme zunehmend in einem *Zielvereinbarungsprozess* mit den einzelnen Mitarbeitern oder Arbeitsgruppen festgelegt.

2.4.5 Beteiligungsentgelt – Leistungskultur schaffen

Im Wettbewerb um qualifizierte Arbeitskräfte lassen immer mehr Betriebe ihre Beschäftigten am wirtschaftlichen Erfolg teilhaben. Das Beteiligungsentgelt ist immer ein **Zuschlag auf das normale Entgelt** eines Mitarbeiters. Grundsätzlich werden vier Arten der Mitarbeiterbeteiligung unterschieden.

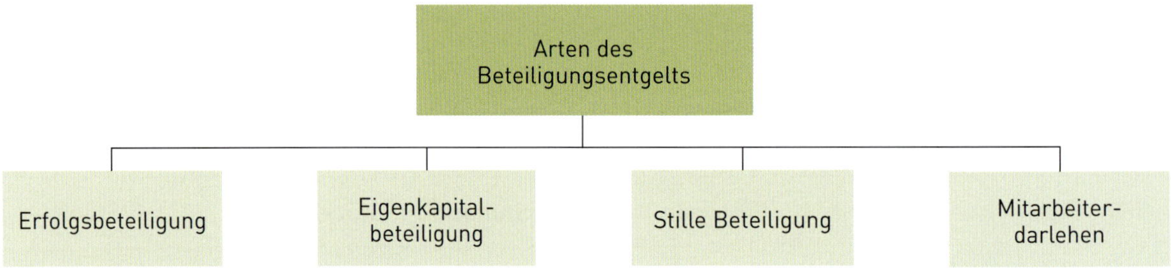

Grundlage des Beteiligungsentgelts eines einzelnen Mitarbeiters ist nicht sein individueller Erfolg, sondern der kollektive Erfolg aller Mitarbeiter. Der wirtschaftliche Erfolg eines Betriebes lässt sich an der Leistung oder dem Ertrag messen.

Möglichkeiten der Erfolgsbeteiligung

Leistungs-beteiligung	Der Erfolgsanteil der Mitarbeiter knüpft an den Arbeitsergebnissen an, z. B. erreichte **Kosteneinsparung,** erzielte **Produktionsmenge,** Entwicklung der **Arbeitsproduktivität** (Produktions- bzw. Verkaufsmenge pro Mitarbeiter). Nachteilig ist, dass Mitarbeiter auch dann Erfolgsanteile erhalten, wenn die erzielten Mengen nur mit Verlust abgesetzt werden konnten.
Ertrags-beteiligung	Grundlagen für das Beteiligungsentgelt sind z. B. erzielter **Umsatz,** erzielte **Wertschöpfung** (Umsatz – Umsatzkosten), erzielter **Gewinn** (Gesamtertrag – Gesamtaufwand). Hier ist nachteilig, dass kurzfristiges Umsatz- und Gewinnstreben belohnt wird und langfristige strategische Gesichtspunkte vernachlässigt werden.

Grundsätzlich können die individuellen Erfolgsanteile jedes Jahr an die Mitarbeiter ausgeschüttet werden oder als Eigen- oder Fremdkapital einbehalten und im Betrieb investiert **(Investivlohn)** werden.

Möglichkeiten der Kapitalbeteiligung

Eigenkapital-beteiligung	Die Erfolgsanteile der Mitarbeiter werden dem betrieblichen Eigenkapital gutgeschrieben. Je nach Rechtsform des Unternehmens werden stimmrechtslose **Belegschaftsaktien, GmbH-Anteile oder Kommandit-, Genossenschaftsanteile** ausgegeben. Die Mitarbeiter erhalten entsprechend ihren Anteilen Dividenden bzw. Gewinnausschüttungen. Der Mitarbeiteranteil ist auf mehrere Monatsentgelte begrenzt, da im Insolvenzfall des Unternehmens ein Totalverlust möglich ist.[1] Der Mitarbeiter darf seine Anteile erst nach einer Sperrfrist von mehreren Jahren veräußern.

1 Werden die Mitarbeiterbeteiligungen im Rahmen des Vermögensbildungsgesetzes erworben, so gilt wegen der Auszahlung der Sparzulage die gesetzliche Sperrfrist von sieben Jahren für den Verkauf und Insolvenzschutz (VermBG §§ 2, 4). Die kostenlose bzw. verbilligte Überlassung von Mitarbeiterbeteiligungen ist bis jährlich 360,00 € steuer- und sozialversicherungsfrei (EStG § 3 Nr. 39) und insolvenzgeschützt.

Stille Beteiligung	Sie ist die häufigste Form der Mitarbeiterbeteiligung. Je nach Ausgestaltung kann es sich um **Eigen- oder Fremdkapital** handeln. Die Mitarbeiter werden Mitgesellschafter bzw. Gläubiger, treten nach außen nicht in Erscheinung[1] und haben keinerlei Mitspracherechte. Sie erhalten als Gegenleistung eine frei vereinbarte Gewinnbeteiligung bzw. Zinsen. Im Falle des Fremdkapitals ist die Einlage zeitlich begrenzt. Meist wird die Höhe der Beteiligung auf mehrere Monatsentgelte begrenzt.
Mitarbeiterdarlehen	Die Beschäftigten gewähren ihrem Betrieb **Fremdkapital** und erhalten als Gläubiger dafür Zinsen. Die Zinszahlung kann vom wirtschaftlichen Erfolg abhängig gemacht werden. In einem Darlehensvertrag werden die Mittelaufbringung, die Mittelverwendung sowie die Zins- und Rückzahlung (Tilgung) geregelt. Dies geschieht meistens auf der Grundlage einer Betriebsvereinbarung. Wird eine Verlustbeteiligung ausgeschlossen und besteht ein vertraglicher Anspruch auf Rückzahlung des Darlehens, dann gelten die Vorschriften des Kreditwesengesetzes über die Insolvenz- und Einlagensicherung.

In Zeiten unsicherer Kapitalmärkte und niedriger Zinsen sind immer mehr Beschäftigte bereit, ihr Geld im eigenen Betrieb anzulegen. Sie profitieren von hohen Renditen und einer gerechteren Gewinnverteilung. Da die Mitarbeiterbeteiligungen wie Eigenkapital einstuft werden, wird nebenbei die Bonität des Unternehmens erhöht.

Vor- und Nachteile des Beteiligungsentgelts

Vorteile	• Förderung des Unternehmergeistes in der Belegschaft, z. B. größeres Kostenbewusstsein, Bereitschaft zur Mehrarbeit, geringe Fehlzeiten • Steigerung der Leistungsbereitschaft („Mitarbeiter arbeiten für sich selbst") • Bindung qualifizierter Arbeitnehmer an ihr Unternehmen (geringe Fluktuation) • Die Mitarbeiterbeteiligung am betrieblichen Erfolg bewahrt den sozialen Frieden und verbessert das Betriebsklima durch größere Arbeitszufriedenheit. • Kapitalaufbringung durch Arbeitnehmer stärkt die Kapitalkraft und die Bonität des Betriebs • Arbeitnehmer- und Arbeitgeberinteressen gleichen sich an (Partnerschaft) • Erhöhung der Mitarbeitereinkommen durch Zinseinnahmen, Gewinnanteile • Verbessertes Image und verbesserte Bonität des Unternehmens
Nachteile	• Arbeitsplatzwechsel bzw. Freisetzung von Mitarbeitern wird erschwert (gilt auch für den Arbeitgeber) • Arbeitnehmer haben zusätzlich zum Arbeitsplatzrisiko ein Erfolgs-, Zins- bzw. Kapitalrisiko ohne Mitsprache- bzw. Stimmrechte in den Führungsgremien • Arbeitgeber macht sich von Arbeitnehmern abhängig (Machtverlust)

1 Es liegt eine reine Innengesellschaft nach § 705 BGB vor. Nach außen bleiben Vertretung und Geschäftsleitung des Betriebes unverändert. Gemäß § 230 Abs. 2 HGB übernimmt der stille Gesellschafter im Außenverhältnis des Unternehmens gegenüber Dritten keinerlei Haftung. Ansprüche aus einer stillen Beteiligung bestehen immer nur zwischen dem stillen Gesellschafter und dem Unternehmen im Innenverhältnis.

Wissen testen

1. Sie ergänzen Ihre Lernkartei um das Themengebiet „Grundlagen eines Arbeitsverhältnisses".

1.1 Sie schreiben jeden der folgenden Begriffe auf die Kopfzeile eines DIN-A6-Kärtchens:

> Einzelarbeitsvertrag (Begriff, Mindestinhalt), Günstigkeitsprinzip, Arbeitsvertrag (Rechte und Pflichten des Arbeitnehmers im Überblick), Trinkgeld, Arbeitszeugnis (einfaches, qualifiziertes), Schmiergeld, Wettbewerbsverbot (gesetzliches, vertragliches), Zweckbefristung (sachliche Gründe), kalendermäßige Befristung (Vorschriften), Teilzeitbeschäftigung (Begriff, Vorschriften), Arbeitsunterlagen (Beispiele), Urlaubsbescheinigung, Anmeldung des Arbeitnehmers (Finanzamt, Sozialversicherung), ELStAM, Sofortmeldung, Personalakte (Inhalt, Arbeitnehmerrechte), Datengeheimnis, sensible Daten, Probezeit (Vereinbarungen, Dauer), Entgeltfortzahlung (Dauer, Höhe), Arbeitsunfähigkeit (Pflichten des Arbeitnehmers), Kündigung (Form, Fristen), verlängerte Kündigungsfristen, fristlose Kündigung (Gründe, Form, Vorschriften), allgemeiner Kündigungsschutz (Voraussetzungen), sozial gerechtfertigte Kündigung (Kündigungsgründe), Sozialauswahl (Kriterien), Mutterschutz (Vorschriften, Fristen), Schwerbehinderte (Begriff, Rechte, Leistungen an Arbeitgeber, Kündigung), Schwerbehindertenvertretung (Wahl), Integrationsvereinbarung (Zustandekommen, Inhalt), Personaleinsatzplanung, Gleitzeit (Begriff, Vor- und Nachteile), Ampelkonto, Jobsharing, Langzeit-Arbeitszeitkonto, Telearbeit, Vertrauensarbeitszeit, Arbeitszeit für mobile Arbeit, Schichtarbeit (Begriff, Arten), Schichtplan (Begriff, Anforderungen), Erholungsurlaub (Vorschriften), Urlaubsplanung (Ablaufschritte), Entgelt (Bemessungsgrundlagen), Entgeltformen (Überblick), Zeitentgelt (Begriff, Berechnung, Anwendung), Akkordlohn (Begriff, Berechnung, Anwendungsvoraussetzungen, Vor-, Nachteile), Prämienentgelt (Begriff, Berechnung, Bemessungsgrundlagen), Beteiligungsentgelt (Begriff, Arten, Vor- und Nachteile)

1.2 Sie sortieren die Begriffskärtchen nach den Kriterien „Weiß ich" oder „Weiß ich nicht". Sie bilden mit Ihren Mitschülern Kleingruppen und erklären sich gegenseitig die „Weiß-ich-nicht"-Kärtchen. Sie schlagen dabei die ungeklärten Begriffe im Schulbuch nach. Sie schreiben die Begriffserklärungen auf die Rückseite des entsprechenden Kärtchens und ordnen diese unter der Leitkarte „Grundlagen eines Arbeitsverhältnisses" alphabetisch in Ihren Lernkartei-Behälter ein.

2. Sie erläutern in einer kurzen PowerPoint-Präsentation die rechtlichen Grundlagen des Arbeitsverhältnisses und bringen die Rechtsquellen in eine Rangordnung.

3. In einem Baugeschäft mit 50 Mitarbeitern müssen wegen anhaltend schlechter Auftragslage vier Arbeitnehmer gekündigt werden.

3.1 Sie klären die Rechtslage und stellen ggf. den spätesten Kündigungstermin und den letzten Arbeitstag fest (genaues Datum).

1. Der 40-jährige Angestellte Fritz Fröhlich arbeitet seit 6 Jahren als Lagerleiter. Ihm wird am 25.10.20.. zum nächstmöglichen Termin gekündigt.
2. Frau Kächele, 29 Jahre alt, will freiwillig zum 15.10.20.. d. J. ausscheiden. Sie ist seit 10 Jahren im Betrieb tätig.
3. Sepp Maier, 37 Jahre alt, seit einem Jahr im Betrieb, soll zum 30.11.20.. gekündigt werden. Er ist schwerbehindert.
4. Peter Müller, 17 Jahre alt, Auszubildender, soll zum 30.11.20.. gekündigt werden. Er befindet sich noch in der Probezeit.
5. Tamara Serbest, 28 Jahre alt, soll zum 15.01.20.. gekündigt werden. Sie gehört dem Betrieb seit 5 Jahren an und ist im fünften Monat schwanger. Der mutmaßliche Tag der Entbindung ist am 20.05.20.. .

3.2 Sie recherchieren die Rechte des Betriebsrats im Falle einer Kündigung.

4. Sie sind zurzeit in der Personalabteilung der Karl Abt KG, Jahnstraße 2, 04288 Leipzig, eingesetzt. Sie finden heute folgende Notiz der Teamleitung auf Ihrem Schreibtisch.

> Datum: 04.10.20..
>
> **Bitte Arbeitsvertrag zur Unterschrift vorbereiten!**
>
> Cornelia Ludkowski, Körnerstraße 5, 04107 Leipzig
> Mündliche Einstellungszusage erfolgte am 28.08.20.. mit folgenden Vereinbarungen:
>
> - Arbeitsbeginn 01.10.20.. (unbefristet, 6 Monate Probezeit)
> - Reisende im Außendienst für den Bezirk Sachsen
> - Monatliches Grundgehalt: 2.188,00 €
> - 5 % Verkaufsprovision vom Bezirksumsatz
> - 30 Werktage Urlaub
> - Saison-Teilzeit (9 Monate 40 Stunden, 3 Monate frei)
> - Datum des Arbeitsvertrags: 05.10.20..

4.1 Sie besorgen einen Vordruck für Arbeitsverträge und füllen ihn aus.
4.2 Sie prüfen, ob Ihr Arbeitsvertrag alle erforderlichen Angaben nach § 2 Nachweisgesetz enthält. Sie untersuchen auch den Arbeitsvertrag auf Seite 306 f. entsprechend.
4.3 Sie begründen, bis wann (genaues Datum) der Arbeitsvertrag Frau Ludkowski spätestens ausgehändigt werden muss und wann (genaues Datum) er zustande gekommen ist.
4.4 Sie erstellen ein Merkblatt für ein Ausbildungsgespräch, in dem Sie die Fürsorgepflicht des Arbeitgebers und die Treuepflicht des Arbeitnehmers erläutern.
4.5 Die neue Mitarbeiterin muss beim Finanzamt und zur Sozialversicherung angemeldet werden. Sie erstellen dazu zwei Checklisten mit den erforderlichen Ablaufschritten.

4.6 Aufgrund lang anhaltender Umsatzrückgänge in der Filiale Merseburg sind Kündigungen nicht mehr zu vermeiden. Die folgenden Personen erhalten am 16. Dezember 20.. eine Kündigung. Sie ermitteln den letzten Arbeitstag dieser Mitarbeiter (genaues Datum).

1. Maria Mugele, 25 Jahre alt, seit 4 Monaten im Unternehmen, 6 Monate Probezeit.
2. Leonie Staudinger, 23 Jahre alt, verheiratet, seit 10 Monaten im Betrieb.
3. Thomas Timmler, 34 Jahre alt, verheiratet, ein Kind, seit 5 Jahren im Unternehmen.
4. Anna Bertsch, 55 Jahre alt, seit 15 Jahren im Unternehmen.

4.7 Sie prüfen anhand der Kriterien für die soziale Auswahl, ob die obigen Kündigungen (siehe 4.6) sozial gerechtfertigt sind.
4.8 Sie überprüfen die Kündigung der Maria Mugele und der Leonie Staudinger für den Fall, dass sie im dritten Monat schwanger wären, und bestimmen den nächstmöglichen Kündigungstermin. Sie recherchieren die Rechtslage im Falle eines befristeten Arbeitsvertrags.
4.9 Sie begründen in einem kurzen Statement, weshalb für eine Kündigung durch den Arbeitnehmer keine längere Kündigungsfrist vereinbart werden darf als für die Kündigung durch den Arbeitgeber.

5. Sie geben das Datum des letzten Arbeitstags an, wenn die Mitarbeiter an folgenden Terminen kündigen (es gelten die Grundkündigungsfristen):
5.1 A. kündigt am 15. Januar,
5.2 B. kündigt am 10. März (seine Probezeit läuft vom 1. März bis 31. Mai),
5.3 C. kündigt am 25. Juni,
5.4 D. kündigt am 28. Februar (kein Schaltjahr).

6. Sie geben jeweils das späteste Datum an, an dem die Kündigung ausgesprochen werden muss, wenn das neue Arbeitsverhältnis an folgenden Terminen beginnen soll
6.1 am 1. Mai, 6.2 am 16. Juni, 6.3 am 1. Dezember.

7. Sie beurteilen die folgenden Situationen, indem Sie folgende Fragen beantworten: Welches Recht bzw. welche Pflicht aus dem Arbeitsvertrag ist betroffen? Liegt eine Rechts- bzw. Pflichtverletzung vor? Welche rechtlich einwandfreie Lösung ist zu empfehlen?

7.1 Die Chefin bittet ihre Sekretärin, für sie einige private Einkäufe zu tätigen und Kaffee zu kochen, was diese aber ablehnt.

7.2 Der Werkstattmitarbeiter Demir gibt einem Kunden den Tipp, dass es für ihn billiger käme, wenn er die Reparatur in seiner privaten „Heimwerkstatt" durchführen ließe.

7.3 Ein Verkaufsberater verlässt seinen Arbeitsplatz mit den Worten: „Macht euren Mist doch alleine!" Er kehrt nach zwei Tagen wieder an seinen Arbeitsplatz zurück. Die Verkaufsleitung kündigt den Verkäufer und verlangt Schadensersatz wegen Vertragsbruchs.

7.4 Eine Sachbearbeiterin hat über das Wochenende kräftig gefeiert und fühlt sich deshalb am Montag äußerst unwohl. Sie setzt in vielen Kaufverträgen falsche Beträge ein. Bei der Ablage der Ausgangsrechnungen gerät mancherlei durcheinander. Eine Flut von Rückfragen und tagelange Suchaktionen sind die Folge. Die Geschäftsleitung kürzt der kaufmännischen Angestellten darauf das Gehalt um 500 €.

7.5 Die Verkaufsberaterin Erhard ist seit vier Wochen krank. Die Geschäftsleitung stellt daraufhin die Gehaltszahlung ein.

7.6 Der Verkaufsberater Keppler besorgt sich 20 Autokindersitze für 19,95 € und verkauft sie im Zubehörshop seines Arbeitgebers für 39,95 €. Die Geschäftsleitung bemerkt dies und verlangt die Herausgabe des Gewinns.

7.7 Schildern Sie eigene Erlebnisse aus Ihrer Berufspraxis bzw. aus Ihrem Bekanntenkreis.

8. Verfassen Sie ein Kurzreferat über die Erfordernisse der Inklusion mit folgenden Gliederungspunkten:

1. Begriffe Behinderung, Schwerbehinderung, gleichgestellte behinderte Menschen
2. Leistungen an Behinderte zur Teilhabe am Arbeitsleben
3. Leistungen zur Teilhabe Behinderter am Arbeitsleben an Arbeitgeber
4. Ansprüche schwerbehinderter Menschen gegenüber ihren Arbeitgebern
5. Zustandekommen und Inhalte einer Integrationsvereinbarung
6. Betriebliches Eingliederungsmanagement
7. Kündigung schwerbehinderter Menschen

9. Sie stellen das Arbeitszeitmodell Ihres Betriebes auf einem Plakat dar. Sie vergleichen Ihr Arbeitszeitmodell mit den Regelungen in anderen Betrieben mithilfe einer Wandzeitung.

10. In der Montage der Karl Abt KG wurde ein kontinuierliches vorwärtsrotiertes 3-Schichtsystem mit 4 Schichtgruppen mit einer durchschnittlichen Wochenarbeitszeit von 40 Stunden eingeführt. Im Fall einer niedrigeren tariflichen Wochenarbeitszeit (z. B. 35 Arbeitsstunden) müssen Freischichten oder Zeitwertguthaben eingerichtet werden.

Arbeitszeiten von Montag bis Sonntag, wochenweiser Wechsel, Frühschicht: 06:00–14:00 Uhr / Spätschicht: 14:00–22:00 Uhr / Nachtschicht: 22:00–06:00 Uhr

Zugehöriger Schichtplan

Gruppe	Mo.	Di.	Mi.	Do.	Fr.	Sa.	So.	Arbeitszeit	Zeitguthaben
A	Früh	Früh	Spät	Spät	Nacht	Nacht	Nacht	48 Std.	+ 8 Std.
B			Früh	Früh	Spät	Spät	Spät	40 Std.	± 0 Std.
C	Nacht	Nacht			Früh	Früh	Früh	40 Std.	± 0 Std.
D	Spät	Spät	Nacht	Nacht				32 Std.	– 8 Std.

10.1 Ihre Aufgabe ist es, den Schichtplan ***für die nächsten*** 3 Wochen fortzuschreiben.

10.2 Sie beurteilen diesen Schichtplan hinsichtlich Vor- und Nachteilen.

11. Ihre Aufgabe ist es, für die 40. Kalenderwoche den Personaleinsatzplan für die Abteilung „Verkauf" im Autohaus Sayler GmbH auszuarbeiten. Sie erstellen dazu eine Tabelle nach folgendem Muster.

Wochentag / Mitarbeiter	Mo.	Di.	Mi.	Do.	Fr.	Sa.	Stunden
Gut (AL)							
Schmied (s. AL)							
Müller							
Zürn							
Ulmer							

In der Abteilung „Verkauf" sind beschäftigt: Abteilungsleiterin (AL) Tanja Gut, stellvertretender Abteilungsleiter (s. AL) Ulrich Schmied, die zwei Vollzeitkräfte Verena Müller und Mike Zürn sowie die Auszubildende Sabrina Ulmer.

Bei der Planung gelten folgende Rahmenbedingungen: 40-Stunden-Woche, tägliche Ladenöffnungszeit von 8 Stunden, 5-Tage-Woche, Frau Gut oder ihr Stellvertreter muss immer präsent sein. Montag bis Freitag sollen mindestens drei Arbeitskräfte, am Samstag 4 Arbeitskräfte zur Kundenberatung anwesend sein.

In der 40. Kalenderwoche gelten folgende Besonderheiten: Frau Gut hat ihren freien Tag am Montag und Herr Schmied am Mittwoch. Sabrina Ulmer ist montags den ganzen Tag in der Berufsschule und am Freitag von 08:00 Uhr bis 12:00 Uhr. Abteilungsleiterin Gut ist am Donnerstag den ganzen Tag auf einer Fortbildungsveranstaltung. Verkäuferin Müller nimmt am Donnerstagnachmittag einen Freizeitausgleich von 4 Stunden. Herr Zürn hat am Freitag einen Zahnarzttermin und nimmt dafür einen ganzen Tag Urlaub.

12. Die Geschäftsleitung der Wohnbau Home4U GmbH plant die Einführung eines Gleitzeitsystems für den Innen- und Außendienst, um auf Kundenanfragen flexibler reagieren zu können. Die Wochenarbeitszeit beträgt 37 Stunden.

Das vorhandene Arbeitszeitmodell sieht folgende feste Arbeitszeiten vor:

Montag: 08:00–16:00 Uhr; Dienstag und Mittwoch: 07:30–16:00 Uhr;
Donnerstag: 07:30–16:30 Uhr (Notdienst bis 18:00 Uhr; Freitag: 07:30–13:00 Uhr;
Sprechzeiten des Innendienstes: Montag – Freitag: 08:00 – 13:00 Uhr

Das künftige Arbeitszeitmodell ist ein Gleitzeitmodell mit Kernzeiten:

Kernzeiten:	Montag–Donnerstag: 09:30 Uhr–13:30 Uhr und 14:30 Uhr–15:30 Uhr Freitag: 09:30 Uhr–13:30 Uhr
Gleitzeiten:	Montag–Donnerstag: 07:30 Uhr–09:30 Uhr und 15:30 Uhr–18:00 Uhr Freitag: 07:30 Uhr–09:30 Uhr und 14:30 Uhr–15:30 Uhr
Pausenzeiten:	Montag–Freitag: 13:30 Uhr–14:30 Uhr
Sprechzeiten:	Montag–Freitag: 09:30 Uhr–13:30 Uhr, zusätzlich nach Vereinbarung

12.1 Stellen Sie das vorhandene Arbeitszeitmodell als Gantt-Diagramm[1] dar. Verwenden Sie als Spaltenüberschriften die Arbeitszeiten von 07:00 Uhr bis 18:00 Uhr, als Zeilenüberschriften die Wochentage. Stellen Sie die Sprechzeiten mit einem eigenen Balken (Mo.–Fr.) dar. Wählen Sie für die Arbeitszeiten, den Notdienst und die Sprechzeiten unterschiedliche Farben für die entsprechenden Balken.

12.2 Stellen Sie ebenso das künftige Arbeitszeitmodell dar. Verwenden Sie die gleichen Spaltenüberschriften. Als Zeilenüberschriften reichen Mo.–Do. und Fr. Stellen Sie die Sprechzeiten mit einem eigenen Balken (Mo.–Fr.) dar. Wählen Sie für die Gleitzeit, die Kernzeit, die Pausenzeiten und die Sprechzeiten unterschiedliche Farben für die entsprechenden Balken.

13. Für den nächsten Sommerurlaub haben die Mitarbeiter der Verkaufsabteilung die folgenden Urlaubswünsche angemeldet:

Mitarbeiter	Urlaubswoche von ... bis ... einschließlich	Urlaubsdauer in Wochen
Abteilungsleiter A	27. – 30.	4
Stellvertreter B	30. – 33.	4
Mitarbeiter C	27. – 30.	4
Mitarbeiter D	28. – 31.	4
Mitarbeiter E	30. – 33.	4
Mitarbeiter F	31. – 32.	2

13.1 Stellen Sie die Urlaubswünsche als Gantt-Diagramm nach dem Muster auf Seite 330 dar.

13.2 Erstellen Sie den endgültigen Urlaubsplan, der sicherstellt, dass mindestens ein leitender Angestellter und zwei Sachbearbeiter durchgehend anwesend sind. Berücksichtigen Sie, dass A, C und D schulpflichtige Kinder haben, deren Ferien von der 27. Woche bis zur 32. Woche dauern.

13.3 Sie verfassen ein Memo mit den Vor- und Nachteilen der Gantt-Technik.

14. Das Grundentgelt eines Zerspanungsmechatronikers beträgt 18,00 € pro Stunde, der Akkordzuschlag 10 %. Die Vorgabezeit für die Bearbeitung eines Werkstücks beträgt 8 Zeitminuten. Der Mechatroniker hat in der Woche 320 Werkstücke bearbeitet. Gehen Sie von einer Arbeitszeit von 40 Stunden/Woche aus.
14.1 Sie berechnen die erwartete Normalleistung pro Stunde.
14.2 Sie ermitteln den Wochenlohn des Mechatronikers nach dem Zeitakkord.
14.3 Sie bestimmen den effektiven Stundenlohn dieses Drehers.
14.4 Sie beschreiben in einem Memo vier Voraussetzungen, die zutreffen müssen, damit eine Entlohnung nach dem Akkordsystem durchführbar ist.

15. Für die Endmontage eines Fahrradrahmens wurde eine Vorgabezeit von 12 Minuten festgelegt. Der tarifliche Mindestlohn beträgt 21,00 € pro Stunde. Der Akkordzuschlag beträgt 20 %.
Sie berechnen das Bruttoentgelt und den effektiven Stundenlohn, wenn der Monteur 600 Fahrradrahmen im Monat (= 160 Arbeitsstunden) fertigt. Sie interpretieren Ihre Ergebnisse.

1 Balkendiagramm mit versetzten Balken (siehe z. B. auf Seite 331. Der Name geht auf den amerikanischen Unternehmensberater Henry Laurence Gantt zurück (1861–1919).

16. Bisher wurde in der Abteilung Dreherei nach Akkord entlohnt. Die Zeitaufnahme für das Drehen von Motorwellen brachte bei Normalleistung folgende Ergebnisse:

Tätigkeit	Auftrag lesen	Material holen	Maschine einrichten	Welle drehen	Arbeitsplatz aufräumen
Minuten	10	25	40	7	25

16.1 Sie ordnen die aufgeführten Tätigkeiten der Rüstzeit (auftragsfixe Zeit) und der Ausführungszeit (hängt von der zu produzierenden Stückzahl ab) zu.
16.2 Sie berechnen die Vorgabezeit (Rüst- und Ausführungszeit) für das Drehen von 200 bzw. 400 Motorwellen.
16.3 Sie berechnen die Normalleistung in Stück je Stunde bei 200 bzw. 400 Motorwellen.
16.4 Ein Dreher erhält einen Mindestlohn von 20,00 €/Stunde und einen Akkordzuschlag von 20 %. Sie berechnen den Bruttolohn und den effektiven Stundenlohn dieses Drehers für die Fertigung von 200 bzw. 400 Motorwellen. Die Wochen-Arbeitszeit des Drehers beträgt 38,5 Stunden.
16.5 Sie begründen, warum das bisherige Entgeltsystem geändert werden muss, wenn die vorwiegend handgesteuerten Drehmaschinen durch computergesteuerte Drehbänke ersetzt werden.

17. Im Folgenden sind zwei Prämienmodelle dargestellt. Sie führen die notwendigen Berechnungen durch und ergänzen die dargestellten Tabellen. Anhand Ihrer Ergebnisse bestimmen Sie jeweils die Leistungsspanne, die Prämienspanne und die Art des Prämienverlaufs (proportional, über- oder unterproportional zur zusätzlichen Leistungsmenge).

17.1 Prämienmodell einer Zeitersparnisprämie

Wird die Vorgabezeit unterschritten, erhält die Arbeitskraft 40 % des ersparten Zeitentgelts (Zeitersparnisprämie). Die Vorgabezeit beträgt pro Stück 15 Minuten. Das entspricht einer Normalleistung von 4 Stück pro Stunde. Das tarifliche Zeitentgelt beträgt 18,00 €/Stunde.

Benötigte Zeit	Zeitersparnis	Zeitersparnisprämie	Prämienlohn	Leistungsmenge	Lohnstückkosten
Min./Stück	%	€/Stunde	€/Stunde	Stück/ Stunde	€/Stück
(1)	(2)	(3)	(4)	(5)	(6)
15	0,00 %	0,00			
14					
13					
12					
11					
10					

17.2 Prämienmodell einer Qualitätsprämie

Hergestellte Stückzahl:	500 Stück in 160 Arbeitsstunden (ein Monat)
Verkaufsfähige Stückzahl:	siehe Tabelle
Verkaufserlös pro Stück:	100,00 €
Anteil der Mitarbeiter am Mehrerlös:	30 %
Grundentgelt:	16,00 €/Stunde

Ausschuss		**Verkaufsfähige Stückzahl**	**Zusätzliche Menge**	**Zusätzlicher Mehrerlös**	**Gesamtprämie der Mitarbeiter**	**Prämie pro Stunde**	**Prämienlohn**
%	Stück	Stück	Stück	€/Monat	€/Monat	€/Stunde	€/Stunde
6 %							
5 %							
4 %							
3 %							
2 %							
1 %							

3 Personalverwaltung und -betreuung

In diesem Kapitel berechnen und dokumentieren Sie Arbeits- und Abwesenheitszeiten. Weiter ermitteln Sie das Brutto- und das Nettoentgelt. Sie unterscheiden und bewerten Möglichkeiten der Personalentwicklung und -förderung. Sie erstellen mithilfe eines Tabellenkalkulationsprogramms Personalstatistiken. Sie wirken bei der Beendigung von Arbeitsverhältnissen und beim Erstellen von Abmahnungen, Kündigungsschreiben und Arbeitszeugnissen mit und beachten dabei arbeits- und mitbestimmungsrechtliche Vorschriften. Sie stellen die Entlassungspapiere zusammen und führen die notwendigen Abmeldungen durch. Sie erkennen, dass bei personalwirtschaftlichen Aufgaben im besonderen Maße Sorgfalt, Vertraulichkeit und Objektivität notwendig sind.

Lernsituation

Sie befinden sich in der Ausbildung zur Kauffrau bzw. zum Kaufmann für Büromanagement bei der Rad & Roll GmbH. Sie sind zurzeit im Personalteam eingesetzt. Ihre Teamleiterin, Frau Reisch, überreicht Ihnen den Auszug aus einem Besprechungsprotokoll mit der Bitte, eine kurze Stellungnahme zu verfassen.

Rad & Roll GmbH

ERGEBNISPROTOKOLL (vertraulich)

Fristlose Kündigung des Werkzeugmachers Umit Demir

Termin:	10.03.20..	**Ort, Raum:**	Besprechungsraum 002
Beginn:	08:30 Uhr	**Ende:**	09:15 Uhr

Sitzungsleitung: Herr Ferizi (Leitung Fertigung)
Teilnehmende Personen: Herr Markovic (Montage), Frau Reisch (Personal)

Besprechungsergebnisse:

...

Der Werkzeugmacher Ümit Demir wird am 08.03.20.. bei einer Taschenkontrolle am Werkstor dabei erwischt, wie er einen neuwertigen Gewindebohrer mit nach Hause nehmen will.

Ümit Demir bringt vor, dass der Bohrer bereits einige Tage in der Schrottkiste gelegen habe. Er habe daher keinen wirklichen Diebstahl begangen.

Herr Markovic ist gegen die Kündigung, weil er aufgrund der angespannten Auftragslage den ansonsten sehr tüchtigen und qualifizierten Facharbeiter nicht entbehren kann.

Frau Reisch weist darauf hin, dass der Betriebsrat den Diebstahl wahrscheinlich als Lappalie hinstellen werde, da der Bohrer in der Schrottkiste lag und der Neuwert nicht mehr als 25,00 € beträgt. Außerdem sei am Arbeitsmarkt kurzfristig kein gleich gut qualifizierter Ersatz zu bekommen.

Herr Ferizi verweist auf die hohen Kosten für die Neueinstellung und Einarbeitung eines gleichwertigen Facharbeiters. Andererseits können nur durch konsequentes Handeln weitere Diebstähle verhindert werden.

...

Frau Reisch bittet Sie, für das nächste Ausbildungsgespräch ein Plakat mit den Ablaufschritten einer Kündigung bis hin zur Kündigungsklage anzufertigen und eine Tischvorlage mit folgenden Gliederungspunkten zu erstellen:

1. Arbeitszeiterfassung und Abwesenheitszeiten
2. Entgeltbestandteile und Entgeltabrechnung
3. Personalbeurteilung und -entwicklung
4. Aufgaben und Auswertung von Personalstatistiken
5. Beendigung von Arbeitsverhältnissen
6. Abmeldungen und Entlassungspapiere

Arbeitsaufträge

a) Sie **informieren** sich über die Themenbereiche Arbeitszeiterfassung und Abwesenheitszeiten, Entgeltbestandteile und Entgeltabrechnung, Personalbeurteilung und -entwicklung, Aufgaben und Auswertung von Personalstatistiken, Beendigung von Arbeitsverhältnissen, Entlassungspapiere und Abmeldungen.

   Tipp: Sie bilden thementeilige Arbeitsgruppen und lesen die folgenden Kapitel im Buch.

b) Sie **analysieren** Arbeitsverträge, Betriebsvereinbarungen und Tarifverträge hinsichtlich der Entgeltregelungen. Sie **berechnen** und **dokumentieren** Arbeits- und Abwesenheitszeiten, **ermitteln** das Bruttoentgelt und **berechnen** das Nettoentgelt. Sie **entwickeln Ideen** zur Mitarbeiterbetreuung (Personalbeurteilung, -entwicklung und -förderung) und **machen Vorschläge** zur besseren Arbeitsstrukturierung. Sie **diskutieren Vor- und Nachteile** von internen und externen Fortbildungsmaßnahmen. Sie **erstellen** mithilfe eines Tabellenkalkulationsprogramms Personalstatistiken und werten sie aus. Sie **wirken mit** bei der Beendigung von Arbeitsverhältnissen und beim Erstellen von Abmahnungen, Kündigungsschreiben und Arbeitszeugnissen und berücksichtigen dabei arbeits- und mitbestimmungsrechtliche Vorschriften. Sie **stellen** die Unterlagen **zusammen,** die Beschäftigten bei der Entlassung ausgehändigt werden müssen, und **nehmen** die notwendigen Abmeldungen **vor.** Sie **erstellen** mithilfe eines Tabellenkalkulationsprogramms Personalstatistiken. Sie **erstellen** eine PowerPoint-Präsentation mit den gewünschten Gliederungspunkten, die zugehörige Tischvorlage und das **Plakat** mit den Ablaufschritten einer Kündigung einschließlich Kündigungsklage.

   Tipp: Hilfen für die Anwendung des Tabellenkalkulationsprogramms Excel und des Präsentationsprogramms PowerPoint finden Sie im Ergänzungsband *„Profi am PC“.*

c) Sie **tragen** Ihre PowerPoint-Präsentation beim Ausbildungsgespräch **vor.** Ebenso stellen Sie Ihr Plakat vor und **reagieren auf Fragen** und Anmerkungen der Teamleiterin Personal, der Ausbilderin und der anderen Auszubildenden.

d) Sie **bewerten** Ihren Vortrag zusammen mit der Ausbilderin und den anderen Auszubildenden anhand des Kriterienkatalogs für Präsentationen. Sie **nehmen Kritikpunkte auf** zur Vollständigkeit und inhaltlichen Richtigkeit, **ergänzen** Ihre Ausarbeitungen und **korrigieren** Fehler.

e) Sie **reflektieren** Ihr Verhalten hinsichtlich Sorgfalt, Vertraulichkeit und Objektivität und überlegen, wie Sie Ihre Lösungsansätze verbessern könnten. Dabei vergegenwärtigen Sie sich Ihrer eigenen Stellung als Arbeitnehmer im Betrieb und **hinterfragen,** inwieweit Sie auf Personalprobleme sachgerecht und rational reagieren.

Informationen gewinnen

3.1 Arbeitszeiterfassung und Abwesenheitszeiten

Die Verfahren zur Arbeitszeiterfassung sollten die Arbeits- und Abwesenheitszeiten möglichst manipulationssicher (objektiv) und fehlerfrei messen. Die Zeitdaten sollten möglichst schnell und ohne weitere manuelle Eingaben ausgewertet werden können. Die Zeitprotokolle für die Mitarbeiter sollten übersichtlich und leicht kontrollierbar sein. Einmalige und laufende Kosten sollten möglichst gering sein.

Herkömmliche Stechuhren werden diesen Anforderungen in Zeiten flexibler Arbeitszeitmodelle nicht mehr gerecht. Die Einführung und Anwendung von technischen Einrichtungen, mit denen das Verhalten oder die Leistung der Arbeitnehmer überwacht werden können, ist von der Zustimmung des Betriebsrats abhängig (BetrVG § 87 Abs. 1).

Verfahren der Zeiterfassung im Überblick

Handaufschreibung (Vertrauenszeit)	Jeder Mitarbeiter schreibt seine Zeiten selbst auf. Es entstehen keine Gerätekosten, dem Mitarbeiter wird Vertrauen entgegengebracht. Die Daten sind jedoch leicht manipulierbar, die manuelle Auswertung ist arbeitsintensiv und kostet Arbeitszeit.
Stempeluhr (Stechuhr)	Kommen- und Gehenzeiten werden auf eine Karte gestempelt (z. B. Uhrzeit-, Zeitsummenstempel). Zur maschinellen Auswertung müssen die Daten manuell erfasst werden, wodurch Übertragungsfehler auftreten können.
Zeitzähler	Sie befinden sich am Arbeitsplatz und schreiben die Anwesenheitszeiten kumulativ fort. Die Zeitsumme ist ohne Rechenaufwand ablesbar. Auswertungen der Arbeitszeitverteilung sind nicht möglich.
Zeiterfassungssysteme über Ausweisleser (Systemzeit)	Die Zeitdaten werden an Terminals bequem erfasst und entweder auf einen Datenzwischenträger gespeichert oder direkt (online) in das Datenverarbeitungssystem übernommen und ausgewertet. Weitergehende Auswertungen (z. B. Urlaubs-, Gleitzeitsalden, Überstunden) sind leicht möglich.

Computergestützte **Zeiterfassungssysteme** mit Funktechnik bieten neben der komfortablen, berührungslosen Erfassung der Kommen- und Gehenzeiten zusätzliche Funktionen bis hin zu einer Informationszentrale für die Mitarbeiter. Große Bildschirme erlauben beim Passieren des Zeitterminals individuelle Informationen wie z. B. aktueller Arbeitszeit- und Urlaubssaldo, Besprechungstermine oder Änderungen im Schicht- bzw. Personaleinsatzplan – auch in einer vorher vereinbarten Fremdsprache. Die Zeitdaten werden automatisch an die Entgeltbuchhaltung weitergegeben und die Urlaubs-, Überstunden-, Lohn- und Gehaltskonten aktualisiert. Das schicke Design der Terminals vermeidet den Eindruck eines Kontrollinstruments und erhöht die Akzeptanz durch die Mitarbeiter.

Zeiterfassungsterminal mit Funktechnik

Die erfassten Arbeitszeiten dienen als Grundlage für die Entgeltabrechnung. Als Arbeitszeit zählen auch **bezahlte Abwesenheitszeiten** wie bezahlte Urlaubs- und Feiertage, Entgeltfortzahlungstage, in Geld ausgeglichene Mehrarbeitsstunden, Mutterschutzfristen[1] mit Aufstockung des Arbeitsentgelts. Sofern sich Arbeitnehmer in einer flexiblen Arbeitszeitregelung befinden und Arbeitsentgelt für den Aufbau eines Wertguthabens nach § 7 b SGB IV erzielen, müssen die entsprechenden Stunden dem Arbeitsentgelt zugerechnet werden.

Unbezahlte Abwesenheits- bzw. Fehlzeiten werden bei der Entgeltabrechnung nicht berücksichtigt, z. B. unbezahlte Freistellung wegen Krankheit bzw. Verletzung eines Kindes, unbezahlter Urlaub, Arbeitsunfähigkeit ohne Entgeltfortzahlung, Elternzeit (bis drei Jahre). Ist das Ende der Fehlzeit nicht bekannt, dann liegt eine *offene Fehlzeit* vor. Je Mitarbeiter ist nur eine offene Fehlzeit erlaubt.

3.2 Entgeltbestandteile und Entgeltabrechnung

Der Arbeitgeber muss dem Arbeitnehmer bei Zahlung des Arbeitsentgelts eine **Abrechnung in Textform** erteilen. Die Abrechnung muss mindestens den Abrechnungszeitraum und die Zusammensetzung des Arbeitsentgelts enthalten, z. B. Art und Höhe der Zuschläge, Zulagen, sonstige Vergütungen, Art und Höhe der Abzüge, Abschlagszahlungen, Vorschüsse (GewO § 108). Die Abrechnung entfällt, wenn sich die Angaben gegenüber der letzten Abrechnung nicht geändert haben.

3.2.1 Ermittlung des Bruttoentgelts

Mit der **Bruttoabrechnung** wird ausgewiesen, wie sich das Bruttoentgelt für einen Abrechnungszeitraum (in der Regel ein Monat) zusammensetzt. Grundlage ist das tariflich bzw. arbeitsvertraglich vereinbarte monatliche Zeit-, Akkord-oder Prämienentgelt. Hinzu kommen Zulagen, bezahlte Mehrarbeit, Mehrarbeits-, Sonntags-, Feiertags-, Nachtarbeitszuschläge, vermögenswirksame Leistungen des Arbeitgebers, Urlaubs-, Weihnachtsgeld und geldwerte Vorteile in Form von unentgeltlicher oder verbilligter Überlassung von Sachwerten oder Dienstleistungen (Sachbezüge wie Personalrabatt, Werkswohnung, Essenszuschuss, private Nutzung eines Geschäftswagens).

1 Der Arbeitgeber stockt das Mutterschaftsgeld der Krankenkasse (maximal 13,00 € pro Arbeitstag) bis zur Höhe des Nettoentgelts auf (MuSchG § 14). Die Zuzahlung errechnet sich aus dem durchschnittlichen Nettogehalt der letzten drei Monate (einschließlich Überstunden) vor Beginn des Mutterschutzes, in denen die Frau abgabenpflichtig gearbeitet hat. Der Arbeitgeberzuschuss zum Mutterschaftsgeld ist steuer- und beitragsfrei.

***Beispiel:* Ermittlung des Bruttoentgelts** *für Frau Ling (Leiterin Vertrieb bei der Rad & Roll GmbH)*

Grundentgelt	**2.700,00 €**	**Laut Lohnabrechnung** bzw. Entgeltfortzahlung bei Krankheit[1]
+ Zulagen		Laut Tarifvertrag, z. B. Belastungs-, Gefahr-, Leistungs-, Funktionszulage (z. B. für Ausbilder), Sozial-, Wechselschichtzulagen
+ bezahlte Mehrarbeitsstunden		Nach Genehmigung durch Vorgesetzte, Überstundenzuschlag gemäß Tarifvertrag bzw. Betriebsvereinbarung, z. B. 25 %
+ Urlaubsgeld		Laut Tarifvertrag bzw. Betriebsvereinbarung
+ Weihnachtsgeld		Laut Tarifvertrag bzw. Betriebsvereinbarung
+ Arbeitgeberzuschuss zu vermögenswirksame Leistungen	20,00 €	Laut Tarifvertrag bzw. Betriebsvereinbarung
+ steuerpflichtige Sachbezüge (geldwerte Vorteile)	480,00 €	Private Nutzung eines Geschäftswagens[2], Zuschuss für Verpflegung bzw. Unterkunft bzw. Wohnung[3], Kost bzw. Jobticket bzw. Tankkarte über der Freigrenze[4] von 44,00 € pro Monat (EStG § 8), Waren über den Rabattfreibetrag von 1.080,00 € pro Jahr
– persönlicher Lohnsteuerfreibetrag	200,00 €	Laut ELStAM (Antrag auf Lohnsteuerermäßigung ist erforderlich)
= steuerpflichtiges Bruttoentgelt	**3.000,00 €**	**Grundlage für Lohn-, Kirchensteuer, Solidaritätszuschlag**
= beitragspflichtiges Bruttoentgelt	**3.200,00 €**	**Grundlage für Sozialversicherungsbeiträge**
+ steuerfreie Zuschläge[5] (bis höchstens 50,00 € pro Stunde steuerfrei, bis höchstens 25,00 € pro Stunde beitragsfrei)	400,00 €	EStG § 3 b: 25 % Zuschlag für Nachtarbeit ab 20 bis 6 Uhr, 50 % für Sonntagsarbeit, 125 % Zuschlag für Arbeit an gesetzlichen Feiertagen und am 31.12. nach 14 Uhr, 150 % Zuschlag für Arbeit am 1. Mai, 24. Dezember nach 14 Uhr und am 25. und 26. Dezember
Gesamtes Bruttoentgelt	**3.600,00 €**	

1 Siehe hierzu Kapitel 2.2.2, Probezeit und Entgeltfortzahlung auf Seite 319 f.. Der Arbeitgeberzuschuss zum Mutterschaftsgeld ist steuer- und beitragsfrei.

2 Die Privatnutzung des Geschäftswagens bringt Frau Ling einen geldwerten Vorteil, weil sie kein eigenes Auto mehr braucht. Die Höhe dieses Sachbezugs wird mit monatlich pauschal 1 % des Bruttolistenneupreises angesetzt, z. B. 1 % von 48.000,00 € = 480,00 €, angesetzt (BFH, Urteil vom 07.03.2013, VI R 51/11). Wenn Frau Ling ein Fahrtenbuch führen würde, könnte sie den privaten Anteil genau bestimmen und als geldwerten Vorteil ansetzen.

3 Siehe hierzu Sozialversicherungsentgeltverordnung (SvEV § 2)

4 Ist der Sachbezug höher als die **Freigrenze**, dann ist der gesamte geldwerte Vorteil zu versteuern und nicht nur der übersteigende Betrag. Die Freigrenze gilt pro Arbeitsverhältnis.

5 Ein gesetzlicher Anspruch auf Sonn- und Feiertagszuschläge lässt sich aus § 3 b EStG und § 11 ArbZG nicht ableiten (BAG 5 AZR 97/ 05). Wenn ein Lohnzuschlag gewährt wird, ist er lediglich innerhalb bestimmter Grenzen steuer- und beitragsfrei.

3.2.2 Ermittlung des Nettoentgelts und des Auszahlungsbetrags

Jeder Betrieb muss für seine Beschäftigten Lohn- und Kirchensteuer, den Solidaritätszuschlag und Sozialversicherungsbeiträge abziehen und an die Finanzkasse bzw. zuständige Berufsgenossenschaft bzw. Einzugsstelle der Krankenkasse abführen.

- **Ermittlung der Lohn- und Kirchensteuer sowie des Solidaritätszuschlags**

Für die Ermittlung der Lohnsteuer muss der Arbeitgeber für jeden Arbeitnehmer ein **Lohnkonto** führen (EStG § 41, LStDV § 4). Im Lohnkonto sind aufzuzeichnen: Vorname, Familienname, Tag der Geburt, Wohnort, Wohnung, Personalnummer, die vom Finanzamt ausgestellte Bescheinigung der elektronischen Lohnsteuerabzugsmerkmale (ELStAM), z. B. Lohnsteuerklasse, Kinderfreibetrag[1], Kirchensteuerabzugsmerkmale, eingetragener persönlicher Lohnsteuerfreibetrag[2]. Zusätzlich sind die Termine und Zeiträume der Lohnzahlung aufzuzeichnen. Der Zahlenteil aller Lohnkonten wird monatlich für alle Arbeitnehmer auf die **Lohnliste** übernommen. Die Lohnliste stellt den Buchungsbeleg für die Lohnbuchhaltung dar.

Übersicht über die Lohnsteuerklassen nach § 38 b und § 39 b EStG

Steuerklasse	Personenkreis	Beim Lohnsteuerabzug berücksichtigter Grundfreibetrag und Pauschalen	2015 in € pro Jahr
I	Ledige, verwitwete, geschiedene sowie verheiratete Arbeitnehmer, die **dauernd getrennt** leben	Grundfreibetrag[3] Arbeitnehmer-Pauschbetrag Sonderausgaben-Pauschbetrag Vorsorgepauschale[4]	8.354,00 1.000,00 36,00 1.900,00
II	Alleinerziehende Arbeitnehmer der Steuerklasse I	Siehe Steuerklasse I Entlastungsbetrag	s. o. 1.308,00
III	Verheiratete Arbeitnehmer, die nicht dauernd getrennt leben und deren Ehepartner keinen Arbeitslohn bezieht **oder** auf gemeinsamen Antrag in Steuerklasse V eingestuft wird	Grundfreibetrag Arbeitnehmer-Pauschbetrag Sonderausgaben-Pauschbetrag Vorsorgepauschale	16.708,00 1.000,00 36,00 3.000,00
IV	Verheiratete, die **beide Arbeitslohn** beziehen und nicht dauernd getrennt leben	Siehe Steuerklasse I	siehe Steuerklasse I

1 Das Kindergeld wird auf Antrag von der zuständigen Familienkasse der Bundesagentur für Arbeit ausgezahlt. **Kinderfreibeträge** werden deshalb bei der Ermittlung der Lohnsteuer nicht mehr berücksichtigt. Sie erscheinen in den Steuertabellen, weil sie für den Abzug des Solidaritätszuschlages und der Kirchensteuer von Bedeutung sind.

2 Arbeitnehmer, deren jährliche Aufwendungen über den Arbeitnehmer-Pauschbetrag für Werbungskosten (zz. 1.000,00 €) übersteigen, erhalten einen **persönlichen Lohnsteuerfreibetrag** vom Finanzamt, wenn sie einen Antrag auf **Lohnsteuer-Ermäßigung** stellen. **Werbungskosten** sind alle Aufwendungen, die dem Arbeitnehmer zur Erwerbung und Sicherung seiner Arbeitsstelle entstehen, z. B. Fahrkosten zur Arbeitsstelle.

3 Der **Grundfreibetrag** stellt sicher, dass das zur Bestreitung des Existenzminimums nötige Einkommen nicht durch Steuern gemindert wird. Jeder Einkommensteuerpflichtige hat Anspruch auf einen steuerfreien Grundfreibetrag (§ 32 a Abs. 1 EStG).

4 Die **Vorsorgepauschale** setzt sich nach § 39 b Abs. 2 EStG im Wesentlichen aus den Teilbeträgen für die gesetzliche Renten-, Kranken- und soziale Pflegeversicherung zusammen.

Steuer-klasse	Personenkreis	Beim Lohnsteuerabzug berücksichtigter Grundfreibetrag und Pauschalen	2015 in € pro Jahr
V	Arbeitnehmer der Steuerklasse IV, wenn einer der Ehegatten **auf gemeinsamen Antrag** in die Steuerklasse III eingestuft wird	Arbeitnehmer-Pauschbetrag Sonderausgaben-Pauschbetrag Vorsorgepauschale	1.000,00 36,00 1.900,00
VI	Für ein zweites Arbeitsverhältnis und alle **weiteren Arbeitsverhältnisse** eines Arbeitnehmers		

Anstelle der Steuerklassenkombination III/V können Eheleute die Steuerklassenkombination IV-Faktor/IV-Faktor wählen (EStG § 39 f., **individuelles Faktorverfahren**). Damit wird erreicht, dass bei jedem Ehegatten der ihm persönlich zustehende Grundfreibetrag berücksichtigt wird.

Auszüge aus der Monatslohnsteuertabelle[1] 2015

Monats-entgelt	Steuer-klasse	Lohn-steuer	Ohne Kinderfreibetrag			Mit 1 Kinderfreibetrag		
			SolZ	Kirchensteuer		SolZ	Kirchensteuer	
			5,5 %	8 %	9 %	5,5 %	8 %	9 %
500,00	I	–	–	–	–	–	–	–
	II	–	–	–	–	–	–	–
	III	–	–	–	–	–	–	–
	IV	–	–	–	–	–	–	–
	V	45,66	–	3,65	4,10	–	–	–
	VI	57,75	–	4,62	5,19	–	–	–
1.000,00	I	6,16	–	0,49	0,55	–	–	–
	II	–	–	–	–	–	–	–
	III	–	–	–	–	–	–	–
	IV	6,16	–	0,49	0,55	–	–	–
	V	103,41	4,48	8,27	9,30	–	–	–
	VI	117,75	6,53	9,50	10,68	–	–	–
1.500,00	I	93,33	2,46	7,46	8,39	–	–	–
	II	67,50	–	–	–	–	–	–
	III	–	–	–	–	–	–	–
	IV	93,33	2,46	7,46	8,39	–	2,40	2,70
	V	265,16	14,58	21,21	23,86	–	–	–
	VI	301,41	16,57	24,11	27,12	–	–	–

1 Allgemeine Lohnsteuertabelle mit der vollen Vorsorgepauschale für sozialversicherungspflichtige Arbeitnehmer

Monats-entgelt	Steuer-klasse	Lohn-steuer	Ohne Kinderfreibetrag			Mit 1 Kinderfreibetrag		
			SolZ	Kirchensteuer		SolZ	Kirchensteuer	
			5,5 %	8 %	9 %	5,5 %	8 %	9 %
2.000,00	I	207,08	11,38	16,56	18,63	–	4,89	5,50
	II	178,33	–	–	–	–	3,09	3,47
	III	25,33	–	2,02	2,27	–	–	–
	IV	207,08	11,38	16,56	18,63	7,23	10,52	11,83
	V	432,83	23,80	34,62	38,95	–	–	–
	VI	463,83	25,51	37,10	41,74	–	–	–
2.500,00	I	326,25	17,94	26,10	29,36	9,13	13,28	14,94
	II	294,91	–	–	–	7,59	11,05	12,43
	III	112,00	–	8,96	10,08	–	0,54	0,61
	IV	326,25	17,94	26,10	29,36	13,40	19,50	21,93
	V	595,00	32,72	47,60	53,55	–	–	–
	VI	630,16	34,65	50,41	56,71	–	–	–
3.000,00	I	455,50	25,05	36,44	40,99	15,48	22,52	25,33
	II	421,58	–	–	–	13,80	20,08	22,59
	III	217,83	11,03	17,42	19,60	–	6,74	7,58
	IV	455,50	25,05	36,44	40,99	20,13	29,29	32,95
	V	773,25	42,52	61,86	69,59	–	–	–
	VI	809,50	44,52	64,76	72,85	–	–	–
4.500,00	I	915,50	50,35	73,23	82,39	38,46	55,94	62,93
	II	873,66	–	–	–	36,35	52,88	59,49
	III	564,83	31,06	45,18	50,83	22,25	32,37	36,41
	IV	915,50	50,35	73,23	82,39	44,27	64,40	72,45
	V	1.325,16	72,88	106,01	119,26	–	–	–
	VI	1.361,41	74,87	108,91	122,52	–	–	–
7.000,00	I	1.918,16	105,49	153,45	172,63	92,00	133,82	150,55
	II	1.872,33	–	–	–	89,48	130,16	146,43
	III	1.325,16	72,88	106,01	119,26	61,94	90,10	101,36
	IV	1.918,16	105,49	153,45	172,63	98,75	143,63	161,59
	V	2.338,33	128,60	187,06	210,44	–	–	–
	VI	2.374,58	130,60	157,65	213,71	–	–	–

Die Lohnsteuer wird mithilfe eines Lohnabrechnungsprogramms oder (bei wenigen Arbeitnehmern) mit einem Lohnsteuerrechner berechnet bzw. aus der **Monatslohnsteuertabelle** abgelesen. Grundlage für den **Solidaritätszuschlag** in Höhe von 5,5 % ist die Lohnsteuer. Die **Kirchensteuer** für Konfessionen, die als öffentlich rechtliche Körperschaft anerkannt sind, errechnet sich ebenfalls aus der Lohnsteuer (8 % in Bayern und Baden-Württemberg bzw. 9 % in allen anderen Bundesländern).

- **Berechnung der Sozialversicherungsbeiträge**[1]

Neben den Steuern muss der Arbeitgeber die Arbeitnehmeranteile zu den Sozialversicherungen einbehalten und zusammen mit seinem Arbeitgeberanteil an die zuständigen Krankenkassen abführen. Jeder Arbeitnehmer ist aufgrund der Vorschriften des Sozialgesetzbuches (SGB) in folgenden Sozialversicherungszweigen pflichtversichert:

Versicherungszweig	Beitragssatz[2]	Beitragsbemessungsgrenze[3]
Krankenversicherung	Gesamtbeitragssatz: 14,6 % Arbeitnehmer zahlt 7,3 % + Zusatzbeitrag bzw. – Bonus (hier: + 0,9 %) Arbeitgeber zahlt 7,3 % (Festbeitrag)	4.125,00 € pro Monat (West und Ost)
Pflegeversicherung	Gesamtbeitragssatz: 2,35 % Arbeitnehmer zahlt die Hälfte[4]	s. Krankenversicherung
Rentenversicherung	Gesamtbeitragssatz: 18,7 % Arbeitnehmer zahlt die Hälfte (9,35 %)	West: 6.050,00 € pro Monat Ost: 5.200,00 € pro Monat
Arbeitslosenversicherung	Gesamtbeitragssatz: 3,0 % Arbeitnehmer zahlt die Hälfte (1,5 %)	s. Rentenversicherung

Die Höhe des Sozialversicherungsbeitrages ist abhängig von

- der Beitragsgruppe in der Sozialversicherung (Beitragsgruppenschlüssel siehe Seite 317, Arbeitnehmer mit der Beitragsgruppe 1111 sind in allen Versicherungszweigen voll versichert;
- der Höhe des beitragspflichtigen Bruttoentgelts (im Regelfall entspricht dieses dem steuerpflichtigen Bruttoentgelt, jedoch ist der persönliche Lohnsteuerfreibetrag nicht beitragsfrei).

1 Siehe hierzu Kapitel 2.1.4 Arbeitsunterlagen und Anmeldungen auf Seite 315 f.

2 Stand: 2015

3 Stand: 2015; übersteigt das beitragspflichtige Bruttogehalt die **Beitragsbemessungsgrenze**, bleibt der Beitrag in Euro unverändert (gleichbleibender Höchstbeitrag). Aus der gesetzlichen Kranken- und Pflegeversicherung kann der Arbeitnehmer austreten, wenn sein regelmäßiges Bruttoentgelt die **Jahresarbeitsentgeltgrenze** bzw. **Versicherungspflichtgrenze** (2015: 54.900,00 € jährlich = 4.575,00 € monatlich) übersteigt. Er muss sich dann in einer privaten oder gesetzlichen Versicherung gegen Pflege und Krankheit absichern.

4 Um die Arbeitgeber für ihren 50-prozentigen Beitragsanteil zu entschädigen, wurde in allen Bundesländern (Ausnahme: Sachsen) der Buß- und Bettag als Feiertag abgeschafft. In Sachsen zahlen die Arbeitnehmer den vollen Beitrag für die ersten 1 %; an den restlichen 1,35 % beteiligen sich die Arbeitgeber zur Hälfte; dafür wurde hier kein Feiertag abgeschafft. Für Arbeitnehmer, die das 23. Lebensjahr vollendet haben und keine Kinder haben, erhöht sich der Beitragssatz um 0,25 Prozentpunkte auf 1,175 + 0,25 = 1,425 % (Sachsen: 1,00 + 0,675 + 0,25 = 1,925 %).

Beispiel: *Ermittlung des Nettoentgelts für Frau Ling (Lohnsteuerklasse I/0 Kinderfreibetrag)*

Gesamtes Bruttoentgelt		**3.600,00 €**
Steuerpflichtiges Bruttoentgelt	**3.000,00 €**	
• Lohnsteuer (Steuerklasse I)		– 455,50 €
• Solidaritätszuschlag (5,5 % von der Lohnsteuer)		– 25,05 €
• Kirchensteuer (8,0 % von der Lohnsteuer)		– 36,44 €
Beitragspflichtiges Bruttoentgelt	**3.200,00 €**	
• Krankenversicherung (Arbeitnehmeranteil: 8,2 %)		– 262,40 €
• Rentenversicherung (Arbeitnehmeranteil: 9,35 %)		– 299,20 €
• Arbeitslosenversicherung (Arbeitnehmeranteil: 1,5 %)		– 48,00 €
• Pflegeversicherung (Arbeitnehmeranteil: 1,425 %)		– 45,60 €
Nettoentgelt		**2.427,81 €**

Das Nettoentgelt entspricht in der Regel nicht dem Betrag, den der Arbeitnehmer auf sein Konto gutgeschrieben bekommt.

Beispiel: *Ermittlung des Auszahlungsbetrags für Frau Ling*

Nettoentgelt		**2.427,81 €**
– vermögenswirksame Anlage (Überweisungsbetrag)		– 40,00 €
– Sachbezüge (geldwerte Vorteile)[1]		– 480,00 €
– Gewerkschaftsbeitrag (1 % vom Bruttoentgelt)		– 36,00 €
– Miete für die Betriebswohnung		0,00 €
– Verrechnung eines gewährten Lohnvorschusses		0,00 €
– Entgeltpfändung (an Gläubiger des AN mit Pfandrechten)		0,00 €
+ steuerfreie und beitragsfreie Zuwendungen des Arbeitgebers[2]		300,00 €
Auszahlungsbetrag		**2.171,81 €**

Der geschätzte *Gesamtsozialversicherungsbeitrag* (Arbeitgeber- und Arbeitnehmeranteil) wird am **drittletzten Bankarbeitstag** des laufenden Monats nach Verrechnung mit dem Restbeitrag bzw. Erstattungsanspruch aus dem Vormonat vorausgezahlt. **Am letzten Arbeitstag** des laufenden Monats wird der Auszahlungsbetrag auf die Girokonten der Arbeitnehmer und die vermögenswirksamen Leistungen der Arbeitnehmer auf die Anlagekonten der Arbeitnehmer überwiesen. Spätestens am **10. Kalendertag des Folgemonats** werden die Lohnsteuer, die Kirchensteuer und der Solidaritätsbeitrag an das Finanzamt abgeführt.

1 Der **geldwerte Vorteil (Sachbezug)** muss vom Nettogehalt wieder abgezogen werden, da er nur deshalb dem Bruttoentgelt zugerechnet wird, um die Steuern und Beiträge zu berechnen. Würde der Abzug nicht vorgenommen, hätte der Arbeitnehmer den geldwerten Vorteil und zusätzlich den Geldbetrag vereinnahmt.

2 Vom Arbeitgeber erstattete Reise-, Umzugskosten, Mehraufwendungen bei doppelter Haushaltsführung bzw. Verpflegungsmehraufwendungen (EStG § 3 Nr. 16)

Abführung der Steuern und Beiträge

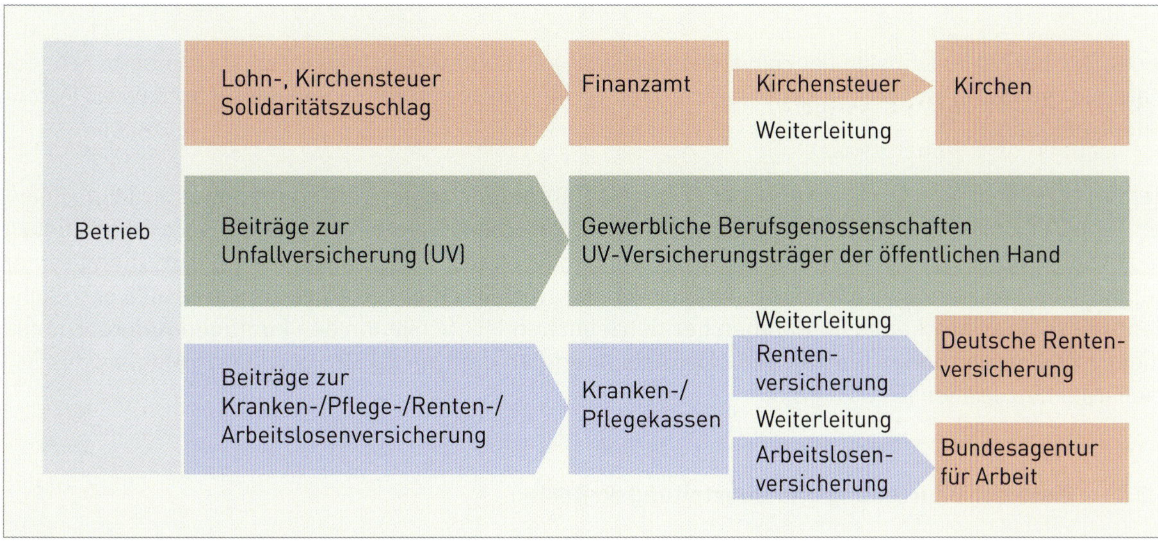

Exkurs: Solidaritätszuschlag
Seit 1995 wird in den alten und neuen Bundesländern ein Solidaritätszuschlag erhoben, der den Aufbau der neuen Bundesländer beschleunigen helfen soll. Der Solidaritätszuschlag betrug anfangs 7,5 % und wurde 1998 auf 5,5 % gesenkt und soll am 01.01.2019 auslaufen. Er wird von der Lohn- bzw. Einkommen-, Kapitalertrag- und Körperschaftsteuer berechnet. Der Arbeitgeber muss beim Lohnsteuerabzug den Solidaritätszuschlag einbehalten und am Jahresende bescheinigen. Bis zu einer Jahreslohnsteuer von 972,00 € (Verheiratete: 1.944,00 €) wird der Solidaritätszuschlag nicht erhoben (SolZG § 3).

Unterschiedliche Perspektiven
Wenn Arbeitgeber und Arbeitnehmer sich über den Arbeitslohn unterhalten, gibt es oft Verständigungsschwierigkeiten. Der Chef stöhnt über die hohen Arbeitskosten, der Mitarbeiter beklagt, wie wenig am Ende auf seinem Konto ankommt. In der Tat: Vom Aufwand für Arbeit, wie ihn das Unternehmen in seiner Kostenrechnung kalkuliert, landet nur gut die Hälfte (54 Prozent) auf dem Konto des Arbeitnehmers. Durchschnittlich 3.232 € im Monat mussten die Arbeitgeber im Jahr 2014 für jeden abhängig Beschäftigten kalkulieren. Davon sind nur 2.641 € brutto auf der monatlichen Lohn- und Gehaltsabrechnung ausgewiesen. Unsichtbar für den Arbeitnehmer bleiben jene 591 €, die der Betrieb als Arbeitgeberbeiträge an die Sozialkassen (Arbeitgeberanteil an den Sozialversicherungsbeiträgen) abführt. Nach Abzug der Lohnsteuer und der Arbeitnehmerbeiträge zur Renten-, Arbeitslosen-, Kranken- und Pflegeversicherung bleiben dem Beschäftigten 1.756 € netto im Monat. Fazit: Der Betrieb wendet 3.232 € auf, der Beschäftigte erhält 1.756 €. Den Unterschied zwischen Lohnkosten und Nettolohn – in diesem Beispiel 1.476 € – kassieren der Staat und die Sozialversicherung.

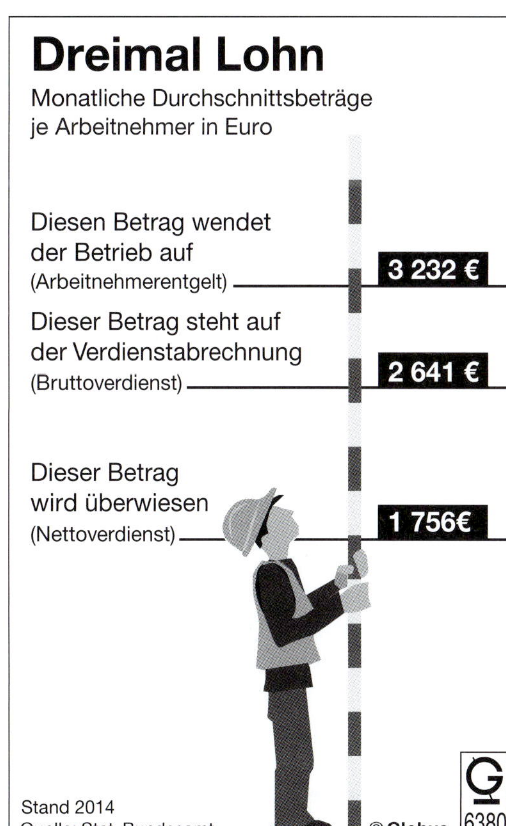

3.3 Personalbeurteilung und -entwicklung

Jeder Betrieb hat es selbst in der Hand, dass die richtigen Leute zur richtigen Zeit am richtigen Arbeitsplatz zur Verfügung stehen. Die Zauberwörter heißen Personalbeurteilung und darauf aufbauend Personalentwicklung.

Der Arbeitnehmer kann verlangen, dass mit ihm die Beurteilung seiner Leistungen sowie die Möglichkeiten seiner beruflichen Entwicklung im Betrieb erörtert werden. Sobald feststeht, dass sich die Tätigkeit des Arbeitnehmers ändern wird und seine beruflichen Kenntnisse und Fähigkeiten zur Erfüllung seiner Aufgaben nicht ausreichen, hat der Arbeitgeber mit dem Arbeitnehmer zu erörtern, wie dessen berufliche Kenntnisse und Fähigkeiten im Rahmen der betrieblichen Möglichkeiten den künftigen Anforderungen angepasst werden können (BetrVG § 81). Der Arbeitnehmer kann bei der Erörterung ein Mitglied des Betriebsrats hinzuziehen (BetrVG § 82).

3.3.1 Ziele der Beurteilung und Beurteilungskriterien

Die Beurteilung von Menschen durch Menschen ist ein alltäglicher Vorgang. Eigenschaften, Leistungen und Verhaltensweisen der Mitarbeiter werden ständig miteinander verglichen. **Beurteilungsanlässe** sind z. B. Ablauf der Probezeit, Versetzung, Beförderung, Wechsel des Vorgesetzten, Höhergruppierung, Beendigung eines Projektes, Beendigung des Arbeitsverhältnisses (Ausstellung eines Arbeitszeugnisses), Wunsch des Mitarbeiters (z. B. Ausstellung eines Zwischenzeugnisses).

Die Personalbeurteilung kann eine Leistungs- und/oder eine Potenzialbeurteilung sein.

Leistungsbeurteilung	Sie ist **vergangenheitsorientiert** und misst das Leistungsergebnis (In welchem Ausmaß wurden die vorgegebenen Ziele erreicht?) und das Leistungsverhalten (Auf welche Art und Weise wurden die Ziele erreicht?) eines vergangenen Zeitabschnitts. Ziele sind dabei die *gerechte Entgeltfindung, Motivation, Kontrolle* und *Disziplinierung* der Mitarbeiter.
Potenzialbeurteilung	Sie ist **zukunftsorientiert** und zielt darauf ab, vorhandene Stärken und Schwächen der Mitarbeiter zu erkennen und daraus auf das *künftige Verhalten in neuen Situationen* zu schließen. Es geht darum, die Mitarbeiter individuell zu beraten und notwendige *Förderungs- und Bildungsmaßnahmen einzuleiten.*

Jede Beurteilung schließt mit einem persönlichen Gespräch. Nach § 82 Abs. 2 BetrVG kann jeder Beurteilte die Erörterung seiner Beurteilung verlangen und dabei ein Mitglied des Betriebsrats hinzuziehen. Ein wichtiger Teil des Beurteilungs- bzw. Mitarbeitergesprächs ist die Vereinbarung konkreter, messbarer und realistischer Ziele mit möglichst genauen Zeitvorgaben. Das Jahresgespräch mit Zielvereinbarung bietet einen vierfachen **Nutzen:**

- Die **Führungskräfte** müssen sich bei der Vorbereitung des Gesprächs und im Gespräch selbst sehr gründlich mit den Stärken und Schwächen jedes einzelnen Mitarbeiters, aber auch mit der eigenen Führungsleistung auseinandersetzen.
- Die **Mitarbeiter** erhalten ein konstruktives Feedback und können ihre Selbsteinschätzung bzw. ihr Selbstbild mit der Fremdeinschätzung bzw. dem Fremdbild des Vorgesetzten abgleichen.
- Beide **Gesprächspartner** können die Qualität ihrer Zusammenarbeit überprüfen.
- Die **Personalabteilung** kann die Gesprächsergebnisse nutzen, um systematische Entwicklungs- und Fördermaßnahmen anzustoßen und um den Erfolg bereits durchgeführter Entwicklungsmaßnahmen und der Personalauswahl- und Einstellungsverfahren zu kontrollieren.

Die Personalbeurteilung dient sowohl den Zielen der Mitarbeiter als auch den Zielen des Betriebes. Jeder Mitarbeiter kann durch regelmäßige und systematische Beurteilungen seine Leistungen und Fähigkeiten einschätzen und verbessern. Ebenso ist er durch objektive und einheitliche Beurteilungen mittels Beurteilungsbogen vor willkürlichem Führungsverhalten geschützt. Der **Beurteilungsbogen** enthält die **Beurteilungskriterien** bzw. Merkmale (ggf. mit Gewichtung) und die **Beurteilungsstufen.**

***Beispiel**: Beurteilungsbogen der Rad & Roll GmbH*

von Dumitru, Wareneingang (Beschäftigter, Abteilung) — 62001 (Personalnummer) — EG 4 (Entgeltgruppe)

durch Dursun, Lagerhaltung (Vorgesetzter, Abteilung) — 15.10.20.. (Datum)

Die Leistungsbeurteilungsmerkmale 1–5 gelten grundsätzlich für jede/n Beschäftigte/n (maximale Gesamtpunktzahl 28), Merkmal 6 ist nur für Mitarbeiter/-innen mit Führungsverantwortung (maximale Gesamtpunktzahl 32) zu bewerten. Bei der Beurteilung sind die Merkmale entsprechend der Arbeitsaufgabe anzuwenden. Die beispielhaft aufgeführten Kriterien sind nicht abschließend.

	Merkmale	Beurteilungsstufe				
		A	B	C	D	E
		Das Leistungsergebnis entspricht dem Ausgangsniveau der Arbeitsaufgabe	Das Leistungsergebnis entspricht im Allgemeinen den Erwartungen	Das Leistungsergebnis entspricht in vollem Umfang den Erwartungen	Das Leistungsergebnis liegt über den Erwartungen	Das Leistungsergebnis liegt weit über den Erwartungen
1	Effizienz z. B. wirksame Arbeitsausführung; termingerechte Arbeitsergebnisse; rationelle Durchführung	0	2	**4**	6	8
2	Qualität z. B. sorgfältige Durchführung von Aufgaben; Häufigkeit von Fehlern, Mängeln; Einhaltung von Zusagen, Absprachen; Ideenvielfalt	0	**2**	4	6	8
3	Flexibilität z. B. Erledigung wechselnder Aufgaben; Bewältigung veränderter Arbeitsbedingungen	0	**1**	2	3	4
4	Verantwortliches Handeln z. B. Zielorientierung; Umgang mit Ressourcen; Selbstständigkeit; Übernahme von Verantwortung; Sauberkeit in der Arbeitsumgebung; Förderung von Arbeits- und Gesundheitsschutz	0	1	2	**3**	4
5	Kooperation z. B. Zusammenarbeit bei gemeinsamer Erledigung von Arbeitsaufgaben; Zusammenarbeit mit anderen Stellen/Bereichen innerhalb der Arbeitsaufgabe; Weitergabe von Erfahrungen und Information zur Arbeitsaufgabenerfüllung	0	1	**2**	3	4
6	Führungsverhalten z. B. Delegation; Integration; Motivation; Personalentwicklung; Informationsverhalten	0	1	2	3	4
	Gesamtpunktzahl	12				

Leistungsentgelt [%] = (Gesamtpunktzahl / maximale Punktzahl) · 30 %[1] = (12 / 28) · 30 % = 12,9 %

Kenntnisnahme

20.10.20.. Dumitru — Datum, Unterschrift Beschäftigter

20.10.20.. Dursun — Datum, Unterschrift Vorgesetzter

1 Dieser Prozentsatz gilt, wenn das Leistungsentgelt ausschließlich mit diesem Verfahren ermittelt wird.

Immer wichtiger wird das Beurteilungskriterium des **persönlichen Auftretens.** Gemeint ist damit das angemessene *sprachliche Ausdrucksvermögen,* das *Erscheinungsbild* (Zustand der Kleidung und der Körperpflege), die *Umgangsformen* (Grüßen, Danken, Bitten, Entschuldigen usw.) und das *Selbstbewusstsein* (sich seines Werts ohne Überheblichkeit bewusst sein).

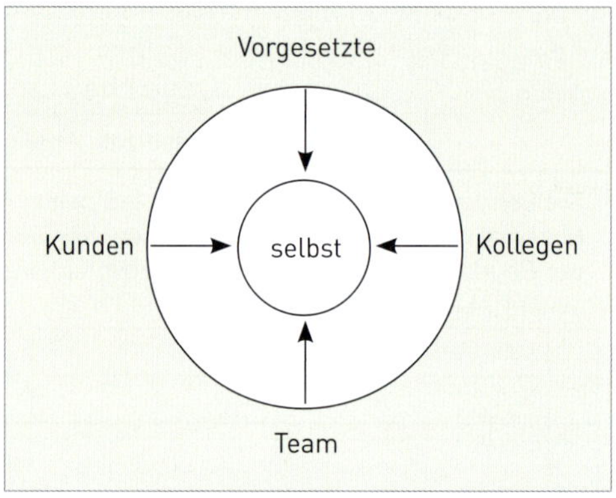

Das derzeit wohl zukunftsträchtigste Verfahren zur Aktivierung teamzentrierter Feedbackprozesse ist das **360°-Feedback.** Der Grundgedanke ist einfach: Aus Untersuchungen im militärischen Bereich ist seit Langem bekannt, dass Einschätzungen von Führungsqualitäten durch Untergebene und Kollegen besonders zuverlässig und aussagefähig sind. Auf diese Erkenntnis gründet sich die Konzeption des 360°-Feedbacks, Informationen aus dem gesamten Umkreis einer Person in die Beurteilung einzubeziehen (siehe Abbildung). Kollegen, Vorgesetzte, Kunden, das Team insgesamt und natürlich der Beurteilte selbst füllen gleichlautende Fragebogen zu den wichtigsten Verhaltens- und Führungsdimensionen aus. In einer Computerauswertung werden Selbst- und Fremdeinschätzungen einander gegenübergestellt. Diese Informationen werden anschließend an die Feedbackgeber rückgemeldet, entweder im kleinen Kreis (nur Manager und Berater bzw. Vorgesetzter) oder im erweiterten Kreis (z. B. in einer Teamdiskussion).

Feedback-Gespräche bzw. **Rückmeldungen** verlaufen erfolgreich, wenn sie rechtzeitig und konkret erfolgen. Dabei teilt ein Gesprächspartner dem anderen mit, wie er sein Verhalten wahrgenommen und interpretiert hat. Feedback ist dabei eine große Chance, viel über sich und sein Verhalten zu erfahren. Rückmeldungen sollten möglichst ohne Vorwürfe und Anweisungen als Ich-Botschaften gegeben werden und sich auf konkrete Verhaltensweisen beziehen sowie möglichst unmittelbar nach dem Vorkommnis erfolgen. Ich-Botschaften wirken im Vergleich zu Du-Botschaften weniger bedrohlich und provozieren dadurch weniger Abwehr bzw. Aufbegehren. Beispiel: „Ich kann dir bei diesem Argument nicht folgen!" statt „Du redest wirres Zeug!".

***Beispiel*: Ablauf eines erfolgreichen Feedbacks**

1. Schritt	**Konkrete Ausgangslage** mit positiven Aspekten beschreiben und die Perspektive des Gegenübers erfragen	**Situation:** „Ich habe festgestellt, dass Sie das Bestellschreiben selbstständig verfasst haben, aber sehr viel Zeit dafür benötigt haben. Haben Sie auch diesen Eindruck oder wie sehen Sie das?"
2. Schritt	**Konkrete Vorgehensweise beschreiben**	**Handlung:** „Ich bin besser eingearbeitet und benötige etwa 15 Minuten für eine normale Bestellung. Ich habe gestern festgestellt, dass bei Ihnen ein Schreiben 30 Minuten, letzten Montag sogar 45 Minuten gebraucht hat."
3. Schritt	**Konkrete Auswirkungen beschreiben**	**Ergebnis:** „Das hat auf das Team / die Arbeitsabläufe / für Sie usw. folgende Auswirkungen: ...", z. B. „Andere Teammitglieder müssen die Minderleistung durch Mehrleistungen ausgleichen, damit die Termine gehalten werden können. Das verursacht unnötigen Stress und Überstunden."
4. Schritt	**Konkreten Verbesserungsvorschlag machen**	**Vorschlag:** „Ich schlage vor, wir erstellen das nächste Bestellschreiben gemeinsam und nehmen uns ein ähnliches Schreiben als Vorlage und tragen nur noch die veränderten neuen Daten ein."

3.3.2 Aufgaben und Ziele der Personalentwicklung[1]

Die **Personalentwicklung** soll die gegenwärtigen Qualifikationen der Mitarbeiter vertiefen, an gegenwärtige und künftige Anforderungen anpassen und dabei die persönlichen Interessen sowie die individuellen Wünsche und Ziele der Mitarbeiter berücksichtigen. Personalentwicklung ist sowohl auf die Weiterentwicklung des gesamten Betriebs als auch die Förderung und Bildung des einzelnen Mitarbeiters gerichtet. **Förderung** ist auf die betriebliche Position und die berufliche Entwicklung des Mitarbeiters gerichtet, **Bildung** auf die Vermittlung der erforderlichen Qualifikationen.

Ziele der Personalentwicklung

Aus Sicht des Betriebs	• Verbesserung der Kompetenzen der Mitarbeiter • Sicherung der Innovations- und Wettbewerbsfähigkeit des Unternehmens • Steigerung der Wertschöpfung und des Geschäftserfolgs • Steigerung der Leistungsfähigkeit und Produktivität der Mitarbeiter • Erhöhung der Motivation und Arbeitszufriedenheit der Mitarbeiter • Gewinnung von Nachwuchskräften aus den eigenen Reihen • Unabhängigkeit vom externen Arbeitsmarkt • Erhöhung der Attraktivität für neue Mitarbeiter (Employer Brand) • Bindung qualifizierter Fach- und Führungskräfte an den Betrieb • Qualifizierungsbedarf durch Einführung neuer Technologien und veränderter Arbeits- und Geschäftsprozesse
Aus Sicht der Mitarbeiter	• Aktualisierung und Erweiterung des beruflichen Wissens • Förderung der beruflichen und betrieblichen Karriere • Übernahme größerer Verantwortung • Erhöhung des Einkommens durch höhere tarifliche Einstufung • Stärkung des Ansehens und des Selbstbewusstseins • Persönlichkeitsentwicklung und Selbstverwirklichung • Sicherung des Arbeitsplatzes • Erhöhung der beruflichen Mobilität am Arbeitsmarkt • Spaß, Freizeitgestaltung bzw. „Bildungshunger" • Erwerb bzw. Nachholen eines Berufs- bzw. Schulabschlusses • Erfüllung der Erwartungen des Betriebs (Pflichtübung)

Eine **lernende Organisation** fördert den Lernprozess aller Organisationsmitglieder und passt sich dadurch fortwährend neuen Herausforderungen an. Lernen und damit der ständige Wandel gehören zum betrieblichen Alltag. Am Leben gehalten wird der Lernprozess durch die Bereitschaft aller Mitarbeiter, neues Wissen weiterzugeben und Erfahrungen mit anderen zu teilen. Manchmal wird der Lernprozess durch Lernberater (z. B. Coach, Mentoren) unterstützt, die Lernprozesse lediglich anstoßen bzw. vorübergehend begleiten.

1 Siehe auch Band 1, Kapitel 1.5, Möglichkeiten der beruflichen Fort- und Weiterbildung

3.3.3 Formen der Personalförderung

In der betrieblichen Praxis sind vier Formen der Personalförderung üblich.

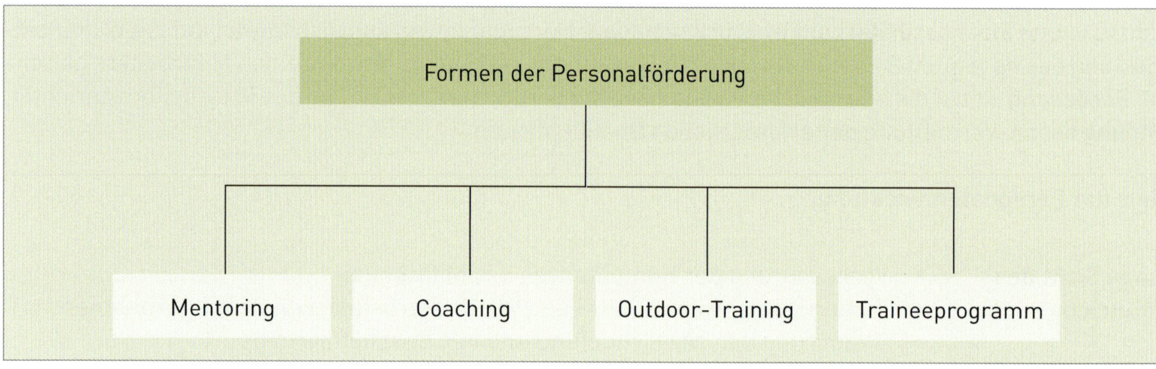

Unterstützt eine erfahrene Führungskraft (Mentor) über einen längeren Zeitraum (bis zwei Jahre) eine *Nachwuchskraft (Mentee)* bei ihrer weiteren beruflichen Entwicklung, dann handelt es sich um **Mentoring.** Der Mentor berät den Mentee, gibt ihm Feedback und stellt Kontakte zu seinem eigenen persönlichen inner- und außerbetrieblichen Netzwerk her. Durch das Mentoring werden Mitarbeiter mit Führungspotenzial in ihrem Lernprozess begleitet und angesehene Führungskräfte als Vorbilder und Vermittler von Erfahrungswissen und Werten der Unternehmenskultur (z. B. Leitbild) gezielt bei der Nachwuchsförderung eingebunden. Bei längeren Auslandseinsätzen seines Mentees hält der Mentor den Kontakt zum Mentee (hier: **Expats**) aufrecht, um seine Entwicklung zu fördern und ihn bei seiner Rückkehr zu unterstützen.

Wird eine *Führungskraft* in ihrer beruflichen Praxis durch einen Berater (Coach) begleitet, dann liegt **Coaching** vor. Der Coach entlastet seinen „Schützling" und unterstützt ihn bei der Bewältigung aktueller Problemstellungen durch angeleitetes Erarbeiten von Problemlösungsalternativen. Ziel ist die persönliche Weiterentwicklung durch konstruktives Feedback nach konkreten beruflichen Situationen. Im Idealfall ist der nächsthöhere Vorgesetzte der Coach, da er die Entwicklungsschritte der zu coachenden Person am besten einschätzen und rechtzeitig Hilfestellung geben kann. Es geht sowohl um die Ausweitung von Fach- und Methodenwissen („hardskills") als auch des Verhaltensrepertoires („softskills") der zu coachenden Person.

Soll eine *Verhaltensveränderung* (z. B. Verbesserung des Teamverhaltens) bei den Mitarbeitern erreicht und neue Verhaltensweisen verinnerlicht werden, dann ist ein **Outdoor-Training** zu empfehlen. Dabei handelt es sich um geleitete handlungsorientierte Trainings *in der freien Natur* auf der Basis von Erkenntnissen der Erlebnispädagogik. Outdoor-Trainings richten sich an alle Mitarbeiter eines Unternehmens oder einer Abteilung. Meist geht es um Veränderungen der Unternehmens- und Führungskultur. Die Teilnehmer erkennen, dass ein Team zu höheren Leistungen fähig ist als eine Einzelperson. Das Gemeinschaftsverhalten wird gestärkt z. B. durch den Bau einer Brücke über einen Fluss, Übungen in Seilgärten, Besteigen einer Kletterwand oder die Durchführung von Expeditionen. Dabei wird jeder Teilnehmer zeitweilig auch als Führer einer Gruppe eingesetzt.

Durchläuft eine Nachwuchskraft (Trainee) über einen längeren Entwicklungsprozess (bis zwei Jahre) unterschiedliche Abteilungen, Niederlassungen und Projektphasen, dann liegt ein **Traineeprogramm** vor. Der Trainee kann sich so ein breites Netzwerk im Unternehmen aufbauen und sich auf Führungsaufgaben vorbereiten und seine Persönlichkeit weiterentwickeln. Die meisten Traineeprogramme sehen vor, dass sich die Teilnehmer eines Programmdurchlaufs regelmäßig zwecks Erfahrungsaustauschs (Feedbacks) treffen können. Mentoren (das können auch zukünftige Vorgesetzte sein) unterstützen die Teilnehmer bei ihren Feedbacks und bei der Bestimmung ihrer persönlichen, fachlichen und beruflichen Ziele.

3.3.4 Maßnahmen der Arbeitsstrukturierung

Werden die Anforderungen des Arbeitsplatzes, die Arbeitsinhalte und Handlungsspielräume so verändert, dass sie mit den Fähigkeiten, Wünschen und Zielen der Mitarbeiter in Einklang stehen, dann spricht man von **Arbeitsstrukturierung**[1]. Im Zuge der Arbeitsstrukturierung sind die Begriffe Jobenlargement, Jobenrichment, Jobrotation und teilautonome Arbeitsgruppen entstanden.

Maßnahmen der Arbeitsstrukturierung im Überblick

Jobenlargement (Arbeitserweiterung) 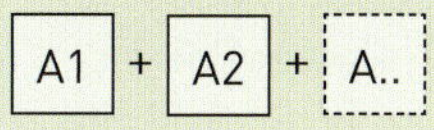	Mehrere **gleichartige, in Beziehung zueinander stehende Teilaufgaben** werden zu einer größeren Gesamtaufgabe zusammengefasst. Es erfolgt lediglich eine *quantitative Erweiterung* des Handlungsspielraums um qualitativ etwa gleichartige Aufgaben auf dem gleichen Anforderungsniveau. ***Beispiel:*** Einem Mitarbeiter, der bisher lediglich für das Schreiben von Anfragen an Lieferer zuständig war, wird zusätzlich das Schreiben von Bestellungen übertragen.
Jobenrichment (Arbeitsbereicherung) 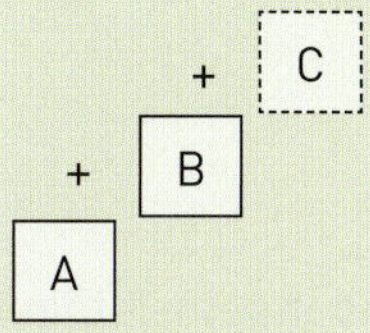	Mehrere **qualitativ verschiedenartige vor- oder nachgelagerte Teilaufgaben** werden zu einer neuen Aufgabe auf einem höheren Anforderungsniveau zusammengeführt. Der Arbeitsinhalt wird *qualitativ aufgewertet*. Die Arbeitsperson hat mehr Planungs-, Entscheidungs-, Kontroll-, Durchführungs- und Verantwortungskompetenz und damit einen abgeschlossenen ganzheitlichen Arbeitsinhalt. ***Beispiel:*** Ein Mitarbeiter, der bisher nur für das Schreiben von Anfragen zuständig war, ist künftig für die Lieferantenauswahl und für Entscheidungen im Fall der Schlechtleistung von Lieferanten verantwortlich.
Jobrotation (Aufgabenwechsel) 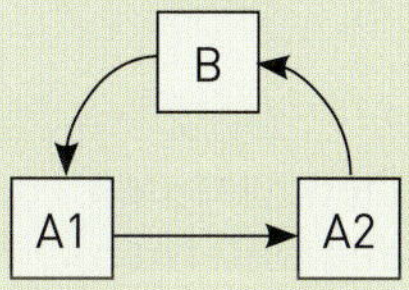	Die Mitglieder einer Arbeitsgruppe übernehmen **wechselweise und vorübergehend** die Arbeiten der anderen und kehren wieder auf ihren ursprünglichen Arbeitsplatz zurück. Jobrotation kann sowohl eine Arbeitserweiterung als auch eine Arbeitsbereicherung beinhalten. Auf diese Weise werden Spezialisten zu Generalisten fortgebildet und neue Ideen kreiert. Jeder Mitarbeiter einer Abteilung bzw. Arbeitsgruppe ist flexibel einsetzbar und kann den anderen vertreten.
Teilautonome Arbeitsgruppe 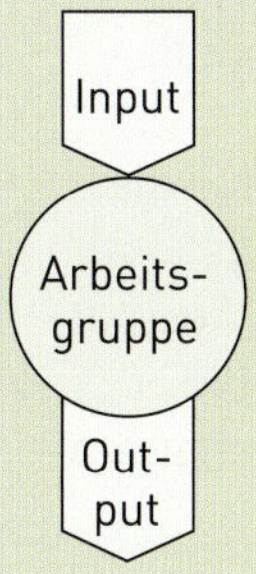	Je nach Autonomiegrad (Selbstorganisationsgrad) übernehmen die Arbeitsgruppen (idealerweise mit sieben Gruppenmitgliedern) Planungs-, Durchführungs-, Entscheidungs- und Kontrollaufgaben innerhalb ihres zugewiesenen Arbeitsbereichs und machen Verbesserungsvorschläge. Die sich selbst steuernden Gruppen **gestalten und koordinieren ihre Arbeitsinhalte** innerhalb der Arbeitsgruppe und zwischen verschiedenen Arbeitsgruppen eigenständig. Dazu wählen sie alle sechs Monate einen Gruppensprecher, der mitarbeitet, Gruppensitzungen moderiert und die Gruppe gegenüber anderen Gruppen und Vorgesetzten vertritt. Jedes Gruppenmitglied sollte alle Arbeiten der Gruppe beherrschen, sodass sie sich gegenseitig ablösen und vertreten können.

Voraussetzung für den Erfolg der Arbeitsstrukturierung ist die aktive Mitwirkung der Beteiligten an dem Veränderungs- und Lernprozess. Die Bereitschaft, mehr Verantwortung zu übernehmen und sich ständig weiter zu qualifizieren, muss sich früher oder später im Arbeitsentgelt niederschlagen.

1 Unter dem Schlagwort **Humanisierung der Arbeitswelt** sind in den 70er-Jahren neue Ideen der Arbeitsstrukturierung entstanden. Ausgangspunkt waren hohe Fehlzeiten und Fluktuationsraten aufgrund gesundheitlicher Beschwerden der zu tiefen Arbeitsteilung (Taylorismus) durch einseitige Belastung einzelner Körperteile wegen häufiger Wiederholung gleicher Handgriffe und scheinbar sinnentleerter monotoner (eintöniger) Arbeit.

Die Informations- und Kommunikationstechniken (IuK-Techniken) und die Verbreitung des Mobilfunks ermöglichen den breiten Zugriff auf Informationen zu jeder Zeit, ortsunabhängig und an jedem Arbeitsplatz. Dies führt dazu, dass die aufgabenbezogene Arbeitsteilung und Spezialisierung immer mehr durch ganzheitliche Arbeitsprozesse und Sachbearbeitung abgelöst wird.

Entwicklungsrichtungen der Aufgabenzusammenführung im Büro

Rückwärts gerichtete Integration	Qualifizierte Sachbearbeiter übernehmen zusätzliche Routinearbeiten im Sinne eines Jobenlargements. Sie erledigen Schreibarbeiten mithilfe der **Integrierten Unternehmenssoftware (IUS)** oder speziellen Textverarbeitungstools (z. B. Word). Sie programmieren kleinere Rechenaufgaben und nehmen Auswertungen vor und erstellen Diagramme mit Tabellenkalkulationsprogrammen (z. B. Excel), präsentieren ihre Ergebnisse selbst mithilfe von Präsentationstools (z. B. PowerPoint), versenden und verwalten ihre Post mithilfe der Telekommunikation (z. B. E-Mail, Outlook). Reine Schreibbüros werden damit überflüssig.
Vorwärts gerichtete Integration	Umgekehrt übernehmen Mitarbeiter, die bisher reine Routinearbeiten erledigt haben (z. B. Schreibkräfte, Boten, Postausgang), Sachbearbeitertätigkeiten (z. B. Auftragsbearbeitung) im Sinne eines Jobenrichments. Mithilfe der IUS, Formen der Telearbeit und der Mobilfunktechniken finden sich Arbeitsgruppen zusammen und lösen sich nach Bearbeitung ihrer Projekte wieder auf.

3.3.5 Interne und externe Fort- und Weiterbildung[1]

Interne Fortbildungsmaßnahmen finden im Betrieb statt. Sie werden von angestellten oder selbstständigen Trainern und Dozenten abgehalten. Externe Fortbildungsmaßnahmen werden außerhalb des Betriebs bei externen Bildungsträgern (z. B. Kammern, Universitäten) durchgeführt. Beide Formen der Fortbildung sind mit Vor- und Nachteilen verbunden. Die Vorteile der internen sind zugleich die Nachteile des externen Durchführungsortes und umgekehrt.

Vorteile der internen Fort- und Weiterbildung	• Termine und Örtlichkeiten können frei bestimmt werden. • Themen und Inhalte können auf die betrieblichen Belange eingehen, was den Praxistransfer erleichtert und das Verständnis für die Situation des Unternehmens und anderer Unternehmensbereiche verbessert. • Sensible betriebliche Informationen können offen angesprochen werden und dringen nicht nach außen. • Das Zusammengehörigkeitsgefühl der Teilnehmer wird gefördert. Auch nach der Bildungsveranstaltung unterstützen sich die Teilnehmer im Alltag und finden sich oft zu Lernzirkeln zusammen. • Interne Veranstaltungen sind relativ kostengünstig. Kosten entstehen für die Honorare der Trainer, ggf. für Reise-, Verpflegungs- und Übernachtungskosten der Trainer bzw. Teilnehmer, für Tagungsräume und deren technische Ausstattung (z. B. Beamer, Internetanschluss, Pinnwand, Flipchart) sowie für die Vervielfältigung der Teilnehmerunterlagen. Abgesehen von den Trainerhonoraren können vorhandene betriebliche Einrichtungen genutzt werden.
Vorteile der externen Fort- und Weiterbildung	• Der Erfahrungsaustausch mit Personen aus anderen Betrieben erweitert den persönlichen Kompetenz- und Wissenshorizont und beugt Betriebsblindheit vor. • Teilnehmer aus anderen Betrieben zeigen alternative Lösungswege für Probleme auf und können eigene Mitarbeiter neu motivieren. • Große Auswahl und Vielfalt von Fortbildungsangeboten • Betriebe haben einen geringen organisatorischen Aufwand, da die Bildungsträger Räume, Lehrmittel, Verpflegung und Übernachtung usw. bereitstellen.

1 Siehe hierzu Band 1, Kapitel 1.5.2, Lernorte der beruflichen Bildung

3.4 Personalstatistik – Schieflagen vermeiden

Die Messung, Erfassung, Darstellung und Auswertung von Daten und Sachverhalten aus dem Personalbereich sind Aufgaben der Personalstatistik. Die Auswertungen beziehen sich aus Datenschutzgründen immer auf die gesamte Belegschaft bzw. einzelne Gruppen der Belegschaft.

Daten und Sachverhalte aus dem Personalbereich

Personalereignisse	Zahl und Art der Betriebsunfälle, Arten und Dauer von Fehlzeiten, Zahl von Krankheitstagen, Fluktuation, Jubiläen, Zeitguthaben und -schulden, Zahl und Verteilung der Urlaubstage, Zahl der Versetzungen, Einstellungen, Entlassungen und Pensionierungen
Personal- und Sozialkosten	Brutto-, Nettoentgeltsummen, Personalzusatzkosten, durchschnittliche Entgelthöhe, Zahl der Mehrarbeitsstunden und deren Kosten, Summe der Zulagen und Zuschläge, Arbeitgeberanteile zur Sozialversicherung, Arbeitnehmer-Erfindungsvergütungen, Höhe der Erfolgs- und Kapitalbeteiligungen, Betriebsrenten, Kosten der Werkskantine, Werkswohnung, des Betriebssports, von Gesundheitsprogrammen und Betriebsveranstaltungen (z. B. Ausflüge)
Personalstruktur	Zusammensetzung der Belegschaft nach verschiedenen Merkmalen, z. B. Abteilung bzw. Funktion, Geschlecht, Arbeitszeit (Teil-, Vollzeit), Stellung (Stamm-, Leiharbeitnehmer) Befristung (befristet, unbefristet), Qualifikation (nach Bildungsabschluss), Altersgruppen, Arbeitnehmergruppen (Auszubildende, Arbeiter, Angestellte), Schwerbehinderung, Betriebszugehörigkeit, Staatsangehörigkeit, Berufskategorien (kaufmännische, technische, gewerbliche Arbeitnehmer), Entgeltform (Zeit-, Leistungs-, Beteiligungsentgelt), Einsatzorte (Filialen, Region, Ausland), Leistungsmerkmale (produktive, unproduktive Stunden, Arbeitsproduktivität), Familienstand, Kinderzahl
Personalbewegung	Entwicklung und Veränderungsraten des Personalstands, der Personalereignisse, der Personalkosten, der Personalstruktur

Durch Bildung von Zeitreihen und Kennzahlen und können die Personaldaten in ihrer zeitlichen Entwicklung und ihren Abhängigkeiten ausgewertet und dargestellt werden. Auf diese Weise werden

- Gesetzmäßigkeiten, **Veränderungen,** Schwachstellen und Fehlentwicklungen festgestellt;
- Personaldaten anhand von **Vergleichszahlen** der Vergangenheit, der Personalplanung, der Branche oder der Gesamtwirtschaft bewertet (Abweichungsanalyse);
- **Fehlerquellen** bei der Personalbeschaffung, dem Personaleinsatz, der Personalentwicklung und Personalführung aufgedeckt;
- **Maßnahmen** zur Abstellung ungünstiger Entwicklungen angestoßen (z. B. Verbesserung der Arbeitsbedingungen, des Unfallschutzes, Einführung von Betriebsferien, Leistungsanreizsysteme);
- Ausgangswerte für die Personalplanung (Personalbedarf und -entwicklung) gefunden und **Prognosen** über die Zukunft des Betriebes ermöglicht;
- gesetzliche **Berichtspflichten** gegenüber Finanzbehörden, Sozialversicherungsträgern und statistischen Ämtern erfüllt.

Kapitalgesellschaften (AG, GmbH) müssen in der Gewinn- und Verlustrechnung den Personalaufwand aufgliedern nach Löhnen und Gehältern, Sozialabgaben und Aufwendungen für die Altersversorgung und Unterstützung. Letztere Aufwendungen sind gesondert anzugeben (HGB § 275 Abs. 2 Nr. 6). Weiter ist im Anhang zum Jahresabschluss die durchschnittliche Zahl der beschäftigten Arbeitnehmer getrennt nach Gruppen anzugeben (HGB § 285 Nr. 7). In größeren Unternehmen wird der Lagebericht (Teil des Jahresabschlusses nach § 264 HGB) um einen freiwilligen **Sozialbericht** ergänzt, in dem der Vorstand über die sozialen Leistungen und Verhältnisse des Unternehmens Rechenschaft abgibt.

Viele Betriebe erstellen in regelmäßigen Zeitabständen einen Kennzahlenspiegel für den Personalbereich mit den wichtigsten Personalkennzahlen.

Kennzahlenspiegel für den Personalbereich der Rad & Roll GmbH[1]

Kennzahl	Berechnungsweise	Istzahl Vorjahr	Berichtsjahr	1. Planjahr	2. Planjahr	Ø der Branche
Personalstand		27	30	33	36	36
Fluktuationsquote[2]	$\frac{\text{Personalabgänge} \cdot 100}{\text{Ø Personalstand}}$	8 %	10 %	8 %	8 %	10 %
Unfallquote[3]	$\frac{\text{Zahl der Unfälle} \cdot 100}{\text{Ø Personalstand}}$	3 %	2 %	2 %	2 %	3 %
Fehlzeitquote[4]	$\frac{\text{Fehlzeiten} \cdot 100}{\text{Sollstunden}}$	5 %	5 %	5 %	5 %	5 %
Arbeitsproduktivität	$\frac{\text{Umsatz} \cdot 100}{\text{Ø Personalstand}}$	67.000 €	72.000 €	73.000 €	75.000 €	70.000 €

In Zeiten des demografischen Wandels mit der damit verbundenen Überalterung der Bevölkerung sollte jeder Betrieb seine **Altersstruktur** überprüfen. Es entstehen Wettbewerbsnachteile oder Mehrarbeit für die übrige Belegschaft, wenn viele Mitarbeiter zeitgleich in den Ruhestand gehen. Es gilt, rechtzeitig Nachfolger zu finden und einzuarbeiten und dafür zu sorgen, dass Erfahrungswissen im Betrieb bleibt.

Altersverteilung der Belegschaft und Altersrisiken (Demografie-Ampel)

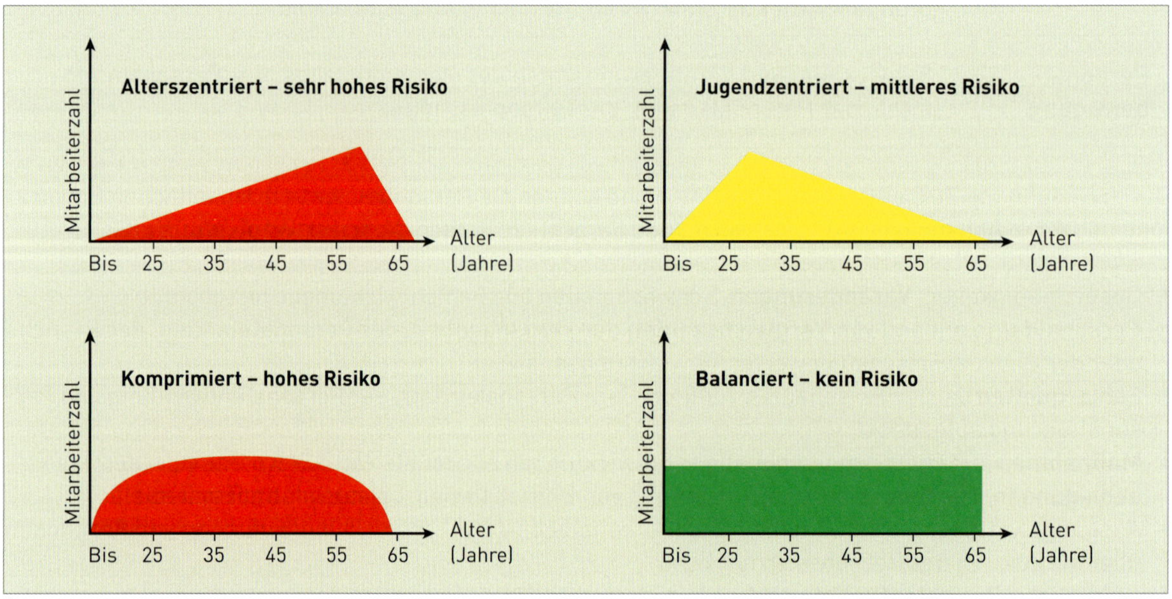

Nach www.dnbgf.de/fileadmin/texte/Downloads/uploads/dokumente/2009/ratgeber-demografie.pdf, Seite 12

1 Siehe hierzu im Kapitel 1.2.2, Innerbetriebliche Richtgrößen der Personalplanung, auf den Seiten 269 ff.

2 Formel der Bundesvereinigung der Arbeitgeberverbände **(BDA-Formel).** Manche Betriebe verwenden die Schlüterformel mit dem Nenner „Personalbestand zu Beginn + Zugänge". Der Zentralverband Elektrotechnik- und Elektronikindustrie (ZVEI) berücksichtigt im Zähler nur die „ersetzten Abgänge" **(ZVEI-Formel).** Zu den Begriffen Fluktuation und Personalabgänge siehe Kapitel 1.3.1, Ermittlung des quantitativen Personalbedarfs, auf den Seiten 272 ff.

3 **Unfälle** sind plötzliche, unabwendbare Ereignisse, die im Betrieb, auf Dienstgängen und Dienstreisen, auf dem direkten Weg zum Arbeitsplatz und vom Arbeitsplatz nach Hause geschehen.

4 Der Begriff **Fehlzeiten** wird nicht einheitlich verwendet. Viele Betriebe zählen nur die Krankheits- und Verspätungszeiten zu den Fehlzeiten, manche alle Ausfallzeiten, z. B. auch Urlaubstage, Feiertage, Mutterschutz, Elternzeit, Streiktage, Betriebsver-sammlungen und Fortbildungen während der Arbeitszeit, Gleittage, Zeitschulden und Freischichten.

3.5 Beendigung von Arbeitsverhältnissen

3.5.1 Möglichkeiten der Beendigung im Überblick

Ein unbefristeter Arbeitsvertrag kann im **gegenseitigen Einvernehmen** durch den Abschluss eines **Aufhebungsvertrags (Auflösungsvertrag)** oder durch **Kündigung** beendet werden. Auflösungsvertrag und Kündigung bedürfen der Schriftform (BGB § 623). Die Kündigung ist eine empfangsbedürftige Willenserklärung, die erst zu dem Zeitpunkt wirksam wird, an dem sie dem Gekündigten ausgehändigt worden ist.

Ein kalendermäßig befristeter Arbeitsvertrag endet mit **Ablauf der vereinbarten Zeit.** Ein **zweckbefristeter Arbeitsvertrag** endet mit **Erreichen des Zwecks,** wenn der Arbeitgeber dem Arbeitnehmer diesen Zeitpunkt mindestens zwei Wochen vorher schriftlich mitgeteilt hat. Wird ein kalender- oder zweckbefristetes Arbeitsverhältnis mit Wissen des Arbeitgebers fortgesetzt, so gilt es als unbefristetes Arbeitsverhältnis, wenn der Arbeitgeber nicht unverzüglich widerspricht (TzBfG § 15). Weitere Ausführungen hierzu ▶ siehe Kapitel 2.1.3 Arten von Einzelarbeitsverträgen und deren Beendigung auf den Seiten 314 ff.

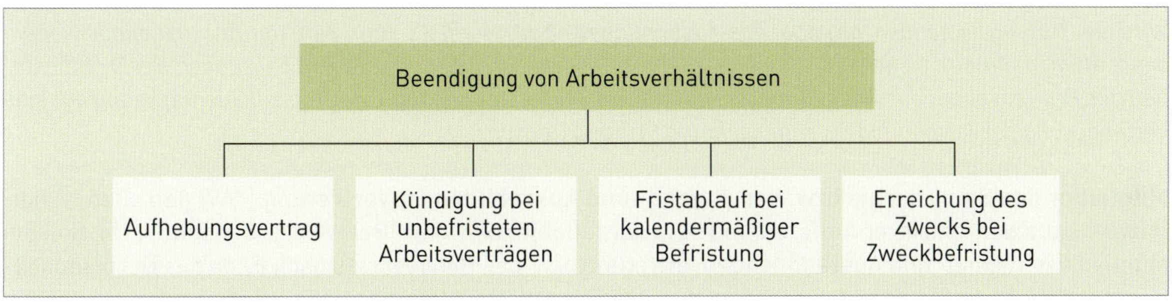

Eine Betriebsvereinbarung, wonach das Arbeitsverhältnis mit Ablauf des Kalendermonats endet, in dem der Arbeitnehmer die **Regelaltersgrenze** der gesetzlichen Rentenversicherung erreicht, verstößt nicht gegen das Verbot der Altersdiskriminierung (BAG 1 AZR 417/12).

3.5.2 Kündigung und Kündigungsschutz

Ausführungen zu den gesetzlichen und vertraglichen Kündigungsfristen, dem **allgemeinen Kündigungsschutz** und Gründen für eine ordentliche oder außerordentliche Kündigung

▶ siehe Kapitel 2.2.3, Kündigungsfristen und Kündigungsschutz auf den Seiten 320 ff.

Ausführungen zum Kündigungsschutz von Schwangeren, Müttern und Schwerbehinderten

▶ siehe Kapitel 2.2.4, Mutterschutz und Erfordernisse der Inklusion auf den Seiten 323 ff.

Außer Schwangere, Mütter und Schwerbehinderte haben Auszubildende, Datenschutzbeauftragte, Mitglieder des Betriebsrats und der Jugend- und Auszubildendenvertretung sowie Väter und Mütter in Elternzeit und langjährig Beschäftigte einen **besonderen Kündigungsschutz.** Eine außerordentliche Kündigung ist jedoch auch bei Personen aus dem genannten Personenkreis jederzeit möglich. Kündigt der Arbeitnehmer, so muss er sich lediglich an die ordentlichen Kündigungsfristen halten.

Datenschutzbeauftragte können während ihrer Amtszeit (drei bis fünf Jahre) und in dem darauffolgenden Jahr nicht durch eine ordentliche Kündigung freigesetzt werden (BDSG §§ 4, 4 f Abs. 3). Ein Datenschutzbeauftragter muss bestellt werden, wenn personenbezogene Daten (z. B. Arbeitnehmerdaten in der Personalabteilung, Kundendaten) automatisiert verarbeitet werden und mehr als neun Personen mit der Verarbeitung dieser Daten beschäftigt sind oder Zugriff auf diese Daten haben.

Auszubildende können nach Ablauf ihrer Probezeit nicht mehr ordentlich gekündigt werden. Sie selbst können ihr Ausbildungsverhältnis mit einer Kündigungsfrist von vier Wochen auflösen, wenn sie ihre Ausbildung aufgeben oder ihren Ausbildungsberuf wechseln wollen (BBiG § 22). Das Berufsausbildungsverhältnis endet mit dem Ablauf der Ausbildungszeit, spätestens mit dem Zeitpunkt der Bekanntgabe des Bestehens oder Nichtbestehens der Abschlussprüfung durch den Prüfungsausschuss (§ 21 BBiG). Bei Nichtbestehen verlängert sich das Berufsausbildungsverhältnis auf Verlangen des Auszubildenden bis zur nächstmöglichen Wiederholungsprüfung, höchstens um ein Jahr. Wird der Auszubildende im Anschluss an das Berufsausbildungsverhältnis weiterbeschäftigt, ohne dass es ausdrücklich vereinbart worden ist, so wird ein unbefristetes Arbeitsverhältnis begründet (§ 24 BBiG).

Beispiel: *Im Berufsausbildungsvertrag wurde für das Ende der Ausbildungszeit der 31. Juli vereinbart. Der letzte Prüfungstag (in der Regel die fachpraktische Prüfung) ist der 27. Juni.*
Wird die Prüfung bestanden, so endet das Ausbildungsverhältnis am 27. Juni. Wird der Auszubildende weiterbeschäftigt, dann wird ab dem 28. Juni ein Arbeitsverhältnis auf unbestimmte Zeit begründet. Bei Nichtbestehen der Prüfung endet das Ausbildungsverhältnis am 31. Juli; es sei denn, der Auszubildende beantragt eine Verlängerung der Ausbildung bis zum nächsten Prüfungstermin.

Mitglieder des Betriebsrats bzw. der Jugend- und Auszubildendenvertretung (JAV) genießen Kündigungsschutz während ihrer Amtszeit und dem darauffolgenden Jahr (BetrVG § 103, KSchG § 15). Soll ein Mitglied der Jugend- und Auszubildendenvertretung bzw. des Betriebsrats nach Ende des Berufsausbildungsverhältnisses nicht in ein unbefristetes Arbeitsverhältnis übernommen werden, so muss der Arbeitgeber dies drei Monate vor Beendigung des Berufsausbildungsverhältnisses dem Auszubildenden schriftlich mitteilen. Verlangt ein solcher Auszubildender innerhalb der letzten drei Monate vor Beendigung des Berufsausbildungsverhältnisses schriftlich vom Arbeitgeber die Weiterbeschäftigung, so gilt zwischen Auszubildendem und Arbeitgeber im Anschluss an das Berufsausbildungsverhältnis ein Arbeitsverhältnis auf unbestimmte Zeit als begründet (BetrVG § 78 a). Dies gilt auch, wenn das Berufsausbildungsverhältnis vor Ablauf eines Jahres nach Beendigung der Amtszeit der Jugend- und Auszubildendenvertretung bzw. des Betriebsrats endet.

Für Väter und Mütter besteht während der höchstens dreijährigen **Elternzeit**[1] grundsätzlich Kündigungsschutz (BEEG § 18). Der Kündigungsschutz beginnt mit dem Zeitpunkt, zu dem die Elternzeit angemeldet wird. Die Anmeldung muss spätestens acht Wochen vor dem Beginn der Elternzeit (Ausnahme: Frühgeburten oder Adoption) erfolgen. Für Mütter, die direkt nach dem Mutterschutz ihre Elternzeit antreten, gilt der Kündigungsschutz durchgehend von dem Zeitpunkt an, an dem der Arbeitgeber über die Schwangerschaft informiert wurde, bis zum Ablauf der Elternzeit. Meldet der Vater die Elternzeit vor der Achtwochenfrist an, ist der Arbeitgeber noch zur Kündigung berechtigt. Der Kündigungsschutz gilt auch für Arbeitnehmer, die während der Elternzeit in Teilzeit weiter beschäftigt werden. Eine Kündigung aus wirtschaftlichen Gründen ist mit Genehmigung durch die Landesbehörde möglich, wenn dem Arbeitgeber die Weiterbeschäftigung nicht zugemutet werden kann.

Langjährig Beschäftigte haben je nach Dauer ihrer Betriebszugehörigkeit verlängerte Kündigungsfristen.

▶ Siehe Kapitel 2.2.3 Kündigungsfristen und Kündigungsschutz auf den Seiten 320 ff.

1 Das dritte und letzte Jahr Elternzeit muss nicht im Anschluss an das zweite Jahr genommen werden. Viele Eltern behalten sich vor, dieses Jahr für die Zeit aufzusparen, wenn das Kind schulpflichtig wird. Das letzte Jahr Elternzeit kann bis zum achten Lebensjahr des Kindes genommen werden.

3.5.3 Anforderungen und Formulierung einer Abmahnung

Bevor eine *verhaltensbedingte Kündigung* ausgesprochen werden kann, muss der Arbeitgeber durch eine oder zwei Abmahnungen auf eine Veränderung des Verhaltens hinwirken. Nach der Rechtsprechung der Arbeitsgerichte ist eine **Abmahnung** immer dann erforderlich, wenn

- ein *steuerbares (beeinflussbares) Verhalten* des Arbeitnehmers beanstandet wird,
- das *Vertrauen wiederhergestellt* werden kann, also eine positive Veränderung zu erwarten ist.

Wenn diese Voraussetzungen vorliegen, ist eine Abmahnung unverzichtbar aufgrund ihrer Dokumentations-, Hinweis- und Warnfunktion.

Funktionen und Anforderungen einer Abmahnung

Dokumentations-funktion	Das pflichtwidrige Verhalten ist schriftlich mit Zeit- und Ortsangaben und Angabe der Beweismittel (z. B. Zeugenaussagen) genau zu beschreiben. Die Abmahnung muss zeitnah, d. h. nicht später als 14 Tage nach dem Vorfall erfolgen. Die Abmahnung ist dem Arbeitnehmer auszuhändigen, zu erläutern und in die Personalakte aufzunehmen.
Hinweisfunktion	Der Beschäftigte muss nachdrücklich darauf hingewiesen werden, dass das beanstandete Verhalten eine arbeitsvertragliche Pflichtverletzung darstellt. Die Abmahnung muss eine Aufforderung (Ermahnung) enthalten, dass der Arbeitnehmer sich künftig vertragsgemäß zu verhalten hat. Dafür muss ihm hinreichend Zeit und Gelegenheit gegeben werden. Abmahnung und Entlassung dürfen nicht kurz aufeinanderfolgen. Andererseits ist eine Abmahnung nicht mehr relevant, wenn sie länger als zwei Jahre zurückliegt und zwischenzeitlich keine neue Abmahnung erfolgt ist.
Warnfunktion	Dem Beschäftigten müssen mögliche Folgen (Sanktionen) seines vertragswidrigen Verhaltens angedroht werden, z. B. Versetzung, Kündigung. Er muss also vor nachteiligen Folgen gewarnt werden.

Eine Abmahnung wäre angemessen gewesen
Wer den Vorgesetzten im Gespräch als „Kollegenschwein" bezeichnet, dem kann nicht immer sofort gekündigt werden. Auch wenn eine Beleidigung des Arbeitgebers oder einer seiner Repräsentanten grundsätzlich zur fristlosen Kündigung führen kann.
Das betonte das Landesarbeitsgericht Köln und hielt in diesem Fall lediglich eine Abmahnung für angemessen (Az: 11 Schülerabhängige Antwort 905/13).
Ein Angestellter sprach mit dem Vorstand des Unternehmens, um in eine andere Abteilung versetzt zu werden. Er akzeptierte seinen Teamleiter nicht, der ein „Kollegenschwein" sei. Der Chef setzte ihn nicht woanders ein, sondern vor die Tür. Denn auch wenn der Arbeitnehmer dies in einem vertraulichen Gespräch unter vier Augen äußerte, müsse der Chef die Beleidigung einer seiner Mitarbeiter nicht dulden und könne dem Angestellten daher fristlos kündigen. Der Angestellte ließ sich dies wiederum nicht gefallen und erhob dagegen Kündigungsschutzklage. Das Landesarbeitsgericht Köln gab dem Gekündigten recht. Zwar stelle die Beleidigung des Arbeitgebers, seiner Vertreter und Repräsentanten oder von Arbeitskollegen einen Pflichtverstoß dar, der an sich eine außerordentliche, fristlose Kündigung rechtfertigen kann. Jedoch seien stets die Umstände des Einzelfalls zu berücksichtigen. In diesem Fall handelte es sich um einen einmaligen Vorfall, der sich zudem in Abwesenheit des gemeinten Teamleiters ereignete.
Eine Abmahnung ist immer dann angebracht, wenn der Pflichtverstoß in Zukunft nicht mehr zu erwarten ist. Das war nach Ansicht des Landesarbeitsgerichts hier der Fall. Dem Angestellten hätte nur dann fristlos gekündigt werden dürfen, wenn es ihm hätte klar sein müssen, dass sein falsches Verhalten Konsequenzen nach sich ziehen würde.

Quelle: o. V., Südwestpresse, 28.01.2015, S. 28

Beispiel: *Abmahnung wegen unentschuldigten Fehlens*

Rad & Roll GmbH

ABMAHNUNG

Sehr geehrte Frau Winter,

Sie fehlen seit 11.05.20.. bis heute ohne ärztliche Arbeitsunfähigkeitsbescheinigung.

Sie sind verpflichtet, Ihre Arbeitsunfähigkeit und deren voraussichtliche Dauer unverzüglich mitzuteilen. Ihre Arbeitsunfähigkeit dauert schon länger als drei Kalendertage. Sie hätten uns spätestens am 12.05.20.. eine ärztliche Bescheinigung über das Bestehen der Arbeitsunfähigkeit sowie deren voraussichtliche Dauer vorlegen müssen.

Ihr Verhalten stellt eine arbeitsvertragliche Pflichtverletzung dar. Wir fordern Sie eindringlich auf, sofort nach Erhalt dieses Schreibens die Arbeit wieder aufzunehmen oder uns eine ärztliche Arbeitsunfähigkeitsbescheinigung vorzulegen. Sollten Sie sich auch weiterhin nicht vertragsgemäß verhalten, müssen Sie mit einer Kündigung rechnen.

Eine Durchschrift dieser Abmahnung haben wir zu Ihren Personalakten genommen und dem Betriebsrat zur Kenntnis gegeben.

Stuttgart, 14.05.20..

Fachabteilungsleitung *Ferizi* Personalabteilung *Reisch*

3.5.4 Anforderungen und Formulierung einer Kündigung

Vor jeder Kündigung ist der **Betriebsrat** bzw. Personalrat anzuhören, unabhängig davon, ob es sich um eine ordentliche, außerordentliche (fristlose) oder Änderungskündigung handelt (BetrVG § 102). Dazu sind dem Betriebsrat folgende Informationen zu geben: Name der zu kündigenden Person, Art der Kündigung, Kündigungsgrund, ggf. Kündigungstermin. Der Kündigungsgrund ist näher zu erläutern. Der Betriebsrat muss einer beabsichtigten ordentlichen Kündigung *innerhalb einer Woche* und einer außerordentlichen Kündigung *innerhalb drei Tagen* schriftlich widersprechen. Äußert sich der Betriebsrat innerhalb dieser Fristen nicht, dann kann die Kündigung ausgesprochen werden.

Der Betriebsrat kann einer ordentlichen Kündigung aus folgenden Gründen widersprechen:

- Bei einer betriebsbedingten Kündigung wurden soziale Gesichtspunkte nicht oder nicht ausreichend berücksichtigt bzw. gegen Auswahlrichtlinien verstoßen.
- Bei einer betriebs- bzw. personenbedingten Kündigung ist die Beschäftigung an einem anderen Arbeitsplatz innerhalb des Betriebes möglich bzw. eine Weiterbeschäftigung nach zumutbaren Umschulungs- oder Fortbildungsmaßnahmen bzw. unter geänderten Vertragsbedingungen.
- Bei einer personenbedingten Kündigung ist eine dreistufige Prüfung nicht erfolgt: negative Prognose (z. B. keine Heilung möglich), Beeinträchtigung betrieblicher Interessen (z. B. Störung des Betriebsablaufs), Abwägung zwischen Betriebs- und Arbeitnehmerinteressen.
- Bei einer verhaltensbedingten Kündigung ist keine Abmahnung mit Androhung der Kündigung erfolgt.

Beispiel: *Kündigung wegen unentschuldigten Fehlens*

Rad & Roll GmbH

KÜNDIGUNG

Sehr geehrte Frau Winter,

das mit Ihnen bestehende Arbeitsverhältnis kündigen wir fristgemäß zum 30.06.20.. .

Sie haben auf unsere Abmahnung vom 14.05.20.. nicht reagiert und fehlen seit 11.05.20.. bis heute, ohne eine ärztliche Arbeitsunfähigkeitsbescheinigung vorzulegen.

Die andauernde arbeitsvertragliche Pflichtverletzung können wir nicht weiter hinnehmen. Der Betriebsrat ist am 16.05.20.. angehört worden und hat der Kündigung nicht widersprochen.

Soweit noch Anspruch auf Urlaub besteht, verrechnen wir diesen mit Ihren Fehltagen und bitten Sie, den restlichen Urlaub innerhalb der Kündigungsfrist zu nehmen.

Eine Durchschrift dieser Kündigung haben wir zu Ihren Personalakten genommen und dem Betriebsrat zur Kenntnis gegeben. An Ihrem letzten Arbeitstag am 30.06.20.. erhalten Sie die Endabrechnung, Ihre Entlassungspapiere und Ihr Arbeitszeugnis.

Zur Vermeidung einer Sperrzeit beim Arbeitslosengeld sind Sie verpflichtet, sich innerhalb von drei Tagen nach Erhalt dieser Kündigung persönlich bei der Arbeitsagentur arbeitssuchend zu melden und aktiv nach einer Beschäftigung zu suchen.

Stuttgart, 24.05.20..

Fachabteilungsleitung *Ferizi* Personalabteilung *Reisch*

Nach § 2 Abs. 2 SGB III muss der Arbeitgeber den gekündigten Arbeitnehmer

- zur Beschäftigungssuche und Meldung bei der Agentur für Arbeit freistellen,
- die Teilnahme an Qualifizierungsmaßnahmen ermöglichen.
- frühzeitig vor der Beendigung des Arbeitsverhältnisses über die Notwendigkeit eigener Aktivitäten bei der Suche nach einer anderen Beschäftigung schriftlich informieren,
- frühzeitig schriftlich darüber informieren, dass er verpflichtet ist, sich unverzüglich nach Kenntnis des Beendigungszeitpunktes persönlich bei der Agentur für Arbeit zu melden.

Hat der Arbeitnehmer seine Kenntnis von der Beendigung des Arbeitsverhältnisses nicht drei Monate vorher erhalten, muss er sich spätestens drei Tage nach seiner Kenntnis vom Beendigungszeitpunkt bei der Arbeitsagentur melden (SGB III § 38).

3.5.5 Kündigungsschutzklage und Arbeitsgerichtsbarkeit

Hält der Arbeitnehmer eine Kündigung für sozial ungerechtfertigt, so kann er wie folgt dagegen vorgehen:

1. **Vertrauliches Gespräch** unmittelbar nach Aushändigung der Kündigung mit dem direkten Vorgesetzten bzw. einem Vertreter der Personalabteilung, um die Kündigung doch noch abzuwenden.
2. **Einspruch beim Betriebsrat binnen einer Woche** (KSchG § 3). Der Betriebsrat muss sich um eine Verständigung mit dem Arbeitgeber bemühen.
3. Erhebung einer **Kündigungsschutzklage beim Arbeitsgericht binnen drei Wochen** nach Zugang der Kündigung (KSchG § 4).

Im Falle einer sozial ungerechtfertigten Kündigung und wenn die Aufrechterhaltung des Arbeitsverhältnisses für einen der Vertragspartner nicht mehr zumutbar ist, kann einer der Vertragspartner einen Antrag auf Zahlung einer **Abfindung** stellen. Je nach Dauer der Betriebszugehörigkeit und Alter des Arbeitnehmers kann die Abfindung bis zu 18 Monatsentgelten betragen (KSchG § 10).

Im Falle der Kündigungsschutzklage ist das Arbeitsgericht zuständig, in dessen Bezirk der Arbeitnehmer gewöhnlich seine Arbeit verrichtet bzw. zuletzt verrichtet hat (ArbGG § 48, örtliche Zuständigkeit). Die streitenden Parteien können sich selbst vertreten oder durch Gewerkschaften oder Arbeitgebervereinigungen vertreten lassen.

Ablauf einer **Kündigungsschutzklage** vor dem Arbeitsgericht

Klageerhebung	Kündigungsschutzklage beim Arbeitsgericht binnen drei Wochen nach Zugang der Kündigung (KSchG § 4).
Güteverhandlung	Das Arbeitsgerichtsverfahren beginnt mit der mündlichen Verhandlung mit dem Versuch einer gütlichen Einigung. Diese Güteverhandlung findet vor dem Vorsitzenden der Arbeitsgerichtskammer statt und soll die Prozessdauer und damit die Prozesskosten verringern. Die Prozessparteien können sich gütlich einigen, indem der Kläger die Klage zurückzieht oder der Beklagte den Anspruch des Klägers anerkennt oder beide einen Vergleich (Kompromiss) schließen.
Streitige Verhandlung	Missglückt die Güteverhandlung, dann folgt die streitige Verhandlung, die mit einem Urteil endet (ArbGG § 54 ff.).
Berufung	Die Landesarbeitsgerichte entscheiden im Berufungsverfahren über Urteile der Arbeitsgerichte u. a., wenn es um das Bestehen oder Nichtbestehen oder die Kündigung eines Arbeitsverhältnisses geht oder der Streitwert 600,00 € übersteigt (ArbGG § 87 ff.).
Revision	Das Bundesarbeitsgericht (BAG) in Erfurt entscheidet im Revisionsverfahren über das Urteil eines Landesarbeitsgerichts (ArbGG § 72 ff.). Beim Bundesarbeitsgericht muss sich jede Partei durch einen Rechtsanwalt vertreten lassen (Anwaltszwang).

3.5.6 Bewertung und Erstellung eines Arbeitszeugnisses

Arbeitszeugnisse müssen auf Firmenpapier schriftlich verfasst und unterschrieben werden (Übermittlung per E-Mail oder Fax ist unzulässig).

Ausführungen zur Unterscheidung von einfachen und qualifizierten Arbeitszeugnissen
▶ siehe Kapitel 2.1.2, Rechte und Pflichten aus dem Einzelarbeitsvertrag auf den Seiten 310 ff.

Ausführungen zu den Bestandteilen und zur Beurteilung von Arbeitszeugnissen
▶ siehe Kapitel 1.4.3, Auswahl- und Einstellungsverfahren auf den Seiten 285 ff.

3.5.7 Abmeldungen und Entlassungspapiere

- **Abmeldung von der Lohnsteuer**

Der Arbeitgeber ist verpflichtet, den entlassenen Arbeitnehmer beim **Bundeszentralamt für Steuern** abzumelden (EStG § 39 e Abs. 4 Satz 5). Die Abmeldung muss unverzüglich am Tag der Beendigung des Dienstverhältnisses elektronisch erfolgen. Dabei sind folgende Daten zu übermitteln: Steueridentifikationsnummer des Arbeitnehmers, Geburtsdatum des Arbeitnehmers, Datum der Beendigung des Dienstverhältnisses sowie das sog. „Referenzdatum Arbeitgeber" (dies ist identisch mit dem bei Anmeldung des Arbeitnehmers verwendeten Datum). Der Arbeitgeber erhält über seine abgemeldeten Arbeitnehmer eine Abmeldebestätigungsliste.[1]

Erfolgt bei einem Wechsel des Arbeitgebers die Anmeldung durch den neuen Arbeitgeber bevor der bisherige Arbeitgeber die Abmeldung vorgenommen hat, erhält der neue Arbeitgeber die für das erste Dienstverhältnis gültigen ELStAM rückwirkend ab Beginn des Dienstverhältnisses. Der bisherige Arbeitgeber erhält mit Gültigkeit ab diesem Tag die ELStAM für die Steuerklasse VI, wenn er den Arbeitnehmer noch nicht abgemeldet hat. Dies gilt allerdings nur dann, wenn der Arbeitnehmer durch den neuen Arbeitgeber innerhalb von 6 Wochen nach Aufnahme der Beschäftigung angemeldet wird.

Beispiel: *ELStAM bei Arbeitgeberwechsel*
Ein Arbeitnehmer (Steuerklasse I/0) wird zum 30.06.2015 von seinem Arbeitgeber entlassen. Am 01.07.2015 tritt er eine Arbeitsstelle bei einem anderen Arbeitgeber an. Der neue Arbeitgeber meldet den Arbeitnehmer am 05.07.2015 beim Bundeszentralamt für Steuern an. Der bisherige Arbeitgeber hat den Arbeitnehmer zu diesem Zeitpunkt noch nicht abgemeldet.
Der neue Arbeitgeber erhält in der Anmeldebestätigungsliste die bisherige Steuerklasse (z. B. I) rückwirkend zum Tag des Beschäftigungsbeginns (01.07.2015). Gleichzeitig erhält der bisherige Arbeitgeber eine Änderungsmitteilung, wonach er für den Arbeitnehmer ab 01.07.2015 die Steuerklasse VI anzuwenden hat. Würde der neue Arbeitgeber diesen Arbeitnehmer außerhalb des 6-Wochen-Zeitraums anmelden, z. B. am 10.09.2015, beginnt die bisherige Steuerklasse erst mit dem Tag der Anmeldung, also mit Wirkung zum 10.09.2015. Für den Zeitraum davor gilt die Steuerklasse VI.

- **Abmeldung von der Sozialversicherung**

Nach § 8 DEÜV muss der Arbeitgeber das Ende einer sozialversicherungspflichtigen Beschäftigung des entlassenen Arbeitnehmers mit der nächsten Lohn- und Gehaltsabrechnung, **spätestens innerhalb von sechs Wochen** nach Ende der Beschäftigung melden. Eine An- und eine Abmeldung können innerhalb dieser Frist zusammen erstattet werden, wenn bis zur Abmeldung noch keine Anmeldung bei einem anderen Arbeitgeber erfolgt ist. Abmeldungen können nur per Datenübertragung an die **zuständige Einzugsstelle** (dies ist die für den Arbeitnehmer zuständige Krankenkasse) mit dem Abgabegrund „30" übermittelt werden. Bei befristeten Beschäftigungen, bei denen das Ende der Beschäftigung von vornherein feststeht, ist der Abgabegrund „40" anzugeben.

Bei der Abmeldung zur **Unfallversicherung** sind zu melden: Betriebsnummer des zuständigen Unfallversicherungsträgers, Unfallversicherungsmitgliedsnummer des Betriebs, anzuwendende Gefahrtarifstelle, beitragspflichtiges Arbeitsentgelt in Euro, geleistete Arbeitsstunden, Zeitraum, in dem das angegebene Arbeitsentgelt erzielt wurde.

1 Weitere Informationen enthalten das „Startschreiben" des BMF zum erstmaligen Abruf der elektronischen Lohnsteuerabzugsmerkmale vom 25.07.2013, IV C 5 – S 2363/13/10003, BStBl 2013 I S. 943 sowie das Anwendungsschreiben des BMF zum Lohnsteuerabzug ab dem Kalenderjahr 2013 unter Berücksichtigung der elektronischen Lohnsteuerabzugsmerkmale vom 07.08.2013, IV C 5 – S 2363/13/10003, BStBl 2013 I S. 951. Anweisungen zur Durchführung des Lohnsteuerabzugs bei Zahlung von Arbeitslohn an ausgeschiedene Arbeitnehmer enthält R 39 b. 6 Abs. 3 Lohnsteuerrichtlinien.

- **Entlassungspapiere**

Der Arbeitgeber muss dem entlassenen Arbeitnehmer folgende Arbeitspapiere aushändigen:

- **Lohnsteuerbescheinigung.** Sie ist an das für den Arbeitnehmer zuständige Finanzamt zu übermitteln. Dem Mitarbeiter sind die übermittelten Werte auszuhändigen (EStG § 41 b).
- Kopie der **Abmeldebestätigung** des Bundeszentralamts für Steuern mit den geänderten elektronischen Lohnsteuerabzugsmerkmalen (ELStAM)
- **Abmeldebescheinigung** von der Sozialversicherung, **Sozialversicherungsausweis**
- **Arbeitszeugnis** nach § 109 Gewerbeordnung
- **Arbeitsbescheinigung** nach § 312 SGB III. Der Arbeitgeber hat auf Verlangen des Arbeitnehmers oder auf Verlangen der Agentur für Arbeit alle Tatsachen zu bescheinigen, die für die Entscheidung über den Anspruch auf Arbeitslosengeld oder Übergangsgeld erheblich sein können. Er muss den hierfür vorgesehenen Vordruck benutzen und insbesondere die Art der Tätigkeit des Arbeitnehmers, Beginn, Ende, Unterbrechung und Grund für die Beendigung des Beschäftigungsverhältnisses und das Arbeitsentgelt und die sonstigen Geldleistungen, die der Arbeitnehmer erhalten oder zu beanspruchen hat, angeben.
- **Urlaubsbescheinigung** nach § 6 BurlG über den im laufenden Kalenderjahr bereits gewährten oder abgegoltenen Urlaub
- Unterlagen über die betriebliche Altersversorgung
- Unterlagen über vermögenswirksame Leistungen
- Erstbelehrung nach § 43 Infektionsschutzgesetz
- Gesundheitsbescheinigung (Erstuntersuchung bzw. Nachuntersuchung nach dem JArbSchG)
- Erlaubnis einer Beschäftigung (Arbeitsgenehmigung) bei Arbeitnehmern aus Nicht-EU-Staaten

Beispiel: *Urlaubsbescheinigung*

Rad & Roll GmbH

URLAUBSBESCHEINIGUNG

Herr/Frau ...., geboren am ....,

wohnhaft in ....,

war vom .... bis zum .... bei uns beschäftigt.

Der volle Jahresurlaub beträgt gemäß Tarifvertrag .... Werktage.

Dem oben genannten Arbeitnehmer sind für das laufende Kalenderjahr bereits .... Urlaubstage gewährt worden. Durch Geldzahlungen wurden .... Urlaubstage abgegolten.

Ort, Datum

Firmenstempel und Unterschrift

Der restliche Jahresurlaub muss während der Kündigungsfrist gewährt werden. Wenn der Urlaub wegen Beendigung des Arbeitsverhältnisses ganz oder teilweise nicht mehr gewährt werden kann, so ist er abzugelten (§ 7 BUrlG). Scheidet ein Arbeitnehmer in der ersten Jahreshälfte aus, hat er Anspruch auf ein Zwölftel des Jahresurlaubs für jeden vollen Monat (Bruchteile von Urlaubstagen, die mindestens einen halben Tag ergeben, sind dabei auf volle Urlaubstage aufzurunden). Scheidet ein Arbeitnehmer in der zweiten Jahreshälfte aus seinem Unternehmen aus, hat er den Anspruch auf den gesamten Jahresurlaub.

Hat der ausgeschiedene Arbeitnehmer bereits Urlaub von seinem Arbeitgeber erhalten, hat er insoweit keinen Urlaubsanspruch gegenüber seinem neuen Arbeitgeber (§ 6 BurlG).

Viele Arbeitgeber verlangen von dem entlassenen Arbeitnehmer, dass er eine **Ausgleichsquittung** unterschreibt. Damit erklärt der ausscheidende Beschäftigte, gegenüber dem Arbeitgeber keine Ansprüche mehr zu haben.

Beispiel: *Ausgleichsquittung*

Rad & Roll GmbH

AUSGLEICHSQUITTUNG

Hiermit bestätige ich, nachfolgend aufgeführte Arbeitspapiere erhalten zu haben:

1. Lohnsteuerbescheinigung
2. Sozialversicherungsausweis
3. Arbeitsbescheinigung für die Agentur für Arbeit
4. Urlaubsbescheinigung
5. Lohn-/Gehaltsabrechnung
6. Arbeitszeugnis
7. Sonstiges

Ich bestätige ebenso, dass die Abrechnung der restlichen Vergütung zutreffend ist.
Darüber hinaus bestätige ich die ordnungsgemäße Beendigung des Arbeitsverhältnisses zum ....

Weitergehende Ansprüche aus und in Verbindung mit dem Arbeitsverhältnis sowie seiner Beendigung gegen den Betrieb habe ich nicht.

Ich verzichte ausdrücklich auf das Recht, den Fortbestand des Arbeitsverhältnisses aus irgendeinem Rechtsgrund gerichtlich geltend zu machen. Insbesondere werde ich keine Kündigungsschutzklage erheben.

Vorstehende Ausgleichsquittung habe ich sorgfältig gelesen. Sie ist mir in meine Landessprache übersetzt worden.

Ort .... Datum .... Unterschrift des Arbeitnehmers

Der Arbeitnehmer ist nicht verpflichtet, die Ausgleichsquittung zu unterzeichnen. Lediglich die Höhe des empfangenen Lohnes hat er nach § 368 BGB zu bestätigen. Dennoch ist es keinesfalls unzulässig, dem Arbeitnehmer eine solche Ausgleichsquittung vorzulegen. Verzichtet der Arbeitnehmer auf Einwendungen gegen die Kündigung, so muss diese Bestimmung in der Ausgleichsquittung drucktechnisch hervorgehoben werden (LAG Berlin, Az. 12 Sa 120/92). Nicht verzichtet werden kann auf gesetzliche Ansprüche, z. B. Urlaub bzw. Urlaubsabgeltung, Entgeltfortzahlung, Ausstellung eines qualifizierten Arbeitszeugnisses, Ruhegelder. Die Unterschrift kann nicht durch Nichtherausgabe der Arbeitspapiere bzw. Nichtzahlung der restlichen Lohnansprüche erzwungen werden. In diesen Fällen kann der Arbeitnehmer die Ausgleichsquittung wegen widerrechtlicher Drohung durch den Arbeitgeber anfechten (§ 123 BGB).

Wissen testen

1. Sie ergänzen Ihre Lernkartei um das Themengebiet „Personalplanung".

1.1 Sie schreiben jeden der folgenden Begriffe auf die Kopfzeile eines DIN-A6-Kärtchens:

> Arbeitszeiterfassung (Anforderungen, Verfahren), Abwesenheitszeiten (bezahlte, unbezahlte), offene Fehlzeit, Bruttoabrechnung (Bestandteile), Nettoabrechnung (Bestandteile), Lohnkonto (Inhalt), Lohnsteuerklassen (Überblick), Sozialversicherungszweige, Beitragsbemessungsgrenze, Auszahlungsbetrag (Bestandteile), Personalbeurteilung (Anlässe, Arten), Mitarbeitergespräch (Nutzen), 360°-Feedback, Feedback-Gespräch (Ablauf), Beurteilungskriterien (Beispiele), Personalentwicklung (Ziele), lernende Organisation, Personalförderung (Begriff, Möglichkeiten), Mentoring, Coaching, Outdoor-Training, Traineeprogramm, Arbeitsstrukturierung (Begriff, Maßnahmen), Jobenlargement, Jobenrichment, Jobrotation, teilautonome Arbeitsgruppe, interne Fort- und Weiterbildung (Vorteile), externe Fort- und Weiterbildung (Vorteile), Personalstatistik (Aufgaben, Sachverhalte), Fluktuationsquote, Fehlzeiten und Fehlzeitquote, Arbeitsproduktivität, Demografie-Ampel, Beendigung von Arbeitsverhältnissen (Möglichkeiten), besonderer Kündigungsschutz (Personenkreise), Abmahnung (Funktionen, Anforderungen), Kündigung (Anforderungen), Kündigungsschutzklage (Ablauf), Abmeldungen (Finanzamt, Sozialversicherung), Entlassungspapiere (Beispiele), Urlaubsbescheinigung, Ausgleichsquittung

1.2 Sie sortieren die Begriffskärtchen nach den Kriterien „Weiß ich" oder „Weiß ich nicht". Sie bilden mit Ihren Mitschülern Kleingruppen und erklären sich gegenseitig die „Weiß-ich-nicht"-Kärtchen. Sie schlagen dabei die ungeklärten Begriffe im Schulbuch nach. Sie schreiben die Begriffserklärungen auf die Rückseite des entsprechenden Kärtchens und ordnen diese unter der Leitkarte „Personalverwaltung und -betreuung" alphabetisch in Ihren Lernkartei-Behälter ein.

2.1 Sie stellen die wesentlichen Merkmale des Arbeitszeiterfassungssystems Ihres Ausbildungsbetriebs auf einem Plakat dar. Sie präsentieren Ihr Plakat vor dem Klassenplenum und gehen auf kritische Bemerkungen Ihrer Mitschüler ein.

2.2 Sie erstellen aus allen Plakaten eine Wandzeitung. Mittels Einpunkt-Abfrage stellen Sie fest, welches Zeiterfassungssystem bei Ihren Mitschülern am besten ankommt.

3. In einer Tageszeitung finden Sie folgende Übersicht über die monatlichen Durchschnittsverdienste der Arbeitnehmer für das zurückliegende Jahr:

Dreimal Lohn

Diesen Betrag wendet der Betrieb für jeden Arbeitnehmer auf (Personalaufwand):	3.232,00 €
Dieser Betrag steht auf der Verdienstabrechnung (Bruttoverdienst):	2.641,00 €
Dieser Betrag wird dem Arbeitnehmer überwiesen (Nettoverdienst bzw. ausgezahlter Lohn):	1.756,00 €

Quelle: Statistisches Bundesamt, © Globus-Grafik 10252

Sie interpretieren die Übersicht mit eigenen Worten und suchen nach den Gründen für die Unterschiede.

4. Sie berechnen die einzelnen Beträge und die Summe der Arbeitnehmeranteile zu den Sozialversicherungen für folgende sozialversicherungspflichtige Bruttoentgelte:

4.1 1.500,00€
4.2 2.000,00€
4.3 3.500,00€
4.4 4.700,00€
4.5 8.000,00€
Alle Arbeitnehmer sind über 23 Jahre alt und kinderlos.

5. Sie ordnen folgenden Arbeitnehmern die richtige Lohnsteuerklasse zu:

5.1 Frau Rogg, ledig, 40 Jahre alt, ein Kind
5.2 Herr Dursun, ledig, 30 Jahre alt, verlobt
5.3 Herr Tilkowski, verheiratet, 32 Jahre alt, zwei Kinder, seine Ehefrau ist Hausfrau
5.4 Frau Özal, verheiratet, ein Kind, ihr Ehemann verdient etwa das Doppelte
5.5 Herr Markovic, verheiratet, seine Frau verdient etwa die Hälfte
5.6 Frau Demir, 50 Jahre alt, seit einem Jahr verwitwet, ein Kind, sie hat zwei Teilzeitjobs bei zwei verschiedenen Arbeitgebern

6. In der Personalabteilung der Rad & Roll GmbH ist Hektik ausgebrochen. Nach einem Update des Lohnabrechnungsprogramms sind die Entgeltabrechnungen fehlerhaft.

6.1 Frau Reisch, Leiterin des Personalteams, bittet Sie, einige Entgeltabrechnungen manuell nachzurechnen und das Brutto- und Nettoentgelt sowie den Auszahlungsbetrag mit den Ergebnissen des Lohnabrechnungsprogramms zu vergleichen.

Sie haben die lohnrelevanten Personaldaten folgender Mitarbeiter zusammengestellt:

Name	Frau Winter	Herr Dumitru	Frau Kraus
Alter	26	45	36
Familienstand	ledig	verheiratet	verheiratet
LSt-Klasse Ehegatte	I	IV	V
Kinderzahl	–	1,0	1,0
Konfession	röm.-kath.	ev.	ev.
SV-Beitragsgruppenschlüssel	1111	1111	1111
Krankenkasse (AN-Anteil)	8,2%	8,2%	8,2%
Grundentgelt	4.175,00 €	2.174,00 €	5.425,00 €
Bezahlte Mehrarbeit	300,00 €	200,00 €	300,00 €
Mehrarbeitszuschläge	75,00 €	50,00 €	75,00 €
Steuerfreie Zuschläge	150,00 €	100,00 €	100,00 €
Zulagen	–	50,00 €	–
Sachbezüge	–	–	500,00 €
Arbeitgeberzuschuss zu vwL	–	26,00 €	–
Persönlicher LSt-Freibetrag	250,00 €	–	300,00 €
Urlaubsgeld	200,00 €	–	–
Gratifikationen	–	–	–
VwL-Anlage pro Monat	–	40,00 €	–
Zu verrechnender Vorschuss		400,00 €	

Für die Berechnungen verwenden Sie ein Tabellenkalkulationsprogramm.

6.2 Sie erläutern, was mit den einbehaltenen Steuerabzügen und den einbehaltenen Sozialversicherungsbeiträgen geschieht.

7. Sie verfassen ein Kurzreferat und ein Handout zum Thema Personalbeurteilung mit folgenden Gliederungspunkten: Grundsätze, Voraussetzungen, Phasen (Ablauf), Kriterien und Fehler der Personalbeurteilung.

8.1 Sie stellen die wesentlichen Merkmale des Personalbeurteilungssystems Ihres Ausbildungsbetriebs auf einem Plakat dar. Sie präsentieren Ihr Plakat vor dem Klassenplenum und gehen auf kritische Bemerkungen Ihrer Mitschüler ein.

8.2 Sie erstellen aus allen Plakaten eine Wandzeitung. Mittels Einpunkt-Abfrage stellen Sie fest, welches Beurteilungssystem bei Ihren Mitschülern am besten ankommt.

9. Sie haben gerade von Ihrer Teamleitung den Beurteilungsbogen (siehe Seite 357) erhalten. Bis zum Beratungs- und Fördergespräch sind noch zwei Tage Zeit. Sie denken darüber nach, wie Sie sich selbst sehen. Sie versetzen sich auch in die Rolle Ihres Beurteilers, der Teamleitung. Im Kollegenkreis führen Sie ein Beratungs- und Fördergespräch als Rollenspiel durch.

9.1 Sie teilen sich zunächst in zwei Gruppen auf: Gruppe A = Kollegen; Gruppe B = Teamleitung. Sie erarbeiten in Ihrer Gruppe zunächst eine Rollenbeschreibung.

Vorschlag einer Checkliste für die Rollenkarte für Gruppe A = Kollegen

- Wo sehe ich meine Stärken, wo meine Schwächen?
- Fehlen mir noch Fachkenntnisse?
- Was ist meine mittelfristige Zielsetzung (Karriereplanung)?
- Inwieweit kann ich meine Kenntnisse/Fähigkeiten in der jetzigen Position anwenden?
- Wie kann ich mich auf meinen Aufstieg bzw. meine künftige Aufgabe vorbereiten?
- Was unternehme ich, um mich fort- bzw. weiterzubilden?
- Inwieweit soll ich meine persönlichen Probleme zur Sprache bringen?

Vorschlag einer Checkliste für die Rollenkarte für Gruppe B = Teamleitung

- Habe ich stets klare Aufgaben gestellt und Ziele gesetzt?
- Habe ich genügend Beispiele, mit denen ich die einzelnen Bewertungen erklären kann?
- Was habe ich selbst erlebt, was habe ich von Dritten mitbekommen?
- Welche Argumente könnte meine Mitarbeiterin/mein Mitarbeiter vorbringen?
- Welche Wünsche oder Probleme bewegen meine Mitarbeiterin/meinen Mitarbeiter?
- Inwieweit soll ich auf diese Wünsche bzw. Probleme eingehen?

9.2 Sie bestimmen aus Ihrer jeweiligen Gruppe einen Rollenspieler und bauen gemeinsam eine Szene auf. Die zwei Rollenspieler führen das Rollenspiel in einem Innenkreis durch.

Tipps:
Sie argumentieren möglichst mit „Ich-Botschaften", wie „Ich finde es gut, dass...".
So teilen Sie mit, wie bestimmte Vorkommnisse und Situationen auf Sie gewirkt haben.
Sie vermeiden „Sie-Botschaften", wie „Sie haben es nicht für nötig gehalten ...".
Solche Aussagen bewirken meist eine Abwehrhaltung des Gesprächspartners.

9.3 Die übrigen Schüler im Außenkreis bewerten das Beratungs- und Fördergespräch und protokollieren alles, was ihnen auffällt (Argumente, Verhalten der Rollenspieler, Was war besonders gut bzw. schlecht? usw.).

9.4 Sie üben Manöverkritik. Wie ist das Rollenspiel gelaufen? Was können wir besser machen? Sie wiederholen ggf. das Rollenspiel.

10. Marion Höfer ist nach ihrer Ausbildung in der Personalabteilung ihres Ausbildungsbetriebs, dem mittelständischen Sportartikelhersteller Sports & Games GmbH, eingesetzt. Marion gehört zum Personalverwaltungsteam, das für das Personalcontrolling zuständig ist. Marion befasst sich mit der Erstellung eines Kennzahlenspiegels, den sie auf der Betriebsversammlung in der kommenden Woche präsentieren und kommentieren soll.

Marion liegen folgende Daten vor:

Jahr / Kennzahl	Vorjahr	Berichtsjahr	
	Ist	**Plan**	**Ist**
Umsatz	5.000.000 €	6.000.000 €	6.000.000 €
Gesamtkosten	3.000.000 €	3.500.000 €	3.600.000 €
Ø Personalkosten pro Kopf	20.000 €	21.000 €	22.000 €
Mitarbeiterzahl (Personalstand)	100	110	105
Ø Personalabgänge (ohne Ruhestand)	5	8	10
Ø Sollarbeitszeit pro Mitarbeiter	1.200 Std.	1.320 Std.	1.320 Std.
Ø Fehlstunden pro Mitarbeiter	80 Std.	60 Std.	110 Std.

10.1 Sie bereiten diese Daten auf, indem Sie folgende Kennzahlen berechnen:

Jahr / Kennzahl	Vorjahr	Berichtsjahr	
	Ist	**Plan**	**Ist**
Arbeitsproduktivität			
Lohn-/Gehaltsquote in %			
Fehlzeitquote in %			
Fluktuationsquote in %			

10.2 Sie ziehen Schlussfolgerungen aus den berechneten Kennzahlen.
10.3 Weshalb sind überdurchschnittliche Fehlzeiten für den Betrieb problematisch?
10.4 Sie erläutern einige Ursachen (Gründe) für Fehlzeiten.
10.5 Sie machen Vorschläge, wie Fehlzeiten gesenkt werden können.

11. Sie betrachten das Schaubild „Demografie-Ampel" auf Seite 364.
11.1 Sie fassen die wesentlichen Aussagen dieses Schaubilds auf einem Flipchart zusammen.
11.2 Sie machen Vorschläge, wie ein Betrieb demografischen Fehlentwicklungen entgegenwirken kann, und notieren diese ebenfalls auf dem Flipchart.
11.3 Sie stellen anhand der Personaldatei die Altersverteilung der Belegschaft Ihres Ausbildungsbetriebes fest, stellen diese grafisch dar und ordnen die Altersverteilung in die Demografie-Ampel ein.

12.1 Sie verfassen ein Kurzreferat und ein Handout zum Thema Kündigung mit folgenden Gliederungspunkten: Ordentliche und außerordentliche Kündigung, allgemeiner und besonderer Kündigungsschutz.

12.2 Sie erstellen eine Mindmap mit den Kündigungsschutzvorschriften für langjährig Beschäftigte, Schwangere und Mütter, Mitarbeiter in Elternzeit, Schwerbehinderte[1], Auszubildende, für Mitglieder des Betriebsrats und der Jugend- und Auszubildendenvertretung (JAV) und Datenschutzbeauftragte.

12.3 Sie erstellen eine weitere Mindmap mit den Möglichkeiten der Beendigung von Arbeitsverhältnissen.

13. Ihnen liegt folgendes Ausbildungszeugnis vor:

Möbelhaus Meyer GmbH

Ausbildungszeugnis

Frau Carola Weber, geboren am 08.08.1995 in Karlsruhe, war in der Zeit vom 01.09.2013 bis 14.07.2016 in unserem Unternehmen als Auszubildende im Beruf Kauffrau im Einzelhandel beschäftigt.

In diesem Zeitraum erstreckte sich ihr Tätigkeitsbereich gemäß Ausbildungsrahmenplan auf die Kundenberatung und den Verkauf, die Bearbeitung des Wareneingangs, die Verwaltung von Büromaterial und die Betreuung der Telefonzentrale. Zudem war sie für drei Monate im Servicebereich Kasse eingesetzt.

Frau Weber hat alle ihr gestellten Aufgaben zu unserer Zufriedenheit erledigt. Stets war sie um Freundlichkeit gegenüber Kunden und Mitarbeitern bemüht.

Sie verlässt unser Unternehmen auf eigenen Wunsch.

Karlsruhe, den 14.07.2016

Möbelhaus Meyer GmbH

ppa. Karl Schuster

13.1 Sie beurteilen das vorliegende Zeugnis hinsichtlich der Vorschriften des BBiG zur Form und zum Inhalt eines Ausbildungszeugnisses.

13.2 Sie kontrollieren dieses Ausbildungszeugnis auf Vollständigkeit und bewerten die Leistung und das Verhalten von Carola Weber.

13.3 Sie formulieren dieses Ausbildungszeugnis so um, dass es mit der Note „sehr gut" bewertet wird.

1 Siehe hierzu auch Kapitel 2.2.3, Kündigungsfristen und Kündigungsschutz auf den Seiten 320 ff. und 2.2.4 Mutterschutz und Erfordernisse der Inklusion auf den Seiten 323 ff.

14. Sie sind Mitglied des Personalteams der Rad & Roll GmbH und erhalten folgenden Arbeitsauftrag Ihrer Teamleiterin, Frau Reisch. Sie nimmt Bezug auf das Ergebnisprotokoll vom 10.03. (siehe Lernsituation auf Seite 345.

Rad & Roll GmbH

KURZMITTEILUNG

Fristlose Kündigung des Werkzeugmachers Ümit Demir

In einer Kurzbesprechung haben Herr Ferizi (Leitung Fertigung), Herr Markovic (Montage) und ich (Frau Reisch, Personal) beschlossen, es im Falle des Diebstahls des Herrn Demir bei einer Abmahnung zu belassen.

Bitte verfassen Sie die Abmahnung unterschriftsreif entsprechend den rechtlichen Anforderungen.

...

15. Sie sind zz. Mitglied des Personalteams der Rad & Roll GmbH. Ihre Teamleiterin, Frau Reisch, übergibt Ihnen die folgende Abmahnung mit der Bitte, die Aufträge auf der angehefteten Notiz bis zur nächsten Teambesprechung auszuführen. Sie beachten die beiliegenden Unterlagen (die bis zum Kündigungstermin noch nicht genommenen Urlaubstage werden ausgezahlt).

Notiz

Herr Schuster hat auch nach erfolgter Abmahnung am 20.06. und 22.06 weiterhin Kunden beleidigt. Verfassen Sie eine unterschriftsreife fristlose Kündigung und erstellen Sie entsprechend den beiliegenden Unterlagen das Arbeitszeugnis, die Urlaubsbescheinigung und die Ausgleichsquittung.

Beschreiben Sie mögliche Schritte, die Herr Schuster gegen diese Kündigung unternehmen könnte, und schildern Sie in einem Handout den möglichen Ablauf einer Kündigungsschutzklage für den Fall, dass Herr Schuster die Ausgleichsquittung nicht unterschreiben sollte. Gehen Sie auch auf den sachlichen und örtlichen Gerichtsstand ein.

24.06.20.. Reisch

Rad & Roll GmbH

ABMAHNUNG

Sehr geehrter Herr Schuster,

aufgrund von Kundenbeschwerden erteilen wir Ihnen hiermit eine Abmahnung.

Sie haben sich dem Kunden Bernd Laumann gegenüber am 10.06.20.. bei der Reparaturannahme eines Rennrads in unverschämter Weise geäußert. Nach Angaben des Kunden fielen folgende Worte: „Wenn Sie nicht Radfahren können, dann müssen Sie es halt sein lassen!" Bei der Abholung seines Rennrads am 11.06.20.. haben Sie den Kunden Laumann noch mal beleidigt. Es fielen die Worte: „Heben Sie Ihr Rad gut auf und steigen Sie auf ein Dreirad um!"Ihr Verhalten verstößt gegen Ihre arbeitsvertraglichen Pflichten. Wir fordern Sie auf, Ihr geschäftsschädigendes und vertragswidriges Verhalten sofort zu unterlassen und unseren Kunden mit Respekt zu begegnen.

Eine Durchschrift dieser Abmahnung haben wir zu Ihren Personalakten genommen und dem Betriebsrat zur Kenntnis gegeben.

Stuttgart, 13.06.20..

Fachabteilungsleitung *Ferizi* Personalabteilung *Reisch*

Verteiler
Betriebsrat

...

Auszüge aus den Personalunterlagen des Herrn Schuster:

Auszug aus der Personaldatei:

Name, Vorname	Schuster, Bernd
Geburtsdatum	03.03.1985
Geburtsort	Trier
Wohnadresse	70563 Stuttgart, Stiller Winkel 12
Stellenbezeichnung	Reparaturen Fahrräder
Entgeltgruppe	EG 4
Urlaubstage gemäß Tarifvertrag davon genommene Urlaubstage davon ausgezahlte Urlaubstage	30 Werktage 10 Werktage [anteilig bis Kündigungstermin]
Eintrittsdatum	01.09.2011
Austrittsdatum	[siehe Kündigungstermin]

Auszug aus der Stellenbeschreibung:

Stellenbezeichnung	Reparaturen Fahrräder
Übergeordnete Stelle: **Untergeordnete Stelle:**	Teamleitung Reparaturen keine
Stelleninhaber vertritt: **Stelleninhaber wird vertreten durch:**	Teamleitung Reparaturen Teamleitung Reparaturen
Aufgabenbeschreibung:	Der Stelleninhaber führt alle anfallenden Reparaturen an Fahrrädern aus. Der Stelleninhaber wirkt mit bei der Reparaturannahme und bei der fachlichen Beratung von Kunden. Der Stelleninhaber berät das Verkaufspersonal bei technischen Fragen rund um das Fahrrad.

Auszug aus der letzten Beurteilung:

	Merkmale	Beurteilungsstufe				
		A	B	C	D	E
		Das Leistungsergebnis entspricht dem Ausgangsniveau der Arbeitsaufgabe	Das Leistungsergebnis entspricht im Allgemeinen den Erwartungen	Das Leistungsergebnis entspricht in vollem Umfang den Erwartungen	Das Leistungsergebnis liegt über den Erwartungen	Das Leistungsergebnis liegt weit über den Erwartungen
1	Effizienz z. B. wirksame Arbeitsausführung; termingerechte Arbeitsergebnisse; rationelle Durchführung	0	(2)	4	6	8
2	Qualität z. B. sorgfältige Durchführung von Aufgaben; Häufigkeit von Fehlern, Mängeln; Einhaltung von Zusagen, Absprachen; Ideenvielfalt	0	2	(4)	6	8
3	Flexibilität z. B. Erledigung wechselnder Aufgaben; Bewältigung veränderter Arbeitsbedingungen	0	(1)	2	3	4
4	Verantwortliches Handeln z. B. Zielorientierung; Umgang mit Ressourcen; Selbstständigkeit; Übernahme von Verantwortung; Sauberkeit in der Arbeitsumgebung; Förderung von Arbeits- und Gesundheitsschutz	0	1	2	(3)	4
5	Kooperation z. B. Zusammenarbeit bei gemeinsamer Erledigung von Arbeitsaufgaben; Zusammenarbeit mit anderen Stellen/Bereichen innerhalb der Arbeitsaufgabe; Weitergabe von Erfahrungen und Information zur Arbeitsaufgabenerfüllung	0	(1)	2	3	4

Anhang

Abkürzungsverzeichnis
Bildquellenverzeichnis
Sachwortverzeichnis
Schulkontenrahmen (reduzierter Industriekontenrahmen)

Abkürzungsverzeichnis

AB	Anfangsbestand
AfH	Aufwendungen für Handelswaren
AG	Aktiengesellschaft
AGB	Allgemeine Geschäftsbedingungen
AGG	Allgemeines Gleichbehandlungsgesetz
AO	Abgabenordnung
AR	Ausgangsrechnung
ArbGG	Arbeitsgerichtsgesetz
ArbZG	Arbeitszeitgesetz
Az.	Aktenzeichen
AZR	Aktenzeichen / Rundschreiben
BAG	Bundesarbeitsgericht
BBiG	Berufsbildungsgesetz
BDSG	Bundesdatenschutzgesetz
BEEG	Bundeselterngeld-/-elternzeitgesetz
BFH	Bundesfinanzhof
BetrVG	Betriebsverfassungsgesetz
BGB	Bürgerliches Gesetzbuch
BGH	Bundesgerichtshof
BUrlG	Bundesurlaubsgesetz
CRM	Customer-Relationship-Management (Kundenbeziehungsmanagement)
DEÜV	Datenerfassungs- und -übermittlungsverordnung
ELStAM	Elektronische Lohnsteuer-Abzugsmerkmale
EntgFG	Entgeltfortzahlungsgesetz
ER	Eingangsrechnung
EStG	Einkommensteuergesetz
EU	Europäische Union
EuGH	Europäischer Gerichtshof
GewO	Gewerbeordnung
GG	Grundgesetz
ggf.	gegebenenfalls
GmbH	Gesellschaft mit beschränkter Haftung
GuV	Gewinn- und Verlust
HGB	Handelsgesetzbuch
HRB	Handelsregister Abteilung B
JArbSchG	Jugendarbeitsschutzgesetz
KG	Kommanditgesellschaft
KSchG	Kündigungsschutzgesetz
LAG	Landesarbeitsgericht
LL.	Lieferungen und Leistungen
LSR	Lohnsteuerrichtlinien
LStDV	Lohnsteuerdurchführungsverordnung
MuSchG	Mutterschutzgesetz
n. F.	neue Fassung
p. a.	per annum (pro Jahr)
QR	Quick Response (schnelle Antwort)
SaaS	Software as a Service (von einem externen Dienstleister betriebene Software, die als Service genutzt wird)
SB	Schlussbestand
SGB	Sozialgesetzbuch
SolZG	Solidaritätszuschlagsgesetz
TVG	Tarifvertragsgesetz
TzBfG	Teilzeit- und Befristungsgesetz
u. a.	und anderes
UStG	Umsatzsteuergesetz
VermG	Vermögensbildungsgesetz
ZPO	Zivilprozessordnung
ZR	Zentralregister
zz.	zurzeit

Bildquellenverzeichnis

DATEV eG, Nürnberg: S. 318.3
Zweirad Hoffmann GmbH, Rosswein: S. 63.1
Porsche Schweiz AG, Rotkreuz: S. 58.1
Renault Suisse SA, 8902 Urdorf, S. 58.2
Zweirad-Industrie-Verband e.V (ZIV), Bad Soden a. T.: S. 36.1, S. 36.2, S. 36.3, S. 15.1, S. 15.2, S. 82
Ford-Werke GmbH, Köln: S. 91
Statistisches Bundesamt, Wiesbaden: S. 25
GfK SE, Nürnberg: S. 89
Volkswagen AG, 38436 Wolfsburg, S. 60
AMAG Automobil- und Motoren AG, 5116 Schinznach-Bad, S. 56.1
Daimler AG, S. 56.2
REINER Kartengeräte GmbH und Co. KG , S. 347

Fotolia Deutschland GmbH, Berlin: S. 14.1 (Jeanne Dietl), S. 14.2 (Andreas Berheide), S. 25 (Style-Photography), S. 27.2 (Africa Studio), S. 27.3 (Gina Sanders), S. 28.1 (Rido), S. 28.2 (Jeanette Dietl), S. 40 (Jeanne Dietl), S. 41(ikonoklast_hh), S. 43, (kasto), S. 61 (thingamajiggs), S. 62 (lithian) S. 63.2 (Ssilver), S. 70.1 (Jeanne Dietl), S. 118 (Piotr Marcinski), S. 120 (Marco2811), S. 121 (koya979), S. 123.1 (Robert Kneschke), S. 123.2 (LaCozza), S. 127 (vege), S. 130.1 Marco2811, S. 130.2 Vetre, S. 137 (Idprod), S. 140 (Eisenhans), S. 144 (djama), S. 150 (Jeanne Dietl), S. 151.1 (Gabriele Rohde), 151.2 (lightpoet), S. 162 (Rawpixel), S. 172 (apops), S. 173 (lightpoet), S. 181 (Trueffelpix), S. 192 (Gina Sanders), S. 193 (Martina Berg), S. 194 (fotodo), S. 202 (fotomek), S. 207 (Gina Sanders), S. 209 (cirquedesprit), S. 212 (Grasko), S. 213.1 (empics), S. 221 (Trueffelpix), S. 222 (Trueffelpix), S. 223.1 (Bernd Leitner), S. 223.2 (Trueffelpix), S. 224 (Trueffelpix), S. 225 (Trueffelpix), S. 226 (Marianne G.), S. 227 (Trueffelpix), S. 228 (Trueffelpix), S. 229 (Trueffelpix), S. 230 (vege), S. 231 (Trueffelpix), S. 232 (vege), S. 233 (Trueffelpix), S. 234 (Trueffelpix), S. 235 (thingamajiggs), S. 236 (Trueffelpix), S. 238 (Trueffelpix), S. 239 (Trueffelpix), S. 241 (Trueffelpix), S. 242 (Trueffelpix), S. 244 (Trueffelpix), S. 246 (Trueffelpix), S. 248 (lassedesignen), S. 249 (Stephan Leyk), S. 250 (christophe BOISSON), S. 251 (Trueffelpix), S. 254 (Trueffelpix), S. 255.1 (Trueffelpix), S. 255.2 (Trueffelpix), S. 262 (Robert Kneschke), S. 292 (contrastwerkstatt), S. 308 (ptnphotof), S. 318.1 (Wolfilser), S. 318.2 (mik ivan), S. 324 (Minerva Studio), S. 348.1 Bernd Leitner, S. 348.2 fotomek, S. 359 (Syda Productions), S. 360 (ARochau), S. 366 (S. Kobold)

iStock: S. 27.1 (ferrantraite), S. 53 (mozcann)

Anhang

Sachwortverzeichnis

Reduzierter Industriekontenrahmen (IKR) für die Aus- und Weiterbildung
(Aufwandsrechnerisches Verfahren beim Einkauf)

AKTIVA		PASSIVA		ERTRÄGE
Anlagevermögen	**Umlaufvermögen**			
0 Kontenklasse immaterielle Vermögensgegenstände und Sachanlagen	**2 Kontenklasse Umlaufvermögen und aktive Rechnungsabgrenzung**	**3 Kontenklasse Eigenkapital, Wertberichtigungen und Rückstellungen**	**4 Kontenklasse Verbindlichkeiten und passive Rechnungsabgrenzung**	**5 Kontenklasse Erträge**
00 Ausstehende Einlagen 01 Aufwendungen für Ingangsetzung **Immaterielle Vermögensgegenstände** 02 Konzessionen, gewerbl. Schutzrechte und ähnliche Rechte u. Werte sowie Lizenzen an solchen Rechten u. Werten 03 Geschäfts- oder Firmenwert **Sachanlagen** 05 Grundstücke, grundstücksgleiche Rechte u. Bauten einschl. der Bauten auf fremden Grundstücke 07 Technische Anlagen und Maschinen 070 Technische Anlagen 071 Maschinen 08 Andere Anlagen, Betriebs- und Geschäftsausstattung 080 Andere Anlagen 082 Werkzeuge 083 Lager- u. Transporteinrichtungen 084 Fuhrpark 085 Betriebsausstattung 087 Geschäftsausstattung 089 Geringwertige Wirtschaftsgüter 09 Geleistete Anzahlungen und Anlagen im Bau 090 Geleistete Anzahlungen auf Sachanlagen 095 Anlagen im Bau **1 Kontenklasse FINANZANLAGEN** 13 Beteiligungen 15 Wertpapiere des Anlagevermögens 16 Sonstige Finanzanlagen (z. B. Darlehensforderungen)	20 Roh-, Hilfs- und Betriebsstoffe und Fremdbauteile 200 Rohstoffe und Fremdbauteile 2001 Bezugskosten 2002 Preisnachlässe und Rücksendungen 2003 Lieferskonti 2004 Lieferboni 202 Hilfsstoffe Untergliederung wie 200 203 Betriebsstoffe Untergliederung wie 200 204 Sonstiges Material z. B. Verpackungsmaterial Untergliederung wie 200 21 Unfertige Erzeugnisse 22 Fertige Erzeugnisse und Waren 220 Fertige Erzeugnisse 221 Handelswaren Untergliederung wie 200 23 Geleistete Anzahlungen auf Vorräte 24 Forderungen 240 Forderungen aus Lieferungen und Leistungen 241 Zweifelhafte Forderungen 245 Wechselforderungen (Besitzwechsel) 26 Sonstige Vermögensgegenstände 260 Vorsteuer 263 Sonstige Forderungen an Finanzbehörden 264 Vorauszahlung Sozialversicherung 265 Forderungen an Mitarbeiter (z. B. Vorschüsse) 269 Sonstige Forderungen (Jahresabgrenzung) 27 Wertpapiere des Umlaufvermögens 28 Flüssige Mittel 280 Guthaben bei Kreditinstituten (Bank) 282 Kasse 29 Rechnungsabgrenzung 290 Aktive Rechnungsabgrenzung (Jahresabgrenzung) 291 Disagio	30 Eigenkapital/Gezeichnetes Kapital **Bei Einzelkaufleuten:** 300 Eigenkapital 3001 Privat **Bei Personengesellschaften:** 300 Kapital A 3001 Privat A 301 Kapital B 3011 Privat B 307 Kommanditkapital C 308 Kommanditkapital D **Bei Kapitalgesellschaften:** 300 Gezeichnetes Kapital (Grundkapital/Stammkapital) 31 Kapitalrücklage 32 Gewinnrücklagen 321 Gesetzliche Rücklage 322 Rücklage für eigene Anteile 323 Satzungsmäßige Rücklagen 324 Andere Gewinnrücklagen 33 Ergebnisverwendung 332 Ergebnisvortrag aus früheren Perioden 335 Bilanzergebnis (Bilanzgewinn/Bilanzverlust) 339 Ergebnisvortrag auf neue Rechnung 34 Jahresüberschuss/Jahresfehlbetrag 35 Sonderposten im Rücklageanteil 36 Wertberichtigungen 361 Einzelwertberichtigung zu Sachanlagen 367 Einzelwertberichtigung zu Forderungen 368 Pauschalwertberichtigung zu Forderungen 37 Rückstellungen für Pensionen und ähnliche Verpflichtungen 38 Steuerrückstellungen 39 Sonstige Rückstellungen (z. B. für Gewährleistung)	41 Anleihen 42 Verbindlichkeiten gegenüber Kreditinstituten 43 Erhaltene Anzahlungen auf Bestellungen 44 Verbindlichkeiten aus Lieferungen u. Leistungen 45 Wechselverbindlichkeiten (Schuldwechsel) 48 Sonstige Verbindlichkeiten 480 Umsatzsteuer 483 Sonstige Verbindlichkeiten gegenüber den Finanzbehörden (z. B. abzuführende Lohnsteuer) 484 Verbindlichkeiten gegenüber Sozialversicherungsträgern 486 Verbindlichkeiten aus vermögenswirksamen Leistungen 489 Sonstige Verbindlichkeiten (Jahresabgrenzung) 49 Passive Rechnungsabgrenzung (Jahresabgrenzung)	50 Umsatzerlöse 500 Umsatzerlöse für eigene Erzeugnisse und Leistungen 5001 Preisnachlässe und Rücksendungen 5002 Kundenskonti 5003 Kundenboni 501 Umsatzerlöse für Handelswaren Untergliederung wie 500 52 Erhöhung o. Verminderung des Bestandes an unfertigen und fertigen Erzeugnissen 521 Bestandsveränderungen an unfertigen Erzeugnissen 522 Bestandsveränderungen an fertigen Erzeugnissen 53 Andere aktivierte Eigenleistungen 54 Sonstige betriebliche Erträge 540 Erträge aus Vermietung und Verpachtung 541 Provisionserträge 542 Unentgeltliche Wertabgaben 543 Andere sonst. betriebl. Erträge 544 Erträge aus Werterhöhungen von Gegenständen des Anlagevermögens (Zuschreibungen) 545 Erträge aus der Auflösung oder Herabsetzung von Wertberichtigungen auf Forderungen 546 Erträge aus dem Abgang von Sachgegenständen des Sachanlagevermögens 5461 Erträge aus dem Abgang von Gegenständen des Sachanlagevermögens bei Buchgewinn (Verrechnung mit Konto 546) 547 Erlöse aus direkt abgeschriebenen Forderungen 548 Erträge aus der Herabsetzung von Rückstellungen 549 Andere periodenfremde Erträge 55 Erträge aus Beteiligungen 56 Erträge aus anderen Finanzanlagen 57 Sonstige Zinsen und ähnliche Erträge 571 Zinserträge 578 Erträge aus Wertpapieren des Umlaufvermögens 58 Außerordentliche Erträge

AUFWENDUNGEN			ERGEBNISRECHNUNG	
6 Kontenklasse betriebliche Aufwendungen		**7 Kontenklasse weitere Aufwendungen**	**8 Kontenklasse Ergebnisrechnungen**	**9 Kontenklasse Kosten- und Leistungsrechnung**
60 Aufwendungen für Roh-, Hilfs- und Betriebsstoffe und für bezogene Waren 600 Aufw. f. Rohstoffe und Fremdbauteile (Fertigungsmaterial) 6001 Bezugskosten 6002 Preisnachlässe und Rücksendungen 6003 Lieferskonti 6004 Liefersboni 602 Aufwendungen für Hilfsstoffe Untergliederung wie 600 603 Aufwendungen für Betriebsstoffe Untergliederung wie 600 604 Aufwendungen für sonst. Material (z. B. Verpackungsmaterial) Untergliederung wie 600 605 Aufwendungen für Energie und Treibstoffe Untergliederung wie 600 608 Aufwendungen für Handelswaren Untergliederung wie 600 61 Aufwendungen für bezogene Leistungen 610 Fremdleistungen für Erzeugnisse 613 Instandhaltung und Reparaturen 614 Frachten und Fremdlager 615 Vertriebsprovisionen 617 Sonstige Aufwendungen für bezogene Leistungen 62 Löhne 63 Gehälter 64 Soziale Abgaben u. Aufw. f. Altersversorgung und Unterstützung 640 Arbeitgeberanteil zur Sozialversicherung (Lohnbereich) 642 Beiträge zur Berufsgenossenschaft 644 Aufwend. für Altersversorgung 65 Abschreibungen 650 Abschreibungen auf Sachanlagen 651 Abschreibung auf immaterielle Vermögensgegenstände des Anlagevermögens 652 Abschreibungen für Aufwendungen der Ingangsetzung 653 Abschreibung auf Vermögensgegenstände des Umlaufvermögens, soweit diese die üblichen Abschreibungen überschreiten 654 Abschreibung auf geringwertige Wirtschaftsgüter	66 Sonstige Personalaufwendungen 67 Aufwendungen für die Inanspruchnahme von Rechten und Diensten 670 Mieten, Pachten 671 Leasing 675 Kosten des Geldverkehrs 679 Sonstige Auwendungen für Kommunikation 68 Aufwendungen für Kommunikation 680 Büromaterial 682 Gebühren 685 Reisekosten 686 Bewirtung und Repräsentation 687 Werbung 688 Spenden 689 Sonstige Aufwendungen für Kommunikation 69 Aufwendungen für Beiträge und Sonstiges sowie Wertkorrekturen und periodenfremde Aufwendungen 690 Versicherungsbeiträge 692 Beiträge zu Wirtschaftsverbänden und Berufsvertretungen 693 Verluste aus Schadensfällen 695 Abschreibungen auf Forderungen 6951 Abschreibung auf Forderungen wegen Uneinbringlichkeit 6952 Einstellung in Einzelwertberichtigungen 6953 Einstellung in Pauschalwertberichtigungen 696 Verluste aus dem Abgang von Gegenständen des Sachanlagevermögens 6961 Erlöse aus dem Abgang von Gegenständen des Sachanlagevermögens bei Buchverlust (Verrechnung mit Konto 696) 698 Zuführung zu Rückstellungen für Gewährleistungen 699 Periodenfremde Aufwendungen	70 Betriebliche Steuern 702 Grundsteuer 703 Kraftfahrzeugsteuer 707 Verbrauchssteuern 708 Sonstige betriebliche Steuern 709 Steuernachzahlungen/ -rückerstattungen bei betrieblichen Steuern 74 Abschreibungen auf Finanzanlagen und auf Wertpapiere des Umlaufvermögens 75 Zinsen und ähnliche Aufwendungen 751 Zinsaufwendungen 753 Diskontaufwendungen 76 Außerordentliche Aufwendungen 77 Steuern vom Einkommen und Ertrag 770 Gewerbesteuer 771 Körperschaftsteuer 772 Kapitalertragssteuer 779 Steuernachzahlungen/ -rückerstattungen bei Steuern vom Einkommen und Ertrag	80 Eröffnung/Abschluss 800 Eröffnungsbilanzkonto 801 Schlussbilanzkonto 802 G+V	Vorgesehen für die buchhalterische Abwicklung der Kosten- und Leistungsrechnung